◆ 国家社会科学基金重大招标项目"新时期中国产业与贸易政策协同发展机制与实施路径研究（2018—2023）"（批准号：18ZDA067）阶段性研究成果

◆ 浙江省政府重大委托课题"对标全球最高经贸规则研究"研究成果
◆ 浙江省一流学科（A类）应用经济学科研究成果
◆ 浙江省智库"民营企业开放创新研究中心"研究成果

全球高标准经贸规则
与贸易便利化比较分析

Comparative Analysis of Global High-Standard Economic
and Trade Rules and Trade Facilitation

程惠芳　等著

中国社会科学出版社

图书在版编目（CIP）数据

全球高标准经贸规则与贸易便利化比较分析/程惠芳等著.—北京：中国社会科学出版社，2022.8
（新时期中国产业与贸易政策协同发展研究丛书）
ISBN 978-7-5227-0238-4

Ⅰ.①全⋯　Ⅱ.①程⋯　Ⅲ.①国际贸易—国际经济组织—国际贸易政策—对比研究　Ⅳ.①F741 ②F743

中国版本图书馆 CIP 数据核字（2022）第 091389 号

出 版 人	赵剑英
责任编辑	刘晓红
责任校对	周晓东
责任印制	戴　宽

出　　版	中国社会科学出版社
社　　址	北京鼓楼西大街甲 158 号
邮　　编	100720
网　　址	http：//www.csspw.cn
发 行 部	010-84083685
门 市 部	010-84029450
经　　销	新华书店及其他书店
印刷装订	北京君升印刷有限公司
版　　次	2022 年 8 月第 1 版
印　　次	2022 年 8 月第 1 次印刷
开　　本	710×1000　1/16
印　　张	48.5
字　　数	773 千字
定　　价	268.00 元

凡购买中国社会科学出版社图书，如有质量问题请与本社营销中心联系调换
电话：010-84083683
版权所有　侵权必究

前　言

习近平主席指出："当今世界正经历百年未有之大变局，全球治理体系深刻重塑，国际格局加速演变。"① 国际经贸格局加速演变与全球经济治理体系深刻重塑之间存在什么内在联系？是值得深入研究的重大理论与战略问题。要准确判断国际格局加速演变与全球治理体系深刻重塑的内在联系及变化新趋势和新特征，有必要对全球经贸格局变化和全球经贸规则体系重塑进行深入分析。本书在深入研究全球经贸大变局与全球经济治理体系深刻重塑变化的新趋势新特征基础上，深入分析全球经贸大变局与全球经贸规则体系重塑对我国高水平开放经济发展的影响、机遇与挑战，提出遵循习近平主席推动构建人类命运共同体理念，对标全球最高经贸规则，加快制度型开放经济发展，增强我国在全球经贸规则体系新一轮重塑中的话语权，以高水平开放促进高质量发展，加快形成国际国内相互促进新发展格局。

本书对第二次世界大战以来全球经贸大变局中的商品贸易格局、服务贸易格局、国际直接投资格局、全球产业格局、世界大国经济格局的深刻变化进行比较分析。从总体看，全球经贸大变局出现新趋势和新特点：一是越来越多国家和地区参与国际贸易与国际直接投资，参与出口贸易国家和地区数量从 1948 年的 143 个增加到 2020 年的 220 个，参与国际直接投资国家和地区数量从 1970 年的 120 个增加到 2020 年的 200 个。国际贸易与国际直接投资规模持续扩大，经济全球化仍然在深化发

---

① 习近平主席 2019 年 6 月 27 日在日本大阪会见日本前首相安倍晋三时的重要讲话，央视新闻客户端，2019 年 6 月 28 日。

展,经济全球化历史潮流不会逆转。二是美国、英国、日本等发达国家在全球货物贸易中的地位明显下降,中国等发展中国家在国际货物贸易中的地位持续上升,但是美国等发达国家的服务贸易国际竞争力依然强劲,发达国家在全球服务贸易中仍然处于主导地位。三是美国、英国、法国、德国等欧美发达国家的国际直接投资年流量规模出现波动性下降趋势,近年来美国等发达国家的国际直接投资年流量变化是否与产业链战略布局变化或产业回归本土还需要跟踪研究,美国、荷兰、英国在国际直接投资中的存量优势仍然明显。四是全球产业格局发生深刻变化,中国的第一、第二产业居全球首位,美国服务业居全球首位,中国在全球产业竞争优势持续提升。五是世界经济大国格局深刻变化,中国从世界经济边缘走向世界经济中心,而美国、英国、日本等发达国家在世界经济中的地位和作用有所下降。中国与美国等发达国家在经济全球化发展中的斗争具有长期性和复杂性,需要做好艰苦持久战的准备。

  本书对全球最高经贸规则体系中的《关税与贸易总协定》(General Agreement on Tariff and Trade,GATT)[①]、《世界贸易组织协定》(World Trade Organization Agreement,WTO Agreement)[②]、《欧洲联盟条约》(Treaty on European Union,EU)[③]、《跨太平洋伙伴关系协定》(Trans-Pacific-Partnership Agreement,TPP)[④]、《美国—墨西哥—加拿大协定》(United States-Mexico-Canada Agreement,USMCA)[⑤]、《全面与进步跨太平洋伙伴关系协定》(Comprehensive and Progressive Agreement for Trans-Pacific Partnership,CPTPP)[⑥]、《区域全面经济伙伴关系协定》(Region-

---

[①] https://www.wto.org/GATT Documents 1946-1948/(General Agreement on Tariff and Trade)(GATT 1947).

[②] https://www.wto.org/Documents/(World Trade Organization Agreement,WTO Agreement).

[③] https://www.european-union.europa.eu/ "Treaty on European Union"(EU),*Official Journal of the European Communities*,29.7.92.

[④] https://ustr.gov/trade-agreements/free trade agreements/Trans-Pacific-Partnership Agreement(TPP).

[⑤] https://www.ustr.gov:Trade Agreement,(United States-Mexico-Canada Agreement)(USMCA).

[⑥] https://wtocenter.vn/chuyen-de/12782-full-text-of-cptpp/(Comprehensive and Progressive Agreement for Trans-Pacific Partnership)(CPTPP).

al Comprehensive Economic Partnership Agreement，RCEP)[①] 等全球最高经贸规则演变进行深入比较分析。20 世纪 90 年代以来，全球经贸格局深刻变化正在推动全球经贸规则体系的新一轮重构。全球经贸规则体系重构新趋势主要表现为以下新特点：一是全球性多边经贸规则与区域性经贸规则竞争加剧，全球区域性多边经贸规则数量快速增长，区域性经贸协定数量从 20 世纪 90 年代数十个增加到 300 多个，全球治理体系碎片化趋势明显。二是全球最高经贸规则向全方位、多层次、立体化的综合性经贸规则体系变化。《欧洲联盟条约》《美国—墨西哥—加拿大协定》《跨太平洋伙伴关系协定》《全面与进步跨太平洋伙伴关系》《区域全面经济伙伴关系协定》都是覆盖货物贸易、服务贸易、国际投资、知识产权、市场准入、负面清单、海关监管、原产地、竞争中立、透明度、政府采购、监管一致性等规则标准更高，覆盖范围更广的综合性经贸规则。

通过比较研究发现，当前全球经贸大变局与全球经贸规则体系重塑变化既出现协同性发展趋势，也出现一些严重背离规律性的发展新趋势。全球经贸大变局与全球经贸规则体系协同发展主要体现在以下三个方面：一是全球经贸大变局中货物贸易、服务贸易、国际直接投资、技术创新的融合发展与全方位、多层次、立体化的综合性经贸规则体系协同变化。原有的单一关税减让贸易政策、优惠所得税吸引国际直接投资政策已经不能够满足经济全球化深化发展需求，货物贸易、服务贸易、国际直接投资、产业与技术创新的融合发展，形成产业链、供应链、价值链全球布局的生产力深刻变化，需要关税、市场准入、负面清单、政策透明、竞争中立、监管一致性、知识产权保护等多层次、立体化的综合性全球经贸规则体系上层建筑支持。全方位、多层次、立体化的综合性经贸规则体系变化是全球产业链、价值链深化发展的内生需求。二是国际直接投资深化发展与国际直接投资"负面清单"等国际投资规则协同变化，国际直接投资从原来主要是产业、企业直接投资扩大到金融业的股权、债券、贷款、交钥匙工程、特许权、知识产权、缔约方法律

---

① https：//www.rcepsec.org/legal-text/（Regional Comprehensive Economic Partnership Agreement，RCEP）．

授予许可、授权、有形或无形资产、动产或不动产以及相关财产权、留置权、抵押权、抵押和租赁等，产生了国际投资规则中准入前国民待遇和负面清单管理的内生需求。三是新型服务贸易深化发展与服务贸易规则协同变化趋势，服务贸易范围不断扩大，电子商务、互联网服务、数字贸易、公共健康、跨境数据流动等新型服务贸易加快发展，服务贸易规则要求市场准入条件放宽，扩大服务贸易开放，正面清单与"负面清单"相结合，服务贸易中隐私保护要求更严，服务贸易跨境支付与转移条件放宽规则成为新型服务贸易发展的内生需求。全球经贸大变局与全球经贸规则体系协同发展新趋势，表明全球货物贸易、服务贸易与国际直接投资加快融合发展，促进全球经贸规则和制度创新发展，经贸规则创新发展或制度型开放发展促进贸易投资自由化、便利化水平提升，贸易投资自由化、便利化促进高水平开放经济发展，高水平开放经济发展推动经济高质量发展，成为世界经济持续增长重要推动力量。从全球经贸大变局与全球经贸规则体系协同发展趋势判断，经济全球化正在深化发展，经济全球化深化发展历史潮流不可逆转。

全球经贸规则体系重塑变化与全球经贸大变局互动发展也出现一些严重背离发展规律的新趋势，主要体现在以下三个方面：一是越来越多国家和地区参与全球贸易与国际直接投资，全球商品贸易、服务贸易与国际直接投资规模和时空范围不断扩大，经济全球化持续深化发展。为适应经济全球化的深化发展，理应强化和完善全球性多边经贸规则体系完善，可是美国等发达国家为维护世界霸权地位，却背道而驰持续加强区域性经贸规则体系建设，区域性经贸规则体系加快发展，全球经济治理体系出现碎片化新趋势，不利于经济全球化持续深化发展，而且出现阻碍经济全球化发展的逆流。二是发达国家在商品进出口贸易和国际直接投资中比例明显下降，发展中国家和地区在国际贸易和国际直接投资中比例明显上升，发展中国家理应有更多机会和权力参与全球经贸规则体系改革与创新，可是美国等发达国家仍然把控着全球经贸规则制定的话语权、控制权和垄断权，美国等发达国家为维护霸权地位，千方百计打压发展中经济体在全球经贸规则体系中的话语权和规则制定权，使全球经贸格局与世界经济治理格局出现严重失衡。三是世界经济大国格局发生了深刻变化，美国、英国、日本、加拿大、澳大利亚等在国际贸易、国际直接投资中的地位持续下降，中国等发展中国家在国际贸易、国际直接投资中的地位持续提升，中国对世界经济增长的贡献率持续提升，根据经济基础决定上层建筑的原理，中国理应在全球最高经贸规则体系和世界经济治理体系中发挥更加重要作用，而美国为维护世界霸权，通过贸易战、科技战、外交战全面打压和遏制中国发展。从世界经济发展史看，全球经贸格局与全球经济治理体系是世界范围内经济基础与上层建筑的关系，全球经贸格局（经济基础）深刻变化必然引发全球经济治理体系（上层建筑）协同变化，否则世界经济运行就会失衡、失控或发生严重衰退。全球经贸规则体系和世界治理体系重塑中如何突破美国"霸权领导体系"与经济全球化的深化发展的内在矛盾？全球经贸格局与全球最高经贸规则体系如何实现良性互动发展？中国如何更好参与并在全球最高经贸规则体系重构中发挥重要作用是当前迫切需要深入研究的战略问题。

在经济全球化与逆全球化斗争加剧，全球治理体系深刻重塑与国际格局加速演变关键时期，在全球最高经贸规则体系与区域性经贸规则体系重构竞争加剧的复杂背景下，习近平主席提出："我们要继承和弘扬联合国宪章的宗旨和原则，构建以合作共赢为核心的新型国际关系，打造人类命运共同体。"[①] 习近平主席的构建人类命运共同体新理论为全球最高经贸规则体系重构指明了战略方向，为我国对标全球最高经贸规则明确了战略目标，我国要加快对标符合人类命运共同体新理念的全球最高经贸规则，坚定不移走经济全球化发展的正确道路，坚定维护全球多边经贸规则体制，在习近平主席构建人类命运共同体理论指引下，推动建设开放型世界经济、构建符合人类命运共同体新理念的全球多边经贸规则体系与加快我国开放型经济新体制的协同发展新格局，充分发挥我国在全球经贸大变局、全球经贸规则体系重构和开放型世界经济治理新体系中的重要作用。

党的十八大以来，以习近平同志为核心的党中央高度重视深化改革开放，高度重视中国自由贸易试验区发展，对标全球最高经贸规则发展新趋势，中国自由贸易试验区从关税优惠单一功能向多功能综合性自由

---

① 习近平：《论坚持推动构建人类命运共同体》，中央文献出版社2018年版，第254页。

贸易试验区转变，中国自由贸易试验区以制度创新为核心，以实现贸易自由便利、投资自由便利、跨境资金流动自由便利、人员进出自由便利、运输来往自由便利和数据安全有序流动改革为重点，把自由贸易试验区建设成为引领制度型开放经济高水平发展的先行区和新高地。2013—2020年，中国自贸试验区发展经过战略部署，中国自贸试验区形成了海陆沿边统筹、东西南北中兼顾、由点及面全方位开放新格局，中国自由贸易试验区以开放促进改革，以改革促进创新，自由贸易试验区的制度创新和贸易投资便利化改革成果丰硕，为推动制度型开放经济发展与开放经济高质量发展发挥了非常重要作用。"十四五"时期，中国自由贸易试验区进入更高水平更大力度更深层次对标全球最高经贸规则新阶段，中国自由贸易试验区与世界上先进自由贸易区正在朝协同方向发展，从主要以优惠关税和取消或减少非关税壁垒的贸易政策安排向以开放促进改革，以改革促进创新的试验区转变，贸易投资便利化与高水平开放和高质量发展具有良性互动的循环关系，再向提升自由贸易试验区的贸易投资自由化便利化综合性制度创新转变。

　　本书对《欧洲联盟条约》《美国—墨西哥—加拿大协定》、《区域全面经济伙伴关系协定》主要成员国的贸易投资便利化指数进行比较分析，对我国31个省份的货物贸易便利化、服务贸易便利化、国际投资便利化指数进行比较分析基础上，对中国（上海）自由贸易试验区、中国（广东）自由贸易试验区、中国（浙江）自由贸易试验区、中国（海南）自由贸易港、中国（江苏）自由贸易试验区、中国（北京）自由贸易试验区等制度创新与贸易投资便利化改革进行比较分析，结果发现自由贸易试验区制度创新与贸易投资便利化存在协动性发展关系，自由贸易区制度创新促进贸易投资便利化水平提升，贸易投资便利化水平提升又推动高水平开放经济发展和人均GDP增长，自由贸易试验区制度创新、贸易投资便利化与高水平开放和高质量发展具有良性互动的循环关系。因此，本书提出加快对标全球最高经贸规则，深化自由贸易试验区制度创新和改革开放，进一步提高贸易投资便利化水平，促进制度型开放经济高质量发展的建议。

　　进入全面建设社会主义现代化国家新征程，要以习近平新时代中国特色社会主义思想为指导，深入贯彻习近平主席提出"构建人类命运共同体"的理念，对标和构建符合人类命运共同体新理念的全球最高经贸规则，加快深化新一轮改革开放，加快开放经济制度、规则和政策创新，加快经贸制度创新来破解美国全方位和综合性的打压战略。要坚持不懈发挥市场在配置资源中决定性作用，坚持市场有效、政府有为相结合，不断提高市场化、法制化、国际化水平。坚持全球性多边经贸规则体制，构建更加高效安全、多元平衡的全球经贸伙伴关系。提高《区域全面经济伙伴关系协定》①成员国之间贸易投资便利化水平，争取早日加入《全面与进步跨太平洋伙伴关系协定》②，努力推动 G20 规则机制化体系化建设，积极推动"一带一路"沿线国家贸易投资高质量发展。

对标符合人类命运共同体理念的全球最高经贸规则，坚持各国相互尊重、平等相待，以贸易投资便利化、服务业和国际直接投资负面清单管理、知识产权保护、劳工标准、环境保护、监管一致性等制度创新为重点，加快建设与全球最高经贸规则接轨的国内调控和监管制度体系。加快建立和完善内外贸一体化监管体制，促进内外贸法律法规、监管体制、质量标准等达到全球最高经贸规则要求。对标全球最高经贸规则，进一步深化改革开放，大力推动制度型开放发展，优化市场化、法制化、国际化营商环境，实施贸易政策、投资政策、产业政策、创新政策、知识产权保护等协同调控体系，持续提升贸易投资自由化便利化水平，加快高水平开放经济发展，加快形成国际国内双循环相互促进新发展格局。

本书的研究方法是在国际比较研究的基础上，还应用国际经济周期协动性模型、引力模型、贸易协定深度影响模型等多种计量模型与实证分析，对全球经贸大变局与全球价值链下，国际经济周期协动性变化，货物贸易、服务贸易、国际投资、知识产权保护、海关监管、原产地规则、争端解决规则、营商环境有关协定条款对贸易投资流量流向变化进行实证分析。本书深入分析全球经贸格局深刻变化，深入分析全球经贸规则体系演变，对判断和把握全球经贸格局与全球经贸规则体系重塑的

---

① https：//www.rcepsec.org/legal-text/（Regional Comprehensive Economic Partnership Agreement）（RCEP）.

② https：//wtocenter.vn/（Comprehensive and Progressive Agreement for Trans-Pacific Partnership）（CPTPP）.

互动变化新趋势和新特征，对我国抓住全球经贸大变局和全球经贸规则体系重塑机遇具有重大理论和战略意义。本研究提出有关建议对充分发挥我国在全球经贸大变局、全球经贸规则体系重塑和开放型世界经济治理新体系中的重要作用，为我国高水平开放促进高质量发展具有深远应用前景。

本书是国家社会科学基金重大招标课题"新时期中国产业与贸易政策协同发展机制与实施路径研究"（项目批准号：18ZDA067）的阶段性成果，也是浙江省政府重大课题"对标全球最高经贸规则研究"的研究成果。本书由程惠芳教授提出写作大纲和全书篇章结构，课题组成员分工进行研究和写作完成，参加本书撰写的有程惠芳（第一章、第十章）、洪晨翔（第二章）、岑丽君（第三章）、王俊锜（第四章）、丁小义（第五章）、李许凯（第六章）、田文达（第七章）、余文文（第八章）、庄博（第九章），程惠芳教授对第二章、第三章、第四章、第六章、第七章、第八章、第九章的初稿进行了深入修改，全书由程惠芳教授进行统稿。在此，衷心感谢课题组成员对课题研究和写作的共同努力，还要感谢浙江理工大学文武老师、詹森华老师和浙江工业大学岑丽君老师参加了第一章中的国际经济周期协动性模型及计量工作，感谢王耀颖、刘登鳌、俞萍、王瀚正参加了第三章和第五章的计量模型及计算工作，感谢洪晨翔博士生对第十章贸易投资便利化综合指标体系及指数计算工作的支持，感谢潘望对有关全球数据统计分析。本书是上述成员大家共同努力的成果。衷心感谢中国社会科学出版社支持，衷心感谢刘晓红责任编辑对本书编辑出版辛勤工作，刘晓红编辑的敬业精神令人敬佩。

由于时间紧迫，全球经贸大变局与全球经贸规则体系演变时间跨度长，全球经贸规则条款体系比较复杂，经贸规则文本内容广泛，一些区域性经贸规则协定只有英文版，需要从英文翻译成中文，协定条款涉及面广，我们对全球最高经贸规则的研究水平有限，本书不足之处在所难免，请读者批评指正。

程惠芳

2022 年 4 月 25 日于杭州浙江工业大学

中国数学经济与全球经贸规则研究院

目　录

第一章　全球经贸大变局与全球经贸规则体系重塑变化 …………… 1

 第一节　全球经贸大变局分析………………………………………… 4

 第二节　全球价值链下国际经济周期协动性变化 ………………… 35

 第三节　全球高标准多边经贸规则演变 …………………………… 64

 第四节　欧美区域性多边经贸规则 ………………………………… 95

 第五节　亚太区域性多边经贸规则变化 ………………………… 124

 第六节　全球高标准经贸规则演变与重塑新趋势分析………… 141

 第七节　全球高标准经贸规则新变化对我国经贸发展

    影响分析 ……………………………………………… 149

 第八节　对标全球高标准经贸规则，构建新发展格局

    思考与建议 …………………………………………… 162

第二章　货物贸易规则变化比较分析 …………………………… 168

 第一节　全球货物贸易规则变化比较分析 ……………………… 169

 第二节　对标全球货物贸易规则的差距分析 …………………… 212

 第三节　全球货物贸易规则变化的影响分析 …………………… 219

 第四节　对标全球货物贸易规则的建议 ………………………… 240

第三章　服务贸易规则变化比较分析 …………………………… 243

 第一节　全球服务贸易规则变化比较 …………………………… 244

 第二节　全球服务贸易发展趋势分析 …………………………… 279

第三节 区域服务贸易协定对服务贸易流量的影响
　　　　　实证分析……………………………………………… 283
第四节 对标服务贸易规则差距及其影响分析……………… 290
第五节 对标全球服务贸易规则的建议……………………… 302

第四章 国际投资规则变化比较分析…………………………… 306

第一节 国际投资规则变化比较分析………………………… 307
第二节 投资协定深度实证分析……………………………… 332
第三节 双边投资协定对中国直接投资增长
　　　　　影响分析……………………………………………… 350
第四节 我国投资规则与国际投资规则差距分析…………… 354
第五节 对标国际投资规则，构建国际投资双循环新格局…… 359

第五章 知识产权规则变化比较分析…………………………… 362

第一节 对标知识产权规则的重要性和必要性……………… 363
第二节 全球知识产权规则的变化趋势与特征……………… 364
第三节 中国知识产权保护与存在问题……………………… 375
第四节 全球知识产权规则变化可能产生的影响…………… 384
第五节 知识产权保护与创新发展实证分析………………… 387
第六节 中国对标知识产权规则的对策建议………………… 396

第六章 海关监管与贸易便利化规则比较分析………………… 400

第一节 对标国际海关监管规则的重要性…………………… 401
第二节 海关管理规则变化比较分析………………………… 403
第三节 对标国际海关管理规则存在差距分析……………… 436
第四节 贸易便利化对中国出口贸易影响的实证分析……… 439
第五节 对标国际海关管理规则的建议……………………… 451

第七章 原产地规则变化比较分析……………………………… 453

第一节 原产地规则的定义及变化趋势……………………… 453
第二节 原产地规则的框架及认定方法……………………… 460

第三节　原产地规则对贸易发展的影响 ……………………………… 466
　　第四节　欧美原产地规则对浙江贸易的影响 …………………………… 513
　　第五节　对标原产地规则的政策建议 …………………………………… 520

第八章　争端解决机制及规则变化比较分析 ………………………………… 522
　　第一节　对标全球经贸规则中争端解决机制的必要性与
　　　　　　重要性 …………………………………………………………… 523
　　第二节　争端解决机制的规则比较分析 ………………………………… 525
　　第三节　争端解决规则比较分析 ………………………………………… 543
　　第四节　我国贸易争端解决现状分析 …………………………………… 552
　　第五节　国际争端解决机制与贸易投资发展的实证研究 ……………… 560
　　第六节　对标国际高标准争端解决规则的建议 ………………………… 570

第九章　全球营商环境及其规则变化比较分析 ……………………………… 573
　　第一节　全球经贸规则体系下有关营商环境规则变化比较 …………… 574
　　第二节　我国营商环境与国际营商环境水平比较 ……………………… 592
　　第三节　对标国际营商环境规则的实证检验 …………………………… 615
　　第四节　对标国际营商环境规则，优化营商环境的建议 ……………… 622

第十章　自由贸易区制度创新与贸易投资便利化比较分析 ………………… 626
　　第一节　自由贸易区制度创新的重要意义 ……………………………… 627
　　第二节　自由贸易区制度创新与改革发展新趋势 ……………………… 633
　　第三节　贸易投资便利化水平国际比较分析 …………………………… 636
　　第四节　国内31个省份贸易投资便利化水平比较分析 ………………… 656
　　第五节　中国改革开放与自由贸易试验区制度创新发展 ……………… 675
　　第六节　中国自由贸易试验区深化制度创新与改革
　　　　　　发展建议 ………………………………………………………… 716

附录 ……………………………………………………………………………… 722

参考文献 ………………………………………………………………………… 744

第一章

全球经贸大变局与全球经贸规则体系重塑变化

世界百年未有之大变局加速演进，全球经贸格局深刻变化和全球价值链深化发展正在推动全球经贸规则体系新一轮重构，区域性经贸规则体系加快发展，全球性多边经贸规则体系与区域经贸规则体系竞争加剧，世界经济治理体系出现碎片化发展趋势。深入分析全球经贸大变局与全球经贸规则体系重塑的互动变化及其对我国高水平开放经济发展的影响，已经成为当前迫切需要研究的战略问题。

习近平主席指出："当今世界正经历百年未有之大变局，全球治理体系深刻重塑，国际格局加速演变。"[①] 国际格局加速演变与全球治理体系深刻重塑之间存在什么内在联系？是值得深入研究的重大理论与战略问题。从全球经贸格局演变看，越来越多国家和地区参与国际贸易与国际直接投资，国际贸易与国际直接投资规模持续扩大，全球产业链和价值链发展时空范围扩大，经济全球化仍然在深化发展，经济全球化历史潮流不会逆转。国际经贸格局处于深刻变化过程中，美国、英国、日本等发达国家在全球货物贸易中的地位明显下降，中国等发展中国家在国际货物贸易和国际直接投资中的地位持续上升，美国为维护世界霸权地位，实施美国优先战略和贸易投资保护主义，实施贸易战与科技战，试图全方位遏制中国发展，提出对世界贸易组织进行改革，并加快推动

[①] 习近平主席2019年6月27日在日本大阪会见日本前首相安倍晋三时的重要讲话，央视新闻客户端，2019年6月28日。

区域性经贸规则体系建设，由此导致全球经济治理体系重塑中，出现全球性多边经贸规则体系权威性和领导力有所下降，而区域性经贸规则体系加快发展，全球经济治理体系出现碎片化趋势。

从世界经济发展史看，全球经贸格局与全球经济治理体系是世界范围内经济基础与上层建筑的关系，全球经贸格局（经济基础）深刻变化必然引发全球经济治理体系（上层建筑）协同变化，否则世界经济运行就会失衡、失控或发生严重障碍。要准确判断经济全球化与全球经济治理体系向何处去？有必要深入分析全球经贸格局变化，深入分析全球经贸规则体系演变，判断和把握全球经贸格局与全球经贸规则体系重塑的互动变化新趋势和新特征。本章对第二次世界大战以来全球经贸格局中的商品贸易格局、服务贸易格局、国际直接投资格局、全球产业格局、世界大国经济格局的深刻变化进行分析，并对全球高标准经贸规则体系中的《关税与贸易总协定》（General Agreement on Tariff and Trade, GATT）[1]、《世界贸易组织协定》（World Trade Organization Agreement, WTO Agreement）[2]、《欧洲联盟条约》（Treaty on European Union）[3]、《美国—墨西哥—加拿大协定》（United States-Mexico-Canada Agreement, USMCA）[4]、《跨太平洋伙伴关系协定》（Trans-Pacific-Partnership Agreement, TPP）[5]、《全面与进步跨太平洋伙伴关系协定》（Comprehensive and Progressive Agreement for Trans-Pacific Partnership, CPTPP）[6]、《区域全面经济伙伴关系协定》（Regional Comprehensive Economic Partnership Agreement, RCEP）[7] 等经贸规则演变进行深入分析，旨在

---

[1] https：//www.wto.org/GATT Documents 1946-1948/（General Agreement on Tariff and Trade）（GATT）．

[2] https：//www.wto.org/english/docs_e/legal_e/final_e.htm/（World Trade Organization Agreement）（WTO Agreement）．

[3] https：//www.european-union.europa.eu/ "Treaty on European Union" (EU), Official Journal of the European Communities, 29.7.92.

[4] https：//ustr.gov/trade-agreements/free-trade-agreements/unitedstates-mexico-canada-agreement/（United States-Mexico-Canada Agreement）（USMCA）

[5] https：//ustr.gov/trade-agreements/（Trans-Pacific-Partnership Agreement）（TPP）．

[6] https：//www.sice.oas.org/Trade/English/CPTPP_Index_e.asp/（Comprehensive and Progressive Agreement for Trans-Pacific Partnership）（CPTPP）

[7] https：//rcepsec.org/legal-text/（Regional Comprehensive Economic Partnership Agreement）（RCEP）．

第一章 全球经贸大变局与全球经贸规则体系重塑变化

探讨全球经贸格局变化与全球最高经贸规则体系重塑及演变之间的内在关系，并判断全球经贸格局与全球最高经贸规则体系是协同性发展还是背离性发展。通过对全球经贸格局变化与全球经贸规则体系演变及重塑的系统梳理分析，发现当前全球经贸格局深刻变化与全球经贸规则体系重塑既有协同发展的新趋势，也出现了一些严重背离发展的趋势。

全球经贸大变局与全球经贸规则体系演变进入了十字路口的关键时期，世界经济进入复杂动荡变化背景下，习近平主席提出："我们要继承和弘扬联合国宪章的宗旨和原则，构建以合作共赢为核心的新型国际关系，打造人类命运共同体。"[1] 习近平主席提出"这个世界，各国相互联系、相互依存的程度空前加深，人类生活在同一个地球村里，生活在历史和现实交汇的同一个时空里，越来越成为你中有我、我中有你的命运共同体。"[2] "我们要坚持多边主义，不搞单边主义；要奉行双赢、多赢、共赢的新理念，扔掉我赢你输、赢者通吃的旧思维。"[3] 习近平主席的构建人类命运共同体新理论为全球最高经贸规则体系重塑指明了战略方向，为我国对标全球最高经贸规则明确了战略目标，我国要加快对标符合人类命运共同体理念的全球最高经贸规则，坚持各国相互尊重、平等相待、互利共赢、共同发展，秉持"共商、共建、共享"原则[4]，反对贸易投资保护主义，反对霸权主义，坚定不移走经济全球化发展的正确道路，坚定维护全球多边经贸规则体制，在习近平主席构建人类命运共同体理论指引下，推动建设开放型世界经济、构建符合人类命运共同体理念的全球多边经贸规则体系与加快我国高水平开放经济新体制的协同发展新格局，充分发挥我国在全球经贸大变局、全球经贸规则体系重塑和开放型世界经济治理新体系中的重要作用。

本章对全球经贸大变局与全球最高经贸规则变化新趋势及其对我国开放经济发展影响进行了深入分析，对全球经贸格局与全球最高经贸规则体系的互动变化以及国际经济周期协动性变化进行研究基础上，提出

---

[1] 习近平：《论坚持推动构建人类命运共同体》，中央文献出版社2018年版，第254页。
[2] 习近平：《论坚持推动构建人类命运共同体》，中央文献出版社2018年版，第5页。
[3] 习近平：《论坚持推动构建人类命运共同体》，中央文献出版社2018年版，第254页。
[4] 习近平：《论坚持推动构建人类命运共同体》，中央文献出版社2018年版，第212页。

遵循习近平主席提出人类命运共同体理念，加快对标符合人类命运共同体理念的全球最高经贸规则，加快制度型开放经济发展，促进高水平开放，增强我国在全球经贸规则体系新一轮重塑中的话语权，加快形成国际国内相互促进新发展格局的若干思考与建议。

第一节　全球经贸大变局分析

当今世界经济正经历新一轮大变革大调整大发展的关键时期，国际贸易、国际直接投资、产业结构、全球产业链和价值链等世界经贸格局都发生了深刻变化，经济全球化进程正遭遇新冠肺炎疫情全球蔓延、美国贸易战、科技战等外部冲击影响，全球经济结构失衡、收入分配不均加剧、全球经济治理体系缺陷等多重冲击叠加，经济全球化发展的动力、内涵、规模、速度和结构将发生深刻变化。[1] 习近平主席在接见回国参加 2017 年度驻外使节工作会议的全体使节时重要讲话指出："放眼世界，我们面对的是百年未有之大变局。新世纪以来一大批新兴市场国家和发展中国家快速发展，世界多极化加速发展，国际格局日趋均衡，国际潮流大势不可逆转。"[2] 习近平主席 2019 年 10 月 25 日在同巴西总统博索纳罗会谈时指出："当今世界正经历百年未有之大变局，但和平、发展、合作、共赢的时代潮流没有变。"[3] 本节重点是对半个多世纪以来商品贸易格局、服务贸易格局、国际直接投资格局、产业格局和世界经济大国格局的深刻变化进行分析，为了解全球经贸格局对全球经贸规则体系变化的影响，为进一步对全球经贸格局大变化与全球经贸规则体系演变的互动关系研究提供一些思路。

---

[1] 权衡：《经济全球化发展：实践困境与理论反思》，《复旦大学学报》（社会科学版）2017 年第 6 期。
[2] 新华社：《习近平主席 2017 年 12 月 28 日在人民大会堂接见回国参加 2017 年度驻外使节工作会议的全体使节并发表重要讲话》2017 年 12 月 29 日。
[3] 中央广播电视总台央视新闻：《习近平主席 2019 年 10 月 25 日在北京人民大会堂同巴西总统博索纳罗会谈中发表重要讲话》2019 年 10 月 25 日。

一 国际商品贸易发展格局发生深刻变化

(一) 全球商品进出口贸易持续增长

自1948年以来,全球商品进出口贸易持续增长,国际商品进出口贸易规模不断扩大。全球商品出口贸易额从1948年的586亿美元发展到2019年的19万亿美元(见图1-1),全球商品进口贸易额从1948年的623亿美元发展到2019年的19.28万亿美元(见图1-2)。自2008年国际金融危机以来,全球商品进出口贸易出现波动性增长,2009年、2015—2016年全球贸易出现明显负增长,全球商品进出口贸易额出现明显下降。2018年美国贸易摩擦、2020年新冠肺炎疫情全球蔓延,又导致2019—2020年全球商品出口贸易额出现负增长(见图1-1、图1-2),数据表明金融危机、贸易摩擦、新冠肺炎疫情对全球商品贸易带来明显负面冲击。

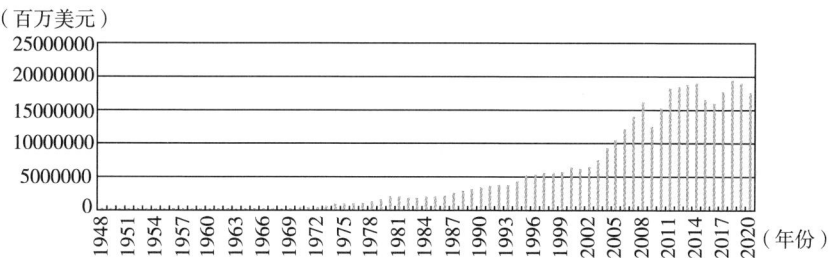

图1-1 全球商品出口贸易额变化

资料来源:根据UNCTAD Statistics商品出口贸易数据制作。

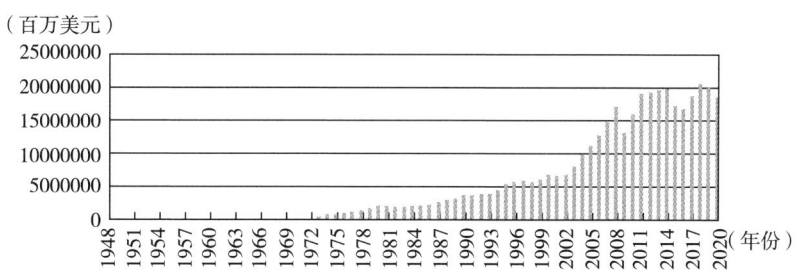

图1-2 全球商品进口贸易额变化

资料来源:根据UNCTAD Statistics商品进口额数据制作。

（二）全球商品和服务进出口贸易依存度稳中有升

1970—2010 年，全球商品和服务出口贸易依存度、发达经济体和发展中经济体的商品和服务出口贸易依存度持续提升（见图 1-3），表明商品和服务国际化及经济全球化持续深化发展。全球商品和服务出口贸易依存度（全球商品和服务出口贸易依存度=全球商品和服务出口额/全球 GDP）从 1970 年的 11.26% 上升到 2010 年的 28.77%，同期发达经济体的商品和服务出口贸易依存度（发达经济体商品和服务出口依存度=发达经济体商品和服务出口额/发达经济体 GDP）从 10.7% 上升到 25.8%，发展中经济体的商品和服务出口贸易依存度（发展中经济体商品和服务出口依存度=发展中经济体商品和服务出口额/发展中经济体 GDP）从 15.6% 上升到 37.7%。但是，2009—2019 年，全球商品和服务出口贸易依存度、发达经济体和发展中经济体的商品和服务出口贸易依存度出现了波动性变化，表明商品和服务国际化及经济全球化进入了重要调整阶段。

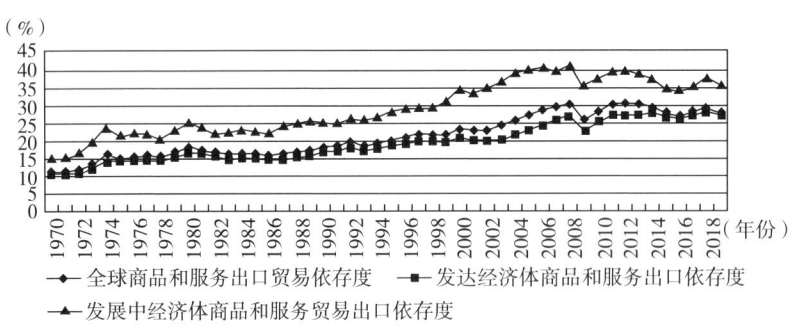

图 1-3　商品与服务出口贸易依存度变化

资料来源：根据 UNCTAD Statistics 数据制作。

1970—2010 年，全球商品和服务进口贸易依存度、发达经济体和发展中经济体的商品和服务进口贸易依存度持续提升（见图 1-4），全球商品和服务进口贸易依存度（全球商品和服务进口贸易依存度=全球商品和服务进口额/全球 GDP）从 1970 年的 11% 上升到 2010 年的 27.84%，同期发达经济体的商品和服务进口贸易依存度（发达经济体商品和服务进口依存度=发达经济体商品和服务进口额/发达经济体GDP）从10.7%上升到25.89%，发展中经济体的商品和服务进口贸易依存度（发展中经济体商品和服务进口依存度=发展中经济体商品和服务进口额/发展中经济体GDP）从16%上升到35%。但是，2008年国际金融危机以来，全球商品和服务进口依存度进入相对稳定阶段（见图1-4），商品和服务国际化及经济全球化进入平缓发展阶段。

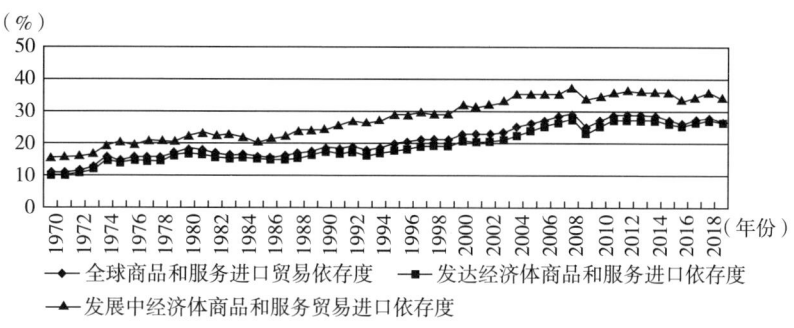

图1-4　商品与服务进口贸易依存度变化

资料来源：根据UNCTAD Statistics数据制作。

（三）发达经济体与发展中经济体在商品贸易中地位发生明显变化

1954—1999年，发达经济体的商品出口额占全球商品出口额比例一直保持在70%以上，1969—1972年发达经济体的商品出口额占比曾经高达80%以上。2000年以来，发达经济体的商品出口额占全球商品出口额比例从1999年的70.5%下降到2020年的54.2%，而同期发展中经济体商品出口额占全球商品出口贸易比例从29.4%上升到45.8%，发达经济体与发展中经济体商品进出口贸易比例进入平行发展阶段（见图1-5、图1-6），随着发展中经济体在全球商品出口贸易中地位提升，发展中经济体对参与全球经贸规则制定和世界经济治理的内生动力也不断增强。

二　全球服务贸易格局发生深刻变化

（一）全球服务贸易持续增长

自1980年以来，全球服务贸易出口额从1980年的3956亿美元增

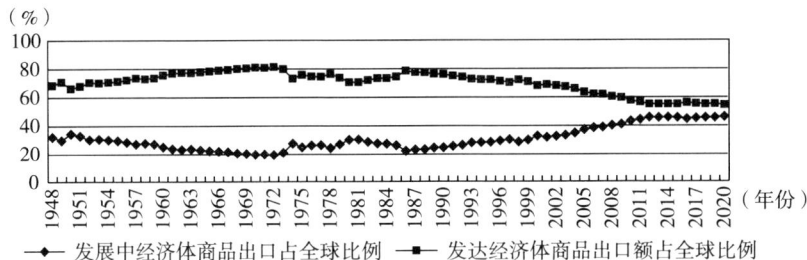

图 1-5　发达经济体与发展中经济体商品出口贸易额占全球商品出口额比例变化

资料来源：根据 UNCTAD Statistics 商品出口贸易数据制作。

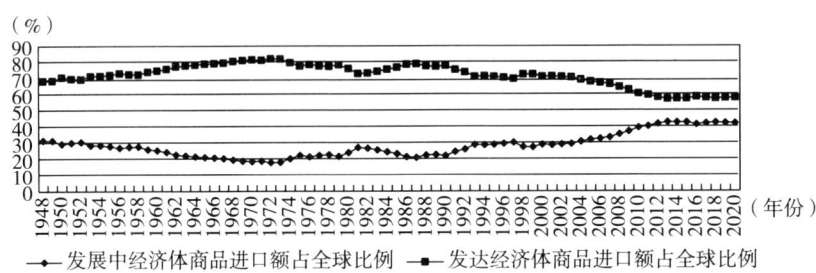

图 1-6　发达经济体与发展中经济体商品进口额占全球商品进口总额比例变化

资料来源：根据 UNCTAD Statistics 商品进口贸易数据制作。

加到 2019 年的 62268 亿美元，同期发达经济体服务贸易出口额从 3124 亿美元增加到 43327 亿美元，发展中经济体服务贸易出口额从 733 亿美元增加到 18940 亿美元（见图 1-7）。

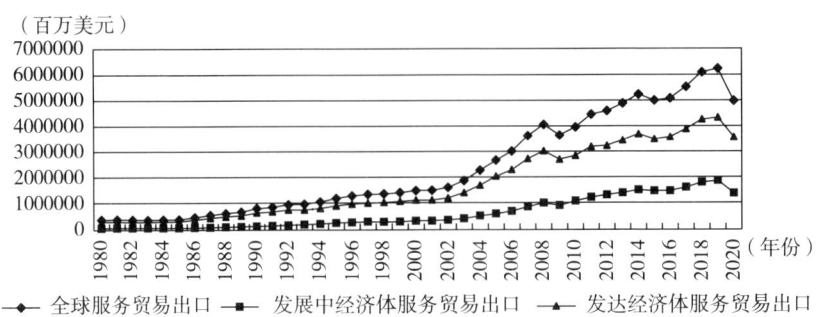

图 1-7　全球服务贸易出口额变化

资料来源：根据 UNCTAD Statistics 服务贸易数据制作。

第一章 全球经贸大变局与全球经贸规则体系重塑变化

1980—2019年，全球服务贸易进口额从1980年的4477亿美元增加到2019年的59469亿美元，同期发达经济体服务贸易进口额从2957亿美元增加到37635亿美元，发展中经济体服务贸易进口额从1395亿美元增加到21833亿美元（见图1-8）。2020年新冠肺炎疫情全球蔓延，全球服务贸易进出口额明显下降，表明新冠肺炎疫情对全球服务贸易冲击比较严重。

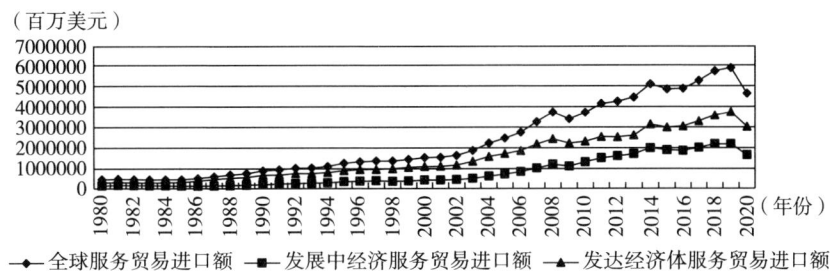

图1-8 全球服务贸易进口额变化

资料来源：根据 UNCTAD Statistics 服务贸易数据制作。

（二）全球服务贸易依存度稳中有升，服务贸易依存度明显低于货物贸易

1980—2020年，全球服务贸易出口依存度（全球服务贸易出口依存度=全球服务贸易出口额/全球GDP）从1980年的3.2%增加到2019年的7.1%，2020年由于新冠肺炎疫情，全球服务贸易出口依存度又回落到5.9%。1980—2003年，发达经济体服务贸易依存度从3.3%增加到4.7%，变化幅度比较小。2004—2019年，发达经济体服务贸易出口增长加快，发达经济体服务贸易出口依存度从2005年的5%增加到2019年的8.3%（见图1-9）。

1980—2020年，全球服务贸易进口依存度（全球服务贸易进口依存度=全球服务贸易进口额/全球GDP）从1980年的3.6%增加到2019年的6.8%，2020年由于新冠肺炎疫情，全球服务贸易进口依存度又回落到5.5%。1980—2003年，发达经济体服务贸易进口依存度从3.1%增加到4.6%，变化幅度比较小。2004—2019年，发达经济体服务贸易

图 1-9　全球服务贸易出口依存度变化

资料来源：根据 UNCTAD Statistics 服务贸易数据制作。

进口增长加快，发达经济体服务贸易进口依存度从 2005 年的 5.2% 增加到 2019 年的 7.2%（见图 1-10）。

自 1980 年以来，发展中经济体服务贸易进口依存度从 1980 年的 5% 增加到 2019 年的 6.2%，增加速度比较缓慢。但是在 1980—2011 年，发展中经济体服务贸易进口依存度明显高于发达经济体与全球平均水平，而自 2015 年以来，发展中经济体服务贸易进口依存度出现持续下降态势（见图 1-10）。

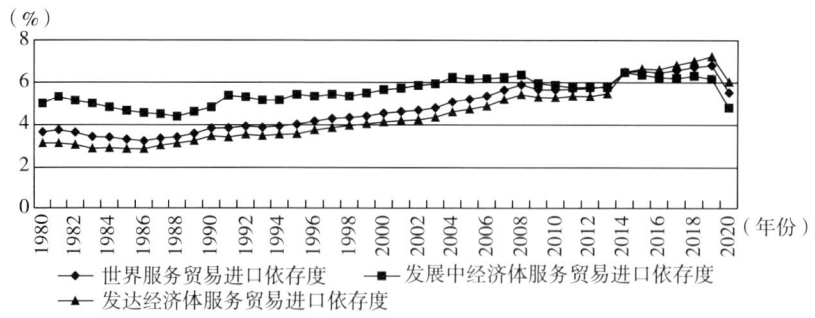

图 1-10　全球服务贸易进口依存度

资料来源：根据 UNCTAD Statistics 服务贸易数据制作。

全球服务贸易进出口依存度明显低于全球货物贸易进出口依存度，

表明全球服务贸易开放水平明显低于货物贸易，全球货物贸易规模远比全球服务贸易规模大（见图1-11），说明全球贸易服务开放发展具有巨大潜在发展空间，发达经济体积极推动服务贸易规则改革创新，迫切希望推动服务贸易加快发展。

图1-11　全球货物贸易与服务贸易出口额比较

资料来源：根据 UNCTAD Statistics 货物贸易与服务贸易数据制作。

（三）发达经济体与发展中经济体的服务贸易比例变化

自1980年以来，发达经济体服务贸易出口额占全球服务贸易出口总额比例一直高达70%以上，在1986—1988年甚至高达80%以上。发展中经济体服务贸易出口额占全球服务贸易出口总额比例一直稳定在30%以下，说明发达经济体的服务贸易出口具有很强竞争优势（见图1-12），美国、欧盟等发达经济体大力推动全球服务贸易规则创新，以促进发达经济体服务贸易出口发展。

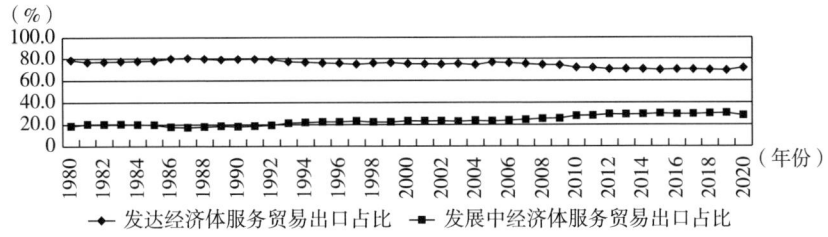

图1-12　发达经济体与发展中经济体的服务贸易出口比例变化

资料来源：根据联合国贸发会议数据库 UNCTAD Statistics 数据制作。

1980—2020年，发达经济体服务贸易进口额占全球服务贸易进口总额比例处于61%—75%，发展中经济体服务贸易进口额占全球服务贸易进口总额比例处于25%—39%（见图1-13），美国、欧盟等发达经济体大力推动全球服务贸易规则创新，以促进发达经济体服务贸易进口发展，发展中经济体服务贸易进口逐步增加，2003年以来，发展中经济体服务贸易进口额占全球服务贸易进口总额比例从2003年的26.3%增加到2015年的38.6%，2015—2020年，发展中经济体服务贸易进口额占比从2015年的38.6%缓慢回落到2020年的35.1%。

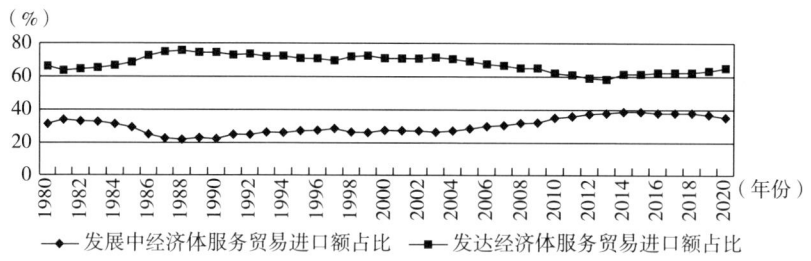

图1-13 发达经济体与发展中经济体的服务贸易进口比例变化

资料来源：根据联合国贸发会议数据库UNCTAD Statistics数据制作。

从图1-13中的曲线看，发达经济体服务贸易出口和进口都具有比较明显的竞争优势，发达经济体为发挥服务贸易出口竞争优势，积极推动全球服务贸易规则的改革创新，大力推动发展中经济体的服务市场开放和服务贸易开放。

三　国际直接投资格局发生深刻变化

（一）国际直接投资存量持续增长

1980—2020年，国际直接投资存量规模持续增长。全球直接投资流出存量从1980年的5600亿美元增加到2020年的39.24万亿美元，其中发达经济体直接投资流出存量从4882亿美元增加到30.5万亿美元，发展中经济体直接投资流出存量从717亿美元增加到8.7万亿美元（见图1-14）。

自1980年以来，国际直接投资流入存量规模持续增长。全球直接投资流入存量从1980年的7004亿美元增加到2020年的41.35万亿美

第一章 全球经贸大变局与全球经贸规则体系重塑变化

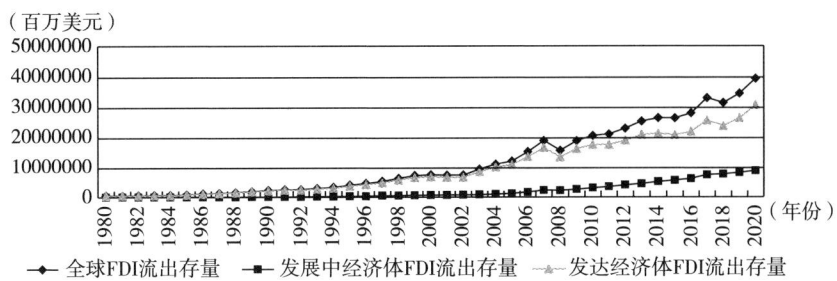

图 1-14　国际直接投资流出存量变化

资料来源：根据联合国贸发会议数据库 UNCTAD Statistics FDI 数据制作。

元，其中发达经济体直接投资流入存量从 4066 亿美元增加到 29.28 万亿美元，发展中经济体直接投资流入存量从 2938 亿美元增加到 12.06 万亿美元（见图 1-15）。

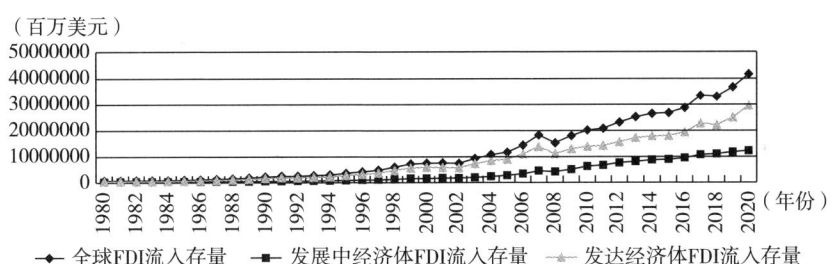

图 1-15　国际直接投资流入存量变化

资料来源：根据联合国贸发会议数据库 UNCTAD Statistics FDI 数据制作。

（二）国际直接投资年流量波动性增长

全球国际直接投资年流出额从 1970 年的 141 亿美元增加到 2019 年的 1.22 万亿美元，同期全球国际直接投资年流入额从 132 亿美元增加到 1.5 万亿美元。

21 世纪以来国际直接投资年流入额和流出额出现波动性增长，自 2008 年以来国际直接投资年流量波动性幅度明显加大，国际直接投资年流量波动性主要与发达经济体国际直接投资波动性存在密切关系（见图 1-16、图 1-17）。

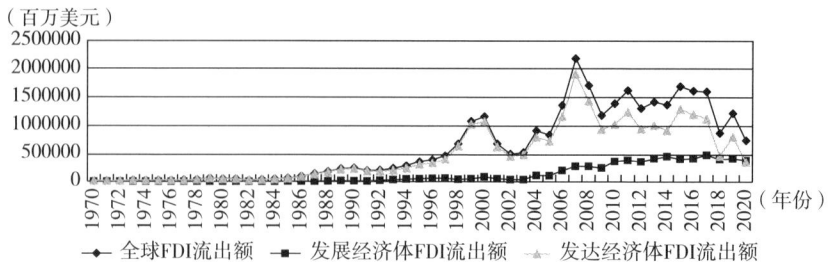

图 1-16 国际直接投资年流出额变化

资料来源：根据联合国贸发会议数据库 UNCTAD Statistics FDI 数据制作。

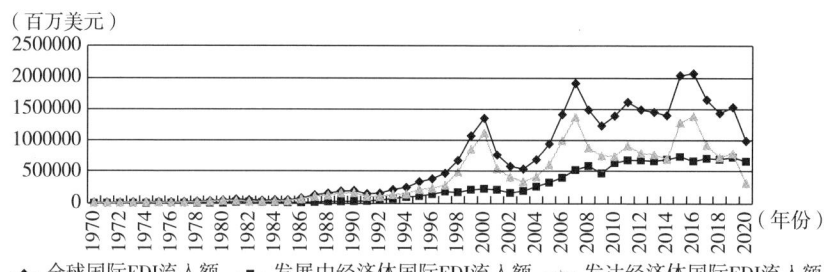

图 1-17 国际直接投资年流入额变化

资料来源：根据联合国贸发会议数据库 UNCTAD Statistics FDI 数据制作。

（三）国际直接投资分布格局发生明显变化

1970—2020 年，国际直接投资年流量分布格局发生深刻变化，发展趋势是发达经济体在国际直接投资中比例明显下降，发展中经济体在国际直接投资中的比例持续上升。发达经济体国际直接投资年流入额占全球国际直接投资流入总额比例从 1970 年的 71.6%下降到 2020 年的 32.9%（见图 1-18），同期发展中经济体国际直接投资年流入额占全球国际直接投资流入总额比例从 28.4%上升到 67.1%（见图 1-18），2020 年发展中经济体的国际直接投资流入额规模首次超过发达经济体国际直接投资流入规模。

1970—2020 年，国际直接投资年流出额分布格局发生深刻变化，发达经济体国际直接投资（FDI Outward）流出额占全球国际直接投资流出额（FDI Outward）的比例从 1970 年的 99.7%下降到 2020 年的

图 1-18　国际直接投资（FDI）流入额比例变化

资料来源：根据 UNCTAD Statistics FDI 数据制作。

47.8%，下降了52个百分点。1970—2008年，发达经济体国际直接投资流出额占全球比例一直高达80%以上，发达经济体长时期垄断国际直接投资领域。但是2008年国际金融危机以来，发达经济体的国际直接投资流出额占全球国际直接投资流出总额比例持续下降，2020年美国等发达国家对新冠肺炎疫情防控不力，美国推动产业和企业回归美国本土更使美国等发达经济体国际直接投资流出额大幅度下降（见图1-19）。以中国为代表的发展中经济体国际直接投资流出额占全球国际直接投资流出总额的比例从1970年的0.3%上升到2020年的52.2%，发展中经济体国际直接投资流出额占全球比例首次超过发达经济体（见图1-19）。

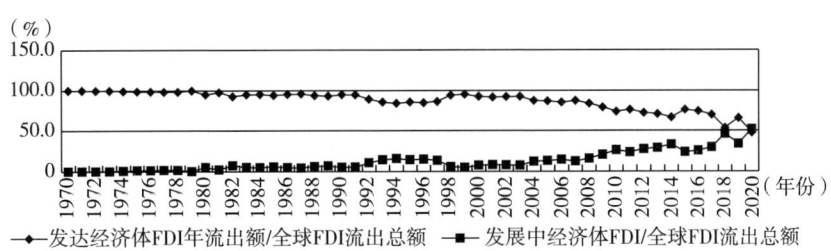

图 1-19　国际直接投资（FDI）流出额比例变化

资料来源：根据 UNCTAD Statistics FDI 数据制作。

自1980年以来，国际直接投资存量分布格局也发生了深刻变化。发达经济体国际直接投资流出存量额从1980年的87.2%下降到2018

年的76%（见图1-20、图1-21），发达经济体国际直接投资流入存量额从1998年的79.6%下降到2020年的70.8%（见图1-22、图1-23），发展中经济体国际直接投资流出存量额从1980年的12.8%上升到2018年的24%（见图1-20、图1-21），发展中经济体流入存量额从1998年的20.4%上升到2020年29.2%（见图1-22、图1-23）。

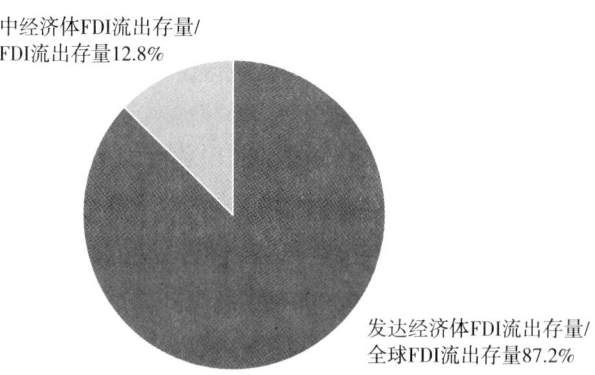

图1-20 1980年FDI流出存量比例

资料来源：根据UNCTAD Statistics数据制作。

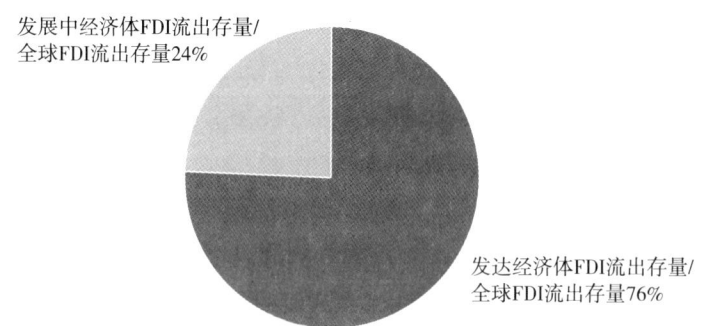

图1-21 2018年FDI流出存量比例

资料来源：根据UNCTAD Statistics数据制作。

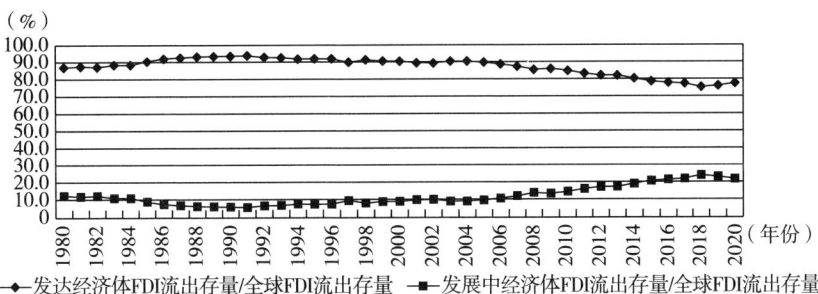

图 1-22　发达经济体与发展中经济体 FDI 流出存量比例变化

资料来源：根据联合国贸发会议数据库 UNCTAD Statistics FDI 数据制作。

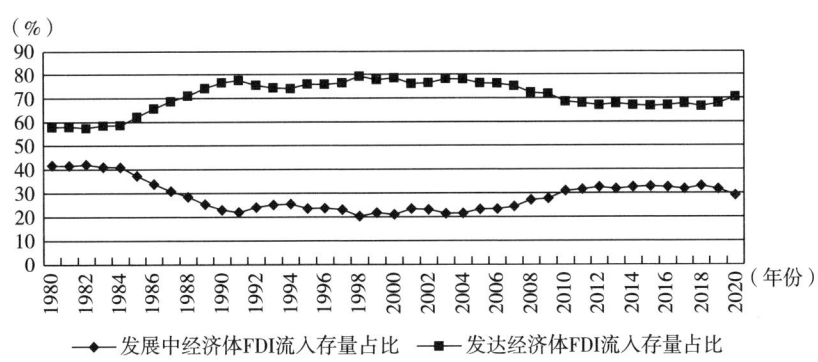

图 1-23　发达经济体与发展中经济体 FDI 流入存量比例变化

资料来源：根据联合国贸发会议数据库 UNCTAD Statistics FDI 数据制作。

从上述图 1-22、图 1-23 数据表明，发达国家在国际直接投资存量方面仍然具有很强竞争优势。

四　全球产业格局发生深刻变化

（一）全球服务业持续较快发展

1970—2019 年，全球第一、第二、第三产业结构发生了深刻变化。全球第一产业（农、林、牧、渔业）的增加值占全球总增加值比例从 1970 年的 9.4% 下降到 2019 年的 4.2%，全球第二产业增加值占全球总增加值比例从 37.3% 下降到 27.9%，全球第三产业（服务业）增加值占全球总增加值比例从 53.3% 上升到 67.9%，全球进入服务经济加快发展阶段（见图 1-24）。

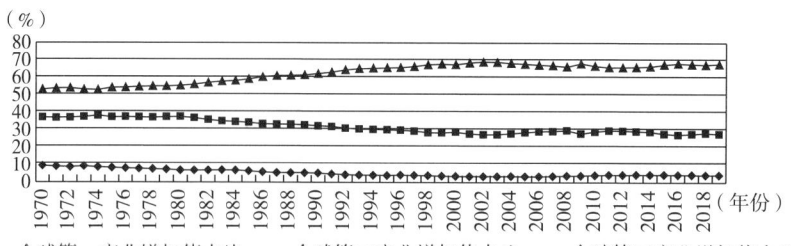

图 1-24　全球第一、第二、第三产业增加值/全球总增加值比例变化

资料来源：根据联合国贸发会议数据库产业数据制作。

（二）全球产业大国格局发生深刻变化

1. 全球第一产业大国格局变化——中国稳居全球第一产业大国地位

1970—2019 年，全球第一、第二、第三产业大国格局发生深刻变化。中国、印度和美国是居全球前三位的第一产业大国。中国一直是第一产业增加值规模居全球第一大国，中国第一产业增加值从1970年的325亿美元增加到2019年的1.06万亿美元，中国第一产业总增加值占全球第一产业总增加值比例从1970年的10.5%增加到2019年的30.3%（见图1-25），中国饭碗要牢牢端在自己手里是由第一产业生产能力决定的，中国饭碗中主粮（大米、小麦）已经端在自己手里。印度第一产业增加值从1970年的251亿美元增加到2019年的4638亿美元，同期印度第一产业总增加值占全球第一产业总增加值比例从8%上升到13%（见图1-25），印度第一产业增加值规模居全球第2位。美国第一产业增加值从1970年的252亿美元增加到2019年的1761亿美元，同期美国第一产业增加值占全球第一产业总增加值比例从8%下降到5%（见图1-26），美国第一产业增加值只有中国第一产业增加值的16.6%，美国第一产业增加值居全球第3位。

2. 全球第二产业大国格局变化——中国替代美国成为全球工业第一大国

1970—2019 年，全球第二产业大国格局发生深刻变化。美国曾经在1970—2008年一直是全球第二产业居首位的工业大国，美国第二产业增加值从1970年的3422亿美元增加到2019年的39987亿美元（见

第一章 | 全球经贸大变局与全球经贸规则体系重塑变化

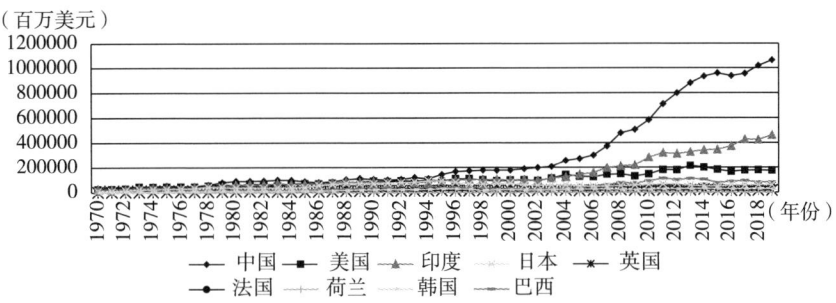

图 1-25 全球第一产业大国增加值变化

资料来源：根据联合国贸发会议数据库产业数据制作。

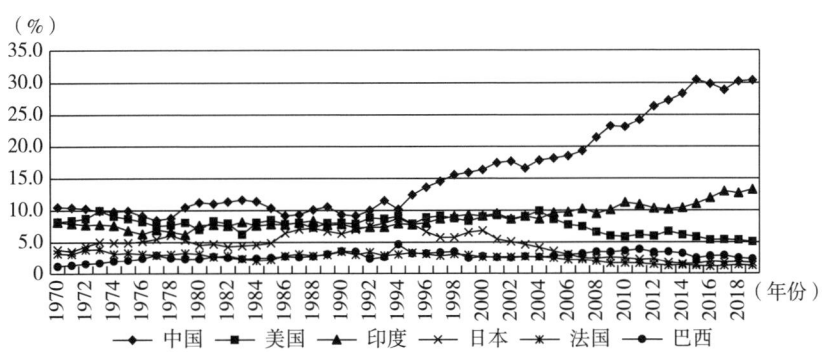

图 1-26 第一产业大国增加值占全球第一产业增加值比例变化

资料来源：根据联合国贸发会议数据库产业数据制作。

图 1-27），同期美国第二产业总增加值占全球第二产业增加值比例从 27.8%下降到 17.2%，2011 年以来美国成为全球工业第二大国（见图 1-28）。中国第二产业增加值从 1970 年的 374 亿美元增加到 2019 年的 56165 亿美元（见图 1-27），同期中国第二产业增加值占全球第二产业总增加值比例从 3%增加到 24.1%，中国第二产业增加值规模在 2011 年超过美国，自 2011 年以来，中国成为第二产业居全球首位工业大国（见图 1-28）。日本曾经长期是全球第二工业大国，日本第二产业增加值从 1970 年的 950 亿美元增加到 2019 年的 14629 亿美元，日本第二产业增加值占全球第二产业增加值的比例从 7.7%下降到 6.3%，日本曾经在 1986—2001 年第二产业增加值占全球比例达到 15%—20%（见图

19

1-28），2007年中国第二产业增加值超过日本，2007年以来日本第二产业增加值居全球第3位（见图1-27）。

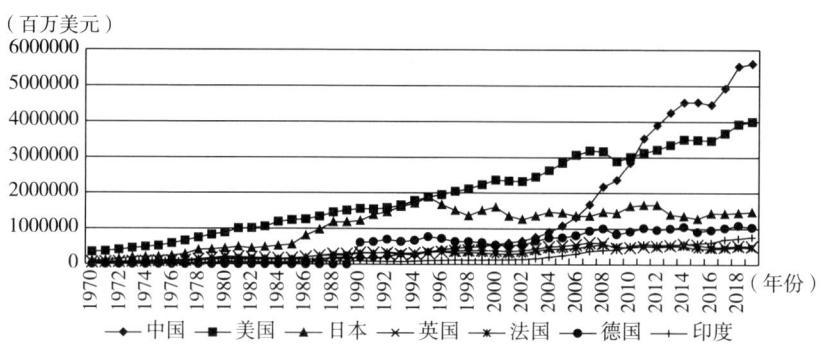

图1-27　全球第二产业大国增加值变化

资料来源：根据联合国贸发会议数据库产业数据制作。

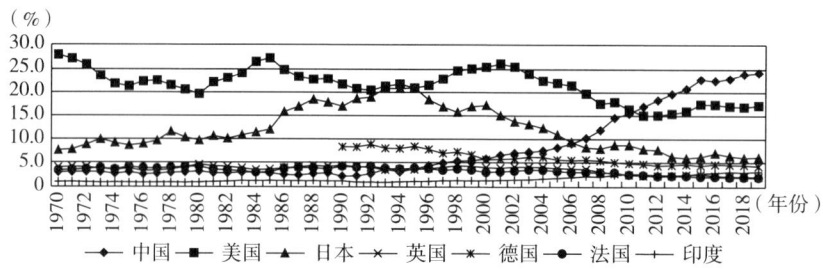

图1-28　第二产业大国增加值占全球第二产业增加值比例变化

资料来源：根据联合国贸发会议数据库产业数据制作。

3. 全球第三产业格局稳中有变——美国依然是全球服务业第一大国

自1970年以来，美国第三产业增加值一直居全球服务业第一，美国第三产业增加值从1970年的6986亿美元增加到2019年的17.3万亿美元（见图1-29），美国第三产业增加值占全球第三产业总增加值的比例从39.8%下降到30.6%（见图1-30），但美国仍然是第三产业第一大国，也是第三产业（服务业）国际竞争力最强的国家。21世纪以来，特别是2013年党的十八大以来，中国第三产业（服务业）实现持续较快增长，中国第三产业增加值从 1970 年的 226 亿美元增加到 2019 年的 76614 亿美元，同期中国第三产业增加值占全球第三产业总增加值比例从 1.3%上升到 13.5%（见图 1-30），中国在 2013 年第三产业增加值超过日本居全球第 2 位。日本第三产业增加值从 1970 年的 1024 亿美元增加到 2019 年的 35323 亿美元，日本在 1970—2012 年第三产业增加值居全球第 2 位（见图 1-29）。1995 年以来，日本第三产业增长持续减缓，2013 年日本被中国超过后退居第 3 位。2013 年以来，日本第三产业增长依然平缓，日本第三产业增加值占全球第三产业增加值比例从 1995 年的 17.7%持续下降到 2019 年的 6.2%（见图 1-30）。

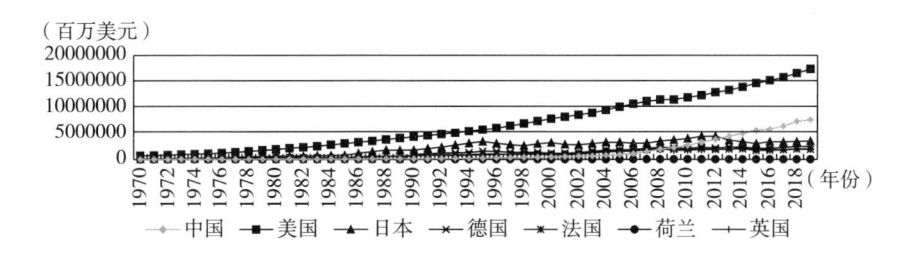

图 1-29 全球第三产业大国增加值变化

资料来源：根据联合国贸发会议数据库产业数据制作。

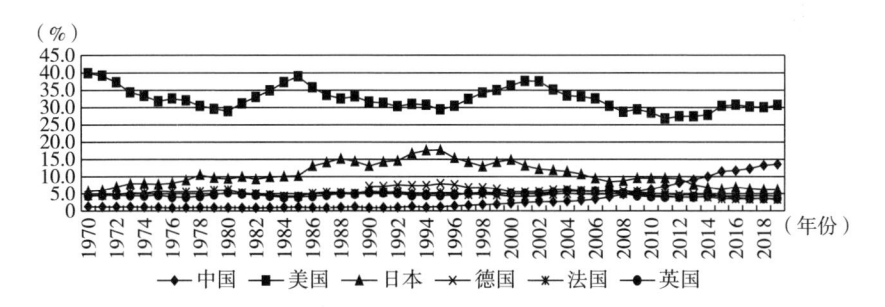

图 1-30 第三产业大国增加值占全球第三产业增加值比例变化

资料来源：根据联合国贸发会议数据库产业数据制作。

五 全球贸易投资大国格局发生深刻变化

（一）全球商品贸易大国格局发生深刻变化

全球商品贸易大国格局发生了深刻变化，参与全球商品贸易国家和地区数量持续增加，其中参与出口商品贸易国家和地区的数量从 1948

年的143个增加到2020年的220个，参与商品进口贸易国家和地区数量从1948年的139个增加到2020年的218个（见图1-31）。越来越多的国家和地区参加全球商品进出口贸易，使全球商品贸易伙伴的范围不断扩大。越来越多的国家和地区参加全球商品进出口贸易，表明经济全球化仍然在持续发展，商品国际化、经济全球化和多边经贸体系已经成为不可逆转的历史潮流。

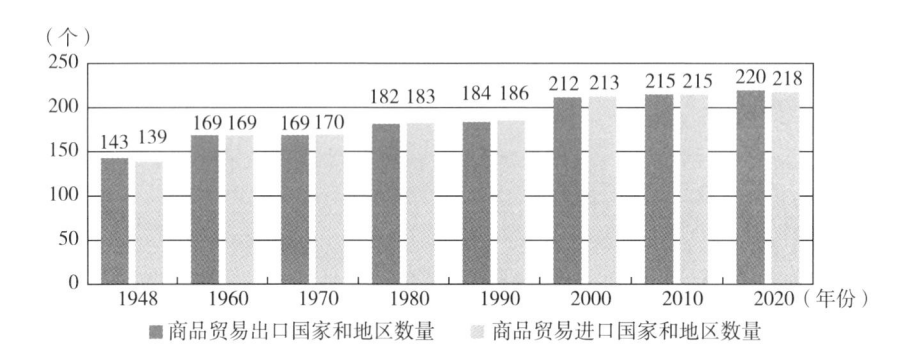

图1-31 全球参与商品贸易国家和地区数量变化

资料来源：根据联合国贸发会议数据库UNCTAD Statistics商品贸易数据制作。

全球商品进出口贸易大国的地位发生了深刻变化。1948—2020年，全球前十位的商品出口贸易大国排序发生了明显变化。一是美国、英国、法国、加拿大等发达国家的商品出口贸易大国地位下降，而中国、中国香港、韩国等亚洲国家和地区在商品贸易大国中地位上升，东升西降趋势明显（见表1-1）。二是全球前十位的出口贸易大国的出口额不断扩大，1948年全球商品出口贸易大国的出口额在百亿美元以内，1960—1970年，前十位的商品出口贸易大国的年出口额在500亿美元以内。1980—2000年，全球前十位的商品出口贸易大国的年出口额突破千亿美元。自21世纪以来，特别是2010年以后，中国、美国和德国的年商品出口额都突破万亿美元，2020年中国商品出口额高达2.5万亿美元，美国商品出口额达到1.43万亿美元，德国商品出口额达到1.37万亿美元。

1948—2009年，美国曾经一直稳居全球商品贸易出口第一大国地位（除个别年份德国居首位外），2010年以来中国替代美国成为全球商

表 1-1　全球前十大商品出口贸易国家和地区排序

单位：百万美元

国家/地区	1948年	国家/地区	1960年	国家/地区	1970年	国家/地区	1980年	国家/地区	1990年	国家/地区	2000年	国家/地区	2010年	国家/地区	2020年
美国	12653	美国	19626	美国	43225	美国	22556	德国	421100	美国	781918	中国	1577754	中国	2591121
英国	6605	西德	11415	西德	34228	美国	192860	美国	393592	德国	550447	美国	1278495	美国	1431638
加拿大	3201	英国	10609	英国	19430	西德	130441	日本	287580	日本	49296	德国	1258923	德国	1379999
法国	2058	法国	6970	日本	19317	日本	116423	法国	217262	法国	326802	日本	769773	荷兰	674475
比利时	1690	加拿大	5818	法国	18221	法国	110137	英国	185107	英国	284720	荷兰	574251	日本	641375
澳大利亚	1649	苏联	5564	加拿大	16786	沙特	109083	意大利	170304	加拿大	276617	法国	523767	中国香港	548773
阿根廷	1629	荷兰	4602	荷兰	13355	荷兰	84947	荷兰	131775	中国	249203	韩国	466384	韩国	512498
印度	1295	日本	4054	意大利	13204	意大利	78104	加拿大	127629	意大利	240517	意大利	447301	意大利	496108
苏联	1295	比利时	3792	苏联	12800	苏联	76500	比利时	117703	荷兰	232554	英国	415958	法国	488344
荷兰	1184	意大利	3656	比利时	11600	加拿大	67733	苏联	103840	中国香港	202683	比利时	407692	比利时	419340

资料来源：根据联合国贸发会议数据库 UNCTAD Statistics 商品出口贸易数据制作。

品贸易出口第一大国，自 2010 年以来中国商品出口贸易额快速增长，与美国商品出口额差距越来越大（见图 1-32），中国与美国在全球商品出口贸易中地位发生深刻变化。英国曾经是 1948 年居世界第二大商品出口国，2010 年英国退居到第 9 位出口国，2020 年英国出口商品贸易额退居全球第 12 位（见图 1-33）。法国 1948—2000 年期间曾经稳居世界第四大商品出口国，2020 年法国退居为世界第 9 位商品出口国。加拿大在 1948 年曾经是全球第 3 位商品出口贸易大国，但是在 2010 年以来加拿大已经不在前 10 位的商品贸易出口大国序列了，2020 年加拿大商品出口贸易额居全球第 13 位（见图 1-33）。

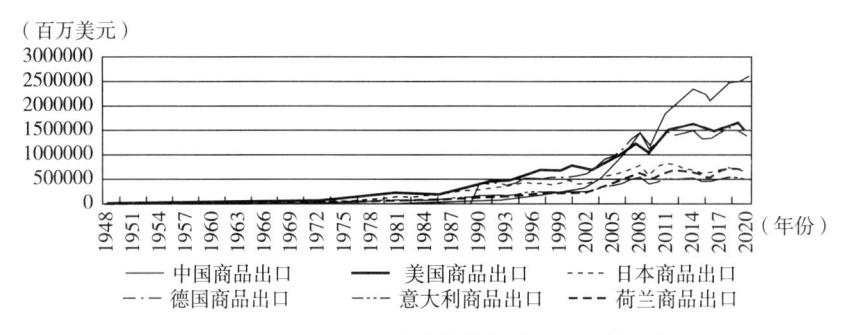

图 1-32　1948—2020 年货物贸易大国出口额变化

资料来源：根据联合国贸发会议数据库 UNCTAD Statistics 商品出口贸易数据制作。

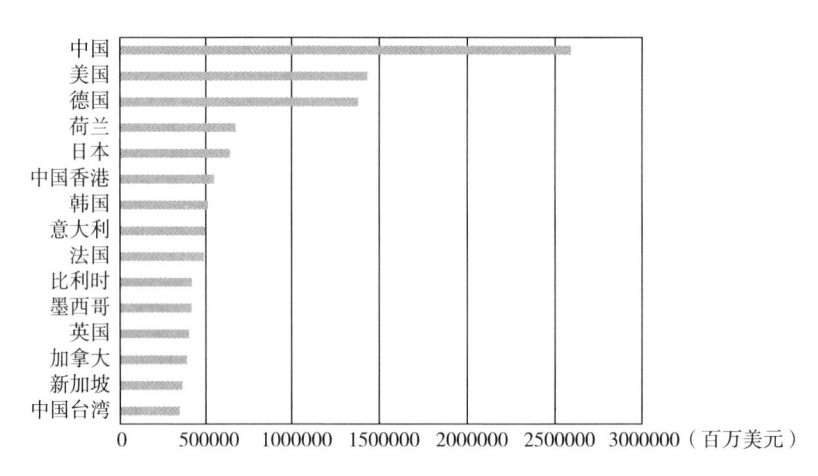

图 1-33　2020 年货物出口贸易大国和地区排序

资料来源：根据联合国贸发会议数据库 UNCTAD Statistics 商品出口贸易数据制作。

1948—2020年，全球商品进口贸易大国格局也发生了深刻变化，尽管全球商品进口大国的进口额都是持续增长，但是商品进口大国在全球排序发生明显变化。美国商品进口额从1948年的80.8亿美元增加到2020年的2.4万亿美元，1950年以来美国一直是全球商品进口第一大国（见表1-2）。英国商品进口额从1948年的83.7亿美元增加到2020年的6347亿美元。1948—1949年，英国曾经是全球商品进口第一大国，但是自1980年以来英国商品进口额增长相对缓慢，英国退居到全球第4位或第5位。德国商品进口额从1990年的3556亿美元增加到2020年的1.17万亿美元，德国自1990年以来一直稳居全球第2位或第3位。中国商品进口额从1948年的3.8亿美元增加到2019年的2.05万亿美元，中国商品进口额在全球排序从1948年全球的第39位上升到1970年的第28位，再从1980年的第22位上升到2010年的第2位。中国自2010年以来商品进口额一直稳居全球第2位（见图1-34）。

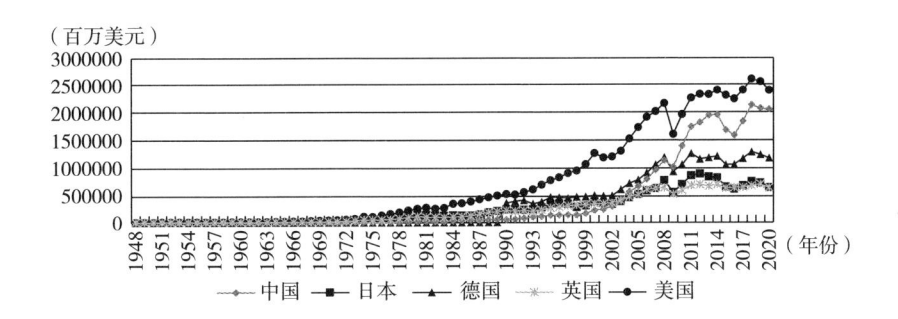

图1-34　1948—2020年货物贸易大国进口额变化

资料来源：根据联合国贸发会议数据库UNCTAD Statistics商品进口贸易数据制作。

（二）国际直接投资大国格局发生深刻变化

自1970年以来，全球国际直接投资大国格局发生了深刻变化。在1970—2010年，美国、英国、法国、日本、荷兰一直是全球国际直接投资流出居前5位的投资大国，自2011年以来，美国、英国对外直接投资出现持续下降态势，法国和荷兰对外直接投资波动性下降，中国和日本对外直接投资出现持续上升（见图1-36）。2020年全球国际直接投资流出额居前五位的投资大国和地区是中国、卢森堡、日本、中国香

表 1-2　全球前十大商品进口贸易国家和地区

单位：百万美元

国家/地区	1948年	国家/地区	1960年	国家/地区	1970年	国家/地区	1980年	国家/地区	1990年	国家/地区	2000年	国家	2010年	国家/地区	2020年
英国	8370	美国	16371	美国	42428	美国	256985	美国	516987	美国	1259300	美国	1969184	美国	2407545
美国	8081	英国	13034	联邦德国	29947	联邦德国	188002	德国	355686	德国	495969	中国	1396247	中国	2055752
法国	3504	联邦德国	10172	英国	21871	日本	141296	日本	240802	日本	379510	德国	1054813	德国	1170787
加拿大	2740	法国	6437	法国	19611	法国	137531	法国	235368	英国	347198	日本	694059	英国	634710
荷兰	2147	加拿大	6073	日本	18881	英国	115545	英国	224416	法国	338102	法国	611069	日本	634513
比利时	1985	苏联	5630	荷兰	15688	意大利	100741	意大利	181968	加拿大	244778	英国	591094	荷兰	596746
阿根廷	1561	荷兰	5361	意大利	14974	荷兰	88419	荷兰	126475	意大利	238756	荷兰	516408	法国	582351
南非	1551	意大利	4733	加拿大	14286	比利时	71860	加拿大	123344	中国	225024	意大利	487049	中国香港	569768
意大利	1539	日本	4491	苏联	11732	苏联	68515	苏联	120880	荷兰	217727	中国香港	441369	韩国	467632
印度	1426	比利时	3970	比利时	11412	加拿大	62544	比利时	119702	中国香港	214042	韩国	425212	意大利	422878

资料来源：根据联合国贸发会议数据库 UNCTAD Statistics 商品进口贸易数据排序。

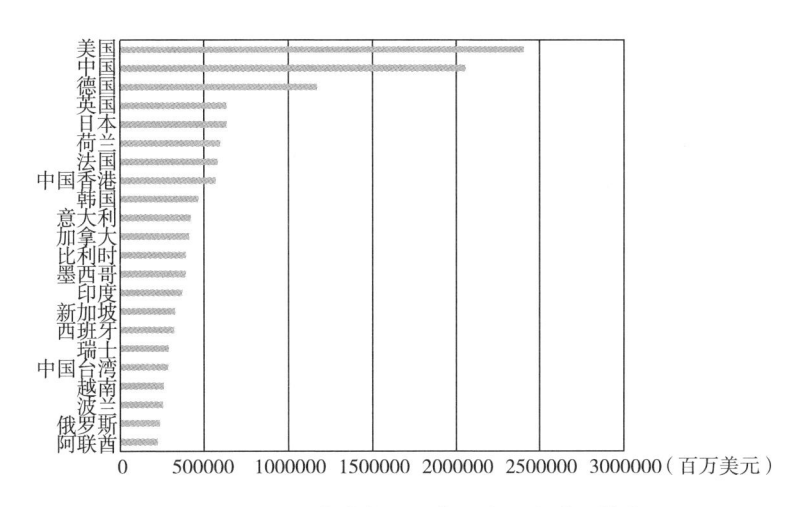

图 1-35　2020 年货物进口贸易大国和地区排序

资料来源：根据联合国贸发会议数据库 UNCTAD Statistics 商品进口贸易数据制作。

港、美国。中国替代美国成为国际直接投资流出第一大国，美国退居全球第 5 位（见图 1-37）。目前，对全球国际直接投资年流出额大国格局快速变化的原因需要继续跟踪分析，美国、英国、法国、荷兰等对外直接投资年流出额出现下降，是美国、英国、法国、荷兰的国际直接投资能力减退还是美国、英国、法国、荷兰的国际直接投资战略布局在进行调整抑或是美国、英国、法国、荷兰等发达国家正在加大国内产业投资？对全球国际直接投资年流出大国格局变化是否对全球产业链、价值链和产业国际分工体系产生深刻影响？需要进一步深入跟踪分析全球国际直接投资流出大国格局变化。

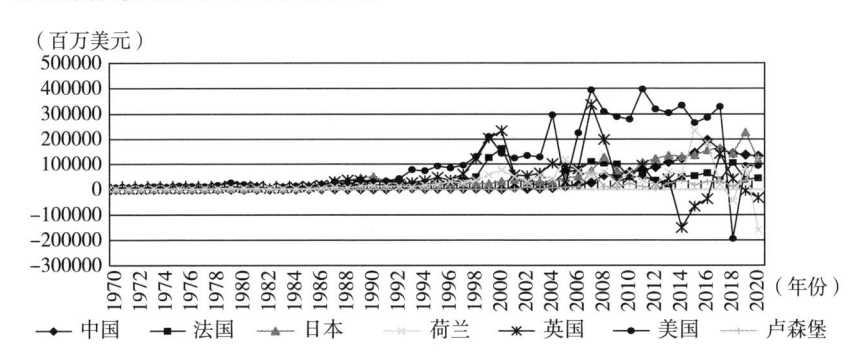

图 1-36　1970—2020 年主要国家国际直接投资流出额变化

资料来源：根据联合国贸发会议数据库 UNCTAD Statistics FDI 数据制作。

[图表：2020年主要国家或地区国际直接投资年流出额排序柱状图，按从大到小排列：中国、卢森堡、日本、中国香港、美国、加拿大、法国、英属维尔京群岛、德国、韩国、新加坡、瑞典、西班牙、阿联酋、瑞士、泰国、中国台湾、智利、印度；横轴为0至140000（百万美元）]

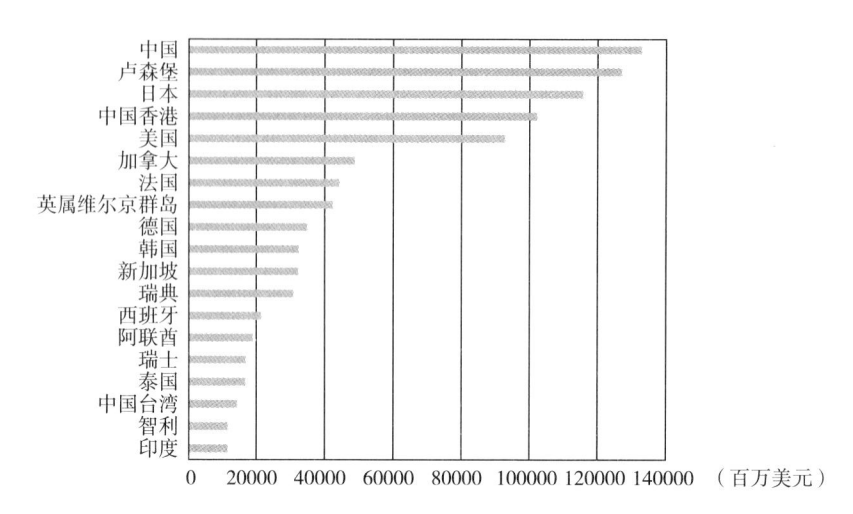

图 1-37　2020 年主要国家或地区国际直接投资年流出额排序

资料来源：根据联合国贸发会议数据库 UNCTAD Statistics FDI 数据制作。

自 1970 年以来，国际直接投资流入大国格局发生深刻变化。自 1993 年以来，国际直接投资流入规模持续扩大，国际直接投资流入额波动幅度也不断加大。1978—2020 年，美国持续成为国际直接投资流入第一大国（见图 1-38、图 1-39）。1970—1977 年英国曾经是国际直接投资流入第一大国，1978—1992 年英国成为国际直接投资流入第二大国，1993—2019 年英国和中国交替成为国际直接投资流入第二大国。中国改革开放初期，1979 年中国国际直接投资流入额仅为 8 万美元，在全球排序为第 121 位，1980 年中国国际直接投资流入额增加到 5700 万美元，在全球居第 56 位。1992 年以来，中国大力吸引外商直接投资，国际投资流入额持续稳定增长，中国的国际直接投资流入额从 1992 年的 110 亿美元增加到 2020 年的 1493 亿美元（见图 1-38、图 1-39），2008—2020 年，中国一直成为国际直接投资流入第二大国。

国际直接投资存量大国格局发生深刻变化，从国际直接投资流出累计额视角考察，美国国际直接投资流出存量从 1980 年的 2153 亿美元增加到 2020 年的 81285 亿美元，1980—2020 年，美国一直是国际直接投资流出累计额第一大国，表明美国跨国直接投资具有非常强的竞争力（见图 1-40、图 1-41）。英国国际直接投资流出存量从 1980 年的 804 亿美元增加到 2020 年的 20554 亿美元，同期荷兰从 529 亿美元增加到

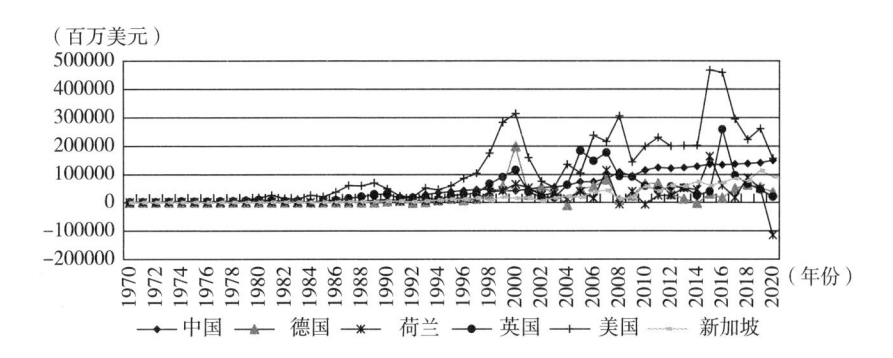

图1-38　1970—2020年主要国家国际直接投资流入额变化

资料来源：根据联合国贸发会议数据库 UNCTAD Statistics FDI 数据制作。

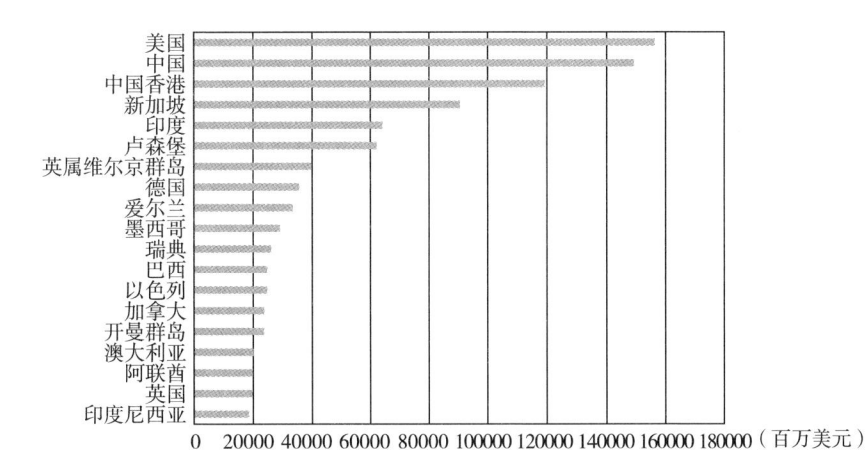

图1-39　2020年主要国家或地区国际直接投资流入额排序

资料来源：根据联合国贸发会议数据库 UNCTAD Statistics FDI 数据制作。

37975亿美元，日本从196亿美元增加到19821亿美元，中国从1981年的3900万美增加到2020年的23518亿美元。德国从3078亿美元增加到19772亿美元。

1980—2014年，全球国际直接投资流出累计额达到万亿美元大国主要是美国、荷兰、英国、德国、日本等发达国家，2015年中国国际直接投资流出累计额突破万亿美元大关达到10978亿美元，中国进入国际直接投资流出存量大国行列，2020年中国国际直接投资流出累计额为2.35万亿美元，居全球第3位（见图1-40、图1-41）。

图 1-40　1980—2020 年主要国家国际直接投资流出存量变化

资料来源：根据联合国贸发会议数据库 UNCTAD Statistics FDI 数据制作。

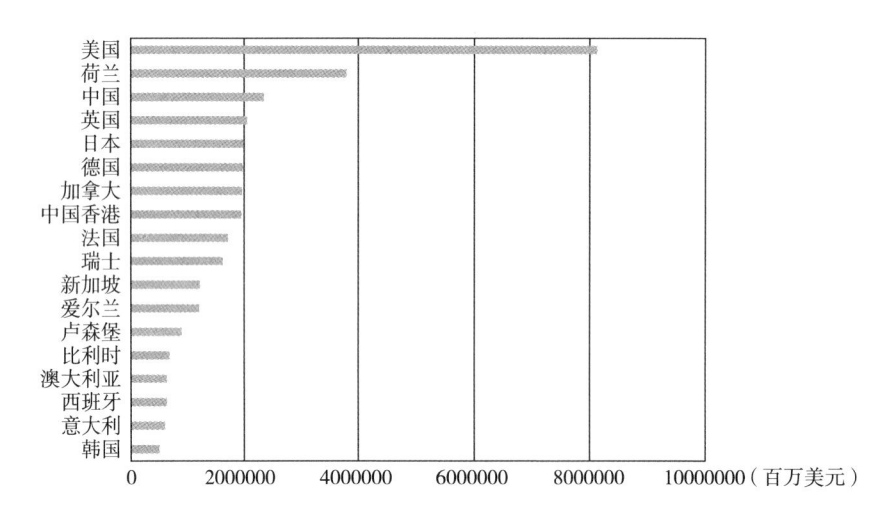

图 1-41　2020 年国际直接投资流出存量大国和地区排序

资料来源：联合国贸发会议数据库 UNCTAD Statistics 根据 FDI 数据制作。

1980—2020 年，国际直接投资流入存量大国格局变化不太明显，国际直接投资流入累计额超过万亿美元大国主要是美国、荷兰、英国、中国、中国香港、新加坡、瑞士、爱尔兰、加拿大、德国等，其中美国在 1980—2020 年一直是国际直接投资流入存量第一大国，美国国际直接投资流入存量从 830 亿美元增加到 10.8 万亿美元（见图 1-42），美国国际直接投资流入存量遥遥领先于其他发达国家，美国吸引国际直接投资竞争力很强。英国国际直接投资流入存量从 1980 年的 630 亿美元增加到 2020 年的 2.2 万亿美元，同期荷兰从 242 亿美元增加到 2.89 万亿美元，2020 年荷兰国际直接投资流入存量居全球第 2 位。中国国际直接投资流入存量从 1980 年的 10.7 亿美元增加到 2020 年的 1.91 万亿美元，2020 年中国国际直接投资流入存量居全球第 4 位（见图 1-43）。

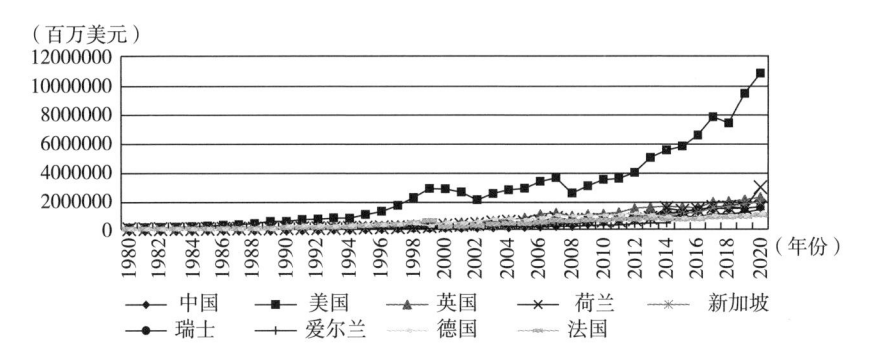

图 1-42　1980—2020 年主要国家国际直接投资流入存量变化

资料来源：根据联合国贸发会议数据库 UNCTAD Statistics FDI 数据制作。

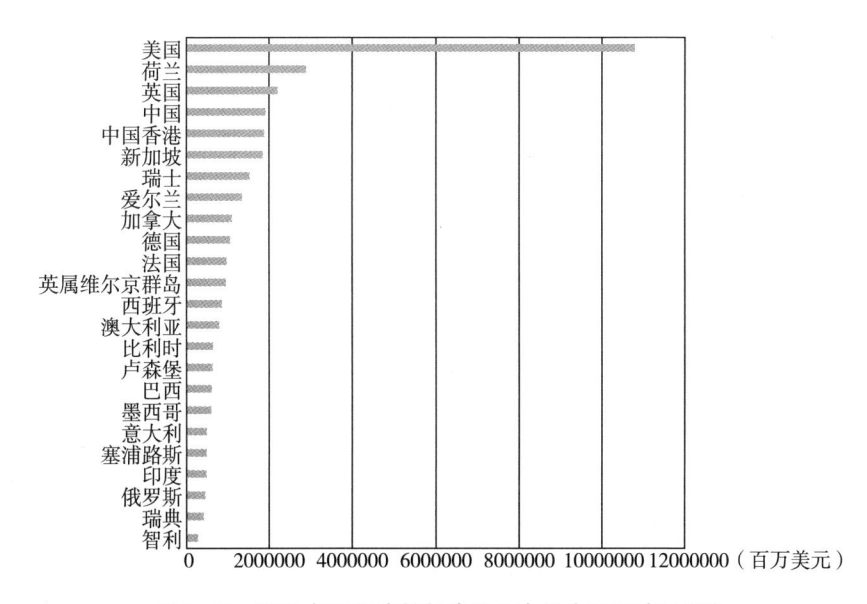

图 1-43　2020 年国际直接投资流入存量大国和地区排序

资料来源：根据联合国贸发会议数据库 UNCTAD Statistics FDI 数据制作。

世界百年未有之大变局正在加速演进过程中，除了国际贸易、国际直接投资和全球大国经济格局发生深刻变化以外，谢伏瞻①认为，当今世界还面临着全球经济增长放缓、发展不平衡、贫富差距扩大、气候变化和地缘政治紧张等重大全球性问题。世界百年未有之大变局面临着资源、能源、人口、气候、收入分配不均、贫富差距不断扩大、数字经济创新发展等带来一系列前所未有机遇与挑战。

全球 GDP 从 1970 年的 3.4 万亿美元增加到 2019 年的 87.4 万亿美元，全球经济规模持续增长，导致世界五大洲之间和国家之间的资源、能源竞争加剧。全球人口规模持续增长，从 1950 年的 25 亿人增加到 2020 年的 78 亿人，人口规模扩大 3 倍多，人均寿命延长，2020 年全球 85—89 岁人口达到 4218 万人，人均 GDP 增长与人均资源增长的矛盾加剧。全球贫富差距不断扩大，收入分配不均格局大变化，2020 年世界最富的国家卢森堡人均 GDP 11.7 万美元，美国人均 GDP 达到 6.3 万美元以上，中国人均 GDP 1.02 万美元（中国 2019 年人均 GDP 首次突破 1 万美元），一大批贫穷国家人均 GDP 500 美元以下。最富百慕大人均年消费支出 7 万美元，最穷非洲索马里人均年消费 85 美元。全球气候面临百年未有之大变化，全球每年排放二氧化碳 300 亿吨，全球森林吸收二氧化碳 15 亿—20 亿吨，全球二氧化碳排放量远远超出全球森林吸收二氧化碳总量，导致全球气候出现大变化，高温、干旱、洪水、火灾、地震极端天气持续增加，人类生存环境和气候加速大变化，碳达峰和碳中和成为全球可持续发展的战略任务，绿色发展、低碳发展和应对气候变化成为全球规则的重要内容。新一轮科技革命与产业革命加速演变，大数据、云计算、物联网、机器人、人工智能、数字产业化、产业数字化、数字化改革、数字治理、数字产权，数字贸易等快速发展，数字技术与数字经济发展国际竞争加剧。

综上所述，全球经贸大变局中，国际商品贸易格局、服务贸易格局、国际直接投资格局、全球产业格局、世界经济大国格局都发生了深刻变化。总体来看，全球经贸大变局主要表现如下特点：一是越来越多国家和地区参与国际贸易与国际直接投资，国际贸易与国际直接投资规模持续扩大，经济全球化仍然在深化发展，经济全球化历史潮流不会逆

---

① 谢伏瞻：《论新工业革命加速拓展与全球治理变革方向》，《经济研究》2019 年第 7 期。

转。二是美国、英国、日本等发达国家在全球货物贸易中的地位明显下降，中国等发展中国家在国际货物贸易地位持续上升，但是美国等发达国家的服务贸易国际竞争力依然强劲，发达国家在全球服务贸易中仍然处于主导地位。三是美国、英国、法国、德国等欧美发达国家的国际直接投资年流量规模出现波动性下降趋势，近年来美国等发达国家的国际直接投资年流量变化是否与产业链战略布局变化或产业回归本土还需要跟踪研究，但是美国、荷兰、英国在国际直接投资中的存量优势仍然很明显。四是全球产业格局发生深刻变化，中国的第一、第二产业居全球首位，美国服务业居全球首位，中国在全球产业竞争优势持续提升。五是世界经济大国格局深刻变化，中国从世界经济边缘走向世界经济中心，而美国、英国、日本等发达国家在世界经济中地位和作用明显下降。2001年中国成为世界贸易组织成员方以来，不断深化改革开放，形成全方位、多层次、宽领域的全面开放新格局，中国经济、贸易、投资持续快速增长，中国货物贸易出口额从1970年全球第28位上升到2010以来全球第1位（见表1-3），货物贸易进口从1970年全球第28位上升到全球第2位（见表1-3）。

表1-3　　　　中国商品进出口额在全球商品进出口额中排序　　　单位：位序

排序＼年份	1948	1960	1970	1980	1990	2000	2010	2020
中国商品出口额在全球排序	25	11	28	26	15	7	1	1
中国商品进口额在全球排序	39	13	28	22	18	8	2	2

资料来源：根据联合国贸发会议数据库UNCTAD Statistics进出口贸易数据计算。

中国服务贸易出口额从世界第11位上升到2020年的世界第2位，国际直接投资年流出额从第26位上升到2020年的世界第1位，国际直接投资年流入额从1979年的第121位上升到2020年的第2位。中国在全球经贸格局中地位和作用明显提升，美国等为维护其在世界经济霸权地位，试图从贸易摩擦、科技摩擦、金融摩擦、经贸规则摩擦、外交摩擦等全方位打压遏制中国。

表 1-4　　　全球参与国际直接投资国家和地区数量及
中国吸引国际直接投资在全球排序

年份	1970	1979	1980	1990	2000	2010	2020
参与国际直接投资国家和地区（个）	120	142	143	165	194	197	200
中国在吸引国际直接投资中排序（位）		121	56	12	8	2	2

资料来源：根据联合国贸发会议数据库 UNCTAD Statistics 国际直接投资（FDI）数据计算。

全球经贸大变局，美国、英国、日本等发达国家在全球经贸格局中的地位有所下降，中国等发展中国家在全球经贸格局中的地位上升，美国、日本、澳大利亚、欧洲等发达国家为维护自身利益，积极推动有利于发达国家服务贸易和国际直接投资的区域性经贸规则体系建设，并要求对《世界贸易组织协定》等全球多边经贸规则进行改革，全球经贸规则进入调整与重构的新阶段。

2020 年新冠肺炎疫情全球蔓延加剧，经济全球化与逆全球化斗争加剧，国际产业链和供应链断裂与重构，国际贸易投资保护与自由化斗争加剧，世界经济治理体系进入了深刻变革的关键时期。全球经贸格局大变化引发全球经贸治理体系大变局，贸易投资便利化、市场准入、技术标准、知识产权保护、安全卫生标准、争端解决机制、服务业开放、跨境电商、数字贸易等全球经贸规则进入新一轮改革与重构的窗口期。近年来，全球经贸大变局、全球经贸规则重构与高水平对外开放已成为政府、学者高度关注的研究热点问题。裴长洪、刘斌[1]认为，现行的全球经济治理模式，本质上是以西方国家为中心的"霸权领导体系"，所依据的基本理论是"霸权稳定论"。盛斌、高疆[2]认为，对以全球价值链为基础的全球经贸新规则主导权的竞争日益激烈，大转折、大分化、大

---

[1] 裴长洪、刘斌：《中国开放型经济学：构建阐释中国开放成就的经济理论》，《中国社会科学》2020 年第 2 期。
[2] 盛斌、高疆：《中国与全球经济治理：从规则接受者到规则参与者》，《南开学报（哲学社会科学版）》2018 年第 5 期。

变革的关键"窗口期"不容错过。林桂军[①]提出,"推动 WTO 投资便利化"。佟家栋[②]认为,"一带一路"倡议中理论上的最大特点是,它超越了传统的地缘政治经济理论,闪耀着新形势下的中国智慧和全球化的理念。张宇燕[③]认为,"发达国家的既得利益现在还在主导着国际分工与国际规则的制定",我国要"统筹国内国际两个大局,积极参与全球治理"。王晓红[④]提出,"以高水平对外开放促进开放型经济高质量发展"。迟福林、郭达[⑤]提出,"在大变局中加快构建开放型经济新体制"。综上所述,全球经贸大变局与全球经贸规则重塑变化已经成为新阶段我国高水平对外开放,构建开放型经济新体制迫切需要深入研究的重要理论与政策问题。

第二节 全球价值链下国际经济周期协动性变化

全球经贸大变局中,除了国际商品贸易格局、服务贸易格局、国际直接投资格局、全球产业格局、世界经济大国格局发生了深刻变化外,随着全球价值链发展,国家之间出现了国际贸易、国际直接投资、经济增长与国际经济周期协动性变化新趋势。自 1995 年以来,在世界贸易组织多边经贸规则体系调节下,全球五大洲商品进出口贸易增长协同性趋势明显增强(见图 1-44、图 1-45)。

自 21 世纪以来,世界经济增长率与五大洲经济增长率协动性变化趋势也有所增强(见图 1-46)。随着经济全球化发展,全球产业链和全球价值链发展,使世界各国经济相互联系、相互依赖程度加深,导致世界五大洲经济增长率出现明显协动性变化,而世界五大洲经济增长率协动性变化,迫切需要增强国际经济政策协同调控,迫切需要增强全球多边经贸规则体系协同调节。

---

① 林桂军:《推动 WTO 投资便利化》,《对外经贸实务》2020 年第 8 期。
② 佟家栋:《"一带一路"倡议的理论超越》,《经济研究》2017 年第 12 期。
③ 张宇燕:《统筹国内国际两个大局,积极参与全球治理》《政治经济学评论》2016 年第 7 期。
④ 王晓红:《以构建高标准国际经贸规则促进更高水平对外开放》,《全球化》2020 年第 4 期。
⑤ 迟福林、郭达:《在大变局中加快构建开放型经济新体制》,《开放导报》2020 年第 4 期。

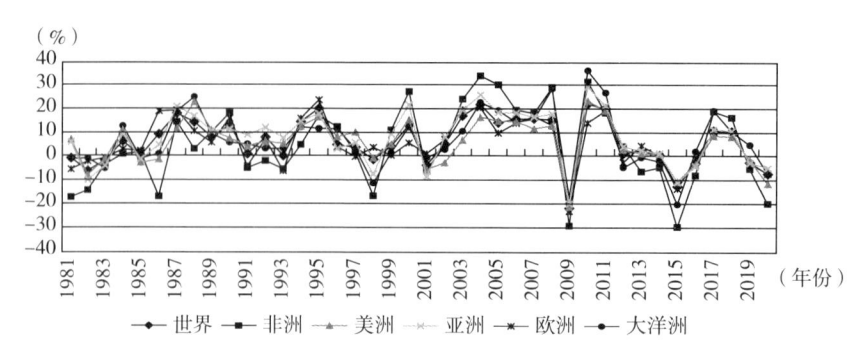

图 1-44　全球五大洲商品出口贸易增长协动性趋势

资料来源：根据联合国贸发会议数据库 UNCTAD Statistics 制作。

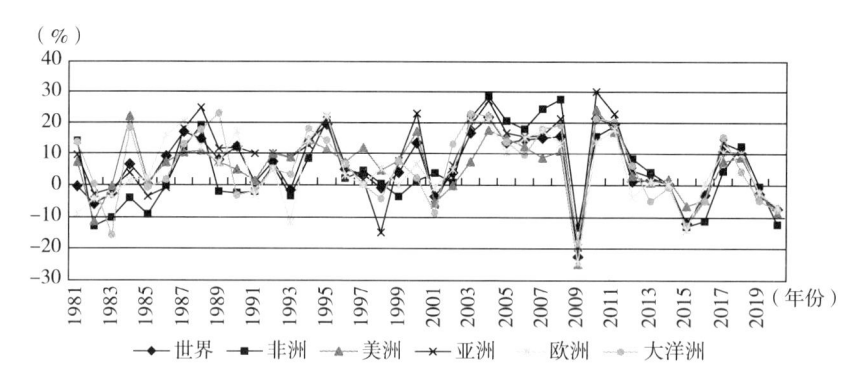

图 1-45　世界五大洲商品进口贸易增长协动性趋势

资料来源：根据联合国贸发会议数据库 UNCTAD Statistics 制作。

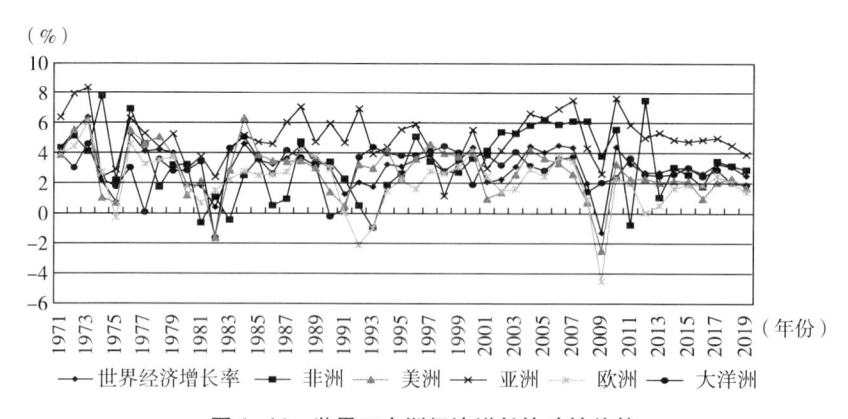

图 1-46　世界五大洲经济增长协动性趋势

资料来源：根据联合国贸发会议数据库 UNCTAD Statistics 制作。

一 国际经济周期协动性变化实证分析

程惠芳和岑丽君[①]提出，在经济全球化和全球价值链发展的背景下，经济波动通过贸易、投资、技术、劳动力等多渠道在世界各国经济之间迅速传递、扩散、蔓延，引发国际经济周期协动变化趋势更加明显，经济全球化发展背景下国际经济周期趋同性及其影响已经成为国际经济学、全球经贸规则与国际贸易政策制定迫切需要研究的新课题。本节对国际贸易、国际直接投资和产业结构经济周期协动变化进行实证分析，为经济全球化条件下多边经贸规则和国际经济政策协同调节提供理论依据。

（一）国际经济周期协动性计量模型与样本选择

国际经济周期协动性（Business Cycle Co-movements）是指，在特定时期内，国家之间经济周期循环阶段在方向和波幅上所表现出的趋同性，通常是以国家之间实际经济活动相关性来反映经济周期协动性程度，相关系数越大，经济周期协动性程度越高。本节以中国及其27个主要贸易伙伴为样本，研究2000—2007年国际贸易、国际直接投资和产业结构与经济周期协动变化的相关性，探讨在经济全球化和全球价值链下中国与其主要贸易伙伴经济周期协动性的主要传递因素和不同传递因素的影响程度差异，并分析这些传递因素对中国经济增长的影响程度，推动多边经贸规则和国际经济政策协同调控。

1. 经济周期协动性的计量模型

从现有研究文献看，通常以两国之间实际经济活动剔除趋势后的双边相关性来衡量经济周期协动性。程惠芳和岑丽君[②]选用实际国内生产总值和总就业指标，以中国与其主要贸易伙伴之间实际经济活动的趋势分离后的周期性部分的相关系数来反映经济周期协动性情况。相关系数越大，两国之间经济周期协动性程度越高。相关系数的计算见式（1-1）：

$$Corr(v_i, v_j) = \frac{cov(v_i, v_j)}{\sqrt{var(v_i)\,var(v_j)}} \quad (1-1)$$

其中，$Corr(v_i, v_j)$表示国家i和国家j之间实际经济活动v的双

[①] 程惠芳、岑丽君：《FDI、产业结构与国际经济周期协动性研究》，《经济研究》2010年第9期。

[②] 程惠芳、岑丽君：《FDI、产业结构与国际经济周期协动性研究》，《经济研究》2010年第9期。

边相关性，v 对应于实际国内生产总值和总就业的趋势分离后的周期性部分。上述变量都取自然对数。

对于趋势分离方法的选用，研究中主要有四阶差分（用于季度数据）、一阶差分（用于年度数据）、二次趋势分离、Hodrick-Prescott（HP）过滤、线性趋势分离、随机游走趋势分离和 Band-Pass（B-P）过滤法等。本节采用较为普遍的 Hodrick-Prescott（H-P）过滤法。

H-P 过滤法的原理是：设 $\{Y_t\}$ 是包含趋势成分和波动成分的经济时间序列，其中 $\{Y_t^T\}$ 是趋势成分，$\{Y_t^C\}$ 是波动成分，则有 $Y_t = Y_t^T + Y_t^C$。一般地，$\{Y_t^T\}$ 常被定义为下面最小化问题的解：

$$\min \sum_{t=1}^{T} \{(Y_t - Y_t^T)^2 + \lambda [c(L) Y_t^T]^2\} \qquad (1-2)$$

其中，$c(L)$ 是延迟算子多项式。将 $c(L) = (L^{-1} - 1) - (1 - L)$ 代入式（1-2），H-P 滤波问题就是使下面损失函数最小：

$$\min \{\sum_{t=1}^{T} (Y_t - Y_t^T)^2 + \lambda \sum_{t=1}^{T} [(Y_{t+1}^T - Y_t^T) - (Y_t^T - Y_{t-1}^T)]^2\} \qquad (1-3)$$

取 $\lambda = 100$。[①] 文中相关数据来源：名义 GDP 数据来自国际货币基金组织的 World Economic Outlook Databases（WEO），单位为百万美元，为克服价格波动的影响，用 2000 年为基期的 GDP 平减指数将其折算成实际 GDP，GDP 平减指数来自国际货币基金组织的 World Economic Outlook Databases（WEO）和 International Financial Statistics（IFS）；发达国家（地区）的总就业数据来自国际货币基金组织的 World Economic Outlook Databases（WEO），发展中国家的总就业数据来自国际货币基金组织的 International Financial Statistics（IFS）和国际劳工组织数据库，单位为百万人。

2. 双边贸易强度计量

本节借鉴 Frankel 和 Rose[②] 中双边贸易强度的计算公式，即分别用国家 i 和国家 j 的总贸易和总产出对两国的双边贸易额进行标准化，具

[①] 一般地，当年度数据时，$\lambda = 100$；当季度数据时，$\lambda = 1600$；当月度数据时，$\lambda = 14400$。

[②] Frankel, J. A., A. K., Rose, "The Endogeneity of the Optimum Currency Area Criteria", *The Economic Journal*, Vol. 108, 1998, pp. 1009-1025.

体公式如下：

$$bti_{ijt}^T = \frac{X_{ijt}+M_{ijt}}{T_{it}+T_{jt}} \times 100 \qquad bti_{ijt}^Y = \frac{X_{ijt}+X_{ijt}}{Y_{it}+Y_{jt}} \times 100 \qquad (1-4)$$

其中，X_{ijt} 代表 t 时期国家 i 向国家 j 的出口额，M_{ijt} 代表 t 时期国家 i 从国家 j 的进口额，T_{kt} 和 Y_{kt}（$k=i,j$）分别代表 t 时期国家 i 或国家 j 的总贸易和名义总产出。该指数值越大，表明双边贸易强度越高。

在面板数据模型计量分析中，将样本期间分成3个阶段，借鉴 Calderón César 等[①]（2003）来计算各样本国家在各个阶段的双边贸易强度均值，本节直接给出取对数后的计算公式，具体如下：

$$BTI_{ij\tau}^T = \ln\left(1+\frac{1}{\tau}\sum_t bti_{ijt}^T\right) \qquad BTI_{ij\tau}^Y = \ln\left(1+\frac{1}{\tau}\sum_t bti_{ijt}^Y\right) \qquad (1-5)$$

其中，τ 是一个阶段的时间跨度。在分子中加1是为了处理零值，因为中国与有些发展中国家在某些年份的双边贸易额为零，但这个发展中国家却包含了重要信息，不可忽略，这也是双边引力模型中对这个问题的标准处理方式。

中国与其贸易伙伴之间的双边贸易数据来自国际货币基金组织的贸易流向数据库 *Direction of Trade Statistics*（DOT），以中国为报告国，各国（地区）的总贸易数据来自国际货币基金组织的 *International Financial Statistics*（IFS），均按出口 FOB、进口 CIF 计，单位为百万美元。

3. 双边直接投资强度计量

本节选取中国实际利用各国（地区）直接投资金额来间接反映中国与其贸易伙伴之间的双边直接投资强度。计算方法类似于 Frankel 和 Rose[②] 进口强度的计算，公式如下：

$$FDI_{ijt} = \frac{FDI_{ijt}}{FDI_{it}+FDI_{ji}} \qquad (1-6)$$

[①] Calderón César et al., "Trade Intensity and Business Cycle Synchronization: Are Developing Countries any Different?", *Research Development of Inter-American Development Bank*, Working Paper, 2003, No. 478.

[②] Frankel, J. A., A. K., Rose, "Is EMU More Justifiable Ex Post than Ex Ante?", *European Economic Review*, Vol. 41, 1997, pp. 753-760.

其中，FDI_{ijt} 是 t 时期从 i 国流入 j 国 FDI 量，FDI_{it} 是 t 时期 i 国 FDI 流入额，FDI_{jt} 是 t 时期 j 国 FDI 流入额。该指数值越大，表明实际利用 FDI 强度越大。

中国实际接受各国（地区）直接投资数据来自历年《中国统计年鉴》，中国及贸易伙伴国 FDI 流入总额来自 UNCTAD 的 FDI 数据库。

4. 产业结构相似程度计量

在产业结构相似程度的衡量方面，本节用 Krugman[①] 的绝对值指数构建产业结构差异指数，以间接衡量产业结构相似程度。其具体计算方法如下：

$$IS_{ijt} = \sum_{k=1}^{n} | s_{it}^k - s_{jt}^k | \qquad (1-7)$$

其中，s_{it}^k、s_{jt}^k 是 t 时期 k 产业在国家 i、j 的增加值中的权重。数据来源于联合国共同数据库的 National Accounts Estimates of Main Aggregates，产业分类按数据库中国际标准产业分类 ISIC Rev3。IS_{ijt} 指数值越大，国家 i 和国家 j 之间产业结构差异越大，即相似性越低，IS_{ijt} 指数值越小，产业结构相似性越高。

5. 样本选取

本节计算了 2000—2007 年和中国有贸易往来的 197 个国家（地区）与中国的双边贸易额占中国对外贸易总额的比重，求出所有国家（地区）的年度均值，得到 4 年及以上的比重在均值以上的 27 个国家和地区作为主要贸易伙伴样本（见表 1-5），其中包括 15 个发达国家（地区）和 12 个发展中国家。

表 1-5　　　　　　　　中国主要贸易伙伴与中国的双边贸易份额

年份 国家或地区	2000	2001	2002	2003	2004	2005	2006	2007
美国	15.7126	15.7985	15.6661	14.8698	14.7151	14.9268	14.9468	13.9432
日本	17.5332	17.2237	16.4157	15.6924	14.5384	12.9742	11.7873	10.8545

[①] Krugman, P. Geography and Trade, The MIT Press, in Calderon, C., A., Chong and E., Stein, 2003, "Trade Intensity and Business Cycle Synchronization: Are Developing Countries any Different?", Research Development of Inter–American Development Bank, Working Paper, 1991, No. 478.

续表

年份 国家或地区	2000	2001	2002	2003	2004	2005	2006	2007
中国香港	11.3729	10.9600	11.1515	10.2688	9.7576	9.6121	9.4391	9.0652
韩国	7.2727	7.0433	7.0976	7.4285	7.7996	7.8725	7.6304	7.3664
德国	4.1505	4.5964	4.4779	4.9197	4.6870	4.4431	4.4399	4.3300
俄罗斯	1.6870	2.0917	1.9201	1.8516	1.8386	2.0454	1.8947	2.2127
新加坡	2.2811	2.1436	2.2575	2.2735	2.3107	2.3371	2.3203	2.1707
马来西亚	1.6959	1.8478	2.2974	2.3646	2.2741	2.1599	2.1076	2.1357
荷兰	1.6703	1.7147	1.7134	1.8138	1.8608	2.0246	1.9585	2.1314
澳大利亚	1.7976	1.7644	1.6808	1.5934	1.7658	1.9129	1.8637	2.0123
英国	2.0875	2.0207	1.8346	1.6911	1.7085	1.7219	1.7415	1.8137
印度	0.6137	0.7061	0.7963	0.8923	1.1781	1.3157	1.4229	1.7796
泰国	1.3963	1.4142	1.3776	1.4868	1.5019	1.5333	1.5743	1.5927
法国	1.6168	1.5577	1.3502	1.5780	1.5273	1.4571	1.4346	1.5556
意大利	1.4532	1.5266	1.4727	1.3785	1.3576	1.3097	1.3961	1.4439
菲律宾	0.6623	0.6990	0.8466	1.1043	1.1541	1.2344	1.3295	1.4089
加拿大	1.4565	1.4461	1.2769	1.1757	1.3437	1.3479	1.3166	1.3952
巴西	0.5997	0.7272	0.7195	0.9385	1.0702	1.0412	1.1520	1.3668
沙特阿拉伯	0.6531	0.7995	0.8225	0.8625	0.8919	1.1326	1.1437	1.1663
印度尼西亚	1.5734	1.3200	1.2762	1.2017	1.1674	1.1809	1.0833	1.1497
西班牙	0.5850	0.5906	0.5655	0.6218	0.6304	0.7430	0.8268	0.9671
伊朗	0.5241	0.6514	0.6025	0.6606	0.6102	0.7096	0.8191	0.9482
阿联酋	0.5259	0.5544	0.6274	0.6827	0.7054	0.7577	0.8067	0.9218
比利时	0.7772	0.8365	0.7886	0.7874	0.8123	0.8257	0.8071	0.8118
越南	0.5199	0.5517	0.5255	0.5444	0.5839	0.5756	0.5652	0.6954
墨西哥	0.3844	0.5060	0.6407	0.5808	0.6159	0.5458	0.6491	0.6883
南非	0.4324	0.4359	0.4154	0.4547	0.5120	0.5110	0.5601	0.6456
芬兰	0.5825	0.6444	0.4293	0.4067	0.4777	0.4397	0.4590	0.4766

续表

年份 国家或地区	2000	2001	2002	2003	2004	2005	2006	2007
瑞典	0.6381	0.6085	0.4350	0.4898	0.4502	0.4012	0.3818	0.4002
均值	0.4692	0.4691	0.4612	0.4601	0.4584	0.4576	0.4575	0.4607

注：由于俄罗斯在1992年以前、比利时在1997年以前没有与中国的双边贸易数据，将它们从样本国家略去，斜体字数值低于平均值，斜体字国家最后被略去，同时加入了瑞典；作者根据国际货币基金组织 Direction of Trade Statistics（DOT）的双边贸易数据和 International Financial Statistics（IFS）的总贸易数据计算得到。

(二) 回归模型

1. 基本回归模型

本节将研究样本国分成发达国家（地区）与发展中国家，对贸易强度、国际直接投资强度与产业结构相似性对经济周期协动性的影响进行分析，建立回归模型如下：

$$Corr(v_{i\tau}, v_{j\tau}) = \alpha_0 + \alpha_1 BTI_{ij\tau} + \alpha_2 FDI_{ij\tau} + \alpha_3 IS_{ij\tau} + u_{ij\tau} \tag{1-8}$$

在模型（1-8）中，$Corr(v_{i\tau}, v_{j\tau})$ 衡量 τ 时期国家 i 和国家 j 之间实际经济活动 v 的双边相关性，$BTI_{ij\tau}$ 衡量 τ 时期国家 i 和国家 j 之间的双边贸易强度，分别被总贸易和名义总产出标准化，记为 $BTI_{ij\tau}^T$ 和 $BTI_{ij\tau}^Y$；$FDI_{ij\tau}$ 衡量 τ 时期国家 i 实际利用国家 j 的国际直接投资强度；$IS_{ij\tau}$ 衡量 τ 时期国家 i 和国家 j 之间产业结构相似程度。

2. 引入工具变量

在基本模型（1-8）中，双边贸易强度采用传统的 OLS 估计方法获得的估计值可能存在偏差，故借助双边贸易中的引力模型引入工具变量（IV），用两阶段最小二乘法（TSLS）进行估计。基于 Deardorff[1]、Fidrmuc[2]、程惠芳和阮翔[3]引力模型的有关文献，借鉴

---

[1] Deardorff, A. V., "Determinants of Bilateral Trade: Does Gravity Work in a Neoclassical World?", NBER Working Paper, 1995, No. 5377.

[2] Fidrmuc, J., "The Endogeneity of the Optimum Currency Area Criteria, Intraindustry Trade, and EMU Enlargement", BOFIT Discussion Papers, 2001, No. 8.

[3] 程惠芳、阮翔：《用引力模型分析中国对外直接投资的区位选择》，《世界经济》2004年第11期。

Frankel 和 Rose[①]、Choe[②]、Calderon 等[③]的做法，考虑到所选工具变量必须符合的条件，本节从地理因素角度出发，选取两国距离、两国各自人口数、两国共同边界的虚拟变量和两国同属某个贸易集团或参与某个自由贸易协定的虚拟变量作为工具变量，建立双边贸易强度对这些变量的回归方程：

$$BTI_{ij} = \gamma_0 + \gamma_1 lnDIS_{ij} + \gamma_2 POP_i + \gamma_3 POP\_CHI + \gamma_4 ADJ + \gamma_5 FTA + \varepsilon_{ij} \tag{1-9}$$

其中，DIS_{ij} 是两国首都之间的距离，数据来自 https：//www.indo.com 的距离计算器（distance calculator），单位为英里，POP_i 和 POP_CHI 分别是国家 i 和中国的总人口，数据来自国际货币基金组织的 International Financial Statistics (IFS)，单位为百万人；ADJ 是两国共同边界的虚拟变量，当两国有共同边界时取 1，否则取 0；FTA 是两国同属于某个贸易集团或参与某个自由贸易协定的虚拟变量，当两国某一年同属于一个贸易集团或参与某个自由贸易协定时取 1，否则取 0。距离和人口都取自然对数。

3. 双边贸易强度、FDI 强度与经济周期协动性

本节把 1991—2007 年分为 1991—1999 年和 2000—2007 年两个阶段，分析中国与其贸易伙伴经济增长的相关性与双边贸易强度、利用外商直接投资强度的关系（见表 1-6），初步发现在 2000—2007 年，GDP 协动性、双边贸易强度、FDI 强度的相关性比 1991—1999 年更加明显，表明随着中国经济的全面开放，双边贸易强度、国际直接投资强度与中国贸易伙伴国家的经济周期协动性程度有所提高。

（三）回归结果分析

鉴于中国实际利用各国（地区）直接投资数据的可获得性，根据 1991 年以来中国的经济增长率变化，将 1991—2007 年分为 3 个阶段：

[①] Frankel, J. A., A. K., Rose, "The Endogeneity of the Optimum Currency Area Criteria", *The Economic Journal*, Vol.108, 1998, pp.1009-1025.

[②] Choe, J., "An Impact of Economic Integration through Trade: On Business Cycles for 10 East Asian Countries", *Journal of Asian Economics*, Vol.12, 2001, pp.569-586.

[③] Calderon, C., A., Chong, E., Stein, "Trade Intensity and Business Cycle Synchronization: Are Developing Countries any Different?", *Research Development of Inter-American Development Bank*, Working Paper, 2003, No.478.

表 1-6　中国与贸易伙伴的经济增长率相关性、双边贸易强度及直接投资强度（1991—2007 年）

年份		美国	中国香港	日本	韩国	德国	荷兰	英国	新加坡	意大利
双边贸易强度	1991—1999	2.1894	9.1317	4.7838	2.6411	0.9375	0.5955	0.5685	1.3179	0.6318
	2000—2007	4.4863	6.6139	7.1446	5.1221	1.7938	1.1875	1.0175	1.6675	0.8448
直接投资强度	1991—1999	2.2138	41.8229	7.3358	2.3575	1.0456	0.3849	1.1318	3.2858	0.4525
	2000—2007	2.1337	20.9046	6.8973	5.5731	1.1109	0.8424	0.7093	3.0764	0.3455
GDP 协动性	1991—1999	0.0427	−0.2666	−0.2366	−0.1248	−0.1669	−0.0219	−0.1617	−0.3246	−0.0729
	2000—2007	0.0289	0.3725	−0.0791	0.2504	0.3584	0.3660	0.3824	0.6698	0.2870

年份		法国	加拿大	澳大利亚	西班牙	芬兰	瑞典	印度	马来西亚	阿联酋
双边贸易强度	1991—1999	0.5116	0.5789	1.0937	0.3127	0.2437	0.3581	0.3190	0.7805	0.3271
	2000—2007	0.8275	0.8285	1.5090	0.4974	0.4394	0.3880	0.9317	1.7220	0.6094
直接投资强度	1991—1999	0.5243	0.4703	0.4240	0.0391	0.0294	0.0924	0.0015	0.4995	0.0130
	2000—2007	0.5370	0.5679	0.5794	0.1342	0.0792	0.1738	0.0339	0.5139	0.0878
GDP 协动性	1991—1999	−0.0336	0.1407	−0.4440	0.1056	−0.2209	−0.0905	−0.0243	−0.0171	−0.2106
	2000—2007	0.2851	0.4309	0.3181	0.2847	0.3587	0.3208	0.7567	0.7820	0.1359

续表

	年份	印度尼西亚	泰国	越南	墨西哥	巴西	沙特阿拉伯	菲律宾	南非	伊朗
双边贸易强度	1991—1999	0.9263	0.7107	0.2392	0.1071	0.4272	0.3346	0.3431	0.2462	0.2440
	2000—2007	1.0885	1.2509	0.5412	0.4097	0.8230	0.8006	0.9751	0.4548	0.6457
直接投资强度	1991—1999	0.2020	0.5546	0.0311	0.0005	0.0091	0.0179	0.2754	0.0039	0.0004
	2000—2007	0.2133	0.2659	0.0047	0.0092	0.0268	0.0338	0.3115	0.0831	0.0043
GDP协动性	1991—1999	−0.0981	−0.2389	0.1814	−0.2777	0.5091	−0.0502	−0.0788	−0.0754	0.4761
	2000—2007	0.3458	0.6896	0.7727	0.2341	0.6737	0.0690	0.9242	0.0689	0.4836

资料来源：笔者根据国际货币基金组织 World Economic Outlook Databases（WEO）的名义 GDP 数据，国际货币基金组织的 Direction of Trade Statistics（DOT）和 International Financial Statistics（IFS）的 GDP 平减指数和贸易数据，《中国统计年鉴》实际利用各国直接投资、UNCTAD 的 FDI 数据库的中国及贸易伙伴 FDI 流入总量数据计算得到。

45

1991—1994年；1995—1999年；2000—2007年，计算每个阶段的实际经济活动相关系数（包括实际国内生产总值GDP和总就业EMP）及各解释变量（包括工具变量）的均值（公式见上文），从而共构成27×3＝81个样本，对发达国家（地区）组和发展中国家组分别构建面板数据模型。

面板数据模型可以分为混合回归模型、变截距模型和变系数模型，变截距模型和变系数模型又可以分为固定效应模型和随机效应模型。通过F检验，我们选用混合回归模型。运用基于面板数据模型的两阶段最小二乘法（TSLS）估计贸易、FDI和产业结构等传递因素对中国与其贸易伙伴之间经济周期协动性的相对贡献。表1-7和表1-8分别给出了采用不同贸易强度衡量方法时，发达国家（地区）组和发展中国家组的回归结果。

表1-7　　　　　　　发达国家（地区）样本回归结果

变量	(1) GDP[a]	(2) GDP[b]	(3) EMP[a]	(4) EMP[b]
双边贸易强度	1.427 (1.50)	2.128* (4.60)	－1.512* (－3.00)	－3.378* (－3.68)
双边投资强度	－1.082 (－1.58)	－1.168* (－4.63)	1.002* (2.73)	1.525* (3.16)
产业结构差异	2.807 (1.43)	1.467*** (1.87)	－2.423** (－2.31)	－0.292 (－0.21)
F值	1.10	6.00*	4.34*	10.62*

注：括号里的数值是t值；*、**、***分别表示在1％、5％、10％的水平下显著；a表示方程中双边贸易强度是被总贸易标准化，b表示方程中双边贸易强度是被总产出标准化。

表1-8　　　　　　　发展中国家样本回归结果

变量	(1) GDP[a]	(2) GDP[b]	(3) EMP[a]	(4) EMP[b]
双边贸易强度	2.637* －5.34	2.516* －5.41	0.516 －0.53	0.357 －0.37
双边投资强度	－1.563*** (－1.80)	－0.522 (－0.47)	5.503** －2.59	5.613* －2.85
产业结构差异	2.163** －2.36	2.535*** －1.9	5.614** －2.61	5.616* －2.87
F值	8.82*	7.61*	3.79**	4.87*

注：括号里的数值是t值；*、**、***分别表示在1％、5％、10％的水平下显著；a表示方程中双边贸易强度是被总贸易标准化，b表示方程中双边贸易强度是被总产出标准化。

对中国与发达国家贸易伙伴之间的经济周期协动性进行实证检验，结果表明双边贸易强度的系数呈正相关，表明中国与发达贸易伙伴之间的双边贸易强度越大，GDP周期协动性程度越高；FDI的系数为负相关，表明中国实际利用发达贸易伙伴的直接投资强度越大，GDP周期协动性程度越低；产业结构差异指数的系数为正相关，表明产业结构差异越小，相似程度越高，GDP周期协动性程度越低，即产业结构越相似，则GDP周期协动性程度越低。因此，1991—2007年，中国与发达国家贸易伙伴之间的经济周期协动性的影响因素中，贸易强度的影响最大，其次是产业结构相似性，FDI强度相对比较小。

对中国与发展国家贸易伙伴之间的经济周期协动性进行实证检验，结果表明双边贸易强度的系数为正，表明中国与发展中贸易伙伴的双边贸易强度越高，GDP协动性程度越高；FDI呈现显著负效应，表明中国实际利用发展中贸易伙伴的FDI强度越大，GDP协动性程度越低；产业结构差异指数的系数是正的，表明产业结构相似与GDP协动性程度呈负相关。中国与发展国家贸易伙伴之间的经济周期协动性变化中，双边贸易强度与产业结构的影响大于FDI强度的影响。

1991—2007年，中国与发达国家贸易伙伴之间的经济周期协动性的影响因素中，贸易强度的影响最大，其次是产业结构相似性，FDI强度相对比较小（见表1-9）。

表1-9　　中国与贸易伙伴的双边贸易强度、双边投资强度及产业结构差异指数（2003—2007年）

国家/地区 因素	美国	中国香港	日本	韩国	德国	荷兰	英国	新加坡	意大利
双边贸易强度	5.1446	6.7794	7.3073	5.5006	1.9894	1.3256	1.0736	1.7603	0.8864
双边投资强度	1.0391	17.6343	4.1065	5.5592	0.8091	0.5358	0.3382	2.2983	0.2489
产业结构差异	0.7587	1.0058	0.6124	0.4099	0.6162	0.6810	0.7276	0.5538	0.6271

续表

国家/地区 因素	法国	加拿大	澳大利亚	西班牙	芬兰	瑞典	印度	马来西亚	阿联酋
双边贸易强度	0.9046	0.8947	1.5766	0.5660	0.4144	0.3602	1.1328	1.8690	0.6818
双边投资强度	0.2546	0.4665	0.5773	0.1005	0.0430	0.1264	0.0344	0.4276	0.1259
产业结构差异	0.7529	0.5359	0.6220	0.6559	0.5095	0.6215	0.4261	0.1531	0.2530

国家/地区 因素	印度尼西亚	泰国	越南	墨西哥	巴西	沙特阿拉伯	菲律宾	南非	伊朗
双边贸易强度	1.0421	1.3286	0.5647	0.4671	0.9794	0.8997	1.1711	0.4966	0.7041
双边投资强度	0.1999	0.2111	0.0476	0.0197	0.0432	0.0660	0.2564	0.2025	0.0320
产业结构差异	0.2078	0.2395	0.3612	0.6050	0.4867	0.3204	0.3220	0.5147	0.1542

资料来源：笔者根据国际货币基金组织 Direction of Trade Statistics（DOT）的双边贸易数据和 International Financial Statistics（IFS）的总贸易数据、历年《中国统计年鉴》的实际利用外商直接投资额和《中国对外直接投资公报》（2003—2007年）的对外直接投资额、联合国共同数据库 National Accounts Estimates of Main Aggregates 的产业数据计算得到；此处的双边投资强度包含了中国对外直接投资部分，其计算借鉴双边贸易强度。

把表 1-9 中按强度或指数值大小进行分类，按贸易强度大小可以分为"贸易低强度型""贸易较低强度型""贸易较高强度型""贸易高强度型"，按投资强度大小可以分为"低投资强度型""较低投资强度型""较高投资强度型""高投资强度型"，按产业结构差异指数可以分为"产业结构相似型""产业结构相异型"。

研究结果表明：不同类型国家经济周期协动性强度存在明显差异，我国与美国、中国香港、日本、韩国、德国、荷兰、英国、新加坡、澳大利亚、印度、马来西亚、印度尼西亚、泰国、菲律宾、阿联酋、越南、巴西、沙特阿拉伯、伊朗等具有比较强的贸易协动性。我国与中国香港、韩国、美国、日本、新加坡、德国、荷兰、澳大利亚有比较强投资协动性。我国与美国、中国香港、日本、德国、荷兰、英国、新加坡、意大利、法国、加拿大、澳大利亚、西班牙、芬兰、瑞典具有比较强的产业结构变化协动性。

二 全球价值链下国际经济周期协动性非对称变化

上述分析表明，经济全球化下国际经济周期协动性明显，但是不同类型国家之间国际经济周期协动性存在明显差异与全球价值链地位有关系。Ductor 和 Leiva-Leon[1] 提出，经济全球化发展推动世界经济显著联动，Bordo 和 Helbling[2] 提出，工业化国家经济周期明显趋同，Kose 等[3]提出，新兴市场国家经济周期明显趋同，马丹和何雅兴[4]提出，发展中国家经济周期联动性较弱。发达国家与发展中国家之间经济周期协动性存在明显差异，可能与全球价值链发展水平有一定关系。代谦和何祚宇[5]认为，在全球价值链中，制造工序国际分割形成垂直分工，能大幅提高分工参与国贸易与产出的互补性，继而显著加强国际经济周期联动。Burstein[6] 等指出，美国母子公司间跨国垂直贸易有助于加强国际产出联动。潘文卿等[7]利用 40 国连续时间 WIOD 数据进行研究，发现价值链既能显著加强国际经济周期联动，又能使传统贸易产生更高的经济联动强化作用。唐宜红等[8]通过双边行业研究发现，制造业、服务业跨行业价值链嵌入与同业嵌入对国际经济周期联动均有促进作用，且前者作用更强。为了加强全球价值链对国际经济周期协动性进行深入分

---

[1] Ductor L., Leiva-Leon D., "Dynamics of Global Business Cycle Interdependence", *Journal of International Economics*, 2016, 102（1）：110-127.

[2] Bordo M. D., Helbling T. F., "International Business Cycle Synchronization in Historical Perspective", NBER Working Papers, 2010.

[3] Kose M. A., et al., "Global Business Cycles: Convergence or Decoupling?", *International Economic Review*, 2012, 53（2）：511-538.

[4] 马丹、何雅兴：《危机传递、逆全球化与世界经济周期联动性》，《统计研究》2019年第7期。

[5] 代谦、何祚宇：《国际分工的代价：垂直专业化的再分解与国际风险传导》，《经济研究》2015年第5期。

[6] Burstein A., et al., "Trade, Production Sharing, and the International Transmission of Business Cycles", *Social Science Electronic Publishing*, 2008, 55（4）：pp.775-795.

[7] 潘文卿等：《价值链贸易与经济周期的联动：国际规律及中国经验》，《经济研究》2015年第11期。

[8] 唐宜红等：《全球价值链嵌入与国际经济周期联动：基于增加值贸易视角》，《世界经济》2018年第11期。

析，本节对全球价值链下国际经济周期协动性变化进行进一步研究。

(一) 全球价值链下国际经济周期协动性非对称变化

多数学者在衡量国际经济周期联动性时多采用时序相关系数或 CM 同步化指数，前者刻画了实际产出增长或周期成分的区间相关性，但忽略时间因素，后者可捕捉联动性的即时变动及偶发因素引起的产出逆向波动，进而能准确体现其动态变化。CM 同步化指数如式（1-10）所示，d_t^c 和 d_t^i 分别代表 t 年中国、i 国实际 GDP 增长率，$\overline{d_t^c}$ 和 $\overline{d_t^i}$ 为 T 期内对应均值。鉴于其值域非对称，同时也无法直接识别国际经济周期联动的非对称特征，本节将进行如下两点改进：

$$CM_t^{ci} = 1 - \frac{1}{2}\left[\frac{d_t^c - \overline{d_t^c}}{\sqrt{\frac{1}{T}\sum_{t=1}^{T}(d_t^c - \overline{d_t^c})^2}} - \frac{d_t^i - \overline{d_t^i}}{\sqrt{\frac{1}{T}\sum_{t=1}^{T}(d_t^i - \overline{d_t^i})^2}}\right] \quad (1-10)$$

文武等[①]利用式（1-11）将 CM 同步化指数值域由向转化，构建对称值域同步化指数 SCM_t^{ci}，以提高正、负向联动的可比性。

$$SCM^{ci} = \frac{1}{2}\log\left[1/(1-CM_t^{ci})\right] \quad (1-11)$$

构造扩张（EX_t^i）及紧缩（RE_t^i）时期哑变量刻画国各年经济波动实际所处阶段，分别与 SCM_t^{ci} 交互，以考察国际经济周期联动的非对称特征。随后借助 H-P 滤波，在极小值约束下利用式（1-12）计算 i 国产出 Y_t^i 的趋势性成分 Y_t^{i*}，进而得到产出缺口 GAP_t^i [$GAP_t^i = \ln Y_t^i - \ln Y_t^{i*} \approx (Y_t^i - Y_t^{i*})/Y_t^{i*}$]，以此为据对哑变量取值。规则是：如果 $GAP_t^i > 0$，令 $EX_t^i = 1$、$RE_t^i = 0$；相反，令 $EX_t^i = 0$、$RE_t^i = 1$。

$$\sum_{t=1}^{T}(\ln Y_t^i - \ln Y_t^{i*})^2 + \lambda\sum_{t=2}^{T-1}\left[(\ln Y_{t+1}^{i*} - \ln Y_t^{i*}) - (\ln Y_t^{i*} - \ln Y_{t-1}^{i*})\right]^2$$

$$(1-12)$$

通过代入世界发展指标（WDI）数据库提供的实际 GDP（美元不变价）序列，本节计算了 2000—2014 年国际经济周期在两个不同阶段中的联动性。如表 1-10 所示，国际经济周期表现出"扩张联动低于紧

---

① 文武、程惠芳：《全球价值链嵌入与国际经济周期非对称联动》，《统计研究》2021年第3期。

缩联动"的非对称特征。除个别国家外，中国与绝大部分贸易伙伴国经济扩张的联动较弱，经济紧缩的联动较强，表明在深度融入全球价值链的2000—2014年，中国无法与世界经济同步扩张，但会与世界经济高度同步地陷入衰退，对稳增长形成较大阻碍。国际经济周期联动的国别差异明显，中国与经济增长较快的发展中国家、非欧盟国家经济扩张的联动更弱，而与欧盟国家等经济紧缩的联动更强，对稳增长构成外部冲击。2008年国际金融危机（以下简称金融危机）后，国际经济周期显现"扩张联动增强、紧缩联动减弱"的新特征，进而能在一定程度上缓解稳增长压力，但扩张联动低于紧缩联动的特征依然客观存在。

表1-10　　　　　　　　　国际经济周期协动性均值

贸易伙伴国	该国经济扩张阶段	该国经济紧缩阶段	样本期均值	贸易伙伴国	该国经济扩张阶段	该国经济紧缩阶段	样本期均值
全部样本	0.6304	1.0071	0.8313	俄罗斯	0.6784	0.9446	0.8381
发达国家	0.6315	1.0573	0.8566	西班牙*#	0.626	0.9768	0.8365
发展中国家	0.6276	0.8831	0.7669	塞浦路斯*#	0.5645	1.1064	0.8174
欧盟国家	0.7105	1.0134	0.8783	瑞典*#	0.3454	1.1247	0.8130
非欧盟国家	0.4896	0.9928	0.7373	韩国*	0.5248	0.9941	0.8064
金融危机前	0.4256	1.1009	0.7828	葡萄牙*#	1.1582	0.4672	0.7896
金融危机后	0.8693	0.9017	0.8868	克罗地亚#	0.6909	0.838	0.7889
捷克*#	1.1079	1.9153	1.5385	德国*#	1.0936	0.431	0.7844
斯洛伐克*#	1.319	1.4216	1.3943	匈牙利*#	1.2723	0.3915	0.7699
芬兰*#	0.8522	1.7605	1.3366	法国*#	0.4056	1.1282	0.7428
卢森堡*#	0.5939	1.5566	1.1073	日本*	0.2792	1.4062	0.7300
波兰#	0.9962	1.1436	1.0945	加拿大*	0.2222	1.2979	0.7242
印度	1.3649	0.7704	1.0478	爱尔兰*#	0.6683	0.6811	0.6751
瑞士*	0.7291	1.2518	1.0427	土耳其	0.4194	0.9936	0.6491
奥地利*#	1.0154	1.0632	1.0377	立陶宛#	0.5478	0.7511	0.6427
丹麦*#	0.5781	1.2999	0.9630	英国*#	0.2148	0.9039	0.6283
美国*	0.4959	1.663	0.9628	马耳他*#	0.5645	0.5741	0.5696
荷兰*#	0.5849	1.2485	0.9388	墨西哥	0.2655	0.8157	0.5589
斯洛文尼亚*#	0.6644	1.117	0.9360	希腊*#	0.6412	0.4377	0.5463
巴西	0.6961	1.2495	0.9174	罗马尼亚#	0.4157	0.6614	0.5303

续表

贸易伙伴国	该国经济扩张阶段	该国经济紧缩阶段	样本期均值	贸易伙伴国	该国经济扩张阶段	该国经济紧缩阶段	样本期均值
保加利亚#	0.5335	1.0198	0.8577	印度尼西亚	0.4561	0.5472	0.5108
比利时*#	0.6724	1.0514	0.8493	挪威*	0.288	0.6587	0.4610
意大利*#	0.4852	1.0882	0.8470	澳大利亚*	0.1812	0.5679	0.3359

注：①本表报告了该国（经济体）处于扩张或紧缩阶段时，中国与其经济周期联动性均值；②根据样本期均值排序；③*标记发达国家，#标记欧盟国家。

（二）计量模型、变量与数据

为深入分析经济周期的非对称联动形成机理，本节将深入经济波动不同阶段，研究全球价值链嵌入对国际经济周期联动的影响。为此，本节借鉴程惠芳等[1]的研究，将 EX_t^i 与 RE_t^i 哑变量与核心解释变量交互，文武、程惠芳[2]建立如下方程：

$$SCM_t^{ci} = a + \beta_1 GVCE_t^{ci} \times EX_t^i + \beta_2 GVCE_t^{ci} \times RE_t^i + \beta_3 Control_t^{ci} + \varepsilon_t^{ci} \quad (1-13)$$

其中，SCM_t^{ci} 为对称值域同步化指数，$GVCE_t^{ci}$ 代表中国与 i 国制造业双边价值链嵌入度，该变量与 EX_t^i、RE_t^i 哑变量交互后，系数 β_1、β_2 则分别反映了价值链嵌入在 i 国扩张、紧缩两个不同时期对国际经济周期联动性产生的影响。$Control_t^{ci}$ 代表控制变量，ε_t^{ci} 是残差。鉴于数据可得性，本节将利用 2000—2014 年中国与 39 个贸易伙伴国的面板数据估计式（1-13）。文中各变量构造方法如下。

1. 双边价值链嵌入度 $GVCE_t^{ci}$

文武等[3]沿袭 Koopman 等[4] GVC 参与度的经典测算思路，将其度量范围拓展到双边，构建式（1-14）衡量方法。其中，E_t^{ci} 和 E_t^{ic} 依次为 t 时期中国对 i 国及 i 国对中国的总出口，IV_t^{ci} 和 IV_t^{ic} 依次代表被 i 国出口

---

[1] 程惠芳等：《研发强度、经济周期与长期经济增长》，《统计研究》2015 年第 1 期。

[2] 文武、程惠芳：《全球价值链嵌入与国际经济周期非对称联动》，《统计研究》2021 年第 3 期。

[3] 文武、程惠芳：《全球价值链嵌入与国际经济周期非对称联动》，《统计研究》2021 年第 3 期。

[4] Koopman R., et al., "Give Credit to Where Credit Is Due: Tracing Value Added in Global Production Chains", NBER Working Papers, 2010.

至第三方的中国增加值、被中国出口至第三方的 i 国增加值。在计算国外增加值项目时，本节对第三方效应予以剔除，将 $SFVA_t^{ci}$ 与 $SFVA_t^{ic}$ 分别定义为 E_t^{ci} 中源于 i 国的价值增值、E_t^{ic} 中源于中国的价值增值。目前，多数研究采用单边分解法估算增加值项目，无法追踪第三方效应，同时不能分解并获取双边增加值出口数据，王直等[①]提出的双边出口分解法弥补了以上不足，为剔除第三方效应提供了方法基础。本节利用此方法与 WIOD 数据，获取了式（1-14）所需增加值。

$$CVCE_t^{ci} = \frac{(IV_t^{ci} + SFVA_t^{ci}) + (IV_t^{ic} + SFVA_t^{ic})}{E_t^{ci} + E_t^{ic}} \quad (1-14)$$

2. 双边贸易强度（BTI_t^{ci}）

本节以中国与 i 国间双边出口 E_t^{ci}、E_t^{ic} 占两国外贸总额 T_t^c、T_t^i 的比重对其度量，如式（1-15）所示。所需数据源于《中国统计年鉴》与 WTO 数据库。

$$BTI_t^{ci} = \frac{E_t^{ci} + E_t^{ic}}{T_t^c + T_t^i} \quad (1-15)$$

3. 产业内贸易程度（IIT_t^{ci}）

度量方法如式（1-16）所示，E_{tk}^{ci} 和 M_{tk}^{ci} 分别为中国 k 行业对 i 国的出口及从 i 国的进口额，数据源于法国经济所 CEPII BACI 数据库。

$$IIT_t^{ci} = 1 - \frac{\sum_k |E_{tk}^{ci} - M_{tk}^{ci}|}{\sum_k |E_{tk}^{ci} + M_{tk}^{ci}|} \quad (1-16)$$

4. 直接投资强度（FDI_t^{ci}）

因数据可得性，本节借鉴程惠芳和岑丽君[②]的做法，以中国吸引 i 国直接投资 $FDIinflow_t^{ci}$ 占两国引进直接投资 $FDIinflow_t^c$、$FDIinflow_t^i$ 总额的比重来度量，数据源于 UNCTAD 的 FDI 数据库与《中国统计年鉴》。

$$FDI_t^{ci} = \frac{FDIinflow_t^{ci}}{FDIinflow_t^c + FDIinflow_t^i} \quad (1-17)$$

---

① 王直等：《总贸易核算法：官方贸易统计与全球价值链的度量》，《中国社会科学》2015 年第 9 期。

② 程惠芳、岑丽君：《FDI、产业结构与国际经济周期协动性研究》，《经济研究》2010 年第 9 期。

5. 产业结构相似度（IS_t^{ci}）

参考 Duval 等[①]的研究构建如下度量方法。其中，S_{tk}^c 与 S_{tk}^i 分别代表中国 k 行业与 i 国 k 行业增加值产出在本国 GDP 中的占比，数据来自 National Accounts Estimates of Main Aggregates 数据库。

$$IS_t^{ci} = \sum_k |S_{tk}^c - S_{tk}^i| \tag{1-18}$$

6. 财政政策同步性（FPS_t^{ci}）

参考黄赜琳和姚婷婷[②]的做法，利用式（1-19）度量。其中，FP_t^i 与 FP_t^i 分别代表中国政府与 i 国政府支出在本国 GDP 中的占比，数据来自 World Economic Outlook 数据库。

$$FPS_t^{ci} = |FP_t^c - FP_t^i| \tag{1-19}$$

7. 双边汇率波动性（ERS_t^{ci}）

本节利用各国 CPI 及名义汇率（本币对美元）计算实际汇率，借助 H-P 滤波去趋势获得波动项，然后将中国与 i 国实际汇率波动项 ERV_t^c、ERV_t^i 加总度量双边汇率波动性。数据来自 Penn World Table 数据库。

$$ERS_t^{si} = ERV_t^c + ERV_t^i \tag{1-20}$$

8. 双边资本账户开放度（FMO_t^{ci}）

沿用唐宜红等[③]的方法，利用中国、i 国资本账户开放度指数 FMO_t^c、FMO_t^i 之和度量双向资本账户开放度。数据来自 Chinn 和 Ito 于 2020 年发布的 The Chinn-Ito Index。

$$FMO_t^{ci} = |FMO_t^c + FMO_t^i| \tag{1-21}$$

9. 双边物理距离（$DIST_t^i$）与是否相邻（$NEIB_t^{ci}$）

物理距离决定了物流成本与产品跨境流动便利性，同时邻近国家间贸易更便利，这也是影响国际产出联动的因素。因此，本节将对数化双边物理距离与是否相邻哑变量引入模型，数据源于 CEPII 的 Gravity 数据库。以上变量描述性统计如表 1-11 所示。

[①] Duval R., et al., "Value-Added Trade and Business Cycle Synchronization", *Journal of International Economics*, 2016 (99): 251-262.

[②] 黄赜琳、姚婷婷：《中国与"一带一路"沿线国家经济周期协同性及其传导机制》，《统计研究》2018 年第 9 期。

[③] 唐宜红等：《全球价值链嵌入与国际经济周期联动：基于增加值贸易视角》，《世界经济》2018 年第 11 期。

表 1-11　　　　　　　　　　变量描述性统计

变量	含义	观测值	均值	标准差	最小值	最大值
SCM	经济周期联动性	585	0.8313	1.0826	-0.8906	5.6995
GVCE	双边价值链嵌入度	585	0.1430	0.0635	0.0309	0.4013
BTI	双边贸易强度	585	0.0092	0.0149	0.0001	0.0721
IIT	产业内贸易程度	585	0.4649	0.2717	0.0088	0.9968
FDI	直接投资强度	585	0.0045	0.0122	0.0000	0.0913
IS	产业结构相似度	585	0.5229	0.1429	0.1851	0.8713
FPS	财政政策同步性	585	0.1915	0.0877	0.001	0.4009
ERS	双边汇率波动性	585	0.1887	0.0948	0.0091	0.7137
FMO	双边资本账户开放度	585	0.9333	0.4761	0	3
DIST	双边物理距离	585	8.8714	0.4507	6.8629	9.7377

注：个别年份源于克罗地亚、立陶宛等国，因其直接投资较少，导致直接投资强度最小值较小。

（三）整体样本估计结果

在政策实践中，相似的财政政策能够加强两国经济波动的一致性，但经济波动一致的国家往往会实施方向与力度相近的政策，两者互为因果将造成内生性出现，文武等[1]利用系统广义矩（SYS-GMM）方法处理。双边贸易强度与直接投资强度相关系数较高，达到 0.7758，但方差膨胀因子检验显示各变量实际上并无共线性，无须对此处理。表 1-12 显示了模型估计结果，可以发现，依次加入双边价值链嵌入度与 EX_t^i、RE_t^i 的交互项后，各变量估计结果依然稳健，同时 Hansen 过度识别约束检验不能拒绝工具变量有效的原假设，AR（2）自相关检验不能拒绝随机误差项不存在二阶序列相关的原假设，工具变量数小于截面数（39），因此各列结果有效且可靠。

---

[1] 文武、程惠芳：《全球价值链嵌入与国际经济周期非对称联动》，《统计研究》2021 年第 3 期。

表 1-12　　　　　　　　整体样本估计结果

变量	（1）	（2）	（3）
GVCE×EX	-3.1516*** (-8.15)		-1.0237** (-2.05)
GVCE×RE		3.6429*** (9.51)	2.9432*** (6.19)
BTI	0.111** (2.55)	0.093** (2.16)	0.1953** (2.88)
IIT	0.4346*** (4.05)	0.3769*** (3.30)	0.3338*** (3.58)
FDI	-0.4565*** (-3.96)	-0.398*** (-4.06)	-0.5969*** (-3.63)
IS	0.0132*** (4.10)	0.0215*** (5.80)	0.0201*** (6.04)
FPS	-0.0288*** (-3.18)	-0.0328*** (-4.17)	-0.0267*** (-3.91)
ERS	-0.7767*** (-2.90)	-0.6014** (-2.56)	-0.5112* (-1.97)
FMO	0.4447** (2.14)	0.1575** (2.27)	0.1335** (2.02)
DIST	-0.5887*** (-3.77)	-0.5257*** (-3.75)	-0.7184*** (-3.93)
NEIB	-0.7972*** (-3.47)	-0.2439* (-1.92)	-0.441** (-2.65)
YEAR 2008	0.8225*** (8.10)	0.8251*** (7.65)	0.7859*** (7.92)
YEAR 2009	-1.4992*** (-21.86)	-1.5319*** (-20.61)	-1.5943*** (-22.85)
常数项	5.8435*** (4.66)	4.6611*** (4.24)	6.4902*** (4.21)
AR（1）	0.001	0.001	0.006
AR（2）	0.943	0.451	0.333
Hansen test	0.160	0.112	0.102

续表

变量	（1）	（2）	（3）
工具变量数	35	35	36
样本数	585	585	585

注：①括号内数值为 t 统计量；②＊、＊＊与＊＊＊分别表示 10%、5%与 1%显著性水平；③SCM 与 FPS 为内生变量，其余为外生变量；④本节对内生变量用了 collapse 以减少工具变量数，下同。

结果表明，制造业融入全球价值链对国际经济周期联动的影响在不同阶段互异。当贸易伙伴国经济扩张时，双边价值链嵌入对国际经济周期联动性有显著负向影响，而当这些国家陷入紧缩时，双边价值链嵌入对国际经济周期联动性有显著正向影响，这意味着中国融入全球价值链削弱了其与贸易伙伴国产出扩张的联动，加强其与贸易伙伴国产出紧缩的联动，使国际经济周期呈扩张联动低于紧缩联动的特征，不仅导致中国不能利用世界经济扩张有效带动国内经济上行，无法提高产出增长的国际联动性，而且加强了世界经济紧缩对中国的冲击，推动其与贸易伙伴国同步陷入衰退，阻碍稳增长。结果表明，在主动扩大对外开放、拓展全球生产网络的同时，不仅须警惕源于世界各国的风险输入，更要破解中国无法与贸易伙伴国联动扩张的困境。

（四）价值链嵌入度与经济周期的非对称联动

文武等建立《欧洲联盟条约》成员方、OECD 国家、WTO 成员方哑变量，为对应国家取值 1，否则取值 0，与价值链嵌入度交互后回归，在表 1-13 中列（5）、列（6）、列（7）显示了结果。可见，价值链嵌入对中国与三类国家经济周期联动的影响没有明显变动，货币联盟、经济合作、贸易协定等国家关联性不会显著改变实证结果。借鉴潘文卿等[1]、程惠芳等[2]的做法，将双边贸易强度（BTI）、贸易伙伴国产出缺口（GAP）分别与价值链嵌入度交互，在表 1-13 中列（8）、列（9）显示了检验结果。贸易强度、经济波幅的变动均不能改变价值链嵌入与国际经济周期联动的联系。以上检验结果表明本节实证结果是稳健的。

---

[1] 潘文卿等：《价值链贸易与经济周期的联动：国际规律及中国经验》，《经济研究》2015 年第 11 期。

[2] 程惠芳等：《研发强度、经济周期与长期经济增长》，《统计研究》2015 年第 1 期。

表 1-13　稳健性检验结果

变量	检验一 去掉六大经济体 (1)	检验一 去掉高开放度国家 (2)	检验二 GVCE再度量 (3)	检验二 差分广义矩方法 (4)	变量	欧洲联盟成员方 (5)	检验三 OECD国家 (6)	检验三 WTO成员方 (7)	检验四 引入贸易强度交互 (8)	检验四 引入产出缺口交互 (9)
GVCE×EX	-1.1795** (-2.04)	-3.0635*** (-2.85)	-33.768*** (-4.55)	-1.9887** (-2.32)	GVCE×EX×VAR	-0.815* (-1.97)	-1.5394** (-2.12)	-1.3616*** (-3.76)	-1.4726** (-2.00)	-0.6657*** (-3.84)
GVCE×RE	6.9794*** (8.54)	5.4099*** (3.67)	25.447*** (3.05)	2.905*** (3.41)	GVCE×RE×VAR	2.9334*** (3.67)	4.6099*** (4.81)	5.6405*** (14.87)	5.0254*** (4.20)	0.8084*** (3.02)
BTI	0.3416*** (2.84)	0.2232** (2.17)	0.1224** (2.38)	0.2061** (2.01)	BTI	0.1434*** (2.82)	0.1677** (2.25)	0.2131*** (4.15)	0.0585* (1.97)	0.1319** (2.26)
IIT	0.2686*** (4.34)	0.384*** (3.94)	0.3976*** (3.66)	0.4069* (1.98)	IIT	0.3889*** (3.83)	0.3175*** (3.61)	0.2753*** (3.25)	0.4331*** (3.51)	0.5333*** (3.52)
FDI	-0.7093*** (-4.45)	-0.3787*** (-1.86)	-0.2315** (-2.42)	-0.2857* (-1.70)	FDI	-0.3646*** (-4.34)	-0.3319*** (-3.15)	-0.3887*** (-4.45)	-0.4141*** (-2.65)	-0.413*** (-4.44)
IS	0.016** (2.36)	0.0195*** (3.74)	0.0154*** (3.05)	0.0381*** (3.99)	IS	0.0097*** (2.75)	0.0109*** (3.27)	0.0139*** (4.63)	0.0117*** (2.94)	0.0149*** (3.71)
FPS	-0.0212* (-1.79)	-0.0296** (-2.17)	-0.0335** (-2.04)	-0.0239 (-1.62)	FPS	-0.0201** (-2.49)	-0.0232** (-2.30)	-0.0238*** (-3.43)	-0.0129 (-1.13)	-0.034*** (-3.47)
ERS	-0.9249*** (-2.88)	-0.2419 (-0.38)	-0.5274** (-2.27)	-1.3182*** (-5.80)	ERS	-1.0073*** (-4.76)	-0.7351*** (-3.28)	-0.4857* (-1.89)	-0.6525*** (-2.77)	-0.7289** (-2.46)

续表

	检验一		检验二			检验三		检验四	
变量	去掉六大经济体	去掉高开放度国家	GVCE再度量	差分广义矩方法	变量	欧洲联盟成员方	OECD国家	WTO成员方	引入贸易强度交互	引入产出缺口交互
	(1)	(2)	(3)	(4)		(5)	(6)	(7)	(8)	(9)
FMO	0.7611**	0.1419*	0.123*	0.5792***	FMO	0.541*	0.4318**	0.2488***	0.1343**	0.6678**
	(2.53)	(1.80)	(1.89)	(2.72)		(1.71)	(2.16)	(2.82)	(2.19)	(2.50)
YEAR2008	1.231***	0.9786***	0.9423***	0.9991***	YEAR2008	0.7486***	1.0157***	1.0961***	0.9974***	0.9091***
	(7.76)	(4.28)	(5.26)	(7.12)		(6.84)	(9.02)	(6.84)	(6.59)	(6.48)
YEAR2009	−1.6988***	−1.6125***	−1.7039***	−1.6715***	YEAR2009	−1.3413***	−1.5686***	−1.7291***	−1.6404***	−1.534***
	(−21.89)	(−13.65)	(−16.26)	(−19.37)		(−16.69)	(−18.31)	(−21.17)	(−18.49)	(−10.25)
常数项	−0.7327	0.1324	0.5667**	—	常数项	0.1995	0.1389	−0.0196	0.197	0.0536
	(−1.39)	(0.53)	(2.45)			(0.66)	(0.53)	(−0.17)	(0.88)	(0.20)
AR (1)	0.000	0.009	0.002	0.000	AR (1)	0.002	0.000	0.006	0.000	0.000
AR (2)	0.307	0.625	0.532	0.132	AR (2)	0.271	0.498	0.883	0.716	0.698
Hansen检验	0.199	0.420	0.148	0.812	Hansen检验	0.133	0.277	0.222	0.305	0.228
工具变量数	35	35	35	35	工具变量数	35	35	35	35	35
样本数	495	480	585	585	样本数	585	585	585	585	585

注：①括号内数值为 t 统计量；②*、**与***分别表示10%、5%与1%显著性水平。

文武等①在将所有样本分为发达国家 HD 与发展中国家 LD 的基础上，还考虑美、日、韩、澳四个非欧盟国家是我国中间投入主要进口来源国，为使之区别于其余非欧盟国家，本节还采取欧盟国家、美日韩澳四国与其他非欧盟国家的分组方式。结果表明，源于发达国家、欧盟国家、美、日、韩、澳四国的中间投入进口比例下降，有利于加强中国与此类国家经济扩张的联动、减弱中国与此类国家经济紧缩的联动，但减少从发展中国家、其他非欧盟国家的进口比例并无积极影响。这是因为发展中国家和其他非欧盟国家并非中间投入主要进口来源国，中国主要从发达国家、欧盟国家，尤其是从美、日、韩、澳四国大量进口中间投入，而此类国家又是外源冲击的主要来源国，这一行为不仅显著降低出口国内价值含量，并且提高了冲击风险。减少源于此类国家的中间投入进口，可有效规避不利影响。

上述实证分析结果表明，2000—2014 年，中国与贸易伙伴国经济周期呈"扩张联动低于紧缩联动"的非对称特征。其中，中国与发展中国家、非欧盟国家扩张协动性更弱，而与发达国家、欧盟国家紧缩协动性更强。中国制造业融入全球价值链削弱了与贸易伙伴国经济扩张的协动，加强了与贸易伙伴国经济紧缩的协动，在一定程度上促成非对称协动性特征出现。对国别差异的考察表明，全球价值链嵌入下，中国与发达国家、欧盟国家等经济紧缩的协动性大幅增强。

综上所述，经济全球化的深化发展增强了国际经济周期协动性，由于不同类型国家的全球价值链水平差异，国际经济周期协动性变化存在一定差异。但是经济全球化和全球价值链发展，总体上国际经济周期协动性是增强趋势。随着国际经济周期协动性增强，迫切需要增强全球多边经贸规则协同调节，迫切需要增强国际经济政策协同调控，加快建立开放型世界经济发展，才能够使全球经济健康稳定发展。全球价值链下如何加强国际经济政策协同调控？如何适应国际经济周期协动性变化加强多边经贸规则体系建设？经济全球化的深化发展增强了国际经济周期协动性，加强国际经济政策协同调控已经成为全球性最高多边经贸规则新一轮重塑中迫切需要重视和研究的重大理论与政策问题。

---

① 文武、程惠芳：《全球价值链嵌入与国际经济周期非对称联动》，《统计研究》2021 年第 3 期。

表1-14　引入中间投入进口比例的估计结果——对国别差异的考察

变量	区分发达、发展中国家研究 (1)	(2)	(3)	变量	区分欧盟、美、日、韩、澳四国与其他非欧盟国家研究 (4)	变量	(5)
$GVCE \times EX$	-1.3324** (-2.41)	-1.4303** (-2.62)	-1.2916** (-2.07)	$GVCE \times EX$	-2.0337*** (-3.05)	$GVCE \times EX$	-1.3039** (-2.11)
$GVCE \times RE$	3.1326*** (5.24)	3.1217*** (5.04)	2.1699*** (4.58)	$GVCE \times RE$	2.3069*** (4.08)	$GVCE \times RE$	2.4871*** (4.32)
$GVCE \times EX \times IMD \times HD$	-3.1286*** (-5.58)		-2.9253** (-2.51)	$GVCE \times EX \times IMD \times EU$	-9.9957** (-1.98)	$GVCE \times RE \times IMD \times EU$	14.6608 (1.92)
$GVCE \times EX \times IMD \times LD$	-0.9539 (-0.13)		-4.0232 (-0.69)	$GVCE \times EX \times IMD \times MRHA$	-2.2527*** (-3.29)	$GVCE \times RE \times IMD \times MRHA$	7.6419*** (3.89)
$GVCE \times RE \times IMD \times HD$		4.0767*** (5.28)	3.8506** (2.02)	$GVCE \times EX \times IMD \times ROC$	-2.0832 (-0.34)	$GVCE \times RE \times IMD \times ROC$	9.6916 (0.98)
$GVCE \times RE \times IMD \times LD$		-6.2574 (-1.17)	0.5901 (0.14)	—			
BTI	0.3552** (2.22)	0.3169** (2.08)	0.1399** (2.21)	BTI	0.4192*** (2.97)	BTI	0.2298* (1.71)
IIT	0.4631*** (3.27)	0.5227*** (3.67)	0.3301*** (2.67)	IIT	1.1975*** (3.05)	IIT	0.581*** (3.84)

续表

	区分发达、发展中国家研究			区分欧盟、美、日、韩、澳四国与其他非欧盟国家研究		
变量	(1)	(2)	(3)	变量	(4)	(5)
FDI	-0.9691**	-1.027***	-0.6409**	FDI	-0.8749***	-1.0683***
	(-2.62)	(-2.89)	(-2.49)		(-3.03)	(-3.12)
IS	0.0235***	0.0234***	0.0179***	IS	0.0112**	0.0299***
	(4.23)	(4.45)	(2.99)		(2.55)	(5.12)
FPS	-0.031***	-0.0341***	-0.0051	FPS	-0.0016	-0.0327***
	(-2.90)	(-3.15)	(-0.86)		(-0.16)	(-2.77)
ERS	-0.6816**	-0.6044**	-0.8712***	ERS	-1.1624***	-1.1129***
	(-2.51)	(-2.46)	(-3.68)		(-3.40)	(-3.38)
FMO	0.2968**	0.2682**	0.3305***	FMO	0.3287**	0.2738**
	(2.33)	(2.05)	(2.73)		(2.47)	(2.61)
DIST	-1.2191***	-1.1015**	-1.3643***	DIST	-0.7672***	-2.0593***
	(-2.71)	(-2.67)	(-2.87)		(-2.80)	(-3.47)
NEIB	-0.8793**	-0.7957**	-0.7174**	NEIB	-0.9006***	-1.2045**
	(-2.30)	(-2.43)	(-2.15)		(-3.03)	(-2.63)

续表

区分发达、发展中国家研究					区分欧盟、美、日、韩、澳四国与其他非欧盟国家研究		
变量	(1)	(2)	(3)	变量	(4)	(5)
YEAR 2008	1.3204*** (7.91)	1.3127*** (8.00)	1.1519*** (13.43)	YEAR 2008	1.7177*** (10.08)	1.5448*** (9.82)
YEAR2009	−1.5839*** (−16.16)	−1.5862*** (−16.91)	−1.4213*** (−20.35)	YEAR 2009	−1.6217*** (−17.05)	−1.6706*** (−20.55)
常数项	10.6989*** (2.98)	9.7216*** (2.97)	12.4274*** (3.04)	常数项	6.4959*** (2.79)	8.0459*** (3.61)
AR (1)	0.000	0.000	0.000	AR (1)	0.000	0.000
AR (2)	0.705	0.737	0.723	AR (2)	0.639	0.507
Hansen 检验	0.086	0.106	0.177	Hansen 检验	0.107	0.084
工具变量数	38	38	40	工具变量数	39	39
样本数	585	585	585	样本数	585	585

注：①括号内数值为 t 统计量；②*、**与***分别表示10%、5%与1%显著性水平；③SCM 与 FPS 为内生变量，其余为外生变量；④本节对内生变量用了 collapse 以减少工具变量数。

第三节　全球高标准多边经贸规则演变

为深入了解经济全球化下全球高标准经贸规则演变新趋势和新特征，把握全球高标准经贸规则的历史演变，在对标全球高标准经贸规则中创造开放经济发展新机遇，在加强全球经贸合作中应对新挑战。为此，本节对全球性高标准经贸规则体系演变进行比较分析，包括对《关税与贸易总协定》[1]《世界贸易组织协定》[2]《欧洲联盟条约》[3]《美国—墨西哥—加拿大协定》[4]《跨太平洋伙伴关系协定》[5]《全面与进步跨太平洋伙伴关系协定》[6]《区域全面经济伙伴关系协定》[7] 等进行比较分析，旨在全面了解全球高标准经贸规则体系变化新趋势的基础上，在习近平主席"坚持推动构建人类命运共同体"的新理念引领下，坚定维护以联合国为核心的国际多边体系，坚定支持以 WTO 多边经贸规则为基础的全球多边经贸体系，坚持公平竞争、安全高效、开放包容、互利共赢的国际经贸政策体系，构建开放型、包容型世界经济新体制，充分发挥中国在全球新一轮多边经贸规则体系重构和国际贸易政策体系协同调控中的积极作用。

一　全球高标准经贸规则及其分类

全球经贸规则是指主权国家（或单独关税区）之间通过谈判协商，在国际贸易、国际投资、知识产权、海关监管、争端解决等共同确认达成的经贸协定，对缔约方之间的国际经贸关系具有促进、约束、调节作

---

[1]　https：//www.wto.org/GATT Documents 1946-1948/（General Agreement on Tariff and Trade）（GATT 1947）.

[2]　https：//www.wto.org/（World Trade Organization Agreement）（WTO Agreement）.

[3]　https：//www.european-union.europa.eu/（Treaty on European Union）（EU），（Official Journal of the European Communities），29.7.92.

[4]　https：//www.ustr.gov/Trade Agreements/（United States - Mexico - Canada Agreement）（USMCA）.

[5]　https：//ustr.gov/trade-agreements/（Trans-Pacific-Partnership Agreement）（TPP）.

[6]　https：//wtocenter.vn/full-text-of-cptpp/（Comprehensive and Progressive Agreement for Trans-Pacific Partnership）（CPTPP）.

[7]　https：//www.rcepsec.org/legal-text/（Regional Comprehensive Economic PartnershipAgreement）（RCEP）.

用，促进全球经贸有序发展。全球经贸规则数量多，体系复杂，全球最高经贸规则是全球经贸规则体系中影响范围最广、标准最高和权威性最高的经贸规则。

全球高标准经贸规则可分为三大类：第一类是成员方（缔约方）数量128个缔约方《北美自由贸易协定》最多，影响范围最广的全球性多边经贸规则，如《关税与贸易总协定》[①]（简称GATT，1948年1月—1995年12月，128个缔约方），《世界贸易组织协定》[②]（简称WTO Agreement，1995年1月至今，164个成员，覆盖全球贸易98%）。

第二类是具有最高标准和最高水平的区域性多双边经贸规则，如《欧洲联盟条约》[③]（简称EU，27个成员，1993年1月1日生效），《北美自由贸易协定》[④]（简称NAFTA，3个成员，1994年1月—2020年6月），《美国—墨西哥—加拿大协定》[⑤]（简称USMCA，3个成员，2020年7月1日生效，取代了《北美自由贸易协定》）。《跨太平洋伙伴关系协定》[⑥]（简称TPP，12个成员，2016年2月4日签署协定，由于美国退出，协定没有生效）。《全面与进步跨太平洋伙伴关系协定》[⑦]（简称CPTPP，11个成员，2018年12月30日生效），《区域全面经济伙伴关系协定》[⑧]（简称RCEP，15个成员，2022年1月1日生效），《日本与欧盟经济伙伴关系协定》[⑨]（简称EPA，28个成员）。

[①] https：//www.wto.org/GATT Documents 1946-1948/（General Agreement on Tariff and Trade）（GATT 1947）。

[②] https：//www.wto.org/Documents/（World Trade Organization Agreement）（WTO Agreement）。

[③] https：//www.european-union.europa.eu/（Treaty on European Union）（EU）（Official Journal of the European Communities），29.7.92。

[④] https：//www.ustr.gov/Trade Agreements/（North-American-Free-Trade-Agreement）（NAFTA）.

[⑤] https：//www.ustr.gov/Trade Agreements/（United States-Mexico-Canada Agreement）（USMCA）.

[⑥] https：//ustr.gov/Trade-Agreements/（Trans-Pacific-Partnership Agreement）（TPP）.

[⑦] https：//wtocenter.vn/（Comprehensive and Progressive Agreement for Trans-Pacific Partnership）（CPTPP）.

[⑧] https：//www.rcepsec.org/legal-text/（Regional Comprehensive Economic Partnership Agreement）（RCEP）.

[⑨] https：//fta.mofcom.gov.cn/（Agreement Between the European Union and Japan for an Economic Partnership）（EPA）.

第三类是全球最具权威的专业性经贸规则,如 WTO 协定下《服务贸易总协定》①(简称 GATS,1995 年 1 月生效),《与贸易有关的知识产权协定》②(简称 TRIPs,1995 年 1 月生效),《贸易便利化协定》③(简称 AFT,2017 年 2 月生效)等。本节重点对全球性多边经贸规则和区域性多双边经贸规则的变化进行比较分析。

二 《关税与贸易总协定》变化

全球性多边经贸规则的深刻变化是《关税与贸易总协定》(*General Agreement on Tariff and Trade*)(简称 GATT)④ 向《世界贸易组织协定》(*World Trade Organization Agreement*)(简称 WTO Agreement)⑤ 转变。《世界贸易组织协定》是在《关税与贸易总协定》(GATT 1947—1994)规则基础上拓展完善起来的。因此,全球性多边经贸规则变化有必要回顾和分析《关税与贸易总协定》。

(一)《关税与贸易总协定》产生与变化

在世界贸易漫长发展史上,世界贸易曾经主要是以双边贸易关系和双边贸易协定为中心的,"在 1860—1913 年,双边贸易协定曾经促进世界贸易持续稳定增长"。⑥ 但是第一次世界大战和第二次世界大战,导致世界贸易保护主义盛行,双边贸易协定已经难以阻止世界贸易保护主义发展趋势,迫切需要建设多边贸易体系才有可能扭转世界性贸易保护主义。

《关税与贸易总协定》产生可追溯到第二次世界大战。第二次世界大战导致世界经济严重衰退,贸易保护主义盛行,各国失业严重,社会动荡。第二次世界大战结束后,为加快世界经济复苏,迫切需要在国际贸易和国际金融等方面重建世界经济新秩序,共同创建一个相对开放国

---

① https://www.wto.org/Documents/ (General Agreement on Trade in Services) (GATS).
② https://www.wto.org/Documents/ (Agreement on Trade-Related Aspects of Intellectual Property Rights) (TRIPs).
③ https://www.wto.org/Documents/ (Agreement on Trade Facilitation) (ATF).
④ https://www.wto.org/GATT Documents 1946-1948/ (General Agreement on Tariff and Trade) (GATT 1947).
⑤ Irwin, Douglas A., "The GATT in Historical Perspective", *American Economic Review*, May 1995, pp. 323-324.
⑥ Irwin, Douglas A., "The GATT in Historical Perspective", *American Economic Review*, May 1995, pp. 323-324.

际贸易发展体系，"美国和英国动议成立国际贸易组织"（*International Trade Organization*，ITO）[1]。为促进世界经济复苏，加快发展国际贸易，解决世界各国失业问题，在1946—1948年，联合国经社理事会（*United Nations-Economic and Social Council*）组织召开一系列国际贸易与就业会议（*United Nations-Conference on Trade and Employment*）[2]，邀请23个国家共同就国际贸易、降低关税与增加就业进行多边谈判，并组建筹备委员会和审议《国际贸易组织宪章》（*The Charter of the International Trade Organization*），1946—1947年，23个国家（23个国家贸易额占当时世界贸易总额的80%[3]）进行一系列有关最惠国待遇、国民待遇、非歧视待遇、取消数量限制、过境自由、关税减让、反倾销税和反补贴税、海关估价、原产地标记、贸易政策公布与管理、国有贸易企业、关税同盟与自由贸易区等方面的谈判[4]，1947年10月30日，23个缔约方在日内瓦签订了《关税与贸易总协定》（简称 GATT 1947），中国是《关税与贸易总协定》23个创始缔约国之一。

1947年11月21日至1948年3月24日，在古巴哈瓦那召开的联合国贸易与就业会议上，《国际贸易组织宪章》最终达成协议，由于在古巴哈瓦那达成协定，所以也称《哈瓦那国际贸易组织宪章》（*Havana Charter for An International Trade Organization*）。[5]《哈瓦那国际贸易组织宪章》共九章106个条款[6]，其中第四章商业政策中的有关最惠国待遇、国民待遇、非歧视待遇、取消数量限制、过境自由、关税减让、反

---

[1] Irwin, Douglas A., "The GATT in Historical Perspective," *American Economic Review*, May 1995, pp. 323-324.

[2] https://www.wto.org/GATT Documents 1946-1948/ (General Agreement on Tariff and Trade) (GATT 1947).

[3] Irwin, Douglas A., "The GATT in Historical Perspective", *American Economic Review*, May 1995, pp. 323-324.

[4] https://www.wto.org/GATT Documents 1946-1948/ (General Agreement on Tariff and Trade) (GATT 1947).

[5] https://www.wto.org/GATT Documents 1946-1948/ (Havana Charter for An International Trade Organization), / (Final Act of The United Nations Conference on Trade and Employment), From November 21, 1947, to March 24, 1948.

[6] https://www.wto.org/GATT Documents 1946-1948/ (Havana Charter for An International Trade Organization), / (Final Act of The United Nations Conference on Trade and Employment), From November 21, 1947, to March 24, 1948.

倾销税和反补贴税、海关估价、原产地标记、贸易政策公布与监管、关税同盟与自由贸易区等条款成为《关税与贸易总协定》（GATT，1947）的主要内容（见表1-15）。根据《哈瓦那国际贸易组织宪章》规则需要缔约方的国内立法机构批准才能够生效，由于一些国家的国内立法机构没有在规定时间内批准《哈瓦那国际贸易组织宪章》，《哈瓦那国际贸易组织宪章》和国际贸易组织就没有正式生效（李仲周，1993）。[①]但是《哈瓦那国际贸易组织宪章》中的商业政策多数条款被《关税与贸易总协定》采纳。

1947年10月30日签署的《关税与贸易总协定》（GATT 1947）经过各缔约方国内立法机构批准，于1948年1月1日生效，成为全球性多边贸易规则。《关税与贸易总协定》（GATT）[②]是第二次世界大战以来世界范围第一个的有关关税和贸易的全球性多边贸易规则，1948—1994年成为世界普遍接受的多边贸易准则。《哈瓦那国际贸易组织宪章》与《关税与贸易总协定》协定条款的主要内容见表1-15。

表1-15　　　　《哈瓦那国际贸易组织宪章》与
《关税与贸易总协定》有关内容比较

《哈瓦那国际贸易组织宪章》 1947年11月21日至1948年3月24日签署 共9章106条			《关税与贸易总协定》 （简称GATT 1947） 1947年10月30日签署 1948年1月1日生效 共四部分38条	
第一章	目的	第1条	第一部分	第1条：一般最惠国待遇
第二章	就业与经济活动	第2—7条		第2条：减让表
第三章	经济发展与重构	第8—15条	第二部分	第3条：国内税与国民待遇
第四章	商业政策	第16—45条		第4条：有关电影片的特殊条款
		第16条：一般最惠国待遇		第5条：过境自由
		第17条：关税减让		第6条：反倾销税和反补贴税

---

① 李仲周：《关贸总协定和我国对外贸易》，《经济导刊》1993年第2期。
② https：//www.wto.org/GATT Documents 1946-1948/（General Agreement on Tariff and Trade）(GATT 1947).

续表

《哈瓦那国际贸易组织宪章》 1947年11月21日至1948年3月24日签署 共9章106条		《关税与贸易总协定》 （简称 GATT 1947） 1947年10月30日签署 1948年1月1日生效 共四部分38条
	第18条：国内税与国民待遇	第7条：海关估价
	第19条：有关电影片的特殊条款	第8条：规费和输出入手续
	第20条：数量限制一般取消	第9条：原产地标记
	第21条：保障国际收支实施限制	第10条：贸易政策公布和监管
	第22条：非歧视性数量限制管理	第11条：数量限制一般取消
	第23条：非歧视原则的例外	第12条：保障国际收支实施限制
	第24条：国际货币基金组织关系及外汇安排	第13条：非歧视数量限制
	第25条：补贴	第14条：非歧视原则的例外
	第26条：出口补贴附加条款	第15条：外汇安排
	第27条：初级商品特别待遇	第16条：补贴
	第28条：促进初级商品出口承诺	第17条：国营贸易企业
	第29条：非歧视待遇	第18条：政府对经济发展援助
	第30条：营销组织	第19条：特定产品进口紧急措施
	第31条：贸易扩张	第20条：一般例外
	第32条：非商业性库存量的清算	第21条：安全例外
	第33条：过境自由	第22条：协商
	第34条：反倾销及反贴补税	第23条：利益的丧失或损害

续表

《哈瓦那国际贸易组织宪章》 1947年11月21日至1948年3月24日签署 共9章106条			《关税与贸易总协定》（简称GATT 1947） 1947年10月30日签署 1948年1月1日生效 共四部分38条	
		第35条：海关估价	第三部分	第24条：适用领土范围、关税联盟和自由贸易区
		第36条：进出口手续		第25条：缔约国的联合行动
		第37条：原产地标记		第26条：本协定的接受、生效和登记
		第38条：贸易政策公布与监管		第27条：减让的停止或撤销
		第39条：信息、统计和贸易术语		第28条：减让表的修改
		第40条：特定产品进口紧急措施		第29条：本协定与《哈瓦那国际贸易组织宪章》的关系
		第41条：协商		第30条：本协定的修正
		第42条：第四章的地域适用		第31条：本协定的退出
		第43条：边境交通		第32条：缔约国
		第44条：关税同盟与自由贸易区		第33条：本协定的加入
		第45条：第四章的一般例外		第34条：附件
第五章	限制性商业实践	第46—54条		第35条：在特定的缔约国之间不适用本协定
第六章	政府间商品协定	第55—70条	第四部分 贸易与发展	第36条：原则和目的
第七章	国际贸易组织	第71—91条		第37条：承诺的义务
第八章	争端解决	第92—97条		第38条：联合行动
		第92条：根据宪章的程序		
		第93条：协商和仲裁		

续表

《哈瓦那国际贸易组织宪章》 1947年11月21日至1948年3月24日签署 共9章106条			《关税与贸易总协定》 （简称 GATT 1947） 1947年10月30日签署 1948年1月1日生效 共四部分38条
		第94条：提交执行委员会	
		第95条：提交部长级会议	
		第96条：提交国际法院	
		第97条：杂项规定	
第九章	最终条款	第98—106条	

资料来源：笔者根据 *Havana Charter for An International Trade Organization* 和 *General Agreement on Tariff and Trade* 英文版翻译和整理。

（二）《关税与贸易总协定》宗旨与原则

《关税与贸易总协定》的宗旨是通过多边贸易谈判，大幅度地削减关税和非关税壁垒，取消国际贸易中的歧视待遇，从而实现提高生活水平，保证充分就业，保证实际收入和有效需求持续增长，扩大世界资源的充分利用，扩大商品和生产和交换（李仲周，1993）。[①]

《关税与贸易总协定》的主要原则来自《哈瓦那国际贸易组织宪章》商业政策中原则和条款：一是非歧视原则，缔约方享受最惠国待遇和国民待遇；二是关税减让原则，各缔约方经过谈判实现关税减让；三是公平贸易原则，反对倾销和反对出口补贴；四是一般禁止数量限制原则；五是过境自由原则；六是贸易政策法规公布与透明原则。[②]

（三）《关税与贸易总协定1947》主要内容

《关税与贸易总协定1947》[③] 共分4部分，38个条款。《关税与贸

---

① 李仲周：《关贸总协定和我国对外贸易》，《经济导刊》1993年第2期。
② https：//www.wto.org/GATT Dcuments 1946-1948/（General Agreement on Tariff and Trade）（GATT 1947）.
③ https：//www.wto.org/GATT Dcuments 1946-1948/（General Agreement on Tariff and Trade）（GATT 1947）.

易总协定 1947》主要内容如下：

1.《关税与贸易总协定 1947》第一部分第 1—2 条款，其中第 1 条基本条款是保证所有缔约方享受最惠国待遇，最惠国待遇是指一个缔约国给予另一个缔约国的贸易优惠和特权必须自动给予所有缔约国。第 2 条规定了各缔约方经过谈判达成实质性关税减让表。[①]

2.《关税与贸易总协定 1947》第二部分第 3—23 条款：主要内容包括国民待遇，禁止实行歧视进口的国内税和其他措施；过境自由；反倾销和反补贴；海关估价；进口费用与手续；原产地标记；贸易规则和政策公布与管理；取消数量限制歧视；非歧视原则；取消出口补贴；国营贸易企业；关税与贸易总协定与国际货币基金组织之间合作，外汇安排；安全例外；协商、争端解决等。[②]

3.《关税与贸易总协定 1947》第三部分第 24—35 条款：主要内容包括关税同盟和自由贸易区构成例外；缔约方政府采取联合行动；关税总协定实施规则；协定的接受、生效、退出；《关税与贸易总协定》与《哈瓦那国际贸易组织宪章》的关系以及《关税与贸易总协定》附件等。[③]

4.《关税与贸易总协定 1947》第四部分第 36—38 条款：主要有关发展中国家特殊待遇需要，贸易与发展原则和目标，履行承诺，缔约方全体采取联合行动等。[④]

（四）《关税与贸易总协定 1947》促进世界货物贸易快速发展

《关税与贸易总协定 1947》自 1948 年 1 月 1 日实施以来，成员之间的关税税率大幅度下降，发达国家的平均关税下降了近 40%（Douglas，1995）[⑤]，发展中国家和地区的平均关税也大幅度下降，非关税壁

[①] https://www.wto.org/GATT Dcuments 1946-1948/ (General Agreement on Tariff and Trade) (GATT 1947).

[②] https://www.wto.org/GATT Dcuments 1946-1948/ (General Agreement on Tariff and Trade) (GATT 1947).

[③] https://www.wto.org/GATT Dcuments 1946-1948/ (General Agreement on Tariff and Trade) (GATT 1947).

[④] https://www.wto.org/GATT Dcuments 1946-1948/ (General Agreement on Tariff and Trade) (GATT 1947).

[⑤] Irwin, Douglas A., "The GATT in Historical Perspective", *American Economic Review*, May 1995, pp. 323-324.

垄受到明显约束。关税大幅度下降、最惠国待遇、国民待遇、反倾销反补贴、减少数量限制等规则持续促进世界货物贸易自由化发展，世界货物贸易额从1948年的586亿美元增加到1994年的43210亿美元（见图1-47）。关税与贸易总协定的缔约方数量持续扩大，缔约方从1948年的23个国家（地区）扩大到1995年的128个国家和地区。

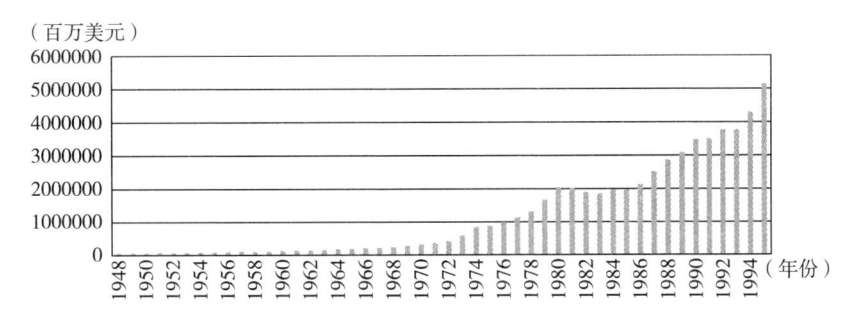

图1-47　1948—1995年全球商品出口贸易额变化

资料来源：根据联合国贸易发展数据库的数据制作。

（五）《关税与贸易总协定》向《世界贸易组织协定》转变

1948—1994年，《关税与贸易总协定1947》促进了世界货物贸易快速发展。但是，自20世纪80年代以来，发达国家产业结构快速调整，发达国家的工业制造业在国内生产总值中的比例大幅度下降，服务业比例大幅度上升，发达国家国际直接投资快速发展。随着发达国家产业结构调整，发达国家货物贸易的国际竞争力有所减弱，而服务贸易国际竞争力不断增强，《关税与贸易总协定1947》[①] 主要针对货物贸易自由化的规则已经不能够满足发达国家产业结构变化的需求。20世纪80年代以来，《关税与贸易总协定1947》经过七轮谈判货物关税已经大幅度下降，美国等发达国家对多边贸易规则谈判除进一步关税减让外，谈判重点转向促进服务贸易和与贸易有关知识产权保护等规则谈判。在1986—1994年的第八轮乌拉圭谈判中议题扩大到建立世界贸易组织、服务贸易、与贸易有关知识产权等内容（见表1-16）。

---

① https：//www.wto.org/GATT Dcuments 1946－1948/（General Agreement on Tariff and Trade）（GATT 1947）.

表1-16　《关税与贸易总协定》1948—1994年八轮谈判

	谈判时间	谈判地点	谈判主要内容	谈判成效
第一轮谈判	1947年1—10月	瑞士日内瓦	商品贸易与关税减让	45000种商品平均降低关税约35%
第二轮谈判	1949年4—10月	法国安纳西	货物贸易与关税减让	平均关税持续下降
第三轮谈判	1950年10月至1951年4月	英国托而基	货物贸易与关税减让	8700种商品平均关税下降6%
第四轮谈判	1956年1—5月	瑞士日内瓦	货物贸易与关税减让	3000种商品关税下降15%
第五轮谈判	1960年9月至1962年7月	瑞士日内瓦	货物贸易与关税减让	4400种商品关税平均降低税率20%
第六轮谈判	1964年5月至1967年6月	瑞士日内瓦	货物贸易与关税减让	60000种工业商品规定在5年内关税降低35%
第七轮谈判	1973年9月至1979年4月	日本东京瑞士日内瓦	货物贸易与关税减让	3000亿美元贸易额商品平均关税由7%下降到4.7%
第八轮谈判	1986年9月至1993年12月15日	乌拉圭	多边贸易谈判	《马拉喀什建立世界贸易组织协定》《WTO协定》《关税与贸易总协定，1994》等

资料来源：根据世界贸易组织官网及有关资料整理。

1994年《关税与贸易总协定》第八论乌拉圭谈判中达成了《关税与贸易总协定，1994》（简称GATT 1994），主要内容共四部分，38条款，条款数量与《关税与贸易总协定1947》（GATT 1947）基本相同的，但是《关税与贸易总协定1994》对《关税与贸易总协定1947》（GATT 1947）条款进行修改说明，列出一些条款谅解说明和名称修改说明，如GATT 1994的条款所指的"缔约方"改为"成员方"，所指的"欠发达成员方"和"发达成员方"分别改为"发展中国家成员"和

"发达国家成员","执行秘书"改为"WTO 总干事"等。《关税与贸易总协定 1994》主要条款成为《世界贸易组织协定》《美国—墨西哥—加拿大协定》《跨太平洋伙伴关系协定》《全面与进步跨太平洋伙伴关系协定》《区域全面经济伙伴关系协定》等经贸规则的基础性规则,上述协定中都明确采纳了《关税与贸易总协定 1994》(GATT 1994)的规则。

1994 年乌拉圭回合谈判中的成员方在摩洛哥马拉喀什通过《马拉喀什建立世界贸易组织协定》① (*Marrakesh Agreement Establishing the World Trade Organization*,简称《建立世界贸易组织协定》)② 和《世界贸易组织协定》(简称 WTO Agreement)③,并确定世界贸易组织和《世界贸易组织协定》于 1995 年 1 月 1 日生效,1995 年世界贸易组织与《世界贸易组织协定》和《关税与贸易总协定》并存一年,1996 年 1 月 1 日世界贸易组织及《世界贸易组织协定》取代《关税与贸易总协定》。④

三 世界贸易组织与《世界贸易组织协定》变化

(一)世界贸易组织与《世界贸易组织协定》产生

世界贸易组织(*World Trade Organization*,WTO)⑤ 是在《关税与贸易总协定》⑥ 基础上产生的协调各国政府间多边经济贸易发展的国际组织,《世界贸易组织协定》(*World Trade Organization Agreement*)(简称 WTO Agreement)⑦ 是在《关税与贸易总协定 1947》基础上发展形成的全球性最高多边经贸规则。1995 年以来《世界贸易组织协定》成为全球性最高多边经贸规则的基准。程惠芳⑧认为,世界贸易组织和《世界贸易组织协定》替代《关税与贸易总协定 1947》是与全球经贸格局

---

① https://www.wto.org/ (Agreement Establishing the World Trade Organization).
② https://www.wto.org/ (Agreement Establishing the World Trade Organization).
③ https://www.wto.org/ (Agreement Establishing the World Trade Organization).
④ https://www.wto.org/ (The Legal Texts The Results of the Uruguay Round of Multilateral Trade Negotiations).
⑤ https://www.wto.org/ (Agreement Establishing the World Trade Organization).
⑥ https://www.wto.org/ (GATT, Uruguay Round Agreement, 1994).
⑦ https://www.wto.org/Agreement/ (World Trade Organization Agreement) (WTO Agreement).
⑧ 程惠芳:《WTO 与中国经济》,浙江大学出版社 2003 年版,第 3 页。

深刻变化特别是与欧美发达国家产业结构与贸易结构变化具有密切关系，《关税与贸易总协定1947》主要针对货物贸易自由化和关税减让规则体系已经不能够满足发达国家经济发展转型的需求。1986年美国、欧盟和日本等国家发起《关税与贸易总协定1947》实施以来的第八轮多边谈判《乌拉圭回合》①，《乌拉圭回合》多边贸易谈判于1986年9月开始启动，到1994年4月签署最终法律文本（The Results of the Uruguay Round of Multilateral Trade Negotiations）。②《乌拉圭回合》谈判达成了一系列新协定和新条款：进一步降低货物贸易关税水平；把服务贸易纳入多边贸易体系，达成了《服务贸易总协定》；把与贸易有关的知识产权纳入多边贸易体系，达成了《与贸易有关的知识产权协定》；多边贸易体制的法律框架更加完善，建立争端解决机构和贸易政策审议机构，争端解决机制和贸易政策审议机制更加完善。1994年4月，《乌拉圭回合》成员方在摩洛哥马拉喀什通过《建立世界贸易组织马拉喀什协定》（Marrakesh Agreement Establishing the World Trade Organization）③（GATT，Uruguay Round Agreement，1994）④，简称《建立世界贸易组织协定》，并确定世界贸易组织及《世界贸易组织协定》于1995年1月1日生效，世界贸易组织成为规范全球政府间多边经济贸易发展的国际组织，《世界贸易组织协定》成为全球最高多边经贸规则。

（二）世界贸易组织的宗旨与原则

1. 世界贸易组织的宗旨

世界贸易组织（WTO）的宗旨是通过建立一个开放、公平、公正、持久的多边贸易体制，通过成员之间达成互惠互利安排，实质性削减关税和其他贸易壁垒，促进世界货物和服务贸易的发展以及有效合理地利用世界资源来改善生活质量，扩大就业，遵照可持续发展的目标和不同成员的实际经济发展水平与需要，保护环境并提高和完善环境保护的手

---

① https：//www.wto.org/（The Legal Texts The Results of the Uruguay Round of Multilateral Trade Negotiations）．

② https：//www.wto.org/（The Legal Texts The Results of the Uruguay Round of Multilateral Trade Negotiations）．

③ https：//www.wto.org/（Agreement Establishing the World Trade Organization）．

④ https：//www.wto.org/（The Legal Texts The Results of the Uruguay Round of Multilateral Trade Negotiations）．

段,确保实际收益和有效需求的稳定增长。① 世界贸易组织的职责是《世界贸易组织协定》的实施、管理和运行,并为全球性多边贸易协定的进一步实施、管理和运行提供框架。世界贸易组织为成员之间的多边贸易发展与谈判提供论坛,建立成员之间贸易争端解决机制和贸易政策审查机制。为了使全球经济决策更加协调一致,世界贸易组织还与国际货币基金组织和世界银行等国际机构合作。

2. 世界贸易组织及其规则的主要原则

程惠芳[②]认为,世界贸易组织与《世界贸易组织协定》是通过一系列基本原则和运行机制得以贯彻落实,世界贸易组织的原则是在《哈瓦那国际贸易组织宪章》、《关税与贸易总协定》(GATT 1947)、《关税与贸易总协定》(GATT 1994)原则基础上进一步拓展和完善。《世界贸易组织协定》的原则主要包括:国民待遇原则、最惠国待遇原则、自由贸易原则、公平竞争原则、透明度原则。[③]

(1) 国民待遇原则(National Treatment Principle)。国民待遇原则是要求成员方在货物贸易、服务贸易和知识产权保护方面给外国企业与国内企业同等待遇,使外国企业与国内企业实现市场竞争机会均等。

(2) 最惠国待遇原则(Most—Favoured—Nation Treatment)。最惠国待遇原则是指成员方在货物贸易、服务贸易和知识产权保护方面给予任何一成员方的优惠待遇,立即自动无条件地给予其他各成员方,在世界贸易组织成员方之间实施非歧视待遇。

(3) 自由贸易原则(Free Trade Principle)。自由贸易原则要求成员方之间通过多边谈判,实质性削减关税,减少非关税壁垒,扩大市场准入和产业准入,推动成员方之间贸易自由化发展。

(4) 公平竞争原则(Fair Competition Principle)。公平竞争原则要求成员方不能够采取不正当、不公平的竞争行为而扭曲市场机制,成员方应共同努力创造公开、公平、公正、有序的市场竞争环境,具体包括

---

① https://www.wto.org/ (Agreement Establishing the World Trade Organization).
② 程惠芳:《WTO 与中国经济》,浙江大学出版社 2003 年版,第 4 页。
③ 程惠芳:《WTO 与中国经济》,浙江大学出版社 2003 年版,第 4 页。

反倾销、反补贴和反垄断。

（5）透明度原则（Transparency Principle）。世界贸易组织的透明度原则是指成员方政府应公布所制定和实施的经济贸易政策、法律、法规和制度，不公布的不得实施，成员方政府还应将经济贸易政策、法律及其变化情况及时通知世界贸易组织其他成员方。

（三）《建立世界贸易组织协定》主要内容

《世界贸易组织协定》是由《建立世界贸易组织协定》和四个附件协定所组成的丰富而复杂的协定体系。

1. 《建立世界贸易组织协定》主要内容

《建立世界贸易组织协定》[①]，共有16个条款，主要包括WTO建立、WTO范围、WTO职能、WTO组织结构与其他组织的关系，秘书处、预算与会费、WTO地位、决策程序、修正案、创始成员资格、加入、接受、生效和交存批准书、退出、杂项条款等（见表1-17）。《建立世界贸易组织协定》的一些条款如投票规则等沿袭1948年《哈瓦那国际贸易组织宪章》中有关国际贸易组织的条款，投票规则是每个成员一票，多数票和协商一致的决策机制。

表1-17 《建立世界贸易组织协定》与《哈瓦那国际贸易组织宪章》有关条款比较

《哈瓦那国际贸易组织宪章》第七章国际贸易组织条款（第71—91条）			《建立世界贸易组织协定》第1—16条	
第一部分机构与职能	第71条	成员	第1条	世界贸易组织建立
	第72条	职能	第2条	世界贸易组织范围
	第73条	机构	第3条	世界贸易组织职能
第二部分会议	第74条	会议组成	第4条	世界贸易组织机构
	第75条	投票规则（每成员方一票）	第5条	与其他组织关系

---

① https：//www.wto.org/（Agreement Establishing the World Trade Organization）.

第一章 | 全球经贸大变局与全球经贸规则体系重塑变化

续表

《哈瓦那国际贸易组织宪章》第七章国际贸易组织条款（第71—91条）			《建立世界贸易组织协定》第1—16条	
	第76条	议事规则和官员	第6条	秘书处
	第77条	权力与责任	第7条	预算和会费
第三部分执行委员会	第78条	执行委员会构成	第8条	世界贸易组织地位
	第79条	执行委员会投票规则	第9条	决策机制
	第80条	议事规则和官员	第10条	修正案
	第81条	权力与责任	第11条	原始会员资格
	第82条	专门委员会建立与职能	第12条	加入
	第83条	组成和议事规则	第13条	不适用特定成员之间的多边贸易协定
第四部分总干事与职员	第84条	总干事	第14条	接受、生效和交存批准书
	第85条	职员	第15条	退出
第五部分其他组织规定	第86条	与联合国关系	第16条	杂项规定
	第87条	与其他机构关系		
	第88条	总干事、工作人员和委员会成员职责的国际性质		
	第89条	组织的国际法律地位		
	第90条	组织在成员方境内的地位		
	第91条	会费		

资料来源：根据 Agreement Establishing the World Trade Organization 与 Havana Charter for An International Trade Organization 英文版翻译。

2. 世界贸易组织的机构与职能

世界贸易组织的机构与职能的条款比《哈瓦那国际贸易组织宪章》中有关国际贸易组织条款的内容更加丰富、机构更完善和职能更明确（见图1-48）。

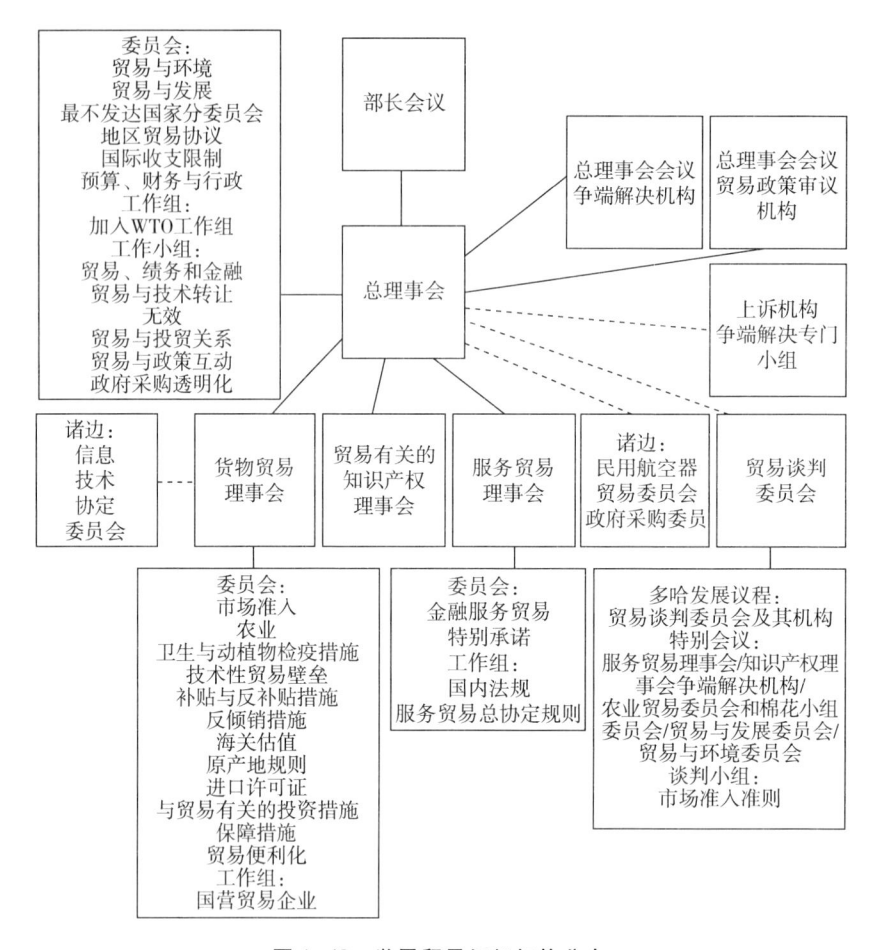

```
委员会：
  贸易与环境
  贸易与发展
  最不发达国家分委员会
  地区贸易协议
  国际收支限制
  预算、财务与行政
工作组：
  加入WTO工作组
工作小组：
  贸易、绩务和金融
  贸易与技术转让
  无效
  贸易与投资关系
  贸易与政策互动
  政府采购透明化
```

```
部长会议
  │
  总理事会 ── 总理事会会议 争端解决机构
            ── 总理事会会议 贸易政策审议机构
            ── 上诉机构 争端解决专门小组
```

```
诸边：          货物贸易    贸易有关的    服务贸易    诸边：              贸易谈判
信息            理事会      知识产权      理事会      民用航空器          委员会
技术                        理事会                    贸易委员会
协定                                                  政府采购委员
委员会
```

```
委员会：                    委员会：              多哈发展议程：
  市场准入                    金融服务贸易          贸易谈判委员会及其机构
  农业                        特别承诺              特别会议：
  卫生与动植物检疫措施      工作组：                服务贸易理事会/知识产权理
  技术性贸易壁垒              国内法规              事会争端解决机构/
  补贴与反补贴措施            服务贸易总协定规则    农业贸易委员会和棉花小组
  反倾销措施                                        委员会/贸易与发展委员会/
  海关估值                                          贸易与环境委员会
  原产地规则                                        谈判小组：
  进口许可证                                          市场准入准则
  与贸易有关的投资措施
  保障措施
  贸易便利化
工作组：
  国营贸易企业
```

图 1-48 世界贸易组织机构分布

资料来源：根据世界贸易组织官网信息制作。

（1）部长级会议（Ministerial Conference）。世界贸易组织部长级会议[①]是由所有缔约方代表组成，每两年至少举行一次会议，部长级会议履行世界贸易组织的决策职能并采取必要行动。世界贸易组织部长会议根据《世界贸易组织协定》和相关多边贸易协定有权对成员方之间多边经贸发展问题做出决定。部长级会议下设立贸易和发展委员会（Committee on Trade and Development）、国际收支限制委员会（Commit-

---

① https：//www.wto.org/（Agreement Establishing the World Trade Organization）.

80

tee on Balance‐of‐Payments Restrictions)、预算、金融和行政委员会（Committee on Budget, Finance and Administration），各委员会履行世界贸易组织协定和多边贸易协定赋予的职能①，以及总理事会赋予其他职能，并可设立其认为适当的其他委员会。贸易和发展委员会应定期审查多边贸易协定中有利于最不发达国家成员的特别规定，并向总理事会报告以采取适当行动，委员会的成员资格应向所有成员的代表开放。

（2）总理事会（General Council）。总理事会②由所有成员方的代表组成，在世界贸易组织部长级会议闭会期间，总理事会负责履行世界贸易组织职能。总理事会制定其议事规则，并核准各委员会的议事规则。总理事会酌情召开会议，根据《争端解决协定》履行争端解决机构（Dispute Settlement Body）的职责，争端解决机构可以有自己的主席，并应当制定其认为履行主席职责所必要的议事规则。总理事会应酌情召开会议，履行贸易政策审查机构（Trade Policy Review Body）在贸易政策审查机制（TPRM）中规定的职责，贸易政策审查机构可以有自己的主席，并应制定其认为履行这些职责所必需的程序规则。③

总理事会下设立货物贸易理事会（Council for Trade in Goods）、服务贸易理事会（Council for Trade in Services）和与贸易有关的知识产权理事会（见图1-48）（Council for Trade‐Related Aspects of Intellectual Property Rights）④，货物贸易理事会监督《多边贸易协定》（*Multilateral Trade Agreements*）的运行，服务贸易理事会监督《服务贸易总协定》（*General Agreement on Trade in Services*）的运行。与贸易有关的知识产权理事会监督《与贸易有关的知识产权协定》（*Agreement on Trade‐Related Aspects of Intellectual Property Rights*）的执行，理事会履行协定和总理事会赋予的职能。货物贸易理事会、服务贸易理事会和与贸易有关的知识产权理事会制定各自的议事规则，但须经总理事会批准，理事会的成员资格向所有成员的代表开放。

---

① https：//www.wto.org/（Agreement Establishing the World Trade Organization）.
② https：//www.wto.org/（Agreement Establishing the World Trade Organization）.
③ https：//www.wto.org/（Agreement Establishing the World Trade Organization）.
④ https：//www.wto.org/（Agreement Establishing the World Trade Organization）.

(3) 秘书处总干事（Director-General）。世界贸易组织设立由总干事①领导的世界贸易组织秘书处（The Secretariat）（总干事与秘书处职责见图 1-49），总干事由部长级会议任命，并规定总干事的权力、职责、服务条件和任期的条例。总干事任命世界贸易组织秘书处工作人员，并根据部长级会议通过的条例确定其职责和服务条件。总干事和秘书处工作人员的职责完全属于国际性质，总干事和秘书处工作人员在履行职责时，不得寻求或接受任何政府或世界贸易组织以外任何其他机构的指示和产生不利影响的行动。② 世界贸易组织成员应尊重总干事和秘书处工作人员职责的国际性质，不得试图影响其履行职责。

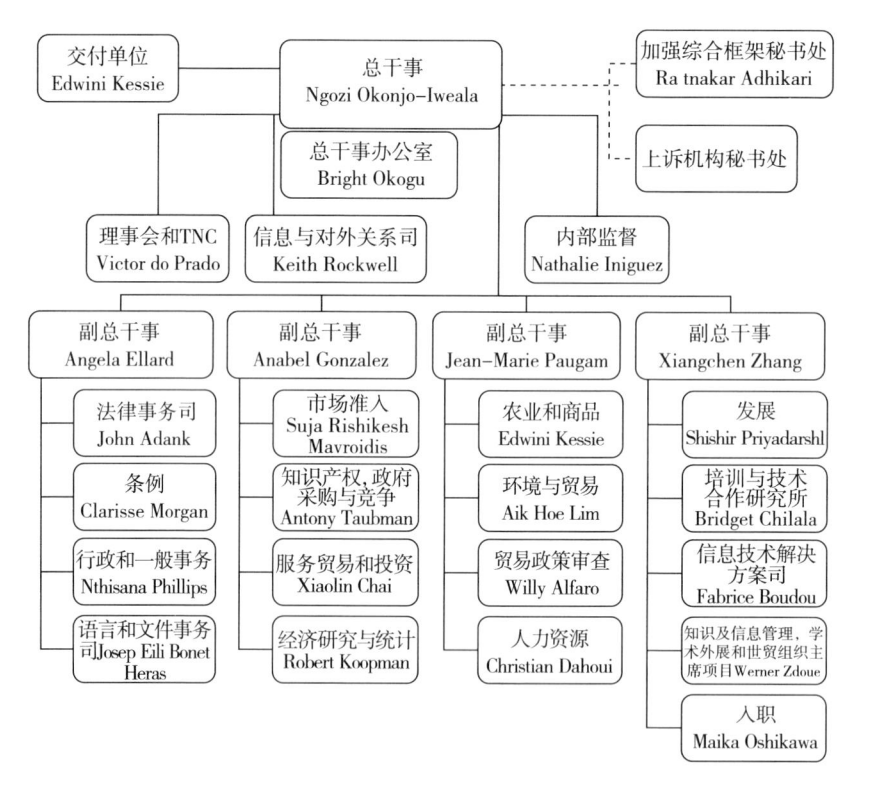

图 1-49　2021 年世界贸易组织秘书处、总干事、副总干事职责

资料来源：根据世界贸易组织官网信息制作。

---

① https：//www.wto.org/（Agreement Establishing the World Trade Organization）.
② https：//www.wto.org/（Agreement Establishing the World Trade Organization）.

总干事提交世界贸易组织的年度预算和财务报表。预算、财务和行政委员会审查总干事提出的年度概算和财务报表，并向总理事会提出建议。年度预算须经总理事会批准。预算、财务和行政委员会应向总理事会财务条例提出有关建议：在成员中分摊世界贸易组织费用的会费分摊比额表；对欠缴会费的成员采取的措施。总理事会应以世界贸易组织半数以上成员的 2/3 多数通过预算和财务报表。[①]

3. 世界贸易组织决策机制

世界贸易组织沿用《哈瓦那国际贸易组织宪章》和《关税与贸易总协定 1947》协商一致的方式做出决策，如果不能以协商一致方式作出决定，有关事项应以表决方式决定。在部长级会议和总理事会的会议上，世界贸易组织的每个成员都有一票表决权。部长级会议和总理事会的决定应以所投票数的过半数作出。部长级会议和总理事会拥有对协定作出解释的专属权力。[②] 世界贸易组织成员都可向部长级会议提出修改协定或多边贸易协定条款的提案，在提案正式提交部长级会议的 90 天内，部长级会议决定将提案提交各成员接受的任何决定均应以协商一致方式做出。如果达成协商一致，部长级会议应立即将拟议的修正案提交各成员接受。如果部长级会议在规定期限内未能达成协商一致意见，部长级会议应以成员的 2/3 多数决定是否将拟议修正案提交成员接受。

（四）《世界贸易组织协定》附件协定主要内容

1. 附件一：协定主要内容

（1）附件一 A：《货物贸易多边协定》。《世界贸易组织协定》（WTO Agreement）的附件一 A 是《货物贸易多边协定》（*Multilateral Agreements on Trade in Goods*）。[③]《货物贸易多边协定》是对《关税与贸易总协定 1947》以来八轮多边贸易谈判后拓展完善的货物贸易协定，所以《货物贸易多边协定》的内容非常丰富，包括《关税与贸易总协定 1994》（GATT 1994）、《农业协定》、《关于执行 1994 年关税和贸易

---

① https://www.wto.org/ （Agreement Establishing the World Trade Organization）.
② https://www.wto.org/ （Agreement Establishing the World Trade Organization）.
③ https://www.wto.org/ （The Legal Texts The Results of the Uruguay Round of Multilateral Trade Negotiations）.

总协定第六条的协定》、《反倾销协定》,《关于执行 1994 年关税和贸易总协定第 8 条的协定》、《海关估价协定》、《进口许可证程序协定》、《装运前检验协定》、《原产地规则协定》、《保障措施协定》、《补贴与反补贴措施协定》、《技术性贸易壁垒协定》、《纺织及服装协定》、《实施动植物卫生检疫措施协定》、《与贸易有关的投资措施协定》等,《货物贸易多边协定》根据世界贸易发展的新需求,对《关税与贸易总协定 1947》进行大幅度拓展和完善。

(2)附件一B:《服务贸易总协定》。《世界贸易组织协定》附件一B 是《服务贸易总协定》(General Agreement on Trade in Services, GATS)①。《服务贸易总协定》共有 6 部分和 28 条款。《服务贸易总协定》对服务贸易的定义主要是下列四类服务:①从某一成员的领土进入任何其他成员的领土;②在某一成员的领土内向任何其他成员的服务消费者提供服务;③由某一成员的服务提供者通过在任何其他成员的领土内的商业存在提供服务;④由某一成员的服务提供者通过某一成员的自然人在任何其他成员的领土内存在提供服务。②

《服务贸易总协定》规定明确服务贸易的最惠国待遇、政策透明度、国内法规、劳动者学历证书互认、服务贸易反垄断、支付和转移、政府采购、反补贴、服务贸易市场准入等规则。③《服务贸易总协定》的最惠国待遇明确"每一成员应立即无条件地给予任何其他成员的服务和服务提供者不低于其给予任何其他国家的同类服务和服务提供者的优惠待遇"④;透明度规则"每一成员应迅速公布与本协定的实施有关或影响本协定实施的所有普遍适用的相关服务贸易措施"⑤;提出"劳动力市场一体化"协定;国内法规要求"每一成员应维持或尽快设立司法、仲裁或行政法庭或程序,以便应受影响的服务提供者的请求,对影响服务贸易的行政决定迅速进行审查,并在有正当理由时提供适当补救"⑥;促进劳动者教育学历互认"成员可承认在某一特定国家获得的

---

① https://www.wto.org/ (General Agreement on Trade in Services) (GATS).
② https://www.wto.org/ (General Agreement on Trade in Services) (GATS).
③ https://www.wto.org/ (General Agreement on Trade in Services) (GATS).
④ https://www.wto.org/ (General Agreement on Trade in Services) (GATS).
⑤ https://www.wto.org/ (General Agreement on Trade in Services) (GATS).
⑥ https://www.wto.org/ (General Agreement on Trade in Services) (GATS).

教育或经验、满足的要求或颁发的许可证或证书"①；服务贸易反垄断，"如果一个成员的垄断供应商直接或通过一个关联公司在其垄断权范围之外提供服务，并受制于该成员的具体承诺，该成员应确保该供应商不滥用其垄断地位在其境内以不符合这种承诺的方式行事"②；支付和转移"成员不得对与其具体承诺有关的经常交易的国际转移和支付实行限制"③ 等。《服务贸易总协定》还包括第二议定书：金融服务；第三议定书：自然人流动；第四议定书：基础电信；第五议定书：金融服务。

（3）附件一 C：《与贸易有关的知识产权协定》。《世界贸易组织协定》中附件一 C 是《与贸易有关的知识产权协定》（Agreement on Trade-Related Aspects of Intellectual Property Rights，TRIPs）④，在序言中明确阐述了与贸易有关的知识产权保护协定的目的，期望减少国际贸易中的扭曲与阻力，考虑到促进对知识产权有效充分的保护，确保实施知识产权的措施与程序本身不会变成合法贸易的障碍。《与贸易有关的知识产权协定》规定了成员必须遵守知识产权保护的基本原则，有关知识产权的可获得性、范围及利用的标准（知识产权保护法律制度），知识产权执法，知识产权的获得与维持及有关当事人之间的程序，争端的防止与解决，过渡安排，机构安排 7 个部分，共 73 个条款。

《与贸易有关的知识产权协定》确立了基本原则，这些原则包括国民待遇、最惠国待遇、透明度、权利与义务相平衡及最低保护五个方面。其中国民待遇、最惠国待遇、透明度原则是 WTO 一般原则在知识产权保护领域中的延伸和具体化，而权利与义务平衡和最低保护等原则是为知识产权保护新确立的原则（程惠芳，2003）。⑤

---

① https://www.wto.org/（General Agreement on Trade in Services）（GATS）.
② https://www.wto.org/（General Agreement on Trade in Services）（GATS）.
③ https://www.wto.org/（General Agreement on Trade in Services）（GATS）.
④ https://www.wto.org/（Agreement on Trade-Related Aspects of Intellectual Property Rights）（TRIPs）.
⑤ 程惠芳：《WTO 与中国经济》，浙江大学出版社 2003 年版，第 256—257 页。

《与贸易有关的知识产权协定》①中知识产权主要包括版权、商标、专利、地理标志、工业设计、集成电路布图设计、未披露信息的保护七个方面。《与贸易有关的知识产权协定》中知识产权保护期限：版权保护期限不得少于该作品准许出版之公历年年终起50年；商标的首次注册及每次续展注册的保护期不得少于7年，商标的续展注册应当不限次数；专利有效保护期限自登记日起不得少于20年；工业设计保护期至少10年；集成电路布图设计的保护期限为自布图设计创作完成起15年，或首次付诸商业利用起10年。《与贸易有关的知识产权协定》中知识产权实施是通过域内司法来阻止侵权行为的，但各成员方的域内知识产权的法律制度和司法程序必须与《与贸易有关的知识产权协定》相符合。

2. 附件二：《关于争端解决规则与程序的谅解》

《世界贸易组织协定》附件二是《关于争端解决规则与程序的谅解》（*Understanding on Rules and Procedures Governing the Settlement of Disputes*，DSU）②。《关于争端解决规则与程序的谅解》是为维护WTO成员依据WTO协定享有各项权利，承担各项义务，按照国际法解释《世界贸易组织协定》中有关争端解决的规则与程序，争端解决规则与程序具有准司法性质。WTO争端解决规则主要以《关于争端解决规则与程序的谅解》为法律依据，主要包括磋商、专家组裁决、上诉和执行等程序。

磋商是WTO成员间发生贸易纠纷时，争议各方首先通过磋商解决。被要求磋商的成员应在接到磋商请求之日后10天内做出答复，并应在接到请求之后不超过30天内进行磋商。磋商应在被要求方接到磋商请求之日60天内完成。磋商失败，争端一方要求争端解决机构设立专家小组，专家小组提出裁决报告的期限一般是6个月，可延长，但不得超过9个月。如果当事一方不接受专家小组的裁决，可以将上诉请求正式通知DSB，则争端进入上诉程序。上诉机构有60天时间处理上诉

---

① https：//www.wto.org/（Agreement on Trade – Related Aspects of Intellectual Property Rights）（TRIPs）.

② https：//www.wto.org/（Understanding on Rules and Procedures Governing the Settlement of Disputes）（DSU）.

事宜，并通过报告。该期限可延长，但不超过 90 天。WTO 争端解决机制的一般原则，禁止成员方单方面采取行动，确保迅速、积极、公正、公平等地解决争端，维护世界贸易组织有效运行和维护成员方权利与义务适当平衡，谨慎、善意地使用 WTO 争端解决机制，对发展中国家给予特别考虑。

3. 附件三：《贸易政策审议机制》

《世界贸易组织协定》建立了贸易政策审议机构（TPRB）[①]，负责贸易政策审议机制（TPRM），对各成员的贸易政策进行定期审议。《贸易政策审议机制》(Trade Policy Review Mechanism，TPRM)[②] 目的是通过对各成员的全部贸易政策和做法及其对多边贸易体制运行的影响进行定期的集体审议和评估，促进所有成员更好地遵守多边贸易协定和适用的诸边贸易协定项下的规则、纪律和承诺，并通过深入了解各成员的贸易政策和实践，实现其贸易政策透明度而使多边贸易体制更加平稳地运作。

《贸易政策审议机制》规定的审议频率为，在世界贸易市场份额中居前 4 名的成员每 2 年审议一次，居前 5—20 名的成员每 4 年审议一次，其他成员每 6 年审议一次，最不发达国家成员可以有更长的审议间隔时间；此外还规定了审议的程序。

4. 附件四：诸边贸易协定[③]

《世界贸易组织协定》主要内容和多边经贸协定体系如图 1-50 所示。

（五）世界贸易组织及其协定促进全球贸易投资快速发展

世界贸易组织及《世界贸易组织协定》通过一系列贸易自由化规则推动世界商品贸易、服务贸易和国际直接投资快速发展，世界贸易组织成员方从 1994 年的 128 个扩大到 2016 年的 164 个，世界货物贸易出口额从 1995 年的 5.17 万亿美元增加到 2019 年的 19 万亿美元（见图 1-51），世界服务贸易出口额从 1995 年的 1.22 万亿美元增加到 2020 年

---

① https：//www.wto.org/（WTO Agreement）.
② https：//www.wto.org/（WTO Agreement）.
③ https：//www.wto.org/（WTO Agreement）.

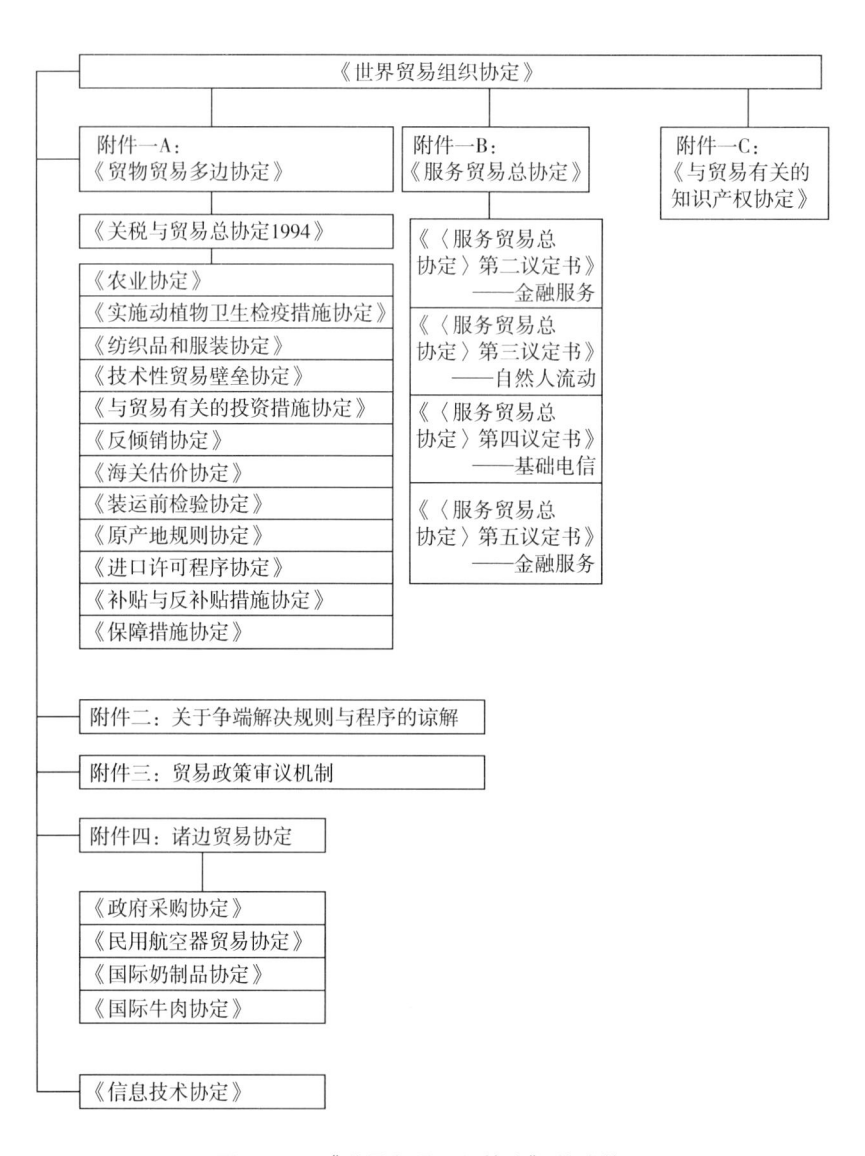

```
┌─《世界贸易组织协定》
│
├─ 附件一A:《货物贸易多边协定》
│   ├─《关税与贸易总协定1994》
│   ├─《农业协定》
│   ├─《实施动植物卫生检疫措施协定》
│   ├─《纺织品和服装协定》
│   ├─《技术性贸易壁垒协定》
│   ├─《与贸易有关的投资措施协定》
│   ├─《反倾销协定》
│   ├─《海关估价协定》
│   ├─《装运前检验协定》
│   ├─《原产地规则协定》
│   ├─《进口许可程序协定》
│   ├─《补贴与反补贴措施协定》
│   └─《保障措施协定》
│
├─ 附件一B:《服务贸易总协定》
│   ├─《〈服务贸易总协定〉第二议定书》——金融服务
│   ├─《〈服务贸易总协定〉第三议定书》——自然人流动
│   ├─《〈服务贸易总协定〉第四议定书》——基础电信
│   └─《〈服务贸易总协定〉第五议定书》——金融服务
│
├─ 附件一C:《与贸易有关的知识产权协定》
│
├─ 附件二:关于争端解决规则与程序的谅解
│
├─ 附件三:贸易政策审议机制
│
├─ 附件四:诸边贸易协定
│   ├─《政府采购协定》
│   ├─《民用航空器贸易协定》
│   ├─《国际奶制品协定》
│   └─《国际牛肉协定》
│
└─《信息技术协定》
```

图1-50 《世界贸易组织协定》构成体系

资料来源:根据《世界贸易组织协定》整理制作。

的4.98万亿美元（见图1-52）。全球国际直接投资流出存量从1995年的3.99万亿美元增加到2020年的39.2万亿美元，同期全球国际直接投资流入存量从3.56万亿美元增加到41.3万亿美元（见图1-53）。

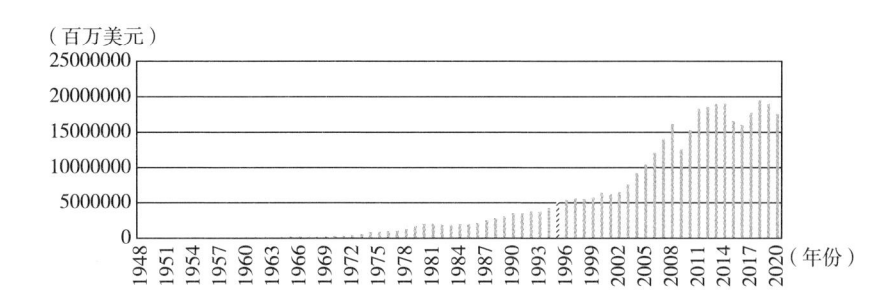

第一章 | 全球经贸大变局与全球经贸规则体系重塑变化

图1-51　全球商品出口额变化

资料来源：根据 UNCTAD Statistics 商品贸易数据制作。

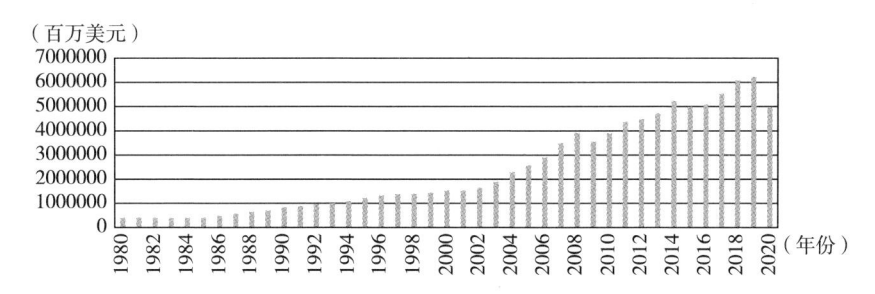

图1-52　全球服务出口额变化

资料来源：根据 UNCTAD Statistics 服务贸易数据制作。

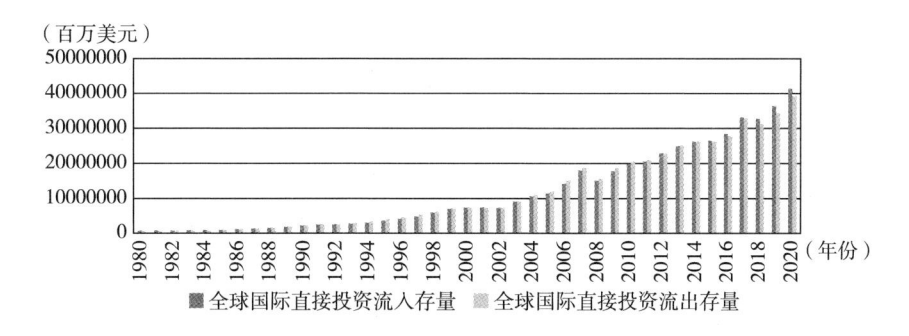

图1-53　全球国际直接投资流入存量和流出存量变化

资料来源：根据 UNCTAD Statistics FDI 数据制作。

（六）中国全面履行加入世界贸易组织承诺

20世纪80年代中期，中国申请加入世界贸易组织，龙永图[①]指出，

[①] 龙永图：《加入世贸组织，融入国际社会主流》，《国际贸易问题》1999年第9期。

89

中国在1986年7月10日向《关税与贸易总协定》递交要求恢复GATT缔约方地位，然后就开始长达十多年谈判，就降低关税、非关税措施、农业、服务业开放、承诺遵守规则等问题进行谈判，经过15年不懈努力，2000年中国加入WTO工作组完成审议工作。2000年8月25日，第九届全国人大常委会第十七次会议通过了关于我国加入世界贸易组织的决定，批准由中华人民共和国全权代表，时任对外贸易经济合作部石广生部长于2001年11月11日在多哈举行的世界贸易组织部长级会议上，签署《中华人民共和国加入世界贸易组织议定书》，完成了我国加入世界贸易组织的程序，并承诺中国对议定书中所载一切完全遵守。根据WTO规则，中国于2001年12月11日正式成为世界贸易组织成员方。

中国加入WTO法律文件（长达754页）包括《全国人民代表大会常务委员会关于我国加入世界贸易组织的决定》，时任国家主席江泽民《批准书》，WTO《关于中华人民共和国加入的决定》、《中华人民共和国加入议定书》及其附件、《中华人民共和国加入世界贸易组织工作组报告书》。《中华人民共和国加入议定书》在2001年11月10日订于多哈，正本一份用英文、法文和西班牙文写成，三种文本具有同等效力。议定书由序言和总则、减让表、最后条款等组成。

龙永图[①]认为，中国加入世界贸易组织，为我国的对外经贸关系创造了良好的国际环境，为中国塑造开放的、负责任的大国形象奠定了扎实的基础。加入世界贸易组织时遵守国际规则的承诺促进了我国持续改革开放，使我们和世界各国人民能够共同分享经济贸易发展的成果。中国加入世界贸易组织以来，全面遵守加入世界贸易组织承诺，谨守WTO协定，以开放促改革，以改革促发展，促进了中国开放经济体制改革进程和市场经济的进一步完善，积极维护并参与构建公平公正的国际贸易秩序，成为世界贸易组织多边贸易体制的坚定支持者、积极参与者和重要贡献者。

中国在货物贸易、服务贸易和知识产权等方面建立符合世界贸易组

---

① 龙永图：《加入世界贸易组织对中国社会经济的深层影响》，《中国流通经济》2006年第12期。

织规则的开放、透明、统一贸易制度、法律、法规及政策体系。商务部王受文副部长兼国际贸易谈判副代表在国新办举行世界贸易组织第八次对华贸易政策审议情况发布会上发言中指出：① 中央政府清理的法律法规和部门规章达 2000 多件，地方政府清理的地方性政策、法规高达 19 万多件。对 WTO 成员方实现国民待遇和最惠国待遇，实质性削减关税，进口关税从加入世界贸易组织时 15.3% 下降到承诺货物进口关税 8.9%，进口关税总水平已经从 8.9% 下降到 7.4%，低于发展中成员的平均水平。扩大市场准入和产业准入，在服务领域内，加入世界贸易组织议定书和有关工作组报告规定，需要开放九大类 100 个分部门，现在实际开放接近 120 个分部门。中国加入世界贸易组织以来，开放大门越开越大，商品和生产要素在全球范围内流动自由化程度不断提高，市场化、国际化和法制化水平持续提升，中国的商品和服务进出口贸易、国际直接投资等快速发展。

中国的商品和服务贸易出口额从 2001 年的 2994 亿美元增加到 2019 年的 2.69 万亿美元（见图 1-54），商品和服务贸易进口额从 2001 年的 2713 亿美元增加到 2019 年的 2.48 亿美元（见图 1-54）。国际直接投资流入存量从 10 亿美元下降到 1.92 万亿美元，同期国际直接投资流出存量从 1981 年的 3900 万美元增加到 2019 年的 2.35 万亿美元（见图 1-55）。

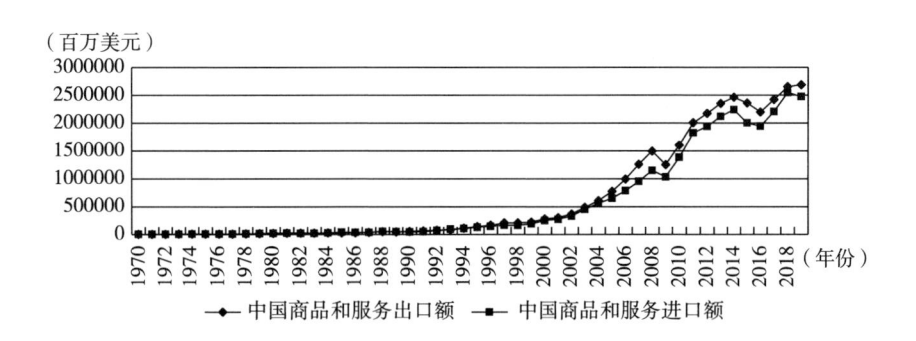

图 1-54　1970—2019 年中国商品和服务贸易进出口额变化

资料来源：根据 UNCTAD Statistics 商品进口额数据制作。

---

① 商务部王受文副部长兼国际贸易谈判副代表《在国新办举行世贸组织第八次对华贸易政策审议情况发布会上发言》，国新网，https://www.guoxinwang.org，2021 年 10 月 28 日。

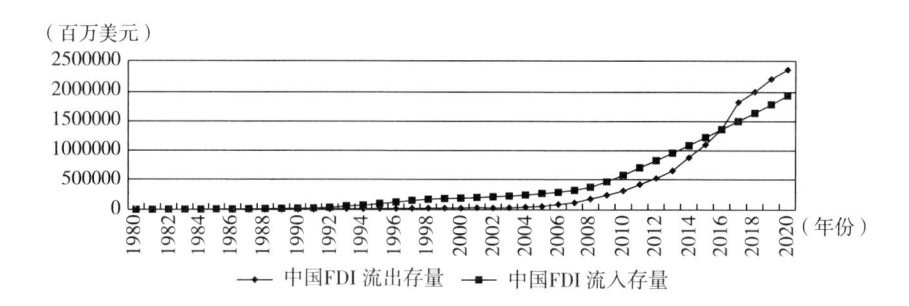

图 1-55　1980—2020 年中国国际直接投资流入和流出存量（累计额）变化
资料来源：根据 UNCTAD Statistics FDI 数据制作。

2021 年是中国加入世界贸易组织 20 周年。根据 WTO 规则，对中国的贸易政策审议每三年一次。商务部王受文[①]副部长兼国际贸易谈判副代表指出：2021 年是世界贸易组织第八次对中国进行贸易政策审议，有 65 个世界贸易组织成员代表在会上发言：一是世界贸易组织成员代表充分肯定中国认真履行加入承诺，积极引领投资便利化谈判，建设性参与电子商务谈判；二是高度评价中国在国际抗疫合作中发挥的重要作用；三是感谢中国给予最不发达国家进口产品免关税待遇，帮助其他发展中成员和最不发达国家融入多边贸易体制；四是世界贸易组织成员代表充分肯定中国主动降低关税和压减外资准入负面清单，积极推动贸易投资自由化便利化；五是积极评价"一带一路"倡议在促进相关国家贸易经济合作方面具有巨大潜力。

（七）《世界贸易组织协定》面临挑战与改革

1. 全球价值链背景下《世界贸易组织协定》面临严峻挑战

世界贸易组织自 1995 年成立以来，《世界贸易组织协定》成为全球最高多边经贸规则体系的基石，为推进经济全球化与成员方的进出口贸易增长、国际投资增长和经济发展做出了非常重要的贡献。自 21 世纪以来，关税税率和非关税壁垒的大幅度下降，最惠国待遇、国民待遇、公平竞争政策透明度等规则促进经济全球化的深化发展，跨国公司在全球范围内加快产业和技术创新的国际战略布局，跨国公司国际直接

---

① 商务部王受文副部长兼国际贸易谈判副代表《在国新办举行世贸组织第八次对华贸易政策审议情况发布会上发言》，国新网，https://www.guoxinwang.org，2021 年 10 月 28 日。

投资快速发展，以全球创新链、产业链、价值链、贸易链互动为基础的新型国际分工体系逐步形成，产业内贸易、中间品贸易与公司内贸易快速发展。《世界贸易组织协定》以"边境措施"为主的货物贸易、服务贸易、与贸易有关知识产权的规则已经不能够适应全球产业链、价值链、创新链互动发展的国际分工新体系。全球创新链、产业链、价值链互动发展对成员方的经贸政策透明度、竞争中立、劳工标准、知识产权保护、监管一致性提出制度型开放的要求。全毅[1]认为，美、日、欧等发达国家为维护自身利益，将贸易新规则所规范的领域从边境延伸到边境后，试图在竞争中立、国有企业、中小企业、贸易便利化、投资政策、知识产权、劳工标准、政府采购、环境产品、数字贸易、价值链贸易、监管一致性以及透明度和反腐败等新议题上形成新规则体系。全球产业链和价值链深化发展确实需要《世界贸易组织协定》多边经贸规则进行改革，发达国家加快区域性经贸规则体系发展倒逼世界贸易组织及其规则改革创新，WTO多边经贸规则体系如何适应全球产业链、价值链发展面临严峻挑战。

2. 世界贸易组织及其规则改革重点

近年来，世界贸易组织改革提案重点围绕发展中成员特殊与差别待遇、电子商务多边规则、提高决策机制及效率等展开。

（1）发展中成员地位及特殊与差别待遇。卢锋和李双双[2]认为，发展中成员地位及"特殊与差别待遇"指《世界贸易组织协定》延续（GATT 1947）协定中旨在扶持发展中成员经济和贸易发展的特殊条款，主要是在实施多边规则时赋予发展中成员某些特殊权利，规定发达国家为发展中成员提供某些优惠待遇的义务，初衷是帮助发展中国家发展融入国际贸易体系。美国教授Bagwell和Staiger[3]对世界贸易组织成员方关税削减与谈判前的进口量之间的关系进行研究，从WTO谈判者与谈判结果进行实证分析，结果表明世界贸易组织谈判关税削减幅度与谈

---

[1] 全毅：《区域贸易协定发展及其对WTO改革的影响》，《国际商务》2019年第11期。
[2] 卢锋、李双双：《多边贸易体制应要求新：WTO改革新进展》，《学术研究》2020年第5期。
[3] Bagwell, Kyle, Robert W Staiger, "What Do Trade Negotiators Negotiate About? Empirical Evidence from the World Trade Organization: Dataset", *American Economic Review*, 2011, pp. 1239–1240.

前进口量之间存在很强的正相关关系。一些发展中国家一般进口额规模比较小，需要给发展中成员地位及"特殊与差别待遇"，特别是给予关税减让的过渡期待遇。

2019年年初，美国向WTO提交有关发展中成员地位以及特殊与差别待遇的改革提案①，建议取消四类国家发展中国家地位及特殊与差别待遇：一是OECD成员或将要加入OECD的国家；二是G20成员；三是被世界银行认定为高收入的国家；四是在全球进出口贸易占比达到0.5%及以上的国家。② 中国与发展中成员共同倡导"四个"针锋相对的建议，建议相关内容：一是加强对WTO现有特殊与差别待遇条款的执行和监督力度，特别是最不发达国家（LDCs）关注的"免关税、免配额"待遇等的实施；二是增加技术援助的针对性和具体性，确保其有助于发展中成员融入多边贸易体制和全球价值链；三是根据《多哈部长宣言》要求，继续推进特殊与差别待遇条款谈判；四是在未来贸易投资规则制定中，为发展中成员提供充分有效的特殊与差别待遇；五是鼓励发展中成员积极承担与其发展水平和经济能力相符的义务。

（2）电子商务多边规则。随着电子商务发展，1998年在日内瓦召开的WTO第二届部长级会议通过《全球电子商务宣言》并设立相关工作组，2017年12月WTO在布宜诺斯艾利斯第十一届部长级会议上形成推动电子商务议题讨论的决定。2019年电子商务规则谈判突破性进展，2019年1月25日在瑞士达沃斯举行的电子商务非正式部长级会议上，中国、美国等几十个WTO成员签署《关于电子商务的联合声明》，确认有意在世界贸易组织现有协定和框架基础上正式启动与贸易有关的电子商务议题谈判。2019年5月举行磋商，各方围绕电子签名、电子认证、数字产品非歧视待遇、在线消费者保护、透明度等方面问题交换意见，对诸如电子商务免征关税、电子签名认可、数字跨境流动、公民个人隐私权保护、国家安全、数据中心本地化等规则进行谈判。美国提案重点关注数字产品的非歧视性待遇、跨境数据自由流动、禁止数字基础设施本

---

① https://www.wto.org, "An Undifferentiated WTO: Self-declared Development Status Risks Institutional Irrelevance—Communication from United States", 15 January, 2019.
② 卢锋、李双双：《多边贸易体制应变求新：WTO改革新进展》，《学术研究》2020年第5期。

地化、保护源代码等议题。欧盟关注电子合同、电子认证与电子签名、消费者保护、电子传输关税、转移或访问源代码、跨境数据流动、个人资料和隐私保护等议题，尤其强调个人资料和隐私受到高标准保护。中国肯定与贸易有关数据流动的重要意义，同时强调安全是数据流动的前提。目前成员方在数据流动、数据存储、数字产品处理等分歧仍然比较大。

（3）决策机制改革。世界贸易组织及《世界贸易组织协定》沿用《哈瓦那国际贸易组织章程》和《关税与贸易总协定1947》的协商一致决策机制和投票规则，在部长会议和总理事会会议上，WTO每一成员拥有一票（WTO，Decision-Making，1994）。[1] WTO成员经协商一致做出决定，但是由于164个成员方经济发展阶段和发展水平差异很大，对一些议案分歧比较大，难以经协商一致做出决定，使WTO决策机制效率下降，协商一致的决策机制如何深化改革，成为WTO多边经贸规则改革的重大问题和重要任务。

综上所述，世界贸易组织和《世界贸易组织协定》成为全球多边经贸规则体系协调基本机制和重要基石，世界贸易组织及其多边经贸规则对全球贸易和投资快速发展做出重大贡献。但是随着全球产业链与价值链深化发展及全球经贸规则重大变化。世界贸易组织多边经贸规则面临创新改革机遇与挑战，世界贸易组织及其多边经贸规则迫切需要为适应全球产业链、价值链和经济全球化的深化发展而深化改革，由于世界贸易组织164个成员方发展水平与改革诉求差异比较大，世界贸易组织多边经贸规则体系改革分歧比较大，世界贸易组织多边经贸规则体系改革创新任重道远。

第四节 欧美区域性多边经贸规则

随着经济全球化、全球产业链和价值链的加快发展，推动贸易、投资、产业互相融合的区域经济一体化和区域性多边经贸规则体系互动发展。美国经济学教授Salvatore[2]把区域经济一体化发展过程分为五个阶

---

[1] https://www.wto.org/（Marrakesh Agreement Establishing the World Trade Organization）.
[2] Dominick, Salvatore, International Economics, Eighth Edition John Wiley & Sons, INC. 2004, pp. 321-322.

段：互惠贸易（*Preferential Trade Arrangements*，PTA）、自由贸易区（*Free Trade Areas*，FTA）、关税同盟（*Customs Unions*，CU）、共同市场（*Common Markets*，CM）和经济联盟（*Economic Unions*）。世界贸易组织在2007年公布区域经济一体化（*Regional Trade Agreements*，RTAs）的分类标准，WTO将区域经济一体化（*Regional Trade Agreements*，RTAs）分为四类：关税同盟（*Customs Unions*，CU）、自由贸易协定（*Free Trade Areas*，FTA）、局部自由贸易协定（*Partial Scope Agreement*，PSA），经济一体化协定（*Economic Integration Agreement*，EIA）。[①] 21世纪以来，随着区域经济一体化深化发展，区域性自由贸易协定和区域性经济伙伴关系协定加快发展。根据世界贸易组织统计，全球区域性多边经贸规则数量快速增长（见图1-56、表1-18、图1-57）。[②]

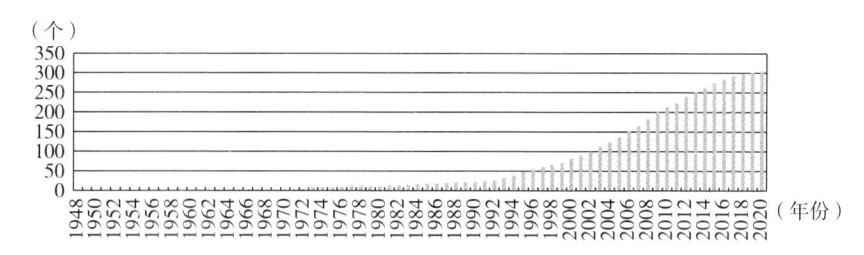

图1-56　1948—2020年区域性经贸协定实施数量变化

资料来源：根据WTO的RTA数据库整理统计。

表1-18　　　　　区域性贸易协定（RTA）数量变化　　　　单位：个

	1970年前	1970—1979年	1980—1989年	1990—1999年	2000—2009年	2010—2018年	总计
自由贸易区	1	6	2	38	116	90	253
关税同盟	2	1	1	7	5	1	17
局部自由贸易		2	7	4	8	7	28
经济一体化				1		1	2
小计	3	9	10	50	129	99	300

资料来源：根据WTO的RTA数据库整理统计。

---

① https://www.wto.org/english/tratop_e/region_e/region_e.htm.
② https://www.wto.org（Regional Trade Agreements Information System）（RTA-IS）.

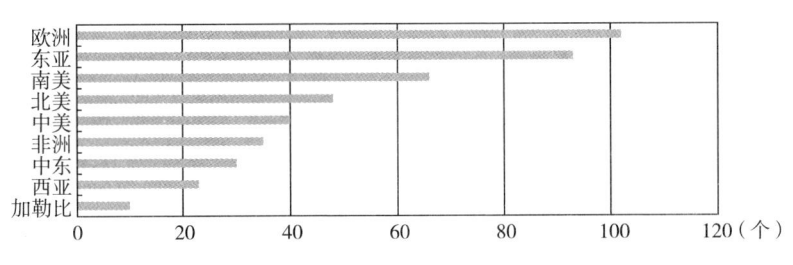

```
欧洲
东亚
南美
北美
中美
非洲
中东
西亚
加勒比
     0    20    40    60    80    100   120（个）
```

图1-57 区域性经贸协定数量分布

资料来源：https://www.wto.org（Regional Trade Agreements Information System）（RTA-IS）.

从图1-57中显示，欧洲、北美、亚洲区域性多边经贸规则数量比较多，本节主要对全球著名的欧美区域性多边经贸规则《欧洲联盟条约》和《美国—墨西哥—加拿大协定》进行分析。

一 欧盟区域性多边经贸规则变化

在世界经济发展历史上，英国曾经是世界第一次技术革命和工业革命发祥地，英国曾经成为世界经济中心、贸易中心和金融中心。西班牙、葡萄牙、荷兰、德国、法国等欧洲国家是国际贸易和国际投资发达，经济繁荣国家。但是20世纪第一次世界大战和第二次世界大战期间，欧洲战乱导致欧洲国家经济衰退，世界经济中心从欧洲转移到了美国。第二次世界大战结束后，英国、法国、德国为了消除欧洲国家之间战争祸根，酝酿和发展起欧洲一体化运动，主张通过欧洲统一来维护欧洲和平，以确保整个欧洲的集体安全和经济繁荣。第二次世界大战结束后，欧洲成为全球最早制定并实施区域性多边经贸规则，发展欧洲经济共同体（European Economic Community，欧共体EEC）。[①]

20世纪50年代以来，欧洲经济共同体不断深化发展，从煤钢联营—关税同盟—共同农业政策—共同市场—经济联盟的轨迹不断推进经济一体化发展。[②] 欧洲经济一体化发展过程中，欧洲区域性多边经贸规则和制度安排成为欧洲经济一体化发展重要推动力量，欧洲区域经济一体化深化发展又促进欧洲区域性多边经贸规则深化改革创新，从煤钢共同体向经济共同体再向经济、社会、外交、安全一体化方向发展，建立欧洲联盟（European Union）和《欧洲联盟条约》（Treaty on European

---

[①] https://european-union.europa.eu/（The Treaty of Rome of 1957）.

[②] 伍贻康：《欧洲一体化整合协调经验及其启迪》，《太平洋学报》2005年第1期。

Union)。①《欧洲联盟条约》作为欧洲联盟的经贸规则体系，通过欧洲理事会、欧盟委员会、欧洲央行等进行协调，为欧洲联盟成员进出口贸易、国际投资和生产要素流动提供经贸制度安排。目前，欧洲联盟属于区域性经济一体化的最高水平，而《欧洲联盟条约》属于区域性最高多边经贸规则。欧洲联盟及《欧洲联盟条约》的发展经验表明，形成一套系统完整的经贸规则、经贸制度安排和经贸政策是区域经济一体化持续深化发展的重要保障。欧洲区域性多边经贸规则和经贸制度安排已经成为全球区域性多边经贸规则的重要参照标准。

（一）欧洲经济一体化与欧洲区域性多边经贸规则发展

1. 欧洲经济一体化发展阶段（1951—1992年）

第二次世界大战结束后，英国首相丘吉尔曾提议建立"欧洲合众国"。② 1950年5月9日，法国外长罗伯特·舒曼提出欧洲煤钢共同体计划，把法国与德国世代争端聚焦的煤钢部门实行统一监管联营的"舒曼计划"。③ 1951年4月18日，法国、联邦德国、意大利、荷兰、比利时和卢森堡在法国首都巴黎签署关于建立《欧洲煤钢共同体条约》，又称《巴黎条约》（Treaty of Paris）④，1952年7月25日，欧洲煤钢共同体正式成立，欧洲经济一体化的进程正式启动。

1957年3月25日，法国、联邦德国、意大利、荷兰、比利时和卢森堡6国在意大利首都罗马签署旨在建立欧洲经济共同体和欧洲原子能共同体的条约，又称《罗马条约》（The Treaty of Rome of 1957）。1958年1月1日，欧洲经济共同体和欧洲原子能共同体正式组建。1965年4月8日，法国、联邦德国、意大利、荷兰、比利时和卢森堡在比利时首都布鲁塞尔又签署《布鲁塞尔条约》（Brussels Treaty），决定将欧洲煤钢共同体、欧洲经济共同体和欧洲原子能共同体合并，统称"欧洲经济共同体"（European Economic Community，EEC）。⑤ 1967年7月1日

---

① https：//european-union.europa.eu/（Treaty on European Union）.
② 伍贻康：《欧洲一体化整合协调经验及其启迪》，《太平洋学报》2005年第1期。
③ 伍贻康：《欧洲一体化整合协调经验及其启迪》，《太平洋学报》2005年第1期。
④ https：//european-union.europa.eu/ "Treaty of Paris, 1951", Official Journal of the European.
⑤ https：//european-union.europa.eu/ "the Treaty of Rome of 1957", Official Journal of the European.

《布鲁塞尔条约》生效，《布鲁塞尔条约》确定取消各成员方之间的贸易壁垒；建立共同商业政策；协调成员方之间的运输系统、农业政策和一般经济政策；取消私人和政府所采取的限制自由竞争的措施；保证成员方之间劳动力、资本和工商企业家的流动性，欧洲经济共同体正式进入运行阶段。

1973年英国、丹麦和爱尔兰加入欧洲经济共同体。1986年，成员方又签署《单一欧洲协定》（Single European Act），建立单一欧洲市场，欧洲共同市场加快发展。1991年12月11日，在马斯特里赫特首脑会议通过了建立"欧洲经济货币联盟"和"欧洲政治联盟"的《欧洲联盟条约》（Treaty on European Union）（也称马斯特里赫特条约，简称马约）。[①] 1992年2月1日，欧洲12个成员方外长正式签署《欧洲联盟条约》（Treaty on European Union），欧洲经济共同体开始向欧洲联盟转型发展。

2. 欧洲联盟（EU）发展阶段（1993—2007年）

1992年欧洲经济共同体12个成员方[②]正式签订《欧洲联盟条约》（Treaty on European Union，1992）[③]，1993年1月《欧洲联盟条约》正式生效。1994年1月"欧洲货币机构"建立。1995年奥地利、瑞典和芬兰加入欧盟，欧洲联盟成员方增至15个。1999年1月，欧元启动，2002年3月1日，欧元是欧元区唯一的法定流通货币，欧元开始在欧元区成员方流通。2002年11月18日，欧盟15国外长在布鲁塞尔举行会议，决定邀请马耳他、塞浦路斯、波兰、匈牙利、捷克、斯洛伐克、斯洛文尼亚、爱沙尼亚、拉脱维亚、立陶宛10个国家加入欧盟。2003年4月16日，在希腊首都雅典举行的欧盟首脑会议上，上述10国正式签署加入欧盟协议。2004年5月1日，10个新成员方正式加入欧盟，欧盟成员方达到25个，随着成员方数量持续增长，迫切需要提高欧盟及其机构的决策效率。

[①] https：//european-union.europa.eu/ "Treaty on European Union"，Official Journal of the European.

[②] 1992年欧洲经济共同体12个成员方：法国、联邦德国、意大利、荷兰、比利时、卢森堡、英国、丹麦、爱尔兰、西班牙、希腊、葡萄牙。

[③] https：//european-union.europa.eu/ "Treaty on European Union"，Official Journal of the European.

2004年10月，欧盟25国首脑在意大利首都罗马签署了《欧盟宪法条约》(Constitutional Treaty of the European Union)，旨在提升欧盟的运行效率以及欧洲经济一体化进程的顺利发展。根据规定，《欧盟宪法条约》(ConstitutionalTreaty of the European Union) 签署后需要得到所有成员方批准后正式生效。但是，由于个别欧盟国家在全民公决中否决《欧盟宪法条约》，《欧盟宪法条约》没有生效，欧盟机构改革议题被迫搁置。2007年1月1日，罗马尼亚和保加利亚加入欧盟，欧盟成员方达到27个。

3. 欧盟机构改革阶段——《里斯本条约》(2007—2021年)

由于2004年《欧盟宪法条约》签署后没有得到所有成员方批准而没有生效。2007年6月，参加欧盟峰会的27国首脑在布鲁塞尔就替代《欧盟宪法条约》的修改条约《里斯本条约》的草案达成协议。2007年10月18日，欧盟27个成员方的首脑在葡萄牙首都里斯本，就《里斯本条约》达成共识。2009年11月3日，欧盟27个成员方全部批准《里斯本条约》，《里斯本条约》[①] 于2009年12月1日生效。

《里斯本条约》《Treaty of Lisbon，2007》是在《欧盟宪法条约2004》和《欧洲联盟条约1992》的基础上修改而成，进一步明确欧盟经济、贸易、产业、社会、法律、外交、安全以及欧盟机构职责，在欧盟经济一体化基础上进一步对欧盟的民主、自由、社会、法律、共同外交与安全政策等方面深化发展。

《里斯本条约》[②] 明确欧盟价值观、欧盟共同目标、欧盟机构职责，明确欧盟拥有专属权限和成员方共同权限。欧盟拥有专属权限：①关税同盟：建立内部竞争机制运作所需的竞争规则；②成员方统一货币为欧元，统一货币政策；③共同渔业政策养护海洋生物资源；④共同商业政策，缔结国际条约的专属权限，⑤共同外交；⑥共同安全。欧盟与成员方拥有共同权限适用领域：内部市场；社会政策；经济、社会和领土安全；农业和渔业，不包括海洋生物资源的养护；环境；消费者

---

① https://european-union.europa.eu/ "Treaty of Lisbon, 2007", Official Journal of the European2007/C 306/01 ISSN 1725-2423

② https://european-union.europa.eu/ "Treaty of Lisbon, 2007", Official Journal of the European2007/C 306/01 ISSN 1725-2423.

保护；运输；跨欧洲网络；能源；自由、安全和正义领域；公共卫生事业中的共同安全问题；研究、技术开发和空间领域等。《里斯本条约》生效后，对欧盟机构进行改革以提高决策效率，提高运营机制的效率。

欧洲联盟促进并加快欧洲经济与社会一体化发展，欧洲经济与社会一体化发展符合欧洲各国和整个欧洲利益，避免欧洲国家之间战乱，促进了欧盟商品出口贸易快速发展（见图1-58）。欧盟区域性经贸规则促进了欧洲贸易、投资、经济、政治、社会的持续稳定发展，提升欧洲在国际上的政治经济地位。

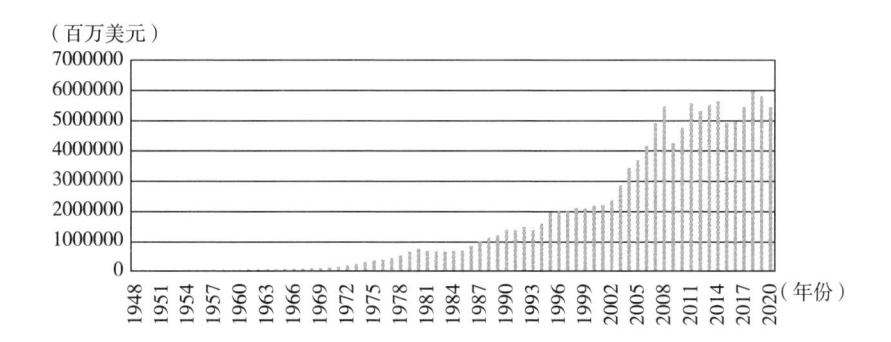

图1-58 1948—2020年欧盟商品出口额变化

资料来源：根据UNCTAD Statistics商品贸易数据制作。

欧洲经济一体化和区域性经贸规则促进了欧洲贸易持续稳定发展，持续提升了欧洲在世界经济中的地位。欧洲经济一体化发展，促进欧洲商品进出口贸易额占全球商品进出口贸易总额比例持续提升，1960—1990年欧洲商品进出口贸易额占全球商品进出口贸易总额比例高达50%左右（见图1-59、图1-60）。1951—2010年，欧洲商品出口贸易额占全球商品出口贸易总额比例稳居世界五大洲的第1位，2011年以来亚洲商品出口额超过欧洲，欧洲才退居第2位。

（二）《欧洲联盟条约》目标与主要内容

1. 《欧洲联盟条约》的目标

《欧洲联盟条约》（*Treaty on European Union*，1992）在第一章《共

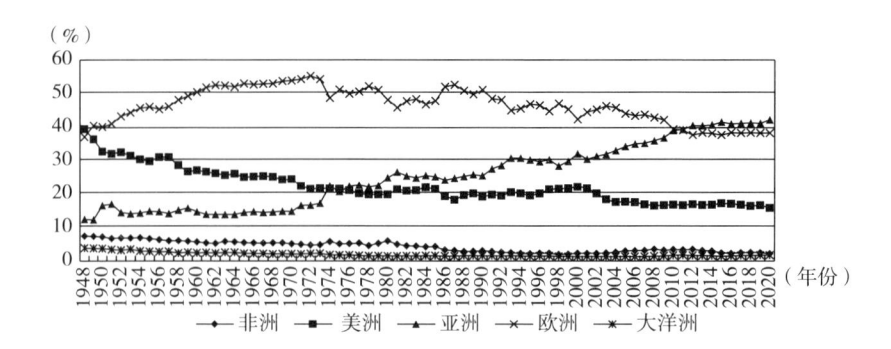

图 1-59　1948—2020 年欧洲商品出口额占全球商品出口总额比例变化

资料来源：根据 UNCTAD Statistics 商品进口额数据制作。

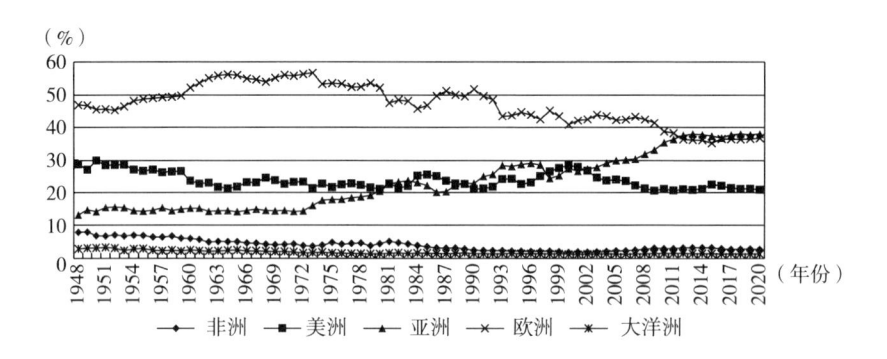

图 1-60　1948—2020 年欧洲商品进口额占全球商品进口总额比例变化

资料来源：根据 UNCTAD Statistics 商品进口额数据制作。

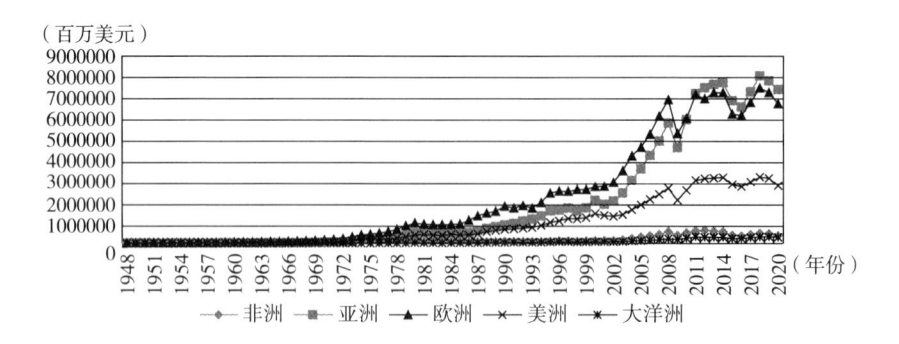

图 1-61　1948—2020 年五大洲商品出口贸易额变化

资料来源：根据 UNCTAD Statistics 商品贸易数据制作。

同条款》中明确提出欧盟发展一系列目标:① ①通过创造没有国内边界的联盟空间,强化经济社会和谐发展,通过经济和货币联盟及单一货币,促进欧洲国家之间贸易、投资自由化发展,加快欧盟经济一体化发展进程,促进欧洲经济、社会的持续稳定、平衡和可持续发展。②为提升欧盟的国际地位,制定并执行共同的外交和安全政策,最终形成共同防御。③通过实施欧盟公民政策,加强对成员方公民权益的保护。欧盟在社会文化方面,在尊重成员方的历史、文化和传统的同时加深欧洲人民间的团结,建立成员方共同的公民身份,保护成员方公民利益。④欧盟在单一体制(欧洲议会、欧洲理事会、欧盟委员会、欧洲央行、欧洲法院、仲裁院)框架下提供服务,该框架应确保所开展活动的一致性和连续性,以便在尊重和发展共同体成果的同时实现欧盟发展目标。欧盟确保对外关系、安全、经济和发展政策的整体对外活动一致性,理事会和委员会应负责确保这种一致性。⑤加强司法和内政事务紧密合作,全面维持共同体法律在原有法律基础上深化发展,确保共同体机制和机构的有效性。②

从《欧洲联盟条约》的综合性目标表明,欧洲经济一体化进程从欧洲煤钢共同体起步发展到欧洲经济共同体,再到《欧洲联盟条约》的经济、社会、外交、法律、安全等全方位一体化的复杂系统,欧洲区域性经贸规则也从煤钢产业共同体规则向贸易、投资、经济、社会、外交安全等全方位的复杂规则体系演变。

2.《欧洲联盟条约》主要内容

《欧洲联盟条约》于1993年1月1日生效。《欧洲联盟条约1992》,一共分为七大部分③,第一部分为"共同条款"主要涉及欧盟成员方的共同目标和要求,第二部分为"欧盟对《欧洲经济共同体条约》的修改条款",第三部分为"修改《欧洲煤钢共同体条约》的条款",第四部分为"关于修改建立欧洲原子能共同体条款",第五部分为"关于共

---

① https://european-union.europa.eu/ "Treaty on European Union", Official Journal of the European Communities, 29.7.92.

② https://european-union.europa.eu/ "Treaty on European Union", Official Journal of the European Communities, 29.7.92.

③ https://european-union.europa.eu/ "Treaty on European Union", Official Journal of the European Communities, 29.7.92.

同外交和安全政策的条款",第六部分为"关于司法和内政领域合作的条款",第七部分为"最终条款"。《欧洲联盟条约》的条款构成见表1-19。

表1-19　　　　　　　　《欧洲联盟条约》主要内容

第一部分	共同条款
第二部分	修订欧洲经济共同体条款,建立欧盟共同条款
第三部分	修改建立欧洲煤钢共同体条款
第四部分	修改建立欧洲能源共同体条款
第五部分	共同外交和安全政策的条款
第六部分	司法和国内事务领域合作的条款
第七部分	最终条款

资料来源：笔者根据 https：//european-union.europa.eu，"Treaty on European Union"，*Official Journal of the European Communities*，29.7.92 翻译整理。

《欧洲联盟条约》涉及经济、社会、能源、外交、司法、安全等全方位的复杂规则体系,本书重点对第二部分、第五部分和第六部分条款主要内容进行分析。

3.《欧洲联盟条约》有关经济政策、货币政策、产业政策等主要内容

《欧洲联盟条约》中第二部分"欧盟条约对《欧洲经济共同体条约》的修改条款"有238项条款①,主要修改条款见表1-16,重点内容包括：《欧洲联盟条约》原则②是建立共同市场和货币联盟,执行共同经济政策、商业政策和货币政策,促进欧盟经济活动的和谐、平衡和可持续发展,提升经济运行绩效、高水平就业和社会和谐水平,加强环境保护,提高生活标准和生活质量,保持成员方的经济和社会稳定。

---

① https：//european-union.europa.eu/ "Treaty on European Union"，Official Journal of the European Communities，29.7.92.

② https：//european-union.europa.eu/ "Treaty on European Union"，Official Journal of the European Communities，29.7.92.

《欧洲联盟条约》明确提出成员方之间执行共同商业政策，消除成员方之间进出口贸易关税和数量限制措施。在自然人流动、农业、交通、环境等方面执行共同政策，强化欧盟产业竞争力，促进研究和技术发展、建立跨欧网络、高水平健康保护、教育培训和文化交流、合作发展政策。强化消费者保护、促进能源、旅游等合作发展。共同商业政策应以欧盟统一的原则为基础，对关税税率变化、关税和贸易协定的签署、自由化措施、出口政策和保护贸易措施进行统一协调。

《欧洲联盟条约》明确拥有成员方国籍的人为欧盟公民，欧盟公民有权在成员方区域范围内自由流动、居住和就业。为改善欧洲共同市场中工人的就业机会，提高生活水平，欧盟设立欧洲社会基金，通过职工培训使工人就业和职业之间流动。欧盟鼓励成员方之间加强教育和培训合作，鼓励成员方之间学生和教师流动，鼓励成员方互相承认学历和文凭，鼓励发展远程教育。

《欧洲联盟条约》[1] 明确欧洲议会、欧洲理事会、欧盟委员会在经济和货币方面的职权和运行程序，欧洲理事会制定成员方和共同体经济政策的总体指导方针，欧洲理事会根据有关提议，征求欧洲议会意见后，为欧洲共同体发布关于竞争、税收和法律、规则等行政条款。[2] 为实现欧盟的发展目标，各成员方必须按照开放市场经济及自由竞争原则，实现资源有效配置，各成员方之间经济政策通过欧盟理事会进行协调。

《欧洲联盟条约》明确成立欧洲央行体系（The European System of Central Banks，ESCB）、欧洲中央银行（European Central Bank，ECB）和欧洲投资银行。[3] 欧洲央行管理委员会由欧洲央行执行委员会和成员方的中央银行行长组成。欧洲央行管理委员会的首要目标是维持价格稳定，在不影响价格稳定的目标下，欧洲央行管理委员会协调并支持开放市场经济和自由竞争的总的经济政策。欧洲央行拥有在共同体发行货币

---

[1] https：//european-union.europa.eu/ "Treaty on European Union", Official Journal of the European Communities, 29.7.92.

[2] https：//european-union.europa.eu/ "Treaty on European Union", Official Journal of the European Communities, 29.7.92.

[3] https：//european-union.europa.eu/ "Treaty on European Union", Official Journal of the European Communities, 29.7.92.

的专有权力,欧洲央行发行货币在欧元区具有法定货币地位。欧洲央行支持经济政策平稳实施,对成员方的金融机构实现审慎监管,保持金融体系稳定。

《欧洲联盟条约》①明确提出,欧盟促进文化繁荣,尊重成员方的文化多样性,完善欧洲文化和历史知识传播,保持和保护欧洲文化遗产。欧盟促进成员方合作,为提高公共健康和人类健康做出贡献,为保护消费者健康、安全和经济利益,向消费者提供充分信息而采取专门政策及行动。为促进欧盟经济和社会和谐发展,加强经济和社会凝聚力,减少各地区发展水平与最不发达地区(包括贫困地区落后程度)之间差距,设立欧盟区域发展基金,支持落后地区发展和结构调整及衰退产业转型,帮助解决共同体内区域不平衡问题。

《欧洲联盟条约》②明确提出,加强基于欧盟产业的科技创新,鼓励增强产业国际竞争力目标而开展合作。消除阻碍技术创新合作的法律和财政政策,鼓励欧盟成员方的中小企业、研究中心和大学开展高水平的研究和技术研发活动,鼓励企业合作研发和开放创新合作。加快产业结构调整,鼓励创造适应创新发展环境,支持中小企业的产业发展。欧盟发展合作领域中统一政策应与成员方政策相互补充,促进发展中国家可持续发展,让发展中国家顺利融入世界经济。③

《欧洲联盟条约》④明确提出,欧盟环境政策目标是预测、保护和改善环境质量,保护人类健康,审慎和合理地利用自然资源,欧盟环境政策以保护和改善环境为目标,采取预防行动,从源头上纠正对环境损害,污染者应支付费用等。⑤

欧盟形成了一套系统的、完整的区域性政策制度安排,形成贸易政

---

① https://european-union.europa.eu/ "Treaty on European Union", Official Journal of the European Communities, 29.7.92.
② https://european-union.europa.eu/ "Treaty on European Union", Official Journal of the European Communities, 29.7.92.
③ https://european-union.europa.eu/ "Treaty on European Union", Official Journal of the European Communities, 29.7.92.
④ https://european-union.europa.eu/ "Treaty on European Union", Official Journal of the European Communities, 29.7.92.
⑤ https://european-union.europa.eu/ "Treaty on European Union", Official Journal of the European Communities, 29.7.92.

策、海关政策、投资政策、服务贸易政策、知识产权政策、劳工政策、环境政策、竞争政策等（见表 1-20）。

表 1-20　《欧洲联盟条约》第二部分《欧洲经济共同体条款》
改为《欧洲联盟条约》主要内容

	《欧洲经济共同体条款》修改主要内容		《欧洲联盟条约》第二部分经济、货币、产业等规则
第一章	原则	Principles	建立共同市场和经济及货币联盟，建立欧洲议会、欧盟理事会、欧盟委员会、法院、欧洲审计院
第二章	欧盟公民身份	Citizenship of The Union	拥有成员方的人都是欧盟公民，欧洲公民都有权在成员方的领土居住、流动和工作
第三章	共同经济政策	Community Policies	成员方之间的货物、服务、资本和人员流动规则
第四章	竞争、税收和有关法律共同规则	Common Rules on Competition, Taxation and Approximation of laws	有关营业税、税收和其他间接税的立法协调
第五章	经济和货币政策	Economic and Monetary Policy	按照开放市场经济及自由竞争的原则行事，支持有效配置资源，对经济政策一致性进行总体评估
	共同货币政策	Monetary Policy	确定和实施欧盟统一货币政策，目标是物价稳定，欧洲中央银行在其职权范围内制定欧盟货币政策
	制度条款	Institutional Provisions	明确欧洲央行管理委员会与欧洲央行关系，欧洲央行应向欧洲议会、欧洲理事会和欧盟委员会提交关于欧洲央行活动和上年度及本年度货币政策的年度报告
第六章	过渡性条款	Transitional Provisions	分段评估多年期方案，以确保实现经济和货币联盟政策持久一致性，特别是在价格稳定和健全的公共财政方面，评估在经济和货币趋同方面的进展，物价稳定和公共财政稳健方面的进展，落实有关内部市场的法律方面进展

续表

	《欧洲经济共同体条款》修改主要内容		《欧洲联盟条约》第二部分经济、货币、产业等规则
第七章	共同商业政策	Common Commercial Police	共同商业政策应以统一的原则为基础,特别是关税率的变化、关税和贸易协定的缔结、自由化措施的统一、出口政策和保护贸易的措施,在倾销或补贴情况下采取的措施等
第八章	社会政策、教育、职业培训和青年	Social Policy, Education, Vocational Training and Youth	充分尊重成员方对教育系统组织及其文化和语言多样性的责任,为发展优质教育做出贡献。就成员方教育系统的共同问题开展信息和经验交流;鼓励年轻人的发展、社会教育指导员的交流;鼓励远程教育的发展,改善工人在国内市场的就业机会,有助于提高生活水平,根据规定设立欧洲社会基金;该基金的目的是更容易雇用工人,增加在社区内的地域和职业流动性,并促进适应工业变化和生产系统的变化,特别是通过职业培训和再培训
第九章	文化	Culture	欧盟为成员方文化的繁荣做出贡献,重视国家和地区的文化多样性,鼓励成员方之间的合作,改善欧洲人民文化和历史知识和传播,保护具有欧洲意义的文化遗产,加强非商业性文化交流,艺术和文学创作和视听领域交流
第十章	公共健康	Public Health	欧盟通过鼓励成员方之间的合作为保障人类健康做出贡献,并在必要时为他们的行动提供支持。行动目标应当是预防疾病,特别是主要健康危害,包括药物依赖,促进对疾病的成因及其传播的研究以及健康信息和教育
第十一章	消费者保护	Consumer Protection	欧盟支持成员方为保障消费者的健康、安全和经济利益及向消费者提供足够资料而推行的政策的具体行动
第十二章	跨欧洲网络	Trans-European Networks	欧盟使欧盟公民、经济运营者以及地区和地方社区能够从建立一个没有内部边界的地区中充分获益,欧盟为运输、电信和能源基础设施领域的欧洲高速铁路的建立和发展做出贡献。在一个开放和竞争的市场体系框架内,欧盟协调员采取行动,促进国家网络的互联和互操作性,以及进入这些网络系统

续表

	《欧洲经济共同体条款》修改主要内容		《欧洲联盟条约》第二部分经济、货币、产业等规则
第十三章	产业	Industry	欧盟和成员方应确保欧盟工业具有竞争力的必要条件,在开放和竞争的市场体系,加快工业结构转变和调整;鼓励有利于创新环境,特别是中小型企业发展的环境;鼓励有利于企业之间合作的环境;促进更好地利用创新、研究和技术发展政策的工业竞争力
第十四章	经济与社会凝聚力	Economic and Social Cohesion	为促进社会的全面和谐发展,欧盟应当发展和推进其行动,以加强经济和社会凝聚力,特别是社会应当致力于缩小各地区发展水平与最贫困地区包括农村地区落后程度之间的差距
第十五章	研究与技术发展	Research and Technological Development	欧盟以加强欧盟工业的科学和技术基础并鼓励其在世界范围更具竞争力为目标,促进本条约其他章节规定的所有必要的研究活动。欧盟鼓励企业,包括中小型企业、研究中心和大学开展高质量的研究和技术开发活动;欧盟应支持它们相互合作的努力,特别是通过确定共同标准以及消除这种科技合作的法律和财政障碍,使企业能够充分开发国内市场潜力
第十六章	环境	Environment	欧盟的环境政策应有助于实现以下目标:保护和改善环境质量;保护人类健康;审慎和合理地利用自然资源;促进国际环境合作措施,以解决区域或世界范围的环境问题。欧盟环境政策的目标应是提供高水平的环境保护
第十七章	发展合作	Development Cooperation	欧盟鼓励成员方之间和国际之间合作发展

资料来源:笔者根据《欧洲联盟条约》整理。

4.《欧洲联盟条约》第五部分:《关于共同外交和安全政策条款》主要内容

《欧洲联盟条约》第五部分:《关于共同外交和安全政策条款》共

有 11 条款①，主要内容是围绕欧盟及其成员方应制定并执行共同外交和安全政策。欧盟共同外交和安全政策目标是：② 维护欧洲联盟的共同价值观、基本利益和独立性，加强欧盟及其成员的安全，根据《联合国宪章》的原则和《巴黎宪章》的目标，维护和平和加强国际安全。发展和巩固民主和法制，成员方之间在利益行动方面建立系统合作，在成员方有重大共同利益领域逐步采取联合行动，忠诚和相互团结精神，积极和毫无保留支持欧盟对外和安全政策，欧洲理事会应确保这些原则得到遵守。

5. 《欧洲联盟条约》第六部分：《关于司法和内政领域合作条款》主要内容

《欧洲联盟条约》第六部分：《关于司法和内政领域合作条款》共有 9 个条款③，主要内容是人员的自由流动、移民政策、就业、打击毒品、欺诈行为、民事司法合作、刑事司法合作、海关合作、警察合作、防止和打击恐怖主义等。

《关于司法和内政领域合作条款》④ 指出，为了实现联盟的目标，特别是人员的自由流动，以及在不损害欧洲共同体权力的情况下，成员方应将下列事项视为涉及共同利益的事项：庇护政策；管理人员跨越成员方外部边界并对其实行管制的规定；关于第三国国民的移民政策和政策：第三国国民在成员方境内入境和流动的条件；第三国国民在成员方境内的居留条件，包括家庭团聚和就业机会；打击第三国国民在成员方领土内未经批准的移民、居留和工作；打击毒品成瘾；打击国际范围内未涉及的欺诈行为；民事司法合作；刑事司法合作；海关合作；警察合作，以防止和打击恐怖主义、非法毒品贸易和其他严重形式的国际犯罪，必要时包括海关合作的某些方面，以及在欧洲警察局内部组织全联

---

① https：//european-union. europa. eu/ "Treaty on European Union", Official Journal of the European Communities，29.7.92.
② https：//european-union. europa. eu/ "Treaty on European Union", Official Journal of the European Communities，29.7.92.
③ https：//european-union. europa. eu/ "Treaty on European Union", Official Journal of the European Communities，29.7.92.
④ https：//european-union. europa. eu/ "Treaty on European Union", Official Journal of the European Communities，29.7.92.

盟信息交流系统。①

欧洲理事会可以采取有关联合行动:②: 采取共同立场,并利用适当的形式和程序,促进有助于实现联盟目标的任何合作;采取联合行动,只要联合行动能够比成员方根据所设想行动的规模或效果单独采取行动更好地实现联盟的目标;它可以决定采取联合行动的措施应以绝对多数通过。

(三) 欧洲联盟机构与管理体制③

欧洲联盟的机构有:欧洲议会(European Parliament)、欧洲理事会(European Council)、欧盟委员会(European Commission)、欧盟法院(Court of Justice of the European Union)、欧洲中央银行(European Central Bank)、欧洲审计院(European Court of Auditors)④ 等机构,上述机构在《欧洲联盟条约》授权范围内运行,上述机构根据规定的程序运行,机构之间拥有不同的职权并互动合作。

《欧洲条约》赋予欧洲议会对欧盟的立法、预算监督及咨询等权力,欧洲议会拥有对立法、预算、欧盟导人、欧盟贸易、投资谈判结果的监督权。欧洲议会通过"共同决策程序"和"同意程序"扩展其参与立法的权力,大多数欧洲法律由欧洲议会和欧洲理事会联合通过。

欧洲理事会⑤是欧盟的最高权力机构和决策机构,欧洲理事会行使《欧洲联盟条约》赋予的权力,拥有欧盟大部分立法权。欧洲理事会根据欧盟委员会议案和建议,征求欧洲议会同意后,制定并发布欧盟有关的法律、规则和经济、产业、竞争、税收等政策。欧洲理事会主席选举产生,欧洲理事会成员由欧洲各成员方部长级代表组成,欧洲理事会设立总秘书处,秘书长由理事会任命。

---

① https://european-union.europa.eu/ "Treaty on European Union", Official Journal of the European Communities, 29.7.92.
② https://european-union.europa.eu/ "Treaty on European Union", Official Journal of the European Communities, 29.7.92.
③ https://european-union.europa.eu/ "Treaty on European Union", Official Journal of the European Communities, 29.7.92.
④ https://european-union.europa.eu/ "Treaty on European Union", Official Journal of the European Communities, 29.7.92.
⑤ 欧洲理事会官网,https://www.coe.int.

欧盟委员会①是欧盟行政执行机构，负责处理欧盟日常事务，实施欧盟条约和欧盟理事会的政策，代表欧盟进行对外联系和贸易投资等方面谈判，欧盟委员会向欧盟理事会和欧洲议会提出立法议案和政策建议等。欧盟委员会通过立法议案和政策执行，对欧盟政策的制定和政策实施发挥重要作用。欧洲各成员方掌握推荐欧盟委员会成员和欧洲理事会成员的决定权，成员国在欧盟规则、政策制定与政策实施中仍然具有重要的作用。

欧盟法院②是欧盟的仲裁机构，负责审理和裁决在执行欧盟条约和有关政策规定中发生的各种法律纠纷。欧洲审计院（Court of Auditors）负责审计欧盟及其各机构的账目，审查欧盟收支状况，并确保对欧盟财政进行正常管理。

欧洲中央银行③是根据1992年《马斯特里赫特条约》规定而设立的欧元区中央银行，是欧盟货币政策的制定者、实施者、监督者。欧央行主要任务是维持欧元购买力，保持欧元区物价稳定。欧央行制定欧元货币政策、管理货币储备与发行。欧元区货币政策的具体执行仍由欧元区成员国央行负责，欧元区各国央行仍保留外汇储备，欧央行的储备由各成员国央行根据本国在欧元区内的人口比例和国内生产总值的比例提供。

《欧洲联盟条约》促进欧盟成员国朝着贸易、投资、经济、社会、政治、外交和安全等一体化深化发展，欧洲经济一体化持续深化发展，使欧盟成员国之间贸易相互联系和相互依存保持稳定。2000—2019年德国对欧盟成员国进出口贸易额占德国进出口贸易总额比例保持在67%—75%（见图1-62、图1-63）。

《欧洲联盟条约》使欧盟成员国之间贸易伙伴关系保持稳定，2000—

---

① https：//european-union.europa.eu/ "Treaty on European Union", Official Journal of the European Communities, 29.7.92.
② https：//european-union.europa.eu/ "Treaty on European Union", Official Journal of the European Communities, 29.7.92.
③ https：//european-union.europa.eu/ "Treaty on European Union", Official Journal of the European Communities, 29.7.92.

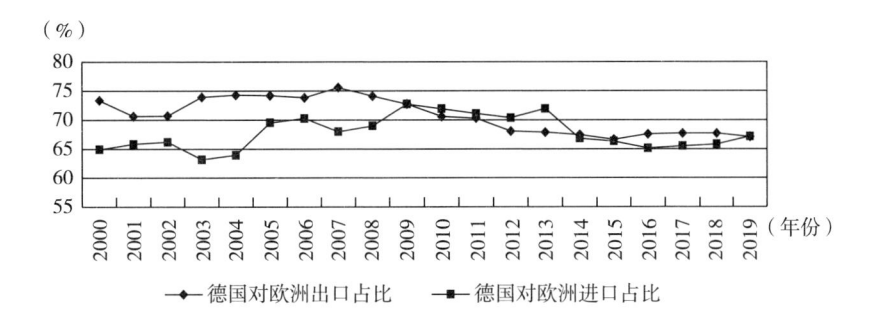

```
(%)
80
75
70
65
60
55
```
→─ 德国对欧洲出口占比   ─■─ 德国对欧洲进口占比

图 1-62　2000—2019 年德国对欧盟成员国进出口贸易额占德国进出口贸易总额比例

资料来源：根据联合国贸易发展会议数据库数据制作。

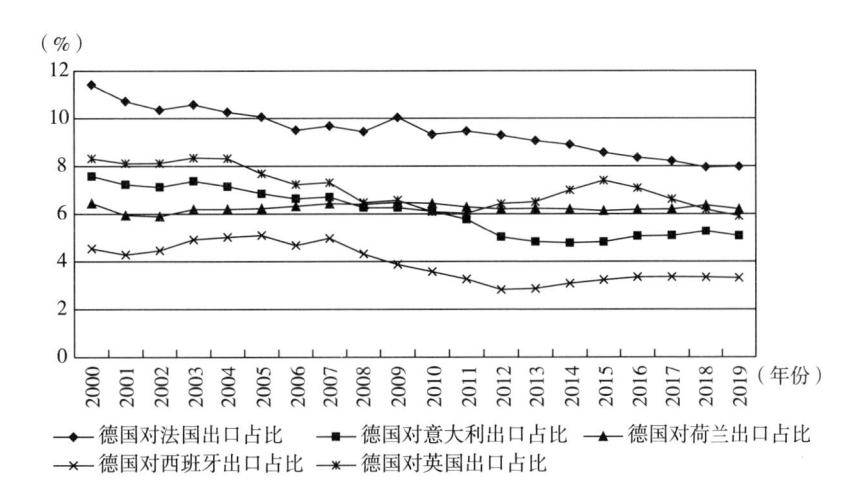

```
(%)
12
10
 8
 6
 4
 2
 0
```
→─ 德国对法国出口占比   ─■─ 德国对意大利出口占比   ─▲─ 德国对荷兰出口占比
─×─ 德国对西班牙出口占比   ─*─ 德国对英国出口占比

图 1-63　德国对欧盟主要成员国出口贸易额占德国出口贸易总额比例

资料来源：根据联合国贸易发展会议数据库数据制作。

2019年法国对欧盟成员国进出口贸易额占法国进出口贸易总额比例保持在65%—70%（见图1-64、图1-65）。

（四）中国与欧盟进出口贸易发展

欧盟成员国是中国十分重要的战略贸易伙伴，欧洲市场曾经长期是中国出口贸易第一大市场。1978—2018年，中国与欧盟成员国的进出口贸易持续稳定发展，特别是中国自加入世界贸易组织以来，中国与

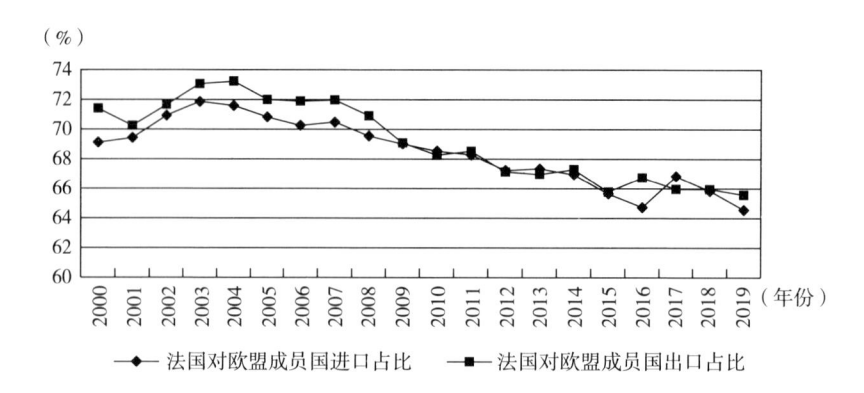

图1-64 法国对欧盟成员国进出口额占法国进出口贸易总额比例变化

资料来源：根据联合国贸易发展会议数据库数据制作。

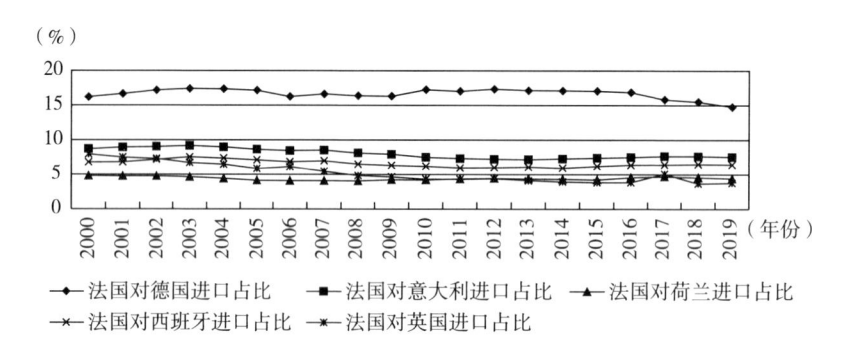

图1-65 法国对欧盟主要成员国进口贸易额占法国进口贸易总额比例

资料来源：根据联合国贸易发展会议数据库数据制作。

欧盟成员国的进出口贸易进入快速发展阶段（见图1-62）。中国对欧盟出口贸易额从1978年的14亿美元增加到2018年的3546亿美元，中国对欧盟进口贸易额从22.8亿美元增加到2497亿美元。1978—1996年，中国对欧盟的进口贸易大于出口贸易，中国处于贸易逆差地位。1997—2018年，中国对欧盟出口贸易大于进口贸易，中国处于贸易顺差地位（见图1-66）。

1978—2018年，中国与欧盟进出口贸易大国伙伴关系中，德国是中国在欧盟第一大进出口贸易伙伴国家，中国对德国出口贸易额从1978

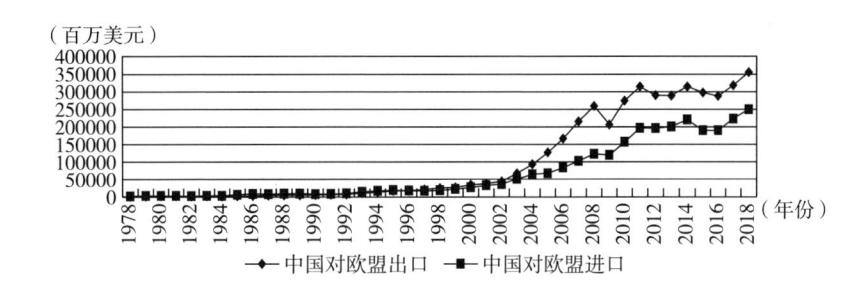

第一章 全球经贸大变局与全球经贸规则体系重塑变化

图1-66 中国对欧盟进出口贸易发展

资料来源：根据国际货币基金组织贸易数据库数据制作。

年的3.2亿美元增加到2018年的781亿美元，同期中国从德国进口贸易额从10亿美元增加到1062亿美元。中国出口到欧盟的前六大伙伴国家是德国、荷兰、意大利、法国、西班牙、比利时（见图1-67），中国对欧盟进口前五大贸易伙伴是德国、法国、意大利、荷兰、西班牙（见图1-68）。

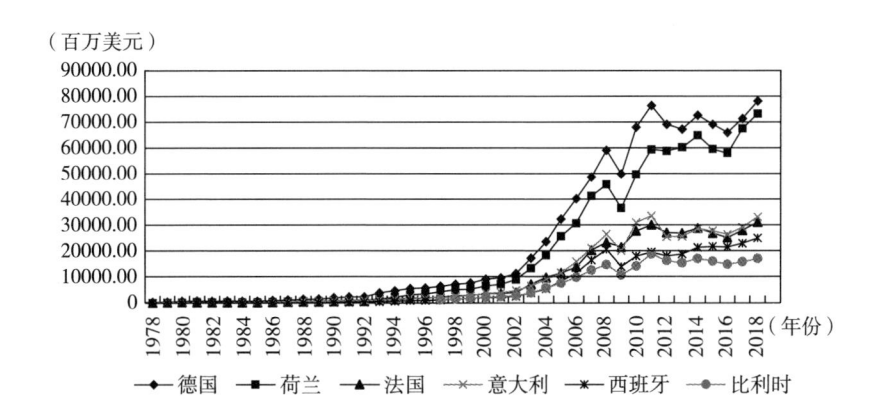

图1-67 中国对欧盟大国出口贸易额变化

资料来源：根据国际货币基金组织贸易数据库数据制作。

综上所述，《欧洲联盟条约》不仅促进欧盟成员国的贸易、投资、经济、社会、政治、外交和安全等一体化深化发展，使欧盟成员国之间贸易相互联系和相互依存保持稳定，而且中国与欧盟成员国之间的进出口贸易规模不断扩大，中欧经济贸易相互联系和相互依存在深化发展。

115

（百万美元）

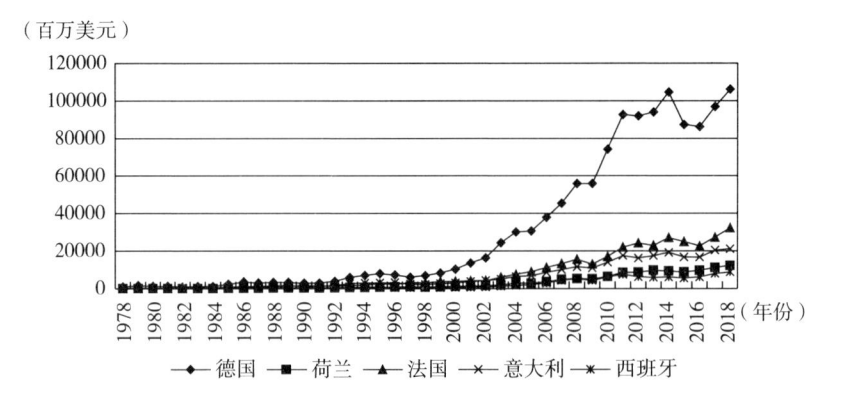

图1-68 中国对欧盟大国进口贸易额变化

资料来源：根据国际货币基金组织贸易数据库数据制作。

二 北美区域性多边贸易协定变化

北美区域性多边贸易协定，影响力最大是美国、加拿大、墨西哥之间的区域性贸易协定。因此，美洲区域性多边贸易协定的深刻变化主要是由《北美自由贸易协定》①向《美国—墨西哥—加拿大协定》②转变。

（一）《北美自由贸易协定》向《美国—墨西哥—加拿大协定》转变过程

《北美自由贸易协定》（North American Free Trade Agreement，NAFTA③）由美国、加拿大和墨西哥三个国家在1992年8月12日签署，于1994年1月正式生效。《北美自由贸易协定》的产生要追溯到20世纪70年代。"二战"结束后，美国经济、贸易、金融等繁荣发达，1960年美国GDP占全球GDP的60%，美国确立了在世界经济中的领导地位。20世纪70年代世界经济环境发生深刻变化，欧盟经济一体化加快发展，欧盟的国际贸易和投资占世界比例持续上升，日本在钢铁和汽车

---

① https：//www.ustr.gov/Trade Agreements/（North - American - Free - Trade - Agreement）（NAFTA）.
② https：//www.ustr.gov/Trade Agreements/（United States - Mexico - Canada Agreement）（USMCA）.
③ https：//www.ustr.gov/Trade Agreements/（North American Free Trade Agreement）（NAFTA）.

第一章 全球经贸大变局与全球经贸规则体系重塑变化

等制造业方面竞争力不断增强,而美国由于钢铁、汽车和纺织服装等制造业竞争力持续下降,经济增长趋缓,货物出口贸易竞争力下降,美国进出口货物贸易出现了逆差态势。美国为了保持经济持续增长,巩固美国在世界经济中的领导地位,美国一方面加快产业结构调整,另一方面推动北美区域经济一体化发展,通过与加拿大、墨西哥建立北美自由贸易区,加强区域内贸易与投资合作,扩大美国贸易出口和美国资本对外投资,加快北美经济一体化发展,以促进美国经济贸易和投资持续增长。

1979年,关于建立北美自由贸易区的设想出现在美国国会提案中,里根在其总统竞选的有关纲领中提出发展北美自由贸易区设想。1985年3月,美国总统里根与加拿大总理在晤时,第一次在正式场合提出美国与加拿大加强经贸合作,建立自由贸易区的设想。美国和加拿大经过谈判于1988年1月正式签署了《美加自由贸易协定》[①],并于1989年1月生效。《美加自由贸易协定》规定在10年内逐步取消商品进口关税和非关税壁垒,取消对汽车进出口的管制和服务业的关税,促进公平与自由贸易。在投资方面两国相互提供国民待遇,并建立一套共同监督的程序和解决贸易投资争端机制,《美加自由贸易协定》实施后,加快美国与加拿大之间的贸易投资发展。

墨西哥也希望与美国发展自由贸易区,1986年8月美国和墨西哥两国领导人提出双边的框架协定计划,并于1987年11月签订了有关两国间贸易和投资的框架原则和程序协议,两国经过多次谈判,于1990年7月正式达成了《美墨贸易与投资协定》。在《美加自由贸易协定》和《美墨贸易与投资协定》的基础上,美、加、墨三国于1991年6月在加拿大的多伦多举行《北美自由贸易协定》谈判,经过谈判,美国、加拿大、墨西哥在1992年8月12日达成了《北美自由贸易协定》(NAFTA),《北美自由贸易协定》于1994年1月1日正式生效。自《北美自由贸易协定》生效以来,大幅度削减关税和非关税壁垒,推动了美国、加拿大、墨西哥经济一体化发展,促进了北美自由贸易区进出

---

① https://www.ustr.gov/Trade Agreements/ (United States - Mexico - Canada Agreement) (USMCA).

口贸易持续较快增长（见图1-69），稳定并提升了北美在世界贸易中的地位。《北美自由贸易协定》对美洲贸易格局变化、世界贸易格局以及经贸规则和制度创新产生了重大影响（见图1-70、图1-71）。

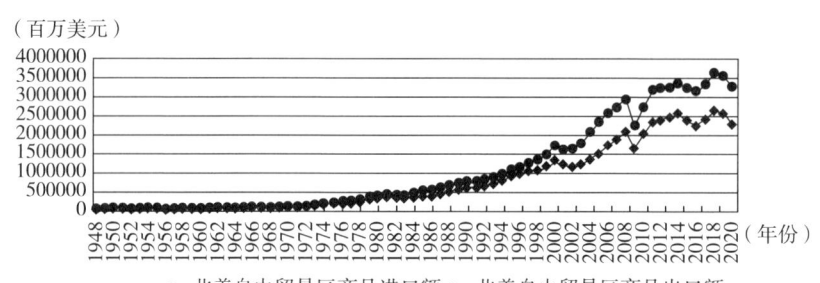

图1-69　北美自由贸易区商品出口额变化

资料来源：根据联合国贸易发展会议数据库中商品贸易数据制作。

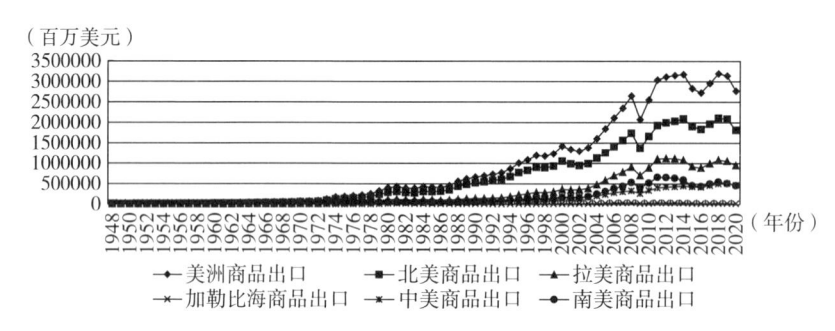

图1-70　1948—2020年美洲商品贸易出口额分布

资料来源：根据联合国贸易发展会议数据库中服务贸易数据制作。

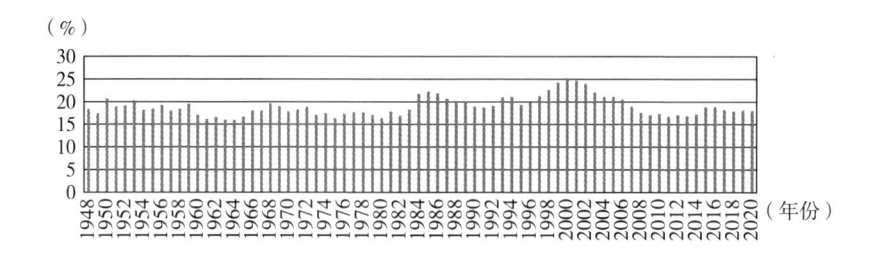

图1-71　1948—2020年北美自由贸易区商品进口额占全球商品进口总额比例变化

资料来源：根据联合国贸易发展会议数据库中服务贸易数据制作。

自《北美自由贸易协定》①生效以来，《北美自由贸易协定》对美国、加拿大、墨西哥的贸易发展效应存在比较明显的差异。加拿大对美国进出口贸易依存度高度稳定，加拿大对美国出口贸易额占加拿大出口贸易总额比例高达75%—87%（见图1-72），加拿大从美国进口贸易额占加拿大进口贸易总额比例达到50%—60%（见图1-72），加拿大进出口贸易高度依赖美国市场，而且加拿大处于贸易顺差地位。

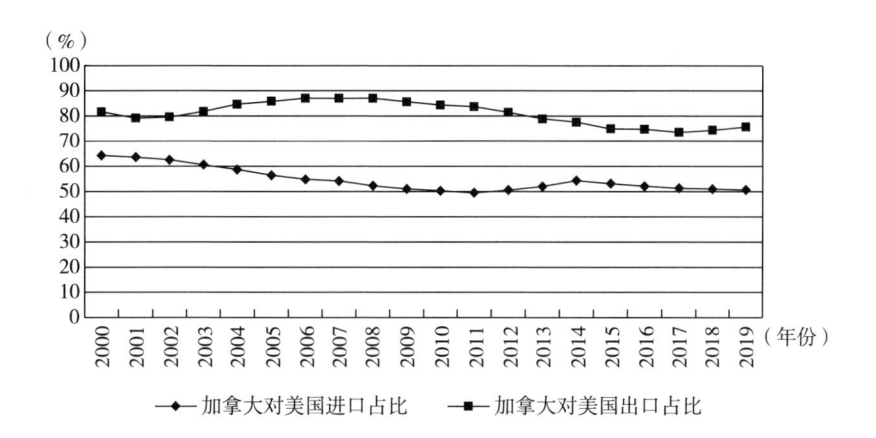

图1-72 加拿大对美国进出口贸易额占加拿大进出口贸易总额比例变化

资料来源：根据世界银行WITS数据库贸易伙伴数据制作。

自《北美自由贸易协定》生效以来，墨西哥对美国进出口贸易依存度也比较稳定，1994—2019年墨西哥对美国出口贸易额占墨西哥出口贸易总额比例高达77%—84%（见图1-73），墨西哥对美国进口贸易额占墨西哥进口贸易总额比例从1994年的69%下降到2017年的46%左右（见图1-73），墨西哥进出口贸易高度依赖美国市场，墨西哥处于贸易顺差地位。

而美国对加拿大贸易依存度出现稳中有降趋势，美国对加拿大出口额占美国出口贸易总额比例从2000年的22.8%下降到2019年的17.7%，

---

① https：//www.ustr.gov/Agreements/free-trade-agreements/（North American Free Trade Agreement）（NAFTA）.

(%)
[图表]
→ 墨西哥对美国出口贸易占比　→ 墨西哥对美国进口贸易占比

图 1-73 墨西哥对美国进出口贸易额占墨西哥进出口贸易总额比例变化
资料来源：根据世界银行 WITS 数据库贸易伙伴数据制作。

同期美国对加拿大进口额占美国进口贸易总额比例从 18.9% 下降到 12.7%（见图 1-74），美国处于贸易逆差地位。

(%)
[图表]
→ 美国对加拿大出口贸易占比　→ 美国对加拿大进口贸易占比

图 1-74 美国对加拿大进出口贸易额占美国进口贸易总额比例变化
资料来源：根据世界银行 WITS 数据库贸易伙伴数据制作。

美国对墨西哥出口额占美国出口贸易总额比例为 15% 左右，美国对墨西哥进口额占美国进口贸易总额比例 13% 左右（见图 1-75）。

美国认为《北美自由贸易协定》没有达到美国希望的预期效果。2017 年美国总统特朗普实施美国优先战略和贸易保护主义，将美国的失业增加和贸易逆差在一定程度上归咎于《北美自由贸易协定》，要求加拿大、墨西哥与美国重新启动新一轮谈判，经过谈判，2018 年 9 月

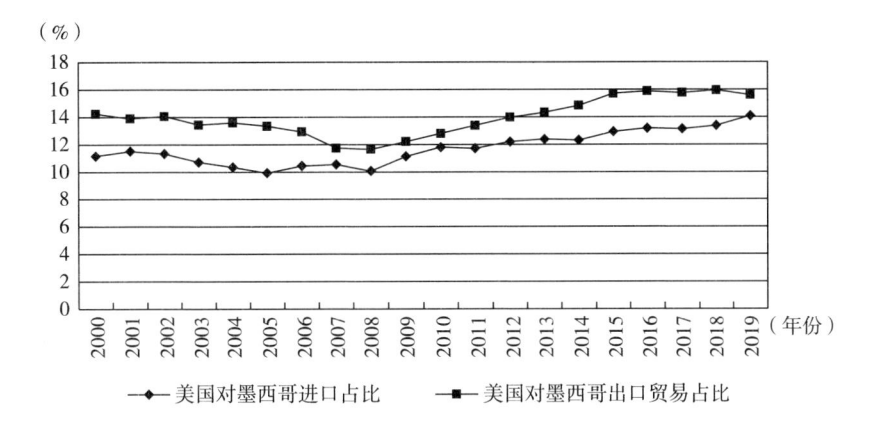

图 1-75　美国对墨西哥进出口贸易额占美国进口贸易总额比例变化

资料来源：根据世界银行 WITS 数据库贸易伙伴数据制作。

30 日，美国、墨西哥和加拿大达成《美国—墨西哥—加拿大协定》 *United States-Mexico-Canada Agreement*（USMCA）①，2018 年 11 月 30 日美国、墨西哥、加拿大三国在阿根廷首都布宜诺斯艾利斯签署《美国—墨西哥—加拿大协定》，2020 年《美国—墨西哥—加拿大协定》在美国国会获得多数表决通过，并于 2020 年 7 月 1 日正式生效。1994 年生效的《北美自由贸易协定》② 被 2020 年《美国—墨西哥—加拿大协定》所替代。

（二）《美国—墨西哥—加拿大协定》③ 主要内容

《美国—墨西哥—加拿大协定》共包含 34 章条款和负面清单附件等。④《美国—墨西哥—加拿大协定》主要内容包括：初始条款与一般定义、国民待遇和市场准入、农业、原产地规则、原产地程序、纺织品贸易、海关管理与贸易便利化、动植物卫生检疫措施、贸易救济、技术性贸易壁垒、政府采购、投资、服务跨境贸易、商务人员临时入境、金融服务、电信、数字贸易、知识产权、竞争政策、国有企业与垄断、劳

---

① https：//www.ustr.gov/Trade Agreement/（United States-Mexico-Canada Agreement）.
② https：//www.ustr.gov/Agreements/free-trade-agreements/（North American Free Trade Agreement）（NAFTA）.
③ https：//www.ustr.gov/Trade Agreement/（United States-Mexico-Canada Agreement）.
④ https：//www.ustr.gov/Trade Agreement/（United States-Mexico-Canada Agreement）.

工、环境、中小企业、竞争、反腐败、商品管制实践、竞争与商务便利、监管一致性、管理机构条款、争端解决、例外情况与一般规定、宏观政策与汇率、最终条款等。《美国—墨西哥—加拿大协定》保留了《北美自由贸易协定》的大部分条款内容，但修改和增加了有关汽车、乳制品、知识产权以及针对非市场经济国家等新条款，一方面在美国、墨西哥和加拿大三国之间将逐步实施"三零规则"条款，即实施零关税、零补贴、零壁垒规则条款，促进美国、墨西哥、加拿大之间贸易投资自由化发展；另一方面，《美国—墨西哥—加拿大协定》① 在汽车等制造业原产地规则要求更高，在与非市场经济国家开展贸易投资方面制定了歧视性条款，对非美、墨、加成员和非市场经济国家实施更加严格的贸易投资保护主义。

（三）中国与美国、加拿大、墨西哥的贸易发展

《美国—墨西哥—加拿大协定》成员是中国非常重要进出口贸易伙伴国家，其中美国是中国最大出口贸易伙伴国家。1978—2018 年，中国与美国、加拿大、墨西哥的进出口贸易持续稳定发展，特别是中国自加入世界贸易组织以来，中国与美国、加拿大、墨西哥的进出口贸易进入快速发展阶段。中国对美国出口贸易额从 1978 年的 2.7 亿美元增加到 2018 年的 4806 亿美元（见图 1-76），中国从美国进口贸易额从 7.2 亿美元增加到 1652 亿美元（见图 1-76）。在 1978—1992 年，中国从美国进口贸易额大于中国对美国出口贸易额，中国处于贸易逆差阶段。1993—2018 年，中国对美国出口贸易额大于从美国进口贸易额，中国处于贸易顺差阶段（见图 1-77）。2018 年美国为维护霸权地位，实施贸易保护主义，对中国实施贸易战和科技战。

中国对加拿大出口贸易额从 1978 年的 9400 万美元增加到 2018 年的 356 亿美元，中国从加拿大进口贸易额从 5.7 亿美元增加到 283 亿美元（见图 1-79）。同期，中国对墨西哥出口贸易额从 600 万美元增加到 441 亿美元，中国从墨西哥进口贸易额从 1 亿美元增加到 147 亿美元（见图 1-80）。

---

① https：//www.ustr.gov/Trade Agreement/（United States-Mexico-Canada Agreement）.

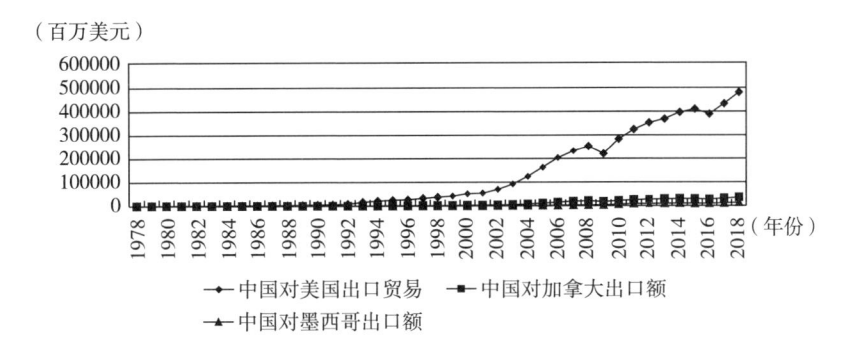

图 1-76　1978—2018 年中国对美国、墨西哥、加拿大出口额变化

资料来源：根据国际货币基金组织贸易数据制作。

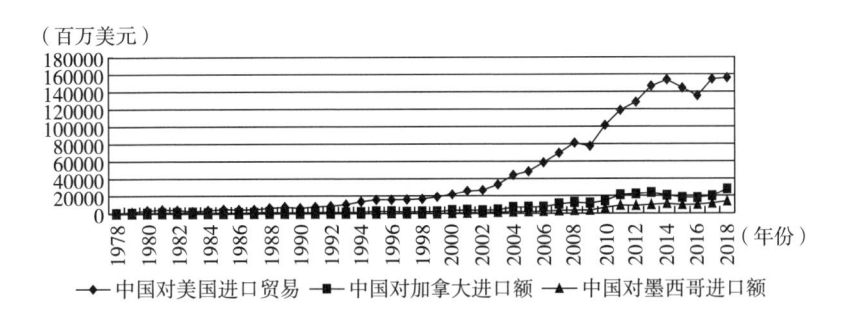

图 1-77　1978—2018 年中国从美国、墨西哥、加拿大进口额变化

资料来源：根据国际货币基金组织贸易数据制作。

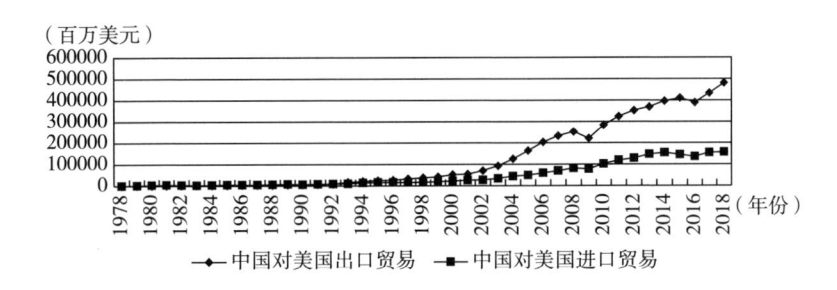

图 1-78　1978—2018 年中国对美国双边进出口额变化

资料来源：根据国际货币基金组织贸易数据制作。

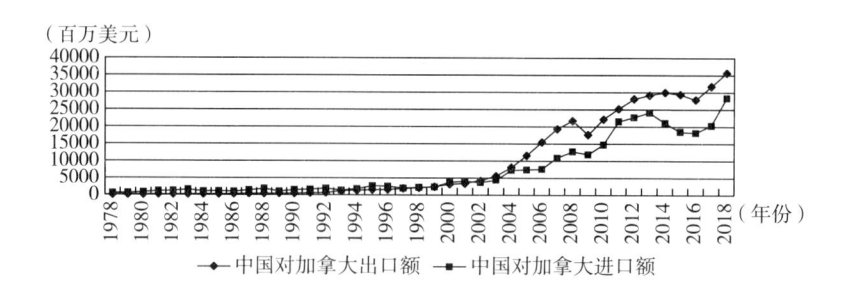

图1-79　1978—2018年中国对加拿大双边进出口额变化

资料来源：根据国际货币基金组织贸易数据制作。

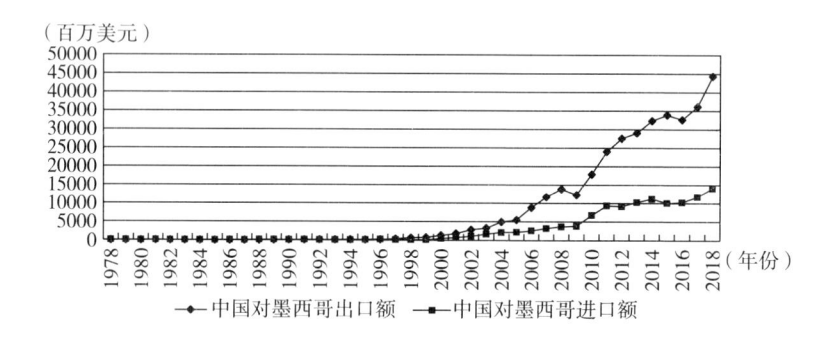

图1-80　1978—2018年中国对墨西哥双边进出口额变化

资料来源：根据国际货币基金组织贸易数据制作。

从上述数据分析表明，《北美自由贸易协定》和《美国—墨西哥—加拿大协定》不仅仅稳定并提升美国、加拿大、墨西哥之间进出口贸易依存度，北美经济一体化的深化发展，也使中国与美国、加拿大和墨西哥的进出口贸易发展规模持续扩大，美国贸易摩擦并没有改变中国与美国进出口贸易发展态势，从一定侧面说明美国贸易摩擦和贸易保护主义是逆时代潮流的，经济全球化深化发展的历史潮流不可逆转。

第五节　亚太区域性多边经贸规则变化

亚洲区域经济一体化和亚太区域性多边经贸规则体系建设长期落后于欧洲和北美。20世纪70年代末以来，随着中国改革开放，中国开放经济加快发展，中国与东亚区域的日本、韩国之间国际贸易和国际投资加快发展,中国对新加坡、越南、马来西亚、印度尼西亚、泰国等东盟国家的国际贸易和国际投资也持续较快发展,亚洲国家之间的国际贸易和国际投资规模持续扩大。特别是中国—东盟自由贸易区建立,中国与东盟国家之间的贸易投资和经济合作不断深化发展,亚洲在世界经济贸易中地位不断提升。

2010年以来亚洲经济规模、货物贸易规模已经超过欧洲和美洲居全球首位,亚洲国家之间贸易、投资及经济合作不断深化发展,建立亚太区域性多边经贸规则体系的内生动力不断增强,加快亚洲自由贸易区与亚洲经济一体化发展已经成为亚洲国家开放经济发展的必然选择,亚太区域性多边经贸规则体系进入了加快建设新阶段。

本节主要对亚太区域性多边经贸规则《跨太平洋伙伴关系协定》[①]《全面与进步跨太平洋伙伴关系协定》[②]《区域全面经济伙伴关系协定》[③] 等进行比较分析。

一 《跨太平洋伙伴关系协定》(TPP)

(一)《跨太平洋伙伴关系协定》产生

《跨太平洋伙伴关系协定》(Trans-Pacific Partnership Agreement, TPP)[④] 的产生可追溯到21世纪初。2002年,新西兰、智利和新加坡在墨西哥亚太经济合作组织(APEC)峰会上就建立亚太经济伙伴关系举行了谈判,文莱于2005年4月加入亚太经济伙伴关系谈判。2005年7月,新加坡、智利、新西兰和文莱四国签订了《跨太平洋战略经济伙伴关系协定》(Trans-Pacific Strategic Economic Partnership Agreement, TPSEP),四国成员承诺在货物贸易、服务贸易、知识产权以及投资等领域相互给予优惠以加强经济合作,《跨太平洋战略经济伙伴关系协定》的目标是建立亚太自由贸易区。

---

① https://ustr.gov/trade-agreements/free-trade agreements/(Trans-Pacific Partnership Agreement)(TPP).

② https://wtocenter.vn/chuyen-de/12782-full-text-of-cptpp/(Comprehensive and Progressive Agreement for Trans-Pacific Partnership)(CPTPP).

③ https://www.rcepsec.org/legal-text/(Regional Comprehensive Economic Partnership Agreement)(RCEP).

④ https://ustr.gov/trade-agreements/free-trade agreements/(Trans-Pacific Partnership Agreement)(TPP).

2008年，美国政府宣布在金融服务和投资议题方面加入《跨太平洋战略经济伙伴关系协定》谈判。2008年国际金融危机爆发后，美国经济严重衰退，亟须实施经济复苏战略和政策。2009年时任美国总统奥巴马在亚洲之行中宣布美国参与跨太平洋战略经济伙伴关系协议谈判，美国要为建立高标准、高质量、高层次、面向21世纪亚太经贸规则做出重要贡献，以此促进美国就业和经济繁荣。2009年秘鲁、越南和澳大利亚宣布加入跨太平洋战略经济伙伴关系协议谈判。在美国主导下，2009年年底《跨太平洋战略经济伙伴关系协定》更名为《跨太平洋伙伴关系协定》（Trans-Pacific Partnership Agreement，TPP）。2010年3月，《跨太平洋伙伴关系协定》[①]首轮谈判在澳大利亚墨尔本举行，谈判涉及关税、非关税贸易壁垒、电子商务、服务贸易和知识产权等议题。2012年墨西哥和加拿大参加TPP谈判，2013年日本和韩国加入TPP谈判。2015年10月，美国、新加坡、智利、新西兰、文莱、秘鲁、越南、日本、澳大利亚、加拿大、墨西哥、韩国完成《跨太平洋伙伴关系协定》谈判，2016年2月美国、新加坡、智利、新西兰、文莱、秘鲁、越南、日本、澳大利亚、加拿大、墨西哥、韩国12个成员国在新西兰奥克兰正式签署了《跨太平洋伙伴关系协定》。《跨太平洋伙伴关系协定》签署后，规定成员国内生产总值的85%的6个签约成员通过国内法律批准才能够生效。

虽然美国正式签署了《跨太平洋伙伴关系协定》[②]，但是美国国内对《跨太平洋伙伴关系协定》存在很大分歧，认为《跨太平洋伙伴关系协定》生效不利于美国制造业复兴。2017年，美国总统特朗普上任后实施美国优先和贸易保护主义，《跨太平洋伙伴关系协定》不符合特朗普的政策主张，2017年1月时任美国总统特朗普宣布退出《跨太平洋伙伴关系协定》，由于美国退出，《跨太平洋伙伴关系协定》没有正式生效。虽然美国2017年1月退出了《跨太平洋伙伴关系协定》，但是《跨太平洋伙伴关系协定》框架及主要条款内容对亚太区域性经贸规则体系重塑产生了重要影响。

---

① https://ustr.gov/trade-agreements/ (Trans-Pacific Partnership Agreement) (TPP).
② https://ustr.gov/trade-agreements/ (Trans-Pacific Partnership Agreement) (TPP).

(二)《跨太平洋伙伴关系协定》目的与主要内容

1.《跨太平洋伙伴关系协定》目的

《跨太平洋伙伴关系协定》① 目的在序言中明确:"缔结一项促进经济一体化的全面区域性协定,以推动贸易和投资自由化,促进经济增长和社会福利,为工人和工商界创造新机遇,为消费者带来利益,减少贫困并促进可持续增长,进一步提高生活水平。"②《跨太平洋伙伴关系协定》目的还包括促进区域供应链的发展和完善,增强工商界在全球市场中的竞争力,为贸易投资建立可预见的法律和商业框架,推行高效和透明的海关程序,为各自进口商和出口商降低成本并保证可预见性,以便利区域贸易。促进透明度、良好的治理和法治,消除贸易投资领域的贿赂和腐败。鼓励其他国家或单独关税区加入,扩大伙伴关系范围,从而进一步加强区域经济一体化,为亚太自由贸易区奠定基础。③

2.《跨太平洋伙伴关系协定》主要内容

《跨太平洋伙伴关系协定》④ 是宽领域、全覆盖和高标准的综合性经贸规则协定,主要内容既包括货物贸易、服务贸易、国际投资、海关监管、原产地规则等传统的自由贸易区的主要条款,还包括知识产权、劳工标准、环境保护、临时入境、国有企业、政府采购、金融、发展、能力建设、监管一致性、透明度和反腐败等条款,在环保、劳工、原产地和政府采购等方面诸多高标准的条款。

二 《全面与进步跨太平洋伙伴关系协定》(CPTPP)

(一)《全面与进步跨太平洋伙伴关系协定》的产生

2017年1月,美国退出《跨太平洋伙伴关系协定》(TPP)后,日本、新加坡、智利、新西兰、文莱、秘鲁、越南、澳大利亚、加拿大、墨西哥、韩国11个成员方继续推进《跨太平洋伙伴关系协定》有关条款谈判和修改,于2018年3月8日签订了新的协定,新的协定名称改为《全面与进步跨太平洋伙伴关系协定》(Comprehensive and Progressive

---

① https://ustr.gov/trade-agreements/(Trans-Pacific Partnership Agreement)(TPP).
② https://ustr.gov/trade-agreements/(Trans-Pacific Partnership Agreement)(TPP).
③ https://ustr.gov/trade-agreements/(Trans-Pacific Partnership Agreement)(TPP).
④ https://ustr.gov/trade-agreements/(Trans-Pacific Partnership Agreement)(TPP).

Agreement for Trans-Pacific Partnership，CPTPP)①。《全面与进步跨太平洋伙伴关系协定》对协定生效条件进行了修改，根据 CPTPP 规则，无论国家大小，至少 6 个成员方或者是超过 50%的成员国批准即可生效。《全面与进步跨太平洋伙伴关系协定》获得了澳大利亚、加拿大、日本、墨西哥、新加坡、新西兰、越南、秘鲁 8 个成员方批准，并于 2018 年 12 月 30 日正式生效。2019 年 1 月 14 日越南批准生效，2021 年 9 月 19 日秘鲁批准生效。

（二）《全面与进步跨太平洋伙伴关系协定》的宗旨与主要内容

1.《全面与进步跨太平洋伙伴关系协定》的宗旨

《全面与进步跨太平洋伙伴关系协定》②的宗旨：③ 进一步促进缔约方间区域经济一体化与合作，致力于维护开放市场，增加世界贸易，为不同收入和经济背景的人民创造新的经济机会；为加速区域贸易自由化和投资增加机会；重申促进企业社会责任、文化认同和多样性、环境保护、性别平等、民族权利、劳工权利、包容性贸易、可持续发展和传统知识的重要性，保留其出于公共利益进行管理的权利的重要性；以及欢迎其他国家或单独关税区加入《全面与进步跨太平洋伙伴关系协定》。

2.《全面与进步跨太平洋伙伴关系协定》的主要内容

《全面与进步跨太平洋伙伴关系协定》④的主要条款基本上与《跨太平洋伙伴关系协定》相类似，一些条款比 TPP 放宽要求，如设立例外情况条款等。《全面与进步跨太平洋伙伴关系协定》条款共有 30 章⑤，第 1 章初始条款和一般定义；第 2 章货物的国民待遇和市场准入；第 3 章原产地规则和原产地程序；第 4 章纺织品和服装；第 5 章海

---

① https：//wtocenter.vn/ (Comprehensive and Progressive Agreement for Trans-Pacific Partnership) (CPTPP).

② https：//wtocenter.vn/ (Comprehensive and Progressive Agreement for Trans-Pacific Partnership) (CPTPP).

③ 国际经贸关系司：《全面与进步跨太平洋伙伴关系协定》(CPTPP)中文文本，中华人民共和国商务部网站，https：//www.mofcom.gov.cn.

④ 国际经贸关系司：《全面与进步跨太平洋伙伴关系协定》(CPTPP)中文文本，中华人民共和国商务部网站，https：//www.mofcom.gov.cn.

⑤ 国际经贸关系司：《全面与进步跨太平洋伙伴关系协定》(CPTPP)中文文本，中华人民共和国商务部网站，https：//www.mofcom.gov.cn.

第一章 | 全球经贸大变局与全球经贸规则体系重塑变化

关管理和贸易便利化；第 6 章贸易救济；第 7 章动植物卫生检疫措施；第 8 章技术性贸易壁垒；第 9 章投资；第 10 章跨境服务贸易；第 11 章金融服务；第 12 章商务人员临时入境；第 13 章电信；第 14 章电子商务；第 15 章政府采购；第 16 章竞争政策；第 17 章国有企业和指定垄断；第 18 章知识产权；第 19 章劳工；第 20 章环境；第 21 章合作与能力建设；第 22 章竞争力和商务便利化；第 23 章发展；第 24 章中小企业；第 25 章监管一致性；第 26 章透明度和反腐败；第 27 章管理和机构条款；第 28 章争端解决；第 29 章例外和总则；第 30 章最后条款。《全面与进步跨太平洋伙伴关系协定》生效实施，在一定程度上推动亚太区域经济一体化深化发展进程。

三 《区域全面经济伙伴关系协定》（RCEP）

（一）《区域全面经济伙伴关系协定》的产生与发展

《区域全面经济伙伴关系协定》（*Regional Comprehensive Economic Partnership Agreement*，RCEP）[1] 是在东盟自由贸易区基础上进一步深化发展。2011 年 2 月，东盟经济部长会议上提出《区域全面经济伙伴关系协定》，东盟十国邀请中国、日本、韩国、印度、澳大利亚和新西兰共同参加区域全面经济伙伴关系谈判，目标是在东盟与中国、日本、韩国、印度、澳大利亚和新西兰等发展自由贸易区基础上，进一步削减关税和非关税壁垒，扩大货物和服务贸易，促进亚太区域贸易、投资及其经济技术合作，在区域全面经济伙伴关系深化发展的基础上，建设高质量和互惠互利的亚太自由贸易区。

2012 年 11 月 20 日，东盟 10 个成员国与澳大利亚、中国、印度、日本、韩国和新西兰国家元首或政府首脑在柬埔寨金边发表《关于启动〈区域全面经济伙伴关系协定〉谈判的联合声明》，提出《区域全面经济伙伴关系协定》谈判指导原则和目标。2013 年 5 月在文莱开始了第一轮《区域全面经济伙伴关系协定》部长级会议谈判，从 2014 年到 2016 年 8 月共进行了十四轮谈判，围绕 RCEP 的货物贸易、服务贸易、技术转移、知识产权、竞争、经济技术合作等一系列议题展开谈判磋

---

[1] https：//rcepsec.org/legal－text/（Regional Comprehensive Economic Partnership Agreement）（RCEP）.

商。2016年10月RCEP第十五轮谈判在中国举行,完成了经济技术合作内容的磋商。2016年12月第十六轮谈判在印度尼西亚举行,就中小企业条款达成一致,并在竞争政策条款谈判取得了较大进展。

2012年以来,《区域全面经济伙伴关系协定》在8年时间进行了三十一轮正式谈判,进行八轮部长级会议,2020年11月15日,《区域全面经济伙伴关系协定》15个成员方签署了《区域全面经济伙伴关系协定》,根据规则协定签署后需要15个成员方中的10个成员方的国内核准才能够生效。文莱、柬埔寨、老挝、新加坡、泰国、越南6个东盟成员国和中国、日本、新西兰、澳大利亚4个非东盟成员方,在2021年向东盟秘书长正式提交核准书,达到《区域全面经济伙伴关系协定》协定生效条件,《区域全面经济伙伴关系协定》于2022年1月1日对上述十国生效。

《区域全面经济伙伴关系协定》[①]是亚太区域经济一体化的重大经贸制度安排,成为推动亚太经济一体化的重要力量,并促进中国、日本和韩国等东亚国家贸易投资深化发展,加快提升亚太经济在全球国际分工中的地位,《区域全面经济伙伴关系协定》生效将强化世界经济、贸易、投资中心持续向亚太地区转移。

目前《区域全面经济伙伴关系协定》[②]是全球人口规模最大、经济规模(GDP)、贸易规模最大的亚太区域性多边经贸协定。据2019年世界银行数据,RCEP的15个成员方共有22.7亿人口,占世界人口总量的30%左右。15个成员方的GDP合计为26.2万亿美元,接近全球GDP总量的1/3。RCEP的15个成员方商品出口贸易规模从1978年的1668亿美元增长到2020年的5.41万亿美元,2020年RCEP的15个成员方商品出口贸易规模居欧盟之后的全球第2位(见图1-81、图1-82),RCEP的15个成员方商品出口贸易额占全球商品出口总额比例为30.9%(见图1-83)。

---

① https://rcepsec.org/legal-text/ (Regional Comprehensive Economic Partnership Agreement) (RCEP).

② https://rcepsec.org/legal-text/ (Regional Comprehensive Economic Partnership Agreement) (RCEP).

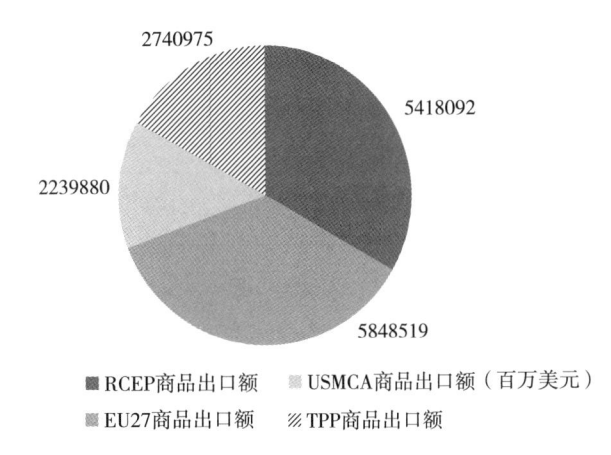

第一章 全球经贸大变局与全球经贸规则体系重塑变化

图1-81　2020年RCEP、EU27、USMCA、TPP商品出口额

- RCEP商品出口额：5418092
- USMCA商品出口额（百万美元）：2740975
- EU27商品出口额：5848519
- TPP商品出口额：2239880

资料来源：根据联合国贸易发展会议数据库制作。

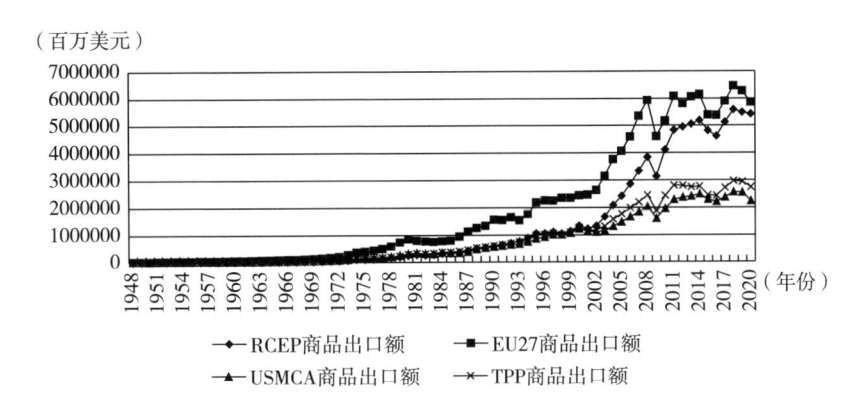

图1-82　RCEP、EU27、USMCA、TPP商品出口额变化

资料来源：根据联合国贸易发展会议数据库制作。

RCEP的15个成员方商品进口贸易规模从1978年的1.01万亿美元增长到2020年的10.72万亿美元，RCEP的15个成员方商品进口规模居全球第1位（见图1-84、图1-85）。RCEP成为全球进出口贸易规模最大的自由贸易区（见图1-86）。

131

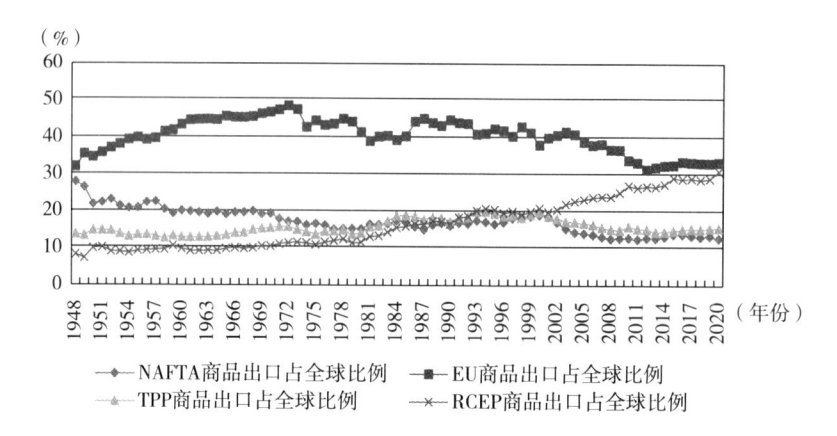

**图 1-83　RCEP、EU27、USMCA、TPP 商品
出口额占全球商品出口额比例变化**

资料来源：根据联合国贸易发展会议数据库制作。

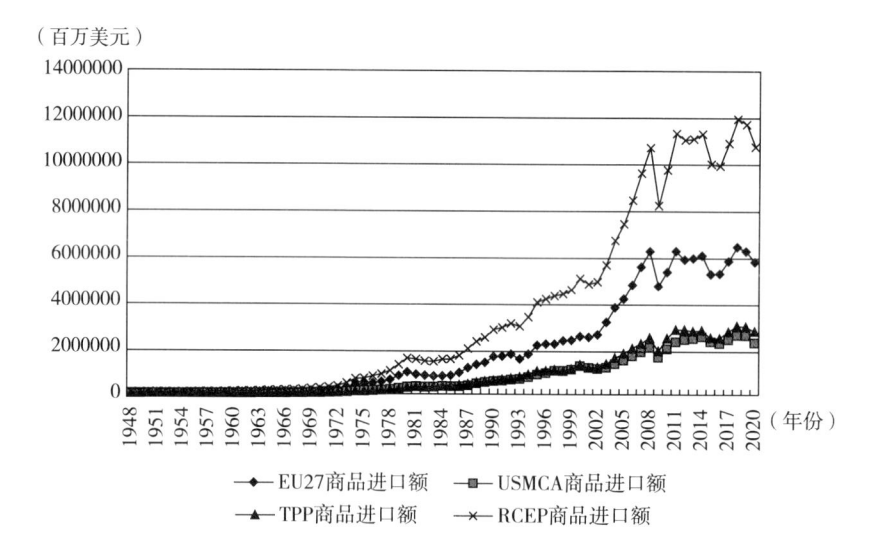

图 1-84　RCEP、EU27、USMCA、TPP 商品进口额变化

资料来源：根据联合国贸易发展会议数据库制作。

《区域全面经济伙伴关系协定》生效后，2022 年是关税减让实施的第一年，中国从日本进口的商品中，24.9% 的税目将实现零关税；日本从中国进口的商品中，55.5% 的税目关税降为零。我国对澳大利

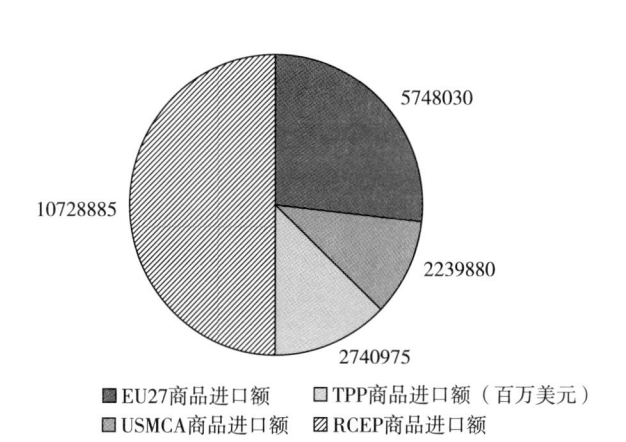

图 1-85　2020 年 RCEP、EU27、USMCA、TPP 商品进口额

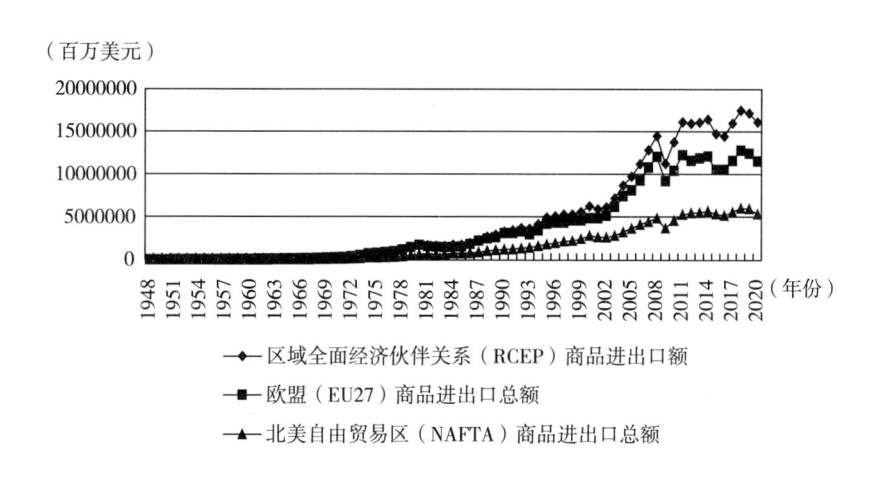

图 1-86　RCEP、EU、NAFTA 商品进出口贸易总额比较

资料来源：根据联合国贸易发展会议数据库制作。

亚、新西兰，以及文莱、柬埔寨、老挝、新加坡、泰国等6个东盟国家在 RCEP 框架下，零关税产品税目比例分别达到 64.7%、65% 和 66.8%。[①]《区域全面经济伙伴关系协定》关税减让实施将促进成员国之间货物贸易、服务贸易和国际投资自由化和便利化水平提升。《区域全面经济伙伴关系协定》生效将进一步推动世界经济、贸易、投资中

---

① 中华人民共和国商务部网站，https://www.mofcom.gov.cn，2021 年 12 月 16 日。

心持续向亚太地区转移。

(二)《区域全面经济伙伴关系协定》目的与主要内容

1.《区域全面经济伙伴关系协定》[①] 目的

《区域全面经济伙伴关系协定》的目的：在缔约方之间在现有经济联系的基础上，扩大并深化区域经济一体化，促进区域成员国之间货物贸易、服务贸易、投资的自由化、便利化，增强经济增长和公平的经济发展。《区域全面经济伙伴关系协定》在目标中明确提出："建立一个现代、全面、高质量和互惠的经济伙伴关系框架，以促进区域贸易与投资的扩张，推动全球经济增长与发展，同时兼顾缔约方，特别是最不发达国家缔约方，所处的发展阶段和经济需求；通过逐步取消缔约方之间所有货物贸易的关税和非关税壁垒，逐步实现缔约方之间货物贸易的自由化和便利化；逐步在缔约方之间实施涵盖众多服务部门的服务贸易自由化，以实现实质性取消缔约方之间在服务贸易方面的限制和歧视性措施；以及在区域内创造自由、便利和具有竞争力的投资环境，以增加缔约方之间的投资机会，提升投资的促进、便利化和自由化"。[②]

2.《区域全面经济伙伴关系协定》主要内容

《区域全面经济伙伴关系协定》是亚太区域经济一体化的重大经贸制度安排，协定条款内容体现出全面性、先进性、包容性、开放性等特征。《区域全面经济伙伴关系协定》由 20 个章节和 4 个市场准入承诺表附件组成。[③] 在正文 20 个章节[④]中，第 2 章初始条款、一般定义、目标。第 2 章货物贸易，共 21 条（关税削减或取消，90% 商品将实现零关税；非关税措施，普遍取消数量限制措施）。第 3 章原产地规则，共 35 条（商品和原材料的原产地确定，原产地证书）。第 4 章海关程序和贸易便利化，共 21 条（海关管理透明度，快速通关，预裁定等）。

[①] https://rcepsec.org/legal-text/ (Regional Comprehensive Economic Partnership Agreement)(RCEP).

[②]《区域全面经济伙伴关系协定》(RCEP)文本，中华人民共和国商务部网站，https://www.mofcom.gov.cn.

[③]《区域全面经济伙伴关系协定》(RCEP)文本，中华人民共和国商务部网站，https://www.mofcom.gov.cn.

[④] https://rcepsec.org/legal-text/ (Regional Comprehensive Economic Partnership Agreement)(RCEP).

第 5 章动植物卫生检疫措施，共 16 条。第 6 章标准、技术法规和合格评定程序，共 14 条。第 7 章贸易救济（反倾销、反补贴等），共 16 条。第 8 章服务贸易，共 25 条（国民待遇、市场准入、最惠国待遇、透明度清单）。第 9 章自然人临时移动，共 9 条（商业访问者、公司内部人员流动，配偶及家属；准时临时入境）。第 10 章投资，共 18 条（国民待遇、最惠国待遇、投资待遇，禁止业绩要求，如出口比例、投资比例、技术转让、高管人员任命要求，投资收入转移和汇出境外限制）。第 11 章知识产权（著作权、商标、地理标志、工业设计、专利、集成电路设计、未披露信息）。第 12 章电子商务（商业用计算机设施、无纸贸易、电子认证，跨境电子商务贸易便利化、线上消费者个人信息保护、线上消费者利益保护，不允许假冒商品）。第 13 章竞争（竞争中性，禁止反竞争行为的法律和法规，国有企业与民营企业公平竞争，促进市场竞争）。第 14 章中小企业。第 15 章经济技术合作。第 16 章政府采购。第 17 章一般条款和例外，反腐败。第 18 章机构条款，成立 RCEP 委员会和有关专业委员会。第 19 章争端解决。第 20 章最终条款，生效、依法律程序核准、接受或批准（要求 15 个国家中 10 个国家，其中 6 个东盟成员国和 4 个非东盟成员国的核准书、批准书之日起 60 天后生效）。[①] 本协定生效之日起 18 个月后，RCEP 对其他国家或单独关税区开放。

(三) 中国与 RCEP 成员国的进出口贸易发展

1978—2018 年，中国与 RCEP 其他成员国进出口贸易规模呈现持续上升趋势，中国对 RCEP 的 14 个成员方出口贸易额从 1978 年的 24 亿美元增加到 2018 年的 6323 亿美元，同期中国从 RCEP 的 14 个成员方进口贸易额从 41 亿美元增加到 7690 亿美元（见图 1-87），中国与 RCEP 的 14 个成员方的贸易处于逆差状况（见图 1-88），主要是因为中国对韩国等成员国贸易处于逆差。中国对 RCEP 的 14 个成员方进出口贸易规模已经超过欧盟成员国和美墨加成员国，RCEP 成员国已经成为中国进出口贸易的第一大市场。

[①] 《区域全面经济伙伴关系协定》（RCEP）文本，第 20 章，最终条款，第 20 章第 4 页，中华人民共和国商务部网站，https://www.mofcom.gov.cn.

图 1-87　1978—2018 年中国对 RCEP 的 14 个成员方进出口贸易额变化

资料来源：根据国际货币基金组织贸易数据制作。

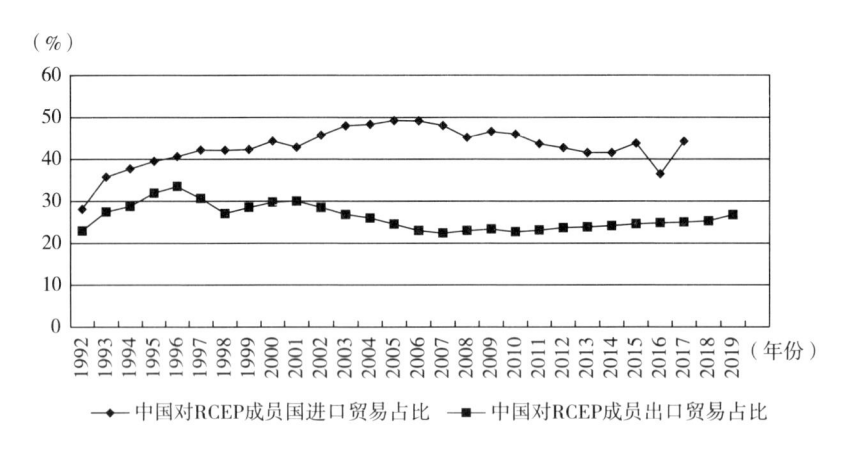

图 1-88　中国对 RCEP 进出口贸易额占 RCEP 进出口贸易总额比例

资料来源：根据国际货币基金组织贸易数据制作。

中国对 RCEP 成员国贸易发展中，中国与东盟成员国进出口贸易持续较快发展。2010 年 1 月 1 日中国—东盟自由贸易区全面启动以来，中国—东盟进出口贸易快速增长（见图 1-89），中国对东盟十国出口额从 5.84 亿美元增加到 3217 亿美元，中国从东盟十国进口贸易额从 3.2 亿美元增加到 2693 亿美元（见图 1-90、图 1-91）。

2021 年 11 月 22 日，习近平主席在中国—东盟建立对话关系 30 周年纪念峰会上提出："要全面发挥《区域全面经济伙伴关系协定》的作用，启动中国东盟自由贸易区 3.0 版建设，中国愿在未来 5 年力争从东

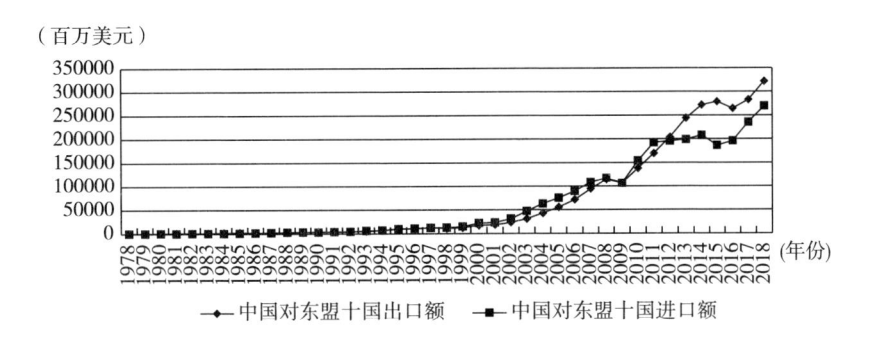

第一章 | 全球经贸大变局与全球经贸规则体系重塑变化

图 1-89　中国对东盟十国总进出口贸易额变化

资料来源：根据国际货币基金组织贸易数据库制作。

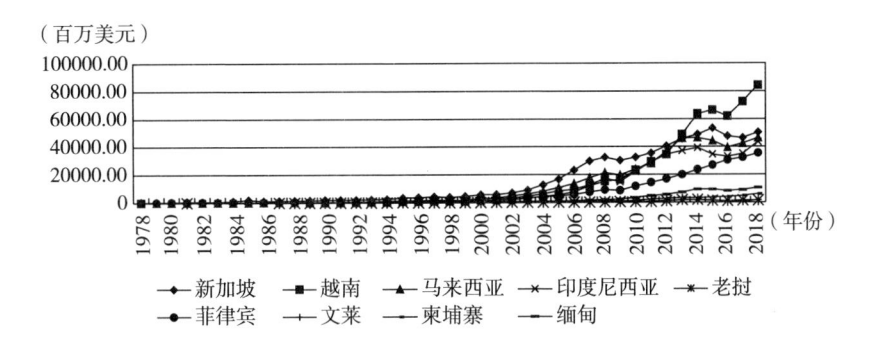

图 1-90　中国对东盟主要国家进口贸易额变化

资料来源：根据国际货币基金组织贸易数据库制作。

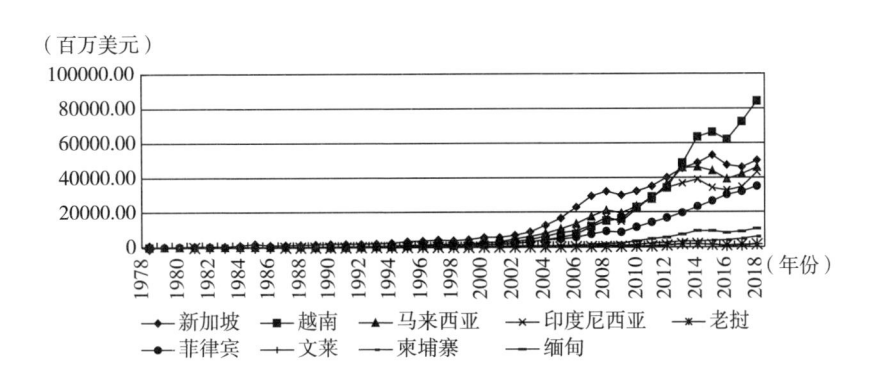

图 1-91　1978—2018 年中国对东盟主要国家出口贸易额变化

资料来源：根据国际货币基金组织贸易数据制作。

137

盟进口1500亿美元农产品"。①。2022年1月1日RCEP正式生效后，中国—东盟自由贸易区3.0版建设将进入高质量发展新阶段。

RCEP的15个成员方中，日本、韩国、澳大利亚、新西兰也都是中国重要的贸易伙伴国（见图1-92）。中国对日本出口贸易额从1978年的17亿美元增加到2018年的1745亿美元，中国对日本进口贸易额从1978年的31亿美元增加到2018年的1804亿美元，中国处于逆差状态。

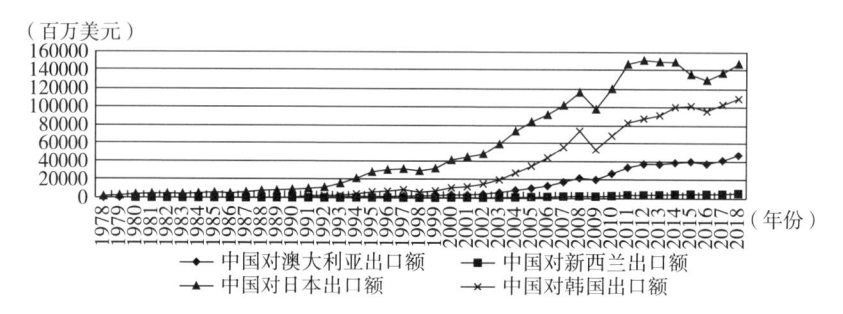

图1-92 1978—2018年中国对日本、韩国、澳大利亚、新西兰出口贸易额变化

资料来源：根据国际货币基金组织贸易数据制作。

自1990年以来，中国与韩国进出口贸易快速发展，对韩国出口贸易额从1990年4.32亿美元增加到1095亿美元，同期中国从韩国进口贸易额从2.36亿美元增加到2029亿美元，2018年中国贸易逆差额达到834亿美元（见图1-93）。中国与澳大利亚进出口贸易波动性增长，中国对澳大利亚出口贸易额从1970年的1.17亿美元增加到2018年的476亿美元，同期中国从澳大利亚进口贸易额从7亿美元增加到1051亿美元（见图1-93）。

随着《区域全面经济伙伴关系协定》生效，中国与RCEP成员国进出口贸易规模将进一步扩大，中国与RCEP成员国的投资和产业链合作将进一步深化发展，《区域全面经济伙伴关系协定》对亚太经济一体化将发挥重要推动作用。

综上所述，《欧洲联盟条约》《美国—墨西哥—加拿大协定》《跨太平洋伙伴关系协定》《全面与进步跨太平洋伙伴关系协定》《区域全面

---

① 国家主席习近平2021年11月22日上午以视频方式出席并主持《中国—东盟建立对话关系30周年纪念峰会上重要讲话》。

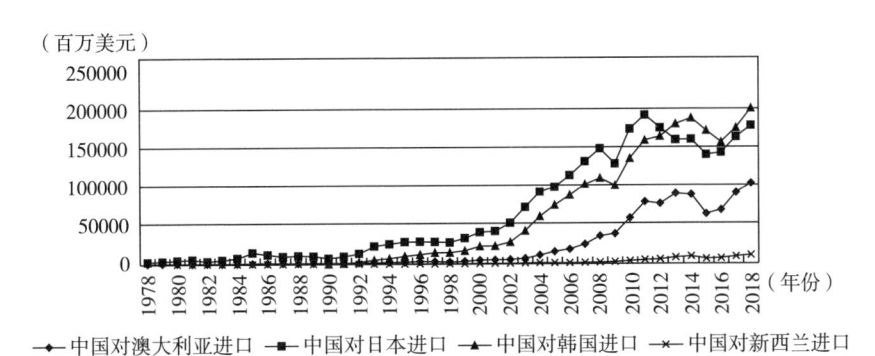

图1-93 1978—2018年中国对日本、韩国、澳大利亚、新西兰进口贸易额变化

资料来源：https://www.imf.org，根据国际货币基金组织贸易数据制作。

经济伙伴关系协定》等区域性多边经贸协定大多体现出货物贸易、服务贸易、国际投资、知识产权、竞争中立、监管一致性等综合性经贸规则体系变化趋势和特征。通过对《欧洲联盟条约》《美国—墨西哥—加拿大协定》《区域全面经济伙伴关系协定》成员国之间进出口贸易变化分析，区域性多边经贸规则不仅促进区域内部成员之间进出口贸易发展和贸易依存度提升，并在一定程度上促进欧洲、亚洲和北美之间进出口贸易发展。区域性多边经贸规则与全球性多边经贸规则已经成为经济全球化发展中全球经贸规则体系的两个轮子，从不同层次上推动着经济全球化的深化发展。

把区域性多边经贸规则《美国—墨西哥—加拿大协定》《跨太平洋伙伴关系协定》《全面与进步跨太平洋伙伴关系协定》《区域全面经济伙伴关系协定》的条款列表进行比较分析，可以发现《美国—墨西哥—加拿大协定》（表中用简称USMCA)[1] 条款数量（34章）最多，《跨太平洋伙伴关系协定》（表中用简称TPP)[2] 和《全面与进步跨太平洋伙伴关系协定》（表中用简称CPTPP)[3] 条款数量（30章）一样，

---

[1] https://www.ustr.gov/Trade Agreement/（United States–Mexico–Canada Agreement）（USMCA）.

[2] https://ustr.gov/trade-agreements/TPP-full-text/（Trans-Pacific Partnership Agreement）（TPP）.

[3] https://wtocenter.vn/（Comprehensive and Progressive Agreement for Trans-Pacific Partnership）（CPTPP）.

《区域全面经济伙伴关系协定》（表中用简称RCEP）[①] 条款数量（20章）最少（见表1-21）。区域性综合性多边经贸规则体系变化，反映出区域性自由贸易区加快发展，区域性贸易投资便利化和自由化水平不断提升，区域性生产要素配置和区域性创新链、产业链、供应链体系加快建设，从而促进区域经济一体化深化发展的新趋势。

表1-21　　　　　　　　区域性多边经贸规则条款比较

	USMCA	TPP	CPTPP	RCEP
第1章	初始条款	初始条款	初始条款与一般定义	初始条款与一般定义
第2章	国民待遇和市场准入	国民待遇和市场准入	国民待遇和市场准入	货物贸易
第3章	农业	原产地规则与原产地程序	原产地规则与原产地程序	原产地规则
第4章	原产地规则	纺织品和服装	纺织品	海关管理与贸易便利化
第5章	原产地程序	海关管理与贸易便利化	海关管理与贸易便利化	动植物卫生检疫措施
第6章	纺织服装	贸易救济	贸易救济	标准、技术法规和合格评定程序
第7章	海关管理与贸易便利化	动植物卫生检疫措施	动植物卫生检疫措施	贸易救济
第8章	墨西哥特殊条款	技术性贸易壁垒	技术性贸易壁垒	服务贸易
第9章	动植物卫生检疫措施	投资	投资	自然人临时移动
第10章	贸易救济	服务贸易	服务贸易	投资
第11章	技术性贸易壁垒	金融服务	金融服务	知识产权
第12章	部门	商务人员临时入境	商务人员临时入境	电子商务
第13章	政府采购	电信	电信	竞争
第14章	投资	电子商务	电子商务	中小企业
第15章	跨境服务贸易	政府采购	政府采购	经济技术合作

---

① https：//rcepsec.org/legal-text/（Regional Comprehensive Economic Partnership Agreement）（RCEP）.

续表

	USMCA	TPP	CPTPP	RCEP
第16章	人员临时入境	竞争政策	竞争政策	政府采购
第17章	金融服务	国有企业与特指垄断	国有企业与特指垄断	一般条例和例外
第18章	电信	知识产权	知识产权	机构条款
第19章	数字贸易	劳工	劳工	争端解决
第20章	知识产权	环境	环境	最终条款
第21章	竞争政策	合作与能力建设	合作与能力建设	
第22章	国有企业	竞争与商务便利化	竞争与商务便利化	
第23章	劳工标准	发展	发展	
第24章	环境	中小企业	中小企业	
第25章	中小企业	监管一致性	监管一致性	
第26章	竞争政策	透明度与反腐败	透明度与反腐败	
第27章	反腐败	管理与机构条例	管理与机构条例	
第28章	商品管制实践	争端解决	争端解决	
第29章	出版和管理	例外与一般规则	例外与一般规则	
第30章	管理机构	最终条款	最终条款	
第31章	争端解决			
第32章	例外条款与一般规则			
第33章	宏观政策和汇率			
第34章	最终条款			

资料来源：根据区域性多边经贸协定文本整理。

第六节　全球高标准经贸规则演变与重塑新趋势分析

从全球经贸格局深刻变化与全球高标准经贸规则体系演变分析看，全球经贸格局深刻变化与全球高标准经贸规则体系变化存在密切互动性关系，全球高标准经贸规则体系（上层建筑）是随国际贸易、国际投资、国际产业结构、国际技术创新的发展而动态变化的，但是欧美区域性的经贸规则体系也出现一些逆经济全球化发展新趋势。

本节对《关税与贸易总协定》[①]《世界贸易组织协定》[②]《欧洲联盟条约》[③]《美国—墨西哥—加拿大协定》[④]《跨太平洋伙伴关系协定》[⑤]《全面与进步跨太平洋伙伴关系协定》[⑥]《区域全面经济伙伴关系协定》[⑦] 等全球高标准经贸规则体系的变化新趋势进行比较分析，全球最高经贸规则出现下列六大变化新趋势。

一 全球高标准经贸规则向全方位、多层次、立体化的综合性经贸规则体系变化趋势

自1948年以来，全球性最高经贸规则《关税与贸易总协定》，是以关税减让、取消或减少非关税壁垒为核心的贸易规则，规则重点是促进和调节全球货物贸易发展。20世纪80年代以来，欧美发达国家的服务贸易和国际投资加快发展，以货物贸易关税减让谈判为核心的GATT货物贸易规则已不能够满足发达国家国际投资和服务贸易发展需求，《世界贸易组织协定》替代《关税与贸易总协定》，全球性最高经贸规则《世界贸易组织协定》从货物贸易为主规则向货物贸易、服务贸易和与贸易有关的知识产权"三位一体"的经贸规则转变。

21世纪以来，随着信息技术、互联网、电子商务的快速发展，中间品贸易、产业内贸易、服务贸易、跨境电商等新贸易模式不断涌现，产业链全球布局和国际技术转移加快，全球经济贸易格局发生重大变化，《世界贸易组织协定》的货物贸易、服务贸易和与贸易有关的知识

---

① https：//www.wto.org/GATT Documents 1946-1948/（General Agreement on Tariff and Trade）（GATT，1947）.

② https：//www.wto.org/（World Trade Organization Agreement）（WTO Agreement）.

③ https：//www.european-union.europa.eu/（Treaty on European Union）Official Journal of the European Communities，29.7.92.

④ https：//www.ustr.gov/trade agreements/（United States - Mexico - Canada Agreement）（USMCA）.

⑤ https：//ustr.gov/trade-agreements/（Trans-Pacific Partnership Agreement）（TPP）.

⑥ https：//wtocenter.vn/（Comprehensive and Progressive Agreement for Trans-Pacific Partnership）（CPTPP）.

⑦ https：//www.rcepsec.org/（Regional Comprehensive Economic Partnership Agreement）（RCEP）.

第一章 全球经贸大变局与全球经贸规则体系重塑变化

产权"三位一体"的经贸规则也无法满足发达国家维护本国竞争力的需要，欧美发达国家提出对《世界贸易组织协定》改革重构，全球高标准经贸规则向货物贸易、服务贸易、国际投资、知识产权、负面清单等多层次、多元化、立体性综合性经贸规则变化。当前《美国—墨西哥—加拿大协定》[①]《欧洲联盟条约》[②]《跨太平洋伙伴关系协定》[③]《全面与进步跨太平洋伙伴关系协定》[④]《区域全面经济伙伴关系协定》[⑤] 都是覆盖货物贸易、服务贸易、国际投资、知识产权、市场准入、负面清单、海关监管、原产地、竞争中立、透明度、政府采购、监管一致性等规则标准更高，覆盖范围更广的综合性经贸规则。

二 从全球性多边经贸规则体系向区域性多双边规则体系转变趋势

《关税与贸易总协定》[⑥] 是全球性多边经贸规则体系，缔约方数量从1948年的23个发展到1994年的128个。1995年世界贸易组织成立，取代《关税与贸易总协定》，成为影响最广泛的全球性多边经贸规则，成员从1995年的128个发展到2020年的164个，成员贸易额覆盖全球贸易总额的98%，《世界贸易组织协定》对全球贸易自由化、便利化发展起到非常重要推动作用。

21世纪以来，世界贸易组织成员数量不断扩大，发达国家与发展中国家对贸易投资发展诉求差异加大，《世界贸易组织协定》[⑦]"协商一致"决策机制在多边贸易投资谈判中举步维艰，"多哈回合"全球多边谈判难以达成共识，《世界贸易组织协定》的全球性多边经贸规则体系运行效率和"协商一致"决策机制面临严峻挑战。美国为实施贸易和

---

① https：//www.ustr.gov/trade agreements/（United States—Mexico—Canada Agreement）（USMCA）.

② https：//www.european-union.europa.eu/（Treaty on European Union）Official Journal of the European Communities，29.7.92.

③ https：//ustr.gov/trade-agreements/（Trans-Pacific-Partnership Agreement）（TPP）.

④ https：//wtocenter.vn/（Comprehensive and Progressive Agreement for Trans—Pacific Partnership）（CPTPP）.

⑤ https：//www.rcepsec.org/（Regional Comprehensive Economic Partnership Agreement）（RCEP）.

⑥ https：//www.wto.org/GATT Documents 1946-1948/（General Agreement on Tariff and Trade）（GATT，1947）.

⑦ https：//www.wto.org/（World Trade Organization Agreement）（WTO Agreement）.

143

投资保护主义,挑战 WTO 决策机制和争端解决机制的权威性,世界贸易组织全球性多边经贸体系领导力有所下降。欧美日发达国家加快构建区域性经贸规则体系,全球经贸规则体系从全球性多边经贸规则体系加快向区域性多双边规则体系转变,区域性经贸协定和区域性的经贸规则从 2000 年的 83 个增加到 2020 年的 305 个。

在区域性经贸规则体系中,标准最高、影响力最大的区域性经贸规则主要是《美国—墨西哥—加拿大协定》《欧洲联盟条约》《跨太平洋伙伴关系协定》《区域全面经济伙伴关系协定》《全面与进步跨太平洋伙伴关系协定》等,区域性经贸规则体系加快发展成为全球最高经贸规则体系变化新趋势。

三 自由与保护结合新趋势:从 WTO 贸易自由化、便利化规则向美、墨、加自由与保护相结合的复杂规则体系变化

全球最高经贸规则从《世界贸易组织协定》[①] 贸易投资自由化、便利化规则向《美国—墨西哥—加拿大协定》自由与保护并存的复杂性规则体系变化趋势。世界贸易组织的宗旨是建立一个开放、公平、公正的全球多边贸易投资体制,实施自由贸易、公平竞争、透明度、国民待遇、最惠国待遇等原则,通过成员之间互惠互利安排,消除国际贸易、国际投资中歧视,促进世界货物和服务贸易的自由化、便利化发展。

而《美国—墨西哥—加拿大协定》[②]《跨太平洋伙伴关系协定》[③]和《全面与进步跨太平洋伙伴关系协定》[④] 则实施成员内部更自由与成员外部保护更严相结合的复杂规则体系,一方面对成员内部实施更加自由和更加便利化贸易投资规则,"三零"规则(零关税、零壁垒、零补贴)成为成员之间发展方向。而另一方面对成员国以外国家贸易投资则实施更加严格限制和保护主义规则。《美国—墨西哥—加拿大协定》提高原产地规则标准,更加严格限制其他国家进入美墨加市场:一是区域价值成分要求更高,免税整车原产标准要求区域价值成分从 62.5%

[①] https://www.wto.org/ (World Trade Organization Agreement) (WTO Agreement).
[②] https://www.ustr.gov/trade agreements/ (United States – Mexico – Canada Agreement) (USMCA).
[③] https://ustr.gov/trade-agreements/ (Trans-Pacific Partnership Agreement) (TPP).
[④] https://wtocenter.vn/ (Comprehensive and Progressive Agreement for Trans-Pacific Partnership) (CPTPP).

提高到 75%；二是对乘用车、轻型卡车和重型卡车规定了必须使用 70%以上的原产于北美的钢和铝。《美国—墨西哥—加拿大协定》通过提高原产地规则标准，限制我国和其他国家商品和零配件进入美国、墨西哥和加拿大市场，保护美国、墨西哥和加拿大国内企业和产业。

四　服务贸易规则变化新趋势：服务贸易范围扩大、正面清单与负面清单相结合、隐私保护要求更严、跨境支付与转移条件放宽

根据《美国—墨西哥—加拿大协定》[①]与《全面与进步跨太平洋伙伴关系协定》[②]的服务贸易规则变化新趋势：服务贸易范围不断扩大，服务贸易规则内容从传统服务贸易扩大到金融服务、电子商务、互联网服务、数字贸易、公共健康、跨境数据流动等新型服务贸易。服务贸易市场准入条件放宽，"市场准入正面清单+国民待遇负面清单"模式，市场准入中不得采取数额、资产总值、进出口额、技术转让等限制，对服务贸易实施国民待遇和最惠国待遇，外国服务企业和个人要与国内服务企业公平竞争。对国内政策透明度要求更高，对服务贸易申请审批要有时间表。对劳动者实施最低工资标准，对劳动者居留时间、集体工资、社会安全措施、教育学历认可等信息透明度要求提高。金融服务贸易范围不断扩大，金融服务包括保险、银行、外汇、证券、资产管理、金融结算、金融数据处理、金融软件、金融咨询服务等。隐私保护要求更高，要求每一缔约方应采取保护电子商户个人信息保护的法律框架，禁止对线上消费者造成损害或潜在损害诈骗和商业欺诈行为，公布对电子商务用户提供个人信息保护相关信息；软件源代码保护，不得要求转移拥有软件源代码信息作为市场准入条件。放宽服务贸易有关的资本跨境支付与转移条件，允许跨境服务提供有关的资金转移和支付自由。

五　国际投资规则变化新趋势：投资准入"负面清单"+"准入前国民待遇"，投资待遇要求提高，实施投资自由化与投资保护相结合的规则体系

国际投资规则是指国家或地区之间有关投资范围、投资准入、投资

[①] https：//www.ustr.gov/trade agreements/（United States - Mexico - Canada Agreement）（USMCA）.

[②] https：//wtocenter.vn/（Comprehensive and Progressive Agreement for Trans-Pacific Partnership）（CPTPP）.

待遇、投资保护及投资争端解决机制等方面达成协定。根据对《美国—墨西哥—加拿大协定》[①]《跨太平洋伙伴关系协定》[②]《全面与进步跨太平洋伙伴关系协定》[③] 和《区域全面经济伙伴关系协定》[④] 中的国际投资协定比较分析，国际投资规则发展新趋势主要表现为：一是国际投资范围不断扩大，从原来主要是产业、企业直接投资扩大到金融业的股权、债券、贷款；交钥匙工程、特许权；知识产权；缔约方法律授予许可、授权；有形或无形资产，动产或不动产以及相关财产权，留置权，抵押权，抵押和租赁等。二是投资准入条件放宽，"负面清单"+"准入前国民待遇"，东道国不能以数量配额、总资产、行业、投资股权比例、雇用自然人总数、技术换市场等限制条件。三是投资公平竞争待遇要求提高，最低待遇标准、最惠国待遇、国民待遇、高级管理人员及董事会成员与人员入境、投资收益转移和资金保证，征收或投资损失的补偿。四是保护环境、劳工标准、投资争端解决等要求更严，东道国不能降低环境保护标准来吸引投资，不能降低现行法对劳工权利的保护（集体议价、最低工资标准、职业安全与健康、禁止使用童工、非强制性劳动），当出现投资争端时，缔约国一方与缔约国另一方投资者应首先寻求通过磋商与谈判解决，争端投资者一方可在磋商和谈判无法解决投资争端的判断下提交国际仲裁。五是国际投资协定条款不断增加，成员之间投资自由化和对非成员的投资限制更加严格的趋势明显。

六 知识产权保护规则变化新趋势：保护范围扩大，保护期限延长，保护执法更加严格

《美国—墨西哥—加拿大协定》《全面与进步跨太平洋伙伴关系协定》《区域全面经济伙伴关系协定》都对《世界贸易组织协定》体系下的《与贸易有关的知识产权协定》进行重大修改，扩大知识产权保护范围，延长知识产权保护期限，严格知识产权执法。

[①] https：//www.ustr.gov/trade agreements/（United States - Mexico - Canada Agreement）（USMCA）.

[②] https：//ustr.gov/trade-agreements/（Trans Pacific Partnership Agreement）（TPP）.

[③] https：//wtocenter.vn/（Comprehensive and Progressive Agreement for Trans—Pacific Partnership）（CPTPP）.

[④] https：//www.rcepsec.org/（Regional Comprehensive Economic Partnership Agreement）（RCEP）.

强化知识产权保护新趋势体现在：一是知识产权保护范围扩大。从原来商标、专利、地理标志、商业机密等保护范围扩大到"数据""软件原代码""植物品种""生物制剂""新药品""关键核心技术"等保护，不得要求转移技术和拥有软件源代码信息作为市场准入条件。二是知识产权保护期限延长。商标初始注册和续展注册的期限从 7 年提高到 10 年。录音制品制作者和表演者的保护期从 50 年提高到 70 年，日欧协定（EPA）对工业设计有效保护期限从 10 年提高到 20 年。三是知识产权执法更加严格。建立损害赔偿制度，针对版权、邻接权和商标权案件，要求成员方政府建立赔偿制度；对商标伪造、盗版、技术侵权进行更加严格的刑事处罚。要求各成员方成立由政府代表组成的知识产权委员会（IPR Committee）加强知识产权保护的国际合作。

七　全球经贸大变局与全球经贸规则体系重塑的协同性分析

当前全球经贸大变局与全球经贸规则体系重塑既有协同性发展趋势，也出现一些严重背离规律性发展的新趋势。

（一）全球经贸规则体系与全球经贸大变局协同性发展趋势

全球经贸大变局与全球经贸规则体系协同发展主要体现在以下三个方面：一是全球经贸大变局中货物贸易、服务贸易、国际直接投资、技术创新的融合发展与全方位、多层次、立体化的综合性经贸规则体系协同变化。原有的单一的关税减让贸易政策、优惠所得税吸引国际直接投资政策已经不能够满足经济全球化深化发展需求，货物贸易、服务贸易、国际直接投资、产业与技术创新的融合发展，形成全球产业链、供应链、价值链全球布局的生产力深刻变化，需要关税、市场准入、负面清单、政策透明、竞争中立、监管一致性、知识产权保护等多层次、立体化的综合性全球经贸规则体系上层建筑支持。全方位、多层次、立体化的综合性经贸规则体系变化是全球产业链、价值链深化发展的内生需求。二是国际直接投资深化发展与国际直接投资"负面清单"等国际投资规则协同变化，国际直接投资从原来主要是产业、企业直接投资扩大到金融业的股权、债券、贷款；交钥匙工程、特许权；知识产权；缔约方法律授予许可、授权；有形或无形资产，动产或不动产以及相关财产权，留置权，抵押权，抵押和租赁等，要求国际投资规则中具有国际投资的"市场准入"+"负面清单"内生要求。三是新型服务贸易深化发展与服务贸易规则协同变化趋势，服务贸易范围扩大，电子商务、互联网服务、数字贸易、公共健康、跨境数据流动等新型服务贸易加快发展，服务贸易规则要求市场准入条件放宽，扩大服务贸易开放，正面清单与负面清单相结合，服务贸易中隐私保护要求更严，服务贸易跨境支付与转移条件放宽规则成为新型服务贸易发展的内生需求。

综上所述，全球经贸大变局与全球经贸规则体系协同发展新趋势，表明经济全球化正在深化发展，经济全球化深化发展潮流不可逆转。

(二) 全球经贸规则体系重塑与全球经贸大变局背离性发展趋势分析

全球经贸规则体系重塑与全球经贸大变局存在严重背离规律的发展新趋势也体现在下列三个方面：一是越来越多国家和地区参与全球贸易与国际直接投资，全球商品贸易、服务贸易与国际直接投资规模和时空范围不断扩大，经济全球化持续深化发展，经济全球化成为不可逆转的历史潮流。为适应经济全球化的深化发展，理应强化和完善全球性多边经贸规则体系建设，可是美国、日本等发达国家为维护霸权地位，却背道而驰持续加强区域性经贸规则体系建设，区域性经贸规则体现加快发展，有可能使全球经济治理体系碎片化，不利于开放型世界经济体系发展。二是发达国家在商品进出口贸易和国际直接投资中比例明显下降，发展中国家和地区在国际贸易和国际直接投资中比例明显上升，发展中国家理应有更多机会和权力参与全球经贸规则体系改革与创新，可是目前美国等发达国家仍然具有对全球经贸规则制定的话语权、控制和垄断权，美国等发达国家为维护霸权地位，千方百计打压发展中经济体在全球经贸规则体系中的话语权和规则制定权。三是世界经济大国格局发生了深刻变化，美国、英国、日本、加拿大、澳大利亚等国在国际贸易、国际直接投资中的地位持续下降，中国在国际贸易、国际直接投资中的地位持续提升，根据经济基础决定上层建筑的原理，中国理应在全球最高经贸规则体系和世界经济治理体系中发挥更加重要的作用，而美国为维护世界霸权，通过贸易摩擦、科技战等全面打压和遏制中国。"美国利益至上"是美式经济治理的基本原则，目标在于服务于其全球经济治理"霸权领导体系"裴长洪等[1]认为，这是当前全球经贸格局变化与全球经贸规则体系发展出现严重背离深层次原因。全球经贸规则体系和世界经济治理体制如何突破美国"霸权领导体系"与经济全球化的深化发展的内在矛盾？全球经贸格局与全球最高经贸规则体系如何实现良性互动发展？中国如何更好地参与并在全球最高经贸规则体系重构中发挥重要作用是当前迫切需要深入研究的战略问题。

第七节　全球高标准经贸规则新变化对我国经贸发展影响分析

一　欧美区域性经贸规则向综合性方向变化，对我国开放经济发展产生深远影响

《美国—墨西哥—加拿大协定》[2]《欧洲联盟条约》[3]《跨太平洋伙伴关系协定》[4] 和《全面与进步跨太平洋伙伴关系协定》[5] 等区域性经贸规则向综合性经贸规则和经贸制度创新方向变化，美国为了维护其世界霸权地位，利用综合性经贸规则对我国货物贸易、服务贸易、国际投资、知识产权保护、国有企业等进行系统性、全方位遏制和打压。综合性经贸规则为美国实施贸易摩擦、科技战或金融战的"组合拳"提供制度规则支撑，美国等发达国家实施经贸制度综合竞争优势战略，采取全方位、立体性和综合性打压战略，对我国的货物贸易、服务贸易、国际投资、技术创新将产生深远影响。"面对当前贸易保护主义、单边主义、霸凌主义的威胁，我国提出了构建平等公正、平衡和谐、合作共赢

---

[1] 裴长洪、彭磊：《中国开放型经济治理体系的建立与完善》，《改革》（总第 326 期）2021 年 4 月 4 日。

[2] https：//www.ustr.gov/trade agreements/（United States - Mexico - Canada Agreement）（USMCA）.

[3] https：//ustr.gov/trade-agreements/（Trans-Pacific-Partnership Agreement）（TPP）.

[4] https：//wtocenter.vn/（Comprehensive and Progressive Agreement for Trans—Pacific Partnership）（CPTPP）.

[5] https：//www.rcepsec.org/（Regional Comprehensive Economic Partnership Agreement）（RCEP）.

的开放型世界经济理念"。①

我国要在习近平主席"构建人类命运共同体"理论指引下,加快深化新一轮改革开放,加快对标和构建符合"人类命运共同体"理论的全球高标准经贸规则。习近平主席提出"迈向命运共同体,必须坚持各国相互尊重、平等相待"②,"迈向命运共同体,必须坚持合作共赢,共同发展"。③"迈向命运共同体,必须坚持实现共同、综合、合作、可持续的安全"。④我国要在习近平主席"构建人类命运共同体"理论指引下,加快开放经济制度、规则和政策创新,加快经贸制度创新来破解美国全方位和综合性的打压战略。

二 区域性经贸规则的自由与保护相结合变化趋势,对我国贸易发展产生深远影响

(一)实施零关税对我国进出口贸易产生深远影响

《美国—墨西哥—加拿大协定》《全面与进步跨太平洋伙伴关系协定》《日欧自由贸易协定》中的成员承诺零关税商品至少在97%以上,美、墨两国间在协定生效后要逐渐实现100%的产品零关税。零关税规则将促进美国、欧盟、日本、墨西哥、加拿大、东盟等成员国之间进出口贸易大幅度增长,而对我国进出口贸易发展将产生深远影响。

我国自2001年加入WTO以来,严格履行加入WTO承诺,我国平均关税税率明显下降,从2001年的15.39%降至2020年的7.5%。我国的直接关税成本率从2000年的0.32%下降到2017年的0.11%,下降幅度达84.38%;中国多阶段累积关税成本率从2000年的0.51%下降到2017年的0.25%,下降幅度达50%(倪红福,2020)。⑤ 2020年我国平均关税水平已经低于印度(15%)、泰国(10.2%)、越南(9.5%)等国家,但是平均关税水平略高于俄罗斯(6.6%)、欧盟(5.1%)、日本(4.4%)、加拿大(3.9%)、美国(3.4%)、澳大利亚(2.4%)、新西兰(1.9%)等(见表1-22)。

---

① 钱学锋:《开放型世界经济70年:实践探索、理论渊源与科学体系》,《中南财经政法大学学报》2019年第6期。
② 习近平:《论坚持推动构建人类命运共同体》,中央文献出版社2018年版,第206页。
③ 习近平:《论坚持推动构建人类命运共同体》,中央文献出版社2018年版,第207页。
④ 习近平:《论坚持推动构建人类命运共同体》,中央文献出版社2018年版,第208页。
⑤ 倪红福:《全球价值链中的累积关税成本率及结构:理论与实证》,《经济研究》2020年第10期。

第一章 | 全球经贸大变局与全球经贸规则体系重塑变化

表1-22 2006—2020年主要国家平均关税税率变化

单位：%

年份 国家/ 地区	2006	2007	2008	2009	2010	2011	2012	2013	2014	2015	2016	2017	2018	2019	2020
澳大利亚	3.5	3.5	3.5	3.5	2.8	2.8	2.7	2.7	2.7	2.5	2.5	2.5	2.5	2.4	2.4
中国	9.9	9.9	9.6	9.6	9.7	9.6		9.9	9.6	9.9	9.9	9.8	9.8	7.6	7.5
加拿大	5.5	5.5	4.7	4.5	3.7	4.5	4.3	4.2	4.2	4.2	4.1	4	4	3.9	3.9
欧盟	5.4	5.2	5.6	5.3	5.1	5.3	5.5	5.5	5.3	5.1	5.2	5.1	5.2	5.1	5.1
印度		14.5	13	12.9	12.6		13.7	13.5	13.5	13.4	13.4	13.8	17.1	17.6	15
日本	5.6	5.1	5.4	4.9	4.4	5.3	4.6	4.9	4.2	4	4	4	4.4	4.3	4.4
马来西亚	8.5	8.4	8.8	8	6.5		6.5	6	6.1		5.8	5.6		5.6	5.7
新西兰	3	3	2.2	2.1		2	2	2	2	2	2	2	2	2	1.9
俄罗斯		11	10.8	10.5	9.5	9.4	9.9	9.7	8.4	7.8	7.2	6.7	6.8	6.7	6.6
泰国	10	10.5		9.9	9.9	9.8		11.4	11.6	11		9.6	10.2	10.2	10.2
美国	3.5	3.5	3.5	3.5	3.5	3.5	3.4	3.4	3.5	3.5	3.5	3.4	3.5	3.3	3.4
越南	16.8	16.8		10.9	9.8		9.5	9.5	9.5	9.5	9.6	9.6	9.5	9.6	9.5

资料来源：根据世界贸易组织官方网站平均关税数据整理，下同。

151

根据世界贸易组织商品免税率数据库的数据，2020年我国对化工产品免税率为2%，与美国（41.1%）、加拿大（88.8%）、新加坡（100%）、日本（41.8%）、澳大利亚（66%）等仍然存在比较大差距（见表1-23），如果美国、日本、加拿大要求我国大幅度扩大进口化工商品免税率，对国内化工企业的化工产品竞争力将产生比较大的冲击。

表1-23　　　　　主要国家对化工产品免税率比较　　　　单位：%

国家年份	中国	澳大利亚	加拿大	日本	马来西亚	俄罗斯	新加坡	泰国	美国
2006	0.6	65.4	50.2	30.8	82.4		100	43.4	39.8
2007	0.4	64.3	50.5	30.3	82.4	1.6	100	48.9	40.6
2008	1.7	64.3	50.5	38.6	81.9	1.6	100		40.5
2009	2.0	64.3	50.6	38.5	82.3	2.3	100	51.4	40.7
2010	1.6	64.3	84.1	38.5	83.4	6.1	100	51.5	40.6
2011	1.9	64.3	84.6	39.7		6.1	100	52.3	40.7
2012		63.7	84.9	38.9	83.4	5.8	100		40.8
2013	0.4	63.7	86.0	38.8	83.3	5.9	100	50.7	40.9
2014	1.5	63.7	87.0	38.8	83.3	8.6	100	50.7	40.8
2015	0.4	63.6	87.6	38.8		8.5	100	65.2	40.4
2016	0.4	63.6	87.6	38.7	83.3	8.7	100		40.5
2017	0.4	65.1	88.5	37.3	84.7	9.8	100	67.3	40.6
2018	0.4	65.2	88.5	41.3		9.7	100		40.7
2019	1.8	66.0	88.8	41.7	84.7	9.8	100	67.3	40.7
2020	2.0	66.0	88.8	41.8	84.7	10	100	67.4	41.1

根据世界贸易组织商品免税率数据库的数据，2020年我国对电子机械产品免税率为30.1%，与美国（56.9%）、加拿大（87.6%）、新加坡（100%）、日本（97.8%）、澳大利亚（51%）等仍然存在比较大差距（见表1-24），如果美国、新加坡、日本、加拿大要求我国大幅度扩大进口电子机械商品免税率，对国内电子机械企业的产品竞争力将产生比较大的冲击。

表1-24　　　　　主要国家对电子机械产品免税率比较　　　　单位:%

年份\国家	中国	澳大利亚	加拿大	日本	马来西亚	新加坡	俄罗斯	泰国	美国
2006	25.3	45.5	56.4	96.1	56.4	100.0		23.2	48.7
2007	24.0	42.2	53.8	96.4	56.4	100.0	21.6	23.3	57.4
2008	24.0	42.2	53.8	96.4	58.4	100.0	23		48.4
2009	24.0	42.2	70.7	96.4	72.5	100.0	23.7	23.5	48.4
2010	24.0	42.2	82.2	96.4	72.5	100.0	24.2	23.8	48.4
2011	24.0	42.2	82.6	97.8	72.3	100.0	24.4	22	48.4
2012	24.0	41.8	83.1	97.8	72.3	100.0	25.2		48.9
2013	23.9	41.8	83.3	97.8	72.2	100.0	25.2	23.8	57.7
2014	24.7	41.8	83.3	97.8	72.2	100.0	27.4	23.3	49.0
2015	24.0	41.8	83.8	97.8		100.0	27.3	37.5	49.0
2016	24.7	41.8	83.8	97.8	72.6	100.0	44.7		49.0
2017	23.4	42.5	84.3	97.8	73.1	100.0	45.1	38.1	51.6
2018	24.2	42.5	84.3	97.8		100.0	45.3		51.7
2019	23.4	51.8	87.6	97.8	73.1	100.0	43.5	38.3	51.6
2020	30.1	51.0	87.6	97.8	76.9	100.0	43.7	40.8	56.9

根据世界贸易组织商品免税率数据库的数据，2020年我国对交通设备产品免税率为0.8%，与美国（53.6%）、加拿大（41.6%）、新加坡（100%）、日本（100%）、澳大利亚（32.2%）等仍然存在比较大差距（见表1-25），如果美国、日本、新加坡、加拿大要求我国大幅度扩大交通设备进口商品免税率，对国内交通设备企业的产品竞争力产生将比较大冲击。

表1-25　　　　　主要国家对交通设备产品免税率比较　　　　单位:%

年份\国家	中国	澳大利亚	加拿大	日本	马来西亚	俄罗斯	新加坡	泰国	美国
2006	0.8	34.6	40.7	100.0	41.4		100.0	5.7	54.8
2007	0.8	34.5	41.1	100.0	41.4	7.6	100.0	8.6	65.7

续表

年份\国家	中国	澳大利亚	加拿大	日本	马来西亚	俄罗斯	新加坡	泰国	美国
2008	0.8	34.5	41.1	100.0	39.3	7.8	100.0		55.7
2009	0.8	34.5	41.1	100.0	40.9	10.6	100.0	9.9	55.7
2010	0.8	34.5	41.1	100.0	41.3	17.5	100.0	10.3	55.7
2011	0.8	34.5	41.2	100.0		18.7	100.0	9.9	55.7
2012	0.8	34.0	40.7	100.0	41.3	17.7	100.0		55.3
2013	0.8	34.0	41.1	100.0	41.5	17.3	100.0	9.3	65.4
2014	0.8	34.0	41.1	100.0	41.5	18.1	100.0	9.3	55.3
2015	0.8	34.0	41.5	100.0		16.7	100.0	35.8	55.3
2016	0.8	34.0	41.5	100.0	41.5	16.8	100.0		55.3
2017	0.8	32.2	41.2	100.0	39.1	18.1	100.0	32.2	53.6
2018	0.8	32.2	41.2	100.0		19	100.0		53.6
2019	0.8	32.2	41.6	100.0	39.1	11.8	100.0	32.2	53.6
2020	0.8	32.2	41.6	100.0	39.1	11.7	100.0	32.2	53.6

对标《美国—墨西哥—加拿大协定》《全面与进步跨太平洋伙伴关系协定》中的成员国承诺零关税，我国要短期内承诺零关税规则或大幅度扩大进口商品免税率仍然有困难。欧美日实施零关税规则对我国进出口贸易将产生比较深远影响，需要做好应对零关税规则对进出口贸易影响的有关准备工作。

（二）实施对等减让和对等贸易规则，对我国区域进出口贸易发展将产生深远影响

《美国—墨西哥—加拿大协定》和《全面与进步跨太平洋伙伴关系协定》等明确提出公平贸易的规则，对等减让是公平贸易规则的核心。对等贸易是减少缔约方之间进出口贸易不平衡状况，对等减让是缔约方之间关税减让及产业之间关税减让要对等。我国区域之间的进出口贸易发展很不平衡，1985—2016年东部地区进出口贸易额占全国进出口贸易总额比例高达85%—90%，中部地区和西部地区的进出口贸易额占全国进出口贸易总额比例分别为7%和3%左右，实施对等贸易规则对东

部地区进出口贸易发展影响很大。

2019年广东、江苏、浙江3个贸易大省货物出口额占全国货物出口总额比例分别达到25.18%、15.80%、13.39%。新疆、云南、山西、内蒙古、黑龙江、海南、贵州、吉林、宁夏、甘肃、西藏、青海12个省份货物贸易出口额合计占全国货物出口总额仅为2.98%（见表1-26）。实施对等减让和对等贸易规则对广东、江苏、浙江等贸易大省的货物进出口贸易发展会产生深远影响。

表1-26　　　　2019年全国31个省份进出口贸易额分布

省份	2019年货物贸易出口额（亿美元）	货物贸易出口额占全国货物贸易出口总额比例（%）	省份	2019年货物贸易进口额（亿美元）	2019年货物贸易进口额占全国货物贸易进口总额比例（%）
广东	6291.80	25.18	广东	4071.73	19.59
江苏	3948.30	15.80	北京	3411.00	16.41
浙江	3345.90	13.39	上海	2949.11	14.19
上海	1990.00	7.96	江苏	2346.88	11.29
山东	1614.50	6.46	山东	1355.56	6.52
福建	1201.70	4.81	浙江	1126.20	5.42
北京	749.80	3.00	福建	729.09	3.51
四川	563.80	2.26	天津	628.54	3.02
河南	542.20	2.17	辽宁	598.82	2.88
重庆	537.99	2.15	四川	418.55	2.01
辽宁	454.50	1.82	广西	304.75	1.47
湖南	445.50	1.78	重庆	301.46	1.45
天津	437.90	1.75	安徽	283.19	1.36
安徽	404.00	1.62	河南	282.86	1.36
广西	377.50	1.51	陕西	238.11	1.15
江西	362.10	1.45	河北	236.62	1.14
湖北	360.00	1.44	黑龙江	220.40	1.06
河北	343.80	1.38	湖北	211.65	1.02
陕西	272.20	1.09	云南	186.68	0.90
新疆	180.44	0.72	湖南	183.09	0.88

续表

省份	2019年货物贸易出口额（亿美元）	货物贸易出口额占全国货物贸易出口总额比例（%）	省份	2019年货物贸易进口额（亿美元）	2019年货物贸易进口额占全国货物贸易进口总额比例（%）
云南	150.22	0.60	江西	146.97	0.71
山西	116.90	0.47	吉林	142.00	0.68
内蒙古	54.70	0.22	内蒙古	104.71	0.50
黑龙江	50.70	0.20	山西	92.91	0.45
海南	49.90	0.20	海南	81.66	0.39
贵州	47.40	0.19	新疆	56.63	0.27
吉林	47.00	0.19	甘肃	36.13	0.17
宁夏	21.60	0.09	贵州	18.28	0.09
甘肃	19.10	0.08	宁夏	13.30	0.06
西藏	5.40	0.02	青海	2.51	0.01
青海	2.90	0.01	西藏	1.62	0.01
	24989.75	100.00		20781.03	99.99

资料来源：国家统计局。

我国贸易结构失衡问题仍然比较突出，国内资源短缺与资源密集型产品出口失衡，出口商品质量与数量比例失衡，高质量、拥有自主著名品牌和高附加值出口商品比例偏低。货物贸易进出口额不平衡，我国一些贸易大省的进出口贸易不平衡，浙江省2019年出口贸易占全国出口总额比例为13.39%，货物贸易出口额居全国第3位，货物进口贸易额占全国货物进口总额比例为5.42%，居全国第6位（见表1-26）。浙江省长期以来出口远大于进口，2019年浙江省货物出口额是3345.90亿美元，货物进口额是1126.20亿美元，出口贸易顺差为2219.7亿美元，如果实现对等贸易规则，实现进出口贸易平衡对浙江省货物出口贸易发展将产生很大影响。

我国货物贸易与服务贸易进出口贸易发展不平衡，货物贸易顺差比较大，而服务贸易逆差比较大，短期内要实现进出口贸易平衡有比较大的难度。要实施对等贸易和对等减让规则，对我国货物贸易和服务贸易发展会产生比较大影响，我国需要加快调整和优化贸易结构，加快服务贸易发展。

三 服务贸易规则实施国民待遇和负面清单，对我国服务业企业竞争力有比较大影响

《全面与进步跨太平洋伙伴关系协定》《美国—墨西哥—加拿大协定》《国际服务贸易规则》等都要求扩大服务业开放，服务业开放从传统服务贸易扩大到金融服务、电子商务、互联网服务、数字贸易、公共健康、跨境数据流动等新型服务贸易，金融服务贸易开放覆盖到保险、银行、外汇、证券、资产管理、金融结算、金融数据处理、金融软件、金融咨询服务等。服务业"市场准入正面清单+国民待遇负面清单"相结合，市场准入不得采取数额限制和资产总值限制，外国服务企业和个人要与国内服务企业公平竞争，必然使金融服务、电子商务、互联网服务、数字贸易、公共健康等竞争加剧，我国和浙江省服务业企业将面临严峻挑战。

《全面与进步跨太平洋伙伴关系协定》《美国—墨西哥—加拿大协定》等对互联网的隐私保护要求高，要求每一缔约方应采取保护电子商户个人信息保护的法律框架，禁止对线上消费者造成损害或潜在损害诈骗和商业欺诈行为，公布对电子商务用户提供个人信息保护相关信息，对标规则迫切需要加强互联网隐私保护和商业欺诈行为的法律制度和监管体制建设。

四 国际投资规则新变化对我国稳定外资、对外投资将产生深远影响

《美国—墨西哥—加拿大协定》《全面与进步跨太平洋伙伴关系协定》等推行对国际投资自由与保护和产业安全相结合新规则，美国实施制造业和资本回归计划，在美、墨、加成员之间国际投资更加自由，美国、日本引导美、日企业回归本国或外迁东盟等国家，对我国的投资则实施更加严格审查和限制，对我国吸引外商投资、稳定外资和对外投资将产生比较大的影响。

我国对外直接投资区域之间发展不平衡问题仍然比较突出，2019年广东、上海、山东、浙江4个省份对外直接投资额占全国对外直接投资总额比例分别达到14.28%、8.97%、8.75%、7.65%。而云南、辽宁、黑龙江、陕西、宁夏、内蒙古、广西、甘肃、西藏、吉林、山西、青海、贵州13个省份对外直接投资额加和占全国对外直接投资比例仅为3.92%（见表1-27）。《美国—墨西哥—加拿大协定》《全面与进步跨太平洋伙伴关系协定》，推行对国际直接投资自由与保护和产业安全相结合新规则，对东部省份的对外直接投资将产生比较大的影响。

我国利用外商直接投资区域之间发展也很不平衡，2019年江苏、广东、上海、河南、湖南利用外商投资额占全国外商投资总额分别为11.04%、9.33%、8.05%、7.92%、7.65%。而内蒙古、海南、山西、吉林、广西、云南、贵州、黑龙江、新疆、宁夏、甘肃、青海、西藏13个省份利用外商投资额合计占全国外商投资总额的比例仅为4.22%（见表1-27）。《美国—墨西哥—加拿大协定》和《全面与进步跨太平洋伙伴关系协定》，推行对国际直接投资自由与保护和产业安全相结合新规则，对我国不同区域吸引外商直接投资会产生不同的影响。

表1-27　　　　　2019年全国31个省份对外直接投资额和吸引外国投资额分布

省份	2019年非金融对外直接投资额（亿美元）	2019年非金融对外直接投资额占全国总额比例（%）	省份	2019年外商直接投资额（亿美元）	2019年外商投资额占全国外商投资比例（%）
广东	166.99	14.28	江苏	261.20	11.04
上海	104.92	8.97	广东	220.70	9.33
山东	102.40	8.75	上海	190.50	8.05
浙江	89.52	7.65	河南	187.30	7.92
北京	82.66	7.07	湖南	181.01	7.65
江苏	51.15	4.37	安徽	179.40	7.58
天津	44.03	3.76	山东	146.90	6.21
福建	28.96	2.48	北京	142.10	6.01
河南	27.49	2.35	江西	135.80	5.74
海南	25.57	2.19	浙江	135.60	5.73
江西	20.66	1.77	湖北	129.10	5.46
河北	19.42	1.66	河北	98.50	4.16

续表

省份	2019年非金融对外直接投资额（亿美元）	2019年非金融对外直接投资额占全国总额比例（%）	省份	2019年外商直接投资额（亿美元）	2019年外商投资额占全国外商投资比例（%）
四川	15.70	1.34	陕西	77.30	3.27
湖北	15.51	1.33	天津	47.30	2.00
湖南	15.39	1.32	福建	46.10	1.95
重庆	15.14	1.29	辽宁	33.20	1.40
新疆	14.52	1.24	四川	30.70	1.30
安徽	11.44	0.98	重庆	23.70	1.00
云南	8.95	0.76	内蒙古	20.60	0.87
辽宁	6.02	0.51	海南	15.10	0.64
黑龙江	5.81	0.50	山西	13.60	0.57
陕西	5.55	0.47	吉林	12.50	0.53
宁夏	5.47	0.47	广西	11.10	0.47
内蒙古	4.65	0.40	云南	7.20	0.30
广西	2.80	0.24	贵州	6.79	0.29
甘肃	2.48	0.21	黑龙江	5.40	0.23
西藏	2.18	0.19	新疆	3.30	0.14
吉林	0.80	0.07	宁夏	2.50	0.11
山西	0.63	0.05	甘肃	0.80	0.03
青海	0.50	0.04	青海	0.70	0.03
贵州	0.14	0.01	西藏	0.25	0.01

资料来源：国家统计局和各省份统计局数据计算。

《美国—墨西哥—加拿大协定》和《全面与进步跨太平洋伙伴关系协定》国际投资条款中增加了健康、环境、道德等公共利益"一般例外条款"，有关国家安全、行业保护及投资者资格审查限制性条款，对我国和浙江省对外投资发展产生比较大影响。国际投资规则新变化对浙江省稳外资、对外直接投资、产业国际链布局和产业国际技术合作将产生深刻影响，对浙江省加快从国际投资大省向国际投资强省转变也会产生一定影响，需要引起高度重视。

五 贸易投资法规政策透明度与统一监管规则变化，对深化改革开放和提高贸易投资便利化水平具有紧迫性

世界贸易组织 2017 年 2 月 22 日《贸易便利化协定》(Trade Facilitation Agreement，TFA) 正式生效，明确规定了各成员在贸易便利化方面的实质性义务，涉及贸易法规和政策透明度、信息公布、预裁定、货物放行与结关、海关合作等要求，规定成立 WTO 贸易便利化委员会，各成员应成立国家贸易便利化委员会。《美国—墨西哥—加拿大协定》和《全面与进步跨太平洋伙伴关系协定》等规定对"透明度""竞争中立""监管一致性"要求。我国与 G20 中发达国家的贸易便利化水平相比仍然有一定差距，进一步深化改革开放，加快提高贸易投资便利化水平具有紧迫性。

2021 年 8 月 2 日国务院印发《〈关于推进自由贸易试验区贸易投资便利化改革创新若干措施〉的通知》，明确以制度创新为核心，积极发挥改革的突破和先导作用，加快对外开放高地建设，推动加快构建以国内大循环为主体、国内国际双循环相互促进的新发展格局，推进自贸试验区贸易投资便利化改革创新。我们课题组建立 10 个一级指标、38 个二级指标、93 个三级指标，建立中国贸易投资便利化指数，测算 2019 年我国 31 个省份贸易投资便利化水平，结果发现，我国省市之间贸易投资便利化和制度创新水平差异比较大，上海、广东、北京、江苏、浙江、山东、福建、天津等贸易投资便利化水平明显高于中西部省份（见表 1-28），进一步深化改革开放，全面提高贸易投资便利化水平任重道远。

表 1-28　　2020 年贸易投资便利化综合指数排序

排名	2020 年贸易投资便利化综合指数		2020 年贸易投资便利化综合指数	
	国家和地区	指数分	省份	指数分
1	新加坡	76.14	广东	69.76
2	美国	72.21	上海	64.04
3	中国香港	71.34	北京	60.58
4	荷兰	69.87	浙江	56.07
5	卢森堡	68.93	江苏	54.47
6	芬兰	68.42	山东	42.57

续表

	2020年贸易投资便利化综合指数		2020年贸易投资便利化综合指数	
7	瑞士	67.47	天津	38.98
8	丹麦	65.03	重庆	33.68
9	德国	64.16	四川	32.32
10	日本	63.23	福建	31.91
11	瑞典	62.96	湖北	30.94
12	爱尔兰	62.43	安徽	29.52
13	英国	62.28	河北	28.87
14	奥地利	61.67	江西	26.83
15	比利时	60.73	河南	26.15
16	加拿大	59.52	湖南	25.59
17	法国	59.21	海南	23.99
18	新西兰	59.12	辽宁	22.87
19	澳大利亚	57.79	陕西	22.76
20	冰岛	57.62	广西	22.72
21	中国台湾	57.33	贵州	21.62
22	韩国	57.25	云南	20.66
23	爱沙尼亚	56.94	吉林	17.56
24	挪威	56.81	黑龙江	17.41
25	阿联酋	56.76	内蒙古	17.20
26	马耳他	56.03	甘肃	16.74
27	中国	54.84	山西	16.62
28	以色列	54.64	宁夏	15.15
29	西班牙	53.88	新疆	14.52
30	马来西亚	53.74	青海	12.27
31	塞浦路斯	52.72	西藏	7.23

资料来源：根据本课题组贸易投资便利化综合指标体系计算。

六 知识产权保护规则更加严格，对技术创新国际合作产生深远影响

当前知识产权成为全球技术创新竞争的战略资源。我国的知识产权保护主要是遵循世界贸易组织框架下的《与贸易有关的知识产权协

定》,而《美国—墨西哥—加拿大协定》《全面与进步跨太平洋伙伴关系协定》等实施更高标准、更严要求的知识产权保护规则,大幅度延长知识产权保护期限,对我国技术创新和技术国际合作将产生深远影响,一方面会极大促进我国自主技术创新和加快关键核心技术研发,另一方面延长知识产权保护年限、高标准、严要求的知识产权保护规则会阻碍国际技术合作交流,也在一定程度上削弱我国在国际知识产权规则方面的话语权,并在一定程度上增加技术创新的成本。

第八节 对标全球高标准经贸规则,构建新发展格局思考与建议

全球最高经贸规则体系向货物贸易、服务贸易、国际投资、知识产权保护等的全方位、多层次的综合性规则体系转变,对标全球最高经贸规则需要系统谋划、统筹兼顾、综合配套、整体推进,精准施策。为此,提出对标全球最高经贸规则,构建新发展格局的思考与建议。

一 遵循"人类命运共同体"理念,构建全球经贸规则新体系

习近平主席"推动构建人类命运共同体"理念为全球最高经贸规则新一轮重构指明了战略方向,为开放型世界经济发展指明了新发展方向,为我国对标全球最高经贸规则明确了战略目标,深入贯彻习近平主席"推动构建人类命运共同体"[①]理念,着力构建适应经济全球化发展的全球经贸规则新体系。

遵循人类命运共同体理念,构建全球高标准经贸规则新体系,要遵循习近平主席提出"和平、发展、公平、正义、民主、自由,全人类的共同价值"[②],"坚持主权平等,主权和领土完整不容侵犯,各国应该尊重彼此核心利益和重大关切"。[③]"国家不分大小、强弱、贫富,都是国际社会平等成员,都有平等参与国际事务的权利"[④],坚持"相互尊

[①] 习近平:《论坚持推动构建人类命运共同体》,中央文献出版社2018年版,第145页。
[②] 习近平:《论坚持推动构建人类命运共同体》,中央文献出版社2018年版,第253页。
[③] 习近平:《论坚持推动构建人类命运共同体》,中央文献出版社2018年版,第130—131页。
[④] 习近平:《论坚持推动构建人类命运共同体》,中央文献出版社2018年版,第131页。

重、平等相处、和平发展、共同繁荣，才是人间正道。世界各国应该共同维护以联合国宪章宗旨和原则为核心的国际秩序和国际体系，积极构建以合作共赢为核心的新型国际关系，共同推进世界和平与发展的崇高事业。"① "坚持共同发展，我们要共同维护和发展开放型世界经济，共同促进世界经济强劲、可持续、平衡增长，推动贸易和投资自由化便利化，坚持开放的区域合作，反对各种形式的保护主义，反对任何以邻为壑、转嫁危机的意图和做法。"② 反对贸易保护主义，反对霸权主义，维护多边贸易体制，提倡构建公平合理、合作共赢的全球经贸规则和世界经济治理体系，坚定不移走经济全球化发展的正确道路。

深入贯彻习近平主席"推动构建人类命运共同体"理念，构建全球经贸规则新体系，要坚定不移地推动科学、技术、人才和创新为基础的现代化，坚持不懈地推动规则、规制和法治为基础的法治化③，要坚持发挥市场在配置资源中决定性作用，坚持市场有效、政府有为中国特色市场化道路。积极参与世界贸易组织多边经贸体系的改革，积极参与电子商务、数字贸易、服务贸易、中小微企业、贸易与环境等议题谈判和讨论，积极参与数字经济、碳达峰、碳中和、绿色发展、产业链供应链重构等新兴领域规则制定。

二 坚持全球多边经贸规则体系，构建更加多元平衡的全球经贸新格局

坚定支持和维护多边经贸规则体系，构建更加高效安全、多元平衡的全球经贸伙伴关系，积极与全球 230 个国家和地区发展贸易、投资、技术创新、教育、文化、旅游等多层次多领域国际合作。提高《区域全面经济伙伴关系协定》成员国之间国际经贸合作水平，积极争取加入《全面与进步跨太平洋伙伴关系协定》，努力推动 G20 规则机制化体系化建设，积极推动"一带一路"沿线国家贸易投资高质量发展，积极发展多边互利共赢、包容发展的贸易投资伙伴共同体。努力争取中欧投资协定生效实施，积极拓展与亚洲、拉美、非洲等新兴市场贸易和投资，加快建设覆盖全球的高效安全、多元平衡的全球经贸合作网络

---

① 习近平：《论坚持推动构建人类命运共同体》，中央文献出版社 2018 年版，第 230 页。
② 习近平：《论坚持推动构建人类命运共同体》，中央文献出版社 2018 年版，第 132 页。
③ 张燕生：《新中国 70 年对外经济贸易的转型发展》，《全球化》2019 年第 11 期。

体系。

三 持续优化贸易投资结构，构建贸易投资高质量发展新格局

随着全球经贸关税税率和非关税壁垒持续下降，服务贸易和投资负面清单制度加快实施，优化进出口贸易结构，促进贸易投资高质量成为国际竞争战略重点。优化进出口贸易结构，努力提升贸易企业技术创新和管理创新能力，支持外贸生产企业采用国际先进技术标准和质量标准，加快推进国际质量标准互认，打造一批制造业高质量与贸易高质量融合发展的优势产业和优势企业，提高资本密集型、技术密集型高附加值商品出口比例，实现产业结构与贸易结构良性互动发展。推动管理咨询服务、科技咨询服务、法律、会计、金融、中医等专业服务出口，提升旅游、运输、建筑等传统服务出口竞争力，加快提高服务贸易在进出口贸易总额中的比例，改善服务贸易国际收支平衡。加快RCEP成员国之间的国际产业链战略布局，加快国际产业链和价值链的区域重构，构建贸易投资高质量发展新格局。

四 对标全球高标准经贸规则，构建贸易投资内外一体化监管新格局

全球高标准经贸规则体系重构速度加快，对标全球高标准经贸规则，推动制度型开放经济发展，加快建设与全球高标准经贸规则接轨的国内调控和监管制度体系。加快建立和完善内外贸一体化监管体制[①]，促进内外贸法律法规、监管体制、质量标准、检验检疫管理等达到或接近全球高标准经贸规则要求。加快建立和完善贸易投资内外一体化的政策调控体系，进一步降低关税税率，加快提升贸易投资便利化水平，优化营商环境，努力提升国际国内技术标准和质量标准一致性。[②]

五 建设制度型开放示范区，构建中国特色社会主义开放经济制度优势重要窗口

全球高标准经贸规则向综合性、复杂性、立体性的规则体系变化，对标全球高标准经贸规则是一个复杂的系统工程，加快制度型开放，推动制度创新、技术创新、政策创新和管理创新互动发展，加强国际化、

---

① 《"十四五"对外贸易高质量发展规划》，商务部，https：//www.mofcom.gov.cn。
② 《"十四五"对外贸易高质量发展规划》，商务部，https：//www.mofcom.gov.cn。

法制化、市场化的综合性制度创新，实施关税政策、贸易政策、投资政策、产业政策、创新政策、知识产权政策等协同调控体系。建议在上海、广东、浙江、江苏等开放经济发达省市建立对标全球最高经贸规则的制度型开放示范区，在制度型开放示范区内对货物贸易、服务贸易、国际投资、知识产权、海关监管、竞争中立、监管一致性等进行综合改革压力测试，力争到2025年建成一批具有世界影响力制度型开放示范区，展示中国特色社会主义开放经济制度优势的重要窗口。

六　推动数字技术、数字产业和数字贸易的互动发展，加快开放经济大国向开放经济强国转变

要抓住新一轮数字技术、数字产业和数字贸易革命互动发展战略机遇，率先构建数字技术、数字产业和数字贸易的国际国内双循环互动体系，加强数字技术、新材料技术和生命健康技术的研发投入，加强工业互联网和智能新产业链及产业群发展，强化数字消费和数字贸易优势，推动数字技术、数字产业、数字贸易、数字消费、数字治理规制的融合发展，加快形成"货物贸易、服务贸易、国际投资、技术创新、产业创新、数字治理创新""六位一体"内外互动发展新格局，加快实现制造业大国、创新大国、贸易大国向制造业强国、创新强国和贸易强国转变，加快开放经济大国向开放经济强国转变。

七　构建国际国内双循环互动体系，促进产业结构与贸易结构互动升级新格局

构建国际国内双循环互动体系，构建产业结构与贸易结构良性互动升级，充分发挥国际贸易、国际投资促进产业和企业的要素优化配置的作用，通过国际贸易和国际投资促进国内生产要素从低生产率水平向高生产率水平的企业和产业集聚，推动产业结构与贸易结构协同升级。提高国际贸易与国际直接投资协同发展能力，通过对外直接投资加快培育具有创新能力的中国跨国公司，推动产业链的全球布局，促进产业从低端向中高端转型。

八　建立国际国内双循环统筹协调体系，推动国内产业与国际贸易协同发展

坚持现代化、市场化、国际化、法制法改革的方向，打造国际一流营商环境，打通国际国内双循环的政策性、制度性、体制性障碍。长期以来，我国贸易政策主要是出口导向型政策，贸易政策的重点是出口创汇、扩大出口规模，保持进出口贸易增长，忽视通过进出口贸易推动产业创新发展。而产业政策的重点是推动本国战略产业、高新技术产业的加快发展，通过财政政策、金融政策和科技政策促进产业转型升级，贸易政策与产业政策缺乏匹配性和互动性。

创新政策、产业政策与贸易政策缺乏匹配性和良性互动性，与缺乏贸易与产业协同调节的管理体制有关。贸易政策和贸易管理的机构主要是商务、海关、进出口银行等，而产业政策和产业管理的机构主要是发展改革委、工信、科技、财政等。产业政策与贸易政策缺乏良性互动，在一定程度上导致贸易数量型增长和贸易摩擦，一定程度上也导致贸易结构失衡和产业结构失衡。

构建国际国内双循环新格局，加快打通双循环体系运转的政策性和制度性障碍，探索建立国内产业政策和贸易政策统筹协调机制，建议成立由发改、经信、商务、科技、财政、金融、国土资源等组成国际国内双循环统筹协调体制，对产业政策、创新政策和贸易政策进行统筹调控体系，推动国内产业与贸易协同发展，加快从商品、市场和要素开放型经济体制向制度型开放经济体制转变。

九 加强全球最高经贸规则的专业人才队伍建设，提高全球高标准经贸规则制定的话语权

我国是全球第二经济大国、货物出口贸易第一大国、货物与服务贸易出口第一大国，货物和服务贸易进口第二大国，国际直接投资年流出额第一大国、技术创新第二大国，我国理应为全球最高经贸规则制定和世界经济治理体系建设发挥重要作用。但是，目前我国缺乏既精通国际法律和全球高标准经贸规则，又熟悉国内经贸发展实践的高层次专业人才，缺乏参与制定和运行全球高标准经贸规则的高层次人才队伍。

加快对标全球高标准经贸规则，迫切需要加强全球高标准经贸规则高层次人才队伍建设，加快培育一大批精通全球最高经贸规则的党政领导干部、专业技术人才和企业家队伍，提高全球经贸规则制定的话语权和运行监督权，加快开放经济制度、规则与政策创新，用构建人类命运共同体新理念引领全球高标准经贸新规则体系来应对美国贸易摩擦和科技战。

鼓励我国高校和研究院所加强对人类命运共同体理念为核心的新型全球多边经贸规则的理论和政策研究，加强对国际国内双循环新格局的理论与政策研究，加强对数字技术、数字产业、数字贸易互动的知识产权保护研究，提高全球最高经贸规则制定的话语权，加快形成展示中国特色社会主义制度优势的开放经济重要窗口，加快形成国际国内相互促进双循环新发展格局。

本章执笔：程惠芳

第二章

货物贸易规则变化比较分析

全球经贸规则和世界经济治理体系正在发生重大变化,全球竞争从"市场之争"转向"规则之争",世界贸易组织多边贸易规则和区域性自由贸易区规则竞争加剧,全球经贸规则体系出现重构的新趋势。新冠肺炎疫情全球蔓延,对产业链、供应链、价值链的冲击非常严重[1],世界经济与贸易增长低迷,贸易保护主义抬头,国际贸易、国际投资与产业链国际化面临新的严峻挑战。美欧日发达国家加快制定双边、多边的国际货物贸易规则,旨在巩固国际贸易主导权。如何抓住新一轮贸易规则改革与重构的战略机遇,对我国贸易高质量发展,加快高水平开放经济体系建设具有战略意义。

本章对全球货物贸易规则变化进行比较分析,主要是对《关税与贸易总协定1994》[2]（*General Agreement on Tariffs and Trade* 1994,GATT 1994)、《世界贸易组织协定》[3]（*World Trade Organization Agreement*, WTO协定)、《北美自由贸易协定》[4]（*North American Free Trade Agree-*

---

[1] Carvalho Vasco M. et al., "Supply Chain Disruptions: Evidence from the Great East Japan Earthquake", *Quarterly Journal of Economics*, Vol. 136, No. 2, 2021, pp. 1255–1321; Bonadio Barthélémy et al., "Global Supply Chains in the Pandemic", *Journal of International Economics*, Vol. 133, 2021, pp. 1–23.

[2] https://www.wto.org/english/docs_e/legal_e/06-gatt.pdf/ (General Agreement on Tariffs and Trade 1994) (GATT 1994).

[3] https://www.wto.org/english/docs_e/legal_e/final_e.htm/ (World Trade Organization Agreement) (WTO协定).

[4] https://www.sice.oas.org/trade/nafta/naftatce.asp/ (North American Free Trade Agreement) (NAFTA).

第二章 货物贸易规则变化比较分析

ment，NAFTA)、《东盟商品贸易协定》①（*ASEAN Trade in Goods Agreement*，ATIGA)、《跨太平洋伙伴关系协定》②（*Trans-Pacific Partnership Agreement*，TPP)、《全面与进步跨太平洋伙伴关系协定》③（*Comprehensive and Progressive Agreement for Trans-Pacific Partnership*，CPTPP)、《欧盟与日本经济伙伴关系协定》④（*EU-Japan Economic Partnership Agreement*，欧日 EPA)、《美国—墨西哥—加拿大协定》⑤（*United States-Mexico-Canada Agreement*，USMCA)、《区域全面经济伙伴关系协定》⑥（*Regional Comprehensive Economic Partnership Agreement*，RCEP 协定）等协定条款进行比较，系统梳理货物贸易规则相关的《国民待遇与市场准入》、《贸易救济》《纺织与服装协定》《农业协定》《技术性贸易壁垒协定》《实施动植物卫生检疫措施协定》《电子商务》《数字贸易》《贸易便利化协定》等进行比较分析，总结出全球货物贸易规则新趋势、新变化，并研究中国对标全球货物贸易规则的差距及影响，为中国全面对标货物贸易规则并输出中国模式提供决策参考。

第一节 全球货物贸易规则变化比较分析

《世界贸易组织协定》仍然是全球货物贸易规则的重要基准⑦，区域性货物贸易规则仍然以世界贸易组织货物贸易规则为基础，《跨太平洋伙伴关系协定》《全面与进步跨太平洋伙伴关系协定》《欧盟与日本

---

① https：//asean.org/asean-trade-in-goods-agreement-atiga/（ASEAN Trade in Goods Agreement）（ATIGA）.

② https：//ustr.gov/trade-agreements/free-trade-agreements/trans-pacific-partnership/tpp-full-text/（Trans-Pacific Partnership Agreement）（TPP）.

③ https：//www.sice.oas.org/Trade/TPP/CPTPP/English/CPTPP_Index_e.asp/（Comprehensive and Progressive Agreement for Trans-Pacific Partnership）（CPTPP）.

④ https：//trade.ec.europa.eu/doclib/press/index.cfm?id=1684/（EU-Japan Economic Partnership Agreement）（欧日 EPA）.

⑤ https：//ustr.gov/trade-agreements/free-trade-agreements/united-states-mexico-canada-agreement/agreement-between/（United States-Mexico-Canada Agreement）（USMCA）.

⑥ https：//rcepsec.org/legal-text/（Regional Comprehensive Economic Partnership Agreement）（RCEP 协定）.

⑦ Dutt Pushan, "The WTO is not Passé", *European Economic Review*, Vol.128, No.9, 2020, pp.1–24；Bagwell Kyle et al., "Is the WTO Passé", NBER Working Papers, 2015, No：21303.

169

经济伙伴关系协定》《美国—墨西哥—加拿大协定》《区域全面经济伙伴关系协定》等文本的有关条款均在《关税与贸易总协定1994》拓展的《世界贸易组织协定》基础上进行"WTO+Plus"的规则叠加，在国民待遇与市场准入中就涉及包括国民待遇（见表2-1）、最惠国待遇、关税减免、海关估价、管理手续与费用、进出口限制、为保障国际收支而实施的限制、关税配额、进口许可程序协议等。

表2-1　　　　　　　　　国民待遇与市场准入条款

协定	条目	内容
GATT 1994	第3条：国内税和国内法规的国民待遇	一缔约方领土的产品出口到另一缔约方领土时，在关于产品的国内销售、兜售、购买、运输、分配或使用的全部法令、条例和规定方面，所享受的待遇应不低于相同国内产品所享受的待遇
NAFTA	第301条：国民待遇	各缔约方应根据GATT 1994第3条，给予另一缔约方的货物以国民待遇
ATIGA	第6条：国内税和国内法规的国民待遇	各缔约方应根据GATT 1994第3条，给予另一缔约方的货物以国民待遇
RCEP协定	第2.3条：国内税和国内法规的国民待遇	每一缔约方应当根据GATT 1994第3条，给予其他缔约方的货物以国民待遇。GATT 1994第3条经必要修改后应当纳入本协定，并且成为本协定的一部分
欧日EPA	第2.7条：国民待遇	每一缔约方根据GATT 1994第3条，给予另一缔约方的货物以国民待遇
TPP	第2.3条：国民待遇	每一缔约方应根据GATT 1994第3条及其解释性注释，给予其他缔约方的货物以国民待遇
CPTPP	第2.3条：国民待遇	
USMCA	第2.3条：国民待遇	每一缔约方根据GATT 1994第3条，包括其解释性说明，对另一缔约方的货物以国民待遇

注：本章表中出现的协定名称均以英文简称表示，下同。

资料来源：笔者根据相关文本整理，下同。

本节按照货物贸易协定文本，系统梳理并比较货物贸易规则条款并分析全球货物贸易规则变化新趋势。

（一）关税减让规则向零关税规则转变

关税减让是《关税与贸易总协定1994》和《世界贸易组织协定》的重要规则，自《关税与贸易总协定1994》和《世界贸易组织协定》规则执行以来，全球货物贸易关税税率持续下降。据世界银行统计，全球货物贸易的最惠国关税（MFN，weighted mean，all products）由1990年的7.8%降至2017年的4.17%，其中欧盟的关税在2020年仅为3.08%，发达国家的关税减让空间已经比较小。21世纪以来，区域性经贸规则如《跨太平洋伙伴关系协定》《全面与进步跨太平洋伙伴关系协定》《欧盟与日本经济伙伴关系协定》《美国—墨西哥—加拿大协定》《区域全面经济伙伴关系协定》等都出现了从关税减让向零关税发展趋势（见表2-2）。零关税规则对进出口货物在经过一国关境时，由政府设置的海关不向进出口国的进出口商品征收任何关税。从《区域全面经济伙伴关系协定》《美国—墨西哥—加拿大协定》《全面与进步跨太平洋伙伴关系协定》《欧盟与日本经济伙伴关系协定》的关税减让附表看，成员国之间在协议生效后的20年内实现至少约90%以上商品零关税。

表2-2　　　　　　　　　　　关税减免条款

协定	条目	内容
GATT 1994	第2条：减让表	一缔约方对其他缔约方贸易所给的待遇，不得低于本协定所附这一缔约方的有关减让表中部分所列的待遇
NAFTA	第302条：关税取消	1. 除本协定另有规定外，任何一方不得对原产货物增加任何现有关税或采用任何关税。 2. 除非本协定另有规定，各方应根据附件302.2的附表逐步取消其对原产货物的关税
ATIGA	第19条：进口关税的减免	1. 除本协定另有规定外，各成员国应在2010年前取消东盟6成员国之间所有贸易产品的进口关税，并在2015年前取消CLMV国家的进口关税，2018年之前保持灵活性。 2. 各成员应按照以下方式减少和/或取消对其他成员国原产货物的进口关税（附表）
RCEP协定	第2.4条：关税削减或取消	除本协定另有规定，每一缔约方应当根据附件一中的承诺表削减或取消对其他缔约方原产货物的关税

续表

协定	条目	内容
欧日 EPA	第 2.8 条：进口关税的减免	除非本协定另有规定，每一方应根据附件 2-A 减少或取消对另一方原产货物的关税
TPP	第 2.4 条：关税取消	1. 除非本协定另有规定，否则任何缔约方不得对原产货物提高现行关税或采用新的关税。 2. 除非本协定另有规定，否则每一缔约方应依照附件 2-D（关税取消）中的减让表逐步取消对原产货物的关税
CPTPP	第 2.4 条：关税取消	1. 除本协定另有规定外，任何一方不得对原产货物增加任何现有关税或采用任何新的关税。 2. 除非本协定另有规定，各缔约方应按照附件 2-D（关税承诺）的附表逐步取消其对原产货物的关税
USMCA	第 2.4 条：关税处理	1. 除本协定另有规定外，任何一方不得对原产货物增加任何现有关税或采用任何新的关税。 2. 除非本协定另有规定，各缔约方应根据其附件 2-B（关税承诺）的附表对原产货物征收关税

《关税与贸易总协定 1994》《世界贸易组织协定》并没有明确对关税豁免进行针对性限制，《跨太平洋伙伴关系协定》《全面与进步跨太平洋伙伴关系协定》《美国—墨西哥—加拿大协定》均对关税豁免的实施条件施加限制，即如果豁免关税是以满足实绩要求为条件，则任何缔约方均不可采取任何新的关税豁免，或将现行关税对现有获益者扩大适用（见表 2-3），这在一定程度上维护了正常的国际经贸秩序和各国贸易利益。

表 2-3　　　　　　　　　　关税豁免条款

协定	条目	内容
NAFTA	第 304 条：关税豁免	1. 除附件 304.1 中规定的情况外，如关税免除直接或间接以满足实绩要求为条件，任何缔约方均不可采取任何新的关税免除，或将现行关税免除对现有获益者扩大适用，或将其适用扩展到任何新的获益者。 2. 除附件 304.2 中规定的情况外，任何一方不得以履行履约要求为条件，明示或暗示地继续任何现有的关税豁免

续表

协定	条目	内容
TPP	第2.5条：关税豁免	如关税免除直接或间接以满足实绩要求为条件，任何缔约方均不可采取任何新的关税免除，或将现行关税免除对现有获益者扩大适用，或将其适用扩展到任何新的获益者
CPTPP		
USMCA	第2.6条：关税豁免	如免除关税是以履行要求为条件的，则任何一方均不得采纳或维持该豁免

关税配额是《关税与贸易总协定1994》的重要机制，即在进（出）口国规定的配额内给予进（出）口商品减税或免税优惠，而超过配额的部分就要征收较高关税。关税配额是一种相当普遍的非关税壁垒，主要是缓解并解决缔约方之间有关敏感产品的市场开放问题。但《关税与贸易总协定1994》有关关税配额的规定不够具体和透明，这导致了缔约方之间存在关税配额滥用的可能，最终引发生产和贸易扭曲以及福利损失。[①]

《区域全面经济伙伴关系协定》《跨太平洋伙伴关系协定》《全面与进步跨太平洋伙伴关系协定》等规则中进一步明确关税配额的分配机制，强调管理关税配额的缔约方应至少在所涉关税配额发放前90天在指定的公开网站上公布关税配额管理的所有相关信息，包括配额规模、资格要求、申请程序、申请截止日期以及分配和再分配的方法或程序（见表2-4），关税配额的分配机制更具体化、透明化。

表2-4　　　　　　　　　　关税配额条款

协定	条目	内容
GATT 1994	第13条：非歧视的实施数量限制	1. 除非对所有第三国的相同产品的进口或出口同样予以禁止或限制以外，否则任何缔约方不得限制或禁止另一缔约方领土的产品的进口或出口。 2. 缔约各国对任何产品实施进口限制时，应旨在使这种产品的贸易分配尽可能与如果没有这种限制时其他缔约各国预期可能得到的份额相接近

---

① 苏珊珊、霍学喜：《中国谷物进口国营贸易扭曲评估：关税配额分配方式视角的实证分析》，《华中农业大学学报》（社会科学版）2019年第1期。

续表

协定	条目	内容
NAFTA	第302条：关税取消	各缔约方可采取或维持进口措施，以分配根据附件302.2中规定的关税配额进行的配额内进口，前提是此类措施除了关税配额的实施所造成的影响外，对进口不产生贸易限制影响
ATIGA	第20条：关税配额的取消	除非本协定另有规定，各成员国承诺不对原产于其他成员国的任何货物的进口或出口实行关税配额
RCEP协定	第2.5条：透明度	每一缔约方应当以非歧视和易获得的方式，在可能的范围内在互联网上迅速公布下列信息，以使政府、贸易商和其他利害关系人能够知晓与关税配额管理相关的程序
TPP CPTPP	D部分：关税配额管理	1. 每一缔约方应依照GATT 1994第13条（包括其解释性说明）、《进口许可程序协定》以及第2.13条（进口许可）实施和管理关税配额（TRQs）。一缔约方根据本协定设置的所有关税配额应纳入该缔约方附件2-D（关税取消）减让表中。 2. 管理关税配额的缔约方应至少在所涉关税配额发放前90天在指定的公开网站上公布关税配额管理所有相关信息，包括配额规模及资格要求；如要分配关税配额，还应公布申请程序、申请截止日期以及分配和再分配的方法或程序。 3. 配额分配在不晚于配额期开始前4周进行，除非分配全部或部分基于紧邻配额期之前12个月的进口业绩。当缔约方的分配全部或部分基于紧邻配额期之前12个月的进口业绩时，该缔约方应在不晚于配额期开始前4周对全部配额数量进行临时性分配。分配的所有最终决定，包括任何修改，应在配额期开始时做出并告知申请人。 4. 每一缔约方应在同一网站上公布可用于再分配的数量及申请截止日期，公布时间至少不晚于该缔约方开始接受重新分配申请前的2周。 5. 如关税配额在先到先得的基础上管理，且在进口缔约方的一项关税配额用满时，该缔约方应在10天内将此情况在其指定的公开网站上发布

数字贸易是传统贸易在数字经济时代的拓展和延伸。[①] 《关税与贸易总协定1994》《世界贸易组织协定》均没有数字产品有关的生产、销售、贸易、交换、流通等规则。随着数字贸易发展，《跨太平洋伙伴关系协定》《全面与进步跨太平洋伙伴关系协定》《欧盟与日本经济伙伴关系协定》《美国—墨西哥—加拿大协定》《区域全面经济伙伴关系协

---

① 马述忠等：《数字贸易及其时代价值与研究展望》，《国际贸易问题》2019年第2期。

定》均设立电子商务或数字贸易规则，明确表示对数字产品①实行零关税（见表 2-5），推动了全球数字贸易发展。

表 2-5　　　　　　　　　　数字产品的关税条款

协定	条目	内容
RCEP 协定	第 12.11 条：海关关税	任何缔约方应当维持其目前不对缔约方之间的电子传输征收关税的现行做法
欧日 EPA	第 8.72 条：海关关税	任何缔约方不得对电子传输征收关税
TPP	第 14.3 条：海关关税	任何缔约方不得对电子传输及内容征收关税
CPTPP		
USMCA	第 19.3 条：海关关税	任何一方不得对以电子方式传输的数字产品的进口或出口征收关税、费用或其他费用

（二）减少非关税壁垒规则向零壁垒规则转变

非关税壁垒主要为进口数量限制、进口许可、技术性贸易壁垒、动植物卫生检疫措施、贸易救济措施、进口产品歧视、出口限制等贸易壁垒，非关税壁垒对国际贸易带来严重扭曲②，减少和取消非关税壁垒是《关税与贸易总协定 1994》和《世界贸易组织协定》中非常重要规则。《跨太平洋伙伴关系协定》《全面与进步跨太平洋伙伴关系协定》《欧盟与日本经济伙伴关系协定》《美国—墨西哥—加拿大协定》《区域全面经济伙伴关系协定》等协定出现由减少非关税壁垒规则向零壁垒规则转变的趋势（见表 2-6），零壁垒规则要求取消成员国之间的任何非关税壁垒，强调取消非关税壁垒，目的是降低贸易成本最终实现货物贸易的便利化。《跨太平洋伙伴关系协定》《全面与进步跨太平洋伙伴关系协定》《美国—墨西哥—加拿大协定》《区域全面经济伙伴关系协定》

---

① 根据《美国—墨西哥—加拿大协定》，数字产品指电脑程序、文本、视频、图像、声音记录，以及其他以数字进行编制和制作用于商业销售或分销，且可通过电子方式进行传输的产品。其中数字产品既不包括金融工具的数字形式，也不包括货币。而数字产品的定义不得被理解为缔约方表达对通过电子传输进行的数字产品贸易应被归类为服务贸易或货物贸易的观点。

② Baldwin Robert E., *Non-tariff Distortions of International Trade*, Washington D. C. Brookings Institution, 1970.

《欧盟与日本经济伙伴关系协定》对取消非关税壁垒的覆盖范围广、要求严、层次高,目的是促进货物贸易自由化、便利化。

表 2-6　　　　　　　　　　　　目标条款

协定	条目	内容
WTO 协定	序言	1. 大幅度降低关税和其他贸易壁垒,并消除国际贸易关系中的歧视性待遇; 2. 互利互惠
NAFTA	第 102 条:目标	1. 建立明确、互利的贸易规则; 2. 减少贸易扭曲; 3. 消除商品贸易壁垒; 4. 促进自由贸易区的公平竞争
ATIGA	序言	1. 消除关税壁垒和非关税壁垒; 2. 强调贸易便利化; 3. 为东盟经济共同体建立一个货物自由流动的单一市场和生产基地
RCEP 协定	第 1.3 条:目标	1. 寻求建立清晰且互利的规则,包括参与区域和全球供应链; 2. 认识到良好的治理以及可预期、透明和稳定的商业环境将促进经济效率的提高和贸易发展; 3. 逐步取消关税和非关税壁垒,逐步实现货物贸易的自由化和便利化
欧日 EPA	序言	1. 通过相互有利的规则来建立清晰明确和安全的贸易框架; 2. 国际贸易的透明度; 3. 避免缔约双方之间建立新的贸易壁垒; 4. 开放和便利贸易
TPP	序言	1. 推动贸易自由化; 2. 促进区域供应链的发展和完善; 3. 通过互利规则为贸易建立可预见的法律和商业框架; 4. 通过推行高效和透明的海关程序,以便利区域贸易; 5. 认识到向国有企业提供不公平优势条件有损公平开放的贸易,决心为国有企业订立规则; 6. 相互支持的贸易和环境政策; 7. 促进透明度,消除贸易中的贿赂和腐败; 8. 为亚太自由贸易区奠定基础

续表

协定	条目	内容
CPTPP	序言	1. 推动贸易自由化； 2. 促进区域供应链的发展和完善； 3. 通过互利规则为贸易建立可预见的法律和商业框架； 4. 通过推行高效和透明的海关程序，以便利区域贸易； 5. 认识到向国有企业提供不公平优势条件有损公平开放的贸易，决心为国有企业订立规则； 6. 相互支持的贸易和环境政策； 7. 促进透明度，消除贸易中的贿赂和腐败； 8. 为亚太自由贸易区奠定基础
USMCA	序言	1. 用 21 世纪的高标准代替 1994 年的 NAFTA，支持互惠互利贸易的新协议； 2. 通过进一步鼓励该地区商品和材料的生产和采购来保护和扩大区域贸易和生产； 3. 增强和促进区域竞争力和区域公平竞争； 4. 建立一个清晰、透明、可预测的法律和商业框架，以支持进一步扩大贸易； 5. 通过推行高效和透明的海关程序，以便利区域贸易； 6. 相互支持的贸易和环境政策； 7. 提高监管质量来促进国际贸易； 8. 促进透明度，消除贸易中的贿赂和腐败

（三）减少或取消发达国家对发展中国家的非互惠待遇

WTO 的互惠原则是贸易伙伴相互给予对方成员国以贸易上的优惠待遇，而非互惠原则是互惠原则的例外，即发达国家在贸易往来上应单方面对发展中国家普遍给予优惠待遇，不得要求发展中国家给予任何回报，并且发展中国家之间相互给予的优惠待遇可以不给予发达国家。非互惠原则是发达国家为了打开发展中国家市场而做出的适当让步，这在《世界贸易组织协定》的《反倾销协定》《补贴与反补贴措施协定》《保障措施协定》《纺织和服装协定》《农业协定》《技术性贸易壁垒协定》《实施动植物卫生检疫措施协定》等条款中均有所体现（见表2-7）。随着发展中国家货物贸易发展规模持续扩大，区域性贸易规则减少或取消了对发展中国家的特殊待遇，发展中国家非互惠待遇逐步减少。

表 2-7　　　　　　　　　发展中国家的特殊和差别待遇条款

协定	条目	内容
WTO 协定	GATT 1994 第 36 条：原则和目的	1. 注意到发展中国家和其他国家之间的生活水平有一个很大的差距； 2. 由于许多发展中的缔约方长期依靠某些有限初级产品的出口，因此，要尽最大可能对这些产品进入世界市场提供更为有利和满意的条件，而且，在认为适当时，要拟定措施以稳定和改善这些产品在世界市场的状况，特别是拟定一些旨在达到稳定、公平和有利价格的措施，使世界贸易有所发展，使这些国家出口的实际收入有一个持续的和稳定的增长，为它们的经济发展提供更多的资源
	《反倾销协定》 第 15 条：发展中国家成员	人们认识到，发达国家成员在考虑根据本协定实施反倾销措施时，必须特别考虑发展中国家成员的特殊情况。本协定规定的建设性补救办法的可能性应在征收反倾销税之前加以探讨，如果这些措施会影响发展中国家成员的基本利益
	《补贴与反补贴协定》 第 27 条：发展中国家成员的特殊和差别待遇	从 WTO 协定生效之日起，第 3 条第 1 款（b）项禁止在 5 年内不适用于发展中国家成员，在 8 年内不适用于最不发达国家成员
	《保障措施协定》 第 9 条：发展中国家成员	只要原产于发展中国家成员的产品在进口成员中的进口份额不超过 3%，保障措施就不应适用于该产品，条件是进口份额低于 3% 的发展中国家成员的进口额合计不得超过该货物总进口额的 9%
	《纺织和服装协定》 第 9 条：发展中国家成员	本协定第 6 条保障条款下的行动不适用于：（a）发展中国家成员出口的家庭手纺织机织物，或由该手纺织机织物制成的家庭手工业产品，或传统民俗手工艺品、纺织品和服装产品，只要这种产品根据有关成员之间建立的安排得到适当认证
	《农业协定》 第 15 条：特殊和差别待遇	1. 根据对发展中国家成员的差别和更优惠待遇是谈判的一个组成部分这一认识，在承诺方面的特殊和差别待遇应按本协定的有关规定提供，并体现在减让和承诺表中； 2. 发展中国家成员应具有在长达 10 年的时间内履行减排承诺的灵活性。不应要求最不发达国家成员做出减排承诺
	《技术性贸易壁垒协定》 第 12 条：发展中国家成员的特殊和差别待遇	各成员应通过以下规定以及本协定其他条款的相关规定，向本协定的发展中国家成员提供差别和更优惠的待遇
	《实施动植物卫生检疫措施协定》 第 10 条：特殊和差别待遇	在制定和实施卫生和植物检疫措施时，各成员应考虑到发展中国家成员，特别是最不发达国家成员的特殊需要

(四) 反倾销与反补贴规则变化

公平贸易原则是 WTO 的基本原则之一,反倾销和反补贴规则是公平贸易最常用的规则。反倾销是对外国商品在本国市场上的倾销行为(出口价格低于正常价值)所采取的抵制措施,反补贴是对外国商品存在补贴进口而采取的抵制措施,这两种临时性贸易壁垒对世界进出口贸易影响颇深。[①]《世界贸易组织协定》的《反倾销协定》和《补贴与反补贴措施协定》以及《关税与贸易总协定 1994》详细规定了"发起反倾销与反补贴调查的程序",主要包括被指控的倾销(补贴)的存在、程度和影响而进行的调查以及申请书涉及的证据和相关信息。《跨太平洋伙伴关系协定》《全面与进步跨太平洋伙伴关系协定》《欧盟与日本经济伙伴关系协定》《美国—墨西哥—加拿大协定》《区域全面经济伙伴关系协定》对反倾销与反补贴调查规则进行调整,主要体现在发起调查程序的完备性、申请材料的规范性以及提交材料和通知缔约方的时效性三个方面(见表 2-8)。

表 2-8　　　　　　反倾销与反补贴调查的程序条款

协定	条目	内容
WTO 协定	GATT 1994 第 6 条:反倾销税和反补贴税 《反倾销协定》第 5 条:启动和后续调查 《补贴与反补贴措施协定》第 11 条:启动和后续调查	1. 为确定任何被指控的倾销(补贴)的存在、程度和影响而进行的调查,应根据国内产业或代表国内产业提出的书面申请启动; 2. 申请应包括下列证据:(a)倾销;(b)本协定所解释的 GATT 1994 第 6 条所指的损害;(c)倾销进口产品与损害之间的因果关系。没有相关证据证明的简单断言不能被认为足以满足本段的要求。申请书应包含申请人合理获得的信息
ATIGA	第 87 条:反倾销和反补贴税	1. 各缔约方确认其在 GATT 1994 第 6 条和 WTO 协定附件 1A 所载的《反倾销协定》实施反倾销方面的相互权利和义务; 2. 各缔约方确认其在 GATT 1994 第 6 条和 WTO 协定附件 1A 所载的《补贴与反补贴措施协定》实施补贴与反补贴方面的相互权利和义务

---

① Bown Chad P., Meredith A. Crowley, "Trade Deflection and Trade Depression", *Journal of International Economics*, Vol. 72, No. 1, 2007, pp. 176-201.

续表

协定	条目	内容
RCEP协定	第7.11条：一般规定	当一缔约方的调查机关决定进行实地调查以核查一应诉方提供的信息，且该信息与计算反倾销税幅度和可诉补贴水平有关，则调查机关应当迅速通知该应诉方其调查意向，且：(a) 应当努力向该应诉方至少提前7个工作日提供关于调查机关拟开展实地调查以核查信息的日期；(b) 应当努力在核查信息的实地调查前至少7个工作日，向应诉方提供一份文件，其中列出应诉方在核查中应准备做出回应的题目，并说明应诉方需要提供供审核的证明文件的类型
	第7.12条：通报和磋商	1. 一缔约方主管机关在收到针对另一缔约方进口产品的附有适当证明文件的反倾销申请后，应当努力在发起反倾销调查的至少7天前，向另一缔约方提供其收到申请的书面通知； 2. 一缔约方主管机关在收到针对另一缔约方进口产品的附有适当证明文件的反补贴税申请后，且在发起补贴调查的至少20天前，应当努力向另一缔约方提供其收到申请的书面通知，并邀请另一缔约方就该申请进行磋商。有关缔约方将努力在此期间内进行磋商
欧日EPA	第5.14条：反倾销调查	当进口缔约方的调查机构收到由其国内产业或代表其国内产业提出的对出口缔约方的货物发起反倾销调查的书面申请时，进口缔约方应至少在发起此类调查前10天将此类申请通知出口缔约方
TPP CPTPP	附件6-A：与反倾销和反补贴调查相关的实践	下列实践有助于实现贸易救济调查中的透明度和正当程序目标：(a) 一方主管机关在收到针对另一方进口产品附有适当证明文件的反倾销或反补贴申请后，在发起调查前至少7天，向另一方提供其收到申请书的书面通知。(b) 在任何调查程序中，若调查机关决定对应诉方提供的信息进行实地核查，且该信息与反倾销税率或可诉性补贴水平计算相关，则调查机关将迅速通知各应诉方其核查意向，且：(i) 在计划开展实地核查日期的至少10个工作日之前，告知各应诉方核查时间；(ii) 在实地核查的至少5个工作日之前，向应诉方提供一份文件，列明应诉方在核查中应准备回应的题目，并描述在核查中拟审阅的证明材料的类型；以及 (iii) 核查结束后，在保护保密信息的前提下，发布一份报告，描述核查中使用的方法和程序，并说明应诉方提供的信息在何种程度上得到核查中所审阅文件的支持。各利害关系方能够获得足够的时间查阅该书面报告，以维护其利益。(c) 一方调查机关针对每一调查和复审案件设立公共案卷

续表

协定	条目	内容
USMCA	附件 10-A：与反倾销和反补贴程序有关的惯例	在收到正式提交的针对另一缔约方进口产品的反倾销或反补贴税申请后，通常不迟于调查机构对该申请做出裁定之日前 7 天，该缔约方应通知另一方或各方其已收到该申请

《世界贸易组织协定》的《反倾销协定》和《补贴与反补贴措施协定》以及《关税与贸易总协定1994》均提到各缔约方应确保充分披露构成反倾销与反补贴的基本事实，但所规定的基本事实（包括倾销或补贴幅度、对确定正常价值和出口价格的依据和方法）不够详细。《跨太平洋伙伴关系协定》《全面与进步跨太平洋伙伴关系协定》《欧盟与日本经济伙伴关系协定》《美国—墨西哥—加拿大协定》《区域全面经济伙伴关系协定》将构成反倾销与反补贴的基本事实进一步具体化，主要对确定的倾销幅度、补贴幅度、计算方法以及对国内市场同类产品的影响和冲击程度作了具体说明，《跨太平洋伙伴关系协定》《全面与进步跨太平洋伙伴关系协定》《美国—墨西哥—加拿大协定》还通过反倾销与反补贴调查相关的实践和惯例进一步加强了反倾销与反补贴程序的透明度（见表2-9）。

表2-9　　　　　　构成反倾销与反补贴的基本事实条款

协定	条目	内容
WTO 协定	GATT 1994 第 6 条：反倾销税和反补贴税 《反倾销协定》第 6 条：证据 《补贴与反补贴措施协定》第 12 条：证据	1. 任何本质上保密的信息或由调查各方在保密的基础上提供的信息，在有充分理由的情况下，应被当局视为保密信息：（a）当局应要求提供机密信息的相关方提供其非机密摘要。这些摘要应足够详细。在特殊情况下，此类当事人可能表示此类信息不允许汇总。在这种特殊情况下，必须说明无法进行汇总的原因。（b）如果当局发现保密请求没有正当理由，并且如果信息的提供者不愿意公开该信息或者不愿意授权以概括或概括的形式披露该信息，当局可以忽略该信息，除非能够从适当的来源证明该信息是正确的，并令其满意

续表

协定	条目	内容
ATIGA	第 87 条：反倾销和反补贴税	1. 各成员国确认其在 GATT 1994 第 6 条和 WTO 协定附件 1A 所载的《反倾销协定》实施反倾销方面的相互权利和义务； 2. 各成员国确认其在 GATT 1994 第 6 条和 WTO 协定附件 1A 所载的《补贴与反补贴措施协定》实施补贴与反补贴方面的相互权利和义务
RCEP 协定	第 7.14 条：基本事实的披露	在不违背《反倾销协定》第 6 条第 5 款和《补贴与反补贴措施协定》第 12 条第 4 款规定的前提下，每一缔约方应当确保，在可能的限度内，在做出最终裁定至少 10 天前，充分和有意义地披露所有正在考虑中的、构成是否实施措施决定依据的基本事实。披露应以书面形式做出，并给予利害关系方充分的时间提出意见
欧日 EPA	第 5.12 条：基本事实的透明度和披露	基本事实应特别包括：（a）在反倾销调查的情况下，确定的倾销幅度，对确定正常价值和出口价格的依据和方法的充分解释，以及对正常价值和出口价格包括任何调整进行比较所使用的方法的充分解释；（b）在反补贴税调查的情况下，反补贴的确定，包括计算金额的充分细节和确定补贴存在所遵循的方法；（c）与损害确定有关的信息，包括倾销进口产品的数量和倾销进口产品对国内市场同类产品价格的影响的信息，计算价格折让所使用的详细方法，倾销进口产品对国内产业的影响，以及因果关系的证明，包括对《反倾销协定》第 3.5 条所指的倾销进口产品以外的因素的审查
TPP	附件 6-A：与反倾销和反补贴调查相关的实践	在做出最终裁定前，调查机关将告知所有利害关系方其做出是否采取措施的决定所依据的基本事实，在保护保密信息的前提下，调查机关可使用任何合理方式披露上述基本事实，包括一份关于调查记录中数据的摘要报告、裁定初稿或初步裁定，或以上报告或裁定的合并版本，以向利害相关方提供对披露的基本事实做出回应的机会
CPTPP		
USMCA	附件 10-A：与反倾销和反补贴程序有关的惯例	一缔约方的调查机构应披露调查机构为其确定单独税率的每一利害关系方用于确定倾销或反补贴税率的计算方法，以及如果不同，用于确定适用于该利害关系方进口产品的税率的计算方法。披露和解释应足够详细，以允许相关方无不困难地复制计算结果。无论是以电子格式（如计算机程序或电子表格）还是以任何其他介质，此类披露都应包括调查机构使用的信息的详细解释、该信息的来源以及在计算中使用时对该信息所做的任何调整。调查机构应为相关方提供足够的机会对披露做出回应

评估倾销幅度是倾销认定和反倾销行为惩罚的重要依据。如果出口国国内市场的正常贸易过程中没有类似产品的销售，或者由于出口国国内市场的特殊市场情况或销售量低，那么倾销幅度应通过与向适当的第三国出口的类似产品的可比价格进行比较来确定，这可能给处于非市场经济体地位的国家带来不利。《世界贸易组织协定》的《反倾销协定》明确规定倾销幅度应基于加权平均正常价值与所有可比出口交易的加权平均价格的比较。

《区域全面经济伙伴关系协定》将禁止归零单列成节，强调在评估或复审倾销幅度时，应当将所有单独幅度（无论是正的还是负的）纳入加权平均对加权平均、逐笔交易对逐笔交易的比较，以便更科学、有效地评估倾销幅度（见表 2-10）。

表 2-10　　　　　　　　　　　　评估倾销幅度条款

协定	条目	内容
WTO 协定	GATT 1994 第 6 条：反倾销税和反补贴税	1. 如果在出口国内市场的正常贸易过程中没有类似产品的销售，或者由于出口国内市场的特殊市场情况或销售量低，这种销售不允许进行适当的比较，倾销幅度应通过与向适当的第三国出口的类似产品的可比价格进行比较来确定。前提是该价格具有代表性，或在原产国的生产成本加上合理的行政、销售和一般成本以及利润。
	《反倾销协定》第 2 条：倾销的认定	2. 调查阶段倾销幅度的存在通常应基于加权平均正常价值与所有可比出口交易的加权平均价格的比较，或基于交易对交易的正常价值与出口价格的比较。如果当局发现不同购买者、不同地区或不同时期的出口价格存在显著差异，并且解释了为什么不能通过使用加权平均对加权平均或交易对交易的比较来适当考虑这种差异，则可以将加权平均基础上建立的正常价值与单个出口交易的价格进行比较
RCEP 协定	第 7.13 条：禁止归零	在根据《反倾销协定》确定、评估或复审倾销幅度时，应当将所有单独幅度，不论是正的还是负的，纳入加权平均对加权平均和逐笔交易对逐笔交易的比较。本条中的任何规定不得损害或影响一缔约方在《反倾销协定》第 2 条第 4 款第 2 项下与加权平均对逐笔交易比较相关的权利和义务

《世界贸易组织协定》的《农业协定》有减少补贴承诺规则，出口补贴对发展中国家的约束低于发达国家，对农产品的出口补贴可能会造成全球性贸易和生产扭曲。[①]《跨太平洋伙伴关系协定》《全面与进步跨太平洋伙伴关系协定》《美国—墨西哥—加拿大协定》《区域全面经济伙伴关系协定》等对农产品的出口补贴零容忍，都提出取消补贴规则（见表2-11），即零补贴规则。零补贴要求一国所有企业在进出口商品中，实现没有任何产业、政府以及其他补贴。

表2-11　　　　　　　　　农产品的零补贴条款

协定	条目	内容
WTO协定	《农业协定》第9条：出口补贴承诺	1. 各成员承诺不提供出口补贴，除非符合本协议和该成员的减让表中规定的承诺； 2. 在实施期结束时，该成员的出口补贴预算支出和受益于此类补贴的数量分别不超过1986—1990年基准期水平的64%和79%。对于发展中国家成员，这些百分比分别为76%和86%
NAFTA	第705条：出口补贴	1. 缔约方认识到，农产品出口补贴可能损害进口缔约方和出口缔约方的利益，特别是可能扰乱进口缔约方的市场。因此，除了附件702.1中规定的双方的权利和义务外，双方确认，一方对出口到另一方领土的农产品提供出口补贴是不合适的，如果该农产品没有其他补贴进口到另一方领土； 2. 尽管有本条的任何其他规定：（a）如果进口缔约方和出口缔约方同意对出口到进口缔约方领土的农产品实行出口补贴，出口缔约方可采用或维持这种补贴；（b）每一缔约方保留对来自一缔约方或非缔约方领土的补贴农产品进口征收反补贴税的权利
RCEP协定	第2.13条：农业出口补贴	1. 缔约方重申2015年12月19日于内罗毕通过的《2015年12月19日关于出口竞争的部长级决定》［WT/MIN（15）/45，WT/L/980］中所作的承诺，包括取消已计划的对农产品使用出口补贴的权利； 2. 缔约方的共同目标是在多边框架下取消对农产品的出口补贴，并且应当共同努力阻止对农产品的出口补贴以任何形式被重新使用

---

① 朱晶等：《高水平开放下我国粮食安全的非传统挑战及政策转型》，《农业经济问题》2021年第1期。

续表

协定	条目	内容
TPP	第2.23条：农业出口补贴	1. 各缔约方的共同目标是在多边取消对农产品的出口补贴，共同在WTO达成协定，取消此类补贴，并防止其以任何方式重新使用；
CPTPP	第2.21条：农业出口补贴	2. 任何缔约方不可对向另一缔约方领土出口的任何农产品采取或维持任何出口补贴
USMCA	第3.4条：出口竞争	1. 任何缔约方不得对运往另一缔约方领土的任何农产品实行或维持出口补贴； 2. 如果一缔约方认为另一缔约方给予的出口融资支持导致或可能导致对缔约方之间的贸易产生扭曲效应，或认为另一缔约方正在给予农产品出口补贴，该缔约方可要求与另一缔约方讨论此事。应诉方应同意尽快与请求方讨论此事

（五）过渡性保障措施的实施期限缩小

过渡性保障措施是贸易救济措施的重要内容之一，指在特定的过渡期内，进口国为防止来源于特定成员国的进口产品对本国相关产业造成损害而实施的限制性保障措施。《世界贸易组织协定》的《保障措施协定》均限制双边保障措施最多不得超过4年。《跨太平洋伙伴关系协定》《全面与进步跨太平洋伙伴关系协定》明确规定过渡性保障措施的实施期限不得超过2年，最多延长不超过1年，过渡性保障措施的实施期限明显缩小，可能给发展中国家应对国际竞争和外部冲击带来挑战。《区域全面经济伙伴关系协定》规定对最不发达国家缔约方的过渡性保障措施可再延长1年，并且对原产地货物和最不发达国家实施了特殊照顾（见表2-12）。

表2-12　　　　　　　　　　过渡性保障措施条款

协定	条目	内容
WTO协定	GATT 1994第19条：对某些产品进口的紧急措施 《保障措施协定》第7条：保障措施的期限和审查	一成员只能在防止或补救严重损害和促进调整所必需的时间内实施保障措施。该期限不得超过4年，除非根据第2款予以延长

续表

协定	条目	内容
NAFTA	第801条：双边行动	下列条件和限制应适用于根据第1款可能导致紧急行动的诉讼：……（c）不得维持任何行动超过3年的时间，除非采取行动的缔约方，其附件302.2（关税取消）的分级类别C+中的项目规定了采取行动的货物，且该缔约方确定受影响的行业已经进行了调整并要求延长缓解期，在这种情况下，救济期可延长1年，条件是在最初的救济期内适用的关税在延长期开始时大幅减少
RCEP协定	第7.5条：RCEP过渡性保障措施的范围和期限	1. 任何缔约方只能在防止或救济严重损害并便利调整所必须的限度和期限内实施保障措施。若有证据表明国内产业正在进行调整，则该措施的实施期限可延长不超过1年，但总实施期不得超过4年（包括初次实施和任何之后的延期）； 2. 尽管有本项规定，最不发达国家缔约方可将RCEP过渡性保障措施再延长1年
RCEP协定	第7.6条：微量进口和特殊待遇	1. 对于缔约方的原产货物，只要其进口额占进口缔约方从所有缔约方进口该货物总额的比重不超过3%，即不得对该原产货物实施临时性或过渡性RCEP保障措施，前提是占比不超过3%的缔约方进口额合计不得超过该货物总进口额的9%； 2. 不得对来自任何最不发达国家缔约方的原产货物实施临时性或过渡性RCEP保障措施
欧日EPA	第5.3条：条件和限制	不得维持任何双边保障措施，除非为防止或补救严重损害和促进国内产业调整所必需的范围和期限，但这种期限不得超过2年。但是，双边保障措施可以延长，条件是双边保障措施的总期限，包括此类延期，不得超过4年
TPP CPTPP	第6.4条：过渡性保障措施的实施标准	过渡性保障措施的实施期限不得超过2年。如进口缔约方的主管机关根据本协定第6.5条（调查程序与透明度要求）规定的程序认定，继续实施该措施对于防止或补救严重损害以及便利调整确有必要，则该措施的实施期限可延长不超过1年
USMCA	第10.2条：权利和义务	各缔约方保留其在GATT 1994第19条和《保障措施协定》下的权利和义务，但关于赔偿或报复以及在此类权利或义务与本条不一致的情况下排除在诉讼之外的权利和义务除外

(六) 强调贸易程序最简化和贸易成本最小化

贸易成本是指除了商品生产成本之外,使产品贸易到达最终用户发生的所有成本[①],在全球分工体系下会产生双重或多重贸易成本。[②] 因此,"贸易程序最简化和贸易成本最小化"始终是多边贸易体系所倡导和推动的重要议程。《关税与贸易总协定1994》明确指出缔约方不应把所征收的除进出口关税和国内税以外的任何种类的规费和费用当作对国内产品的一种间接保护,并将这些规费和费用予以减少。

《区域全面经济伙伴关系协定》《跨太平洋伙伴关系协定》《全面与进步跨太平洋伙伴关系协定》《美国—墨西哥—加拿大协定》等协定更加强调贸易程序最简化和贸易成本最小化,它们对免除规费和费用的覆盖面更广,明确任何一缔约方均不得从价计征进出口费用,比如《美国—墨西哥—加拿大协定》取消了《北美自由贸易协定》对附件310.1中海关使用费和附件314中出口税的征收规定(见表2-13)。

表2-13　　　　　　　　　　贸易成本条款

协定	条目	内容
GATT 1994	第8条:规费和进出口手续	1. 缔约方对进出口及有关进出口所征的除进出口关税和本协定第3条所述国内税以外的任何种类的规费和费用,不应成为对国内产品的一种间接保护,也不应成为为了财政目的而征收的一种进口税或出口税; 2. 各缔约方认为,本款(甲)项所称规费和费用的数量和种类有必要予以减少; 3. 各缔约方认为,进出口手续的负担和烦琐,应降低到最低限度;规定的进出口单证应当减少
NAFTA	第310条:海关使用费	1. 任何一方不得对原产货物收取附件310.1中所述类型的关税使用费; 2. 附件310.1中规定的缔约方可根据该附件维持现有的此类费用

---

① Anderson James E., Eric Van Wincoop, "Trade Costs", *Journal of Economic Literature*, Vol. 42, No. 3, 2004, pp. 691-751.

② Markusen James R., Anthony J. Venables, "Interacting Factor Endowments and Trade Costs: A Multi-country, Multi-good Approach to Trade Theory", *Journal of International Economics*, Vol. 73, No. 2, 2007, pp. 333-354.

续表

协定	条目	内容
NAFTA	第3.14条：出口税	除附件314中规定的情况外，任何一方不得对向另一方领土出口任何货物征收或维持任何关税、税收或其他费用，除非此类关税、税收或费用是针对以下情况征收或维持的：(a) 向所有其他方领土出口任何此类货物；(b) 任何此类用于国内消费的商品
ATIGA	第7条：进出口相关费用	各成员国应保证，根据GATT 1994第8条第1款，对进口或出口征收的或与进口或出口有关的所有费用和收费（除了进口或出口关税、相当于国内税收的费用或符合GATT 1994第3条第2款的其他国内收费以及反倾销和反补贴税）的数额应限于所提供服务的近似成本，并不代表对国内货物的间接保护或出于财政目的对进口或出口征税
RCEP协定	第2.20条：进口和出口规费和手续	1. 各成员国应保证，根据GATT 1994第8条第1款，对进口或出口征收的或与进口或出口有关的所有费用和收费（除了进口或出口关税、相当于国内税收的费用或符合GATT 1994第3条第2款的其他国内收费以及反倾销和反补贴税）的数额应限于所提供服务的近似成本，并不代表对国内货物的间接保护或出于财政目的对进口或出口征税； 2. 任何缔约方不得要求与另一缔约方某一货物的进口相关的领事事务，包括相关的规费和费用。任何缔约方不得要求进口缔约方的海外代表或有权代表进口缔约方行事的实体对进口另一缔约方任何货物所提供的任何海关单证背书、认证或以其他方式出具证明或批准，也不得收取任何相关规费或费用
欧日EPA	第2.16条：进出口相关的费用和手续	根据GATT 1994第8条的规定，各缔约方应确保，除关税、出口税和GATT 1994第3条规定的税收外，该缔约方对进口或出口征收的或与进口或出口相关的所有费用和收费，均以所提供服务的近似成本为限，不得以从价为基础进行计算，也不得代表对国内货物的间接保护或出于财政目的对进口货物征税
	第2.12条：出口关税	一方不得对从该方出口到另一方的货物征收或维持任何种类的关税、税收、费用或其他费用，或对出口到另一方的货物征收超过对国内消费的同类货物征收的任何国内税收或其他费用。就本条款而言，任何种类的费用或其他收费不应包括根据第2.16条规定征收的仅限于所提供服务的大致成本的费用或其他收费

续表

协定	条目	内容
TPP	第2.15：管理费用和手续	1. 每一缔约方应依照GATT 1994第8条第1款及其解释性注释，保证所征收的对进出口或有关进出口的所有费用和规费，无论其性质（出口税、关税、等同于国内税的规费或其他符合GATT 1994第3条第2款的国内规费以及反倾销和反补贴税除外），均限于所提供服务的大体成本，不成为对国内货物的间接保护或为财政目的对进出口的征税； 2. 任何一方不得从价计征进出口费用
CPTPP	第2.14条：管理费用与手续	
TPP	第2.16条：出口关税、税收及其他规费	除附件2-C（出口关税、税收或其他规费）另有规定外，任何缔约方不可对向其他缔约方领土出口任何货物采取或维持任何关税、税收或其他规费，除非对供国内消费的该货物也采取或维持该关税、税收或其他规费
CPTPP	第2.15条：出口关税、税收及其他规费	
USMCA	第2.16条：行政费用和手续	1. 每一缔约方应依照GATT 1994第8条第1款及其解释性注释，保证所征收的对进出口或有关进出口的所有费用和规费，无论其性质（出口税、关税、等同于国内税的规费或其他符合GATT 1994第3条第2款的国内规费以及反倾销和反补贴税除外），均限于所提供服务的大体成本，不成为对国内货物的间接保护或为财政目的对进出口的征税； 2. 任何一方不得对原产货物征收或维持海关使用费
	第2.15：出口关税、税收或其他费用	任何一方不得对向另一方领土出口任何货物征收或维持任何关税、税收或其他费用，除非该等关税、税收或收费也适用于该货物（如果该货物是用于国内消费的）

（七）数字贸易税规则变化

数字产品①是数字经济不断延伸后的产物，也是数字贸易的标的物。《关税与贸易总协定1994》《世界贸易组织协定》均没有对数字产品是否加征数字税做出相应规定。《跨太平洋伙伴关系协定》《美国—墨西哥—加拿大协定》《区域全面经济伙伴关系协定》支持加征数字

---

① 根据《美国—墨西哥—加拿大协定》，数字产品指电脑程序、文本、视频、图像、声音记录，以及其他以数字进行编制和制作用于商业销售或分销，且可通过电子方式进行传输的产品。其中数字产品不包括金融工具的数字形式，也不包括货币。而数字产品的定义不得被理解为缔约方表达对通过电子传输进行的数字产品贸易应被归类为服务贸易或货物贸易的观点。

税，规定不得组织缔约方对电子传输的内容征收国内税、费用或其他收费，《中华人民共和国电子商务法》[①] 第11条也明确指出电子商务经营者应依法履行纳税义务（见表2-14）。数字产品加征数字税是为了防止数据滥用以及维护国内经济安全，并且避免由于大数据领域出现垄断巨头而导致国内中小型企业和信息软件企业生产环境恶化的情况。

表2-14　　　　　　　　　数字产品的国内税条款

协定	条目	内容
RCEP协定	第12.11条：海关关税	为进一步明确，第1款不得阻止缔约方对电子传输征收税费、费用或其他支出，条件是此税费、费用或其他支出应以符合本协定的方式征收
TPP CPTPP	第14.3条：海关关税	为进一步明确，第1款不阻止缔约方对电子传输的内容征收国内税、费用或其他收费，条件是此种国内税、费用和收费应以符合本协定的方式征收
USMCA	第19.3条：关税	为进一步明确，第1款不阻止缔约方对电子传输的数字产品征收国内税，费用或其他费用，但前提是这些国内税，费用或收费是以与本协议一致的方式征收的
《中华人民共和国电子商务法》	第11条	1. 电子商务经营者应当依法履行纳税义务，并依法享受税收优惠； 2. 依照前条规定不需要办理市场主体登记的电子商务经营者在首次纳税义务发生后，应当依照税收征收管理法律、行政法规的规定申请办理税务登记，并如实申报纳税

（八）进出口许可程序规范化

进（出）口许可程序指进（出）口商在进（出）口前必须从政府有关机构取得许可证的制度。《世界贸易组织协定》有专门的《进口许可程序协定》，《跨太平洋伙伴关系协定》《全面与进步跨太平洋伙伴关系协定》《欧盟与日本经济伙伴关系协定》《美国—墨西哥—加拿大协定》均明确表示《进口许可程序协定》同样适用于出口许可程序，并且对进出口许可程序以及授予或分配进出口许可证的标准作了更细致规

[①] 《中华人民共和国电子商务法》，https：//www.mofcom.gov.cn/xinwen/2018－08/31/content_ 5318220.htm.

定，非常注重有关修改或通知的时效性和规范性（见表2-15）。完善进出口许可程序，目的是加快提高进出口贸易便利化，最大限度地降低由"繁文缛节"（Red Tape）所导致的贸易福利损失。①

表 2-15　　　　　　　　　　进出口许可程序条款

协定	条目	内容
WTO 协定	《进口许可程序协定》第 2 条：自动进口许可	自动许可程序，适用下列规定：(a) 自动许可程序的实施不得对实行自动许可的进口产生限制作用。自动许可程序应被视为具有限制贸易的作用，除非：(i) 任何个人、商行或机构如在从事涉及自动许可产品的进口业务时符合进口成员的法律要求，均同样有资格申请和取得进口许可证；许可证申请可在货物清关前的任何一个工作日提出；在行政上可行的范围内，以适当和完整的表格递交的牌照申请，一经收到即获批准，但最多不超过 10 个工作日；(b) 成员们认识到，在没有其他适当程序的情况下，可能需要自动进口许可。只要导致实行自动进口许可的情况普遍存在，而且只要其基本行政目的不能以更适当的方式实现，自动进口许可就可以维持
	《进口许可程序协定》第 3 条：非自动进口许可	除实施限制所造成的影响外，非自动许可不得对进口产生贸易限制或扭曲性影响。非自动许可程序的范围和期限应与用来实施的措施相对应，其行政负担不得超过管理该措施的绝对必要
ATIGA	第 44 条：进口许可程序	1. 各成员国应确保所有自动和非自动进口许可程序以透明和可预测的方式实施，并根据《世界贸易组织协定》附件 1A 所载的《进口许可程序协定》实施。 2. 本协定生效后，各成员国应立即将任何现有进口许可程序通知其他成员国。此后，各成员国应尽可能在生效前六十（60）天将任何新的进口许可程序及其现有进口许可程序的任何修改通知其他成员国。 3. 各成员国应在六十（60）天内回答另一成员国就其各自许可机构在授予或拒绝进口许可证时所采用的标准提出的所有合理询问。 4. 应查明非自动进口许可程序中被发现阻碍贸易的因素，以消除此类壁垒，并尽可能努力实现自动进口许可程序

---

① Hummels David L., Georg Schaur, "Time as a Trade Barrier", *The American Economic Review*, Vol. 103, No. 7, 2013, pp. 2935-2959.

续表

协定	条目	内容
RCEP 协定	第 2.19 条：进口许可程序	1. 每一缔约方应当尽可能在生效前 30 天，将其任何新的进口许可程序以及对现行进口许可程序所做的任何修改通报其他缔约方。在任何情况下，缔约方不得迟于公告之日起 60 天提供该通报。 2. 在实施任何新的或修改的进口许可程序前，缔约方应当在官方政府网站上公布新程序或者对程序的修改。在可能的情况下，该缔约方应当在新程序或对程序的修改生效前至少 21 天公布。 3. 在可能的范围内，每一缔约方应当在 60 天内答复另一缔约方关于各自许可机构采用的授予或拒绝进口许可的标准的所有合理咨询
欧日 EPA	第 2.17 条：进出口许可程序	1. 双方确认其在《进口许可程序协定》下的现有权利和义务。 2.《进口许可程序协定》的这些条款经适当变通后被纳入本协定并成为其一部分，并应适用于缔约方之间的出口许可程序。第 2—8 段适用于附件 2-B。 3. 除非为实施符合本协定的措施而有必要，否则缔约方不得采用或维持非自动进出口许可程序。采用非自动许可程序的缔约方应明确说明通过此类许可程序实施的措施。 4. 每一方应在 60 天内回复另一方关于前一方打算采用、已经采用或保持的进出口许可程序以及授予或分配进出口许可证的标准的任何询问
TPP CPTPP	第 2.13 条：进口许可 第 2.14 条：出口许可证的透明度	1. 任何缔约方均不得采取或维持与《进口许可程序协定》不符的措施。 2. 每一缔约方，只要可能，应在不晚于新的进口许可程序或对现行进口许可程序所作修订开始生效前 60 天，向其他缔约方通知其采取的新程序或对现行程序所作的修订。在任何情况下，一缔约方不得晚于公告后 60 天做出通知。 3. 每一缔约方应在 60 天内对其他缔约方就其许可规则和进口许可申请的提交程序所提出的合理询问做出回应。 4. 在本协定生效之日后 30 天内，每一缔约方应书面通知其他缔约方登载其出口许可程序的出版物（如有），包括相关政府网站的地址。此后，每一缔约方应尽快，且最迟不晚于其新的出口许可程序或对现行出口许可程序所作修订生效后 30 天，在所通知的出版物和网站上公布其采取的新程序或对现行程序所作的修订

续表

协定	条目	内容
USMCA	第2.13条：进口许可程序的透明度 第2.14条：出口许可程序的透明度	1. 一缔约方应在政府官方网站上公布任何新的或修改的进口许可程序，包括根据《进口许可程序协定》第1.4（A）条要求公布的任何信息。缔约方应尽可能在新程序或修改生效前至少20天这样做。 2. 每一缔约方应在60天内对另一缔约方提出的关于其许可证规则及其提交进口许可证申请程序的合理询问做出答复。 3. 在本协定生效之日起30天内，每一方应将其出口许可程序（如有）所载出版物书面通知另一方，包括公布该程序的有关政府网站的地址。此后，每一缔约方应在切实可行的情况下尽快但不迟于新程序或修改生效后30天公布其采用的任何新的出口许可程序或对出口许可程序的任何修改
《贸易便利化协定》		第1条：公布和提供资料；第2条：发表意见的机会、生效前的资料和协商；第3条：预裁定；第4条：上诉或复审程序；第5条：提高公正性、非歧视和透明度的其他措施；第6条：进出口费用和有关费用的纪律和处罚；第7条：货物的放行和清关；第8条：边境代理合作；第9条：海关监管的进口货物的流动；第10条：进口、出口、过境手续；第11条：过境自由；第12条：海关合作

（九）货物贸易的透明度规则要求提高

透明度是世界贸易组织的一项基本原则，它并不只包含《关税与贸易总协定1994》第10条所规定的内容，还涵盖了货物贸易的各个领域，比如《农业协定》第18条、《进口许可程序协定》第5条、《实施动植物卫生检疫措施协定》第7条、《技术性贸易壁垒协定》第10条、《进口许可程序协定》第5条、《补贴与反补贴措施协定》第25条、《装运前检验协定》第5条、《保障措施协定》第12条等均有要求政府制定的与贸易相关的法规、规章和政策措施在施行前必须公开和公布，重点是为了加强各缔约方尤其海关部门间的信息共享。

《区域全面经济伙伴关系协定》《欧盟与日本经济伙伴关系协定》《跨太平洋伙伴关系协定》《全面与进步跨太平洋伙伴关系协定》《美国—墨西哥—加拿大协定》等协定明确新的透明度规则，新规则不仅关注信息的公开性和可获得性，更重视公众参与和国内制度的保障建设（见表2-16）。

表 2-16 透明度条款①

协定	条目	内容
GATT 1994	第 10 条：贸易法规的公布和管理	为了能够对于有关海关事项的行政行为迅速进行检查和纠正，缔约各国应维持或尽快建立司法的、仲裁的或行政的法庭或程序。这种法庭或程序应独立于负责行政实施的机构之外，而它们的决定，除进口商于规定上诉期间向上级法院或法庭提出申诉以外，应由这些机构予以执行，并作为今后实施的准则
NAFTA	第 316 条：货物贸易协商和委员会	1. 双方特此设立货物贸易委员会，由双方代表组成； 2. 委员会应根据任何缔约方或委员会的请求举行会议，以审议根据本章产生的任何事项； 3. 双方应每年至少召开一次负责海关、移民、食品和农产品检查、边境检查设施和运输监管的官员会议，以解决与通过双方入境口岸的货物流动有关的问题
ATIGA	第 12 条：贸易法规的公布和管理	1. GATT 1994 第 10 条经适当变通后应纳入本协定并构成其组成部分； 2. 各成员国应尽可能在互联网上公布 GATT 1994 第 10 条所指的法律、法规、决定和裁决
RCEP 协定	第 18.6 条：RCEP 联合委员会的附属机构	货物委员会主要负责货物贸易，原产地规则，海关程序与贸易便利化，实施动植物卫生检疫措施，标准、技术法规与合格评定程序，贸易救济措施领域的工作
欧日 EPA	第 2.34 条：货物贸易委员会	1. 根据第 22.3 条设立的货物贸易委员会（以下简称委员会）负责本章的有效实施和运作； 2. 委员会应具有以下职能：（a）审查和监测本章实施和运作情况；（b）向联合委员会报告委员会的调查结果；（c）履行联合委员会根据第 22.1 条第 5 款（b）项可能委托的其他职能
TPP	第 2.17 条：货物贸易委员会	在本协定生效后最初 5 年，专门委员会每年应至少召开一次会议。专门委员会的职能应包括：（a）促进缔约方之间的货物贸易，包括通过就本协定下关税的加速取消和其他合适问题进行磋商。（b）处理缔约方之间的货物贸易壁垒，自贸协定委员会以外的其他机构权限范围之内的除外，特别包括与非关税措施实施相关的壁垒，如适当，将此类事项提交自贸协定委员会考虑。（c）审议协调制度未来的修正，以保证每一缔约
CPTPP	第 2.18 条：货物贸易委员会	方在本协定项下的义务不发生改变，包括通过必要时就各缔约方附件 2-D（关税取消）减让表的转换确定指南，以及磋商解决下列冲突：（i）协调制度的修正与附件 2-D 之间；或（ii）附件 2-D 与国别关税税则之间。（d）磋商并努力解决缔约方之间就协调制度和附件 2-D 下货物归类相关事项可能产生的任何分歧。（e）承担自贸协定委员会可能委派的其他任何工作

① 现有的区域性贸易规则有关货物贸易的所有章节（如《贸易救济》《纺织与服装协定》《农业协定》《技术性贸易壁垒协定》《实施动植物卫生检疫措施协定》）几乎均设有"透明度"条款，这里不再赘述。

续表

协定	条目	内容
USMCA	第2.17条：货物贸易委员会	1. 双方特此设立货物贸易委员会（货物委员会），由各方代表组成； 2. 货物委员会应根据一方或委员会的请求召开会议，审议本章下产生的任何事项； 3. 货物委员会应在双方决定的地点和时间或通过电子方式举行会议。面对面会议将轮流在双方领土内举行； 4. 货物委员会的职能应包括：（a）监督本章的实施和管理；（b）促进缔约方之间的货物贸易；（c）为缔约方提供一个协商和努力解决与本章有关的问题的论坛，包括（视情况而定），与根据本协定设立的其他委员会、工作组或其他附属机构协调或联合；（d）迅速寻求解决缔约方之间货物贸易的关税和非关税壁垒问题，并在适当情况下将此事提交委员会审议；（e）协调缔约方之间货物贸易信息的交流；（f）讨论并努力解决双方在协调制度有关事项上可能产生的任何分歧，包括确保每一方在本协定下的义务不因其未来的实施而改变对协调制度的修正纳入其国家命名法；（g）酌情将可能与该委员会有关的问题提交根据本协定设立的另一委员会；（h）承担委员会可能指派或其他委员会提交的额外工作

（十）农产品贸易质量与《农业协定》条款变化

农产品的国内支持是各缔约方针对农产品施加的价格支持、直接支持以及其他补贴形式的一种国内保护措施。农产品一直以来是国际市场的敏感商品，各缔约方对国内农产品生产的支持情况受到各缔约方的关注。按照对农产品贸易产生的扭曲程度由严重到轻微分为"黄箱"、"蓝箱"和"绿箱"三种措施。《世界贸易组织协定》的《农业协定》第6条规定了各缔约方削减国内支持的义务。

《跨太平洋伙伴关系协定》《全面与进步跨太平洋伙伴关系协定》《欧盟与日本经济伙伴关系协定》《区域全面经济伙伴关系协定》继续沿用《世界贸易组织协定》的《农业协定》对国内支持的规定。《美国—墨西哥—加拿大协定》更倾向于"绿箱"措施（见表2-17），目的是让农产品的国内支持措施尽可能产生或至多产生最小贸易扭曲效应，但由于"绿箱"措施没有限制适用金额，同样可能造成较大的贸易扭曲。[①] 因此，如何更有效地利用"绿箱"措施，完善国内农产品支持政策和争端解决机制是亟待解决的现实问题。

表 2–17　　　　　　　　　农产品的国内支持条款

协定	条目	内容
WTO 协定	《农业协定》第 6 条：国内支持承诺	各成员减让国内支持的承诺载于其减让表第四部分，应适用于其所有有利于农业生产者的国内支持措施，但根据本条和本协定附件 2 规定的标准不得减让的国内措施除外。这些承诺以支持的总体衡量和"年度和最终约束承诺水平"表示（"黄箱"措施）
	《农业协定》第 7 条：国内支持的一般纪律	各成员应确保任何有利于农业生产者的国内支持措施保持一致，这些农业生产者因符合本协定附件 2 规定的标准而不受削减承诺的约束（"蓝箱"措施）
	《农业协定》附件 2：国内支持（免除减排承诺的基础）	要求免除削减承诺的国内支持措施应符合基本要求，即这些措施不产生或至多产生最小的贸易扭曲效应或对生产的影响（"绿箱"措施）
	《农业协定》附件 3：国内支持（支持总量的计算）	在不违反第 6 条规定的情况下，应在特定产品的基础上，为获得市场价格支持、非免税直接付款或任何其他不免除减让承诺的补贴（"其他非免税政策"）的每一种基本农产品计算支持总量。非特定产品的支持应以总货币形式合计为一个非特定产品的支持总量
	《农业协定》附件 4：国内支持（支持等效度量的计算）	根据第 6 条的规定，如果存在附件 3 中定义的市场价格支持，但综合支持量的这一组成部分的计算不可行，则应对所有基本农产品计算同等支持量
NAFTA	第 704 条：国内支持	缔约方认识到，国内支持措施对其农业部门至关重要，但也可能产生贸易扭曲和生产效应，国内支持削减承诺可能来自关税及贸易总协定下的农业多边贸易谈判。因此，如果一个缔约方支持其农业生产者，该缔约方应努力争取国内支持措施：（a）尽量减少或不产生贸易扭曲或生产影响；（b）免除在关贸总协定下可能谈判达成的任何适用的国内支持削减承诺。缔约方进一步认识到，缔约方可根据其在关贸总协定下的权利和义务，自行决定改变其国内支持措施，包括可能受削减承诺约束的措施

[①] 齐鹏、黄荣俊：《WTO 改革中国际争端解决机制反思及应对——以农业补贴为例》，《青海社会科学》2020 年第 3 期。

续表

协定	条目	内容
USMCA	第3.6条：国内支持	1. 缔约方认识到，国内支持措施对其农业部门至关重要，但也可能产生贸易扭曲效应和对生产的影响。如果一缔约方支持其农业生产者，该缔约方应考虑对生产不产生或至多产生最小贸易扭曲效应的国内支持措施； 2. 如果一缔约方对另一缔约方的国内支持措施对缔约方之间的贸易产生了负面影响表示关切，缔约方应相互分享关于国内支持措施的相关信息，并讨论该事项，以寻求最大限度地减少任何负面贸易影响

农产品的质量和安全一直以来是国际社会尤其是发达国家重视的焦点问题。《世界贸易组织协定》的《农业协定》没有对"农产品的质量和技术"议题做专门规定。《跨太平洋伙伴关系协定》《全面与进步跨太平洋伙伴关系协定》《欧盟与日本经济伙伴关系协定》《美国—墨西哥—加拿大协定》提高了农产品质量和安全要求，专门设有农业生物技术合作工作组，重视现代生物技术①和现代生物技术产品②，尤其对低水平混杂（LLP）③事件的发生零容忍，分别设立了防止LLP事件发生的出口方措施以及若发生LLP事件后的进口方措施（见表2-18）。《区域全面经济伙伴关系协定》并没有对农业或农产品做专门规定。农产品的质量和安全标准的提高给发展中国家的农产品出口贸易带来不少阻碍和不确定性。

---

① 根据《全面与进步跨太平洋伙伴关系协定》的定义，现代生物技术是指应用：(a) 体外核酸技术，包括重组脱氧核糖核酸（rDNA）和将核酸直接注入细胞或细胞器；或者 (b) 分类家族以外的细胞融合，克服自然生理生殖或重组障碍，并且不是传统育种和选择中使用的技术。

② 根据《全面与进步跨太平洋伙伴关系协定》的定义，现代生物技术产品是指利用现代生物技术开发的农产品以及鱼和鱼产品，但不包括药品和医疗产品。

③ 低水平混杂（LLP）发生是指低水平的重组脱氧核糖核酸（DNA）植物材料已通过食品安全评估，但可能会无意中出现在进口国家的食品或饲料中，而这些国家的相关重组DNA植物的食品安全尚未确定。

表 2-18　　农产品质量和技术条款

协定	条目	内容
欧日 EPA	第 19.2 条：范围	合作范围应包括：（a）促进农产品和食品贸易，包括就相关法规进行对话；（b）开展合作，以改善农场管理、生产力和竞争力，包括交流可持续农业的最佳做法，以及利用技术和创新；（c）农业和食品生产和技术合作；（d）农产品质量政策方面的合作，包括地理标志方面的合作；（e）合作和交流促进农村发展的最佳做法；（f）就第 19.1 条所涵盖的其他事项进行协商，如双方可能同意
TPP	第 2.29 条：现代生物技术产品贸易	1. 为处理 LLP 事件的发生，并为防止今后再出现 LLP 事件，出口缔约方应：（a）提供出口缔约方已进行的，与现代生物技术特定植物产品的批准相关的风险或安全评估的概要；（b）提供其领土内已有现代生物技术植物产品获得批准的任何机构的联系方式信息；（c）鼓励该机构与进口缔约方共享第 2 款（b）项所述信息。
CPTPP	第 2.27 条：现代生物技术产品贸易	2. 如发生 LLP 事件，则进口缔约方：（a）将 LLP 事件的发生及要求进口商提交的额外信息通知进口商或其代理；（b）向出口缔约方提供进口缔约方已开展的与 LLP 事件的发生相关的风险或安全评估的摘要；（c）保证为遵守其国内法律、法规和政策所采取的处理 LLP 事件发生的措施是恰当的
USMCA	第 3.15 条：LLP 事件	1. 为应对 LLP 事件，并为了防止今后发生 LLP 事件，应进口缔约方的请求，出口缔约方应：（a）提供出口缔约方就属于 LLP 事件的现代生物技术产品的任何授权进行具体风险或安全评估的概要；（b）在获得该实体的许可后，如有需要，为在其领土内获得 LLP 事件所涉现代生物技术产品授权的任何实体提供一个联络点；（c）鼓励在其领土内获得与 LLP 事件所涉现代生物技术产品有关的授权的实体与进口缔约方分享第 2（b）段所述信息； 2. 在发生 LLP 事件的情况下，进口缔约方应：（a）将 LLP 事件以及为协助进口缔约方就 LLP 事件管理做出决定而需要提交的任何额外信息；（b）根据请求，并在可能的情况下，向出口缔约方提供进口缔约方根据其国内就 LLP 事件进行的任何风险或安全评估的概要；（c）确保在没有不必要延误的情况下管理 LLP 事件；（d）在决定如何管理 LLP 事件时，酌情考虑其他缔约方或非缔约方提供的任何相关风险或安全评估以及授权

续表

协定	条目	内容
USMCA	第3.16条：农业生物技术合作工作组。	工作组应为缔约方提供一个论坛，以便：（a）就与农业生物技术产品贸易有关的问题交流信息，包括现有和拟议的国内法律、法规和政策，以及根据适当的保密安排进行的任何风险或安全评估；（b）就农业生物技术产品相关问题，包括监管和政策发展交流信息，并在可能的情况下开展合作；（c）根据某些产品积累的知识和经验，考虑在监管事务和政策领域开展工作，以促进农业生物技术产品的贸易；（d）合作考虑管理LLP事件的共同方法；（e）审议在其他侧重于农业生物技术的三方合作机制下开展的工作，包括三方技术工作组，该工作组由缔约方于2003年设立，自2015年2月起根据职权范围运作

（十一）纺织服装原产地规则标准提高

《跨太平洋伙伴关系协定》《全面与进步跨太平洋伙伴关系协定》《美国—墨西哥—加拿大协定》设有专门的"纺织品与服装"章节，对纺织服装的原产地规则标准提高，具体提高纺织品从纱线到面料再到成衣的生产制造过程原产地要求，即"从纱认定"原则和"微量原则"，对非成员国的纺织服装出口带来较大挑战（见表2-19）。

表2-19　　　　　　　　　　纺织服装的原产地规则条款

协定	条目	内容
TPP（CPTPP）	第4.2条：原产地规则和有关事项——微量	1. 如因在生产过程中所使用的材料未发生附件A（纺织品和服装——特定原产地规则）所规定的适用税则归类改变，导致附件A（纺织品和服装——特定原产地规则）所含一纺织品或服装无法成为原产货物而归在第61章至第63章之外，但如全部此类材料的总重量不超过该货物总重量的10%，则该纺织品或服装仍应视为原产货物（微量）； 2. 第61章至第63章的纺织品或服装，如因在生产组件过程中所使用的纤维或纱线未发生附件A（纺织品和服装——特定原产地规则）所规定的适用税则归类改变，而无法成为原产货物，但如全部此类纤维或纱线的总重量未超过该组件总重量的10%，则该纺织品或服装仍应视为原产货物（微量）；

续表

协定	条目	内容
TPP（CPTPP）	第4.2条：原产地规则和有关事项——微量	3. 尽管有第2款和第3款，但如第2款所指货物含有弹性纱线，或第3款所指货物其决定货物税规归类的组件中含有弹性纱线，只有在此类纱线是在一个或多个缔约方领土内全部制成的，该货物方可视为属于原产货物（微量）
	第4.2条：原产地规则和有关事项——成套货物的待遇	尽管有附件A（纺织品和服装——特定原产地规则）所规定的纺织品和服装特定原产地规则，按照《协调制度归类总规则》归为零售用成套货品的纺织品和服装不得视为原产货物，除非套内每一货物均为原产货物，或套内非原产货物的总价值不超过整套货物价值的10%（成套货物的待遇）
	第4.2条：原产地规则和有关事项——短缺清单的待遇	1. 每一缔约方应规定，为确定货物是否属第3章第2条（c）项下的原产货物，附件A（纺织品和服装——特定原产地规则）中附录1（短缺清单）所列材料属原产货物，条件是该材料满足附件A（纺织品和服装——特定原产地规则）中附录1（短缺清单）所详细明的所有要求，包括任何最终用途要求（短缺清单的待遇）； 2. 如主张货物属于原产货物是基于货物中使用附件A（纺织品和服装——特定原产地规则）的附录1（短缺清单）所列材料，则进口缔约方可要求在进口文件中包含附件A（纺织品和服装——特定原产地规则）的附录1（短缺清单）所列材料的原产地证书、编号或描述（短缺清单的待遇）； 3. 附件A（纺织品和服装——特定原产地规则）的附录1（短缺清单）中标为暂定的非原产材料，在自本协定生效起5年内，可根据第7款视为原产材料（短缺清单的待遇）
	第4.2条：原产地规则和有关事项——特定手工或民间货物的待遇	对于出口缔约方特定纺织品或服务，如一进口缔约方与出口缔约方同意属下列类别，则该进口缔约方可将该特定纺织品或服装确定为适用免除关税或优惠关税待遇：（a）家庭手工业制作的手工印染织物；（b）使用蜡染技术绘制图案的手工印染织物；（c）以手工织物或手工印染织物制成的家庭手工业产品；（d）传统民间手工纺织品（特定手工或民间货物的待遇）
USMCA	第6.1节：原产地规则及相关事项——微量	1. 在《协调制度》第50章至第60章或第96.19项中分类的纺织品或服装货物，如果包含不满足附件4-B（特定产品原产地规则）中规定的关税分类要求的适用变化的非原产材料，但如果所有这些材料的总重量不超过货物总重量的10%，则应被视为原产货物。其中弹性体含量的总重量不得超过总重量的7%，并且货物符合本章和第4章（原产地规则）的所有其他适用要求（微量）；

续表

协定	条目	内容
USMCA	第6.1节：原产地规则及相关事项——微量	2. 在《协调制度》第61章至第63章中分类的纺织品或服装商品，其成分中含有非原产纤维或纱线，决定了该商品的关税分类，不符合附件4-B（特定产品原产地规则）中规定的适用关税分类变化。如果所有这些纤维或纱线的总重量不超过该组分总重量的10%，其中弹性体含量的总重量不超过货物总重量的7%，且货物满足本章和第4章（原产地规则）的所有其他适用要求，则应被视为原产货物（微量）
	第6.1节：原产地规则及相关事项——成套货物的待遇	尽管附件4-B（特定产品原产地规则）中规定了特定产品的原产地规则，但根据《协调制度解释通则》第3条的规定归类为零售商品的纺织品和服装不得为原产商品，除非该成套货物中的每一种商品都是原产商品，或者该商品组中非原产商品的总价值不超过该成套货物价值的10%（成套货物的待遇）
	第6.1节：原产地规则及相关事项——特定手工或民间货物的待遇	一个进口缔约方和一个出口缔约方可以确定特定纺织品或服装的是：（a）家庭手工业的手织物；（b）用这些手织物制成的家庭手工业产品；（c）传统民俗手工艺品；（d）土著手工艺品（特定手工或民间货物的待遇）

（十二）《技术性贸易壁垒协定》规则要求提高

技术性贸易壁垒是指以国家安全、环境保护、人类和动植物的生命或健康、防止欺诈为由，凭借技术法规、技术标准、包装、标记、认证、检验、检疫等规定程序，制定和实施某些特殊的技术要求与条件，给其他国家的商品贸易造成障碍。[1] 技术性贸易壁垒是当前国际贸易中最为隐蔽、最难对付的非关税壁垒。[2]

《世界贸易组织协定》的《技术性贸易壁垒协定》第2条和第3条

---

[1] 唐宜红：《全球贸易与投资政策研究报告（2016）——国际贸易与投资新规则的重构》，人民出版社2016年版，第172页。

[2] Singh Rahul, Rupa Chanda, "Technical Regulations, Intermediate Inputs, and Performance of Firms: Evidence from India", *Journal of International Economics*, Vol. 128, 2021, pp. 1-25；鲍晓华、朱达明：《技术性贸易壁垒的差异化效应：国际经验及对中国的启示》，《世界经济》2015年第11期。Chen Natalie, Dennis Novy, "Gravity, Trade Integration, and Heterogeneity across Industries", *Journal of International Economics*, Vol. 85, No. 2, 2011, pp. 206-221.

明确要求中央政府机构、地方政府机构和非政府机构编制、采用和应用技术法规。《区域全面经济伙伴关系协定》沿用《技术性贸易壁垒协定》的规定,《跨太平洋伙伴关系协定》《全面与进步跨太平洋伙伴关系协定》《欧盟与日本经济伙伴关系协定》仅要求缔约方确保中央政府机构和下一级的地方政府机构遵守技术性贸易壁垒相关规定,《美国—墨西哥—加拿大协定》要求缔约方确保中央政府机构的限制行为（见表2-20）。

表2-20　　　　　　　　　　技术性贸易壁垒：范围条款

协定	条目	内容
WTO协定	《技术性贸易壁垒协定》第2条、第3条	1. 中央政府机构编制、采用和应用技术法规； 2. 地方政府机构和非政府机构编制、采用和应用技术法规
NAFTA	第902条：义务的范围	各缔约方应通过适当措施，确保各州或省政府以及其境内的非政府标准化机构遵守第904条至第908条
RCEP协定	第6.3条：范围	1. 本章应当适用于可能影响缔约方之间货物贸易的中央政府机构的标准、技术法规和合格评定程序； 2. 每一缔约方应当采取其所能采取的合理措施，保证其领土内的负责标准、技术法规和合格评定程序的制定、采取和实施的地方政府机构和非政府机构在本章的执行过程中的合规性
欧日EPA	第7.2条：范围	1. 本章适用于《技术性贸易壁垒协定》中定义的中央政府机构的技术法规、标准和合格评定程序的编制、采用和应用； 2. 各缔约方应采取其所能采取的合理措施，鼓励其领土内直接低于中央政府的地方政府机构遵守第7.5条至第7.11条的规定，这些地方政府机构负责技术法规、标准和合格评定程序的编制、采用和应用
TPP	第8.3条：范围	本章适用于所有可能影响缔约方间货物贸易的中央政府机构制定、采用和实施的技术法规、标准和合格评定程序（以及，如有明文规定，比中央政府低一级的政府的技术法规、标准和合格评定程序）
CPTPP		
USMCA	第11.2条：范围	本章适用于中央政府机构的标准、技术法规和合格评定程序的编制、采用和应用

技术性国际标准一般是由技术性贸易壁垒委员会制定，公认且适用的技术标准。国际标准的认定是为了减少或避免各国以自身技术优势滥

用技术性贸易壁垒的乱象。《世界贸易组织协定》的《技术性贸易壁垒协定》鼓励各缔约方界定、制定和使用国际标准，但没有强制性条款和法定约束力。《跨太平洋伙伴关系协定》《全面与进步跨太平洋伙伴关系协定》《欧盟与日本经济伙伴关系协定》《美国—墨西哥—加拿大协定》《区域全面经济伙伴关系协定》等协定条款明显提高技术性国际标准制定和使用的法定约束力。《美国—墨西哥—加拿大协定》明确规定缔约方不得以其他原则或标准来承认某一标准为国际标准，在国际标准承认上设置了较多门槛和条件（见表2-21），确保国际标准的公认性、权威性和有效性。

表2-21　　　　　　　　技术性贸易壁垒：国际标准条款

协定	条目	内容
WTO协定	《技术性贸易壁垒协定》第2.4条、第5.4条、附件3	如果需要技术法规，且相关国际标准已经存在或即将完成，各成员应将其或其相关部分作为其技术法规的基础，除非此类国际标准或相关部分对于实现所追求的合法目标而言是无效或不适当的手段，例如由于基本气候或地理因素或基本技术问题
NAFTA	第905条：国际标准的使用	各缔约方应使用相关国际标准或即将完成的国际标准作为其标准相关措施的基础
ATIGA	第74条：标准	1. 在协调国家标准时，成员国应作为首选方案，在制定新的国家标准或修订现有标准时采用相关的国际标准； 2. 在没有国际标准的情况下，成员国应统一国家标准。鼓励成员国积极参与国际标准的制定，特别是在那些对东盟有贸易潜力的部门
RCEP协定	第6.5条：国际标准、指南和建议	缔约方应当在适当的情况下，加强互相之间在如WTO的技术性贸易壁垒委员会等其他国际层面的活动中讨论国际标准和相关问题时的协调和沟通
欧日EPA	第7.6条：国际标准	为了在尽可能广泛的基础上协调标准，缔约方应鼓励其领土内的区域或国家标准化机构：（a）在其资源范围内，在相关国际标准化机构编制国际标准的过程中充分发挥作用；（b）使用相关国际标准作为其制定标准的基础；（c）避免与国际标准化机构的工作重复或重叠；（d）以适当的时间间隔，最好不超过5年，审查其不以相关国际标准为基础的标准，以便与相关国际标准更加一致

续表

协定	条目	内容
TPP CPTPP	第8.5条：国际标准、指南和建议	各缔约方应在可行和适当的情况下相互合作，以确保可能成为技术法规和合格评定程序基础的国际标准、指南和建议不会对国际贸易造成不必要的障碍
USMCA	第11.4条：国家标准、指南和建议	1. 除了《技术性贸易壁垒委员会关于国际标准的决定》中的原则或标准之外，各方不得采用其他原则或标准来承认某一标准为国际标准。为了提高确定性，与确定一项标准是否为国际标准无关的标准包括：（a）标准机构的所在地；（b）标准机构是非政府机构还是政府间机构；（c）标准机构是否限制代表团的参与。 2. 任何缔约方不得优先考虑或使用通过以下过程制定的标准：（a）不符合技术性贸易壁垒委员会关于国际标准的决定；（b）对任何一方的人员的待遇低于其住所与标准化机构相同的人员

《世界贸易组织协定》的《技术性贸易壁垒协定》规定缔约方应在技术法规公布和生效之间留出合理时间，以便其他缔约方有时间适应该措施。《东盟商品贸易协定》《跨太平洋伙伴关系协定》《全面与进步跨太平洋伙伴关系协定》《美国—墨西哥—加拿大协定》《区域全面经济伙伴关系协定》等协定条款明确了该合理时间不少于6个月。《跨太平洋伙伴关系协定》《全面与进步跨太平洋伙伴关系协定》在第八章的附件中对七个重点领域的技术标准、产品信息、法规依据和合格评定程序进行了细化规定（见表2-22），技术标准和合格评定程序进一步规范化。

表2-22　　技术性贸易壁垒：技术标准和合格评定程序条款

协定	条目	内容
WTO协定	《技术性贸易壁垒协定》第2.12条、第5.9条	除紧急情况外，各成员应在技术法规公布和生效之间留出合理的时间间隔，以便出口成员，特别是发展中国家成员的生产者有时间调整其产品或生产方法，以适应进口成员的要求

续表

协定	条目	内容
NAFTA	第 909 条：通知、公布和提供信息	除为解决第 4 款所指的紧急问题而有必要的情况外，各缔约方应在公布与标准有关的措施与该措施生效之日之间留出一段合理的时间，以便相关人员有时间适应该措施
ATIGA	第 75 条：技术法规	除紧急情况外，成员国应在技术法规公布和生效之间留出至少 6 个月的时间，以便出口成员国的生产商有足够的时间使其产品或生产方法适应进口成员国的要求
RCEP 协定	第 6.7 条：技术法规	"合理时间间隔"通常应当被理解为不少于 6 个月的期限，除非该期限导致无法实现技术法规所追求的合法目标
TPP	第 8.8 条：技术法规和合格评定程序的合规时限	1. 就实施《技术性贸易壁垒协定》第 2.12 条和第 5.9 条而言，"合理时间间隔"指一段通常不少于 6 个月的时限，除非时限导致无法实现所追求的合法目标； 2. 如可行且适当，每一缔约方应努力在最终技术法规和合格评定程序的公布及其生效之间提供超过 6 个月的时间间隔
CPTPP	第 8.12 条：附件	1. 附件应具有和第 8.2 条范围规定的相同的、与各相关附件中具体列明产品密切相关的范围，但预包装食品和食品添加剂专有配方附件、化妆品附件、医疗设备附件和药品附件除外，其范围由上述附件各自确定； 2. 产品领域覆盖（7 项）：葡萄酒和蒸馏酒、信息和通信技术产品、药品、化妆品、医疗设备、预包装食品和食品添加剂的专有配方、有机产品等
USMCA	第 11.8 条：技术法规和合格评定程序的合规时限	1. 就《技术性贸易壁垒协定》第 2.12 条和第 5.9 条而言，"合理间隔"一词通常指不少于 6 个月的时间，除非这对于实现技术法规或合格评定程序所追求的合法目标无效； 2. 如果可行和适当，各缔约方应努力在最终技术法规或合格评定程序公布和生效之间留出 6 个月以上的时间间隔

（十三）动植物卫生检疫措施要求更严格

动植物卫生检疫措施是最隐蔽、最难对付的非关税壁垒，是以人类、动物或植物的生命或健康为由，凭借进口检查、检验、抽样、风险评估、文件审核、测试等规定程序，制定和实施某些强制性的技术要求或条件，给其他国家的商品贸易造成障碍。《世界贸易组织协定》的《实施动植物卫生检疫措施协定》的等效性是指如果出口缔约方对出口产品所采取的动植物卫生检疫措施，客观上达到了进口缔约方适当的动植物卫生检疫保护水平，进口缔约方就应视之为与自己措施等效的措施而加以接受。这一条款实质是鼓励成员国在最大可行范围内，寻求各自动植物卫生检疫措施的等效性，从而减少或避免不必要的限制进口。

《跨太平洋伙伴关系协定》《全面与进步跨太平洋伙伴关系协定》《欧盟与日本经济伙伴关系协定》《美国—墨西哥—加拿大协定》《区域全面经济伙伴关系协定》对缔约方的限制和要求更多更严（见表2-23）。

表2-23　　　　　　　动植物卫生检疫措施：等效性条款

协定	条目	内容
WTO协定	《实施动植物卫生检疫措施协定》第4条：等效	若出口缔约方对出口产品所采取的动植物卫生检疫措施客观上达到了进口缔约方适当水平的动植物卫生检疫保护水平，进口缔约方应视之为与自己措施等效的措施而加以接受
NAFTA	第714条：等效	为确立等效，每一出口缔约方应根据进口缔约方的请求，采取其可能获得的合理措施，以便利在其领土内进行检查、测试和其他相关程序
ATIGA	第84条：等效	各缔约方根据《实施动植物卫生检疫措施协定》和相关国际标准、准则和检疫，发起并进一步加强等效合作，以促进成员国之间的贸易
RCEP协定	第5.5条：等效	1. 在决定一项动植物卫生检疫措施的等效性时，进口缔约方应当考虑出口缔约方可获得的知识、信息和经验以及管理能力。 2. 应出口缔约方的请求，进口缔约方应当解释并提供其措施的理由和目标以及其措施意在解决的特定风险。 3. 出口缔约方应当提供必要信息，以便进口缔约方开始等效性评估。一旦评估开始，进口缔约方应请求并且不得不合理迟延地，解释其做出等效性决定的程序和计划。 4. 在共同同意的情况下，鼓励涉及肯定的等效性决定的缔约方，在货物委员会中共享信息和经验
欧日EPA	第6.14条：等效	1. 在确定动植物卫生检疫措施的等效性时，双方应考虑世界贸易组织动植物卫生检疫措施委员会的相关指导，特别是其关于实施《实施动植物卫生检疫措施协定》第4条的决定，以及OIE或IPPC食品法典委员会的国际标准、指南和建议； 2. 如果确定了等效性，双方可考虑国际标准、指南或OIE、IPPC食品法典委员会的建议，就替代进口条件和简化证书达成一致

续表

协定	条目	内容
TPP CPTPP	第7.8条：等效	1. 应出口缔约方申请，进口缔约方应解释其动植物卫生检疫措施的目的和理由，并明确指出该措施准备应对的风险； 2. 如进口缔约方收到等效评估申请并确认出口缔约方提供的信息充分，则应在合理时间内开始等效评估； 3. 如进口缔约方开始等效评估，则该缔约方应出口缔约方的要求，应及时说明其等效认可的程序和做出等效决定的计划，以及如决定认可等效，开始贸易的计划； 4. 在认可动植物卫生检疫措施等效时，进口缔约方应考虑现有知识、信息和相关经验以及出口缔约方的监管能力
USMCA	第9.9条：等效	1. 在《实施动植物卫生检疫措施协定》第4条的基础上，各缔约方应在可行且适当范围内，对一系列措施或体制层面认可等效； 2. 应出口缔约方的请求，进口缔约方的主管当局应考虑是否可使用简化的程序来确定等效性； 3. 如果一个缔约方采用、修改或废除了一项与植物检疫等同的措施，进口缔约方应：（a）继续接受等同的承认，直到它通知出口缔约方是否必须满足其他要求以保持等同；（b）如果必须满足（a）项下的其他要求，则应要求与出口缔约方讨论这些要求

动植物卫生检疫规则要求和标准提高。风险评估是缔约方基于科学依据评估动物或植物生命或健康的风险，风险评估是进口缔约方对出口缔约方发起动植物卫生检疫措施的必要环节。《世界贸易组织协定》的《实施动植物卫生检疫措施协定》规定了缔约方在风险评估时所需要参照的科学依据和经济因素，并且保证在进口缔约方需要风险评估时不能影响正常的进口。《北美自由贸易协定》允许出口缔约方"分阶段"实施动植物卫生检疫措施达到其适当的保护水平。

《区域全面经济伙伴关系协定》《美国—墨西哥—加拿大协定》《跨太平洋伙伴关系协定》《全面与进步跨太平洋伙伴关系协定》在风险评估有关条目上对进口缔约方的要求和限制越来越多，所需提交的科学依据材料（定性和定量信息）也越来越详细，体现了风险评估程序的日益规范化。《美国—墨西哥—加拿大协定》取消了《北美自由贸易协定》对出口缔约方分阶段的缓冲举措,并且与《跨太平洋伙伴关系协定》《全面与进步跨太平洋伙伴关系协定》强调各缔约方可建立其适当的保护水平(见表2-24),这对于卫生检验检疫标准本身就高的发达国家更加占据了发起动植物卫生检疫措施的主动性和话语权,符合发达国家的利益,但也给发展中国家带来了不少出口阻碍。

表2-24　　　　　　　动植物卫生检疫措施:风险评估条款

协定	条目	内容
WTO协定	《实施动植物卫生检疫措施协定》第5条:风险评估和动植物卫生检疫保持适当水平的确定	1. 在评估风险时,缔约方应基于科学依据:有关过程和生产方法;有关检查、抽样和测试方法;特定疾病或害虫流行;有无病虫害的地区;有关生态和环境条件等。 2. 在评估对动物或植物生命或健康的风险和确定为达到适当的卫生保护水平而采取的措施时,各缔约方应考虑相关的经济因素:在有害生物或疾病进入、发生或传播的情况下,生产或销售损失方面的潜在损害;进口成员领土内的控制或根除成本;限制风险的替代方法的相对成本效益
NAFTA	第715条:风险评估和适当的保护水平	如果一缔约方能够通过分阶段实施卫生和植物检疫措施达到其适当的保护水平,它可以应另一缔约方的请求并根据本节的规定,考虑到请求方的出口利益,允许分阶段实施这种措施,或在有限的时间内给予该措施特定的例外
RCEP协定	第5.7条:风险分析	1. 进行风险分析时,一进口缔约方应当:保证风险分析存档,并且给予相关的一个或者多个出口缔约方以该进口缔约方决定的方式提出意见的机会;考虑对贸易的限制不超出为达到适当的卫生保护水平所要求的限度的风险管理方式;在考虑技术和经济可行性的同时,选择对贸易的限制不超出为达到适当的卫生保护水平所要求的限度的风险管理方式。 2. 在不损害紧急措施的情况下,如一进口缔约方在审议开始时已经允许进口另一缔约方的某种货物,该进口缔约方不得仅以其正在对一项卫生措施进行审查为由,停止进口另一缔约方的该货物
欧日EPA	第6.6条:风险评估	各缔约方应确保其卫生和植物检疫措施基于根据《实施动植物卫生检疫措施协定》第5条和其他相关规定进行的风险评估

续表

协定	条目	内容
TPP CPTPP	第 7.9 条：科学和风险分析	1. 在认识到各缔约方在《实施动植物卫生检疫措施协定》相关条款的权利和义务的前提下，但不妨碍缔约方：(a) 建立其认为适当的保护水平…… 2. 每一缔约方应确保其进行的每一项风险评估都适合所涉风险的情况，并考虑到合理可得的相关科学数据，包括定性和定量信息。 3. 进口缔约方需通过风险分析来评估出口缔约方提出的许可该方货物进口的申请，应出口缔约方的请求，进口缔约方应提供风险评估所需信息的说明。如收到出口缔约方提供的所需信息时，则进口缔约方应依据进口缔约方的程序、政策、资源以及法律法规，做出针对该申请的工作规划，努力促进对许可申请的评估工作。 4. 在不影响第 7.14 条（紧急措施）的情况下，任何缔约方不得仅以进口缔约方正在对其卫生和植物检疫措施进行审查为由停止进口另一缔约方的货物，如果进口缔约方在审查开始时允许进口另一缔约方的该货物
USMCA	第 9.6 条：科学和风险分析	1. 本章承认缔约方在《实施动植物卫生检疫措施协定》相关条款下的权利和义务，但不妨碍缔约方：(a) 确定其认为适当的保护水平…… 2. 如果进口缔约方要求进行风险评估，以评估出口缔约方授权进口该出口缔约方货物的请求，进口缔约方应根据出口缔约方的请求，提供风险评估所需信息的解释。在收到出口缔约方提供的必要信息后，进口缔约方应根据进口缔约方的程序、政策、资源、法律和法规，通过安排有关该请求的工作，努力促进对授权请求的评估。 3. 在不影响第 9.14 条（紧急措施）的情况下，任何缔约方不得因进口缔约方正在对其动植物卫生检疫措施进行审查而停止进口另一缔约方的货物，如果进口缔约方在审查开始时允许进口另一缔约方的该货物

动植物卫生检疫措施适应区域条件的国际标准和评估程序的要求提高，适应区域条件指各缔约方应确保其动植物卫生检疫措施适应该地区的检疫特征。在评估一个地区的卫生和卫生特性时，各缔

约方应考虑特定疾病或虫害的流行程度、根除或控制方案以及有关国际标准或指南。适应区域条件不但让缔约方国内的人员或动植物免受其他地区病虫害的威胁，还可推动成员间农业贸易的发展，在防止技术性贸易壁垒危及农业贸易方面做出了贡献。《世界贸易组织协定》的《实施动植物卫生检疫措施协定》第6条主要针对无虫害或无疾病区域的概念、区分及依据进行规定。

《欧盟与日本经济伙伴关系协定》基于《OIE陆生动物健康准则》《OIE水生动物健康准则》以及IPPC制定的《国际植物检疫措施标准》规定了区域和隔室概念、无虫害区、无虫害生产场所和低虫害流行区的概念，表明在适应区域条件上，已出现国际标准化的趋势。《跨太平洋伙伴关系协定》《全面与进步跨太平洋伙伴关系协定》《区域全面经济伙伴关系协定》规定如进口缔约方收到出口缔约方关于确定地区条件的请求，并且确定该出口缔约方提供的信息充分，该进口缔约方应当在"合理期限内"进行评估，《美国—墨西哥—加拿大协定》要求进口缔约方应立即启动评估。《区域全面经济伙伴关系协定》《跨太平洋伙伴关系协定》《全面与进步跨太平洋伙伴关系协定》《美国—墨西哥—加拿大协定》对进口缔约方的要求和限制明显增多（见表2-25）。

表2-25　　　　　　动植物卫生检疫措施：适应区域条件条款

协定	条目	内容
WTO协定	《实施动植物卫生检疫措施协定》第6条：适应区域条件	1. 在评估一个地区的卫生特性时，各成员应考虑特定疾病或虫害的流行程度、根除或控制方案的存在以及有关国际组织可能制定的适当标准或指南。 2. 各成员尤其应认识到无虫害或无疾病地区以及虫害或疾病低流行地区的概念。此类区域的确定应基于地理、生态系统、流行病学检测以及动植物卫生控制的有效性等因素。 3. 声称其领土内的区域为无虫害或无疾病区域、虫害或疾病低流行区域的出口成员应提供必要的证据，以便向进口成员客观地证明这些区域分别为无虫害或无疾病区域、虫害或疾病低流行区域，并且有可能继续存在

续表

协定	条目	内容
NAFTA	第716条：适应区域条件	1. 各缔约方可根据本节规定：（a）对无虫害或无疾病地区采用、维持或应用不同于低虫害或低疾病流行地区的风险评估程序；（b）对无虫害或无疾病地区生产的货物的处置做出不同于低虫害或低疾病流行地区生产的货物的最终决定，同时考虑任何相关条件，包括与运输和处理相关的条件。 2. 每一缔约方在采取、维持或实施与引进、建立或传播动物或植物病虫害有关的卫生或植物检疫措施时，应给予在另一缔约方境内无病虫害地区生产的商品与在另一国家无病虫害地区生产的商品同等的优惠待遇。该缔约方应使用同等的风险评估技术来评估无虫害或无疾病地区以及该地区周围的相关条件和控制措施，并考虑任何相关条件，包括与运输和处理相关的条件
RCEP协定	第5.6条：适应地区条件，包括适应病虫害非疫区和低度流行区的条件	1. 根据出口缔约方的请求，进口缔约方应当无不合理迟延地说明其做出地区条件承认决定的程序和计划； 2. 如进口缔约方收到出口缔约方关于确定地区条件的请求，并且确定该出口缔约方提供的信息充分，该进口缔约方应当在合理期限内开始评估； 3. 如对该出口缔约方提供的证据的评估未能使进口缔约方做出承认地区条件的决定，该进口缔约方应当在合理期限内向该出口缔约方以书面形式提供其决定的理由
欧日EPA	第6.10条：适应区域条件	1. 关于动物、动物产品和动物副产品，双方认可《OIE陆生动物健康准则》和《OIE水生动物健康准则》中规定的区域和隔间概念； 2. 各缔约方可针对《OIE陆生动物健康准则》或《OIE水生动物健康准则》未涵盖的疾病建立第2款中提及的区域或隔室，并同意另一缔约方在双方之间的贸易中应用此类区域或隔室； 3. 关于植物和植物产品，双方认可在IPPC制定的《国际植物检疫措施标准》中规定的无虫害区、无虫害生产场所、无虫害生产场所和低虫害流行区的概念，以及双方同意在贸易中适用的保护区概念
TPP CPTPP	第7.7条：适应区域条件，包括适应病虫害非疫区和低度流行区的条件	1. 各缔约方认识到适应地区条件，包括区域化、分区制和无疫区，是便利贸易的重要方式； 2. 如进口缔约方收到来自出口缔约方关于认可地区条件的申请并确认出口缔约方提供的信息充分，则应在合理时间内开始评估

续表

协定	条目	内容
USMCA	第9.8条：适应区域条件，包括适应病虫害非疫区和低度流行区的条件	1. 缔约方认识到适应区域条件，包括区域化、分区制和无疫区，是便利贸易的重要手段； 2. 如果进口缔约方从出口缔约方收到确定区域条件的请求，并确定出口缔约方提供了足够的信息，进口缔约方应立即启动评估

综上所述，货物贸易规则在世界贸易组织规则基础上发生了很大变化，区域性货物贸易规则对零关税、非关税壁垒、反倾销与反补贴、贸易便利化、农产品贸易、原产地规则、技术性贸易壁垒、动植物卫生检疫措施、透明度等规则都进行重大调整和变化，货物贸易规则新变化对全球货物贸易发展产生深远影响，对我国和发展中国家货物贸易发展带来机遇和挑战。

第二节 对标全球货物贸易规则的差距分析

对标全球货物贸易规则，对我国在新一轮全球经贸规则重构过程中，加快推动制度型开放发展，提升经贸规则制定话语权具有重大意义。我国作为全球货物贸易第一大国，对标全球最高货物贸易规则，我国仍然存在比较明显差距，迫切需要进一步深化改革开放，促进开放经济高质量发展。

一 平均关税率仍然较高，零关税商品比例偏低

（一）与欧美发达国家比较，平均关税率仍然偏高

自加入世界贸易组织以来，中国的平均关税由2001年的15.39%降至2018年的7.56%，但平均关税仍然明显高于欧美发达国家，欧美发达国家平均关税在3.25%以下（见图2-1）。2018年中国的初级产品平均关税为7.98%（美国5.96%），制成品平均关税为7.50%（美国2.77%）（见图2-2、图2-3）。

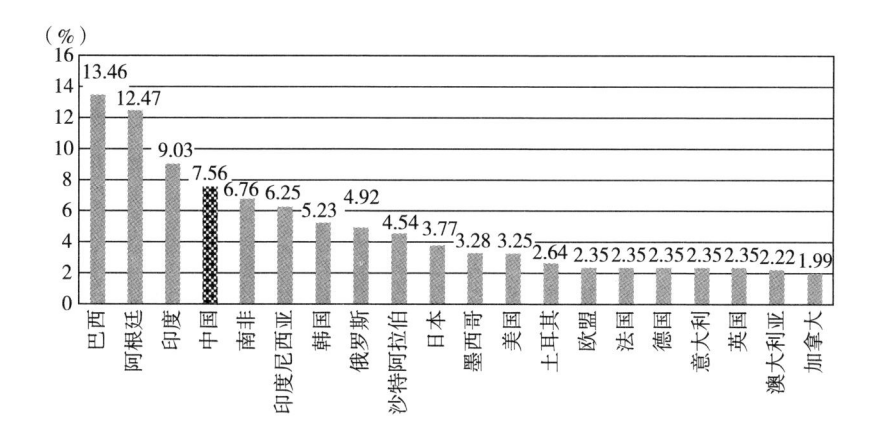

图 2-1　2018 年 G20 成员平均关税税率

资料来源：世界银行的 WDI 数据库。

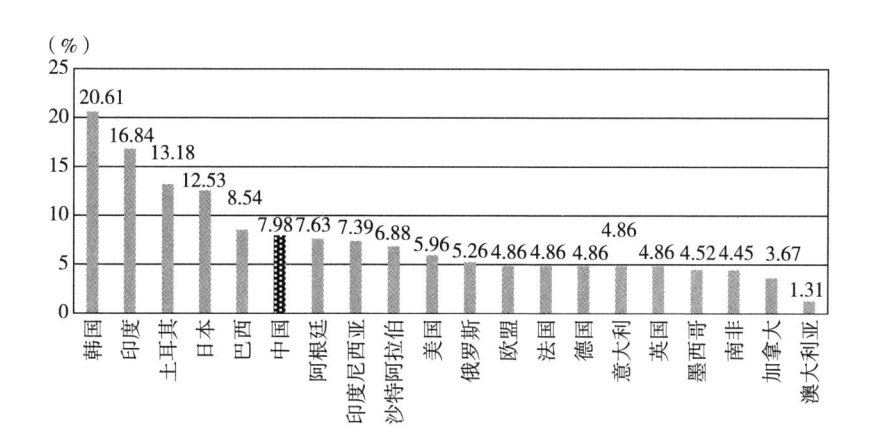

图 2-2　2018 年 G20 成员初级产品平均关税税率

资料来源：世界银行的 WDI 数据库。

（二）制成品零关税商品比例偏低

2018 年中国的制成品零关税商品比例达 24.41%（美国 57.39%），在 G20 成员中，该比例仅高于阿根廷、沙特阿拉伯、巴西和印度（见图 2-4）。中国的制成品 5% 以下关税商品比例达 39.71%（美国 74.99%），仅高于巴西和印度（见图 2-5），说明中国的制成品零关税或低关税商品比例偏低，仍然有较大提升空间。

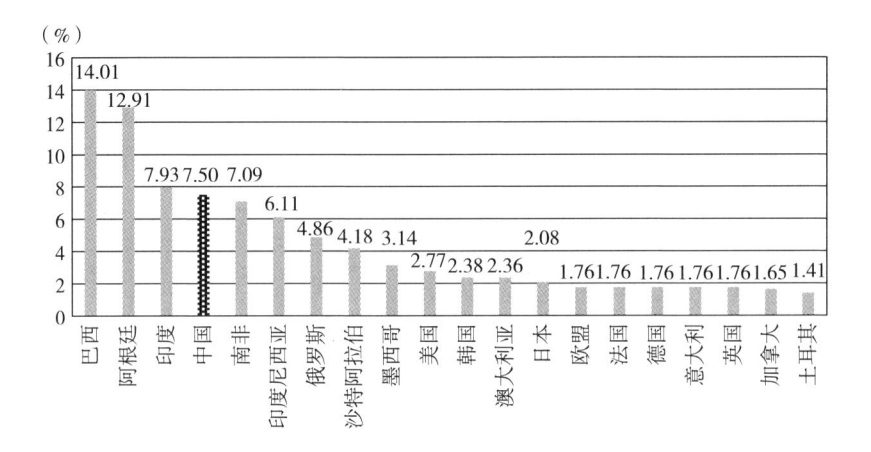

图 2-3　2018 年 G20 成员制成品平均关税税率

资料来源：世界银行的 WDI 数据库。

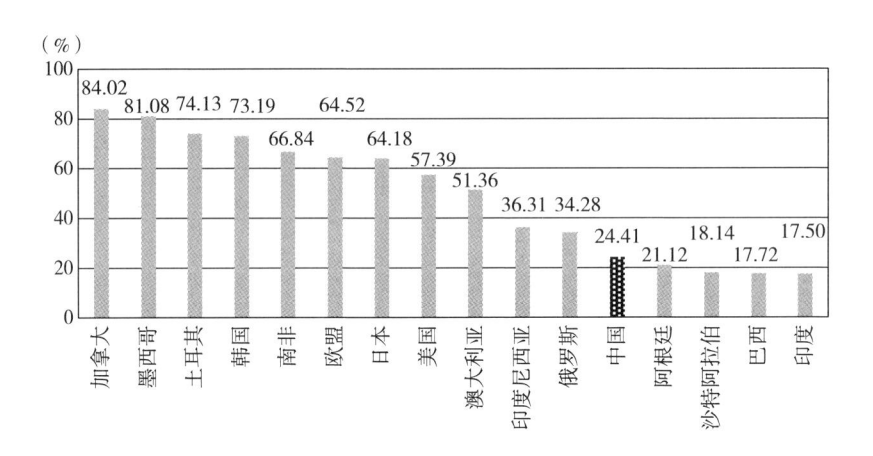

巴西 14.01、阿根廷 12.91、印度 7.93、中国 7.50、南非 7.09、印度尼西亚 6.11、俄罗斯 4.86、沙特阿拉伯 4.18、墨西哥 3.14、美国 2.77、韩国 2.38、澳大利亚 2.36、日本 2.08、欧盟 1.76、法国 1.76、德国 1.76、意大利 1.76、英国 1.76、加拿大 1.65、土耳其 1.41

图 2-4　2018 年 G20 成员制成品零关税商品占比

资料来源：联合国贸发会议数据库。

加拿大 84.02、墨西哥 81.08、土耳其 74.13、韩国 73.19、南非 66.84、欧盟 64.52、日本 64.18、美国 57.39、澳大利亚 51.36、印度尼西亚 36.31、俄罗斯 34.28、中国 24.41、阿根廷 21.12、沙特阿拉伯 18.14、巴西 17.72、印度 17.50

《美国—墨西哥—加拿大协定》《全面与进步跨太平洋伙伴关系协定》《欧盟与日本经济伙伴关系协定》的成员国承诺零关税商品比例至少在 97% 以上，美国和墨西哥在协定生效后实现 100% 产品零关税，而《区域全面经济伙伴关系协定》下中国对东盟承诺在协定生效后的 20 年实现 90% 的产品零关税（见表 2-26）。

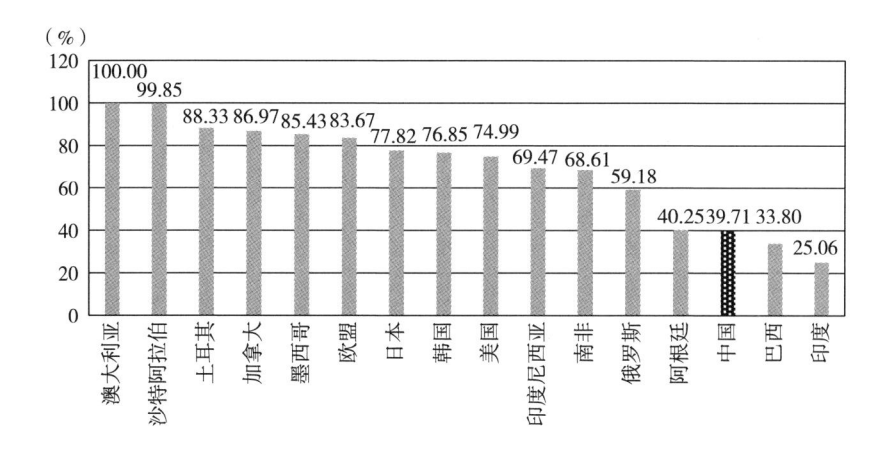

第二章 货物贸易规则变化比较分析

图 2-5 2018 年 G20 成员制成品 5%以下关税商品占比

资料来源：联合国贸发会议数据库。

表 2-26　　　　　　　　各类协定文本关税减让内容

协定	国家	主要内容
USMCA	美国	1. 美对墨实行 100%零关税； 2. 美对加约 98%的产品实行零关税（部分商品实行 6 年后降为零）
	加拿大	1. 加对墨约 97%的产品实行零关税； 2. 加对美约 98%的产品实行零关税（仅一种商品实行 6 年后降为零）
	墨西哥	1. 墨对美实行 100%零关税； 2. 墨对加约 98.5%的产品实行零关税
欧日 EPA	日本	1. 约 94%的产品实行零关税； 2. 最长 15 年后降为零关税
	欧盟	1. 约 99%的产品实行零关税； 2. 最长 15 年后降为零关税
CPTPP	日本	1. 约 99%的产品实行零关税； 2. 最长 20 年后降为零关税
RCEP 协定	中国	1. 中国对东盟约 90%产品实行零关税； 2. 最长 20 年后降为零关税

215

（三）一些行业关税率仍然偏高

行业关税与美国进行比较，中国多数行业的关税仍然明显高于美国。2019年，中国的植物产品、动物产品、动（植）物油脂三大类农产品的关税为14.2%、11.3%和12.4%，美国为4.0%、3.7%和3.5%。中国的化工、机械、金属等行业关税也明显高于美国（见图2-6）。

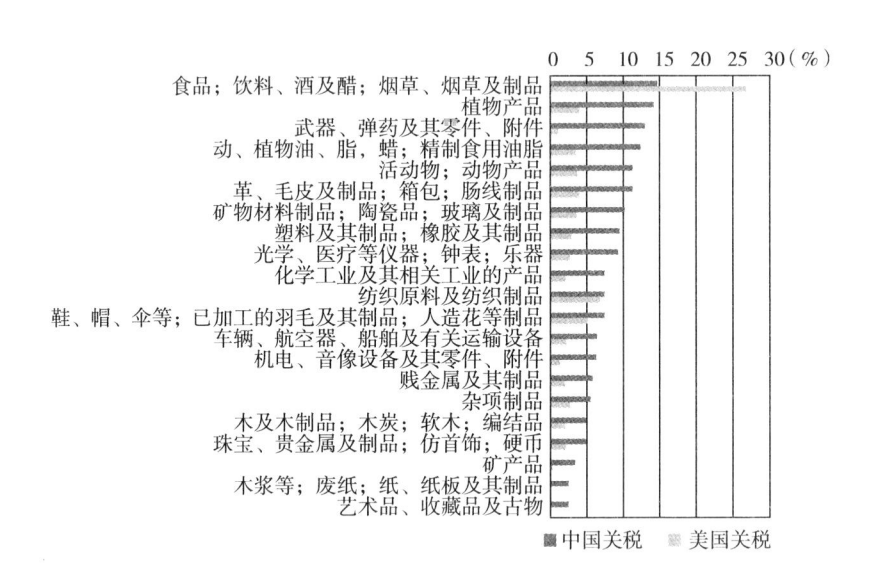

图2-6 2019年中美分行业关税比较

注：最惠国有效关税

资料来源：WTO Tariff Database。

二 贸易摩擦数量居全球首位，贸易争端解决机制需进一步完善

随着中国货物贸易快速发展，中国与其他国家的贸易摩擦数量持续增加。[①] 2010—2020年，对中国共发起1028个案件，居全球首位（见图2-7），迫切需要深化改革和完善贸易竞争政策，进一步完善贸易争端解决机制。

[①] Caliendo Lorenzo et al., "Trade and Labor Market Dynamics: General Equilibrium Analysis of the China Trade Shock", *Econometrica*, Vol. 87, No. 3, 2019, pp. 741-835；崔琨、施建淮：《关税冲击下的中间品贸易、通货膨胀目标规则与福利分析》，《世界经济》2020年第10期；韩晶、孙雅雯：《全球价值链视角下的关税水平与贸易政策选择——基于生产分割视角的考察》，《国际贸易问题》2020年第7期。

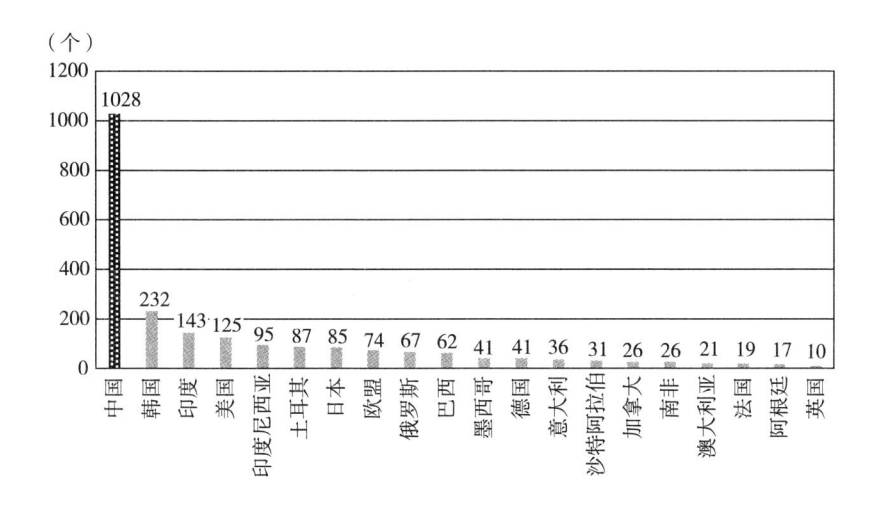

图 2-7 2010—2020 年 G20 成员贸易救济被诉案件

资料来源：中国贸易救济信息网。

三 贸易便利化水平偏低，需要提升贸易便利化综合水平

WTO 官网显示，2017 年《贸易便利化协定》的执行率达到 70.2%[1]，区域贸易协定的签署及生效的主要目的是促进贸易投资自由化、便利化，而贸易便利化水平在一定程度上反映了一国货物贸易流通管理的透明度和高效性[2]。根据世界经济论坛发布的贸易促进指数（The Enabling Trade Index，ETI）[3]，中国的贸易便利化水平偏低，2016年中国贸易便利化综合指数为 4.49，在 G20 成员方中居第 37 位，美国的贸易便利化综合指数为 5.24，居第 15 位（见图 2-8）。将贸易便利化综合指数细分，发现中国各细分指标水平均落后于美国，尤其在边境管理、ICT 便利度上差距明显（见图 2-9）。

四 技术性贸易壁垒案件数量偏高，需要提升产品卫生和技术标准水平

动植物卫生检疫措施和技术性贸易壁垒是最隐性且各国最偏向使用

---

[1] 该执行率的数据是 2021 年 7 月 15 日在 WTO 官网显示的数据。

[2] Hornok Cecília, Miklós Koren, "Administrative Barriers to Trade", *Journal of International Economics*, Vol. 96, No. 7, 2015, pp. 110-122.

[3] "The Global Enabling Trade Report (2016)", https：//www3.weforum.org/docs/WEF_GETR_2016_report.pdf.

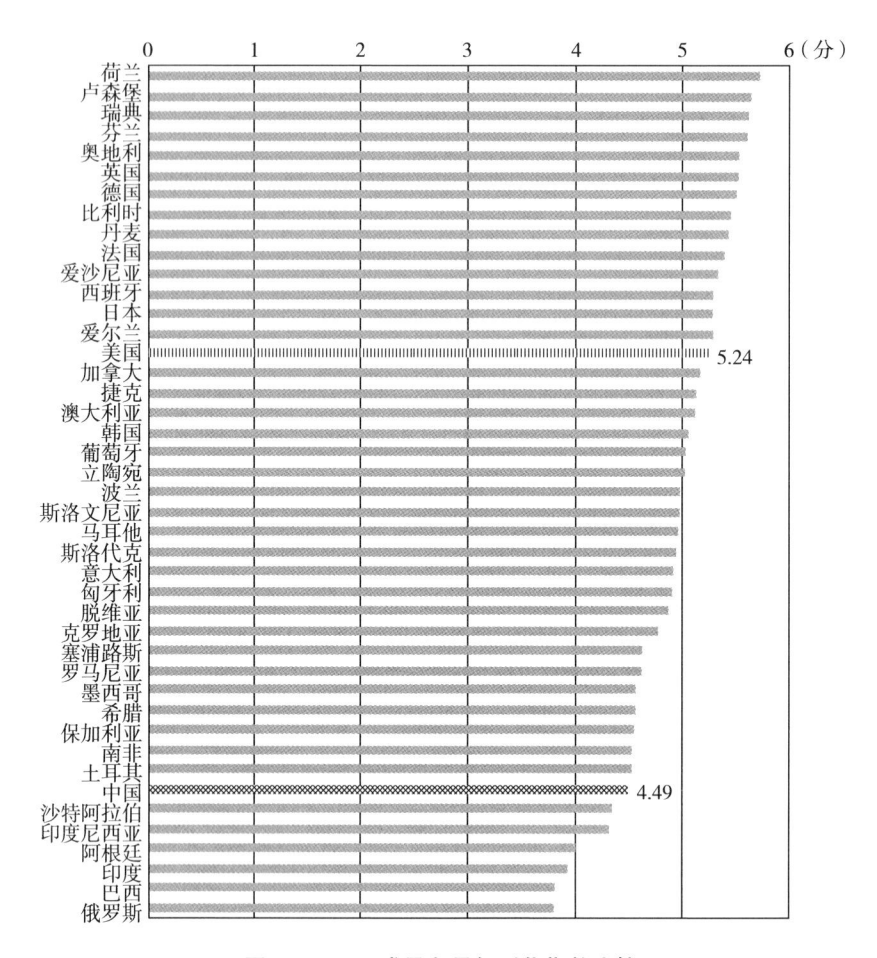

图 2-8　G20 成员贸易便利化指数比较

资料来源：*Global Enabling Trade Report*（2016）.

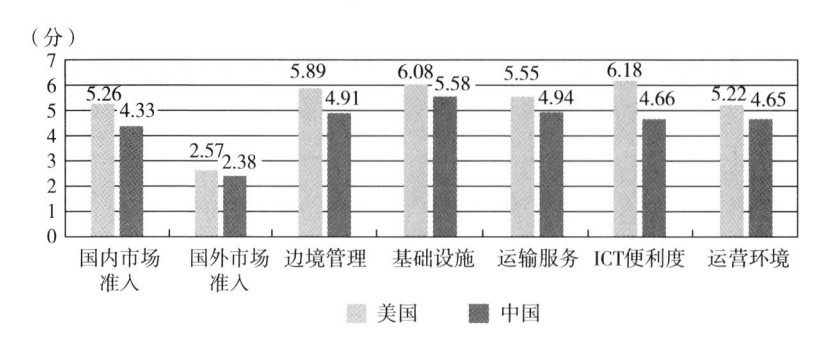

图 2-9　中国与美国的贸易便利化细分指标水平比较

资料来源：*Global Enabling Trade Report*（2016）.

的非关税壁垒。① 2010—2020 年，对中国共发起动植物卫生检疫案件 122 件，位居全球第 2 位（见图 2-10）。对中国共发起特别关注下的技术性贸易壁垒案件 84 件，位居全球第 4 位。动植物卫生检疫与技术性贸易壁垒案件个数居于全球前列，迫切需要提升产品的卫生和技术标准（见图 2-11）。

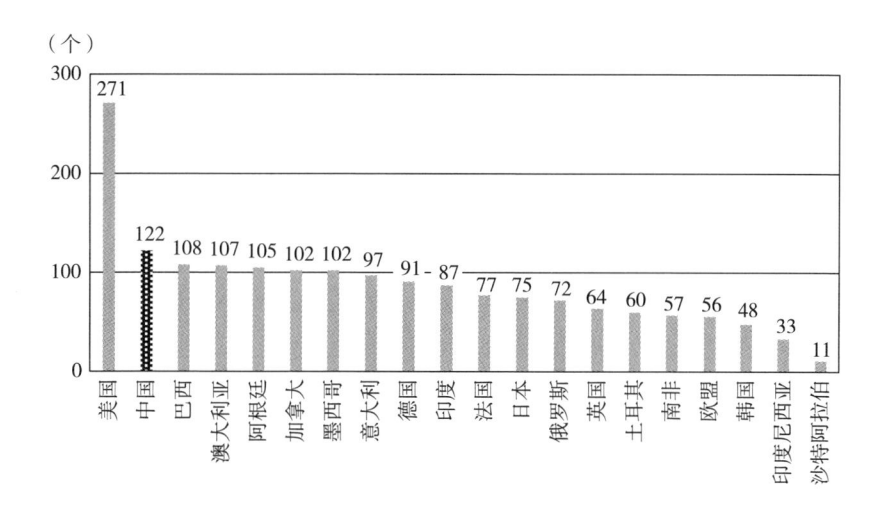

图 2-10　2010—2020 年 G20 成员动植物卫生检疫案件（被诉）

资料来源：WTO 的非关税壁垒数据库。

第三节　全球货物贸易规则变化的影响分析

全球货物贸易规则出现新趋势、新特征、新变化，将对全球经贸发展产生深远影响，对中国货物贸易发展和高水平开放带来机遇和挑战。本节对自由贸易协定签署的贸易效应进行分析，对有关零关税对中国贸易发展的短期和长期影响进行计量分析，并对标货物贸易规则对国内行

---

① Singh Rahul, Rupa Chanda, "Technical Regulations, Intermediate Inputs, and Performance of Firms: Evidence from India", *Journal of International Economics*, Vol.128, 2021, pp.1-25；鲍晓华、朱达明：《技术性贸易壁垒的差异化效应：国际经验及对中国的启示》，《世界经济》2015 年第 11 期；李丽玲、王曦：《卫生与植物检疫措施对中国农产品出口质量的影响》，《国际经贸探索》2015 年第 9 期。

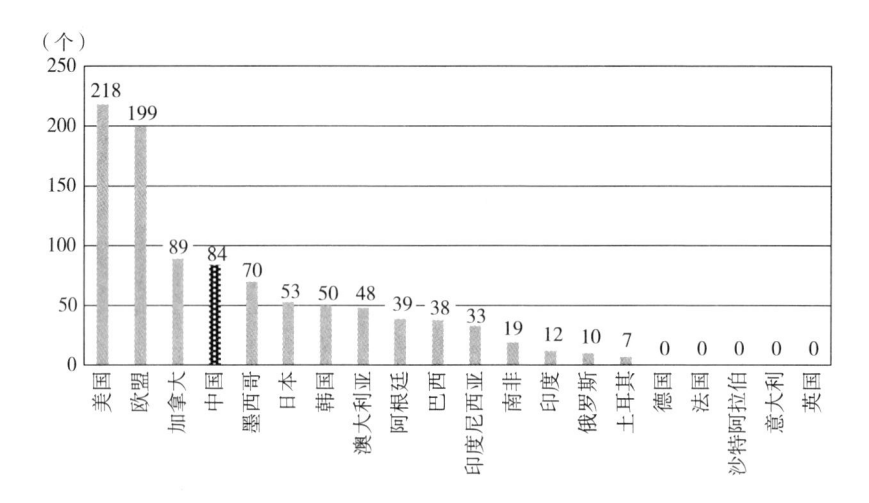

图 2-11　2010—2020 年 G20 成员技术性贸易壁垒案件（被诉）

资料来源：WTO 的非关税壁垒数据库。

业的影响差异进行比较分析。

一　自由贸易协定（FTA）对货物贸易增长的影响分析

（一）模型构建与数据说明

本节参考韩剑和许亚云[①]的做法来构建引力模型：

$$\ln Trade_{ijt} = \beta_0 + \beta_1 FTADummy_{ijt} + \eta_{it} + \vartheta_{jt} + \sigma_{ij} + \varepsilon_{ijt} \tag{2-1}$$

式（2-1）中，下标 i、j、t 分别代表货物贸易出口国、货物贸易进口国和年份。被解释变量 $\ln Trade_{ijt}$ 表示为 t 年 i 国对 j 国货物贸易出口额的自然对数。核心解释变量 $FTADummy_{ijt}$ 表示虚拟变量，若 t 年 i 国与 j 国签署协定，则取值为 1；反之为 0。η_{it} 和 ϑ_{jt} 分别是国家 i—年份、国家 j—年份的固定效应，用来控制国家随时间变化的特征，σ_{ij} 为国家 i—国家 j 的固定效应，用来控制国家双边特征，加入这三组固定效应可以基本解决 FTA 多边阻力项和内生性问题。ε_{ijt} 为误差项。系数 β_1 表示签署 FTA 对成员国出口贸易流量的影响大小，也称 FTA 的平均贸易效应。

本节选取《全面与进步跨太平洋伙伴关系协定》《美国—墨西哥—

---

① 韩剑、许亚云：《RCEP 及亚太区域贸易协定整合——基于协定文本的量化研究》，《中国工业经济》2021 年第 7 期。

加拿大协定》《区域全面经济伙伴关系协定》《欧盟与日本经济伙伴关系协定》下的48个国家或地区[①]为样本，利用1990—2020年（总共31年）各经济体的双边贸易流量数据（共48×47＝2256组）来考察签署FTA对贸易流量的影响。双边贸易流量数据来自国际货币基金组织（IMF）的DOT数据库，区域贸易协定信息来自世界贸易组织（WTO）的RTA数据库。由于双边贸易流量中存在较多零值，本节采用泊松伪最大似然估计（PPML）法进行回归。

（二）FTA贸易效应的回归结果

表2—27报告了式（2—1）的回归结果。核心解释变量 FTADummy 的回归系数显著为正，其中列（1）是未考虑零值的最小二乘法（OLS）回归，列（2）、列（3）、列（4）是分别考虑了出口国—年份固定效应、进口国—年份固定效应、出口国—进口国固定效应，可以发现它们的系数非常大，这显然与经济事实不符。而列（5）同时控制了三组固定效应以后，系数为0.05，弹性约为5.13%〔＝(e^0.05−1)×100%〕，即一国或地区签订一个自由贸易协定平均使出口增加约5.13%，这意味着签订越多的自由贸易协定能有效促进本国的贸易增长。

表2—27　　　　　　　　FTA虚拟变量的基准回归

被解释变量：ln$Trade$	OLS回归	PPML回归			
	（1）	（2）	（3）	（4）	（5）
$FTADummy$	2.23*** （0.02）	2.15*** （0.10）	2.11*** （0.30）	1.60*** （0.08）	0.05*** （0.02）
$Constant$	3.93*** （0.02）	3.96*** （0.04）	3.97*** （0.35）	4.15*** （0.03）	4.70*** （0.01）
出口国—年份固定	No	Yes	No	No	Yes

---

① 48个经济体分别是澳大利亚、奥地利、比利时、文莱、保加利亚、柬埔寨、加拿大、智利、中国、克罗地亚、塞浦路斯、捷克、丹麦、爱沙尼亚、芬兰、法国、德国、希腊、匈牙利、印度尼西亚、爱尔兰、意大利、日本、韩国、老挝、拉脱维亚、立陶宛、卢森堡、马来西亚、马耳他、墨西哥、缅甸、荷兰、新西兰、秘鲁、菲律宾、波兰、葡萄牙、罗马尼亚、新加坡、斯洛伐克、斯洛文尼亚、西班牙、瑞典、泰国、英国、美国、越南。

续表

被解释变量：lnTrade	OLS回归	PPML回归			
	(1)	(2)	(3)	(4)	(5)
进口国—年份固定	No	No	Yes	No	Yes
出口国—进口国固定	No	No	No	Yes	YES
样本数	64009	64009	64009	64009	64009
R^2	0.10	0.48	0.38	0.89	0.95
F值	8047.30 [0.00]	459.53 [0.00]	51.09 [0.00]	393.29 [0.00]	11.02 [0.00]

注：*、**、***分别表示在10%、5%、1%的水平下显著；小括号内为稳健标准误；中括号内为P值。

资料来源：笔者根据Stata15.0整理。

（三）亚太地区①的样本回归

地理距离是国际贸易的重要阻碍因素，一个国家签署自由贸易协定的意愿可能与另一国的地理距离有关。表2-28专门对亚太地区样本进行单独回归，从列（5）看，核心解释变量 FTADummy 的回归系数是 0.13，弹性约为13.88%［=（e^0.13-1）×100%］，即一国或地区签订一个自由贸易协定平均使出口增加约13.88%，这意味着区域内的自由贸易协定签署更能有效带动成员国间的贸易，《区域全面经济伙伴关系协定》作为目前全球最大的区域贸易协定，将对中国货物贸易发展带来较大潜力。

表2-28　　　　　　FTA虚拟变量的回归（亚太地区）

被解释变量：lnTrade	OLS回归	PPML回归			
	(1)	(2)	(3)	(4)	(5)
FTADummy	0.27*** (0.09)	-0.65** (0.24)	-0.79 (0.92)	1.91*** (0.19)	0.13** (0.05)

① 亚太地区包括澳大利亚、新西兰、中国、日本、韩国、文莱、柬埔寨、印度尼西亚、老挝、马来西亚、缅甸、菲律宾、新加坡、泰国、越南。

续表

被解释变量：ln$Trade$	OLS 回归 (1)	PPML 回归 (2)	(3)	(4)	(5)
Constant	5.51*** (0.07)	6.06*** (0.14)	6.15*** (0.75)	4.52*** (0.12)	5.60*** (0.03)
出口国—年份固定	No	Yes	No	No	Yes
进口国—年份固定	No	No	Yes	No	Yes
出口国—进口国固定	No	No	No	Yes	YES
样本数	6231	6231	6231	6231	6231
R^2	0.01	0.48	0.35	0.89	0.96
F 值	8.95 [0.00]	7.36 [0.02]	0.74 [0.41]	100.82 [0.00]	6.16 [0.01]

注：*、**、***分别表示在10%、5%、1%的水平下显著；小括号内为稳健标准误；中括号内为 P 值。

资料来源：笔者根据 Stata15.0 整理。

（四）稳健性检验

表2-29 的列（1）、列（2）、列（3）主要参考 Trefler[1] 以及 Cheng 和 Wall[2] 的思想，并且考虑到贸易流对贸易政策的反应存在一定的时滞，因此采用对 $FTADummy_{ijt}$ 滞后一期，并以 2 年、3 年为间隔的估计方法进行稳健性检验。从表2-29 看，FTA 的贸易效应显著为正，系数也与基准回归比较接近，说明该回归结果是稳健的。

表2-29 的列（4）、列（5）是利用 $WIOD$（$World\ Input$-$Output\ Database$，世界投入产出数据库）2016 年版 2000—2014 年 43 个国家（地区）的制造业双边贸易数据（共 43×42＝1806 组）进行回归，列（4）和列（5）的被解释变量分别是传统意义上的出口和全球价值链体系下的出口国内增加值[3]，发现 FTA 的贸易效应仍然显著为正，证明回

---

[1] Trefler Daniel, "The Long and Short of the Canada–U. S. Free Trade Agreement", *American Economic Review*, Vol. 94, No. 4, 2004, pp. 870-895.

[2] Cheng I-Hui, Howard J. Wall, "Controlling for Heterogeneity in Gravity Models of Trade and Integration", *Federal Reserve Bank of St. Louis Review*, Vol. 87, No. 1, 2005, pp. 49-63.

[3] 出口国内增加值的计算方法会在本节第三部分中详细介绍。

归结果稳健,并且说明签署 FTA 的国家能加速嵌入成员国的生产分工网络。

表 2-29　　　　　　　　　FTA 虚拟变量的稳健性检验

被解释变量：lnTrade	(1) 滞后一期	(2) 以 2 年为间隔	(3) 以 3 年为间隔	(4) 替换变量	(5) 替换变量
FTADummy	0.05*** (0.02)	0.04** (0.02)	0.05* (0.03)	0.04** (0.02)	0.04*** (0.02)
Constant	4.67*** (0.01)	4.70*** (0.01)	4.73*** (0.01)	5.65*** (0.01)	5.21*** (0.01)
出口国—年份固定	Yes	Yes	Yes	Yes	Yes
进口国—年份固定	Yes	Yes	Yes	Yes	Yes
出口国—进口国固定	Yes	Yes	Yes	Yes	Yes
样本数	61780	32861	22512	27090	27090
R^2	0.95	0.95	0.95	0.98	0.98
F 值	12.12 [0.00]	3.81 [0.05]	3.20 [0.07]	6.51 [0.01]	7.33 [0.01]

注：*、**、*** 分别表示在 10%、5%、1% 的水平下显著；小括号内为稳健标准误；中括号内为 P 值。

资料来源：笔者根据 Stata15.0 整理。

二　零关税对中国贸易发展的影响分析

(一)　GTAP 模型简介

全球贸易分析模型（以下简称 GTAP 模型）由美国普渡大学教授所领导的全球贸易分析计划（Global Trade Analysis Project）开发,根据新古典经济理论设计出的应用于多国多部门的一般均衡模型,目前被广泛应用于贸易政策分析。全球主要经济组织,如世界贸易组织、国际货币基金组织以及世界银行等都采用 GTAP 模型来分析贸易政策的冲击效应。

(二)　研究方案设计

研究区域贸易协定生效对中国经济的影响要从多维度进行综合考察,本节主要从短期静态效应和长期动态效应两个维度进行分析。短期静态效应主要是贸易协定生效短期内使成员国的贸易条件、贸易流量等发生变化。长期动态效应是指贸易协定生效后一定时间内才会对成员国经济产生更深层次的影响，这种影响主要表现为对经济总量及福利水平的变化。全球货物贸易规则的重要趋势为零关税，因此选择关税作为主要的政策冲击，目标税率设定为0。本节在情景模拟选择的设定时将GTAP数据库中（第10版）141个国家（或地区）划分为18个国家（或地区），将65个产业分为10个部门（见表2-30）。

表2-30　GTAP模型的国家（地区）与生产部门划分

国家（地区）	中国、日本、韩国、澳大利亚、新西兰、东盟各国、美国、欧盟、英国、加拿大、新加坡、文莱、马来西亚、越南、智利、墨西哥、秘鲁、世界其他国家与地区
生产部门	谷物和作物、畜牧业和肉制品、自然资源、加工食品、纺织及制衣业、轻工业、重工业、公共事业与建设、交通与运输、其他服务业

资料来源：笔者整理。

本节主要分析区域贸易协定生效后零关税对于中国经济的影响，以《跨太平洋伙伴关系协定》《区域全面经济伙伴关系协定》以及中美同时加入《全面与进步跨太平洋伙伴关系协定》并分别生效为模拟情景。

（三）模拟结果分析

表2-31是各情景生效对于中国贸易发展的影响。由于自由贸易区贸易转移效应的存在，《跨太平洋伙伴关系协定》零关税生效后对中国的出口、进口、贸易条件、GDP和福利均产生一定负面冲击。《区域全面经济伙伴关系协定》零关税生效后对中国的出口、进口、GDP和福利均产生正向效应，但会恶化贸易条件，可能的原因是中国对该协定成员国的出口产品附加值偏低，而零关税生效有效促进了中国对低附加值产品的出口，最终导致中国的出口相对于进口的盈利能力进一步恶化。倘若中美同时加入《全面与进步跨太平洋伙伴关系协定》，该协定零关税生效后对中国的出口、进口、贸易条件、GDP和福利均产生较大的正面效应，这是因为该协定的成员国经济与贸易体量大，与中国的产业结构及贸易结构存在较大互补性，这将给中国带来较大的贸易增长空间和潜力。

表 2-31　　区域贸易协定生效对于中国贸易发展的影响

单位:%，美元

经济效应	情景模拟	TPP（中国是非成员国）	RCEP 协定（中国是成员国）	CPTPP（倘若中美同时加入）
短期静态效应	出口	-0.05%	1.48%	1.99%
	进口	-0.20%	2.31%	3.20%
	贸易条件	-0.09%	-0.15%	0.22%
长期动态效应	GDP	-0.11%	0.28%	0.46%
	福利	-3655.17 美元	8020.20 美元	24179.75 美元

资料来源：笔者根据 GTAP 模型结果整理。

三　货物贸易规则与价值链贸易的互动分析

（一）贸易增加值的计算方法

Hummels 等[1]最早将一国（地区）的总出口分解成出口的国内增加值（DV）和国外增加值（FV）。Wang 等[2]首次将一国（地区）总贸易流的分解方法延伸到行业和部门层面，该方法称为 WWZ 法，并被王直等[3]证实相对合理。本节利用 WIOD（World Input-Output Database，世界投入产出数据库）2016 年版对 43 个国家（地区）制造业[4]的贸易总值进行全球价值链（Global Value Chain，GVC）增加值的分解。

表 2-32 是 WIOD 多国投入产出模型的简表，上标 s、r 和 t 分别代表 S 国、R 国、T 国。Z^{sr} 和 Y^{sr} 分别代表 S 国产品被 R 国用作中间投入品和最终使用品的部分，VA^s 和 X^s 分别表示 S 国的增加值和产出，以此类推。上标"′"为转置。假设各国部门数统一为 n 个，那么表 2-32 中 Z 为 $n×n$ 的矩阵，X 和 Y 为 $n×1$ 的列向量，V 为 $1×n$ 的行向量。

---

[1] Hummels David et al., "The Nature and Growth of Vertical Specialization in World Trade", *Journal of International Economics*, Vol. 55, No. 1, 2001, pp. 75-96.

[2] Wang Zhi et al., "Quantifying International Production Sharing at the Bilateral and Sector Levels", NBER Working Papers, 2013, No: 19677.

[3] 王直等：《总贸易核算法：官方贸易统计与全球价值链的度量》，《中国社会科学》2015 年第 9 期。

[4] WIOD 数据库 2016 年版的产业分类是按照《国际标准行业分类》（第四版）（简称 ISIC rev4）划分，其中制造业包括 C05—C22。

表 2-32　　　　　　　　　　多国投入产出模型的表式

投入产出		中间使用				最终使用				总产出
		S 国	R 国	…	T 国	S 国	R 国	…	T 国	
中间投入	S 国	Z^{ss}	Z^{sr}	…	Z^{st}	Y^{ss}	Y^{sr}	…	Y^{st}	X^s
	R 国	Z^{rs}	Z^{rr}	…	Z^{rt}	Y^{rs}	Y^{rr}	…	Y^{rt}	X^r
	…	…	…	…	…	…	…	…	…	…
	T 国	Z^{ts}	Z^{tr}	…	Z^{tt}	Y^{ts}	Y^{tr}	…	Y^{tt}	X^t
增加值		VA^s	VA^r	…	VA^t	—	—	…	—	
总投入		$(X^s)'$	$(X^r)'$	…	$(X^t)'$	—	—	…	—	

资料来源：笔者参考王直等①整理。

WWZ 法对一国（地区）全球价值链出口增加值的分解模型为：

$$E^{sr} = A^{sr}X^r + Y^{sr} = (V^sB^{ss})'\#Y^{sr} + (V^sL^{ss})'\#(A^{sr}B^{rr}Y^{rr}) + (V^sL^{ss})'\#(A^{sr}B^{rt}Y^{tt}) + (V^sL^{ss})'\#(A^{sr}B^{rr}Y^{rt}) + (V^sL^{ss})'\#(A^{sr}B^{rt}Y^{tr}) + (V^sL^{ss})'\#(A^{sr}B^{rr}Y^{ts}) + (V^sL^{ss})'\#(A^{sr}B^{rt}Y^{ts}) + (V^sL^{ss})'\#(A^{sr}B^{rs}Y^{ss}) + (V^sL^{ss})'\#[A^{sr}B^{rs}(Y^{sr}+Y^{st})] + (V^sB^{ss}-V^sL^{ss})'\#(A^{sr}X^r) + (V^rB^{rs})'\#Y^{sr} + (V^rB^{rs})'\#(A^{sr}L^{rr}Y^{rr}) + (V^rB^{rs})'\#(A^{sr}L^{rr}E^r) + (V^tB^{ts})'\#Y^{sr} + (V^tB^{ts})'\#(A^{sr}L^{rr}Y^{rr}) + (V^tB^{ts})'\#(A^{sr}L^{rr}E^r) \quad (2\text{-}2)$$

根据式（2-2），总出口具体可以分解为被国外吸收的国内增加值（DVA）、返回并被本国吸收的国内增加值（RDV）、国外增加值（FVA）、纯重复计算部门（PDC）。其中 DVA 又可分解为最终出口的国内增加值（DVA_FIN）、被直接进口国吸收的中间出口（DVA_INT）、被直接进口国生产向第三国出口所吸收的中间出口（DVA_INTrex）。FVA 又可以分解为出口隐含的进口国增加值（MVA）、出口隐含的第三国增加值（OVA）。PDC 又可以分解为来自国内账户的纯重复计算（DDC）、来自国外账户的纯重复计算（FDC）。

---

① 王直等：《总贸易核算法：官方贸易统计与全球价值链的度量》，《中国社会科学》2015 年第 9 期。

（二） GVC 参与指数和 GVC 地位指数的计算

基于上述出口贸易的分解，Koopman 等[①]构建了反映一国参与全球分工体系程度和价值链分工地位的指标，即 GVC 参与指数和 GVC 地位指数，计算方法如下：

$$GVC\_Participation_{ir} = \frac{DVA\_INTrex_{ir} + FVA_{ir}}{E_{ir}} \quad (2-3)$$

$$GVC\_Position_{ir} = Ln\left(1 + \frac{DVA\_INTrex_{ir}}{E_{ir}}\right) - Ln\left(1 + \frac{FVA_{ir}}{E_{ir}}\right) \quad (2-4)$$

其中，$GVC\_Participation_{ir}$ 是 GVC 参与指数，表示 r 国 i 产业参与全球分工体系的程度，$GVC\_Position_{ir}$ 是 GVC 地位指数，表示 r 国 i 产业在全球价值链中的分工地位，DVA_INTrex_{ir}、FVA_{ir}、E_{ir} 表示一国总出口所包含的间接国内附加值、国外附加值和总出口。指数值越大，说明一国参与全球分工体系程度以及价值链分工地位越高。

（三） 货物贸易规则变化与价值链贸易的互动

1. 增加值贸易与经济周期和国际贸易政策变化存在明显互动

相较于传统意义上的贸易，价值链贸易与经济周期的联动性更强。[②] 从图 2-12 发现，制造业出口国内增加值的波动幅度低于传统出口，并且与 GDP 增长率的协动性更高。[③] 由于增加值贸易因中间品贸易的流动具有独特的"第三国效应"[④]，因此可避免或缓解经济体间在国际贸易政策制定上的直接冲突和矛盾[⑤]，这说明增加值贸易更能显著影响国际贸易政策的变化，两者存在明显互动。

---

① Koopman Robert et al., "Give Credit Where Credit is Due: Tracing Value-added in Global Production Chains", NBER Working Papers, 2010, No: 16426.

② 潘文卿等：《价值链贸易与经济周期的联动：国际规律及中国经验》，《经济研究》2015 年第 11 期。

③ 通过皮尔逊相关系数检验，出口国内增加值与 GDP 变动的系数为 0.9923，总出口与 GDP 变动的系数为 0.9909。

④ Duval Romain et al., "Value-added Trade and Business Cycle Synchronization", *Journal of International Economics*, Vol. 99, 2016, pp. 251-262.

⑤ 邵宇佳、刘文革：《增加值贸易与国际经济周期联动：理论模拟与经验检验》，《世界经济》2020 年第 8 期。

第二章 | 货物贸易规则变化比较分析

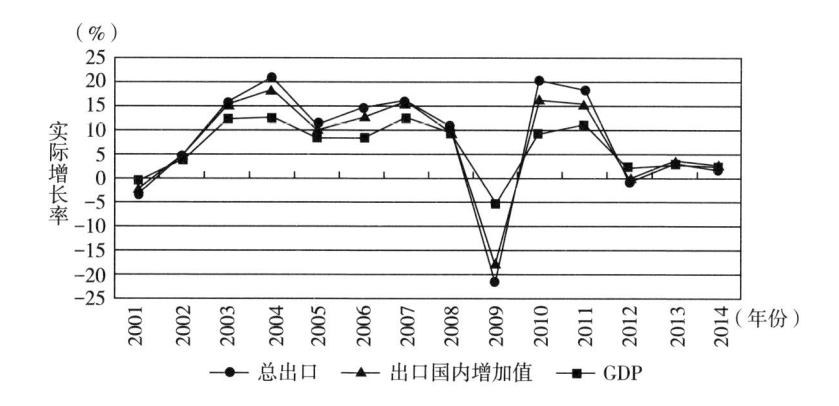

图 2-12　世界总出口、出口国内增加值与 GDP 的协动性

资料来源：笔者根据 WIOD 数据库测算得出。

2. 全球价值链参与程度与自由贸易规则和制度型开放政策存在互动

一国嵌入全球价值链的程度与本国货物贸易开放政策紧密相关。货物贸易开放主要有两种形式，一种是传统的出口贸易开放度（出口贸易额/GDP），出口贸易开放度与一国参与全球价值链程度呈正相关（见图 2-13）。另一种是更深层次的制度型开放，由于全球价值链下的中间品贸易会产生多重贸易成本[①]，而贸易便利化是一种新型的、规制融合的制度型开放政策，制度成本越低的国家嵌入全球价值链程度越高，因此贸易便利化水平与一国参与全球价值链程度呈正相关（见图 2-14）。

3. 全球价值链地位与高标准经贸规则和政策的制定权存在互动

全球价值链地位是衡量一国贸易获利能力的重要表现形式，中国依靠制造业成本优势表现出全球价值链参与度高、地位低的国际分工态势，尤其与美国、日本、德国等制造业强国差距明显（见图 2-15）。由于发达国家垄断了全球产业链中的研发和营销服务环节，生产制造业环节只能由发展中国家承接，而区域贸易协定的高标准经贸规则是发达国

---

① Markusen James R., Anthony J. Venables, "Interacting Factor Endowments and Trade Costs: A Multi-country, Multi-good Approach to Trade Theory", *Journal of International Economics*, Vol. 73, no. 2, 2007, pp. 333-354.

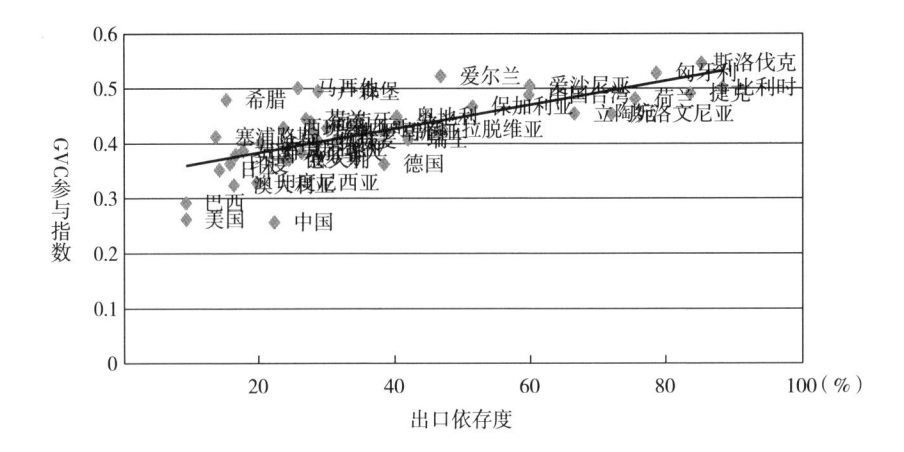

图 2-13 GVC 参与指数与货物贸易开放的相关性（2014 年）

资料来源：笔者根据 WIOD 数据库测算得出。

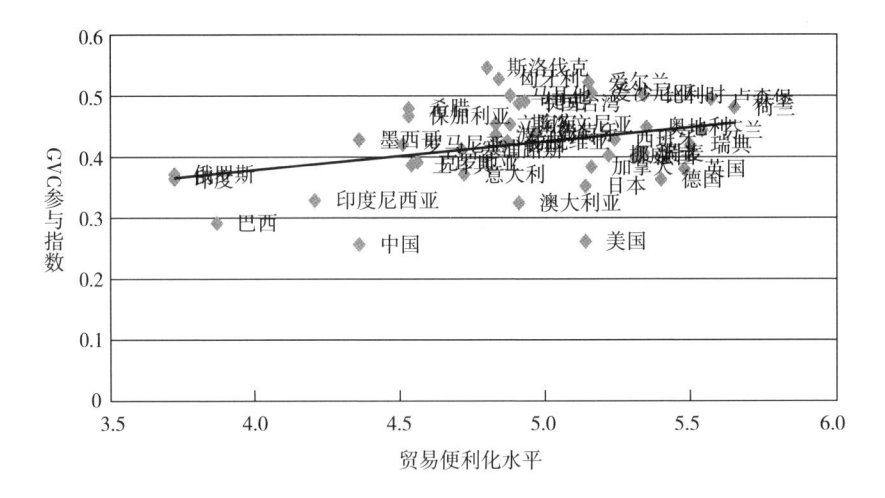

图 2-14 GVC 参与指数与贸易便利化水平的相关性（2014 年）

资料来源：笔者根据 WIOD 数据库测算得出。

家占据价值链制高点的集中反映，符合发达国家的利益。因此，全球价值链地位与高标准经贸规则和政策的制定权存在互动（见图2-16），两者互动可能进一步强化发达国家在全球价值链体系中的获利能力。

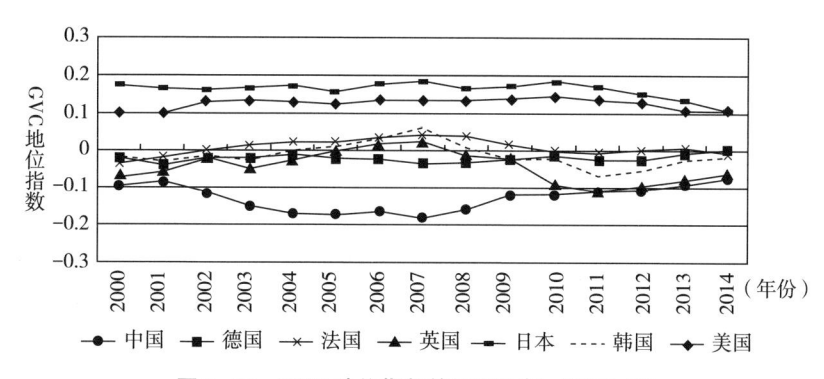

图 2-15 GVC 地位指数的国际比较（2014 年）

资料来源：笔者根据 WIOD 数据库测算得出。

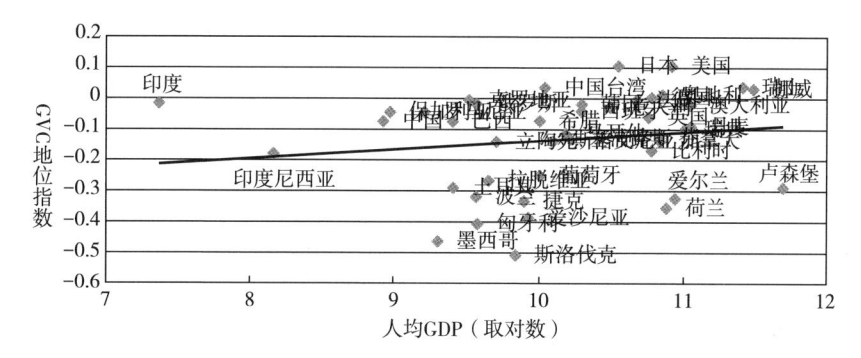

图 2-16 GVC 地位指数与人均 GDP 的相关性（2014 年）

资料来源：笔者根据 WIOD 数据库测算得出。

四 对标货物贸易规则对中国经济的影响分析

（一）对标"自由贸易"规则将促使全球分工形成区域性供应链体系，并使中国加速嵌入亚太价值链网络

整合和重构亚太地区的贸易协定，在更大范围内促进产业分工深化和区域价值链融合，是未来中国实现更高质量开放的重要战略任务。[①] 2011—2019 年，中国对东盟的出口依赖度上升 5.48 个百分点，对《美国—墨西哥—加拿大协定》成员的出口依赖度上升 0.38 个百分点，对《全面与进步跨太平洋伙伴关系协定》成员的出口依赖度上升 2.35 个

---

① 韩剑、许亚云：《RCEP 及亚太区域贸易协定整合——基于协定文本的量化研究》，《中国工业经济》2021 年第 7 期。

百分点（见图 2-17）。随着《区域全面经济伙伴关系协定》的生效并实施，中国将加速嵌入亚太价值链网络，促使中国产业链延伸与价值链提升，增加中国经济潜力和高质量发展效益。①

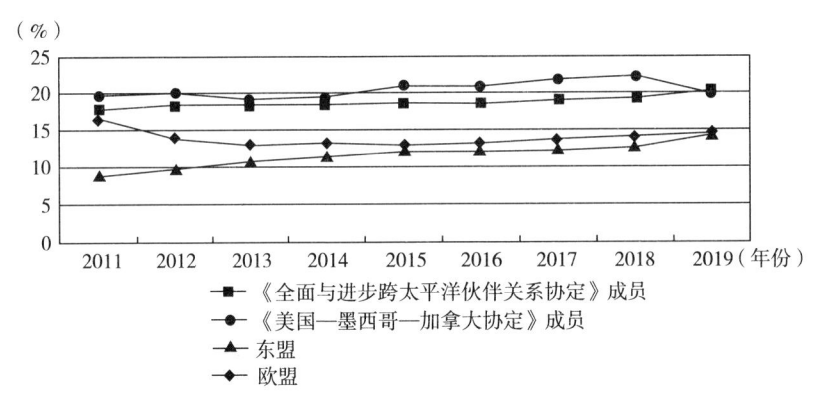

图 2-17　中国对各自贸区成员的出口依赖度

资料来源：IMF 的 DOTS 数据库。

（二）对标公平贸易规则对国内各产业带来异质性影响分析

贸易自由化促使资源从生产率低的部门转到生产率高的部门②，但同时贸易收益也可能会被国内同类产业的效益损失所抵消③，而以削减关税为手段的贸易自由化对行业的冲击和影响同样存在异质性和不确定性。④ 倘若中国完全降低市场准入，对国内产业必定带来不同程度的影

---

① 李春顶等：《中国大型区域贸易协定谈判的潜在经济影响》，《经济研究》2018 年第 5 期。
② Melitz Marc J., "The Impact of Trade on Intra-industry Reallocations and Aggregate Industry Productivity", *Econometrica*, Vol. 71, No. 6, 2003, pp. 1695-1725; Perla Jesse et al., "Equilibrium Technology Diffusion, Trade, and Growth", *American Economic Review*, Vol. 111, No. 1, 2021, pp. 73-128.
③ Trefler Daniel, "The Long and Short of the Canada-U. S. Free Trade Agreement", *American Economic Review*, Vol. 94, No. 4, 2004, pp. 870-895; Broda Christian, David E. Weinstein, "Globalization and the Gains from Variety", *Quarterly Journal of Economics*, Vol. 121, No. 2, 2006, pp. 541-585; Hsieh Chang-Tai et al., "Accounting for the New Gains from Trade Liberalization", *Journal of International Economics*, Vol. 127, 2020, pp. 1-29.
④ Lee Eunhee, "Trade, Inequality, and the Endogenous Sorting of Heterogeneous Workers", *Journal of International Economics*, Vol. 125, 2020, pp. 1-22; Fan Haichao et al., "The Hidden Cost of Trade Liberalization: Input Tariff Shocks and Worker Health in China", *Journal of International Economics*, Vol. 126, 2020, pp. 1-24.

响和冲击。① 本节基于 Balassa② 的 RCA 指数将各产业按不同属性进行分类（见表 2-33）。

表 2-33　　　　　　　　各产业不同属性分类情况

类别	产品名称	产品类别	关税税率（%）
第一类别（国内优势产业）	革、毛皮及制品，箱包，肠线制品	工业品	11.30
	纺织原料及纺织制品	工业品	7.40
	鞋、帽、伞等，已加工的羽毛及其制品，人造花，人发制品	消费品	7.40
	矿物材料制品，陶瓷品，玻璃及制品	工业品	10.20
	贱金属及其制品	工业品	5.80
	杂项制品	消费品	5.50
	影响：零关税对国内优势产业的影响冲击不大		
第二类别（价值链产业）	塑料及其制品，橡胶及其制品	工业品	9.50
	木及木制品，木炭，软木，编结品	工业品	4.90
	机电、音像设备及其零件、附件	工业品	6.30
	光学、医疗等仪器，钟表，乐器	工业品	9.30
	影响：零关税可降低价值链产业的上游原料成本，更深入地嵌入全球生产网络，同时有可能抑制本国的创新能力		
第三类别（幼稚或关键产业）	活动物，动物产品	农产品	11.30
	食品，饮料、酒及醋，烟草、烟草及制品	消费品	14.70
	化学工业及其相关工业的产品	工业品	7.40
	车辆、航空器、船舶及有关运输设备	工业品	6.40
	武器、弹药及其零件、附件	工业品	13.00
	艺术品、收藏品及古物	工业品	2.50
	影响：零关税会抑制幼稚或关键产业的成长，需避免直接与成熟的国外产业正面交锋		

---

① 周曙东等：《中韩自贸区建立对两国主要产业的经济影响分析——基于中韩自由贸易协定的关税减让方案》，《国际贸易问题》2016 年第 5 期。

② Balassa Bela, "Export and Economic Growth: Further Evidence", *Journal of Development Economics*, Vol. 5, No. 2, 1978, pp. 181-189.

续表

类别	产品名称	产品类别	关税税率（%）
第四类别（资源型产业）	植物产品	农产品	14.20
	动、植物油、脂、蜡；精制食用油脂	农产品	12.40
	矿产品	工业品	3.40
	木浆等，废纸，纸、纸板及其制品	工业品	2.50
	珠宝、贵金属及制品，仿首饰，硬币	消费品	4.90
	影响：对资源型产业实施零关税可增加国内供给，提高消费者福利		

资料来源：UN COMTRADE 商品贸易数据库、WTO 关税数据库。

1. 国内优势产业

这类产业的出口 RCA>0.8，进口 RCA<0.8，表明产业具有出口比较优势，不需要通过大量进口，说明这类产业的国内成长环境优良，管理水平及生产能力水平较为领先，产业所需的国内要素禀赋充沛，在国内具备较为完整的供应链和生产链，如纺织原料及纺织制品。因此，降低国内市场准入对这类产业的影响冲击不大。

2. 价值链产业

这类产业的出口 RCA>0.8，进口 RCA>0.8，表明产业具有出口比较优势，但同时还需要通过大量进口，说明国内对这类产业仅停留在加工组装环节，原料及关键零部件需要由发达国家提供，如机电机器零件、光学、医疗等仪器产业。因此，降低国内市场准入可减少价值链产业的上游原料成本，加深全球生产网络的嵌入程度，但同时有可能抑制本国的创新能力，使我国的分工地位长期封锁在价值链低端。

3. 幼稚或关键产业

这类产业的出口 RCA<0.8，进口 RCA<0.8，表明产业既不具有出口比较优势，又不需要通过大量进口，说明国内对该产业的开放程度不高，往往是国内中短期内重点保护的幼稚或关键产业，如车辆、航空器等有关运输设备和武器弹药等国有企业垄断的关键领域。这类产业往往处于发展初期，基础和竞争力薄弱，但通过适度保护能够发展成为具有潜在比较优势的产业。因此，降低国内市场准入会抑制这类产业的成长，需避免直接与成熟的国外产业正面交锋。

4. 资源型产业

这类产业的出口 RCA<0.8，进口 RCA>0.8，表明产业没有出口比较优势，但需要大量进口。这类产业主要集中于农产品（如植物产品及动植物油脂）、矿产品、木浆等纸制品以及珠宝等高档消费品，多属于资源型产业。因此，降低这类产业的市场准入，可有效增加国内供给，提高消费者的福利。

（三）对标高标准规则，对农产品、纺织服装以及高技术产品的影响较大

1. 农产品区域供应链体系的形成及动植物卫生检疫措施标准的提高，将阻碍我国农产品外循环畅通

中国既是农产品贸易大国，也是农产品贸易逆差国。2010—2018年，中国农产品出口比重提升 0.05 个百分点，进口比重提升 1.36 个百分点，农产品出口的世界份额提升 0.81 个百分点，进口的世界份额提升 3.05 个百分点（见表 2-34），说明中国的农产品进口增速高于出口增速，贸易逆差的趋势和幅度仍在不断加强。

表 2-34　　　　　　　　　　中国农产品进出口情况

年份	2010	2012	2014	2016	2018
中国农产品出口					
农产品出口额（亿美元）	516.07	661.75	744.76	754.76	827.90
农产品出口占中国总出口比例（%）	3.27	3.23	3.18	3.60	3.32
农产品出口占世界比例（%）	3.90	4.08	4.29	4.83	4.71
中国农产品进口					
农产品进口额（亿美元）	1082.60	1568.23	1706.84	1548.59	1945.02
农产品进口占中国总进口比例（%）	7.75	8.63	8.71	9.75	9.11
农产品进口占世界比例（%）	8.04	9.73	9.88	9.94	11.09
中国农产品逆差					
逆差额（亿美元）	566.53	906.47	962.08	793.82	1117.13

资料来源：UN COMTRADE 商品贸易数据库。

中国农产品的主要进口贸易伙伴是美国、巴西、加拿大、澳大利亚、泰国、新西兰、俄罗斯、印度尼西亚、智利和越南（见图 2-18）。

随着农产品区域供应链体系的形成，会导致中国国内农产品进口受限，尤其是对美国、巴西、加拿大、智利的农产品进口将不断向其他区域转移。

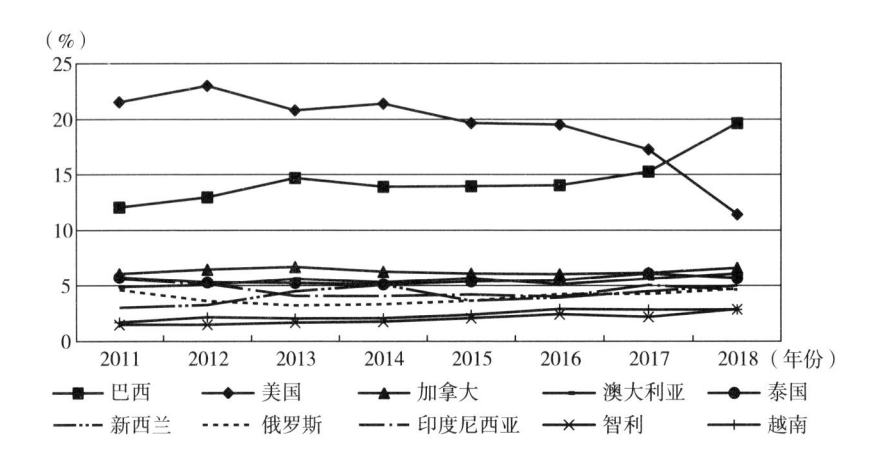

图 2-18 农产品进口贸易伙伴变化

资料来源：UN COMTRADE 商品贸易数据库。

中国农产品的主要出口贸易伙伴是日本、中国香港、美国、越南、韩国、泰国、印度尼西亚、马来西亚、菲律宾和德国（见图 2-19）。由于目前中国的农业技术落后于欧美发达国家，随着动植物卫生检疫的标准提高，会导致中国农产品出口数量缩水和质量升级停滞[1]，减少国内一部分农业从业人员的收入和岗位。

2. 纺织品的"从纱认定"和"微量原则"将加速中国纺织品向亚太区域出口转移，倒逼国内纺织品行业结构提质增效

中国纺织品行业已进入成熟期[2]，纺织业的比较优势正在逐步淡

---

[1] 朱信凯等：《技术性贸易措施对中国企业出口决策的影响——基于出口强度与市场范围视角的考察》，《国际贸易问题》2020 年第 3 期；董银果、刘雪梅：《SPS 措施、产品多样化与农产品质量升级：基于多产品出口企业理论》，《世界经济研究》2019 年第 12 期。

[2] 刘国亮等：《基于 Logistic 模型的我国纺织服装业发展研究》，《经济问题探索》2016 年第 5 期。

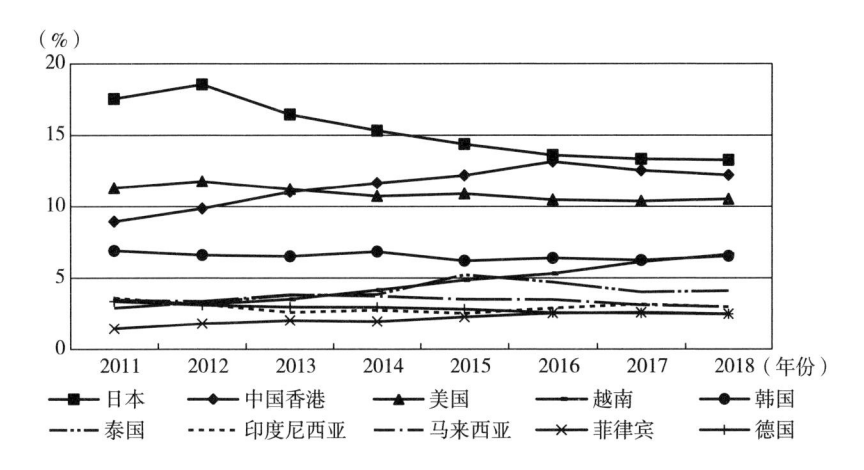

第二章 货物贸易规则变化比较分析

图 2-19 农产品出口贸易伙伴变化

资料来源：UN COMTRADE 商品贸易数据库。

化。① 数据显示，中国纺织品占总出口比重从 2010 年的 16.59% 下滑至 2018 年的 14.18%，纺织品世界出口比重从 2014 年的 37.32% 下滑至 2018 年的 34.73%（见表 2-35）。从出口贸易伙伴看，2011—2018 年，中国对越南、菲律宾、孟加拉国的纺织品出口依赖度分别增加 2.87 个、1.11 个、0.86 个百分点（见图 2-20），纺织业出口加速向亚太地区转移。

表 2-35　　　　　　　　中国纺织品出口情况

年份	2010	2012	2014	2016	2018
纺织品出口额（亿美元）	2618.00	3292.88	3843.94	3371.00	3536.71
纺织品出口占中国总出口比例（%）	16.59	16.07	16.41	16.07	14.18
纺织品出口占世界比例（%）	32.75	35.51	37.32	36.30	34.73

资料来源：UN COMTRADE 商品贸易数据库。

---

① 段小梅：《中国制造业出口技术复杂度的变迁及其影响因素研究——以纺织服装业和机电运输设备业为例》，《财贸研究》2017 年第 10 期。

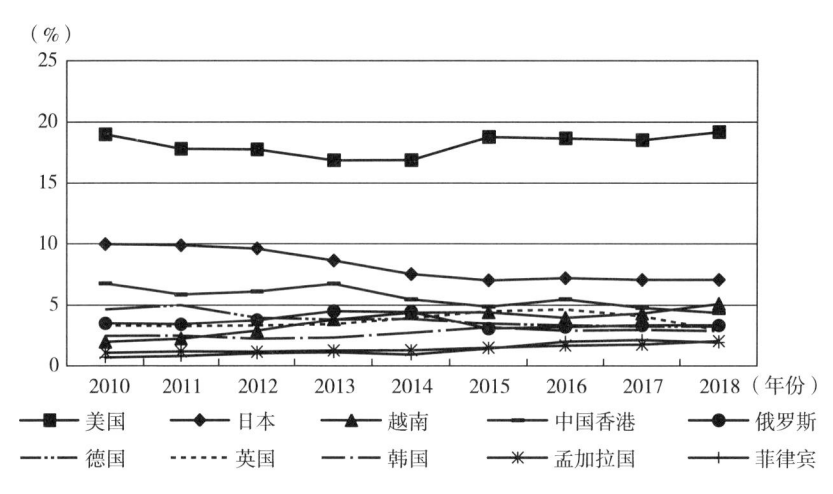

图 2-20　中国纺织品出口贸易伙伴变化

资料来源：UN COMTRADE 商品贸易数据库。

《全面与进步跨太平洋伙伴关系协定》《跨太平洋伙伴关系协定》《美国—墨西哥—加拿大协定》的纺织品"从纱认定"和"微量原则"，将会促使纺织品在自贸区成员国内进行贸易。随着《区域全面经济伙伴关系协定》的生效并实施，将加速中国纺织品向亚太区域出口转移，但同时对纺织服装的创新和升级提出更高要求[1]，这将倒逼国内纺织品行业结构提质增效。

3. 技术性贸易壁垒的不断提高将促使国内高新技术企业转型升级

内生增长理论认为，知识溢出是产生长期人均收入增长的重要推动力[2]，而知识资本对全要素生产率具有明显的促进作用。[3] 借鉴裴长洪

---

[1] 林涛：《中美贸易摩擦升级背景下中国纺织服装贸易发展对策》，《亚太经济》2019年第1期。

[2] Lucas Robert E., "On the Mechanics of Economic Development", *Journal of Monetary Economics*, Vol. 22, No. 1, 1988, pp. 3-42; Romer Paul M., "Increasing Returns and Long-run Growth", *Journal of Political Economy*, Vol. 94, No. 5, 1986, pp. 1002-1037; Romer Paul M., "Endogenous Technological Change", *Journal of Political Economy*, Vol. 98, No. 5, 1990, pp. 71-102; Grossman Gene M., Elhanan Helpman, "Comparative Advantage and Long-run Growth", *American Economic Review*, Vol. 80, No. 4, 1990, pp. 796-815.

[3] 程惠芳、陆嘉俊：《知识资本对工业企业全要素生产率影响的实证分析》，《经济研究》2014年第5期；程惠芳、陈超：《开放经济下知识资本与全要素生产率——国际经验与中国启示》，《经济研究》2017年第10期。

和刘洪愧①对高技术产品的界定，发现中国高技能电子零部件的出口比例从2010年的14.91%增至2018年的17.93%，进口比例从17.38%增至20.48%（见表2-36），说明中国自主品牌的研发能力整体偏弱，仍是世界高技术品的"代工厂"。② 从世界进出口份额看，2010年中国高技能电子零部件的进口份额比出口份额多出1.76个百分点，而2018年出口份额比进口份额多出2.95个百分点（见表2-36），说明中国的进口"干中学"效应逐步显现③，自主研发能力持续提高，高技能产品的全球价值链地位在不断攀升。

表2-36　　　　　　　　中国高技能电子零部件进出口情况

年份	2010	2012	2014	2016	2018
零部件出口额（亿美元）	2351.79	3037.01	3606.10	3547.36	4471.47
零部件出口占中国总出口比例（%）	14.91	14.82	15.40	16.91	17.93
零部件出口占世界比例（%）	19.82	23.74	25.35	25.18	25.09
零部件进口额（亿美元）	2426.47	2978.34	3344.91	3349.47	4372.28
零部件进口占中国总进口比例（%）	17.38	16.38	17.07	21.09	20.48
零部件进口占世界比例（%）	18.06	20.56	21.07	21.12	22.14

注：高技能电子零部件指的是SITC rev3版的759、764和776④，下同。
资料来源：UN COMTRADE商品贸易数据库。

中国高技能电子零部件的主要进口伙伴国是韩国、越南、马来西亚、日本、美国等（见图2-21），主要出口伙伴国是美国、韩国、日

---

① 裴长洪、刘洪愧：《中国外贸高质量发展：基于习近平百年大变局重要论断的思考》，《经济研究》2020年第5期。
② Johnson Robert C., Guillermo Noguera, "A Portrait of Trade in Value Added over Four Decades", *The Review of Economics and Statistics*, Vol. 99, No. 5, 2017, pp. 896-911.
③ Bloom Nicholas et al., "Trade Induced Technical Change? The Impact of Chinese Imports on Innovation, IT and Productivity", *Review of Economic Studies*, Vol. 83, No. 1, 2016, pp. 87-117；Mo Jiawei et al., "What You Import Matters for Productivity Growth: Experience from Chinese Manufacturing Firms", *Journal of Development Economics*, Vol. 152, 2021, pp. 1-24.
④ 裴长洪、刘洪愧：《中国外贸高质量发展：基于习近平百年大变局重要论断的思考》，《经济研究》2020年第5期。

本、荷兰、越南等（见图2-22）。随着技术性贸易壁垒的要求不断提高[①]，将倒逼我国高新技术产品企业转型升级，加快国内创新能力和研发水平不断提升。

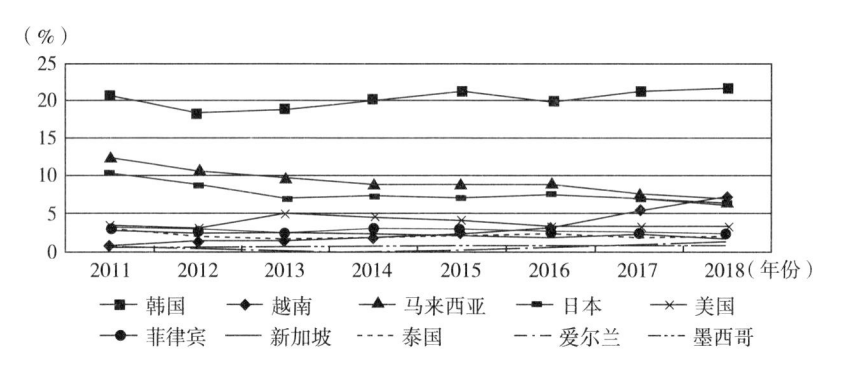

图2-21　高技能电子零部件进口贸易伙伴变化

资料来源：UN COMTRADE 商品贸易数据库。

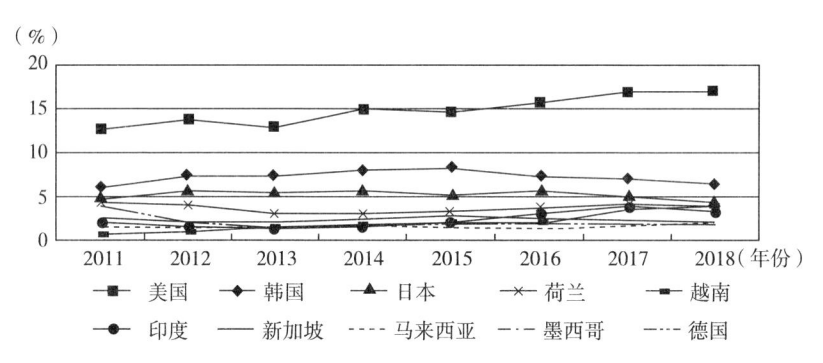

图2-22　中国电子零部件出口贸易伙伴变化

资料来源：UN COMTRADE 商品贸易数据库。

第四节　对标全球货物贸易规则的建议

对标全球货物贸易规则，对于我国稳增长、稳外贸、调结构具有重要意义，对高水平开放发展具有重要推动作用，在此提出对标全球货物

---

① 鲍晓华、朱达明：《技术性贸易壁垒的差异化效应：国际经验及对中国的启示》，《世界经济》2015年第11期。

贸易规则的建议。

一 以自由贸易试验区为平台,加快对标全球最高经贸规则

以国内自由贸易试验区为平台,率先对标全球最高经贸规则,加快制度型开放改革创新,加快对零关税、非关税壁垒、反倾销与反补贴、贸易便利化、农产品贸易、纺织服装贸易、原产地规则、技术性贸易壁垒、动植物卫生检疫措施、透明度等规则创新发展,加快借鉴吸收新加坡、荷兰、中国香港等国家和地区的贸易便利化先进经验,加快建设与国际货物贸易规则相链接的制度体系。充分利用《区域全面经济伙伴关系协定》和积极加入《全面与进步跨太平洋伙伴关系协定》,推动制度型开放发展。

二 分产业分阶段实行零关税政策,提升货物贸易国际竞争力

建议制定并实施分批次分产业持续降低进口货物关税,争取最终实现零关税政策。对国内紧缺的资源型能源型进口商品实施零关税政策,对国内紧缺的高技术机械设备等实施零关税政策,既有利于缓解资源能源短缺,也有利于鼓励企业加快技术改造,促进企业高质量发展,提升货物贸易国际竞争力。

三 充分利用数字贸易新优势,构建货物贸易国内国际双循环新发展格局

利用国内互联网经济优势,通过"互联网+传统货物"的数字贸易新模式实现"扩进口、增出口、提内需"的国内外双循环新格局。建立并努力打造国内高能数字贸易平台,推动传统外贸企业数字化转型,加强各省对云计算、物联网、区块链等新一代信息技术的支持,加快5G基站、大型数据中心的新兴基础设施在省内的布局,充分实现"区域农业+纺织业"的价值链智能化。构建国际化现代化智能物流体系,支持港口运输、国内运输、多式联运、跨境运输、仓配一体,制定物流系统内部设施、机械装备等各类作业标准及物流信息标准,促进货物贸易内外联动发展,构建货物贸易国内国际双循环新发展格局。

四 加快创新链与产业链互动发展,提升产品卫生标准和技术标准

我国产品卫生标准和贸易品的技术标准仍与欧美国家存在明显差距,迫切需要加快创新链与产业链互动发展,提升产品卫生标准和技术标准。支持在互联网产业、生命健康、新材料、精密仪器、芯片等重点

产业加强自主创新发展，加强知识产权保护，建立知识产权激励机制，并鼓励外贸企业在主要出口国至少拥有 1 件以上注册商标。鼓励高校、研究院申报相关国家自然科学基金重大攻关项目，提高共性技术、前瞻技术和战略性技术的研究，完善产学研用的创新体制机制，建立一批国家重点实验室、产业协同园区和产业技术创新战略联盟，鼓励企业提升产品质量技术创新，努力提升产品卫生标准和技术标准。

本章执笔：洪晨翔，修改：程惠芳

第三章

服务贸易规则变化比较分析

新一轮技术革命以人工智能、互联网、物联网、区块链、5G 等为代表的技术创新快速发展,全新的商业模式诞生,引领服务经济蓬勃发展,使服务业和服务贸易成为全球经济发展的重要引擎。新冠肺炎疫情的全球蔓延,严重影响全球服务业和服务贸易的发展,同时也促进零售、医疗、教育、电信和视听服务等网络化数字化发展。[1] 在线教育、共享平台、协同办公、跨境电商、远程医疗等服务模式广泛应用,为全球经济复苏提供新动能,服务贸易在国际贸易中比例逐步提升。服务业和服务贸易加快发展,服务贸易规则变化和重构成为迫切需要研究的课题。本章对《世界贸易组织协定》(*World Trade Organization Agreements*,WTO 协定)框架中的《服务贸易总协定》[2](*General Agreement on Trade in Services*,GATS)、《跨太平洋伙伴关系协定》[3](*Trans-Pacific Partnership*,TPP)、《全面与进步跨太平洋伙伴关系协定》[4](*Comprehensive and Progressive Agreement for Trans-Pacific Partnership*,CPTPP)、《美国—墨西哥—加拿大协定》[5](*United States-Mexico-Canada Agreement*,

---

[1] WTO,"Trade in Services in the Context of COVID-19",https://www.wto.org/english/tratop_e/covid19_e/services_report_e.pdf/,2020.

[2] https://www.wto.org/english/docs_e/legal_e/26-gats_01_e.htm/(General Agreement on Trade in Services)(GATS).

[3] https://ustr.gov/trade-agreements/free-trade-agreements/trans-pacific-partnership/tpp-full-text/(Trans-Pacific Partnership)(TPP).

[4] https://www.sice.oas.org/Trade/TPP/CPTPP/English/CPTPP_Index_e.asp/(Comprehensive and Progressive Agreement for Trans-Pacific Partnership)(CPTPP).

[5] https://ustr.gov/trade-agreements/free-trade-agreements/united-states-mexico-canada-agreement/agreement between/(United States-Mexico-Canada Agreement)(USMCA).

USMCA)、《欧盟—日本经济伙伴关系协定》①（Agreement Between the European Union and Japan for an Economic Partnership，欧日 EPA)、《区域全面经济伙伴关系协定》②（Regional Comprehensive Economic Partnership Agreement，RCEP 协定）有关服务贸易规则进行比较分析，对全球服务贸易规则变化产生的影响进行分析，并为对标全球服务贸易新规则提出政策建议。

第一节　全球服务贸易规则变化比较

本节按照《世界贸易组织协定》框架中的《服务贸易总协定》《跨太平洋伙伴关系协定》《全面与进步跨太平洋伙伴关系协定》《美国—墨西哥—加拿大协定》《区域全面经济伙伴关系协定》等协定文本，系统梳理跨境服务贸易、电信服务、金融服务、电子商务（数字贸易）等方面的服务贸易规则条款，从而判断全球服务贸易规则变化的新趋势和重要特征。

一　服务贸易规则变化比较

（一）涵盖范围和内容框架变化比较

随着服务贸易的发展，区域贸易协定所涉及的服务贸易规则相比《世界贸易组织协定》框架下的《服务贸易总协定》涵盖范围更宽泛、内容框架更完备、适用范围更具体。《服务贸易总协定》按服务的提供方式，对服务贸易的定义：①自一成员领土向任何其他成员领土提供服务；②在一成员领土内向任何其他成员的服务消费者提供服务；③一成员的服务提供者通过在任何其他成员领土内的商业存在提供服务；④一成员的服务提供者通过在任何其他成员领土内的自然人存在提供服务。③《服务贸易总协定》重点围绕服务贸易规则的基本条款，

---

① https：//trade.ec.europa.eu/doclib/press/index.cfm？id＝1684/（Agreement Between the European Union and Japan for an Economic Partnership）（EPA）．

② https：//rcepsec.org/legal‐text/（Regional Comprehensive Economic Partnership Agreement）（RCEP Agreement）．

③ https：//www.wto.org/english/docs_e/legal_e/26‐gats_01_e.htm/（General Agreement on Trade in Services）（GATS）．

包括最惠国待遇、透明度、国民待遇、市场准入、补贴、争端解决机制等，将自然人流动、金融服务和电信服务作为附件（见表3-1）。

表3-1　　　　　　　　　各协定对服务贸易定义的比较

协定	服务贸易的定义
GATS	附件1B第1条：2.（a）自一成员领土向任何其他成员领土提供服务；（b）在一成员领土内向任何其他成员的服务消费者提供服务；（c）一成员的服务提供者通过在任何其他成员领土内的商业存在提供服务；（d）一成员的服务提供者通过在任何其他成员领土内的自然人存在提供服务
TPP	第10.1条：（a）自一缔约方领土内向另一缔约方领土内提供服务；（b）在一缔约方领土内向另一缔约方的人提供服务；或（c）一缔约方的国民在另一缔约方领土内提供服务；但不包括在一缔约方领土内通过涵盖投资提供服务
CPTPP	第10.1条：（a）自一缔约方领土内向另一缔约方领土内提供服务；（b）在一缔约方领土内向另一缔约方的人提供服务；或（c）一缔约方的国民在另一缔约方领土内提供服务；但不包括在一缔约方领土内通过涵盖投资提供服务
USMCA	第15.1条：（a）自一缔约方领土内向另一缔约方领土内提供服务；（b）在一缔约方领土内向另一缔约方的人提供服务；或（c）一缔约方的国民在另一缔约方领土内提供服务；但不包括在一缔约方领土内通过涵盖投资提供服务
RCEP协定	第8.1条：（a）自一缔约方领土向任何其他缔约方领土提供服务；（b）在一缔约方领土内向任何其他缔约方的服务消费者提供服务；（c）一缔约方的服务提供者通过在任何其他缔约方领土内的商业存在提供服务；（d）一缔约方的服务提供者通过在任何其他缔约方领土内的自然人存在提供服务

注：本表格中出现的协定名称均以简称表示，下同。

资料来源：笔者根据相关文本整理，下同。

《跨太平洋伙伴关系协定》《全面与进步跨太平洋伙伴关系协定》《美国—墨西哥—加拿大协定》对服务贸易规则作了更细致的归类、更详尽的阐述。《跨太平洋伙伴关系协定》《全面与进步跨太平洋伙伴关系协定》将跨境服务贸易单独成章（第10章），其中包含跨境交付（模式1）、境外消费（模式2）及自然人流动（模式4）这3种服务提供模式，而商业存在（模式3）相关内容在投资专章（第9章）。此外，还专门设置金融服务章（第11章）、电信服务章（第13章）、电子商务章（第14章）。《美国—墨西哥—加拿大协定》重视数字贸易等新规则的形成，单独设立数字贸易章。《跨太平洋伙伴关系协定》《全面与进步跨太平洋伙伴关系协定》《美国—墨西哥—加拿大协定》较之《服务贸易总协定》，涵盖范围更加广泛，涉及电信、金融、运输等关键领域以及电子商务、数字经济等新兴领域。同时在知识产权保护、数据跨境流动等方面均呈现出高标准的特征。《区域全面经济伙伴关系协定》沿袭《服务贸易总协定》的分类规制，在第8章服务贸易章包含金融服务附件、电信服务附件和专业服务附件，此外设立自然人移动章（第9章）、投资章（第10章）、电子商务章（第12章），但是开放承诺所覆盖部门，相比加入世界贸易组织时的100个，又新增22个（见表3-2、表3-3）。

表3-2　　　　　　　　　各协定中服务贸易相关章节设置

GATS	TPP/CPTPP	USMCA	RCEP 协定
（GATS29条） 第一部分范围和定义 第1条：范围和定义 第二部分一般义务和纪律 第2条：最惠国待遇 第3条：透明度 第4条：发展中国家的更多参与 第5条：经济一体化 第5条之二：劳动力市场一体化协定 第6条：国内规制 第7条：承认 第8条：垄断和专营服务提供者 第9条：商业惯例 第10条：紧急保障措施 第11条：支付和转移	跨境服务贸易（第10章13条） 第1条：定义 第2条：范围 第3条：国民待遇 第4条：最惠国待遇 第5条：市场准入 第6条：当地存在 第7条：不符措施 第8条：国内规制 第9条：承认 第10条：拒绝给予利益 第11条：透明度 第12条：支付与转移 第13条：其他事项	跨境服务贸易（第15章12条） 第1条：定义 第2条：范围 第3条：国民待遇 第4条：最惠国待遇 第5条：市场准入 第6条：当地存在 第7条：不符措施 第8条：措施的发展和监管 第9条：承认 第10条：中小企业 第11条：拒绝给予利益 第12条：支付与转移	服务贸易（第8章25条） 第1条：定义 第2条：范围 第3条：承诺减让表 第4条：国民待遇 第5条：市场准入 第6条：最惠国待遇 第7条：具体承诺表 第8条：不符措施承诺表 第9条：附加承诺 第10条：透明度清单 第11条：当地存在 第12条：过渡 第13条：承诺表的修改 第14条：透明度 第15条：国内规制

续表

GATS	TPP/CPTPP	USMCA	RCEP 协定
第12条：保障国际收支的限制 第13条：政府采购 第14条：一般例外 第14条之二：安全例外 第15条：补贴 第三部分 具体承诺 第16条：市场准入 第17条：国民待遇 第18条：附加承诺 第四部分 逐步自由化 第19条：具体承诺的谈判 第20条：具体承诺减让表 第21条：减让表的修改 第五部分 机构条款 第22条：磋商 第23条：争端解决和执行 第24条：服务贸易理事会 第25条：技术合作 第26条：与其他国际组织的关系 第六部分 最后条款 第27条：拒绝给予利益 第28条：定义 第29条：附件			第16条：承认 第17条：垄断和专营服务提供者 第18条：商业惯例 第19条：支付和转移 第20条：拒绝给予利益 第21条：保障措施 第22条：补贴 第23条：增加东盟成员国最不发达国家缔约方的参与 第24条：承诺的审查 第25条：合作
关于本协定项下提供服务的自然人流动的附件（4条）	商务人员临时入境（第12章10条） 第1条：定义 第2条：范围 第3条：申请程序 第4条：临时入境的准予	商务人员临时入境（第16章8条） 第1条：定义 第2条：范围 第3条：一般义务 第4条：临时入境的准予	自然人临时移动（第9章9条） 第1条：定义 第2条：范围 第3条：配偶及家属 第4条：准予临时入境

续表

GATS	TPP/CPTPP	USMCA	RCEP 协定
	第5条：商务旅行 第6条：信息提供 第7条：商务人员临时入境委员会 第8条：合作 第9条：与其他章节的关系 第10条：争端解决	第5条：信息提供 第6条：临时入境工作组 第7条：争端解决 第8条：与其他章节的关系 附件A：商务人员临时入境	第5条：自然人临时移动具体承诺表 第6条：处理申请 第7条：透明度 第8条：合作 第9条：争端解决
	投资（第9章29条） A节 第1条：定义 第2条：范围 第3条：与其他章的关系 第4条：国民待遇 第5条：最惠国待遇 第6条：待遇的最低标准 第6条之二：武装冲突或内乱情况下的待遇 第7条：征收与补偿 第8条：转移 第9条：业绩要求 第10条：高级管理人员和董事会 第11条：不符措施 第12条：代位 第13条：特殊手续和信息要求 第14条：拒绝授予利益 第15条：投资与环境、卫生和其他管理目标 第16条：企业社会责任 B节：投资者—国家争端解决 第17条：磋商和谈判	投资（第14章17条） 第1条：定义 第2条：范围 第3条：与其他章的关系 第4条：国民待遇 第5条：最惠国待遇 第6条：待遇的最低标准 第7条：武装冲突或内乱情况下的待遇 第8条：征收与补偿 第9条：转移 第10条：业绩要求 第11条：高级管理人员和董事会 第12条：不符措施 第13条：特殊手续和信息要求 第14条：拒绝授予利益 第15条：代位 第16条：投资与环境、健康、安全和其他管理目标 第17条：企业社会责任 附件A：习惯国际法 附件B：征收 附件C：遗产投资索赔和未决索赔	投资（第10章18条） 第1条：定义 第2条：范围 第3条：国民待遇 第4条：最惠国待遇 第5条：投资待遇 第6条：禁止业绩要求 第7条：高级管理人员和董事会 第8条：保留和不符措施 第9条：转移 第10条：特殊手续和信息披露 第11条：损失的补偿 第12条：代位 第13条：征收 第14条：拒绝授惠 第15条：安全例外 第16条：投资促进 第17条：投资便利化 第18条：工作计划 附件一：习惯国际法 附件二：征收

续表

GATS	TPP/CPTPP	USMCA	RCEP 协定
	第 18 条：提交仲裁申请 第 19 条：各缔约方对仲裁的同意 第 20 条：各缔约方同意的条件和限制 第 21 条：仲裁员的选择 第 22 条：仲裁的进行 第 23 条：仲裁程序的透明度 第 24 条：准据法 第 25 条：对附件的解释 第 26 条：专家报告 第 27 条：合并审理 第 28 条：裁决 第 29 条：文书送达 附件 A：习惯国际法 附件 B：征收 附件 C：涉及土地的征收 附件 D：根据 B 节向一缔约方送达文件 附件 E：转移 附件 F：DL600 附件 G：公共债务 附件 H 附件 I：不符措施棘轮机制 附件 J：提交仲裁申请 附件 K：在生效之后 3 年内提交某些仲裁申请 附件 L：投资协议 CPTPP 增加"武装冲突或内乱时的待遇"	附件 D：墨西哥—美国投资争端 附件 E：与政府合约相关的墨西哥—美国投资争端	

续表

GATS	TPP/CPTPP	USMCA	RCEP协定
关于金融服务的附件（5条） 第1条：范围和定义 第2条：国内法规 第3条：承认 第4条：争端解决 第5条：定义 关于金融服务的第二附件（3条） 关于金融服务的决定 关于金融服务承诺的谅解	金融服务（第11章22条） 第1条：定义 第2条：范围 第3条：国民待遇 第4条：最惠国待遇 第5条：金融机构的市场准入 第6条：跨境贸易 第7条：新金融服务 第8条：特定信息的处理 第9条：高级管理人员和董事会 第10条：不符措施 第11条：例外 第12条：承认 第13条：透明度和特定措施管理 第14条：自律组织 第15条：支付和清算系统 第16条：快速提供保险服务 第17条：后台办公功能的行使 第18条：具体承诺 第19条：金融服务委员会 第20条：磋商 第21条：争端解决 第22条：金融服务的投资争端 附件A：跨境贸易 附件B：具体承诺 附件C：不符措施棘轮机制 附件D：负责金融服务的主管机关 附件E	金融服务（第17章21条） 第1条：定义 第2条：范围 第3条：国民待遇 第4条：最惠国待遇 第5条：市场准入 第6条：跨境贸易停滞 第7条：新金融服务 第8条：客户信息的处理 第9条：高级管理人员和董事会 第10条：不符措施 第11条：例外 第12条：承认 第13条：透明度和特定措施管理 第14条：自律组织 第15条：支付和清算系统 第16条：快速提供保险服务 第17条：信息转移 第18条：计算设施位置 第19条：金融服务委员会 第20条：磋商 第21条：争端解决	金融服务（第8章附件一14条） 第1条：定义 第2条：范围 第3条：新金融服务 第4条：审慎措施 第5条：特定信息处理 第6条：承认 第7条：透明度 第8条：例外 第9条：信息转移与信息处理 第10条：自律组织 第11条：支付和清算系统 第12条：磋商 第13条：联络点 第14条：争端解决

第三章 服务贸易规则变化比较分析

续表

GATS	TPP/CPTPP	USMCA	RCEP 协定
关于电信服务的附件（7条） 第1条：目标 第2条：范围 第3条：定义 第4条：透明度 第5条：公共电信传输网络和服务的进入和使用 第6条：技术合作 第7条：与国际组织和协定的关系 关于基础电信谈判的附件（2条）	电信服务（第13章26条） 第1条：定义 第2条：范围 第3条：监管方法 第4条：公共电信服务的接入和使用 第5条：公共电信服务供应商的义务 第6条：国际移动漫游 第7条：公共电信服务主要供应商给予的待遇 第8条：竞争保障 第9条：转售 第10条：主要供应商的网络元素非捆绑 第11条：与主要供应商的互联互通 第12条：主要供应商对专用线路服务的提供和定价 第13条：主要供应商的共址服务 第14条：主要供应商拥有或控制的电杆、管线、管网和路权的接入 第15条：国际海底电缆系统 第16条：独立监管机构和政府所有权 第17条：普遍服务 第18条：许可程序 第19条：稀缺资源的分配和使用 第20条：执行 第21条：电信争端解决机制	电信服务（第18章27条） 第1条：定义 第2条：范围 第3条：接入和使用 第4条：公共电信服务供应商的义务 第5条：公共电信服务主要供应商给予的待遇 第6条：竞争保障 第7条：转售 第8条：网络元素非捆绑 第9条：与主要供应商的互联互通 第10条：专用线路服务的提供和定价 第11条：共址服务 第12条：电杆、管线、管网和路权的接入 第13条：海底电缆系统 第14条：提供增值服务的条件 第15条：技术选择的灵活性 第16条：监管方法 第17条：电信监管机构 第18条：国有企业 第19条：普遍服务 第20条：许可程序 第21条：稀缺资源的分配和使用 第22条：执行 第23条：争端解决机制 第24条：透明度	电信服务（第8章附件二23条） 第1条：定义 第2条：范围 第3条：监管方法 第4条：接入和使用 第5条：号码携带 第6条：竞争保障 第7条：主要供应商给予的待遇 第8条：转售 第9条：互联互通 第10条：专用线路服务的提供和定价 第11条：共址服务 第12条：独立电信监管机构 第13条：普遍服务 第14条：许可 第15条：稀缺资源的分配和使用 第16条：透明度 第17条：与国际组织的关系 第18条：国际海底电缆系统 第19条：网络元素的非捆绑 第20条：电杆、管线、管网的接入 第21条：技术选择的灵活性 第22条：国际移动漫游 第23条：电信争端解决机制

251

续表

GATS	TPP/CPTPP	USMCA	RCEP 协定
	第22条：透明度 第23条：技术选择的灵活性 第24条：与其他章的关系 第25条：与国际组织的关系 第26条：电信委员会 附件A：农村电话供应商美国 附件B：农村电话供应商秘鲁	第25条：国际漫游服务 第26条：与其他章的关系 第27条：电信委员会 附件A：农村电话供应商美国	
	电子商务（第14章18条） 第1条：定义 第2条：范围和总则 第3条：海关关税 第4条：数字产品的非歧视性待遇 第5条：国内电子交易框架 第6条：电子认证和电子签名 第7条：线上消费者保护 第8条：个人信息保护 第9条：无纸贸易 第10条：电子商务网络的接入和使用原则 第11条：通过电子方式跨境传输信息 第12条：互联网互通费用分摊 第13条：计算设施的位置 第14条：非应邀商业电子信息	数字贸易（第19章18条） 第1条：定义 第2条：范围和总则 第3条：海关关税 第4条：数字产品的非歧视性待遇 第5条：国内电子交易框架 第6条：电子认证和电子签名 第7条：线上消费者保护 第8条：个人信息保护 第9条：无纸贸易 第10条：数字贸易网络的接入和使用原则 第11条：通过电子方式跨境传输信息 第12条：计算设施的位置 第13条：非应邀商业电子信息 第14条：合作 第15条：网络安全	电子商务（第12章17条） 第一节：一般条款4条 第1条：定义 第2条：原则和目标 第3条：范围 第4条：合作 第二节：贸易便利化2条 第5条：无纸化贸易 第6条：电子认证和电子签名 第三节：为电子商务创造有利环境7条 第7条：线上消费者保护 第8条：线上个人信息保护 第9条：非应邀商业电子信息 第10条：国内监管框架 第11条：海关关税 第12条：透明度 第13条：网络安全

续表

GATS	TPP/CPTPP	USMCA	RCEP 协定
	第15条：合作 第16条：网络安全事项合作 第17条：源代码 第18条：争端解决	第16条：源代码 第17条：交互式计算机服务 第18条：公开政府数据	第四节：促进跨境电子商务2条 第14条：计算设施的位置 第15条：通过电子方式跨境传输信息 第五节：其他条款2条 第16条：电子商务对话 第17条：争端解决
关于空运服务的附件（6条） 关于海运服务谈判的附件（3条）	专业服务（第10章附件A） 快递服务（第10章附件B） 不符措施棘轮机制（第10章附件C）	快递服务（第15章附件A） 运输服务委员会（第15章附件B） 专业服务（第15章附件C） 在编程服务（第15章附件D） 墨西哥文化例外（第15章附件E）	专业服务（第8章附件三）

表3-3 各协定中（跨境）服务贸易的适用范围比较

协定	适用范围	备注
GATS	第1条：1. 适用于各成员影响服务贸易的措施。3.（a）"成员的措施"指：(i) 中央、地区或地方政府和主管机关所采取的措施；及 (ii) 由中央、地区或地方政府或主管机关授权行使权力的非政府机构所采取的措施。在履行本协定项下的义务和承诺时，每一成员应采取其所能采取的合理措施，以保证其领土内的地区、地方政府和主管机关以及非政府机构遵守这些义务和承诺。(b)"服务"包括任何部门的任何服务，但在行使政府职权时提供的服务除外。(c)"行使政府职权时提供的服务"指既不依据商业基础提供，也不与一个或多个服务提供者竞争的任何服务	

253

续表

协定	适用范围	备注
TPP	第10.2条：1. 本章适用于一缔约方采取或维持的、影响另一缔约方服务提供者的跨境服务贸易的措施。此类措施包括影响下列方面的措施：(a) 服务的生产、分销、营销、销售或交付；(b) 服务的购买、使用或支付；(c) 接入和使用与服务的提供有关的分销、运输或电信网络和服务；(d) 另一缔约方的服务提供者在一缔约方领土内的存在；以及 (e) 作为提供服务的条件，提供保函或其他方式的财务担保。2.（a）第10.5条（市场准入）、第10.8条（国内规制）和第10.11条（透明度）还应适用于缔约方采取或维持的、影响其领土内通过涵盖投资提供服务的措施；(b) 附件10-B（快递服务）还应适用于缔约方采取或维持的、影响快递服务提供产生影响的措施，包括通过涵盖投资提供服务。3. 本章不得适用于：(a) 第11.1条（定义）定义的金融服务，以下情况除外，即如金融服务是通过涵盖投资提供，但该涵盖投资不属于第11.1条（定义）定义的在缔约方领土内金融机构的涵盖投资，则第2款（a）项应适用；(b) 政府采购；(c) 行使政府职权时提供的服务；或 (d) 一缔约方提供的补贴或赠款，包括政府支持的贷款、担保和保险。4. 在另一缔约方国民寻求进入一缔约方就业市场或另一缔约方国民在一缔约方领土内获得永久就业方面，本章不对该缔约方施加任何义务，也不对另一缔约方国民在进入就业市场或获得就业方面赋予任何权利。5. 本章不适用于航空服务，包括国内和国际航空运输服务，无论是定期航班还是非定期航班，或支持航空服务的相关服务，但下列除外：(a) 在航空器退出服务运行阶段的修理和保养服务，不包括所谓的日常保养；(b) 空运服务的销售和营销；(c) 计算机订座系统（CRS）服务；(d) 专业航空服务；(e) 机场运营服务；以及 (f) 地面服务	具体指出了措施涉及的各方面以及不适之处
CPTPP	第10.2条：1. 本章适用于一缔约方采取或维持的、影响另一缔约方服务提供者的跨境服务贸易的措施。此类措施包括影响下列方面的措施：(a) 服务的生产、分销、营销、销售或交付；(b) 服务的购买、使用或支付；(c) 接入和使用与服务的提供有关的分销、运输或电信网络和服务；(d) 另一缔约方的服务提供者在一缔约方领土内的存在；以及 (e) 作为提供服务的条件，提供保函或其他形式的财政担保。2.（a）第10.5条（市场准入）、第10.8条（国内规制）和第10.11条（透明度）也应适用于一缔约方采取或维持的、影响其领土内通过涵盖投资提供服务的措施；及 (b) 附件10-B（快递服务）还应适用于一缔约方采取或维持的、影响快递服务提供的措施，包括通过涵盖投资提供服务。3. 本章不得适用于：(a) 第11.1条（定义）定义的金融服务，但是如提供金融服务的涵盖服务不属该缔约方领土内按第11.1条（定义）定义的一金融机构中的涵盖投资，则第2款（a）项应适用；(b) 政府采购；(c) 行使政府职权时提供的服务；或 (d) 一缔约方提供的补贴或赠款，包括政府支持的贷款、担保和保险。4. 在另一缔约方国民寻求进入一缔约方就业市场或另一缔约方国民在一缔约方领土内获得永久就业方	具体指出了措施涉及的各方面以及不适之处

续表

协定	适用范围	备注
CPTPP	面，本章不对该缔约方施加任何义务，也不对另一缔约方国民在进入就业市场或就业方面赋予任何权利。5. 本章不适用于航空服务，包括国内和国际航空运输服务，无论是定期航班还是非定期航班，或支持航空服务的相关服务，但下列除外：（a）在航空器退出服务期间的修理和保养服务，不包括所谓的日常维修；（b）空运服务的销售和营销；（c）计算机订座系统服务；（d）专业航空服务；（e）机场运营服务；以及（f）地面服务	具体指出了措施涉及的各方面以及不适之处
USMCA	第15.2条：1. 本章适用于一缔约方采取或维持的、影响另一缔约方服务提供者的跨境服务贸易的措施。此类措施包括影响下列方面的措施：（a）服务的生产、分销、营销、销售或交付；（b）服务的购买、使用或支付；（c）接入和使用与服务的提供有关的分销、运输或电信网络和服务；（d）另一缔约方的服务提供者在一缔约方领土内的存在；以及（e）作为提供服务的条件，提供保函或其他形式的财政担保。2.（a）第15.5条（市场准入）和第15.8条（措施的发展和监管）也应适用于一缔约方采取或维持的、影响其领土内通过涵盖投资提供服务的措施；及（b）附件15-A（快递服务）还应适用于一缔约方采取或维持的、影响快递服务提供的措施，包括通过涵盖投资提供服务。3. 本章不适用于：（a）第17.1条（定义）所定义的金融服务，以下情况除外，即如金融服务是通过涵盖投资提供，但该涵盖投资不属于第11.1条（定义）定义的在缔约方领土内金融机构的涵盖投资，则第2款（a）项应适用；（b）政府采购；（c）行使政府职权时提供的服务；或（d）一缔约方提供的补贴或赠款，包括政府支持的贷款、担保和保险。4. 本章不适用于航空服务，包括国内和国际航空运输服务，无论是定期航班还是非定期航班，或支持航空服务的相关服务，但下列除外：（a）在航空器退出服务运行阶段的修理和保养服务，不包括所谓的日常保养；（b）专业航空服务。5. 在另一缔约国民寻求进入一缔约方就业市场或另一缔约方国民在一缔约方领土内获得永久就业方面，本章不对该缔约方施加任何义务，也不对另一缔约方国民在进入就业市场或获得就业方面赋予任何权利	适用的航空服务范围与TPP、CPTPP有所不同
RCEP协定	第8.2条：1. 本章应当适用于一缔约方采取的影响服务贸易的措施。2. "一缔约方的措施"指：（a）该缔约方中央、地区或地方政府和主管机关所采取的措施；及（b）非政府机构在行使缔约方中央、地区或地方政府或主管机关授权的权力时所采取的措施。在履行其在本章项下的义务和承诺时，各缔约方应当采取其所能采取的合理措施，以保证其领土内的地区、地方政府和主管机关以及非政府机构遵守其义务。3. 本章不得适用于：（a）政府采购；（b）由一缔约方提供的补贴或赠款，或者为获得或持续获得该补贴或赠款所附的条件提供的补贴或赠款，包括政府支持的贷款、担保和保险，无论该补贴或赠款是否仅提供给国内	范围界定沿袭GATS，但是对适用的航空服务范围比GATS更详尽

续表

协定	适用范围	备注
RCEP协定	的服务、服务消费者或服务提供者；(c) 行使政府职权时提供的服务；(d) 海运服务中的沿海贸易；及 (e) 空运服务，影响以任何方式授予的业务权的措施；或影响与业务权的行使直接相关的服务的措施，但影响以下方面的措施除外：(i) 航空器的修理和维护服务；(ii) 空运服务的销售和营销；(iii) 计算机订座系统服务；(iv) 专业航空服务；(v) 地面服务；以及 (vi) 机场运营服务。本章不得适用于影响寻求进入另一缔约方就业市场的自然人的措施，也不适用于与国籍、公民身份、永久居留或永久雇佣有关的措施	范围界定沿袭GATS，但是对适用的航空服务范围比GATS更详尽

（二）国民待遇和最惠国待遇变化比较

国民待遇条款是《服务贸易总协定》中的一般义务和纪律之一，是服务贸易中的根本原则。各协定中关于该条款的主要内容阐述基本相同，即应给予另一成员方或缔约方的服务和服务提供者不低于其在相似情况下给予本国服务和服务提供者的待遇，无论是形式相同或形式不同。但《跨太平洋伙伴关系协定》和《全面与进步跨太平洋伙伴关系协定》进一步明确了地区政府作为一部分的缔约方的服务提供者给予的待遇。《服务贸易总协定》和《区域全面经济伙伴关系协定》则指出，"如果形式上相同或不同的待遇改变竞争条件，与任何其他缔约方的同类服务或服务提供者相比，有利于该缔约方的服务或服务提供者，则此类待遇应被视为较为不利的待遇"（见表3-4）。

表3-4　　各协定中（跨境）服务贸易国民待遇条款比较

协定	条款内容	补充
GATS	第17条：1. 对于列入减让表的部门，在遵守其中所列任何条件和资格的前提下，每一成员在影响服务提供的所有措施方面给予任何其他成员的服务和服务提供者的待遇，不得低于其给予本国同类服务和服务提供者的待遇	第17条：2. 一成员可通过对任何其他成员的服务或服务提供者给予与本国同类服务或服务提供者的待遇形式上相同或不同的待遇。3. 如形式上相同或不同的待遇改变竞争条件，与任何其他成员的同类服务或服务提供者相比，有利于该成员的服务或服务提供者，则此类待遇应被视为较为不利的待遇

续表

协定	条款内容	补充
TPP	第10.3条：1. 各缔约方应给予另一缔约方的服务和服务提供者不低于其在相似情况下给予本国服务和服务提供者的待遇	第10.3条：2. 为进一步明确，缔约方根据第1款所给予的待遇，就地区政府而言，该待遇不得低于该地区政府在相似情况下对其作为一部分的缔约方的服务提供者给予的最优惠待遇
CPTPP	第10.3条：1. 各缔约方应给予另一缔约方的服务和服务提供者不低于其在相似情况下给予本国服务和服务提供者的待遇	第10.3条：2. 为进一步明确，缔约方根据第1款所给予的待遇，就地区政府而言，该待遇不得低于该地区政府在相似情况下对其作为一部分的缔约方的服务提供者给予的最优惠待遇
USMCA	第15.3条：1. 各缔约方应给予另一缔约方的服务和服务提供者不低于其在相似情况下给予本国服务和服务提供者的待遇	
RCEP协定	第8.4条：1. 根据第七条（具体承诺表）作出承诺的一缔约方，对于列入其附件二（服务具体承诺表）的部门，在遵守该承诺表中所列的任何条件和资质的前提下，在影响服务提供的所有措施方面给予其他任何缔约方的服务和服务提供者的待遇，应当不低于其给予本国同类服务和服务提供者的待遇。2. 根据第八条（不符措施承诺表）作出承诺的一缔约方，在遵守第八条（不符措施承诺表）规定的其不符措施的情况下，在影响服务提供的所有措施方面给予其他任何缔约方的服务和服务提供者的待遇，应当不低于其给予本国同类服务和服务提供者的待遇	第8.4条：3. 一缔约方可通过对其他任何缔约方的服务或服务提供者给予与其本国同类服务或服务提供者的待遇在形式上相同或形式上不同的待遇，以满足第1款或第2款的要求。4. 如形式上相同或形式上不同的待遇改变竞争条件，与任何其他缔约方的同类服务或服务提供者相比，有利于该缔约方的服务或服务提供者，则此类待遇应当被视为较为不利的待遇

最惠国待遇条款也是《服务贸易总协定》中的一般义务。各协定中都要求"给予一成员或缔约方的服务和服务提供者的待遇不得低于其在相似情况下给予其他任何缔约方或非缔约方的服务和服务提供者的待遇"。但《服务贸易总协定》的最惠国待遇原则中包含了1个豁免，即给予毗邻国家的待遇可以豁免。《区域全面经济伙伴关系协定》在此基础又增加了2个豁免，即已经给予的待遇和东盟国家之间相互给予的待遇（见表3-5）。

表 3-5　　各协定中（跨境）服务贸易最惠国待遇条款比较

协定	条款内容	豁免
GATS	第 2 条：1. 关于本协定涵盖的任何措施，每一成员对于任何其他成员的服务和服务提供者，应立即和无条件地给予不低于其给予任何其他国家同类服务和服务提供者的待遇。2. 一成员可维持与第 1 款不一致的措施，只要该措施已列入《关于第 2 条豁免的附件》，并符合该附件中的条件	本协定的规定不得解释为阻止任何成员对相邻国家授予或给予优惠，以便利仅限于毗连边境地区的当地生产和消费的服务的交换
TPP	第 10.4 条：各缔约方给予另一缔约方的服务和服务提供者的待遇不得低于其在相似情况下给予其他任何缔约方或非缔约方的服务和服务提供者的待遇	
CPTPP	同 TPP	同 TPP
USMCA	第 15.4 条：同 TPP	同 TPP
RCEP 协定	第 8.6 条：1. 一缔约方依照本章第七条（具体承诺表）作出承诺，并选择根据本章第三条（承诺表）第二款作出最惠国待遇承诺的，应当：（a）对于列在该缔约方附件二（服务具体承诺表）的承诺表中，被确定为"最惠国待遇"的服务部门及其分部门；（b）对于在该缔约方附件二（服务具体承诺表）附录中的最惠国待遇部门范围中所列的服务部门及其分部门；或者（c）对于未包含在该缔约方附件二（服务具体承诺表）附录中的最惠国待遇部门豁免清单的服务部门及其分部门，并且在遵守其中所列任何条件和资质的前提下，该缔约方给予另一缔约方的服务和服务提供者的待遇，不得低于其给予任何其他缔约方或非缔约方服务和服务提供者的待遇。2. 在遵守其附件三中的不符措施的前提下，一缔约方依照本章 8.8 条作出承诺时应当给予另一缔约方的服务和服务提供者的待遇，不得低于其给予任何其他缔约方式任何非缔约方服务的服务提供者的待遇	第 8.6 条：3. 尽管有第 1 款和第 2 款的规定，每一缔约方保留依照任何已生效的或于本协定生效之日前签署的双边或多边国际协定采取或维持任何措施的权利，以给予任何其他缔约方或非缔约方服务和服务提供者不同的待遇。4. 尽管有第 1 款和第 2 款的规定，每一东盟成员缔约方保留依照东盟成员国间作为广泛经济一体化进程的一部分，就货物、服务或投资贸易自由化所签署的协定，采取或维持任何措施以给予任何其他东盟成员国缔约方服务和服务提供者不同的待遇的权利。5. 本章的规定不得解释为阻止任何缔约方对任何毗邻国家授予或给予利益，以便利仅限于毗邻边境地区的在本地生产和消费的服务的交换

（三）市场准入和开放承诺变化比较

在市场准入的安排上，各协定要求缔约方不得采取或维持措施来限制"服务提供者的数量""服务交易或资产总值""服务业务总数或服务产出总量""相关自然人总数""服务提供者通过特定类型法律实体或合营企业提供服务"等，《服务贸易总协定》和《区域全面经济伙伴关系协定》同时要求不得"以限制外国股权最高百分比或限制单个或总体外国投资总额的方式限制外国资本的参与"，但《跨太平洋伙伴关系协定》《全面与进步跨太平洋伙伴关系协定》《美国—墨西哥—加拿大协定》无相关规定（见表3-6）。

表3-6　　各协定中（跨境）服务贸易市场准入条款比较

协定	条款内容	备注
GATS	第16条：2. 在作出市场准入承诺的部门，除非在其减让表中另有列明，否则一成员不得在其一地区或在其全部领土内维持或采取按如下定义的措施：（a）无论以数量配额、垄断、专营服务提供者的形式，还是以经济需求测试要求的形式，限制服务提供者的数量；（b）以数量配额或经济需求测试要求的形式限制服务交易或资产总值；（c）以配额或经济需求测试要求的形式，限制服务业务总数或以指定数量单位表示的服务产出总量；（d）以数量配额或经济需求测试要求的形式，限制特定服务部门或服务提供者可雇用的、提供具体服务所必需且直接有关的自然人总数；（e）限制或要求服务提供者通过特定类型法律实体或合营企业提供服务的措施；以及（f）以限制外国股权最高百分比或限制单个或总体外国投资总额的方式限制外国资本的参与	
TPP	第10.5条：任何缔约方不得在其一地区或在其全部领土内采取或维持如下措施：（a）施加如下限制：（i）无论以数量配额、垄断、专营服务提供者的形式，还是以经济需求测试要求的形式，限制服务提供者的数量；（ii）以数量配额或经济需求测试要求的形式限制服务交易或资产总值；（iii）以配额或经济需求测试要求的形式，限制服务业务总数或以指定数量单位表示的服务产出总量；（iv）以数量配额或经济需求测试要求的形式，限制特定服务部门或服务提供者可雇佣的、提供具体服务所必需且直接有关的自然人总数；或（b）限制或要求服务提供者应通过特定类型法律实体或合营企业提供服务	无外国资本参与的相关规定
CPTPP	同TPP	
USMCA	同TPP	

续表

协定	条款内容	备注
RCEP协定	第8.5条：2. 对于作出市场准入承诺的部门，不论是根据本章第7条（具体承诺表）作出具体承诺，或根据本章第8条（不符措施承诺表）遵守不符措施，一缔约方不得在其一地区或在其全部领土内采取或维持按如下定义的措施：(a) 无论以数量配额、垄断、专营服务提供者的形式，或以经济需求测试要求的形式，限制服务提供者的数量；(b) 以数量配额或经济需求测试要求的形式限制服务交易或资产总值；(c) 以配额或经济需求测试要求的形式，限制服务业务总数或以指定数量单位表示的服务产出总量；(d) 以数量配额或经济需求测试要求的形式，限制特定服务部门或服务提供者可雇用的、提供具体服务所必需的且直接相关的自然人总数；(e) 限制或要求服务提供者通过特定类型法律实体或合营企业提供服务的措施；以及 (f) 以限制外国股权最高百分比或者限制单个或总体外国投资总额的方式限制外国资本的参与	同GATS

在开放承诺方面，承诺方式逐渐由正面清单转向负面清单。《世界贸易组织协定》框架下的《服务贸易总协定》采取正面清单列表方式，对世界贸易组织成员方针对外国服务和提供者在国民待遇和市场准入方面的特定义务作出承诺，未列入《服务承诺表》的服务部门或提供方式不承担国民待遇和市场准入方面的待遇。《北美自由贸易协定》最早采取负面清单方式，除非通过不符措施排除特定服务部门，负面清单涵盖所有服务业。在此方式下，缔约方自动给予新服务以非歧视待遇。之后许多协定沿用《北美自由贸易协定》的负面清单方式。《国际服务贸易协定》采用混合列表方式，对国民待遇采取负面清单方式，对市场准入采取正面清单方式。《跨太平洋伙伴关系协定》《全面与进步跨太平洋伙伴关系协定》采取负面清单加准入前国民待遇方式。《美国—墨西哥—加拿大协定》的市场开放程度达到历史最高水平，采用负面清单方式，主要体现在商业服务、分销服务、金融、运输等多个部门。《区域全面经济伙伴关系协定》以部分负面清单方式作出市场准入承诺，日本、韩国、澳大利亚与新加坡、印度尼西亚、马来西亚、文莱在减让表中以负面清单方式承诺，对目前采用正面清单的缔约方，如中国、新西兰、老挝、越南、缅甸、柬埔寨、菲律宾、泰国保留正面清单方式承诺，并在协定生效后6年内转为负面清单方式对其服务承诺作出安排。且具体承诺内容进一步拓展和深化，外国服务准入扩大、国民待

遇限制减少。①

由于不符措施清单的可读性更强、透明度更高，往往认为负面清单方式更有助于推进服务贸易自由化，是更高标准的自由化。

（四）国内规制条款变化比较

在国内规制方面，相比《服务贸易总协定》，《跨太平洋伙伴关系协定》《全面与进步跨太平洋伙伴关系协定》《区域全面经济伙伴关系协定》对批准服务的主管机关提出了更多要求，新增了"就申请的办理进度设立时间表""如被拒绝，通知申请人拒绝的理由""为申请人提供更正错误和补充遗漏的机会，并努力就其所要求补充的信息提供指导""接受符合缔约方法律规定的经与文件原本核实的副本，以代替文件正文"，以及在许可或资格要求过程中若包含通过考试，要求保证考试"安排在合理的间隔期限"和"提供合理期限"。《区域全面经济伙伴关系协定》进一步强调了拒绝理由是以"书面形式"告知申请人。同时，《跨太平洋伙伴关系协定》《全面与进步跨太平洋伙伴关系协定》《区域全面经济伙伴关系协定》强调了主管机关收取的任何批准费用是"合理和透明的"，而《区域全面经济伙伴关系协定》进一步给出了"批准费用"的范围。此外，《区域全面经济伙伴关系协定》在一些方面也做了放宽规定，比如"在提交许可证或资质申请时，不要求在一缔约方领土内实际存在""努力接受以电子格式的提交申请""允许服务提供者使用其在该另一缔约方领土内进行贸易的企业名称"，上述在《跨太平洋伙伴关系协定》和《全面与进步跨太平洋伙伴关系协定》都未涉及（见表3-7）。

由于"国内规制"属于边境内措施，属于主权范畴，国内服务相关政策的协调与一致尤为重要，因此，《区域全面经济伙伴关系协定》还在第8.25条强调了服务部门的合作，以提高其国内服务能力、效率和竞争力。②

---

① 张娟等：《从RCEP、自贸试验区到CPTPP：我国服务贸易开放升级路径与建议》，《国际贸易》2021年第8期。

② https://rcepsec.org/legal-text/（Regional Comprehensive Economic Partnership Agreement）（RCEP Agreement）.

表 3-7　　各协定中（跨境）服务贸易国内规制条款的比较

协定	条款内容	备注
GATS	第6条：1. 在已作出具体承诺的部门中，每一成员应保证所有影响服务贸易的普遍适用的措施以合理、客观和公正的方式实施	
	第6条：2.（a）对每一成员应维持或尽快设立司法、仲裁或行政庭或程序，在受影响的服务提供者请求下，对影响服务贸易的行政决定迅速进行审查，并在请求被证明合理的情况下提供适当的补救。如此类程序并不独立于作出有关行政决定的机构，则该成员应保证此类程序在实际中提供客观和公正的审查。(b)（a）项的规定不得解释为要求一成员设立与其宪法结构或其法律制度的性质不一致的法庭或程序	
	第6条：3. 对已作出具体承诺的服务，如提供此种服务需要得到批准，则一成员的主管机关应在根据其国内法律法规被视为完整的申请提交后一段合理时间内，将有关该申请的决定通知申请人。在申请人请求下，该成员的主管机关应提供有关申请情况的信息，不得有不当延误	
	第6条：4. 为保证有关资格要求和程序、技术标准和许可要求的各项措施不致构成不必要的服务贸易壁垒，服务贸易理事会应通过其可能设立的适当机构，制定任何必要的纪律。此类纪律应旨在特别保证上述要求：（a）依据客观的和透明的标准，如提供服务的能力和资格；（b）不得为保证服务质量所必需的限度更难以负担；（c）如为许可程序，则这些程序本身不成为对服务提供的限制	
	第6条：5.（a）在一成员已作出具体承诺的部门中，在按照第4款为这些部门制定的纪律生效之前，该成员不得以以下方式实施使此类具体承诺失效或减损的许可要求、资格要求和技术标准：（i）不符合第4款（a）项、（b）项或（c）项中所概述的标准的；且（ii）在该成员就这些部门作出具体承诺时，不可能合理预期的。(b) 在确定一成员是否符合第5款（a）项下的义务时，应考虑该成员所实施的有关国际组织 3 的国际标准	
	第6条：6. 在已就专业服务作出具体承诺的部门中，每一成员应规定适当程序，以核验任何其他成员专业人员的能力	
TPP	第10.8条：1. 每一缔约方应保证所有影响服务贸易的普遍适用的措施以合理、客观和公正的方式实施	同 GATS 1
	第10.8条：2. 为保证有关资格要求和程序、技术标准和许可要求的措施不致构成不必要的服务贸易壁垒，同时承认管理的权利，和为实现政策目的而在服务提供方面制定新法规的权利，每一缔约方应努力保证其采取或维持的此类措施：（a）依据客观和透明的标准，如提供服务的能力和资格；及（b）如为许可程序，则此类程序本身不成为对服务提供的限制	同 GATS 4，但删除原（b）条款

续表

协定	条款内容	备注
TPP	第10.8条：3. 在确定缔约方是否符合第2款下的义务时，应考虑该缔约方所实施的有关国际组织的国际标准	同GATS 5（b）
	第10.8条：4. 如一缔约方要求对提供服务进行批准，则应保证其主管机关：（a）当申请人根据其法律和法规提交完整申请后，在合理期限内通知申请人关于该申请的决定；（b）在可行的范围内，就申请的办理进度设立时间表；（c）如某一申请被拒绝，在可行的范围内，酌情直接或应申请人要求通知申请人拒绝的理由；（d）应申请人要求，提供有关申请情况的信息，不得有不当延迟；（e）在可行的范围内，为申请人提供更正错误和补充遗漏的机会，并努力就其所要求补充的信息提供指导；以及（f）如认为适当，接受符合缔约方法律规定的经与文件原本核实的副本，以代替文件正本	（a）和（d）同 GATS 3。新增 （b）（c）（e）（f）
	第10.8条：5. 每一缔约方应保证其任何主管机关收取的任何批准费用是合理和透明的，并且其本身不会对相关服务的提供构成限制	较GATS新增
	第10.8条：6. 如许可或资格要求包括通过考试，每一缔约方应保证：（a）考试应安排在合理的间隔期限；及（b）提供合理期限，使利害关系人能够提交申请	较GATS新增
	第10.8条：7. 每一缔约方应保证国内有对另一缔约方专业人员的能力进行评估的程序	同GATS 6
	第10.8条：8. 由于缔约方在附件1的不符措施清单中列明了某项措施，第1款至第7款不得适用于该措施中不受第10.3条（国民待遇）或第10.5条（市场准入）义务约束的内容；由于缔约方在附件2的不符措施清单中列明了某项措施，第1款至第7款也不得适用于不受第10.3条（国民待遇）或第10.5条（市场准入）义务约束的措施	GATS是依据具体承诺，TPP是依据不符措施清单
	第10.8条：9. 如与《服务贸易总协定》第6条第4款相关的谈判结果生效，或缔约方在其他多边场合参加的类似谈判的结果生效，缔约方应共同对此类结果进行审议，使此类结果在本协定项下酌情生效	较GATS新增
CPTPP	同TPP	
USMCA	无此条款	
RCEP 协定	第8.15条：1. 每一缔约方应保证所有影响服务贸易的普遍适用的措施以合理、客观和公正的方式实施	同GATS 1
	第8.15条：2. 每一缔约方应当维持或在可行时尽快设立司法、仲裁或行政庭或程序，应受影响的服务提供者请求，对影响服务贸易的行政决定进行迅速审查，并在有正当理由的情况下提供适当救济。如此类程序并不独立于作出相关行政决定的机构，该缔约方应当保证此类程序在事实上提供客观和公正的审查	GATS 2（a）中的表述是"在请求被证明合理时"

263

续表

协定	条款内容	备注
RCEP协定	第8.15条：3. 第2款中的任何规定不得解释为要求一缔约方设立与其宪法结构或其法律体系的性质不一致的法庭或程序	同 GATS 2（a）
	第8.15条：4. 如果与 GATS 第6条第4款有关的谈判结果生效，缔约方应当审查该此类谈判的结果，并且应当在适当的情况下，在缔约方之间磋商后对本条进行修正，使此类谈判的结果在本章项下生效	类似 TPP 9
	第8.15条：5. 为保证与资质要求和程序、技术标准和许可要求相关的措施不对服务贸易构成不必要的壁垒，在认识到能够进行监管以及采用新的与服务的提供相关的法规以实现其政策目标的同时，每一缔约方应当努力保证其采取或维持的此类措施是：（a）基于客观和透明的标准，例如提供服务的资格和能力；（b）不得超过为保证服务质量所必需的限度；以及（c）在许可程序的情况下，程序本身不成为对服务提供的限制	同 GATS 4
	第8.15条：6. 在确定一缔约方是否符合第五款第（a）项的义务时，应当考虑该缔约方适用的相关国际组织的国际标准	GATS 5（b）
	第8.15条：7. 如一缔约方要求服务的提供得到批准，该缔约方应当保证其主管机关：（a）保证为完成相关申请程序而收取的任何批准费用是合理的、透明的，并且这些程序本身不成为对服务提供的限制，就本项而言，批准费用不包括使用自然资源的费用、支付拍卖费用、招标费用或其他以非歧视方式批准特许权的费用，或者提供普遍服务的法定出资；（b）当申请人根据其法律和法规提交完整申请后，在合理期限内通知申请人关于该申请的决定；（c）在可行的范围内，就申请的办理进度设立时间表；（d）应申请人请求，提供有关申请情况的信息，不得有不当延迟；（e）在申请不完整的情况下，应该申请人请求，在可行的情况下，确定为使申请完整所要求的所有附加信息，并且提供在合理的时间表内对遗漏进行补全的机会；以及（f）如果申请被终止或驳回，在可能的范围内，不得无故迟延地以书面形式将此类行动的理由告知该申请人。申请人将有可能自行决定重新提交一份新的申请；（g）在其法律和法规允许的范围内，在提交许可证或资质申请时，不要求在一缔约方领土内实际存在；（h）根据其法律和法规，在与纸质提交材料具有同等条件的真实性时，努力接受以电子格式的提交申请；以及（i）如其认为适当，接受根据其法律和法规认证的文件副本，以代替文件正本	（a）较 TPP 5 增加批准费用的内容；（f）较 TPP 4（c）强调了书面形式；较 TPP 新增（g）（h）
	第8.15条：8. 每一缔约方应当规定适当的程序，以核实另一缔约方专业人员的资格。如许可或资质要求包括通过考试，每一缔约方应当在可行的范围内保证：（a）考试应当有合理的间隔安排；以及（b）提供合理期限，使利害关系人能够提交申请	同 TPP 6，较 GATS 新增
	第8.15条：9. 每一缔约方应当在遵守其法律和法规的情况下，允许另一缔约方的服务提供者在不受不当限制的情况下，使用其在该另一缔约方领土内进行贸易的企业名称	较 TPP 新增

(五) 透明度条款变化比较

在 2020 年新冠肺炎疫情背景下，透明、高效的信息共享尤为重要，而《世界贸易组织协定》通过各种机制确保透明度，从而有助于在多边平台内汇集信息。[①] 在对"透明度"的要求上，《跨太平洋伙伴关系协定》和《全面与进步跨太平洋伙伴关系协定》比《服务贸易总协定》和《区域全面经济伙伴关系协定》有更严格的透明度要求，而《美国—墨西哥—加拿大协定》没有相关条款。《服务贸易总协定》和《区域全面经济伙伴关系协定》关注的是事后对信息的披露，包括"迅速公布措施，最迟应在此类措施生效之时""在公布不可行时，以其他方式公开""迅速并每年通知新法律、法规、行政准则或现有法律、法规、行政准则的任何变更""设立咨询点答复请求"等。而《跨太平洋伙伴关系协定》和《全面与进步跨太平洋伙伴关系协定》除关注事后对信息的披露外，还关注对事前的参与和评论，如"维持或设立适当机制以应对询问""提供事先通知和评论的机会，在可行范围内，以书面或其他形式通知不提供的理由"，并允许"最终法规公布和生效日期之间给予一段合理期限"（见表 3-8）。

表 3-8　各协定中跨境服务贸易透明度规则的比较

协定	条款内容	备注
GATS	第 3 条：1. 除紧急情况外，每一成员应迅速公布有关或影响本协定运用的所有普遍适用的措施，最迟应在此类措施生效之时。一成员为签署方的有关或影响服务贸易的国际协定也应予以公布	
	第 3 条：2. 如第 1 款所指的公布不可行，则应以其他方式使此类信息可公开获得	
	第 3 条：3. 每一成员应迅速并至少每年向服务贸易理事会通知对本协定项下具体承诺所涵盖的服务贸易有重大影响的任何新的法律、法规、行政准则或现有法律、法规、行政准则的任何变更	

[①] WTO, "Transparency – Why it Matters at Times of Crisis", https://www.wto.org/english/tratop_e/covid19_e/transparency_report_e.pdf/, 2020.

续表

协定	条款内容	备注
GATS	第3条：4. 每一成员对于任何其他成员关于提供属第1款范围内的任何普遍适用的措施或国际协定的具体信息的所有请求应迅速予以答复。每一成员还应设立一个或多个咨询点，以应请求就所有此类事项和需遵守第3款中的通知要求的事项向其他成员提供具体信息。此类咨询点应在《建立世界贸易组织协定》（本协定中称《WTO协定》）生效之日起2年内设立。对于个别发展中国家成员，可同意在设立咨询点的时限方面给予它们适当的灵活性。咨询点不必是法律和法规的保存机关	
	第3条：5. 任何成员可将其认为影响本协定运用的、任何其他成员采取的任何措施通知服务贸易理事会	
TPP	第10.11条：1. 每一缔约方应维持或设立适当的机制以应对利害关系人就其与本章相关法规提出的询问	较GATS新增
	第10.11条：2. 如一缔约方未能根据第26.2条第2款（公布）就与本章相关法规提供事先通知和评论的机会，则其应在可行的范围内，以书面或其他方式通知利害关系人不提供的理由	新增"提供事先通知和评论的机会"
	第10.11条：3. 在可行的范围内，每一缔约方允许在最终法规公布和生效日期之间给予一段合理期限	较GATS新增
CPTPP	同TPP	
USMCA	无此条款	
RCEP协定	第8.14条：1. 缔约方认识到，管理服务贸易的透明度措施对于便利服务提供者进入彼此市场并在其中开展业务的能力具有重要意义。每一缔约方应当促进服务贸易中管理的透明度	新增，强调意义
	第8.14条：2. 除紧急情况外，最迟应当在措施生效之时，每一缔约方应当迅速公布下列措施：(a) 影响服务贸易的普遍适用的所有相关措施；以及 (b) 一缔约方为签订国的所有有关或影响服务贸易的国际协定	同GATS 1
	第8.14条：3. 在可能的范围内，每一缔约方应当通过互联网使第二款所提及的措施和国际协定可公开获得，并在其法律框架所规定的范围内以英文提供	新增"互联网"形式，强调"英文"
	第8.14条：4. 如第二款和第三款所提及的公布不可行，则应当以其他方式使此类信息可以公开获得	同GATS 2
	第8.14条：5. 每一缔约方应当指定一个联络点，以便缔约方就本章所涵盖的任何事项进行沟通。应另一缔约方请求，该联络点应当：(a) 确定负责相关事项的机构或官员；以及 (b) 在必要时为便利与请求方就该事项进行沟通提供协助	同GATS 4，但更具体，包括确定"机构或官员"

续表

协定	条款内容	备注
RCEP协定	第8.14条：6. 每一缔约方应当迅速回应任何其他缔约方提出的关于下列具体信息的任何请求：(a) 第二款第 (a) 项所提及的任何措施，或者第二款第 (b) 项所提及的国际协定；以及 (b) 对服务贸易具有重大影响的任何新的法律、法规或行政规则或者现行法律、法规或行政指南的任何变动	分别同GATS 4和3

《区域全面经济伙伴关系协定》基于《服务贸易总协定》框架，再次强调了管理服务贸易的透明度措施对于便利服务提供者进入彼此市场并在其中开展业务的能力具有重要意义，因此，每一缔约方应当促进服务贸易中管理的透明度。结合现实数字经济发展，《区域全面经济伙伴关系协定》增加了对公开形式的阐述，即"应当通过互联网使相关措施和国际协定可公开获得，并在其法律框架所规定的范围内以英文提供"，咨询联络点要求确定"负责的机构或官员"（见表3-8）。

二 电信服务规则变化比较

在《服务贸易总协定》中，电信服务相关条款是作为附件出现，即《关于电信服务的附件》（以下简称电信附件），且仅包含七个条款。《区域全面经济伙伴关系协定》中也以第8章附件二（电信服务）的形式出现。而《跨太平洋伙伴关系协定》和《全面与进步跨太平洋伙伴关系协定》设置电信服务章（第13章），明确了定义，适用范围，监管方法，公共电信服务的接入和使用，公共电信服务供应商的义务，国际移动漫游，给予公共电信服务主要供应商的待遇，竞争保障，转售，主要供应商的网络元素非捆绑，与主要供应商的互联互通，主要供应商对专用线路服务的提供和定价，主要供应商的共址服务，主要供应商拥有或控制的电杆、管线、管网和路权的接入，国际海底电缆系统，独立监管机构和政府所有权，普遍服务，许可程序，稀缺资源的分配和使用，执行，电信争端解决机制，透明度，技术选择的灵活性，与其他章的关系，与国际组织的关系，电信委员会等。相比《服务贸易总协定》，《跨太平洋伙伴关系协定》和《全面与进步跨太平洋伙伴关系协定》对新增的电信服务作了界定，如商业移动服务、国际移动漫游服务、号码携带、物理共址、互联网互通参考报价、虚拟共址等。在与主要供应商的互联互通，主要供应商对专用线路服务的提供和定价，主要供应商的共址服务，主要供应商拥有或控制的电杆、管线、管网和路权的接入以及国际海底光缆系统等方面作了具体的规范和承诺。《跨太平洋伙伴关系协定》和《全面与进步跨太平洋伙伴关系协定》还设立专门的监督实施机构——电信委员会（专门委员会），审议和监督第13章的实施和运用。同时还规定了专门属于电信服务贸易的争端解决机制，包括"援用"（Re-course）、"复议"（Review）和"司法审查"（Judicial Review）。《区域全面经济伙伴关系协定》在现有《中国—东盟自由贸易协定》电信服务附件基础上，包括监管方法，国际海底电缆系统，网络元素非捆绑，电杆、管线和管网的接入，国际移动漫游，技术选择的灵活性等条款。《跨太平洋伙伴关系协定》《全面与进步跨太平洋伙伴关系协定》《美国—墨西哥—加拿大协定》《区域全面经济伙伴关系协定》都强调了独立监管机构的重要性及其作用（见表3-9）。

表3-9　　　　　各协定中电信服务主要条款变化比较

协定	GATS	TPP/CPTPP	USMCA	RCEP 协定
定义新增服务	无	商业移动服务、国际移动漫游服务、互联互通、号码携带、物理共址、互联互通参考报价、虚拟共址	国际移动漫游服务、号码携带、物理共址、互联互通、互联互通参考报价、虚拟共址	国际移动漫游服务、互联互通、号码携带、物理共址
争端解决机制	无	第13.21条：1. 除第26.3条（行政程序）与26.4条（审查与上诉）规定外，每一缔约方应保证援用、复议和司法审查	第18.23条：1. 除第29.3条（行政程序）与29.4条（审查与上诉）规定外，每一缔约方应保证援用、复议和司法审查	第23条：1. 每一缔约方应当保证另一缔约方公共电信网络或服务提供者可以及时诉诸其电信监管机构或争端解决机构，以根据其法律法规解决本附件项下所产生的争端。2. 应当保证其相关电信监管机构最终裁决或决定不公正对待的公共电信网络或服务的任何提供者能够根据其法律法规获得对此类裁决或决定的复议。3. 任何缔约方不得允许以申请复议为由，不遵守电信监管机构作出的裁定或决定，除非相关机构另行裁定

续表

协定	GATS	TPP/CPTPP	USMCA	RCEP 协定
独立监管机构	无	第13.16条：1.每一缔约方应保证，其电信监管机构与任何公共电信服务供应商分离且不对其负责。为保证电信监管机构的独立性和公正性，每一缔约方应保证，其电信监管机构不在任何公共电信服务供应商中享有财务权益，或参与运营或管理	第18.17条：每一缔约方应保证，其电信监管机构与任何公共电信服务供应商分离且不对其负责。为保证电信监管机构的独立性和公正性，每一缔约方应保证，其电信监管机构不在任何公共电信服务供应商中享有财务权益，或参与运营或管理	第12条：1.每一缔约方应当保证，其电信监管机构独立于任何公共电信服务提供者，并且不对其负责。2.每一缔约方应当保证，其电信监管机构作出的监管决定和所使用的程序，对所有市场参与者是公平的

三 金融服务规则变化比较

在《服务贸易总协定》中，金融服务同样以附件形式出现，仅规定了金融服务的定义和范畴、国内监管、认可、争端解决机制等，并未引入准入前国民待遇原则和负面清单管理制度。在《区域全面经济伙伴关系协定》中，金融服务以第8章附件一的形式出现，除第8章（服务贸易）规定的义务外，还包括稳健的审慎例外条款、金融监管透明度义务，以及通过磋商等方式讨论解决国际收支危机或可能升级为国际收支危机的情况。《跨太平洋伙伴关系协定》和《全面与进步跨太平洋伙伴关系协定》金融服务章（第11章）和投资章（第9章）包含了国民待遇、最惠国待遇、市场准入、金融监管、磋商和争端解决机制，以及最低标准待遇在内的投资章节条款。《跨太平洋伙伴关系协定》中的金融服务规则所定义的金融涵盖了传统的所有保险及其相关服务、所有银行和其他金融服务，同时涵盖与具有金融性质的服务有关的服务及其辅助服务。规则中还定义了新金融服务，即尚未在一缔约方领土内提供，但已在另一缔约方领土内提供的金融服务，且包括任何新的金融服务交付方式或销售该缔约方领土内尚未销售的金融产品。《跨太平洋伙伴关系协定》和《全面与进步跨太平洋伙伴关系协定》还在附件中对投资组合管理、信息转移、邮政保险实体提供保险、电子支付卡服务、透明度考虑等方面作出了具体承诺。

对于后台办公功能的行使,《跨太平洋伙伴关系协定》和《全面与进步跨太平洋伙伴关系协定》作了具体规定,但《美国—墨西哥—加拿大协定》和《区域全面经济伙伴关系协定》未涉及相关要求。《美国—墨西哥—加拿大协定》和《区域全面经济伙伴关系协定》对缔约方以电子方式或其他方式进行信息转移作出了限制,《跨太平洋伙伴关系协定》和《全面与进步跨太平洋伙伴关系协定》未涉及。只有《美国—墨西哥—加拿大协定》对金融服务的计算机设施位置作出规定,即"不得要求被涵盖人使用或定位其所在区域的计算设施作为其在该领土内开展业务的条件",从而确保信息的安全(见表3-10)。

表3-10 各协定中金融服务主要条款变化比较

条款	TPP/CPTPP	USMCA	RCEP 协定
后台办公功能的行使	第 11.17 条:1. 缔约方认识到,其领土内的金融机构由该金融机构的总部或附属机构行使后台办公功能,或由其领土内外的非关联服务提供者行使后台办公功能,与该金融机构的有效管理和高效运营十分重要。虽然一缔约方可要求金融机构保证此类功能与国内所有适用要求相符,但其认识到避免对行使此类功能施加任意要求的重要性	无	无
信息转移	无	第 17.17 条:任何一方不得阻止被涵盖方转移信息,包括个人信息以电子或其他方式进出缔约国领土,在其许可、授权或注册范围内从事业务	第 9 条:2. 一缔约方不得采取下列措施阻止:(a) 其领土内的金融服务提供者为进行日常营运所需的信息转移,包括通过电子方式或其他方式进行数据转移,或者(b) 其领土内金融服务提供者进行日常营运所需的信息处理

续表

条款	TPP/CPTPP	USMCA	RCEP 协定
计算设施位置	无	第 17.18 条：2. 缔约方不得要求被涵盖人使用或定位其所在区域的计算设施作为其在该领土内开展业务的条件	无

四 电子商务、数字贸易规则变化比较

数字经济是经济可持续发展的重要动力①，数字服务贸易是数字贸易的主要方式。②《跨太平洋伙伴关系协定》、《全面与进步跨太平洋伙伴关系协定》和《区域全面经济伙伴关系协定》单独设立电子商务章，《美国—墨西哥—加拿大协定》单独设立数字贸易章，都对数字贸易规则作了详细规定，主要涉及隐私保护、数据跨境流动、数据存储和源代码非本地化，以及数字产品和数字服务自由化等。

（一）消费者隐私保护

各国在保障消费者隐私方面的立场基本一致。《跨太平洋伙伴关系协定》第14.7条线上消费者保护和第14.8条个人信息保护都强调了对消费者个人信息的保护，但尚未明确具体实施方案和侵权惩罚措施。③《美国—墨西哥—加拿大协定》第19.8条具体指出了须遵循的国际框架（APEC、OECD）及关键原则（包括限制收集、选择、数据质量、目的规范、使用限制、安全保障、透明度、个人参与和责任等）。欧盟强调以保护个人信息和隐私为基本权利。《中华人民共和国和澳大利亚政府自由贸易协定》《中华人民共和国政府和大韩民国政府自由贸易协定》均要求缔约方保护电子商务消费者信息。《区域全面经济伙伴关系协定》对线上消费者保护和线上个人信息保护作出了规定（见表

---

① 江小涓、孟丽君：《内循环为主、外循环赋能与更高水平双循环——国际经验与中国实践》，《管理世界》2021年第1期。
② Burri Mira, "Trade in Services Regulation in the Data-Driven Economy", *Trade, Law and Development*, Vol.12, No.1, 2020.
③ 余振：《全球数字贸易政策：国别特征、立场分野与发展趋势》，《国外社会科学》2020年第4期。

3-11)。

表 3-11　　各协定在保障消费者隐私方面的规则比较

主要规则	TPP	CPTPP	USMCA	RCEP 协定	备注
线上消费者保护	第 14.7 条：1. 缔约方应认识到采取和维持透明及有效的措施，保护消费者进行电子交易时免受消费者保护所指的诈骗和商业欺诈行为侵害的重要性。2. 每一缔约方应采取或维持消费者保护法	第 14.7 条：1. 缔约方应认识到采取和维持透明及有效的措施，保护消费者进行电子交易时免受消费者保护所指的诈骗和商业欺诈行为侵害的重要性。2. 每一缔约方应采取或维持消费者保护法	第 19.7 条：1. 缔约方应认识到采取和维持透明及有效措施的重要性，以保护消费者在从事数字贸易时免受消费者保护中提及的欺诈或欺骗性商业活动的影响	第 12.7 条：1. 缔约方认识到采取和维持透明及有效的电子商务消费者保护措施以及其他有利于发展消费者信心的措施的重要性。2. 每一缔约方应当采取或维持法律或者法规，以保护使用电子商务的消费者免受欺诈和误导行为的损害或潜在损害	一致
个人信息保护	第 14.8 条：1. 缔约方认识到保护电子商务用户个人信息的经济和社会效益，及其对增强消费者对电子商务的信心所发挥的作用。2. 每一缔约方应采取或维持保护电子商务用户个人信息的法律框架。在建立对个人信息保护的法律框架过程中，每一缔约方应考虑相关国际的原则和指导方针。但未对实施过程中如何解决"隐私侵权问题"作出具体解答	第 14.8 条：1. 缔约方认识到保护电子商务用户个人信息的经济和社会效益，及其对增强消费者对电子商务的信心所发挥的作用。2. 每一缔约方应采取或维持保护电子商务用户个人信息的法律框架。在建立对个人信息保护的法律框架过程中，每一缔约方应考虑相关国际的原则和指导方针	第 19.8 条：缔约方应重视的具体原则包括"收集限制；选择；数据质量；目的规范；使用限制；安全保障；透明度；个人参与和问责制"	第 12.8 条：缔约方应采取或保证电子商务用户个人信息受到保护的法律框架，应当考虑相关国际组织或机构的国际标准、原则、指南和准则	在隐私保护方面 USMCA 具体指出需遵循的国际框架（APEC、OECD）及关键原则

(二) 跨境数据自由流动

美国、欧盟和中国允许的跨境数据自由流动程度不同。美国数字贸易起步早、发展快，美国认为应淡化国境概念，实现数据流动全球化和自由化，以推动国内数字贸易发展。《美韩自由贸易协定》（2007年）首次提出缔约国"尽量避免对跨境数据流动施加不必要的阻碍"。《跨太平洋伙伴关系协定》设置了监管要求，允许有条件的跨境数据流动，但未明确界定各自的"监管要求"具体涵盖哪些。《美国—墨西哥—加拿大协定》未考虑成员的监管要求（见表3-12）。欧盟的立场是充分保障个人信息和隐私基础上的跨境数据自由流动。中国将国家安全和网络安全置于优先地位，对数据跨境流动施行严格的安全审查程序和过滤监控。"美式模板""欧式模板"与中国在数据跨境流动方面存在分歧。

表3-12　　　　各协定关于电子方式跨境传输信息的比较

主要规则	TPP	CPTPP	USMCA	RCEP协定
电子方式的跨境信息传输	第14.11条：缔约方应当允许为满足商业活动而开展的以电子方式进行的跨境信息传输，包括个人信息。同时包含了允许缔约方规定各自的监管要求，不阻止缔约方为实现合法的公共政策目标而采取的不符措施。但未有明确界定"各自的监管要求"具体涵盖哪些	第14.11条：缔约方应当允许为满足商业活动而开展的以电子方式进行的跨境信息传输，包括个人信息。同时包含了允许缔约方规定各自的监管要求，不阻止缔约方为实现合法的公共政策目标而采取的不符措施	第19.11条：缔约方不得禁止或限制通过电子方式跨境传输信息，包括个人信息。不阻止缔约方为实现合法的公共政策目标而采取的不符措施	第12.15条：缔约方认识到每一缔约方对于通过电子方式传输信息可能有各自的监管要求。一缔约方不得阻止涵盖的人为进行商业行为而通过电子方式跨境传输信息。不阻止缔约方为实现合法的公共政策目标所必要的措施或该缔约方认为对保护其基本安全利益所必需的任何措施

(三) 数据存储和源代码非本地化

对计算机存储设施和源代码非本地化的分歧仍然存在。出于对知识产权保护运营成本的考虑，《跨太平洋伙伴关系协定》《美国—墨西哥—加拿大协定》和《区域全面经济伙伴关系协定》框架中，均提出不得将使用该缔约方领土内的计算设施或将设施置于其领土内作为在另一缔约方的服务提供者在其领土内从事经营的前提条件。① 《跨太平洋伙伴关系协定》有"监管例外"和"公共安全例外",而《美国—墨西哥—加拿大协定》则排除了一些例外规定(通信安全、保密或公共政策),《区域全面经济伙伴关系协定》包含了实现缔约方合法的公共政策目标和保护其基本安全利益的例外(见表3-13)。欧盟在这方面的诉求与"美式模板"基本一致,要求计算机存储设施非强制本地化。为保障国家经济政治安全,防止数据流失,我国在2017年实施的《中华人民共和国网络安全法》第37条规定,"关键信息基础设施的运营者在中华人民共和国境内运营中收集和产生的个人信息和重要数据应当在境内存储"。美国认为源代码属于知识产权和商业秘密,强行转移源代码有可能导致知识产权被盗。《跨太平洋伙伴关系协定》强调缔约方不应以软件源代码的转移或获得作为市场准入的条件。相关条款(第14.17条)中的软件仅限于"大众市场软件或含有该软件的产品,不包括关键基础设施所使用的软件"。《美国—墨西哥—加拿大协定》则不区分商业软件或基础设施软件,将银行等金融机构的基础设施软件也纳入"源代码非强制本地化"的范畴中。② 《美国—墨西哥—加拿大协定》还将"算法"添加至适用范畴(见表3-13)。但是我国《征信机构信息安全规范行为标准》和《关于应用安全可控信息技术加强银行业网络信息安全和信息化建设的指导意见》相关规定,金融领域的软件服务提供商需向监管机构备案、向接受服务的金融机构提供源代码。

(四)数字产品和数字服务自由化

《跨太平洋伙伴关系协定》第14.3条和《美国—墨西哥—加拿大协定》第19.3条提出缔约方不得对电子传输征收关税。《跨太平洋伙

---

① 周念利、陈寰琦:《基于〈美墨加协定〉分析数字贸易规则"美式模板"的深化及扩展》,《国际贸易问题》2019年第9期。

② 余振:《全球数字贸易政策:国别特征、立场分野与发展趋势》,《国外社会科学》2020年第4期。

表 3-13　　各协定关于计算设施、网络安全、源代码的比较

主要规则	TPP	CPTPP	USMCA	RCEP 协定	USMCA 相比 TPP/CPTPP 的不同
计算设施的位置	第 14.13 条：2. 缔约方不得将使用该缔约方领土内的计算设施或将设施置于其领土内作为在另一缔约方的服务提供者在其领土内从事经营的前提条件。1. 缔约方监管例外。3. 合法公共政策目标例外	第 14.13 条：2. 缔约方不得将使用该缔约方领土内的计算设施或将设施置于其领土内作为在另一缔约方的服务提供者在其领土内从事经营的前提条件。1. 缔约方监管例外。3. 合法公共政策目标例外	第 19.12 条：缔约方不得将使用该缔约方领土内的计算设施或将设施置于其领土内作为在另一缔约方的服务提供者在其领土内从事经营的前提条件	第 12.14 条：2. 缔约方不得将要求涵盖的人使用该缔约方领土内的计算设施或者将设施置于该缔约方领土之内，作为在该缔约方领土内进行商业行为的条件。第 12.14 条：1. 监管例外。第 14.13 条：3. 公共政策目标例外，基本安全利益例外	剔除了例外规定：缔约方监管例外；合法公共政策目标例外
网络安全事项合作	第 14.16 条：缔约方应认识到以下重要性：建设负责计算机安全事件的应对能力；利用现有的合作机制进行合作，以识别和减轻影响缔约方电子网络的恶意入侵和恶意代码传播	第 14.16 条：缔约方应认识到以下重要性：建设负责计算机安全事件的应对能力；利用现有的合作机制进行合作，以识别和减轻影响缔约方电子网络的恶意入侵和恶意代码传播	第 19.15 条：2. 缔约方努力建设各自负责网络安全事件应对能力；加强现有合作机制，以合作查明和减轻影响电子网络的恶意入侵或恶意代码传播，并利用这些机制迅速处理网络安全事件，分享信息以提高认识和最佳做法	第 12.13 条：缔约方认识到负责计算机安全事件应对的各自主管部门的能力建设，包括通过交流最佳实践；以及利用现有合作机制，在与网络安全相关的事项开展合作	风险防范和保障方法要不断演变
源代码	第 14.17 条：1. 任何缔约方不得要求转移或获得另一方所拥有的软件源代码作为在其领土内进口、分配、销售或使用该软件及包含该软件的产品的条件。2. 仅限于大众市场软件或含有该软件的产品，不包括关键基础设施所使用的软件	第 14.17 条：1. 任何缔约方不得要求转移或获得另一方所拥有的软件源代码作为在其领土内进口、分配、销售或使用该软件及包含该软件的产品的条件。2. 仅限于大众市场软件或含有该软件的产品，不包括关键基础设施所使用的软件	第 19.16 条：任何缔约方不得要求转让或获得另一方所拥有的软件源代码或算法作为在其领土内进口、分配、销售或使用该软件及包含该软件的产品的条件	未有明确条款，在第 12.16 条电子商务对话中提及需要考虑源代码相关事宜	"源代码的算法"添加至适用范畴；将"基础设施软件"纳入适用范畴

伴关系协定》第14.4条和《美国—墨西哥—加拿大协定》第19.4条要求给予数字产品非歧视待遇,前者该条款不适用于广播,而后者该条款扩展适用于广播服务产品(见表3-14)。《区域全面经济伙伴关系协定》规定不对缔约方之间的电子传输征收关税。随着数字贸易自由化的推进,未来的趋势是分类筛选、分步骤推进自由化,哪些数字产品可以完全实现自由化,哪些需设置关税或征收数字服务税,如文化、金融、电信等关键行业。

表3-14　　　　各协定关于数字产品跨境传输的相关条款比较

主要规则	TPP	CPTPP	USMCA	RCEP协定	USMCA相比TPP
海关关税	第14.3条:不得对电子传输征收关税	第14.3条:不得对电子传输征收关税	第19.3条:不得对电子传输征收关税	第12.11条:应当维持其目前不对缔约方之间的电子传输征收关税的现行做法	一致
数字产品的非歧视待遇	第14.4条:给予数字产品非歧视待遇,不适用于广播	第14.4条:给予数字产品非歧视待遇,不适用于广播	第19.4条:给予数字产品非歧视待遇	未有明确条款,在第12.16条电子商务对话中提及需要考虑	条款扩展适用于广播服务产品
电子认证和电子签名	第14.6条:不得仅以签字为电子形式为由否认签字的法律效力	第14.6条:不得仅以签字为电子形式为由否认签字的法律效力	第19.6条:不得仅以签字为电子形式为由否认签字的法律效力	第12.6条:不得仅以签名为电子方式而否认该签名的法律效力	一致
无纸化交易	第14.9条:缔约方应努力以电子形式向公众提供贸易管理文件,作为该文件纸质版本的法律等价物	第14.9条:缔约方应努力以电子形式向公众提供贸易管理文件,作为该文件纸质版本的法律等价物	第19.9条:缔约方应努力接受以电子方式提交的贸易管理文件,作为该纸质版本的法律等价物	第12.5条:缔约方应努力接受以电子形式提交的贸易管理文件与纸质版贸易管理文件具有同等法律效力	一致

续表

主要规则	TPP	CPTPP	USMCA	RCEP协定	USMCA相比TPP
国内电子交易框架	第14.5条：1.缔约方应保持与《联合国国际贸易法委员会电子商务示范法》（1996）或2005年11月23日订于纽约的《联合国国际合同使用电子通信公约》的原则相一致的电子交易法律框架	第14.5条：缔约方应保持与《联合国国际贸易法委员会电子商务示范法》（1996）或2005年11月23日订于纽约的《联合国国际合同使用电子通信公约》的原则相一致的电子交易法律框架	第19.5条：缔约方应保持与《联合国国际贸易法委员会电子商务示范法》（1996）的原则相一致的电子交易法律框架	第12.10条：国内监管框架，缔约方应当在考虑《联合国国际贸易法委员会电子商务示范法》（1996年）、2005年11月23日订于纽约的《联合国国际合同使用电子通信公约》，或其他适用于电子商务的国际公约或示范法基础上，采取或维持监管电子交易的法律框架	限定于符合UN1996年

（五）未来合作领域

在未来合作领域和侧重方面有所不同。《美国—墨西哥—加拿大协定》相比《跨太平洋伙伴关系协定》和《全面与进步跨太平洋伙伴关系协定》更细化、更有针对性。《美国—墨西哥—加拿大协定》规定的合作还包括电子商务、跨境隐私保护、信息通信技术等多个方面。同时，还增加了关于交互式计算机服务和公开政府数据方面的规定（见表3-15、表3-16）。美国在《2009公开政府指令》中曾明确提出政府部门公开政府指令，并保证可机读。[1]

---

[1] Daniel Castro et al., "10 Steps Congress can Take to Accelerate Data Innovation", https：//www.datainnovation.org/2017-data-innovation-agenda.pdf/，2018.

表 3-15　　各协定关于电子商务/数字贸易未来合作的比较

主要规则	TPP	CPTPP	USMCA	RCEP 协定
合作	第 14.15 条：缔约方应共同努力帮助中小企业克服使用信息技术的障碍；交流有关电子商务的法规、政策、执行和遵守方面的信息和经验；就消费者获取在线提供的产品和服务交流信息和意见；积极参与区域和多边论坛，促进电子商务发展；鼓励私营部门制定促进电子商务的自律方法，包括行为准则、示范合同、指导原则和执行机制	第 14.15 条：缔约方应共同努力帮助中小企业克服使用信息技术的障碍；交流有关电子商务的法规、政策、执行和遵守方面的信息和经验；就消费者获取在线提供的产品和服务交流信息和意见；积极参与区域和多边论坛，促进电子商务发展；鼓励私营部门制定促进电子商务的自律方法，包括行为准则、示范合同、指导原则和执行机制	第 19.14 条：1. 要求在数字贸易的法规、政策、执行和遵守方面交流信息和分享经验，尤其在"隐私保护法律的合作"方面进行个人信息保护；要发展对话机制促进隐私保护制度的内在协调；积极参与区域和多边论坛，促进数字贸易发展；鼓励私营部门制定促进数字贸易的自律方法，包括行为准则、示范合同、指导原则和执行机制；合作促进在信息通信技术方面能力不足的服务提供者的准入机会；推动跨境个人信息保护机制的发展	第 12.4 条：缔约方应当在适当时就以下开展合作：共同帮助中小企业克服使用电子商务的障碍；确定缔约方之间有针对性的合作领域，以帮助缔约方实施或者加强其电子商务法律框架，例如研究和培训活动、能力建设，以及提供技术援助；分享信息、经验和最佳实践，以应对发展和利用电子商务所面临的挑战；鼓励商业部门开发增强问责和消费者信心的方法和实践，以促进电子商务的使用；以及积极参加地区和多边论坛，以促进电子商务的发展

表 3-16　　USMCA 关于交互式计算机服务和公开政府数据的规定

主要规则	TPP	USMCA
交互式计算机服务	无	第 19.17 条：豁免网络平台提供者在内容提供者涉及人权以及隐私等非知识产权侵权中承担的连带责任
公开政府数据	无	第 19.18 条：1. 缔约方应认识到便利化公众获取和使用政府信息的重要性。2. 缔约方要确保政府数据是可机读的，公开的并且可被检索、恢复、使用和再使用。3. 对企业尤其是中小企业公开政府数据其目的是创造和提升商业机会

278

第二节 全球服务贸易发展趋势分析

一 服务业与服务贸易加快发展

根据世界贸易组织数据库，全球服务贸易发展迅猛，虽然受2008年国际金融危机影响，2009年明显回落，但之后迅速反弹，至2019年全球服务出口已经达到61501.75亿美元，进口58513.26亿美元，成为全球经济发展的重要引擎（见图3-1）。但2020年，受新冠肺炎疫情影响，全球服务出口降至49138.07亿美元，进口降至45963.98亿美元。特别是《服务贸易总协定》模式2的旅游业。在全球范围内，旅游业过去五年中创造的净就业岗位的1/4，已经成为许多发展中经济体和几个最不发达国家的重要经济来源的行业之一。但2020年由于受新冠肺炎疫情影响，无论是游客数量还是旅游收入，都是自1950年来最低的。[①]

全球服务业占GDP比重已经达到70%以上，发达国家服务业吸收就业普遍达到70%左右。2019年，全球服务贸易占GDP比重13.56%，服务贸易与货物贸易之比达到31.33%（见图3-2）。

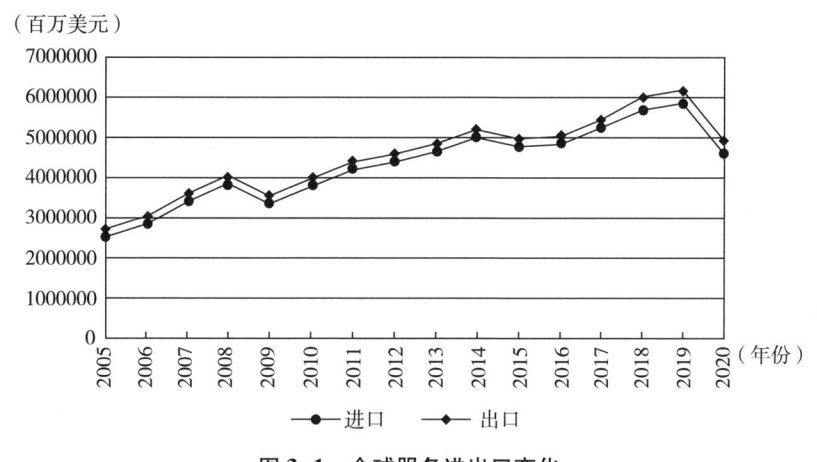

图3-1 全球服务进出口变化

资料来源：WTO.

[①] WTO, Cross-border Mobility, COVID-19 and Global Trade, https://www.wto.org/english/tratop_e/covid19_e/mobility_report_e.pdf/, 2020.

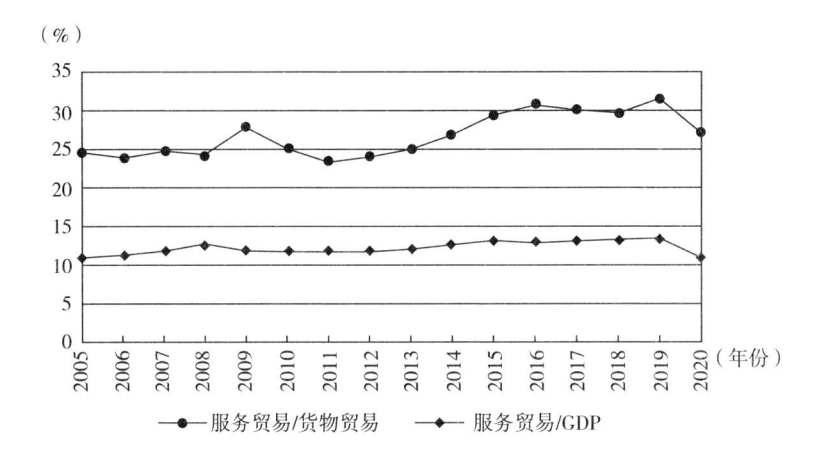

图 3-2 全球服务贸易比重

资料来源：WTO，WORLD BANK.

二 发展中国家服务贸易地位上升

发达国家在全球贸易中的地位显著下降，而新兴经济体和发展中国家的地位逐渐上升。中国成为世界第二大服务贸易进口国。与世界主要的服务进出口国家相比，2018年中国服务出口规模位居发展中国家第1，增长率达到17%，远快于世界排名前四的美国、英国、德国和法国，服务进口增长率达到12%，增长速度远远快于第1位的美国，2019年中国服务出口和进口分别稳居第5位和第2位（见表3-17）。

表 3-17　2018—2019 年全球服务出口和进口前 20 位国家（地区）

单位：10 亿美元;%

排名	出口					进口				
	2019年	金额	2018年	金额	增长率	2019年	金额	2018年	金额	增长率
1	美国	854	美国	808	4	美国	567	美国	536	3
2	英国	401	英国	381	7	中国	497	中国	521	12
3	德国	341	德国	337	7	德国	369	德国	364	6
4	法国	294	法国	287	5	爱尔兰	332	法国	255	4
5	中国	282	中国	265	17	英国	273	荷兰	230	11
6	荷兰	274	荷兰	241	11	法国	270	英国	228	10

续表

排名	出口					进口				
	2019年	金额	2018年	金额	增长率	2019年	金额	2018年	金额	增长率
7	爱尔兰	247	爱尔兰	206	14	荷兰	265	爱尔兰	219	9
8	新加坡	217	印度	206	11	新加坡	208	日本	198	4
9	印度	214	日本	187	3	日本	204	新加坡	187	3
10	日本	203	新加坡	184	7	印度	178	印度	175	14
11	西班牙	157	西班牙	149	8	韩国	125	韩国	127	2
12	瑞士	129	瑞士	122	1	比利时	123	比利时	127	10
13	意大利	120	比利时	121	3	瑞士	122	意大利	121	6
14	比利时	119	意大利	120	8	意大利	122	加拿大	112	5
15	卢森堡	113	中国香港	114	9	加拿大	120	瑞士	103	0
16	加拿大	104	卢森堡	113	10	俄罗斯	98	俄罗斯	94	7
17	中国香港	102	韩国	98	10	卢森堡	89	西班牙	88	16
18	韩国	98	加拿大	92	6	阿联酋	87	卢森堡	86	10
19	阿联酋	89	泰国	84	11	西班牙	85	中国香港	81	5
20	丹麦	83	奥地利	75	14	中国香港	81	澳大利亚	72	6

资料来源：WTO.

三 数字服务贸易增长加快

数字技术的推广和云计算的应用，使全球服务贸易数字化趋势明显，数字服务贸易增长迅猛。根据联合国贸易和发展会议发布的数据，2005—2020年，全球数字服务出口规模从12014.16亿美元增长到31675.87亿美元，在服务贸易中的占比从2005年的44.7%上升至2020年的63.6%，虽然2005年至2009年占比有所波动，但是2010年开始，基本保持稳定上升，尤其是2020年受新冠肺炎疫情的影响而显著提高（见图3-3）。新冠肺炎疫情提高了消费者对网络购物、社交媒体、互联网电话会议等的使用，导致企业对消费者（B2C）销售激增，企业对企业（B2B）电子商务增加。[①]

全球云计算市场规模扩张势头良好。2019年，以IaaS、PaaS和

---

① WTO，*E-Commerce，Trade and the Covid-19 Pandemic*，https：//www.wto.org/english/tratop_e/covid19_e/ecommerce_report_e.pdf/，2020.

SaaS 为代表的全球云计算市场规模已经达到 1883 亿美元，增速 20.86%，三者规模分别为 439 亿美元、349 亿美元和 1095 亿美元。Gartner 预测，未来几年市场平均增长率在 18%，到 2023 年市场规模将超过 3500 亿美元（见图 3-4）。

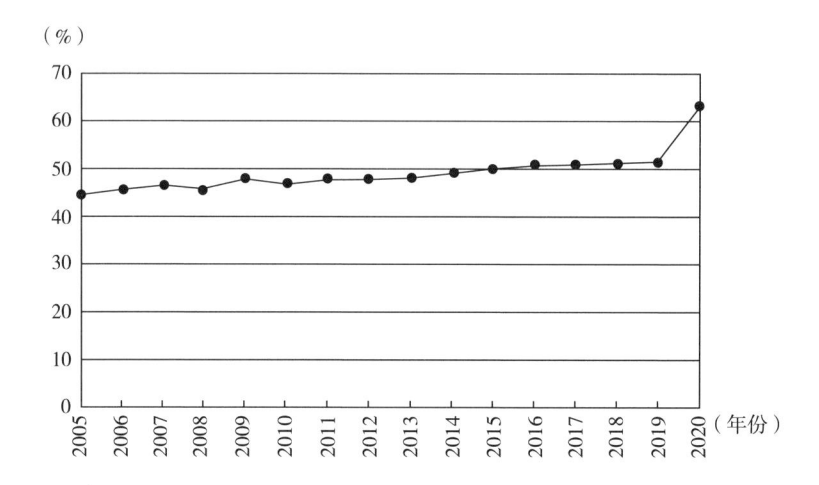

图 3-3 全球数字服务贸易出口占服务贸易比重

资料来源：UNCTAD.

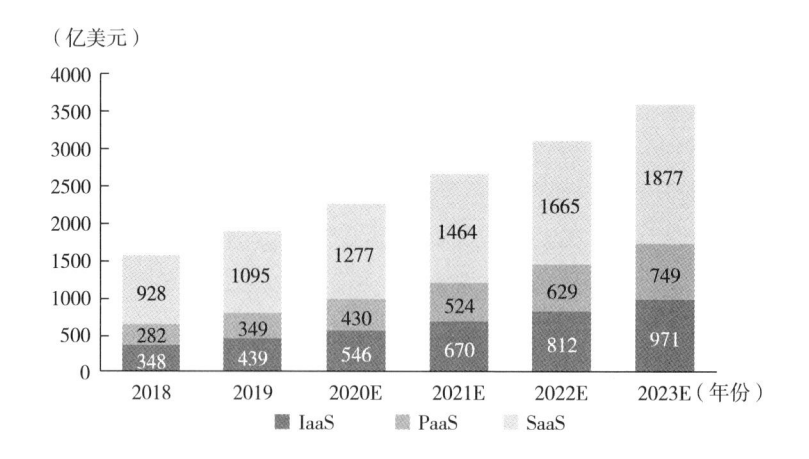

图 3-4 全球云计算市场规模

注：E 表示机构预测。
资料来源：Gartner 预测。

第三节 区域服务贸易协定对服务贸易流量的影响实证分析

一 模型构建和样本选择

（一）计量模型构建

本节借鉴 Tinbergen[①] 和 Pöyhönen[②] 构建的引力模型，该模型的主要思想是两国或两地区间的贸易流量与二者的经济规模成正比，与直线距离成反比。后来，学者将更多的虚拟变量（如共同边界、殖民关系、语言环境等）引入其中。[③] 本节以此为基础，引入区域服务贸易协定相关变量，构建如下模型，以探求服务贸易协定对服务贸易流量的影响。

$$Y_{ijt} = \beta_0 + \beta_1 RTA_{ijt} + \beta_2 \ln GDP_{it} + \beta_3 \ln GDP_{jt} + \beta_4 \ln Dis_{ij} + \beta_5 Contig_{ij} + \beta_6 Comlang_{ij} + \beta_7 Colony_{ij} + \varepsilon_{ijt} \tag{3-1}$$

其中，Y_{ijt} 为双边服务贸易流量；RTA_{ijt} 为 t 年 i 国和 j 国之间是否存在生效的区域服务贸易协定的虚拟变量；GDP_{it}、GDP_{jt} 分别为 t 年 i 国和 j 国的经济规模，Dis_{ij} 为双边地理距离，$Contig_{ij}$、$Comlang_{ij}$、$Colony_{ij}$ 分别表示两国是否存在共同边界、共同官方语言、是否存在殖民联系；ε_{ijt} 为泊松扰动项。

（二）样本选取

根据数据的一致性和可获得性，选取 2005—2019 年 48 个国家数据，样本包括重要国际组织、贸易协定成员国。《欧洲联盟条约》成员国：比利时、克罗地亚、法国、德国、意大利、卢森堡、荷兰、丹麦、爱尔兰、希腊、葡萄牙、西班牙、奥地利、芬兰、瑞典、塞浦路斯、捷克共和国、爱沙尼亚、匈牙利、拉脱维亚、立陶宛、马耳他、波兰、斯洛伐克、斯洛文尼亚、罗马尼亚、保加利亚及原成员国英国；《区域全

[①] Tinbergen Jan, "Shaping the World Economy: Suggestions for an International Economic Policy", New York: The Twentieth Century Fund, 1962.

[②] Pöyhönen Pentti, "A Tentative Model for the Flow of Trade between Countries", *Weltwirtschaftliches Archiv*, Vol. 90, 1963.

[③] 罗勇等:《贸易便利化对我国制造业出口产品质量影响研究》,《软科学》2020 年第 1 期。

面经济伙伴关系协定》成员国：文莱、柬埔寨、印度尼西亚、老挝、马来西亚、菲律宾、新加坡、泰国、缅甸、越南、中国、日本、韩国、澳大利亚、新西兰；《美国—墨西哥—加拿大协定》成员国：美国、墨西哥、加拿大。

（三）变量选择

被解释变量是各经济体之间的双边服务贸易流量（Y_{ijt}），数据来源于 WTO。核心解释变量是 RTA_{ijt}，用于表示两国间是否存在生效的区域服务贸易协定，具体设置原则是：若 t 年 i 国和 j 国之间有正在生效的区域服务贸易协定，则 RTA_{ijt} 取值为 1，否则为 0。该变量根据 WTO RTA 数据库整理所得。

控制变量包括：（1）经济规模，$\ln GDP_{it}$ 和 $\ln GDP_{jt}$ 分别表示 t 年 i 国和 j 国的经济规模，以国内生产总值衡量并取对数。

（2）其他影响双边服务贸易流量的因素：①地理因素，$\ln Dis_{ij}$ 表示两国间的地理距离并取对数；$Contig_{ij}$ 表示两国间是否存在共同边界；②文化因素，$Comlang_{ij}$ 表示两国间是否存在共同的官方语言；③制度因素，$Colony_{ij}$ 表示两国间是否存在历史上的殖民联系。以上原始数据均来源于 UNCTAD、CEPII 数据库，三个虚拟变量若存在取 1；反之则取 0。

表 3-18　　　　　　　　　　描述性统计结果

变量	观测值	平均值	标准差	最小值	最大值
Y_{ijt}	33840	2.2914	8.1187	0	159.9206
RTA_{ijt}	33840	0.4885	0.4999	0	1
$\ln GDP_{it}$	33840	5.5402	1.7920	1.0806	9.9776
$\ln GDP_{jt}$	33840	5.5402	1.7920	1.0806	9.9776
$\ln Dis_{ij}$	33840	8.3790	1.1198	4.0880	9.8940
$Contig_{ij}$	33840	0.0470	0.2116	0	1
$Comlang_{ij}$	33840	0.0532	0.2244	0	1
$Colony_{ij}$	33840	0.0293	0.1685	0	1

资料来源：笔者根据 Stata 结果整理得到。

二 实证分析

为解决双边服务贸易流量存在的异方差及零值问题，借鉴 Silva 和 Tenreyro[①] 的方法，使用 PPML（泊松伪极大似然估计）方法进行回归。

（一）基准回归结果分析

表 3-19　　　　　　　　　　　基准回归结果

变量	模型 (1)					
RTA_{ijt}	0.2173*** (0.0402)	0.5422*** (0.0361)	0.9929*** (0.0258)	0.1791*** (0.0281)	0.2972*** (0.0280)	0.3240*** (0.0277)
$\ln GDP_{it}$		0.6386*** (0.0101)	0.7045*** (0.0084)	0.6864*** (0.0077)	0.6831*** (0.0069)	0.6804*** (0.0068)
$\ln GDP_{jt}$			0.7553*** (0.0088)	0.7413*** (0.0079)	0.7360*** (0.0074)	0.7340*** (0.0073)
$\ln Dis_{ij}$				-0.5272*** (0.0117)	-0.5166*** (0.0118)	-0.5136*** (0.0114)
$Contig_{ij}$				0.2773*** (0.0308)	-0.1186*** (0.0369)	-0.0664* (0.0348)
$Comlang_{ij}$					0.9118*** (0.0340)	0.8300*** (0.0364)
$Colony_{ij}$						0.2782*** (0.0338)
常数项	0.7170*** (0.0350)	-3.6120*** (0.0730)	-9.3043*** (0.0840)	-4.4182*** (0.1377)	-4.5900*** (0.1364)	-4.6148*** (0.1354)
观测值	33840	33840	33840	33840	33840	33840
R^2	0.0009	0.1183	0.5191	0.6738	0.7080	0.7324

注：括号内为回归结果的标准误，***、**、*分别表示在1%、5%、10%水平下显著。
资料来源：笔者根据 Stata16.0 结果整理得出。

表 3-19 为仅在引入区域服务贸易协定的基础上，依次加入其余控制变量得到的结果，以此考察区域服务贸易协定对服务贸易流量是否具

---

① Silva João Santos, Silvana Tenreyro, "The Log of Gravity", *Review of Economics and Statistics*, Vol. 88, 2006.

有显著影响。回归结果显示，双方签订并生效的区域服务贸易协定对双边服务贸易流量具有显著的促进作用。两国间实施区域服务贸易协定，有利于降低跨国交易门槛与风险，保障双方的基本利益，推动高质量服务的进出口。

双方经济规模、是否存在共同的官方语言、是否存在殖民联系这4个控制变量均在1%水平下显著，且对双边服务贸易流量具有积极作用。这说明双方经济发达程度越高，且使用共同的官方语言、在历史上存在殖民联系，都会促进双边服务贸易流量的增长。双方地理距离、是否存在共同边界分别在1%与10%水平下显著，但对双边服务贸易流量产生具有负向影响。

（二）稳健性检验

1. 替换被解释变量

为验证实证结果的可靠性和非随机性，借鉴周京奎等[①]的方法，以服务贸易进口量（IM_{ijt}）及出口量（EX_{ijt}）替换被解释变量双边服务贸易流量（Y_{ijt}），具体模型及回归结果如下：

$$IM_{ijt} = \beta_0 + \beta_1 RTA_{ijt} + \beta_2 \ln GDP_{it} + \beta_3 \ln GDP_{jt} + \beta_4 \ln Dis_{ij} + \beta_5 Contig_{ij} + \beta_6 Comlang_{ij} + \beta_7 Colony_{ij} + \varepsilon_{ijt} \quad (3-2)$$

$$EX_{ijt} = \beta_0 + \beta_1 RTA_{ijt} + \beta_2 \ln GDP_{it} + \beta_3 \ln GDP_{jt} + \beta_4 \ln Dis_{ij} + \beta_5 Contig_{ij} + \beta_6 Comlang_{ij} + \beta_7 Colony_{ij} + \varepsilon_{ijt} \quad (3-3)$$

表3-20　　　　　　　　　变量替换法回归结果

变量	模型	
	（2）进口	（3）出口
RTA_{ijt}	0.3143***	0.3240***
	(0.0326)	(0.0277)
$\ln GDP_{it}$	0.6801***	0.6805***
	(0.0087)	(0.0068)
$\ln GDP_{jt}$	0.7438***	0.7340***
	(0.0089)	(0.0073)

---

① 周京奎等：《生产率进步影响农村人力资本积累吗？——基于微观数据的研究》，《经济研究》2019年第1期。

续表

变量	模型	
	（2）进口	（3）出口
$\ln Dis_{ij}$	-0.4973*** (0.0138)	-0.5136*** (0.0114)
$Contig_{ij}$	-0.0542 (0.0418)	-0.0664** (0.0348)
$Comlang_{ij}$	0.7817*** (0.0472)	0.8300*** (0.0364)
$Colony_{ij}$	0.1520*** (0.0409)	0.2782*** (0.0338)
常数项	-5.5020*** (0.2024)	-4.6148*** (0.1354)
观测值	33840	33840
R^2	0.6370	0.7323

注：括号内为回归结果的标准误，***、**、*分别表示在1%、5%、10%水平下显著。
资料来源：笔者根据Stata16.0结果整理得出。

表3-20的结果表明，区域服务贸易协定仍然在1%水平下显著为正，其余变量符号及显著性并未发生较大变化，因此可以认为模型（1）是稳健的。具体地，区域服务贸易协定对一国的服务贸易进口量、出口量的影响系数分别为0.3141、0.3240，后者略大于前者；经济规模的扩大对服务流量具有显著的促进作用，且贸易伙伴经济规模的正向促进作用高于本国，这表明虽然"本地市场效应"在服务贸易中存在，但作用效果相对较小。①

2. 不同样本分组

在服务贸易中，不同发展程度的经济体对区域服务贸易协定的影响存在异质性。将双边贸易国划分为"发达—发达""发达—发展中""发展中—发展中"三组，分别进行回归，以探究区域服务贸易协定影响的异质性，结果如表3-21所示。

---

① 林僖、鲍晓华：《区域服务贸易协定与服务出口二元边际——基于国际经验的实证分析》，《经济学（季刊）》2019年第4期。

表 3-21　　　　　　　　　区分样本法回归结果

变量	发达—发达	发达—发展中	发展中—发展中
RTA_{ijt}	0.3063*** (0.0351)	0.3602*** (0.0296)	0.4273*** (0.0611)
$\ln GDP_{it}$	0.6374*** (0.0081)	0.7501*** 0.0087	0.7493 (0.0107)
$\ln GDP_{jt}$	0.7222*** (0.0089)	0.7246*** 0.0101	0.6842 (0.0130)
$\ln Dis_{ij}$	-0.4481*** (0.0132)	-0.5147*** (0.0198)	-0.7741 (0.0344)
$Contig_{ij}$	-0.1190*** (0.0338)	0.8945*** 0.0451	0.2655* (0.0557)
$Comlang_{ij}$	0.8209*** (0.0372)	1.0963*** 0.0457	0.5569 (0.0466)
$Colony_{ij}$	0.1975*** (0.0368)	-0.0942 0.0627	—
常数项	-4.5714*** (0.1653)	-5.3532*** (0.2251)	-3.4903 (0.2653)
观测值	14880	15360	3600
R^2	0.7541	0.8226	0.8315

注：括号内为回归结果的标准误，***、**、*分别表示在1%、5%、10%水平下显著。由于均为发展中国家的两个经济体间均不存在殖民关系，故第3列回归结果剔除了Colonyij变量。

资料来源：笔者根据Stata16.0结果整理得出。

表 3-21 显示，RTA 的系数在"发达—发达""发达—发展中""发展中—发展中"三组中，均在1%的显著性水平下显著，系数分别为 0.3063、0.3602、0.4273。这说明区域服务贸易协定对双边服务贸易流量具有显著的正向作用，且这种作用在发展中国家参与协定时更为明显。

服务贸易协定的签订将对不同的成员国产生"非对称效应"。[①] 发

---

① Lee Woori, "Services Liberalization and GVC Participation: New Evidence for Heterogeneous Effects by Income Level and Provisions", *The World Bank Policy Research Working Paper*, 2018, Series 8475.

展程度不同国家会出于不同的原因签订区域贸易协定。[①] 对于发展中国家而言，一方面，由于较高贸易壁垒的存在，签订区域贸易协定（尤其是服务贸易协定）能有效降低出口市场的进入壁垒，减少交易成本，从而更好地发挥贸易协定对自身贸易的影响；另一方面，当优质的服务从发达国家进入发展中国家，发展中国家的服务业将受到冲击，即使有部分落后企业会因此被淘汰，但大部分企业将通过学习借鉴国外竞争者的较高服务标准和先进管理模式，提升服务水平，从而倒逼服务贸易发展。

对于发达国家而言，服务贸易对外开放程度较高，协定的签署只能在较小程度上扩大其服务业对外开放水平。再者，发达国家对外开放经验丰富，且具有完备的政策制度与之配套，其签订贸易协定的重点并不在于对外贸易，而在于将对外开放的技术溢出效应内部化，将知识更好地与国内的研发生产结合，由此推动本国的创新发展。[②]

由此可知，发展中国家积极寻求和其他国家签订服务贸易协定能够有效促进本土服务贸易的发展。因此，区域服务贸易协定异质性分析对发展中国家更具现实意义。[③]

三 回归结果讨论

本节通过 PPML 估计对 48 个国家 2005—2019 年的数据进行回归，发现：①区域服务贸易协定的生效对双边服务贸易流量存在显著的正向作用，且对服务贸易出口量的影响略大于对进口量的影响。②在考虑不同发展程度经济体受到影响的异质性的情况下，区域服务贸易协定对"发达—发达""发达—发展中""发展中—发展中"组的双边服务贸易流量均具有显著的正向作用，且这种作用在发展中国家参与协定时更为明显。③两国经济规模、是否存在共同的官方语言、是否存在殖民联系对双边服务贸易流量具有显著正向作用，而双边地理距离则存在显著的负向影响。

---

① 杨继军、艾玮炜：《区域贸易协定服务贸易条款深度对增加值贸易关联的影响》，《国际贸易问题》2021 年第 2 期。

② 林僖、林祺：《区域服务贸易协定与服务出口增长——基于均衡分析的视角》，《经济学（季刊）》2021 年第 4 期。

③ 连增等：《服务贸易协定承诺的覆盖率对制造业增加值出口的影响》，《国际经贸探索》2021 年第 1 期。

第四节 对标服务贸易规则差距及其影响分析

一 中国服务贸易国际地位显著上升，但整体规模与美国差距较大，发展潜力巨大

自1982年开始，中国服务贸易发展迅速，尤其是服务进口急剧增长。从中国服务进出口占世界比重和排名看（见表3-22），无论是出口还是进口，国际地位显著上升，2014年中国服务贸易总额已跃居世界第2位，并且连续7年居第2位，服务出口由2005年的第9位跃至2008年的第5位，之后相对稳定，2014年和2015年升至第3位，2016年后稳居第5位，2020年又回到第4位，服务进口由2005年的第7位上升至2013年的第2位，并保持至今。

表3-22 中国服务进出口占世界比重与排名情况（2005—2020年）

单位:%

年份	进出口世界占比	世界排名	出口世界占比	世界排名	进口世界占比	世界排名
2005	3.11	9	3.27	9	3.27	7
2006	3.32	8	3.49	8	3.49	7
2007	3.79	6	3.80	7	3.80	5
2008	4.08	5	4.10	5	4.10	5
2009	4.27	4	4.58	5	4.58	4
2010	4.82	4	5.11	4	5.11	3
2011	5.19	4	5.85	5	5.85	3
2012	5.41	3	6.41	5	6.41	3
2013	5.68	3	7.13	5	7.13	2
2014	6.37	2	8.57	3	8.57	2
2015	6.69	2	9.03	3	9.03	2
2016	6.68	2	9.29	5	9.29	2
2017	6.46	2	8.88	5	8.88	2
2018	6.76	2	9.15	5	9.15	2
2019	6.49	2	8.49	5	8.49	2
2020	6.89	2	8.21	4	8.21	2

资料来源：WTO.

中国服务贸易总额占全球服务贸易份额从 2012 年的 5.41% 上升至 2020 年的 6.89%。但是中国服务贸易整体规模仍与美国存在较大差距，美国服务贸易占贸易总额比重 40%—50%，而中国服务贸易只占 15%，未来发展潜力巨大（见图 3-5、图 3-6）。

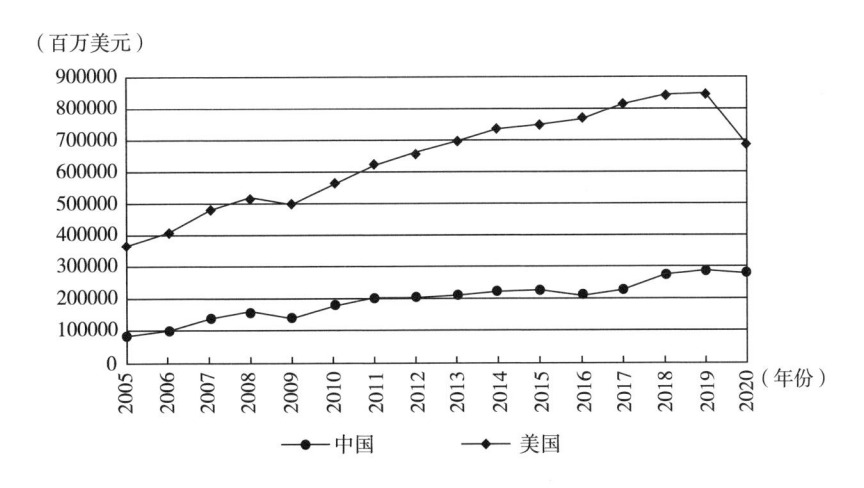

图 3-5 中美两国服务出口对比

资料来源：WTO.

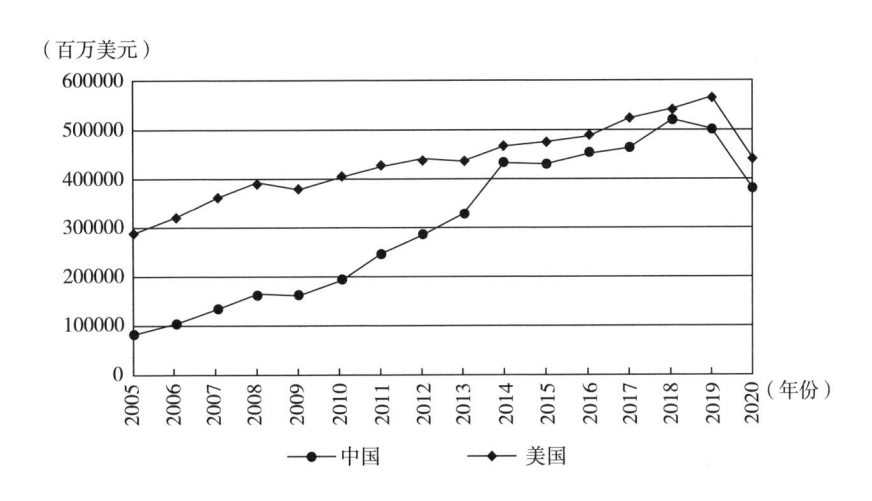

图 3-6 中美两国服务进口对比

资料来源：WTO.

二 中国服务贸易全球价值链地位提升,但服务贸易发展远滞后于货物贸易

服务贸易全球价值链地位提升,国内服务业增加值创造已超过制造业。2019年年底,我国第一、第二、第三产业增加值占GDP的比重分别为7.1%、39.0%和53.0%,服务业占比过半,价值增值环节逐渐向生产前研发和设计阶段、生产后市场嵌入服务阶段转移。制造业服务化带来服务要素的升级,促进金融、研发等生产性服务贸易发展。但是服务贸易发展仍然远滞后于货物贸易发展。此外,2019年我国货物贸易顺差4628亿美元,而服务贸易逆差2614亿美元,1995—2019年,连续逆差25年。虽然2019年服务贸易逆差较2018年下降11%,但是长期逆差对我国外汇形成巨大压力。服务贸易逆差的主要原因是,一方面,由于我国经济快速发展和人均收入水平提高,居民对境外高端服务需求增长;另一方面,由于我国技术水平提高,企业对知识产权、高端技术等知识密集型和技术密集型服务需求增长。

三 中国服务贸易区域开放逐步推进,但服务贸易规则尚不完善

我国积极推动服务贸易领域的开放、改革与创新,试图通过自贸试验区建设,对接高标准国际贸易规则,逐步推进服务贸易区域对外开放。目前已经在上海等省市设立18个自贸试验区。随着数量增长,自贸区功能也在不断完善,逐步实现投资自由、贸易自由、物流仓储流量自由、货币金融自由、人员往来自由和数据流动自由。2016年,国务院批准《同意开展服务贸易创新发展试点的批复》,已在上海、天津、海南等15个省份(区域)开展服务贸易创新发展试点;2018年7月1日,国务院发布《关于深化服务贸易创新发展试点的批复》,在北京等17个地区深化服务贸易发展。2020年9月,商务部印发《全面深化服务贸易创新发展试点总体方案》,以28个省份(区域)为试点,推进数字技术对产业链价值链的协同与整合,推动产业数字化转型,通过全面深化试点,推进服务贸易深层次改革。

国内自贸试验区在全国东中西部布局逐渐优化,功能逐渐完善,但资金、人才等高端要素市场存在碎片化现象,所涉及服务贸易规则仍低于高标准国际贸易规则。如何对接超大型自由贸易协定,对标国际最高水平,借助发展内需市场,使国内市场与国际市场形成统一市场,集聚

优质资源、优化配置要素资源,仍面临巨大挑战。

四 中国服务贸易细分行业有序放开,服务贸易还需进一步扩大开放

在服务贸易细分行业,我国已经逐步放宽金融和保险等领域外资准入限制,放开会计审计、建筑设计、评级服务等领域外资准入限制,推进电信、互联网、文化、教育、交通运输等领域的有序开放,促进相关领域的服务贸易发展。从服务业细分行业看(见表3-23),2018年,我国服务出口中,知识密集型服务出口占比较高,电信、计算机和信息服务项下的计算机和信息服务占比为16.85%,其他商业服务项下的专业和管理咨询服务占比为12.68%,旅游服务出口和进口占比分别为14.79%和52.73%,运输服务出口和进口占比分别为15.85%和20.63%。受新冠肺炎疫情影响,2020年1—7月,知识密集型服务出口6103.0亿元,增长较快的领域是知识产权使用费、保险服务、电信计算机和信息服务,分别增长31.9%、12.9%、16.9%,进口增长较快的是电信计算机和信息服务、金融服务,分别增长28.5%、16.6%。而旅游服务由于受到人员跨境流动措施限制,出口下降43.4%,进口下降44.8%。

表3-23 2018年中国服务业细分行业进出口 单位:亿元,%

细分行业	出口	占比	进口	占比
总额	17658.0	—	34744.0	—
运输	2799.2	15.85	7166.0	20.63
旅游	2611.2	14.79	18319.6	52.73
建筑	1759.4	9.96	569.2	1.64
保险服务	325.8	1.85	786.1	2.26
金融服务	230.4	1.30	140.4	0.40
电信、计算机和信息服务	3114.0	17.64	1572.9	4.53
电信服务	138.8	0.79	104.4	0.30
计算机和信息服务	2975.2	16.85	1468.6	4.23
知识产权使用费	368.0	2.08	2355.2	6.78
研发成果使用费	35.0	0.20	1070.6	3.08

续表

细分行业	出口	占比	进口	占比
视听及相关产品许可费	8.8	0.05	200.6	0.58
个人、文化和娱乐服务	80.3	0.45	224.5	0.65
维护和维修服务	475.1	2.69	167.8	0.48
加工服务	1153.0	6.53	17.5	0.05
其他商业服务	4625.6	26.20	3128.9	9.01
技术相关服务	1153.5	6.53	839.2	2.42
专业和管理咨询服务	2238.7	12.68	1196.5	3.44
研发成果转让费及委托研发	615.3	3.48	467.3	1.34
政府服务	116.0	0.66	295.9	0.85

资料来源：《中国经济社会发展年鉴（2019）》。

虽然服务业的开放，促进了相关领域的服务贸易快速发展，但是根据OECD公布22个行业的服务贸易限制指数（SIRI），我国服务贸易限制程度普遍高于国际水平。2019年，除建筑、工程和铁路货运外，我国19个行业的服务贸易限制指数均高于46国平均值（见表3-24、表3-25）。外商直接投资受《外商投资产业指导目录》调整，将各领域分为四类：鼓励、限制、禁止和允许。我国服务贸易限制指数较高的是会计、电影、广播、电信、速递，指数值均高于0.6，大多数电影和广播领域、邮政和国内快递属于被禁止类别。

表3-24　　　　　　　2019年世界主要国家服务贸易限制指数

国家	物流货物处理	物流仓储	物流货运代理	物流报关	会计	建筑	工程	法律	电影	广播	录音
澳大利亚	0.22	0.17	0.18	0.18	0.19	0.16	0.14	0.14	0.16	0.21	0.15
奥地利	0.20	0.25	0.23	0.21	0.30	0.28	0.29	0.38	0.24	0.38	0.28
比利时	0.24	0.23	0.22	0.23	0.40	0.31	0.23	0.28	0.23	0.24	0.28
加拿大	0.22	0.17	0.15	0.15	0.23	0.18	0.15	0.17	0.20	0.31	0.16
智利	0.23	0.19	0.19	0.34	0.10	0.13	0.16	0.16	0.19	0.29	0.19
哥伦比亚	0.31	0.23	0.25	0.26	0.18	0.17	0.19	0.17	0.23	0.65	0.20

续表

国家	物流货物处理	物流仓储	物流货运代理	物流报关	会计	建筑	工程	法律	电影	广播	录音
捷克	0.13	0.13	0.12	0.14	0.14	0.16	0.19	0.29	0.13	0.18	0.16
丹麦	0.14	0.15	0.12	0.15	0.23	0.15	0.16	0.28	0.15	0.20	0.21
爱沙尼亚	0.19	0.15	0.17	0.17	0.31	0.39	0.20	0.46	0.20	0.23	0.18
芬兰	0.26	0.26	0.21	0.22	0.22	0.20	0.21	0.17	0.19	0.24	0.21
法国	0.16	0.17	0.12	0.13	0.40	0.32	0.12	0.58	0.20	0.23	0.16
德国	0.17	0.17	0.16	0.16	0.19	0.20	0.21	0.25	0.16	0.19	0.15
希腊	0.23	0.22	0.22	0.23	0.33	0.22	0.23	0.46	0.21	0.25	0.21
匈牙利	0.23	0.23	0.20	0.21	0.24	0.27	0.28	0.72	0.23	0.23	0.24
冰岛	0.37	0.37	0.35	0.39	0.34	0.34	0.37	0.40	0.37	0.41	0.37
爱尔兰	0.19	0.18	0.16	0.17	0.18	0.17	0.15	0.22	0.14	0.19	0.15
以色列	0.28	0.23	0.26	0.26	0.34	0.26	0.27	0.37	0.23	0.36	0.28
意大利	0.24	0.25	0.22	0.24	0.51	0.46	0.47	0.29	0.14	0.28	0.28
日本	0.21	0.17	0.20	0.16	0.20	0.15	0.12	0.54	0.10	0.26	0.11
韩国	0.17	0.10	0.16	0.17	1.00	0.20	0.15	0.43	0.15	0.36	0.13
拉脱维亚	0.15	0.14	0.14	0.15	0.14	0.11	0.12	0.15	0.15	0.23	0.13
立陶宛	0.12	0.15	0.15	0.15	0.15	0.19	0.14	0.43	0.16	0.18	0.14
卢森堡	0.15	0.19	0.16	0.15	0.18	0.19	0.20	1.00	0.15	0.15	0.18
墨西哥	0.36	0.30	0.30	1.00	0.22	0.27	0.27	0.24	0.28	0.65	0.23
荷兰	0.16	0.15	0.12	0.13	0.17	0.14	0.15	0.24	0.15	0.16	0.15
新西兰	0.31	0.22	0.21	0.21	0.20	0.21	0.20	0.23	0.19	0.20	0.17
挪威	0.24	0.22	0.22	0.24	0.31	0.20	0.21	0.29	0.23	0.27	0.24
波兰	0.23	0.21	0.19	0.20	0.31	0.41	0.42	1.00	0.24	0.40	0.22
葡萄牙	0.13	0.13	0.12	0.15	0.35	0.38	0.39	0.39	0.12	0.15	0.15
斯洛伐克	0.15	0.17	0.15	0.17	0.16	0.56	0.58	0.31	0.16	0.23	0.16
斯洛文尼亚	0.24	0.23	0.18	0.19	0.31	0.37	0.39	0.52	0.18	0.23	0.18
西班牙	0.18	0.18	0.19	0.18	0.29	0.17	0.19	0.30	0.17	0.20	0.17
瑞典	0.23	0.19	0.16	0.19	0.30	0.16	0.18	0.16	0.14	0.22	0.16
瑞士	0.25	0.25	0.26	0.25	0.32	0.25	0.26	0.39	0.29	0.40	0.28
土耳其	0.42	0.38	0.35	0.35	0.64	0.29	0.27	0.62	0.29	0.49	0.30

续表

国家	物流货物处理	物流仓储	物流货运代理	物流报关	会计	建筑	工程	法律	电影	广播	录音
英国	0.17	0.17	0.15	0.16	0.27	0.19	0.15	0.18	0.18	0.17	0.15
美国	0.24	0.21	0.21	0.22	0.16	0.20	0.21	0.20	0.14	0.25	0.17
巴西	0.36	0.33	0.27	0.30	0.31	0.28	0.27	0.32	0.31	0.50	0.23
中国	0.39	0.34	0.32	0.31	0.73	0.21	0.23	0.51	0.60	0.70	0.48
哥斯达黎加	0.35	0.30	0.28	0.29	0.36	0.23	0.23	0.16	0.18	0.25	0.20
印度	0.40	0.40	0.32	0.33	0.83	0.30	0.68	0.89	0.32	0.44	0.28
印度尼西亚	0.46	0.41	0.38	0.31	0.72	0.32	0.30	0.89	0.33	0.43	0.23
马来西亚	0.35	0.28	0.31	0.30	0.31	0.35	0.34	0.67	0.25	0.40	0.22
俄罗斯	1.00	1.00	0.32	0.35	0.31	0.29	0.30	0.24	0.33	0.43	0.29
南非	0.37	0.29	0.28	0.28	0.27	0.24	0.24	0.31	0.24	0.42	0.22
泰国	0.47	0.50	0.40	0.40	1.00	0.58	0.36	0.61	0.33	0.38	0.31
46 国均值	0.27	0.25	0.22	0.24	0.33	0.27	0.24	0.39	0.22	0.31	0.21

注：服务贸易指数值介于 0 和 1 之间，1 是限制性最高。
资料来源：OECD。

表 3-25　　2019 年世界主要国家服务贸易限制指数

国家	电信	航空运输	海运	公路货运	铁路货运	速递	分销	商业银行	保险	计算机	施工
澳大利亚	0.19	0.30	0.19	0.13	0.16	0.38	0.14	0.18	0.19	0.17	0.19
奥地利	0.15	0.39	—	0.21	0.24	0.20	0.17	0.21	0.24	0.27	0.22
比利时	0.20	0.46	0.26	0.21	0.25	0.27	0.23	0.23	0.21	0.29	0.27
加拿大	0.30	0.38	0.18	0.20	0.16	0.22	0.25	0.17	0.20	0.24	0.23
智利	0.23	0.17	0.20	0.13	0.23	0.49	0.13	0.21	0.17	0.17	0.16
哥伦比亚	0.20	0.27	0.25	0.17	0.22	0.24	0.14	0.28	0.23	0.22	0.23
捷克	0.15	0.41	—	0.13	0.17	0.14	0.12	0.13	0.12	0.16	0.16
丹麦	0.11	0.38	0.21	0.19	0.23	0.18	0.14	0.16	0.16	0.19	0.19
爱沙尼亚	0.21	0.39	0.27	0.18	0.23	0.19	0.14	0.21	0.17	0.24	0.21
芬兰	0.18	0.44	0.27	0.25	0.28	0.22	0.23	0.21	0.24	0.25	0.21
法国	0.13	0.35	0.18	0.17	0.19	0.11	0.17	0.15	0.10	0.14	0.13

续表

国家	电信	航空运输	海运	公路货运	铁路货运	速递	分销	商业银行	保险	计算机	施工
德国	0.12	0.38	0.18	0.18	0.22	0.15	0.15	0.17	0.14	0.18	0.16
希腊	0.17	0.42	0.34	0.21	0.22	0.21	0.24	0.22	0.27	0.27	0.29
匈牙利	0.21	0.42	—	0.21	0.24	0.21	0.17	0.24	0.21	0.28	0.26
冰岛	0.33	0.51	0.35	0.36	—	0.48	0.33	0.36	0.37	0.45	0.46
爱尔兰	0.12	0.38	0.18	0.18	0.18	0.17	0.15	0.14	0.12	0.18	0.16
以色列	0.32	0.44	0.31	0.16	1.00	0.47	0.17	0.24	0.25	0.29	0.31
意大利	0.17	0.41	0.27	0.24	0.24	0.24	0.18	0.18	0.24	0.27	0.29
日本	0.25	0.40	0.19	0.12	0.20	0.26	0.13	0.20	0.17	0.16	0.12
韩国	0.33	0.48	0.29	0.18	1.00	0.38	0.15	0.18	0.10	0.12	0.16
拉脱维亚	0.14	0.41	0.15	0.17	0.22	0.17	0.13	0.15	0.13	0.15	0.18
立陶宛	0.12	0.40	0.20	0.16	0.22	0.15	0.13	0.16	0.12	0.17	0.16
卢森堡	0.16	0.42	—	0.14	0.22	0.16	0.17	0.18	0.17	0.20	0.19
墨西哥	0.20	0.38	0.27	0.62	0.33	0.47	0.21	0.37	0.25	0.27	0.28
荷兰	0.13	0.39	0.15	0.15	0.13	0.11	0.13	0.16	0.12	0.18	0.16
新西兰	0.19	0.36	0.23	0.19	0.23	0.26	0.16	0.23	0.14	0.20	0.23
挪威	0.24	0.54	0.23	0.28	0.26	0.29	0.25	0.28	0.30	0.26	0.29
波兰	0.16	0.45	0.23	0.22	0.25	0.25	0.18	0.24	0.20	0.26	0.26
葡萄牙	0.11	0.41	0.15	0.13	0.14	0.14	0.16	0.17	0.14	0.16	0.22
斯洛伐克	0.14	0.44	—	0.17	0.20	0.18	0.12	0.17	0.14	0.18	0.21
斯洛文尼亚	0.16	0.40	0.31	0.19	0.22	0.17	0.15	0.18	0.16	0.22	0.26
西班牙	0.12	0.41	0.19	0.16	0.23	0.20	0.13	0.13	0.19	0.21	0.21
瑞典	0.15	0.40	0.31	0.22	0.24	0.20	0.20	0.20	0.21	0.22	0.23
瑞士	0.24	0.44	—	0.25	0.29	0.40	0.20	0.30	0.25	0.32	0.27
土耳其	0.28	0.59	0.30	0.28	0.30	0.52	0.22	0.30	0.23	0.33	0.31
英国	0.17	0.40	0.20	0.17	0.18	0.18	0.13	0.17	0.15	0.18	0.15
美国	0.16	0.53	0.35	0.17	0.15	0.38	0.14	0.21	0.29	0.19	0.22
巴西	0.28	0.28	0.33	0.25	0.28	0.55	0.22	0.47	0.38	0.31	0.26
中国	0.67	0.47	0.33	0.27	0.28	0.88	0.26	0.39	0.43	0.30	0.33

续表

国家	电信	航空运输	海运	公路货运	铁路货运	速递	分销	商业银行	保险	计算机	施工
哥斯达黎加	0.22	0.28	0.27	0.35	0.32	0.19	0.18	0.21	0.20	0.24	0.21
印度	0.42	0.57	0.40	0.32	1.00	0.57	0.44	0.52	0.57	0.38	0.35
印度尼西亚	0.64	0.48	0.56	0.47	0.36	0.47	0.65	0.49	0.49	0.33	0.44
马来西亚	0.43	0.52	0.33	0.36	0.36	0.31	0.36	0.25	0.29	0.31	0.32
俄罗斯	0.38	0.57	0.42	0.28	0.99	0.40	0.26	0.36	0.38	0.37	0.35
南非	0.31	0.46	0.27	0.17	0.31	0.49	0.22	0.32	0.19	0.23	0.24
泰国	0.39	0.60	0.45	0.44	1.00	0.42	0.34	0.41	0.53	0.35	0.41
46国均值	0.23	0.42	0.27	0.23	0.32	0.30	0.20	0.24	0.23	0.24	0.24

资料来源：OECD.

OECD进一步构建了数字服务贸易限制指数（D-STRI），包括基础设施和连通性、电子交易、支付系统、知识产权和其他措施5个监管类别。[1] 从指数值来看，发展中国家的数字服务贸易限制性指数普遍高于发达国家，将50个国家的限制性指数按四分位统计，限制指数比较高的国家有印度、中国、俄罗斯、哈萨克斯坦等，限制性指数比较低的国家有美国、英国、日本、加拿大、墨西哥等。[2]

五 数字贸易成为服务贸易高质量发展亮点，数字贸易发展与数字经济发展不匹配

大数据、云计算、物联网等数字技术拓展了服务贸易的种类和服务范围，在线教育、远程医疗、协同办公等广泛应用。2019年我国云计算市场规模达1334.5亿元，其中，公有云市场规模达到689.3亿元，私有云市场规模达645.2亿元，预计到2023年分别达到2300亿元和1500亿元（见图3-7）。云计算市场规模扩张迅速，云计算应用度也相应提高。2019年，我国公有云IaaS、PaaS和SaaS市场规模分别达到

---

[1] Janos Ferencz, "The OECD Digital Services Trade Restrictiveness Index", *OECD Trade Policy Papers*, 2019, No. 221.

[2] 陈颖：《数字服务贸易国际规则研究——基于CPTPP、EU-JAPAN EPA、USMCA和RCEP的比较分析》，《全球化》2021年第6期。

453亿元、42亿元和194亿元。2019年我国已经应用云计算的企业占比达到66.1%，其中，采用公有云的企业占比为41.6%，采用私有云的企业占比为14.7%，采用混合云的企业占比为9.8%（见图3-8、图3-9）。

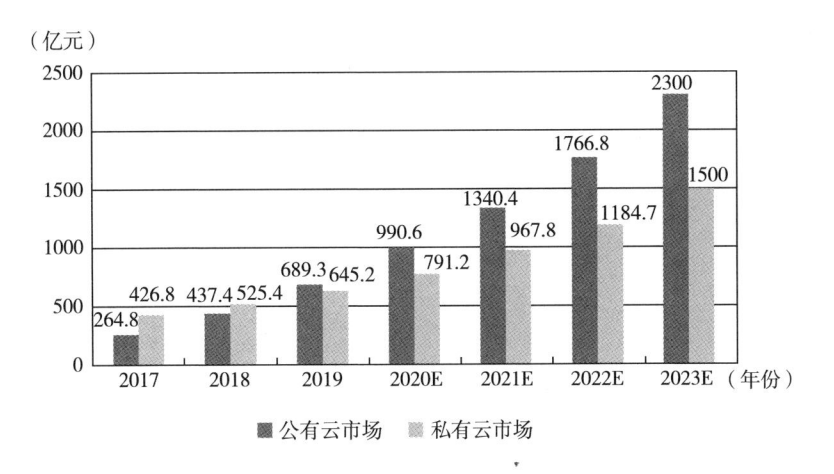

图3-7 我国云计算市场规模

注：E表示机构预测数据。

资料来源：中国信息通信研究院《云计算发展白皮书（2020年）》。

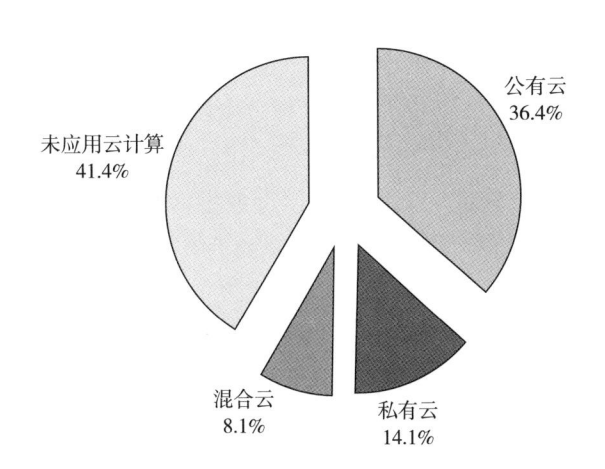

图3-8 2018年中国云计算应用情况

资料来源：中国信息通信研究院院《云计算发展白皮书（2020年）》。

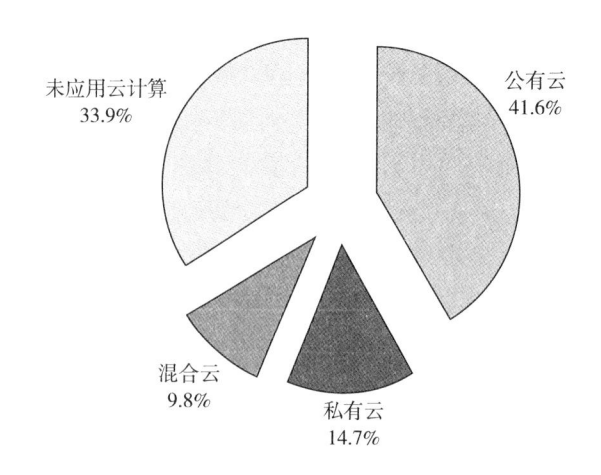

图 3-9 2019 年中国云计算应用情况

资料来源：中国信息通信研究院《云计算发展白皮书（2020 年）》。

数字技术的应用推进了制造业和服务业的深度融合，衍生出服务新业态与新模式，派生出服务贸易新内容与新领域。数字服务贸易是双循环新发展格局下服务贸易高质量发展的活力和亮点。2020 年 1—6 月，我国服务贸易进出口总额 22272.8 亿元，同比下降 14.7%，其中出口 9127.9 亿元，下降 2.2%，进口 13144.9 亿元，下降 21.7%。若剔除旅游服务，上半年服务出口增长 3.7%。数字化转型提高了贸易对接效率，拉动服务贸易整体增长。软件出口执行金额平稳增长（见表 3-26）。软件出口中信息技术外包结构逐渐优化，软件研发外包占比最高，其次是信息技术服务外包（见图 3-10）。软件产品出口以应用软件为主，其次是系统软件，支撑软件比重最小（见图 3-11）。如字节跳动，其提供的不仅是产品服务，更是展现了中国强大的数字技术支持。

表 3-26　　　　2016—2018 年中国软件出口规模及增长　　　单位：亿美元

年份	协议金额	同比增长	执行金额	同比增长
2016	464.89	9.19	342.30	2.51
2017	571.82	23.00	375.56	9.72
2018	560.89	-1.90	412.27	9.80

资料来源：商务部服务贸易和商贸服务业司。

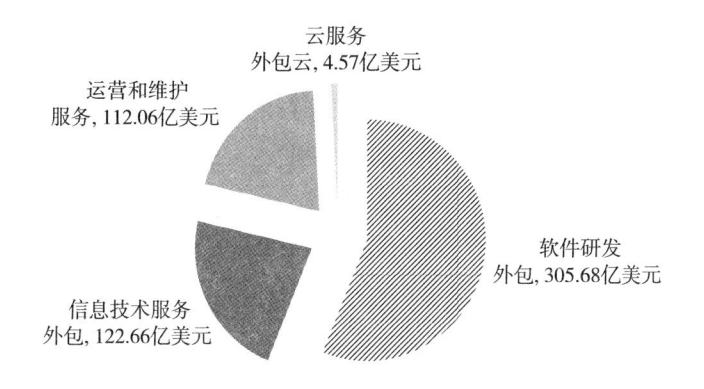

图 3-10 中国软件出口中信息技术外包构成

资料来源：商务部服务贸易和商贸服务业司。

图 3-11 中国软件产品出口构成

资料来源：商务部服务贸易和商贸服务业司。

我国的数字贸易仅占全球数字贸易比重的 4.5%，这与我国数字经济发展不对称。根据中国信息通信研究院发布的《中国数字经济发展白皮书（2021 年）》，2020 年中国数字经济增加值规模达到 39.2 万亿元，占 GDP 比重达到 38.6%（见图 3-12）。根据 2018 年主要国家数字产业化规模排名，中国位居美国之后，排名全球第 2 位（见图 3-13）。

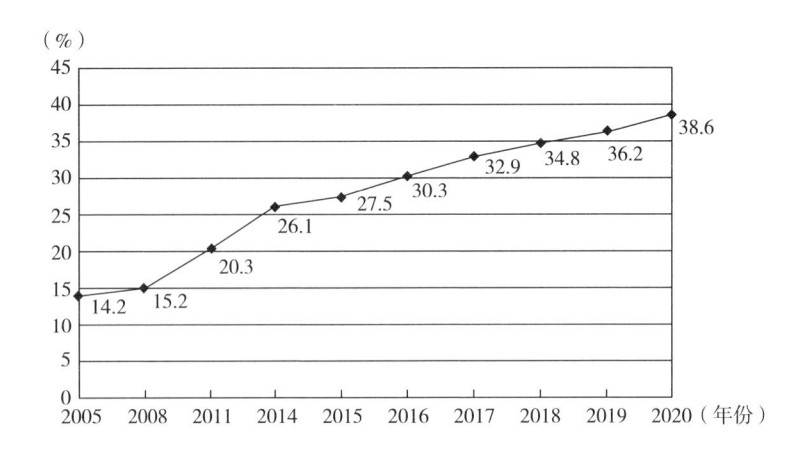

图 3-12 中国数字经济增加值占 GDP 比重

资料来源：中国信息通信研究院。

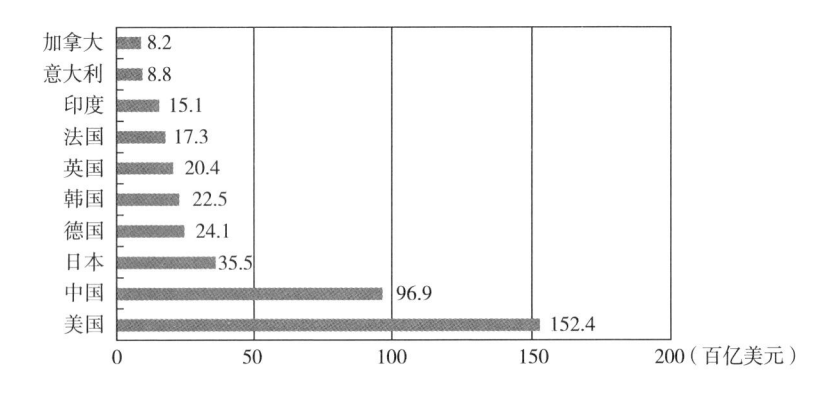

图 3-13 2018 年中国数字产业化规模地位

资料来源：数字岛研究院。

第五节 对标全球服务贸易规则的建议

对标全球服务贸易规则变化，找准存在差距，对中国服务贸易国内规则制定、服务业开放、服务贸易创新发展产生重大而深远的影响。

一 对标服务贸易规则差距分析

（一）服务贸易规则体系还不够完善

《全面与进步跨太平洋伙伴关系协定》《美国—墨西哥—加拿大协

定》《区域全面经济伙伴关系协定》的服务贸易规则比较完善,服务贸易规则条款比较明确和具体,如跨境服务贸易、投资、金融服务、电信服务、电子商务、数字贸易等,我国服务贸易规则体系还不够完善,服务贸易规则体系和规则条款亟待完善和拓展。

(二)深化服务贸易的负面清单制度创新

我国服务贸易开放水平逐步提高,外商投资已经实行准入前国民待遇加负面清单制度,跨境服务贸易负面清单管理制度已经陆续实施,但是我国服务贸易"准入与准营"方面负面清单制度有待完善,需要进一步深化服务贸易的负面清单制度创新。

(三)深化电信行业垄断和监管制度改革

我国基础电信服务由国资委直属的三大央企垄断,三大运营商牌照属于行政许可,由国资委、工信部监管。中国新《外商投资法》实行准入前国民待遇加负面清单管理制度,发改委、商务部发布的《外商投资准入特别管理措施(负面清单)(2019年版)》第20项规定:"限于中国入世承诺开放的电信业务,增值电信业务的外资股比不超过50%(电子商务、国内多方通信、存储转发类、呼叫中心除外),基础电信业务须由中方控股。"电信行业垄断和监管制度需要进一步深化改革。

(四)完善数字贸易与消费者隐私保护规则

《全面与进步跨太平洋伙伴关系协定》、《美国—墨西哥—加拿大协定》和《区域全面经济伙伴关系协定》都有严格消费者隐私保护、消费者信息保护规则,数字贸易中有数据跨境流动规则,我国跨境电商、数字贸易中的消费者隐私保护和数据跨境流动方面规则和监管制度还需要进一步完善。

二 提高服务贸易开放水平,完善服务贸易规则

(一)完善服务贸易规则体系

对标《跨太平洋伙伴关系协定》、《全面与进步跨太平洋伙伴关系协定》、《区域全面经济伙伴关系协定》和《美国—墨西哥—加拿大协定》等协定中服务贸易相关规则,需要对不同服务贸易类型独立成章、分别规制,中国需要加快完善服务贸易规则体系,深化跨境服务贸易负面清单改革,逐渐实现与最高经贸规则对标与衔接,完善国内服务贸易

规则体系，提高服务贸易开放水平。

（二）扩大电信服务业开放

在电信服务条款方面，《跨太平洋伙伴关系协定》和《全面与进步跨太平洋伙伴关系协定》要求"确保其境内的主要电信服务商必须以合理条件提供网际互联、租用专线等服务"，确保电信服务市场的公平竞争环境。由于电信服务开放影响到国家信息系统安全，我国基础电信业务由国家垄断，三大运营商牌照属于行政许可，需要研究扩大电信服务业开放。

（三）完善数字服务贸易规则

我国已有《中华人民共和国电子商务法》，需要加快制定跨境服务贸易的规则，加快完善跨境电商所涉及的隐私保护、数据跨境流动、数据存储和源代码非本地化规则，促进数字贸易发展。

三 构建服务贸易发展新格局

（一）深化准入前国民待遇加负面清单制度创新

在双循环新发展格局下，扩大服务业和服务贸易开放对高水平开放具有重要作用，加快实施准入前国民待遇加负面清单制度，建立健全跨境服务贸易负面清单管理制度，以服务业和服务贸易制度创新，促进服务贸易发展。

（二）激发服务贸易创新动力

充分发挥自由贸易试验区在双循环中的纽带作用和服务贸易创新发展试点的先行先试作用，激发服务贸易创新动力，打造服务贸易开放发展新高地。构建服务贸易发展新格局（见图3-14），更好地促进服务贸易双向扩张，加快构建国际国内相互促进的双循环新发展格局。

四 构建数字丝绸之路枢纽，加快服务贸易发展

（一）构建数字丝绸之路枢纽

构建数字丝绸之路枢纽，加强"一带一路"沿线国家的数字贸易、跨境电商发展，推动"一带一路"数字贸易高质量发展。加强数字贸易规则研究，加强数字贸易技术人才队伍建设。

（二）加强服务贸易国际合作

加强服务贸易国际合作，深化旅游、医疗、金融、技术、文化等领域国际合作，积极发展境内游、周边游。加强知识产权保护、劳动者权

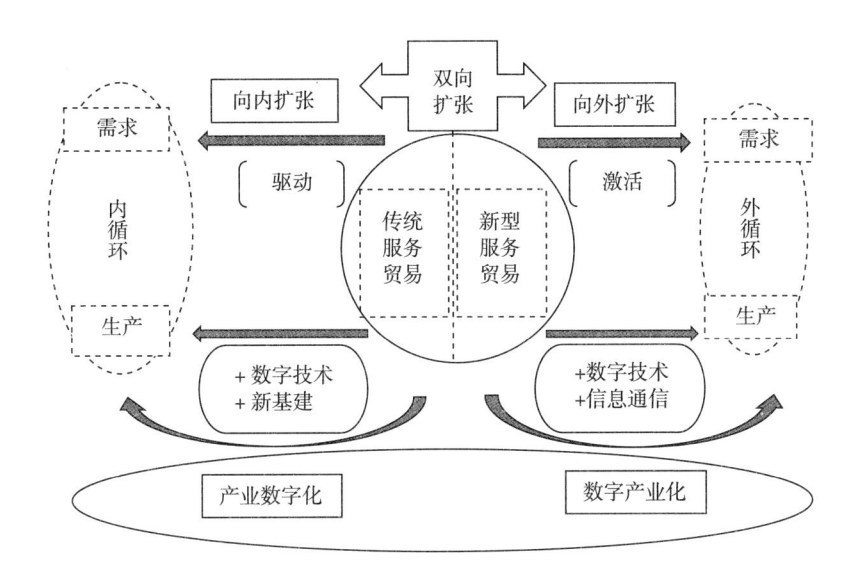

图 3-14　服务贸易双向扩张带动双循环发展

注：笔者绘制。

利保护等方面国际合作。加强数字贸易规则国际合作，加大数据资源跨境流动和保护。

本章执笔：岑丽君，修改：程惠芳

第四章

国际投资规则变化比较分析

在经济全球化发展过程中,国际投资已成为拉动全球经济增长的重要引擎,对扩大对外贸易、提高企业竞争优势、促进产业转型升级、优化产业链结构、推动构建开放型世界经济发挥了重要作用。本章对《美国—墨西哥—加拿大协定》①(*United States-Mexico-Canada Agreement*,USMCA)、《跨大西洋贸易与投资伙伴协定》②(*Transatlantic Trade and Investment Partnership*,TTIP)、《全面与进步跨太平洋伙伴关系协定》③(*Comprehensive and Progressive Agreement for Trans-Pacific Partnership*,CPTPP)、《欧盟与加拿大自由贸易协定》④(*EU-Canada Comprehensive Economic and Trade Agreement*,欧加 CETA)、《东盟全面投资协定》⑤(*ASEAN Comprehensive Investment Agreement*,ACIA)、《区域全面经济伙伴关系协定》⑥(*Regional Comprehensive Economic Partnership A-*

---

① https://ustr.gov/trade-agreements/free-trade-agreements/united-states-mexico-canada-agreement/agreement-between/(United States-Mexico-Canada Agreement)(USMCA).

② https://trade.ec.europa.eu/doclib/press/index.cfm?id=1230#market-access/(Transatlantic Trade and Investment Partnership)(TTIP).

③ https://www.sice.oas.org/Trade/TPP/CPTPP/English/CPTPP_Index_e.asp/(Comprehensive and Progressive Agreement for Trans-Pacific Partnership)(CPTPP).

④ https://trade.ec.europa.eu/doclib/docs/2016/february/tradoc_154329.pdf/(EU-Canada Comprehensive Economic and Trade Agreement)(欧加 CETA).

⑤ https://investasean.asean.org/files/upload/Doc%2005%20-%20ACIA.pdf/(ASEAN Comprehensive Investment Agreement)(ACIA).

⑥ https://rcepsec.org/legal-text/(Regional Comprehensive Economic Partnership Agreement)(RCEP).

第四章 国际投资规则变化比较分析

greement，RCEP 协定）、《中欧全面投资协定》①（*EU-China Comprehensive Agreement on Investment*，CAI）协定中的国际投资规则进行比较分析，发现投资协定适用范围扩大、市场准入放宽、"负面清单"+"准入前国民待遇"、劳工标准、资本转移、环境保护成为投资协定的重点条款，竞争中立、监管一致性成为投资规则发展新趋势。最后，本章在对国际投资规则比较的基础上，提出了对标国际投资规则新变化并加快国际投资高质量发展的政策建议。

第一节 国际投资规则变化比较分析

一 国际投资规则变化阶段分析

国际规则体系主要由双边投资协定、区域性经贸规则中的投资条款以及各国的投资制度安排构成。1981—2021 年国际投资规则的发展分为以下四个阶段。

第一阶段（1950—1989 年）：国际投资规则建立阶段，是以国际性组织机构引领国际投资规则基本框架建设，促进国际投资发展。

第二阶段（1990—2003 年）：双边投资协定快速发展阶段，跨国公司的国际投资发展加快，国际投资协定数量持续增加，各国降低东道国投资门槛标准，投资者行为准则和投资争端机制初步建立，双边投资协定签署数量达到新高。

第三阶段（2004—2018 年）：国际投资规则体系完善阶段，国际投资规模和国际投资协定数量大幅增长，投资非歧视和投资准入放宽推动了国际投资自由化发展，负面清单与争端解决机制不断完善，双边投资协定签订数量放缓，区域性多边投资协定增加。

第四阶段（2019 年至今）：国际投资规则体系重大调整阶段，国际投资协定的数量逐渐下降，区域性国际投资规则呈现出投资范围更广泛、条款内容更全面、争端解决机制更完善的特征。②

---

① https://trade.ec.europa.eu/doclib/press/index.cfm? id = 2237/（EU-China Comprehensive Agreement on Investment）（CAI）.

② 张蕴岭、马天月：《国际投资新规则及中国应对策略》，《国际展望》2019 年第 4 期。

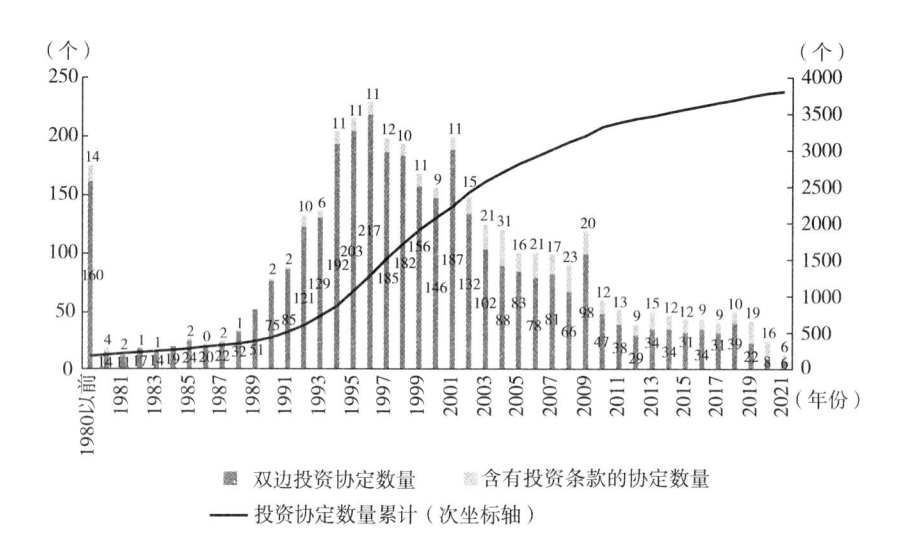

全球高标准经贸规则与贸易便利化比较分析

图 4-1 签署的国际投资协定数量变化（1981—2021 年）

注：本图以协定签署时间为准，包括该年单方面退出、经同意终止、被新条约取代和自动到期的所有条约数量。

资料来源：联合国贸发会议投资政策数据库。

2000 年全球共出台了投资政策 81 个，其中 75 个是促进投资自由化的政策。2020 年全球共出台了投资政策 152 个，其中促进投资自由化政策数量为 72 个，投资限制及不确定性协定数量为 80 个，投资限制及不确定性政策数量占比首次超过投资促进数量。从总量来看，近 20 年来共出台了 2260 条投资政策，其中促进投资自由化政策的数量为 1665 条，占总数的 74%，投资保护主义于 2008 年金融危机后开始盛行，并于近年来达到新高（见图 4-2）。

从国际投资仲裁解决结果来看，1987—2020 年共发起了 1104 起国际仲裁，其中对投资者有利的仲裁共 212 起，占总数的 19%；对东道国有利的仲裁共 274 起，占比为 25%；未解决的仲裁共计 354 起，占比为 32%；和解共计 148 起，占比为 13%；结果为中立、停止裁决和数据不可获得的案例共计 10%。图 4-3 为各年国际投资仲裁案件数量和对应的裁决结果，由图 4-3 可知，早期国际投资争端裁决倾向于对投资者的保护，2000 年以来，投资争端裁决开始向东道国倾斜，尤其在 2010

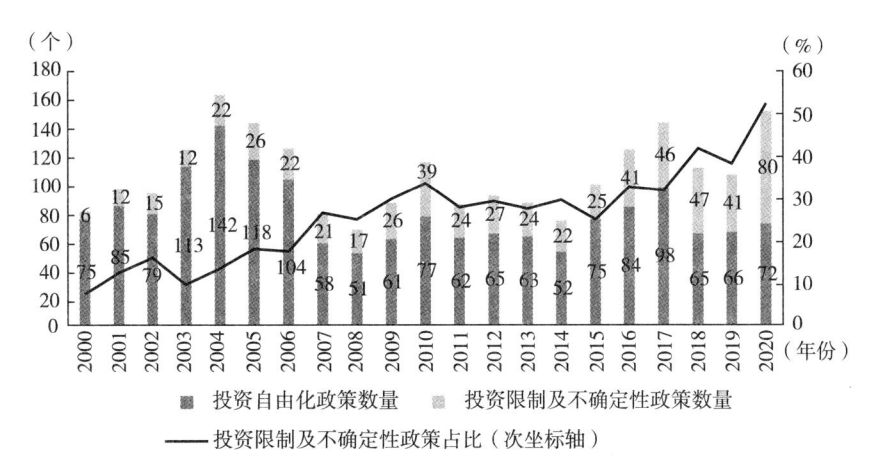

图 4-2　全球投资政策变化趋势（2000—2020 年）

资料来源：联合国贸发会议投资政策数据库。

年后，裁决对国家有利的案件数要远远多于同期裁决对投资者有利的案件数。另一个发展趋势是自 2010 年以来，国际裁决案件数量不断增加，证明现有的投资协定条款在使用中已经受到了挑战，早期的法律条款难以适应当下国际投资面临的问题。

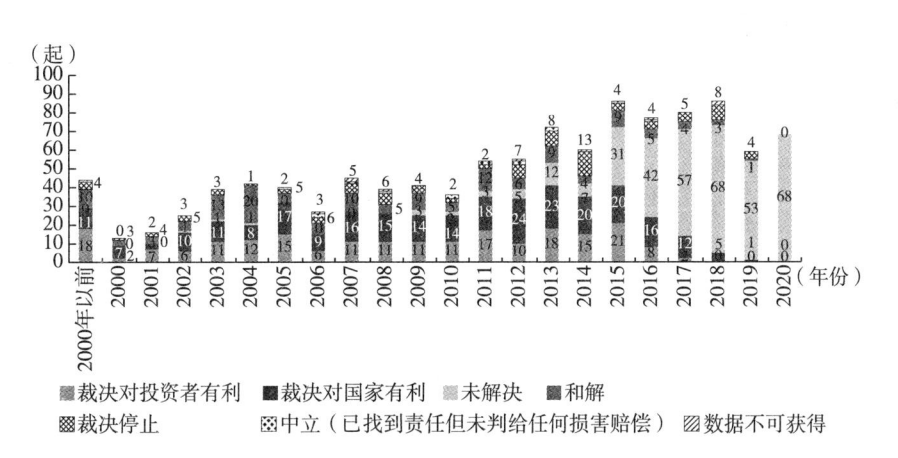

图 4-3　国际投资仲裁结果分类（1987—2020 年）

资料来源：联合国贸发会议投资政策数据库。

本章通过对主要国际投资规则协定进行比较，分析国际投资规则发展新趋势，提出中国对标国际投资规则新变化，加快国际投资高质量发展的政策建议。

二 国际投资规则条款变化比较分析

本节对《美国—墨西哥—加拿大协定》、《跨大西洋贸易与投资伙伴协定》、《全面与进步跨太平洋伙伴关系协定》、《欧盟与加拿大自由贸易协定》、《东盟全面投资协定》、《区域全面经济伙伴关系协定》及《中欧全面投资协定》中的投资条款进行比较分析，以便于对国际投资规则条款变化新趋势和新特点进行分析。

（一）国际投资定义与覆盖范围更广

主要国际投资规则中对国际投资的定义不断扩大，根据投资范围可以将国际投资分为基于企业（Enterprise-based）的投资定义和基于财产（Assets-based）的投资定义。基于企业的国际投资定义仅包括直接投资，而基于财产的投资定义不仅包括投资者拥有或控制的各类资产，还包括资本或其他资源的投入、收益或利润的期待、风险的承担等。[1]各大经贸规则对于投资的定义与其覆盖范围如表4-1所示。

表4-1　　　　　投资规则定义、覆盖范围及出处

	投资的定义及出处	覆盖范围及出处
USMCA	第14.1条："投资"是指由投资者直接或者间接拥有或控制的各种资产，此类资产具有投资的相应特征，包括资本或其他资源的投入、收益或利润的期待、风险的承担等。投资可能包括：（a）企业；（b）参加企业的股份，股票和其他形式的股权；（c）债券，债权，其他债务工具和贷款；（d）期货，期权和其他衍生工具；（e）交钥匙，建造，管理，生产，特许权，收益分享及其他类似合同；（f）知识产权；（g）根据缔约方法律授予的批准、授权、许可	第14.2条：1.本章应当适用于每一缔约方采取或维持的、与下列有关的措施：（a）另一方的投资者；（b）涵盖投资；和（c）就第14.10条（履约要求）和第14.16条（投资与环境，健康，安全和其他监管目标）而言，该缔约方领土内的所有投资。2.缔约方根据本章承担的义务适用于以下机构采取或维持的措施：（a）该缔约方的中央、地区或地方政府或主管机关；及（b）经

---

[1] https：//unctad.org/system/files/official-document/diaeia20102_en.pdf/（United Nations Conference on Trade And Development：Scope And Definition）.

第四章 国际投资规则变化比较分析

续表

	投资的定义及出处	覆盖范围及出处
USMCA	和其他类似权利；和（h）其他有形或无形，动产或不动产以及相关的财产权，例如留置权，抵押权，抵押和租赁，但是投资并不意味着：（i）在司法或行政诉讼中作出的指令或判决；（j）仅因以下原因而产生的金钱索偿：（i）在缔约方境内的自然人或企业向另一缔约方境内的企业出售商品或服务的商业合同，或（ii）与（j）（i）项所指的商业合同有关的信贷延期	该缔约方的中央、地区或地方政府或主管机关授权行使任何政府权力的任何人，包括国家企业或任何其他机构。3. 为更加确定，除附件14-C（"遗产投资索偿权"和"未决索偿权"）所规定的内容外，本章对本协定生效前发生的行为或事实或不复存在的情况不具有约束力
TTIP	第2章前文："投资"是指由投资者直接或者间接拥有或控制的各种资产，此类资产具有投资的相应特征，包括资本或其他资源的投入、收益或利润的期待、风险的承担等。投资可能采取的形式包括：（a）企业；（b）企业的股份，股票和其他形式的股权参与；（c）企业的债券，债权和其他债务工具；（d）向企业发放贷款；（e）对企业的任何其他利益；（f）来自以下方面的利益：（i）根据国内法或合同授予的特许权，包括寻找，耕种，提取或利用自然资源；（ii）交钥匙，建筑，生产或收益共享合同，或（iii）其他类似合同；（g）知识产权；（h）任何其他有形或无形或不动产及相关权；（i）根据合同提出的金钱索赔或履约索赔	第2节第1条：本节的规定应适用于：（i）担保投资；（ii）涉及担保投资的缔约方的投资者，涉及可能影响该投资运作的任何待遇
CPTPP	第9.1条：投资指一投资者直接或间接拥有或控制的具有投资特征的各种资产，此类特征包括资本或其他资源的投入、获得收入或利润的预期或风险的承担等。投资可采取的形式包括：（a）企业；（b）企业中的股份、股票和其他形式的参股；（c）债券、无担保债券、其他债务工具和贷款；（d）期货、期权和其他衍生品；（e）交钥匙、建设、管理、生产、特许权、收入分成及其他类似合同；（f）知识产权；（g）根据该缔约方法律授予的批准、授权、许可和其他类似权利；以及（h）其他有形或无形财产、动产或不动产及相关财产权利，例如租赁、抵押、留置和质押。但投资不包括司法或行政诉讼中的指令或判决	第9.2条：1. 本章应当适用于每一缔约方采取或维持的、与下列有关的措施：（a）另一缔约方的投资者；（b）涵盖投资；以及（c）就第9.10条（业绩要求）和第9.16条（投资与环境、卫生和其他监管目标）而言，该缔约方领土内的所有投资。2. 一缔约方在本章下的义务应适用于由下列机关和个人采取或维持的措施：（a）该缔约方的中央、地区或地方政府或主管机关；及（b）经该缔约方的中央、地区或地方政府或主管机关授权行使任何政府权力的任何人，包括一国家企业或任何其他机构。3. 为进一步明确，

311

续表

	投资的定义及出处	覆盖范围及出处
CPTPP		对于本协定对一缔约方生效之日前发生的一行为或事实或曾经存在但已终止的情况,本章对该缔约方不得具有约束力
欧加CETA	第8.1条:"投资"是指由投资者直接或者间接拥有或控制的各种资产,此类资产具有投资的相应特征。包括资本或其他资源的投入、收益或利润的期待、风险的承担等。投资可能采取的形式包括:(a)企业;(b)股份、股票和其他形式的参股;(c)企业的债券、债权证和其他债务工具;(d)对企业的贷款;(e)在企业中的任何其他类型的利益;(f)由以下原因产生的利益:(i)根据一方法律或合同授予的特许权,包括勘探、种植、开采或开采自然资源;(ii)交钥匙工程、建设、生产或收益共享合同;(iii)其他类似合同;(g)知识产权;(h)其他有形或无形的动产或不动产及相关权利;(i)对金钱的要求或对合同的履行要求	第8.2条:1.本章适用于缔约方在其领土内采取或维持的相关措施:(a)另一缔约方的投资者;(b)涵盖投资;(c)就第8.5条而言,在其领土内的任何投资。2.关于建立或收购涵盖的投资,B节和C节不适用于与以下相关的措施:(a)航空服务,或支持航空服务的相关服务和其他方式提供的航空运输服务,但不包括:(i)飞机维修和保养服务;(ii)航空运输服务的销售和营销;(iii)计算机预订系统(CRS)服务;(iv)地勤服务;(v)机场运营服务;(b)为行使政府权力而进行的活动。3.对于欧盟缔约方,B节和C节不适用于与视听服务有关的措施。对于加拿大方,B节和C节不适用于与文化产业有关的措施
ACIA	第4条:"投资"是指投资者拥有或控制的各种资产,包括但不限于以下各项:(i)动产和不动产以及其他财产权,如抵押、留置权或质押;(ii)股票、股票、债券和债权证以及任何其他形式的法人参与以及由此产生的权利或利益;(iii)根据每个成员国的法律和法规授予的知识产权;(iv)对金钱或与业务相关并具有财务价值的任何合同履行的索赔;(v)合同下的权利,包括交钥匙、建设、管理、生产或收益共享合同;(vi)经营经济活动所需的商业特许权并具有法律或合同赋予的财务价值,包括任何勘探、培育、开采或开采自然资源的特许权。"投资"一词还包括投资产生的金额,特别是利润、利息、资本收益、股息、特许权使用费和费用。投资或再投资资产发生任何形式上的变化,不得影响其作为投资的性质	第3条:1.本章应当适用于每一缔约方采取或维持的、与下列有关的措施:(a)任何其他成员国的投资者;(b)任何其他成员国的投资者在其领土内的投资。2.本协定适用于本协定生效之日的现有投资以及本协定生效后进行的投资。3.为自由化的目的并在遵守第9条(保留)的情况下,本协定应适用于以下部门:(a)制造业;(b)农业;(c)渔业;(d)林业;(e)采矿和采石;(f)与制造、农业、渔业、林业、采矿和采石业相关的服务;(g)所有成员国可能同意的任何其他部门

续表

	投资的定义及出处	覆盖范围及出处
RCEP协定	第10.1条：投资指一个投资者直接或间接，拥有或控制的，具有投资特征的各种资产，此类特征包括承诺资本或其他资源的投入、收益或利润的期待或风险的承担。投资可以采取的形式包括：1. 法人中的股份、股票和其他形式的参股，包括由此派生的权利；2. 法人的债券、无担保债券、贷款及其他债务工具以及由此派生的权利；3. 合同项下的权利，包括交钥匙、建设、管理、生产或收入分享合同；4. 东道国法律和法规所认可的知识产权和商誉；5. 与业务相关且具有财务价值的金钱请求权或任何合同行为的给付请求权；6. 根据东道国法律法规或依合同授予的权利，如特许经营权、许可证、授权和许可，包括勘探和开采自然资源的权利；以及 7. 动产、不动产及其他财产权利，如租赁、抵押、留置或质押	第10.2条：1. 本章应当适用于每一缔约方采取或维持的、与下列有关的措施：（a）另一缔约方的投资者；以及（b）涵盖投资。2. 本章不得适用于：（a）政府采购；（b）一缔约方提供的补贴或补助；（c）缔约方相关机构或主管机关行使政府职权时提供的服务。就本章而言，"行使政府职权时提供的服务"指既不基于商业基础，也不与一个或多个服务提供者竞争的任何服务；（d）一缔约方采取或维持的措施属于第8章（服务贸易）所涵盖的范围；以及（e）一缔约方采取或维持的措施属于第9章（自然人临时流动）所涵盖的范围。为进一步明确，就本协定生效前发生的任何行为或事实或任何已停止存在的情况，本章对任何缔约方不具有约束力。3. 尽管有第2款第（d）项的规定，第10章第5条（投资待遇）、第10章第7条（高级管理人员和董事会）、第10章第9条（转移）、第10章第11条（损失的补偿）、第10章第12条（代位）以及第10章13条（征用）经必要调整后，应当适用于影响一缔约方服务提供者在任何其他缔约方境内通过第8章（服务贸易）的商业存在提供服务的任何措施，但仅限于与本章涵盖投资和义务有关的任何此类措施
CAI	CAI未直接界定"投资"，但采取了基于企业的定义模式，投资自由化适用对象仅包括直接投资在内，排除了证券投资等形式[①]	第2章第1条：1. 投资自由化（下称本节）内容适用于一方采取或维持的、影响另一方投资者在其境内设立企业或经营所涉企业的措施或待遇。就第3条《履约要求》而言，

---

① 石静霞、陈晓霞：《中欧全面投资协定：我国商签经贸条约的新范式》，《国际法研究》2021年第5期。

续表

	投资的定义及出处	覆盖范围及出处
CAI		它适用于在采取或维持措施或待遇的一方境内的所有企业的设立和运营。2.本节不适用于：(a)视听服务；(b)航空运输服务和辅助航空服务，但不包括：(i)飞机维修和保养服务；(ii)航空运输服务的销售和营销；(iii)计算机预订系统（CRS）服务；(iv)地勤服务；(c)为行使政府权力而提供的活动。3.本节不适用于缔约方以政府采购为政府目的购买的商品或服务的任何措施，也不适用于以商业转售为目的提供商品或服务用于商业销售的任何措施。4."国民待遇"，"最惠国待遇"和"高级管理层，董事会和人事入境"条款不适用于缔约方提供的补贴或赠款，包括政府支持的贷款、担保和保险

注：表格中出现的协定名称均以简称表示，下同。

资料来源：笔得根据相关文本整理，下同。

(二) 投资国民待遇和最惠国待遇要求提高

《美国—墨西哥—加拿大协定》、《跨大西洋贸易与投资伙伴协定》、《全面与进步跨太平洋伙伴关系协定》、《欧盟与加拿大自由贸易协定》、《区域全面经济伙伴关系协定》及《中欧全面投资协定》对投资国民待遇和最惠国待遇要求均有所提高。《美国—墨西哥—加拿大协定》投资的国民待遇明确"每一缔约方应在建立、收购、扩展、管理、进行、经营和出售或以其他方式处置方面给予另一缔约方投资者不少于在类似情况下给予其自己投资者的优惠"。《全面与进步跨太平洋伙伴关系协定》投资的国民待遇明确"每一缔约方应享有与在类似情况下给予其在其投资者领土内的投资，建立、收购、扩展、管理、进行、经营和出售或出售其投资有关的投资待遇相同的优惠"。《美国—墨西哥—加拿大协定》投资的最惠国待遇明确"每一缔约方应在建立、收购、扩展、管理、经营、运营和出售或以其他方式处置方面给予另一缔约方投资者不少于在类似情况下给予其自己投资者的优惠"。《全面与进步跨太平洋伙伴关系协定》投资的最惠国待遇明确"每一缔约方在设立、获得、扩大、管理、经营、运营、出售或以其他方式处置在其领土内的投资方面给予另一缔约方投资者的待遇不得低于在相似情况下该缔约方给予本国投资者的待遇;每一缔约方在设立、获得、扩大、管理、经营、运营、出售或以其他方式处置投资方面给予涵盖投资的待遇不得低于在相似情况下该缔约方给予本国投资者在其领土内投资的待遇"。《区域全面经济伙伴关系协定》的投资国民待遇是"在投资的设立、取得、扩大、管理、经营、运营、出售或其他方面,每一缔约方给予另一缔约方投资者和所涵盖投资的待遇应当不低于在类似情形下其给予本国投资者及其投资的待遇",最惠国待遇则是"在投资的设立、取得、扩大、管理、经营、运营、出售或其他处置方面,每一缔约方给予另一缔约方投资者的待遇应当不低于其在类似情形下给予任何其他缔约方或非缔约方投资者的待遇"。国民待遇与最惠国待遇条款比较具体如表4-2所示。

表4-2　　　　　　　　国民待遇与最惠国待遇条款比较

	国民待遇内容	最惠国待遇内容
USMCA	第14.4条:1.每一缔约方应在建立、收购、扩展、管理、经营、运营和出售或以其他方式处置方面给予另一缔约方投资者不少于在类似情况下给予其自己投资者的优惠。2.每一缔约方应享有与在类似情况下给予其在其投资者领土内的投资,建立、收购、扩展、管理、经营、经营和出售或出售其投资有关的投资待遇相同的优惠。3.为进一步明确,一缔约方根据第1款和第2款所给予的待遇,对于一地区政府,指不低于该地区政府在相似情况下给予其作为一部分的该缔约方的投资者或投资者的投资的最优惠待遇。4.为更加明确,本条规定的"类似情况"是否给予优惠待遇取决于整个情况,包括相关待遇是否基于合法的公益目标区分投资者或投资	第14.5条:1.每一缔约方在设立、收购、扩张、管理、经营、运营以及在其领土内出售或以其他方式处置投资等方面给予另一方投资者的待遇不得低于其在类似情况下给予任何其他方或任何非缔约方投资者的待遇。2.每一缔约方在其领土内的设立、收购、扩张、管理、经营、运营、出售或其他投资处置等方面给予涵盖投资的待遇不低于在类似情况下给予任何其他缔约方或任何非缔约方投资者的待遇。3.缔约方根据第1款和第2款给予的待遇是指,对于中央政府以外的政府,其待遇不低于该政府在类似情况下给予其境内投资者和任何其他缔约方或任何非缔约方的投资的最优惠待遇。4.为更加明确,本条规定的"类似情况"是否给予待遇取决于整个情况,包括相关待遇是否基于合法的公益目标区分投资者或投资

续表

	国民待遇内容	最惠国待遇内容
TTIP	第2章第2—3条：1. 缔约一方应给予对方投资者及其投资在其境内设立企业的待遇不低于其在类似情况下给予本国投资者及其投资的待遇。2. 每一缔约方应给予另一缔约方投资者及其投资在其领土内经营的待遇不低于其在类似情况下给予本国投资者和投资的待遇	第2章第2—4条：1. 缔约一方应给予另一方投资者及其投资在其境内设立企业的待遇应当不低于其在类似情形下给予任何其他缔约方或非缔约方投资者的待遇。2. 每一缔约方应给予另一缔约方投资者及其在其领土内经营的投资的待遇不低于其在类似情况下给予任何非缔约方投资者和投资的待遇。3. 第1款和第2款不应解释为一方有义务向另一方的投资者提供因以下原因产生的任何待遇的利益：（a）[在协定横向条款未涵盖的情况下，参考双重征税协定]（b）根据《服务贸易总协定》第7条或其金融服务附件规定承认资格、执照或审慎措施的措施。4. 为更加明确，第1和第2款中提到的"待遇"不包括其他国际投资条约和其他贸易协定中规定的投资者与国家之间的争端解决程序。此类协定中涉及企业设立或投资经营的实质性条款本身不构成第1款和第2款所述的"待遇"，因此根据这些规定，如果不采取措施，则不会构成违反本条的规定
CPTPP	第9.4条：1. 每一缔约方在设立、获得、扩大、管理、经营、运营、出售或以其他方式处置在其领土内的投资方面给予另一缔约方投资者的待遇不得低于在相似情况下该缔约方给予本国投资者的待遇。2. 每一缔约方在设立、获得、扩大、管理、经营、运营、出售或以其他方式处置投资方面给予涵盖投资的待遇不得低于在相似情况下该缔约方给予本国投资者在其领土内投资的待遇。3. 为进一步明确，一缔约方根据第1款和第2款所给予的待遇，对于一地区政府，指不低于该地区政府在相似情况下给予其作为一部分的该缔约方的投资者或投资者的投资的最优惠待遇	第9.5条：1. 每一缔约方在设立、获得、扩大、管理、经营、运营、出售或以其他方式处置在其领土内投资方面给予另一缔约方的投资者的待遇不得低于在相似情况下该缔约方给予任何其他缔约方或任何非缔约方的投资者的待遇。2. 每一缔约方在设立、获得、扩大、管理、经营、运营、出售或以其他方式处置投资方面给予涵盖投资的待遇不得低于在相似情况下该缔约方给予任何其他缔约方或任何非缔约方的投资者在其领土内投资的待遇。3. 为进一步明确，本条中所指的待遇不包括国际争端解决程序或机制，例如本章B节（投资者—国家间争端解决）所包括的程序或机制

续表

	国民待遇内容	最惠国待遇内容
欧加 CETA	第2章第2.3条：1. 每一缔约方应给予另一缔约方的投资者在设立、收购、扩大、经营、运营、管理、维护、使用、享受和出售或处置其在其领土上的投资和涵盖投资的待遇不低于其在类似情况下给予的待遇。2. 一方根据第1款给予的待遇是指，对于加拿大联邦政府以外的政府，其待遇不低于该政府在类似情况下给予加拿大在其领土内投资者及此类投资者投资的最优惠待遇。3. 缔约方根据第1款给予的待遇是指，就欧盟成员国政府或欧盟成员国政府而言，待遇不低于欧盟政府在其领土内以及此类投资者的投资类似情况下给予投资者的最优惠待遇	第9.5条：1. 每一成员国在准入、设立、收购、扩张、管理、经营、运营和销售或其他投资处置方面，每一缔约方给予另一缔约方投资者的待遇应当不低于其在类似情况下给予任何其他缔约方或非缔约方投资者的待遇。2. 为更加明确，缔约方根据第1款给予的待遇是指，就加拿大联邦政府以外的政府而言，或就欧盟成员国政府或欧盟成员国政府而言，在类似情况下，该政府给予其领土内的投资者以及此类投资者在第三国的投资。3. 第1款不适用于提供承认的缔约方给予的待遇，包括通过与第三国的安排或协定承认测试和分析服务和服务供应商的认证、维修和维护服务和服务供应商的认证，以及这些经认可的服务和服务供应商的资格或结果或所做工作的证明。4. 为明确起见，第1款和第2款所述的"待遇"不包括其他国际投资条约和其他贸易协定规定的解决投资者与国家之间投资争端的程序。其他国际投资条约和其他贸易协定中的实质性义务本身并不构成"待遇"，因此如果没有缔约方根据这些义务采取或维持的措施，则不会导致违反本条例
ACIA	第5条：1. 各成员国在准入、设立、收购、扩张、管理、经营、运营和销售或在其领土上的其他投资处置方面给予任何其他成员国投资者的待遇不得低于在类似情况下给予本国投资者的待遇。2. 各成员国在准入、设立、收购、扩张、管理、经营、运营和销售或以其他方式处置投资等方面给予任何其他成员国投资者的投资待遇不得低于在类似情况下给予本国投资者在其领土内的投资的待遇	第6条：1. 每一成员国在准入、设立、收购、扩张、管理、经营、运营和销售或其他投资处置方面，每一缔约方给予另一缔约方投资者的待遇应当不低于其在类似情形下给予任何其他缔约方或非缔约方投资者的待遇。2. 在投资的设立、取得、扩大、管理、经营、运营、出售或其他处置方面，每一缔约方给予涵盖投资的待遇应当不低于其在类似情形下给予任何其他缔约方或非缔约方的投资者在其领土内的投资的待遇。3. 第1款和第2款不应被解释为成员国有义务向投资者或其他成员国的投资提供以下任何待遇、优惠或特权的利益：(a) 会员国之间的任何次区域安排；(b) 成员国根据 AIA 协定第 8 (3) 条通知 AIA 理事会的一切现有协定

317

续表

	国民待遇内容	最惠国待遇内容
RCEP协定	第10.3条：1.在投资的设立、取得、扩大、管理、经营、运营、出售或其他方面，每一缔约方给予另一缔约方投资者和所涵盖投资的待遇应当不低于在类似情形下其给予本国投资者及其投资的待遇。2.为进一步明确，一缔约方根据第一款所给予的待遇，对于中央以外的政府层级而言，指不低于作为该缔约方一部分的该政府在类似情形下给予其投资者或投资的最优惠待遇	第10.4条：1.在投资的设立、取得、扩大、管理、经营、运营、出售或其他处理方面，每一缔约方给予另一缔约方投资者的待遇应当不低于其在类似情形下给予任何其他缔约方或非缔约方投资者的待遇。2.在投资的设立、取得、扩大、管理、经营、运营、出售或其他处置方面，每一缔约方给予涵盖投资的待遇应当不低于其在类似情形下给予任何其他缔约方或非缔约方的投资者在其领土内的投资的待遇。3.为进一步明确，第1款和第2款所指的待遇不包含其他现存或未来国际协定项下的任何国际争端解决程序或机制
CAI	第2节第4条：1.每一缔约方应在其领土内建立和经营方面给予另一方的投资者和涵盖企业以不低于在相同情况下对其本国投资者及其企业所给予的待遇的优惠。2.为更加确定起见，第1款不应解释为阻止一方开具普通形式的手续，例如要求提供与所涵盖企业有关的经过身份验证的文件或正式翻译或出于统计目的的信息要求，但前提是这些要求并不构成规避该缔约方根据本条承担的义务的手段	第2节第5条：1.每一缔约方应给予另一方的投资者和所涵盖的企业以不低于在任何情况下给予其在其领土内建立和经营的任何非缔约方投资者及其企业的待遇。2.缔约方与第三国缔结的其他国际协定中的实质性规定本身并不构成本条规定的待遇。3.为了更加确定，第1款所指的待遇不包括其他国际协定中规定的投资人与国家之间以及其他争端解决程序

（三）投资征用与补偿的条款比较严格

除中欧投资协定之外，主要投资规则均对征用及补偿提出要求。征用条例规定，除以公共目的、以非歧视的方式、根据正当法律程序并提供及时充分有效的赔偿外，任何缔约方不得对涵盖的投资进行征用或国有化，或通过与之等效的措施进行征用或国有化；补偿规定方面，各规则针对不同情况下的补偿机制进行了列举说明，具体如表4-3所示。

表 4-3　　　　　　　　　征用与补偿条款比较

	征用与补偿条款内容
USMCA	第14.8条：1. 任何缔约方不得对涵盖投资进行直接征用或国有化，或通过与之等效的措施进行征用或国有化，但下列情况除外：（a）为公共目的；（b）以非歧视的方式；（c）按照第2、3款和第4款支付及时、充分和有效的赔偿；（d）根据正当法律程序。2. 补偿应：（a）无迟延支付；（b）相当于公开宣布征用时或者征用发生时被征用投资的公平市场价值；（c）不反映因征用意图提前公开而发生的任何价值变化；以及（d）可全部变现并可自由转移。3. 如果公允市场价以可自由使用的货币计价，则所支付的赔偿金不得少于被征用日的公允市价，再加上从被征用之日起至被征用日为止按该商业货币合理的利率计算的利息。4. 如公平市场价值以不可自由使用货币计价，则以付款之日市场汇率转换为支付货币的支付的补偿不得低于：（a）根据当日市场汇率转换为可自由使用货币的征用之日的公平市场价值；另加（b）以该可自由使用货币的合理商业利率计算的征用之日至付款之日产生的利息。5. 为更加确定，一缔约方的一项或多项行动是否构成征用，应根据本条第1款和附件14-B（征用）确定
TTIP	第2节第5条：1. 一方不得直接或通过具有等同于国有化或征用（以下简称"征用"）效果的措施间接将涵盖的投资国有化或征用，除非：（a）为公共目的；（b）根据正当法律程序；（c）以非歧视的方式；（d）支付及时、充分和有效的补偿。2. 为更加确定，本段应根据附件 I［关于征用］进行解释。3. 补偿价值应相当于公开宣布征用时或者征用发生时被征用投资的公平市场价值，以较早者为准，加上从征用之日起到支付之日的正常商业利率的利息。4. 此类补偿应可有效实现且可根据第6条［转移］自由转移且不得延迟。5. 受影响的投资者应有权根据征用方的法律，由该方的司法或其他独立当局，根据本协定规定的原则，迅速审查其索赔及其投资的估值。6. 只要此类颁发与WTO协定附件1C中的《与贸易有关的知识产权协定》（TRIPs协定）一致，本条不适用于颁发与知识产权有关的强制许可。7. 为更加确定，在这些措施与TRIPs和本协定第10章（知识产权）一致的情况下，撤销、限制或创造知识产权不构成征用。此外，确定这些行为与TRIPs协定或本协定第十章（知识产权）不一致并不能证明存在征用
CPTPP	第9.8条：1. 任何缔约方对一涵盖投资不得直接征用或实行国有化，或通过等同于征用和实行国有化（征用）的措施间接征用或实行国有化，除非符合下列条件：（a）为公共目的；（b）以非歧视的方式进行；（c）依照第2款、第3款和第4款支付及时、充分和有效的补偿；以及（d）根据正当法律程序进行。2. 补偿应：（a）无迟延支付；（b）相当于公开宣布征用时或者征用发生时被征用投资的公平市场价值；（c）不反映因征用意图提前公开而发生的任何价值变化；以及（d）可全部变现并可自由转移。3. 如公平市场价值以可自由使用货币计价，则支付的补偿不得低于征用之日的公平市场价值，另加以该货币合理商业利率计算的征用之日至付款之日产生的利息。4. 如公平市场价值以不可自由使用货币计价，则以付款之日市场汇率转换为支付货币的支付的补偿不得低于：（a）根据当日市场汇率转换为可自由使用货币的征用之日的公平市场价值；另加（b）以

续表

征用与补偿条款内容	
CPTPP	该可自由使用货币的合理商业利率计算的征用之日至付款之日产生的利息。5. 本条不适用于依照TRIPs协定对一知识产权颁发强制许可也不适用于知识产权的撤销、限制或创设只要颁发、撤销、限制或创设符合第18章（知识产权）和TRIPs协定。6. 为进一步明确，一缔约方关于不发放、继续发放或维持一补贴或赠款的决定，或关于修改或减少一补贴或赠款的决定：（a）在法律或合同项下无关于发放、继续发放或维持该补贴或赠款的任何具体承诺的情况下做出；或（b）依照该补贴或赠款的发放、继续发放、修改、减少和维持所附任何条款或条件做出，则单独该决定本身不构成征用
欧加CETA	第8.12条：1. 一方不得直接或通过具有等同于国有化或征用（以下简称"征用"）效果的措施间接将涵盖的投资国有化或征用，除非：（a）为公共目的；（b）根据正当法律程序；（c）以非歧视的方式；（d）支付及时、充分和有效的补偿。为更加确定，本段应根据附件8-A进行解释。2. 第1款所述的补偿应相当于公开宣布征用时或者征用发生时被征用投资的公平市场价值，两个时间以较早为准。估值标准应包括持续经营价值、资产价值（包括有形财产的申报税值）以及其他确定公允价值的标准（视情况而定）。3. 补偿还应包括从征用之日起到支付之日的正常商业利率的利息，并且为了对投资者有效，应立即支付并转移到被征用人指定的国家。4. 根据征用方的法律，受影响的投资者有权要求该方的司法或其他独立机构根据本条规定迅速审查其索赔及其投资估值
ACIA	第14条：1. 成员国不得直接或通过等同于征用或国有化（征用）的措施征用或国有化涵盖的投资，除非：（a）出于公共目的；（b）以非歧视的方式；（c）及时、充分和有效的赔偿；（d）根据正当法律程序。2. 第1（c）款所指的补偿应：（a）立即支付；（b）相当于公开宣布征用时或者征用发生时被征用投资的公平市场价值，两个时间以较早者为准；（c）不反映任何因征用意图提前公开而引起的价值变化；（d）根据第13（转让）在成员国领土之间完全可实现和自由转让。3. 在延误补偿的情况下，应征加从征用之日起到支付之日根据进行征用的成员国的法律和法规的适当利息并以最初进行投资的货币支付，如果投资者要求也可以以自由使用的货币支付。4. 投资者要求以可自由使用的货币支付的，第1款（c）项所述的补偿金包括应计利息，应按支付日的市场汇率折算为支付货币。5. 本条不适用于根据TRIPs协定授予的与知识产权有关的强制许可
RCEP协定	第10.13条：1. 缔约方不得对涵盖投资进行直接征用或国有化，或通过与之等效的措施进行征用或国有化（本章以下简称征用），除非：（a）为了公共目的；（b）以非歧视的方式进行；（c）依照第二款和第三款支付补偿；以及（d）依照正当法律程序进行。2. 第1款第（c）项提及的补偿应当：（a）无延迟支付；（b）相当于公开宣布征用时或者征用发生时被征用投资的公平市场价值，两个时间以较早为准（本章以下简称征用之日）；（c）不反映任何因征用意图提前公开而引起的价值变化；以及（d）可有效实现和可自由转移。3. 如发生迟延，支付的补偿应当包括依照实行征用的缔约方的法律、法规和政策规定的适当

第四章 | 国际投资规则变化比较分析

续表

	征用与补偿条款内容
RCEP 协定	利息,只要此类法律、法规和政策在非歧视的基础上适用。4. 本条不得适用于与知识产权有关的强制许可的颁发或知识产权的撤销、限制或创设,只要此类颁发、撤销、限制或创设符合第 11 章(知识产权)和 TRIPs 协定
CAI	现有文本尚未对征用与补偿相关内容进行细化探讨

（四）资产转移更加自由

主要的投资协定均明确规定缔约方应允许所有与涵盖投资有关的转移以可自由兑换的货币、不受限制或按到待转移之日适用的现行市场汇率转换货币延迟进行,资产转移条款总体向自由化发展,具体条款如表 4-4 所示。

表 4-4　　　　　　　　投资转移条款比较

	投资转移条款
USMCA	第 14.9 条:1. 每一当事国应允许自由进行与担保投资有关的所有转移,而不得拖延。这些转移包括:(a)资本投入;(b)利润,股息,利息,资本收益,特许权使用费,管理费,技术援助和其他费用;(c)出售全部或任何部分有担保投资的收益或部分或全部清算有担保投资的收益;(d)根据合同支付的款项,包括根据贷款协定或雇佣合同进行的付款;(e)根据第 14.7 条(武装冲突或内乱情况下的处理)和第 14.8 条(征用和赔偿)支付的款项。2. 每一当事国均应允许以可自由使用的货币按照转移时的市场汇率进行与担保投资有关的转移。3. 缔约方不得要求其投资者转让或惩罚未能转让其在另一方领土内的投资所产生或归属的收入、收益、利润或其他金额的投资者。4. 每一当事国应允许该当事方与该当事方或另一当事方的投资者之间的书面协定中授权或规定的与保证金有关的实物回报。5. 尽管有第 1、2 款和第 4 款的规定,缔约方可以通过公平,非歧视和善意地适用与以下方面有关的法律来防止或延迟转让:(a)破产、无力偿债或保护债权人的权利;(b)发行,交易或交易证券或衍生工具;(c)刑事或刑事犯罪;(d)在为协助执法或金融监管机关所必要时对转移进行财务报告或记录;(e)确保遵守司法或行政程序中的裁定、命令或判决
TTIP	第 2 节第 6 条:1. 每一方应允许所有与涵盖投资有关的转移以可自由兑换的货币、不受限制或延迟并按照转移到待转移货币之日适用的现行市场汇率进行。此类转移包括:(a)投入的资本,例如用于维持、发展或增加投资的本金和额外资金;(b)利润、股息、资本收益和其他回报,出售所有产品的收益或投资的任何部分或投资的部分或全部清算;(c)利息、特许权使用费、管理费、技术援助

321

续表

	投资转移条款
TTIP	和其他费用；(d) 根据投资者或其投资签订的合同支付的款项，包括根据贷款协议支付的款项；(e) 从国外聘用并与投资有关的人员的收入和其他报酬；(f) 根据第 4 条"损失赔偿"和第 5 条"征用"支付的款项；(g) 根据仲裁庭根据［解决投资争端和投资法庭系统］部分做出的裁决支付损害赔偿金。2. 任何一方均不得要求其投资者转让或由于未能转让源自或归属于另一方领土的投资所得收入、收益、利润或其他金额惩罚其投资者。3. 尽管有第 1 款、第 2 款的规定，但是一缔约方可对下列情况通过公正、非歧视和善意适用其法律以阻止或延迟转移：(a) 破产、无力偿还债务或保护债权人的权利以及金融机构的审慎监管；(b) 发行、买卖或交易金融工具；(c) 在为协助执法或金融监管机关所必要时对转移进行财务报告或记录；(d) 刑事或刑事犯罪、欺骗或欺诈行为；或 (e) 确保遵守司法或行政程序中的裁定、命令或判决；(f) 社会保障、公共退休或强制性储蓄计划
CPTPP	第 9.9 条：1. 每一缔约方应允许与涵盖投资相关的所有转移可自由进出其领土且无延迟。此类转移包括：(a) 资本出资；(b) 利润、股息、利息、资本收益、特许权使用费、管理费、技术指导费和其他费用；(c) 全部或部分出售涵盖投资所得，或全部或部分清算涵盖投资所得；(d) 根据包括贷款协议在内的合同所支付的款项；(e) 根据第 9.7（武装冲突或内乱情况下的待遇）和第 9.8 条（征用和补偿）所付款项；以及 (f) 由于争端解决产生的款项。2. 每一缔约方应允许与一涵盖投资相关的转移以按转移之时市场汇率换算的可自由使用货币进行。3. 每一缔约方应允许按 该缔约方与 涵盖投资或与另一缔约方的投资者的书面协议中所授权或规定的提供与一涵盖投资相关的实物回报。4. 尽管有第 1 款、第 2 款和第 3 款，但是一缔约方可对下列情况通过公正、非歧视和善意适用其法律以阻止或延迟转移：(a) 破产、无力偿还债务或保护债权人的权利；(b) 证券、期货、期权或衍生品的发行、买卖或交易；(c) 刑事或刑事犯罪；(d) 在为协助执法或金融监管机关所必要时对转移进行财务报告或记录；或 (e) 确保遵守司法或行政程序中的裁定、命令或判决。5. 尽管有第 3 款，但是在一缔约方在其他情况下本可限制根据本协定进行的此类转移时，包括第 4 款中所列情况，该缔约方可限制实物回报的转移
欧加CETA	第 8.13 条：1. 每个成员国应允许与涵盖的投资有关的所有转移自由且无延迟地进出其领土。此类转移包括：(a) 投入的资本，包括初始投资；(b) 利润、资本收益、股息、特许权使用费、许可费、技术援助以及技术和管理费、利息和任何涵盖投资产生的其他当期收入；(c) 任何涵盖投资的全部或部分出售或清算所得；(d) 根据合同支付的款项，包括贷款协议；(e) 根据第 12 条（冲突情况下的补偿）和第 14 条（征用和补偿）支付的款项；(f) 因任何方式解决争端而产生的款项，包括司法判决、仲裁或争端方达成的协定；(g) 受雇并获准在其境内从事与所涵盖投资有关的工作人员的收入和其他报酬。2. 每个成员国应允许以可自由使用的货币按照转移时的市场汇率进行与涵盖投资有关的转移。3. 尽管有第 1 段和第 2 段的规定，成员国可以通过公平、非歧视和善意地适用其有关以

第四章 国际投资规则变化比较分析

续表

	投资转移条款
欧加 CETA	下方面的法律和法规来阻止或延迟转让：（a）破产、资不抵债或权利保护债权人；（b）发行、交易或买卖证券、期货、期权或衍生品；（c）刑事或刑事犯罪以及追回犯罪所得；（d）必要时的财务报告或转账记录，以协助执法或金融监管机构；（e）确保遵守司法或行政程序中的命令或判决；（f）税收；（g）社会保障、公共退休或强制性储蓄计划；（h）雇员的遣散费；（i）注册并满足成员国中央银行和其他相关机构规定的其他手续的要求
ACIA	第13条：1. 每个成员国应允许与涵盖的投资有关的所有转移自由且无延迟地进出其领土。此类转移包括：（a）投入的资本，包括初始投资；（b）利润、资本收益、股息、特许权使用费、许可费、技术援助以及技术和管理费、利息和任何涵盖投资产生的其他当期收入；（c）任何涵盖投资的全部或部分出售或清算所得；（d）根据合同支付的款项，包括贷款协议；（e）根据第12条（冲突情况下的补偿）和第14条（征用和补偿）支付的款项；（f）因通过任何方式解决争端而产生的款项，包括裁决、仲裁或成员国对争端达成的协定；（g）受雇并获准在其境内从事与所涵盖投资有关的工作人员的收入和其他报酬。2. 每个成员国应允许以可自由使用的货币按照转移时的市场汇率进行与涵盖投资有关的转移。3. 尽管有第1段和第2段的规定，成员国可以通过公平、非歧视和善意地适用其有关以下方面的法律和法规来阻止或延迟转让：（a）破产、资不抵债或权利保护债权人；（b）发行、交易或买卖证券、期货、期权或衍生品；（c）刑事或刑事犯罪以及追回犯罪所得；（d）必要时的财务报告或转账记录，以协助执法或金融监管机构；（e）确保遵守司法或行政程序中的命令或判决；（f）税收；（g）社会保障、公共退休或强制性储蓄计划；（h）雇员的遣散费
RCEP协定	第10.9条：1. 每一缔约方应当允许所有与涵盖投资有关的转移自由且无迟延地进出其境内。该等转移包括：（a）投入的资本，包括初始投资；（b）利润、资本所得、股息、利息、技术许可使用费、技术援助和技术及管理费、许可费以及涵盖投资产生的其他经常性收入；（c）出售或清算全部或任何部分涵盖投资的所得；（d）根据包括贷款协议在内的合同所支付的款项；（e）根据第10章第11条（损失的补偿）和第10章第13条（征用）所获得的款项；（f）因任何方式解决争端而产生的款项，包括司法判决、仲裁或争端方达成的协定；以及（g）与涵盖投资有关的外籍员工的收入和其他报酬。2. 每一缔约方应当允许与涵盖投资有关的转移以任何可自由使用的货币按照转移时现行的市场汇率进行。3. 尽管有第1款和第2款的规定，一缔约方可以通过公正、非歧视和善意的适用与下列事项有关的法律和法规，以阻止或延迟转移：（a）破产、资不抵债或保护包括雇员在内的债权人的权利；（b）证券、期货、期权或其他衍生品的发行、买卖或交易；（c）刑事或刑事犯罪以及追缴犯罪所得；（d）在为执法或金融监管部门提供必要协助时，对转移进行金融报告或备案；（e）确保遵守司法或行政程序中的裁定、命令或判决；（f）税收；（g）社会保险、公共退休金、养老金、强制储蓄计划或提供退休金或类似退休福利的其他安排；（h）雇员的遣散费；以及（i）该缔约方中央银行和其他主管机关要求的登记和其他手续要求
CAI	现有文本尚未对资产转移相关条例进行细化探讨

323

（五）禁止业绩要求与市场准入条款要求更严

禁止业绩要求与市场准入相关条款规定了东道国不能以数量、行业等形式限制投资者的投资形式，美国等发达国家近年来还新增了知识产权和数字产业相关的市场准入条款，旨在保护本国战略性新兴产业。《区域全面经济伙伴关系协定》投资市场准入条款明确规定"任何缔约方不得就其领土内缔约另一方投资者的投资进行设立、取得、扩大、管理、经营、运营、出售或其他处置方面施加或强制执行以下要求：出口一定水平或比例的货物；达到一定水平或比例的当地含量；购买、使用其领土内生产的货物，或给予其领土内生产的货物优惠，或向其领土内的人购买货物；将进口产品的数量或价值与出口产品的数量或价值或与该投资者的投资有关的外汇流入金额相联系；通过将销售与出口产品的数量或价值或外汇收入相联系，以限制该投资生产的货物在其领土内的销售；向其领土内的人转让特定技术、生产流程或其他专有知识；仅从该缔约方领土内向一个特定地区市场或世界市场提供投资所生产的货物；对于在施加或强制执行该要求时业已存在的任何许可合同，或投资者与缔约方领土内的人自由达成的任何未来的许可合同，规定一定比率或金额的特许费"。各协定市场准入条款的比较如表4-5所示。

表4-5　　　　　　　　禁止业绩要求及市场准入条款比较

	禁止业绩要求及市场准入条款
USMCA	第14.10条：1. 任何缔约方不得就其领土内缔约另一方投资者的投资进行设立、取得、扩大、管理、经营、运营、出售或其他处置方面施加或强制执行以下承诺：(a) 出口一定水平或比例的货物；(b) 达到一定水平或比例的当地含量；(c) 购买、使用或优先使用其领土内生产的货物，或给予其领土内生产的货物优惠，或向其领土内的人购买货物；(d) 以任何方式使进口产品的数量或价值与出口产品的数量或价值或与该投资者的投资有关的外汇流入金额相联系；(e) 通过将销售与出口产品的数量或价值或外汇收入相联系，以限制该投资生产的货物在其领土内的销售；(f) 向其领土内的人转让特定技术、生产流程或其他专有知识；(h) (i) 在其领土内购买、使用或优先使用该缔约方或该缔约方某人的技术；(ii) 阻止在其领土内购买或使用或偏好某项技术；(i) 采用：(i) 许可合同规定的特定费率或特许权使用费数额，或 (ii) 对于在施加或强制执行该要求时业已存在的任何许可合同，或投资者与缔约方领土内的人自由达成的任何未来的许可合同，规定一定比率或金额的特许费，只要实施或强加该要求的方式构成一缔约方在行使非司法性质的政府职权下对该许可合同的直接干预。为更加明确起见，第1 (i) 款不适用于投资者与缔约方之间签订的许可合同

续表

	禁止业绩要求及市场准入条款
TTIP	第2章第2—2条：在做出市场准入承诺的部门或分部门中，任何一方均不得对在该领土或部门创建或经营的企业采取或维持有关市场准入的措施施加以下条件：（a）对企业数量的限制，无论是数量配额、垄断、专有权或其他与设立有关的要求，如经济需求测试；（b）以数量配额或经济需求测试要求的形式限制交易或资产的总价值；（c）以配额或经济需求测试要求的形式，对以指定数字单位表示的操作总数或产出总量的限制；（d）对外资参与的外资持股比例上限或单项或总外商投资总额的限制；（e）限制或要求另一方投资者可以通过特定类型的法人实体或合资企业进行经济活动的措施；（f）对特定部门或投资者可能雇用的、对经济活动的表现是必要的，并且与经济活动的表现直接相关的自然人以数量配额的形式或经济需求测试的要求进行人数限制
CPTPP	第9:10条：1. 任何缔约方对于一缔约方或一非缔约方的投资者在其领土内的投资的设立、获得、扩大、管理、经营、运营、出售或其他处置方面，不得施加或强制执行任何要求，或强制要求做出任何承诺或保证，包括：（a）出口达到一指定水平或比例的货物或服务；（b）当地含量达到指定水平或比例；（c）购买、使用其领土内生产的货物，或给予此类货物优惠，或要求自其领土内的人购买货物；（d）以任何方式将进口量或进口额与出口量或出口额或与该投资有关的外汇流入金额相关联；（e）通过以任何方式将该投资生产或提供的货物或服务与其出口量或出口额或外汇收入相关联，限制此类货物或服务在其领土内的销售；（f）要求向其领土内的人转让特定技术、生产工序或其他专有知识；（g）要求仅可自该缔约方领土内向一特定地区市场或向世界市场供应该投资所生产的货物或提供的服务；（h）（i）要求在其领土内购买、使用该缔约方或该缔约方的人的技术，或给予此种技术优惠；或（ii）要求在其领土内阻止购买或使用一特定技术，或阻止给予该特定技术优惠；或（i）对于在施加或强制执行该要求时或强制执行任何承诺或保证时已存在的任何许可合同，或该投资者与该缔约方领土内的人自由达成的任何未来许可合同，要求采用：（i）一许可合同下特许权使用费的指定费率或金额；或（ii）一许可合同的指定期限，只要施加该要求或强制执行该承诺或保证的方式构成一缔约方在行使非司法性质的政府职权时对该许可合同的直接干预。为进一步明确，如许可合同在投资者与一缔约方之间订立，则第1款（i）项不适用
欧加CETA	第9.6条：任何缔约方不得就其领土内缔约另一方投资者的投资进行设立、取得、扩大、管理、经营、运营、出售或其他处置方面加或强制执行以下要求：（a）出口一定水平或比例的货物；（b）达到一定水平或比例的当地含量；（c）购买、使用或者优先选择在其境内生产的商品或者提供的服务，或者向境内的自然人或者企业购买商品或者服务；（d）将进口的数量或价值与出口的数量或价值或与该投资相关的外汇流入量联系起来；（e）通过将这些销售与其出口的数量或价值或外汇收入联系起来，限制投资在其领土上生产或提供的商品或服务的销售；（f）向其境内的自然人或企业转让技术、生产过程或其他专有知识；（g）仅从缔约方领土向特定区域或世界市场供应投资生产的商品或提供的服务

续表

	禁止业绩要求及市场准入条款
ACIA	第17条：成员国不得在类似条件下对其投资者构成任意或不合理歧视的手段，或对任何其他成员国的投资者及其投资的变相限制的要求，本协定中的任何内容均不得解释为阻止任何成员国采取或执行以下措施：（a）为保护公共道德或维护公共秩序所必需的；（b）保护人类、动物或植物的生命或健康所必需的；（c）确保遵守与本协定不矛盾的法律或法规所必需的，包括与以下相关的法律或法规：（i）防止欺诈和欺诈行为以应对违约对合同的影响；（ii）保护与处理和传播个人数据有关的个人隐私以及保护个人记录和账户的机密性；（iii）安全；（d）旨在确保对任何成员国的投资或投资者公平或有效地征用或征用直接税；（e）为保护具有艺术、历史或考古价值的国宝而进行的征用；（f）与国内生产或消费的限制一起生效的可耗尽的自然资源保护措施
RCEP协定	第10.6条：1. 任何缔约方不得就其领土内缔约另一方投资者的投资进行设立、取得、扩大、管理、经营、运营、出售或其他处置方面施加或强制执行以下要求：（a）出口一定水平或比例的货物；（b）达到一定水平或比例的当地含量；（c）购买、使用其领土内生产的货物，或给予其领土内生产的货物优惠，或向其领土内的人购买货物；（d）将进口产品的数量或价值与出口产品的数量或价值或与该投资者的投资有关的外汇流入金额相联系；（e）通过将销售与出口产品的数量或价值或外汇收入相联系，以限制该投资生产的货物在其领土内的销售；（f）向其领土内的人转让特定技术、生产流程或其他专有知识；（g）仅从该缔约方领土内向一个特定地区市场或世界市场提供投资所生产的货物；或（h）对于施加或强制执行该要求时业已存在的任何许可合同，或投资者与缔约方领土内的人自由达成的任何未来的许可合同，规定一定比率或金额的特许费，只要实施或强加该要求的方式构成一缔约方在行使非司法性质的政府职权下对该许可合同的直接干预。为进一步明确，当许可合同由投资者与一缔约方订立时，本项不适用。尽管有本条，第（f）项和第（h）项不适用于柬埔寨、老挝人民民主共和国和缅甸。2. 任一缔约方不得就其领土内的缔约另一方投资者的投资在设立、取得、扩大、管理、经营、运营、出售或其他处置方面，要求以遵守下列要求作为获得或继续获得优惠的条件：（a）达到一定水平或比例的当地含量；（b）购买、使用其领土内生产的货物，或给予其领土内生产的货物优惠，或向其领土内的人购买货物；（c）将进口产品的数量或价值与出口产品的数量或价值或与该投资者的投资有关的外汇流入金额相联系；或（d）通过将该销售与出口产品的数量或价值或外汇收入相联系，以限制该投资生产的货物在其领土内的销售
CAI	第2章第2条：在做出市场准入承诺并遵守"附件"规定的条款、限制和条件的行业或分行业，任何缔约方不得就在其整个领土或在区域细分的基础上对缔约另一方的投资者进行组建、收购或维持企业采取或维持市场准入：（a）施加限制于：（i）可能以数量配额、垄断、专有权或经济需求测试要求的形式开展特定经济活动的企业数量；（ii）以数字配额或经济需求测试要求形式的交易或资产总值；（iii）以配额或经济需求测试要求的指定数字单位表示的作业总数或总产量；（iv）特定部门或分部门可能雇用的自然人总数，或者企业可能以数量配额或经

续表

	禁止业绩要求及市场准入条款
CAI	济需求测试要求的形式雇用的、对经济活动的执行有必要且与经济活动直接相关的人员 第2章第3条：任何缔约方不得就其领土内所有企业的设立或经营施加或强制执行以下要求：（a）出口特定水平或百分比的商品或服务；（b）达到特定水平或百分比的国内商品或服务含量；（c）购买、使用或者优先购买其境内生产的商品或者提供的服务，或者向境内的自然人或者企业购买商品或者服务；（d）以任何方式将进口量或价值与出口量或价值或与该企业相关的外汇流入量相关联；（e）通过以任何方式将此类销售与其出口的数量或价值或外汇收入联系起来，限制该企业在其境内生产或供应的商品或服务的销售；（f）向其境内的自然人或企业转让技术、生产过程或其他专有知识；（g）仅从缔约方领土向特定区域或世界市场供应企业生产的商品或提供的服务；（h）将该投资者的总部设在其领土内的特定地区或世界市场；（i）在其领土内实现特定百分比或价值的研究和开发；（j）使用或偏向由一方的自然人或企业拥有或许可的技术

（六）透明度条款范围广

透明度条款能够在争端发生时减少由于信息不对称带来的影响，保障了投资者的权益，也使仲裁程序更为合理有序地进行。《美国—墨西哥—加拿大协定》、《跨大西洋贸易与投资伙伴协定》、《全面与进步跨太平洋伙伴关系协定》、《欧盟与加拿大自由贸易协定》、《东盟全面投资协定》、《区域全面经济伙伴关系协定》及《中欧全面投资协定》等国际投资规则中对透明度有明确规定，包括仲裁程序及商业活动的经营者信息的信息披露规范。表4-6是各规则仲裁程序透明度条款的比较。

表4-6　　　　　　　　仲裁程序透明度条款比较

	仲裁程序透明度条款
USMCA	第14.D.8条：1.除第二款和第四款的规定外，被申请人在收到下列文件后，应迅速将文件传送非争端缔约方，并使公众可获得：（a）意向通知；（b）仲裁通知；（c）争议方向仲裁庭提交的诉状，备忘录和摘要，以及根据第14.D.7.2条和第14.D.7.3条（仲裁行为）以及第14.D.12条（合并）提交的任何书面陈述；（d）仲裁庭庭审记录或笔录（如可获得）；（e）仲裁庭的命令、裁决和决定。2.仲裁庭应举行向公众开放的听证会，并应经与争端双方磋商后确定适当的行政安排。如一争端方有意在一听证会中使用指定为受保护的信息或需遵守第3款的其他信息，则应据此通知仲裁庭。仲裁庭应作出适当安排以保护该信息不被披露，其中可包括听证会讨论该信息的过程不对外公开。3.本附件中任何内容，

续表

	仲裁程序透明度条款
USMCA	包括第 4 款（d）项，不要求被申请人在仲裁程序过程中或之后向公众提供或通过其他方式披露受保护信息，包括听证会，也不要求被申请人提供或允许获取依照第 32.2 条（安全例外）或第 32.7 条（信息披露）可拒绝提供的信息。4. 向仲裁庭提交的任何受保护信息均应依照下列程序以防止被披露：（a）在遵守（d）项的前提下，如提供信息的争端一方根据（b）项明确将其指定为受保护信息，则争端双方和仲裁庭均不得将该信息向非争端缔约方或向公众披露；（b）声称部分信息构成受保护信息的任何争端方，应根据仲裁庭规定的时间表明确指定该信息属保护信息；（c）争端一方应根据仲裁庭设定的任何时间表，提交一份不含受保护信息的该文件的编辑版本。只有该编辑版本才应依照第 1 款予以披露；以及（d）仲裁庭，在遵守第 3 款的前提下，应对声称信息包含受保护信息的指定所提任何异议作出决定。如仲裁庭确定对该信息所作指定不适当，则提交该信息的争端一方可：（i）全部或部分撤回包含该信息的陈述；或（ii）同意依照仲裁庭的确定和（c）项，重新提交完整的和经编辑的文件并做出正确指定。无论在以上哪种情况下，另一争端方均应在必要时重新提交完整的和经编辑的文件，或去除由首次提交该信息的争端一方根据（d）项（i）目撤回的信息，或对该信息作出重新指定以符合首次提交该信息的争端一方根据（d）项（ii）目所作指定。5. 本节中任何内容不限制被申请人向公众提供其法律要求予以披露的信息。被申请人应努力以对保护被指定为受保护信息免予泄露的方式实施有关法律
TTIP	第 3 节第 18 条：1."贸易法委员会透明度规则"适用于本节项下的争议，并附加下述义务。2. 第四条规定的协商请求、第五条规定的裁定请求和裁定通知、第三条规定的调解同意、第十一条规定的回避通知和回避决定、合并请求第 27 条以及提交给上诉法庭并由其发布的所有文件均应包括在《贸易法委员会透明度规则》第 3 条（1）款所述文件清单中。3. 展品应列入《贸易法委员会透明度规则》第 3 条（2）款所述的文件清单。4. 尽管有《贸易法委员会透明度规则》第 2 条的规定，但欧盟或美国应视情况在分部成立前或时公开，根据第 2 款的规定，相关文件须经修订机密或受保护的信息。此类文件可通过向《贸易法委员会透明度规则》中提及的存储库进行通信而公开提供。5. 本节中任何内容不限制被申请人向公众提供其法律要求予以披露的信息。被申请人应努力以对保护被指定为受保护信息免予泄露的方式实施有关法律
CPTPP	第 9.24 条：1. 在遵守第 2 款和第 4 款的前提下，被申请人在收到下列文件后，应迅速将文件传送非争端缔约方，并使公众可获得：（a）意向通知；（b）仲裁通知；（c）争端一方向仲裁庭提交的诉状、备忘录和摘要，及根据第 9.23.2 条（仲裁的进行）和第 9.23.3 及第 9.28 条（合并审理）提交的任何书面陈述；（d）仲裁庭庭审记录或笔录（如可获得）；以及（e）仲裁庭的命令、裁决和决定。2. 仲裁庭应举行向公众开放的听证会，并应经与争端双方磋商后确定适当的行政安排。如一争端有意在一听证会中使用指定为受保护的信息或需遵守第 3 款的其他信息，则应据此通知仲裁庭。仲裁庭应作出适当安排以保护该信息不被披露，其中可包括听证会讨论该信息的过程不对外公开。3. 本节中任何内容，包

续表

	仲裁程序透明度条款
CPTPP	括第4款（d）项，不要求被申请人在仲裁程序过程中或之后向公众提供或通过其他方式披露受保护信息，包括听证会，也不要求被申请人提供或允许获取依照第29.2条（安全例外）或第29.7条（信息披露）可拒绝提供的信息。4. 向仲裁庭提交的任何受保护信息均应依照下列程序以防止被披露：（a）在遵守（d）项的前提下，如提供信息的争端一方根据（b）项明确将其指定为受保护信息，则争端双方和仲裁庭均不得将该信息向非争端缔约方或向公众披露；（b）声称部分信息构成受保护信息的任何争端方，应根据仲裁庭规定的时间表明确指定该信息属保护信息；（c）争端一方应根据仲裁庭设定的任何时间表，提交一份不含受保护信息的该文件的编辑版本。只有该编辑版本才应依照第1款予以披露；以及（d）仲裁庭，在遵守第3款的前提下，应对声称信息包含受保护信息的指定所提任何异议作出决定。如仲裁庭确定对该信息所作指定不适当，则提交该信息的争端一方可：（i）全部或部分撤回包含该信息的陈述；或（ii）同意依照仲裁庭的确定和（c）项，重新提交完整的和经编辑的文件并做出正确指定。无论在以上哪种情况下，另一争端方均应在必要时重新提交完整的和经编辑的文件，或去除由首次提交该信息的争端一方根据（d）项（i）目撤回的信息，或对该信息作出重新指定以符合首次提交该信息的争端一方根据（d）项（ii）目所作指定。5. 本节中任何内容不限制被申请人向公众提供其法律要求予以披露的信息。被申请人应努力以对保护被指定为受保护信息免予泄露的方式实施有关法律
欧加CETA	第8.36条：1. 经本章修改的《贸易法委员会透明度规则》应适用于本节规定的程序。2. 协商请求、请求确定被申请人的通知、被申请人的确定通知、调解协议、对仲裁庭成员提出质疑的意向通知、对仲裁庭成员提出质疑的决定仲裁庭和合并请求应包括在根据《贸易法委员会透明度规则》第3条第1款向公众提供的文件清单中。3. 展品应包括在根据《贸易法委员会透明度规则》第3条第2款向公众提供的文件清单中。4. 尽管有《贸易法委员会透明度规则》第2条的规定，但在仲裁庭组成之前，加拿大或欧盟应根据第2款的规定及时公开提供相关文件，但须对机密文件或受保护的信息进行编辑。此类文件可以通过与存储库通信的方式公开提供。5. 仲裁庭应举行向公众开放的听证会，并应经与争端双方磋商后确定适当的行政安排，以方便公众参加此类听证会。如果仲裁庭确定需要保护机密或受保护的信息，应作出适当的安排以私下举行此类需要保护的听证会部分。6. 本节中任何内容不限制被申请人向公众提供其法律要求予以披露的信息。被申请人应努力以对保护被指定为受保护信息免予泄露的方式实施有关法律
ACIA	第39条：1. 除第2款和第3款另有规定外，争议成员国可以公开法庭作出的所有裁决和决定。2. 任何打算在听证会上使用认定为机密信息的争议方应告知仲裁庭。仲裁庭应作出适当安排以保护信息不被泄露。3. 提交给仲裁庭或争议各方的任何特别指定为机密的信息应受到保护，不得向公众披露。4. 争议方可以向与仲裁程序直接相关的人员披露其认为准备案件所需的机密信息，但应要求对此类机密信息进行保护。5. 仲裁庭不得要求成员国提供或允许其访问披露后会妨碍成员国法律执行或会违反成员国保护内阁机密、个人隐私或金融机构个人客户的财务和账户的法律的，或者是被认定为违背国家基本安全的信息。6. 非争

续表

仲裁程序透明度条款	
ACIA	议成员国有权在不迟于仲裁通知送达争议成员国之日起30天内从争议成员国收到仲裁通知的副本。争议成员国应在收到仲裁通知后30天内通知所有其他成员国
RCEP协定	第10.10条：1.只要此类手续并不实质性损害该缔约方根据本章向另一缔约方的投资者以及涵盖投资提供的保护，第10章第3条（国民待遇）不得解释为阻止该缔约方采取或维持与涵盖投资相关的特殊手续的措施，包括要求该涵盖投资系根据其法律或法规合法设立。2.尽管有第10章第3条（国民待遇）和第10章第4条（最惠国待遇）的规定，一缔约方可以仅为信息收集或统计的目的，要求另一缔约方的投资者或其涵盖投资提供与该投资有关的信息。该缔约方应当尽可能保护已提供的任何保密信息不受任何可能损害投资者或涵盖投资的合法商业利益或竞争地位的披露的影响。本款不得解释为阻止一缔约方以其他方式获取或披露与其公正、善意地适用其法律和法规有关的信息
CAI	第3bis.4条（透明度条款）：(a)一方有理由认为其在本条下的利益受到另一方所涉实体的商业活动的不利影响，可以书面形式要求该方提供与该实体有关的业务信息履行本条的规定。要求提供的信息应指明企业，有关的产品/服务和市场，并应说明该企业的活动如何或可能在本条款下产生不利影响。这些信息包括：i.一方和/或该方的涵盖实体累计拥有或持有该企业的股份百分比和表决权百分比，以及该企业的所有权和表决权结构；ii.一方和/或涵盖实体所拥有的任何特殊股或特殊表决权或其他权利的说明，其中这些权利与企业普通股所附的权利不同；iii.企业的组织结构，董事会或在该企业中行使控制权的仼何其他等效管理机构的组成以及涵盖实体的交叉持股和其他法律安排，以评估是否符合本条规定；iv.年收入或总资产，或两者兼而有之；v.根据被要求方的法律和法规适用于企业的任何豁免，豁免同等措施；vi.说明哪个主管部门负责对企业行使政府的所有权职能，以及哪个政府部门负责规范所讨论的活动；如果适用，说明这些部门/主管机构施加的报告要求，以及该部门/主管机构可能参与任命或解雇其高管及其董事会成员或任何其他同等管理机构的薪酬企业。(b)每一缔约方应努力确保其所涉实体尊重公司治理和透明度的国际惯例 第5章第19条（仲裁程序披露条款）：1.程序中陈述和陈述的透明度受《议事规则》附件第38条的约束，即在保护机密信息的前提下，每一当事方均可公开提供其向仲裁小组提交的陈述或声明。2.除非《议事规则》附件另有规定，并应遵守其中规定的条件，否则任何听证小组均应向公众开放。3.在一缔约方中设立的自然人或法人可以按照《议事规则》附件的规定，向法庭提交法庭之友意见书

（七）国际投资规则变化新趋势

通过对上述现有经贸规则的投资条款进行比较，可以发现国际投资广义化、多元化、"负面清单+准入前国民待遇"、知识产权保护、资本转移自由化已成为投资规则发展的新趋势。

1. 国际投资广义化,投资协定范围扩大

国际投资广义化和投资协定范围扩大趋势明显,投资范围从原来的企业直接投资扩展到企业股份、股权参与、债券、债权证、贷款、期货、期权和其他衍生品、交钥匙、建设、管理、生产、特许权、收益分享和其他类似合同、知识产权、有形或无形、动产或不动产以及相关财产权等内容。此外,《中欧全面投资协定》并未使用国有企业、公共实体或国家企业等术语,而采用了"涵盖实体"一词,具体包括国企、政府控制企业及指定垄断企业等,协定适用范围进一步扩展。

2. "负面清单"+"准入前国民待遇"成为重点要求

为吸引外资,促进产业升级,多数对外直接投资者在东道国都能享受国民待遇、最惠国待遇和最低待遇标准等优惠政策,随着国际投资不断发展,附加条款和例外条款逐渐增加,投资规则由向投资者倾斜转为保护投资者和保障东道国利益的双向平衡[①],"负面清单"+"准入前国民待遇"已成为现有政策的重点要求。

3. "一般例外条款"范围延伸,劳工标准、人权、环保成为重要条款

国际投资规则增加了平衡经济发展与环境保护、吸引外资与保护国家安全等新条款,越来越多的国际投资协定中涵盖了健康、环境、道德等公共利益内容的"一般例外条款"。《美国—墨西哥—加拿大协定》和《全面与进步跨太平洋伙伴关系协定》等规则在劳动标准,环境保护,性别平等,反腐败等方面均有详尽说明。

4. 市场准入放宽、监管一致性成新趋势

从市场准入限制来看,各协定均有禁止东道国在企业数量、资产价值、配额限制、就业人数方面施加限制的条款。市场准入放宽、监管一致性、加强知识产权保护成为国际投资规则发展新趋势;此外,知识产权保护日渐成为维护高科技产业投资的重要手段,各规则在业绩要求和技术转让相关条款中均有明确的禁止技术转让及相关条款。

---

① 张蕴岭、马天月:《国际投资新规则及中国应对策略》,《国际展望》2019年第4期。

第二节　投资协定深度实证分析

协定深度化是用来分析协定的整体设计的合理性与泛用性的指标，目前国内外学者对协定深度的分析主要用于贸易层面，如孙蕊（2018）[1]通过条款层面的规则覆盖广度和核心要件层面的规则覆盖深度基于区域贸易协定视角对我国服务贸易开放政策的广度与深度进行了研究，许亚云等（2021）[2]对中日韩 FTA 的通过对比 1965—2015 年 19 个经济体的贸易协定数量、各协定章节数和覆盖范围等指标实证模拟了中日韩自由贸易协定达成对三国及区域贸易的影响。世界银行[3]也构建了贸易协定深度化指数，其中涉及了投资深度的分析章节。该指标体系通过协定适用范围与定义、投资自由化、投资保护、社会和机关目标、制度框架和透明度、争端解决 6 个层面对投资协定的深度进行了分析。然而该指标目前只涉及了 111 个自由贸易协定的投资章节，在样本的数量和研究的深度上有所欠缺。目前，对于投资协定深度分析最权威的框架体系主要是基于联合国贸发会议投资中心构建的"国际投资协定绘图"体系，该体系以联合国贸发会议可持续发展投资政策框架[4]为基础，对各双边投资政策和含有投资条款的协定内的投资条款进行了归纳总结。袁保生（2021）[5]就基于该指标体系对全球双边协定的深度及其决定因素进行了测算，他认为，双边投资协定中包含有利于投资者的条款越多，不利条款越少，条款规定越明晰，越有利于投资促进、投资自由化和投资保护，则协定的深度越高。

本节认为，投资协定的覆盖范围越广、争端解决机制越合理、制度

---

[1] 孙蕊：《中国服务贸易开放政策的广度与深度研究》，博士学位论文，天津财经大学，2018 年。

[2] 许亚云等：《中日韩 FTA 战略比较与高水平合作前景：基于规则文本深度和质量的研究》，《世界经济研究》2021 年第 9 期。

[3] https://datatopics.worldbank.org/dta/table.html/（Deep Trade Agreements database）.

[4] https://unctad.org/system/files/official-document/diaepcb2015d5_en.pdf/（Investment Policy Framework for Sustainable Development）.

[5] 袁保生：《双边投资协定深度决定因素及投资效应研究》，博士学位论文，新疆大学，2021 年。

安排越完善、促进国际投资自由化程度越高、对社会环境重视程度越高，则该协定的深度越高。根据联合国贸发会议投资政策中心的统计数据，自1982年以来，中国共签订双边投资协定145份，其中已终止的双边投资协定20份，已签署但未生效的双边投资协定19份，生效协定106份；共签订包含投资条款的协定25份，其中正在生效的协定共21份，已签署但未生效的协定4份。本章根据联合国贸发组织投资政策中心数据库提供的政策分析框架，基于本文对投资协定深度的理解，我们总结了各投资文本就协定目标、范围与定义、待遇标准、其他条款、例外情况、争端解决机制、制度问题、条约期限、修改与终止八个方面的特征，将中国签署并生效的86个双边投资协定和4个含有投资条款的协定的深度进行了全面的评估。

表4-7　　　　　　　　投资协定深度分析体系　　　　　　单位：分

	取值范围	子指标	取值范围
协定目标	0—4	提及监管权	0—1
		提及可持续发展	0—1
		提及社会投资方面	0—1
		提及环境方面	0—1
范围和定义	0—21	投资的定义	0—5
		投资者的定义	0—5
		拒绝授惠	0—4
		条约的实质性范围	0—4
		条约的时间范围	0—3
待遇标准	0—30	国民待遇	0—3
		最惠国待遇	0—5
		公平公正待遇	0—5
		全面保护和安全	0—1
		禁止不合理、任意或歧视性措施	0—1
		征用	0—4
		防止冲突	0—2
		资金转移	0—3
		禁止业绩要求	0—3

续表

	取值范围	子指标	取值范围
待遇标准	0—30	"保护伞"条款	0—1
		人员入境和逗留	0—1
		高级管理人员国籍	0—1
其他条款	0—11	透明度	0—2
		健康与环境（文中提及）	0—1
		劳工标准（文中提及）	0—1
		监管权（正文或类似概念的任何提及，序言除外）	0—1
		企业社会责任（文中提及）	0—1
		腐败（文中提及）	0—1
		不降低标准（通常是环境和/或劳工标准）	0—1
		代位求偿条款	0—1
		不减损条款	0—1
		投资促进条款	0—1
例外情况	0—7	基本安全例外	0—3
		一般公共政策例外	0—2
		审慎剥离	0—1
		投资保留及不符措施承诺表	0—1
争端解决机制	0—20	包括 SSDS 条款	0—1
		包括 ISDS 条款	0—1
		仲裁的替代方案	0—1
		范围和统一	0—5
		仲裁机构	0—2
		其他特定的 ISDS 功能	0—10
制度机制	0—3	缔约国之间的磋商机制	0—1
		构建体制框架（联合机构）	0—1
		技术合作机制	0—1
条约期限、修改和终止	0—5	条约期限	0—1
		自动续订	0—1
		修改和终止	0—3

本节的深度分析体系构建如表4—7所示，具体赋值标准如下：

一 投资协定目标

协定目标通常出现在各投资协定的序言部分，这一指标赋值区间为0—4分。本章认为，现代化的投资协定需要将可持续发展、环境保护等方面纳入协定目标，因此如果一协定在序言（目标）章节提及监管权（如监管自主权、政策空间、入新法规的灵活性）则赋值为1，否则为0；如果有提及可持续发展相关内容赋值为1，没提及则赋值为0；提及社会投资方面（如人权、劳工、健康、企业社会责任、减贫）则赋值为1，否则为0；提及环境发展方面（如植物或动物的生命、生物多样性、气候变化）则赋值为1，否则为0。该项指标总得分取值在0—4分。结果显示，在研究的90个协定样本中，83个协定该项指标得分为0，仅有7个投资协定得分不为0（见图4—4），且主要集中于2000年后签署的协定，从侧面体现出可持续发展、环境保护和人权发展等议题已经成为近现代投资协定关切的重点。从协定目标深度得分看，《区域全面经济伙伴关系协定》投资协定目标得分最高，说明《区域全面经济伙伴关系协定》投资协定目标覆盖范围比较广，投资目标具体明确。

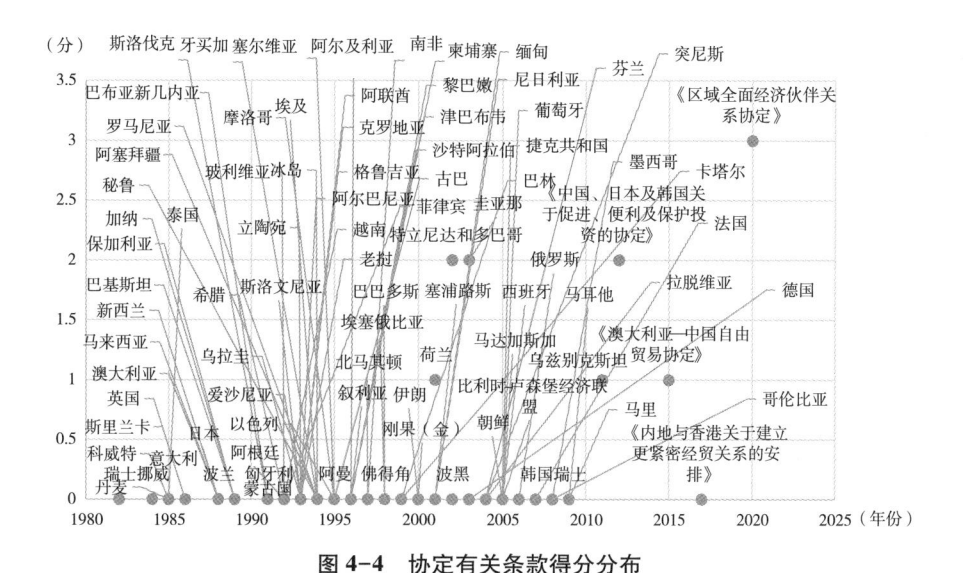

图4-4 协定有关条款得分分布

注：因篇幅限制，本章中散点图中标注国家/地区名称的均为与中国签订且目前生效的双边投资协定的国家，下同。

资料来源：笔者根据联合国贸发会议《投资政策中心》各协定深度计算而得。

二 范围和定义

国际投资协定得范围放宽已成为国际投资协定新趋势。对国际投资范围和定义的深度和广度涉及5个子指标，赋值区间为0—21分，投资协定范围与定义深度得分见图4-5。

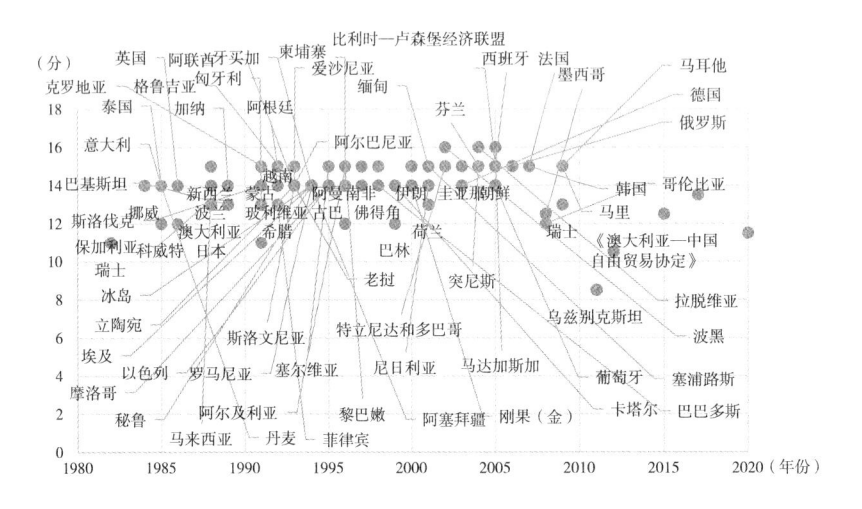

图 4-5 范围和定义指标得分分布

资料来源：笔者根据联合国贸发会议《投资政策中心》各协定深度计算而得。

第一个子指标对投资的定义评分体系，该子指标总分为0—5分。协定对投资的定义越宽泛则得分越高。如果协定存在对投资的明确定义则赋值为1，否则为0；其次，如果投资定义没有将证券投资和其他特定资产（如主权债务、普通商业交易等）排除在外，则分别获得1分，共计2分；此外，如果投资定义中存在"根据东道国法律要求"或者对涵盖投资进行封闭（详尽）清单的列举则记为0分，否则各记1分，共计2分。统计结果显示，所有90个投资协定均包含投资定义且都基于财产定义对投资内容进行界定，所有的投资协定均认可证券形式的投资，但有3个投资协定对主权债务、普通商业交易的投资属性予以除外；没有列出投资所需特征的有84份，78个投资协定增加了"根据东道国法律"要求的限制，列出资产详尽清单的仅有3份。

第二个子指标是对投资者的定义，赋值为0—5分。协定对投资者定义越宽泛、要求越宽松则得分越高。如果协定包含对投资者的定义则赋值为1，否则为0；如果投资者包括永久居民则赋值为1，否则赋值为0；如果没有排除双重国籍投资者身份的则赋值为1，否则为0；如果没有要求法人从事实质性商业活动则赋值为1，否则为0；如果没有要求法人具备实体的所有权和控制权则赋值为1，否则为0。统计结果显示，88份协定包含了明确的投资者定义，自然人包括永久居民的仅有8份，占总数的9%；不排除双重国籍公民的有89份；不要求法人实体有实质性商业活动的要求共有78份；所有具有投资者定义的协定均没有要求法人实体的所有权和控制权。

第三个子指标是拒绝授惠条款，这一子指标赋值为0—4分。协定对东道国拒绝受惠的约束越大，则得分越高。如果协定不存在拒绝受惠条款，则得分为4；如果存在拒绝受惠条款，但没有"实质性经营"标准则赋值1，否则为0；如果拒绝受惠条款不拒绝因外交关系或经济贸易限制国家的投资者利益保护则赋值为1，否则为0；如果拒绝受惠条款要求所有缔约方达成协议才能实施则赋值为1，如果允许缔约方单方决定是否实施拒绝受惠则取值为0.5，如果没有具体规定则赋值为0。统计结果显示，84个协定中没有涉及拒绝受惠相关条款，在拒绝受惠内容方面，不拒绝在母国没有实质性经营活动的投资者利益保护有6份，不拒绝外交或经济限制的投资者利益保护有5份，拒绝受惠条款的接受为"单方面酌情"的共有6份。上述条款内容均于近年在各大投资协定文本中出现，是投资协定发展的新趋势之一。

第四个子指标为条约的实质性范围，赋值在0—4。协定的实质性范围越大，则赋值越高。如果协定没有将税收、补贴及补助金、政府采购和其他投资领域（文化服务等）排除在外，则各记1分，否则记为0分，共计4分。统计结果显示，在90份中国签订的双边投资协定和含有投资条款的协定内，实质性条款排除税收事宜的有7份，排除补贴、补助金的有3份，排除政府采购的有4份，排除其他领域（如文化领域）投资的共有2份。实质性条款的例外事项同样于2012年后签署的协定中开始出现，证明协定的实质性条款范围正在逐渐增加。

第五个子指标是协定的时间适用范围，赋值为0—3分。协定的覆盖时间越久，则协定的完备性越高，子指标得分也越高。如果协定实质性条款内容适用于生效前和生效后的投资则赋值为2，仅适用于生效后的投资则赋值为1，未进行规定或无定论则记为0分；如果程序性条款排除协定生效前发生的投资争端索赔则赋值为0，不排除则赋值为1。统计结果显示，83份协定的实质性条款适用于协定生效前和生效后的投资，占总样本的92%；没有排除生效前投资争端的有34份，占总样本的38%。

图4-5是中国签订的双边投资协定和含有投资条款的协定在范围和定义指标的得分，由图4-5可知，自20世纪80年代以来，我国签署的投资协定在范围和定义方面都具有比较好的广度和深度。

三 待遇标准

待遇标准是指缔约方投资者享受的待遇标准。待遇标准不仅包括经济上的优待，也包括面临纠纷时的保护政策。该项指标赋值区间为0—30分，协定的优惠政策力度越大、保护程度越高、对业务开展和人员安排的管制越低，则得分越高。本指标可细分为国民待遇、最惠国待遇、公平公正待遇、全面保护与安全、禁止不合理及歧视性措施、征用、防止冲突、资金转移、禁止业绩要求、"保护伞"条款、人员入境与逗留、高级管理人员国籍限制等子指标。

国民待遇是优惠政策之一，指东道国对在本国境内从事社会经济活动的外国的自然人、法人提供不低于本国自然人、法人所享有的民事权利。本子指标的赋值为0—3分，国民待遇的适用范围越广则得分越高。如果一投资协定没有国民待遇条款，则赋值为0；如果国民待遇仅适用于投资准入前或者投资准入后，则赋值为1，如果国民待遇同时适用于准入前和准入后，则赋值为2。如果国民待遇条款有提及适用于"类似情况"的投资或投资者，则赋值为1，否则为0。统计结果显示，没有国民待遇条款的协定总计45份，主要是于2000年前签订的双边投资协定；国民待遇适用于准入后的协定有43份，占总量的48%；国民待遇适用于准入前与准入后的协定仅有2份。在存在国民待遇条款的协定中，仅有8份提及类似情况下的适用，且均为近年签署的投资协定，说明国民待遇向准入前适用、放宽类似情况的适用已成为现代投资规则的发展趋势。

最惠国待遇也是优惠政策之一，通常是指缔约国双方在通商、航海、关税、公民法律地位等方面相互给予的不低于现时或将来给予任何第三国的优惠、特权或豁免待遇。该子指标赋值为0—5分,最惠国待遇的适用范围越广、限制越少则得分越高。如果一投资协定没有最惠国待遇条款,则赋值为0;如果最惠国待遇仅适用于投资准入前或者投资准入后,则赋值为1,如果最惠国待遇同时适用于准入前和准入后,则赋值为2;如果最惠国待遇如果没有排除经济一体化协定(区域一体化协定等)基于第三方投资者的政策优惠,则赋值为1,否则为0;如果最惠国协定没有排除其他税务协定基于投资者的协定则赋值为1,否则为0;如果最惠国协定没有排除东道国与第三方签署的其他条约中的投资者—东道国争端解决机制条款,则得1分,否则赋值为0。统计结果显示,所有样本协定均有最惠国待遇条款,其中适用于准入后最惠国条款的协定共84份,占总数的93%;适用于准入前和准入后最惠国条款的协定共6份;没有排除经济一体化协定的有5份,无定论的1份;没有排除税收协定的有7份;没有排除其他协定投资者争端解决机制的有84份。从趋势来看,近现代的投资协定开始将最惠国待遇的例外情况纳入条款内容之中,呈现出待遇升级、监管收紧的趋势。

公平公正待遇是投资者在东道国进行投资行为的有力保障,该项子指标赋值为0—5分,公平公正待遇的限制越少,待遇越高,则得分越高。首先,要对协定的公平公正待遇程度进行分析,如果协定中没有公平公正待遇则得分为0,如果是受限的公平公正待遇则得分为1,不受限的公平公正待遇则得分为2;其次,如果受限的公平公正待遇的符合条件参照国际法或国际习惯法则取值为1;如参考最低标准则取值为0.5;如果没有参考或不适用则赋值为0。公平公正待遇的修正如果结合了最惠国待遇和国民待遇较高者条款,则赋值为1,否则为0。统计结果显示,80个样本协定采用不受限的公平公正待遇条款,占总数的89%,7个协定采用了受限的公平公正待遇条款,有3个协定没有涉及公平公正待遇。在受限公平公正待遇协定中,参照国际法或国际习惯法的有4份,参照最低待遇标准的有2份。公平公正的待遇修正条例结合最惠国待遇和国民待遇较高者进行的占26份,不适用或无相关条款的协定共64份。

全面保护安全条款、禁止不合理或歧视性措施、"保护伞"条款、人员入境和逗留、高级管理人员的国籍限制的赋值范围都在0—1。如果全面保护安全条款规定提供充分保护则赋值为 1，如果要求参照国内法进行保护则赋值为 0.5，如无该条款则赋值为 0；如果投资协定有禁止不合理、任意或歧视性措施相关条款，则赋值为 1，否则为 0；此外，如果协定中有"保护伞"条款或对人员入境和逗留有相应的促进条例，或者对高级管理人员的国籍不存在限制，则各得 1 分，否则记为 0 分。统计结果显示，提供充分全面保护的投资条款共有 69 份，参考国内法进行保护的共有 8 份，没有保护条款的共有 13 份；含有禁止不合理、任意或歧视性措施条款的协定有 40 份，含有"保护伞"条款的协定有 38 份；允许人员自由入境与逗留的协定有 60 份，允许其他国籍人员从事高层管理人员职务的协定共有 4 份。可以看出，随着国际投资的发展，对于人员的流动与任职的要求正在逐渐放宽。"保护伞"协定能够使东道国政策对外国投资者的承诺置于投资协定的框架内，为跨国投资者提供了制度保障，也是近现代投资协定发展的趋势。

征用条款的赋值为 0—4，征用条款的覆盖范围越广、补偿机制越完善、例外措施越明确则得分越高。如果协定中不仅有征用条款，且提到间接征用，则赋值为 1，如果仅提到直接征用则得分为 0.5，如果没有征用条款则赋值为 0；征用条款细化方面，如果有对间接征用进行明确定义则得 1 分，如果没有或不适用则记 0 分；如果排除了一般性监管措施，则记 1 分，否则记为 0 分；如果征用条款符合世界贸易组织的强制许可，则得 1 分，否则记 0 分。统计显示，88 个协定含有征用条款且提及间接征用事宜，仅 1 份协定含有征用条款但不涉及间接征用；在提及间接征用的协定内，仅有 5 份协定明确给出了间接征用的定义、排除了一般性监管措施，仅 2 份将世界贸易组织强制许可作为征收条件。

冲突损害的赔偿赋值为 0—2，如果投资者相对补偿权为最惠国待遇和国民待遇中补偿较高者则，赋值为 1，如果仅按照最惠国或国民待遇其一进行补偿则赋值为 0.5，如果没有该条款则赋值为 0；如果协定中有在某些情况下获得赔偿的绝对权利条款则赋值为 1，否则赋值为 0。

在 90 份投资协定中，32 份协定规定投资者可依最惠国待遇和国民待遇较高者进行冲突损害的赔偿索赔，55 份协定规定投资者按最惠国待遇获取赔偿，3 份协定没有提及冲突的相对补偿权；19 份协定承诺了投资者在某些情况下获得赔偿的绝对权利，为投资者提供了更为全面的经营保障，因此"一最惠国待遇和国民待遇较高者进行索赔"+"绝对赔偿权"是未来冲突损害条款解决的基本范式。

资金转移子指标赋值为 0—3，资金转移的限制越少、时限越短、自由度越高，则该指标的得分越高。如果协定包含资金转移条款则赋值为 1，否则赋值为 0；如果包含了资金转移存在国际收支异常或其他特定例外情况的相关条款，则各赋值 1 分，否则为 0。结果显示，88 份协定含有资金转移条款，在含有资金转移条款的协定中，存在国际收支异常例外情况和其他特定例外情况（如保护债权人等）的投资协定数量分别为 15 份和 6 份。

禁止业绩要求是一种禁止东道国将投资监管政策施加于外商投资者的政策保障，能够有效地防止东道国通过各种数量、质量的要求限制投资者在东道国的生产经营活动，因此禁止业绩要求的覆盖范围越广、条例越清晰，则得分越高，该项指标的赋值为 0—3。如果协定没有明确的禁止业绩要求，则赋值为 1，否则赋值为 0；从业绩要求条款的类型来看，如果协定具有明确的禁止业绩清单，则赋值为 1，如果禁止业绩要求参考《与贸易有关的投资措施协定》的条款，则赋值为 0.5，否则赋值为 0。结果显示，仅 4 份投资协定包括禁止业绩要求，其中 3 份于 2012 年后签署，证明对投资者生产经营保护在现代投资规则中的地位逐步增加；从业绩要求条款的类型来看，参考《与贸易有关的投资措施协定》的协定共有 1 份，通过列明禁止业绩要求清单的协定共有 2 份，绝大多数协定并未对该条款进行细化。

由图 4-6 可知，自 1980 年以来投资待遇标准得分一直处于上升趋势，投资优惠待遇提高、投资运营障碍减少、人员流动和高管任职限制放宽、征用条例和禁止业绩要求标准化都出现提高趋势。

四 其他条款

其他条款主要包括透明度条款和社会环境条款，赋值为 0—11，可分为透明度、社会环境与投资促进子指标。

透明度条款包括针对国家的透明度条款和针对投资者的透明度条款，针对国家的透明度条款用于考察规范东道国发布投资相关法律法规的义务，针对投资者的透明度条款则用于规范投资者在进行商业活动中

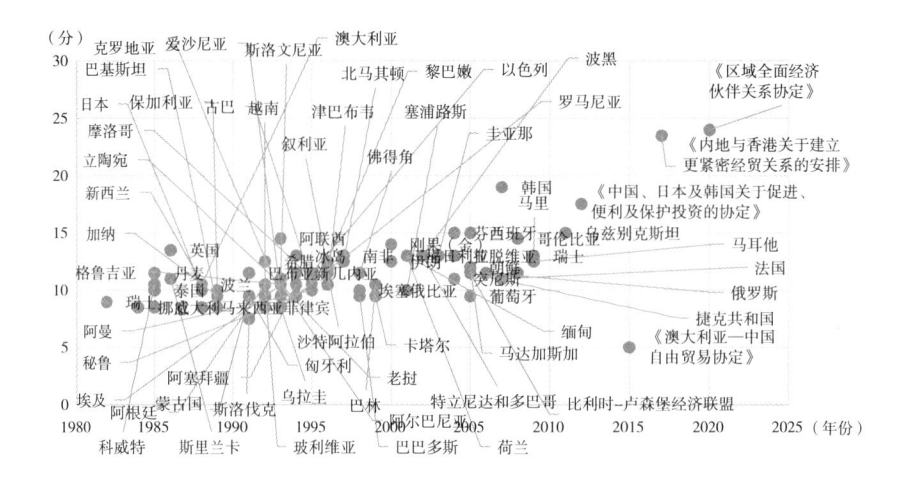

| 全球高标准经贸规则与贸易便利化比较分析 |

图 4-6　待遇标准指标得分分布

资料来源：笔者根据联合国贸发会议《投资政策中心》各协定深度计算而得。

相关信息的公开。具有透明度条款的协定通常认为其合规性更高，监管成本更低，对于投资者而言则能够获取更多的经商信息，减少由于信息不对称带来的潜在损失，因此透明度条款越完善的条款得分越高。本节仅针对条款的有无进行评定，如果一协定存在针对国家或投资者的透明度条款则赋值为1，否则为0，共计2分。结果显示，在中国签订的90份投资协定中，仅有9份协定涉及针对国家的透明度条款，仅有2份协定涉及针对投资者的透明度条款，透明度水平较低。

社会环境与投资促进子指标包括健康与环境、劳工标准、监管权、企业社会责任、腐败、不降低标准、代位求偿条款、不减损条款和投资促进条款，只要投资协定在文中除序言以外任何地方针对上述议题进行探讨则赋值1分，否则为0分，共计9分。

在研究的90份样本投资协定中，86份涉及代位求偿条款，73份涉及不减损条款，27份涉及投资促进条款，8份涉及健康与环境条款，4份涉及监管权条款，2份涉及（环境或/和劳工的）不降低标准条款，没有协定涉及企业社会责任和腐败治理条款。

由图4-7可见，其他条款指标总得分在2010年后开始快速上涨，反映出投资协定对透明度条款和社会环境条款要求越来越高。

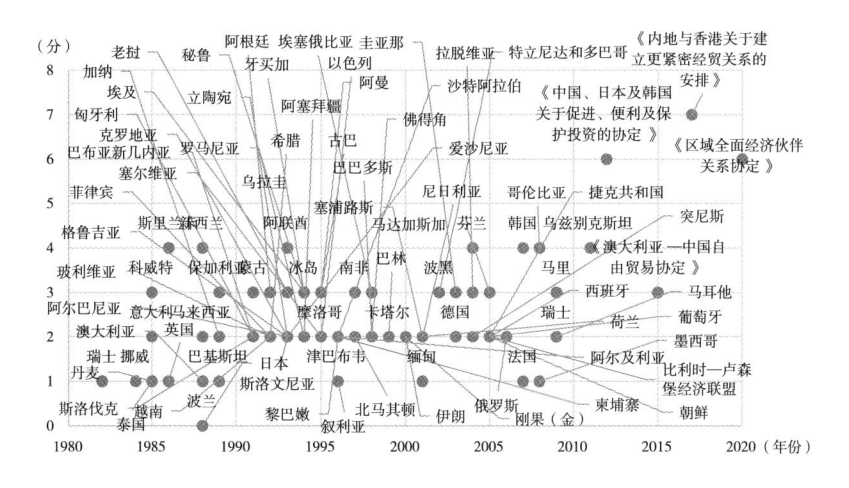

图 4-7　其他条款得分分布

资料来源：笔者根据联合国贸发会议《投资政策中心》各协定深度计算而得。

五　例外情况

例外情况包括基本安全例外、一般公共政策例外、审慎剥离、投资保留及不符措施承诺表四个子指标，例外条款越详细，则证明法律条文的覆盖程度越宽泛，是东道国—投资者之间权利义务平衡的体现，因此赋值越高，本子项目赋值为 0—7。如果含有基本安全例外赋值 1 分，有对基本安全例外进行详细描述再记 1 分，如果有例外的自我评定机制再记 1 分，否则为 0 分；如果一般公共政策例外条款包含公共卫生与环境相关条款则记 1 分，如果具有其他公共政策例外（如文化遗产、公共秩序等）则再记 1 分，否则为 0 分；如果具有审慎剥离则赋值为 1，否则赋值为 0；如果投资保留及不符措施承诺表同时存在正面清单承诺和负面清单保留则赋值为 1，存在正面清单承诺或负面清单保留赋值为 0.5，无相关条款则赋值为 0。结果显示，仅有 8 份协定包括安全例外条款，4 份协定包含例外定义（更详细地描述例外情况），5 份协定包含例外的自我评定机制。上述条例均于 2012 年后签订的协定中集中体现，可以看出近代的投资协定更偏向于投资者—东道国权利之间的制衡；共有 5 份协定包括公共卫生与环境例外条款，3 份协定包括其他公共政策例外（如文化遗产、公共秩序等），3 份协定包括审慎剥离例外；仅有 1 份协定同时采用正面清单承诺和负面清单保留的投资保留条款，

12份协定采用了正面清单承诺或负面清单保留的保留条款。从总体得分来看，2010年前我国签订的投资协定的例外情况得分相对偏低，管制较为宽松，2010年后签订的投资协定开始对例外情况条款予以重视。

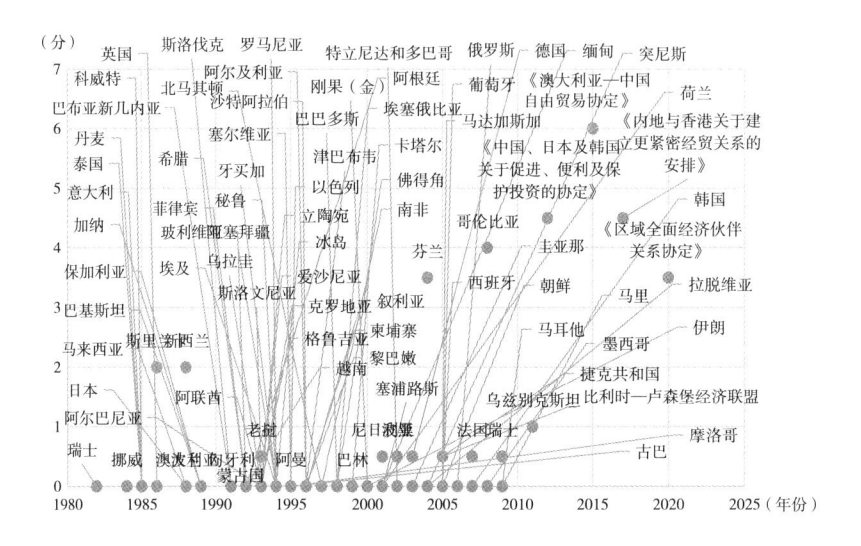

图4-8 例外情况得分分布

资料来源：笔者根据联合国贸发会议《投资政策中心》各协定深度计算而得。

六 争端解决机制

争端解决机制包括国家间争端解决机制（State-State Dispute Settlement，SSDS）和投资者与国家间的争端解决机制（Investor-State Dispute Settlement，ISDS）。国家间的争端解决机制是指由于缔约国之间由于投资协定的适用范围引发的条约争端，投资者—国家间的争端解决机制是为自然人或法人与缔约国之间发生争端时提供法律依据。国家间的争端解决机制为投资协定的长久运行提供了稳健的法律支持，而投资者—国家间的争端解决机制则让投资者在与东道国进行争端解决时不再处于弱势地位，投资者可以运用此制度作为加强交涉能力的手段。因此，争端解决机制越完善，越能保障投资者的投资利益，赋值越高，本子指标赋值为0—20。

如果协定存在国家间争端解决机制，则赋值为1，否则为0；如果协定存在投资者—国家争端解决机制则赋值为1，否则为0；如果投资者—国家争端解决机制存在仲裁的替代机制（认定不具有约束力的调解程序是仲裁的非必要程序）则赋值为1，如果协定认为不具有约束力的调解程序是仲裁的必要程序则赋值为0.5，否则为0；在索赔的覆盖范围上，如果索赔涵盖与投资有关的任何争议则赋值为1，如果仅涵盖条约索赔则赋值为0.5，否则赋值为0；从投资者—国家争端解决机制的限制来看，如果投资协定规定的所有条款都受到投资者—国家争端解决机制条款的约束，则赋值为1，否则为0；如果没有从投资者—国家争端解决机制中排除政策领域或税收或审慎措施的特殊机制则各赋值为1，否则为0；在同意仲裁方式的选取上，如果需要提供明示或暗示的同意则赋值为1，如果需要逐案同意则赋值为0.5，如果无相关条例则赋值为0。统计结果显示，在90份样本协定中有89份存在国家间的争端解决机制，86份存在投资者—国家间争端解决机制。认为不具有约束力的调解程序是仲裁的必要程序的协定共有6份，84份投资协定没有提及仲裁的替代方案；索赔涵盖与投资有关的任何争议的协定共计68份，仅涵盖条约索赔的协定共计15份，没涉及索赔范围的协定共有7份；从投资者—国家争端解决机制范围限制来看，所有条款都受到投资者—国家争端解决机制条款的约束的协定共有38份，排除政策领域的协定共有5份，排除税收或审慎措施的特殊机制的协定共有7份。在同意仲裁方式的选取上，80份协定需要提供明示或暗示的同意，仅有4份协定需要逐案同意，还有6份协定无相关条例。

在投资者—东道国争端的仲裁机构选择方面，共有东道国国内法院、解决投资争端国际中心、联合国国际贸易法委员会和其他仲裁机构4个选项。投资者对仲裁机构选择的自由度越大，条款的中立性就越强，对投资者越有利。因此，每支持其中一种仲裁机构的选择赋值为0.25，共计1分。在仲裁机构间关系的受理上，如果投资协定规定投资者在提交仲裁之前需东道国履行当地法律程序则赋值为1，如果投资者在争端所在地法院提起诉讼，在判决前有提交仲裁的权利则赋值为0.75，如果投资协定规定投资者选择国际仲裁后就无法更换仲裁机构（"不可掉头"的弃权条款）则赋值为0.5，如果投资协定规定投资者需在东道国国内法院或通过国际仲裁对其债权进行诉讼之间做出选择

（岔路）则赋值为 0.25，没有定义仲裁机构间的关系则赋值为 0。统计结果显示，71 份协定支持东道国国内法院作为仲裁机构，63 份协定支持国际投资争端解决中心作为仲裁机构，30 份协定支持联合国国际贸易法委员会作为仲裁机构，36 份协定支持投资者自主选择其他仲裁机构。法院之间的联系方面，以当地措施优先的协定共计 6 份，规定投资者选择国际仲裁后就无法更换仲裁机构的协定共计 9 份，规定投资者需在东道国国内法院或通过国际仲裁对其债权进行诉讼之间做出选择的协定的共计 34 份，没有涉及法院间关系的协定共计 41 份。

此外，如果协定没有明确规定提交索赔的时效则赋值为 1，否则为 0；如果能提供有效的补救措施，则赋值为 1，否则为 0；如果协定没有规定合并由相同事件或情况引起的索赔则赋值为 1，否则为 0；如果协定就投资者—东道国争端解决机制有明确的临时措施，则取值为 1，否则为 0；如果协定列明可裁决的救济类型（有限的救济措施）则赋值为 0，没有对救济类型施加限制则赋值为 1。在条约的解释方面，如果协定没有规定缔约国可以发布对仲裁庭有约束力的条约解释则赋值为 1，没有规定将某些条款中的问题提交给缔约国进行解释，并对法庭具有约束力，只有当缔约双方没有达成协议时法庭才恢复对有关条款的解释（反致）则赋值为 1，没有规定资本输出国有权向法庭提交条约解释则赋值为 1，否则均记为 0；在仲裁程序透明度条款方面，如果有具体条款明确要求文件公开、要求听证会向公众开放、规定法庭有权接受和审议第三方意见，则各记 1 分，否则为 0。统计结果显示，有明确规定索赔时效的协定仅有 6 份，具有明确的临时措施的协定有 2 份，支持合并索赔的协定有 2 份，具体列明可裁决的救济类型的协定仅 5 份；在条约解释方面，没有规定缔约国可以发布对仲裁庭有约束力的条约解释的协定共计 86 份，没有规定将某些条款中的问题提交给缔约国进行解释，并对法庭具有约束力，只有当缔约双方没有达成协议时法庭才恢复对有关条款的解释的协定共计 89 份，没有规定资本输出国有权向法庭提交条约解释的协定共计 89 份；仲裁程序透明度条款方面，仅有 2 份协定有具体条款明确要求文件公开，1 份协定规定法庭有权接受和审议第三方意见，所有协议均无要求听证会向公众开放的规定。

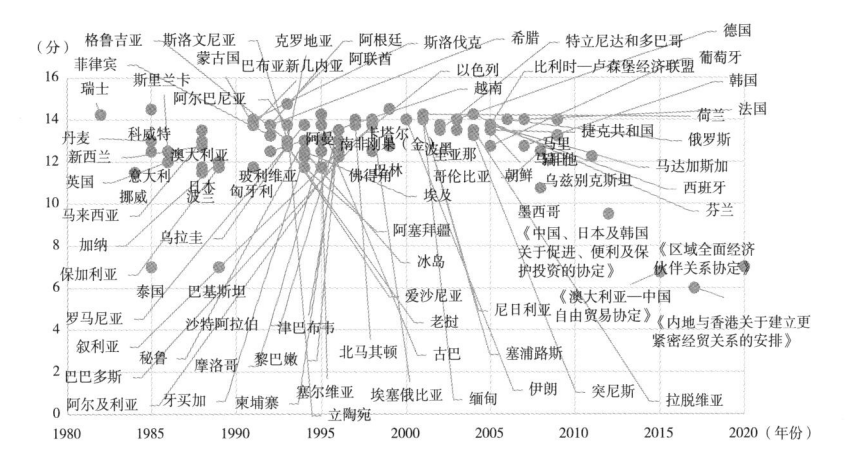

图 4-9 争端解决机制得分分布

资料来源：笔者根据联合国贸发会议《投资政策中心》各协定深度计算而得。

由图 4-9 可知，争端解决机制子指标得分自 2010 年处于一个较为稳定的水平，自 2010 年后开始逐渐下降，产生这一现象的主要原因是投资者—国家争端解决机制的有效性受到质疑，Daniel 等[①]指出，现有的投资条约仲裁与东道国的国际地位相关，投资者—国家争端解决机制在面临发展程度较低的东道国与发达国家投资者的纠纷解决时东道国往往处于劣势地位，因此在最新的《区域全面经济伙伴关系协定》中就没有包含对投资者—国家争端解决机制的相关条款，而是缔约方"善意地进行磋商，并且尽一切努力通过磋商达成共同同意的解决办法"。

七 制度机制

制度机制包括缔约国之间的磋商机制、有无构建体制框架（联合机构）和技术合作机制，赋值为 0—3。协定的制度机制越完善，协定的运作就更有效，分值就越高。如果协定中存在缔约国之间的协商机制、体制框架（联合机构）及技术合作/能力建设的相关条款，则各赋值为 1，否则赋值为 0。结果显示，56 份协定包含缔约国之间的磋商机制，仅有 4 份包含体制框架（联合机构）构建条款，3 份协定包含了缔

---

① Daniel Behn et al., "Poor States or Poor Governance? Explaining Outcomes in Investment Treaty Arbitration", *Northwestern Journal of International Law & Business*, Vol. 38, No. 3, 2018, pp. 333-389.

约国之间的技术合作机制。由图4-10可得，近现代签订的协定制度机制相对得分较高，但我国签署的投资协定制度机制得分总体较低，在制度机制逐渐完善的大势下我国应争取在投资协定条约中积极引入体制框架建设条款和技术合作机制条款。

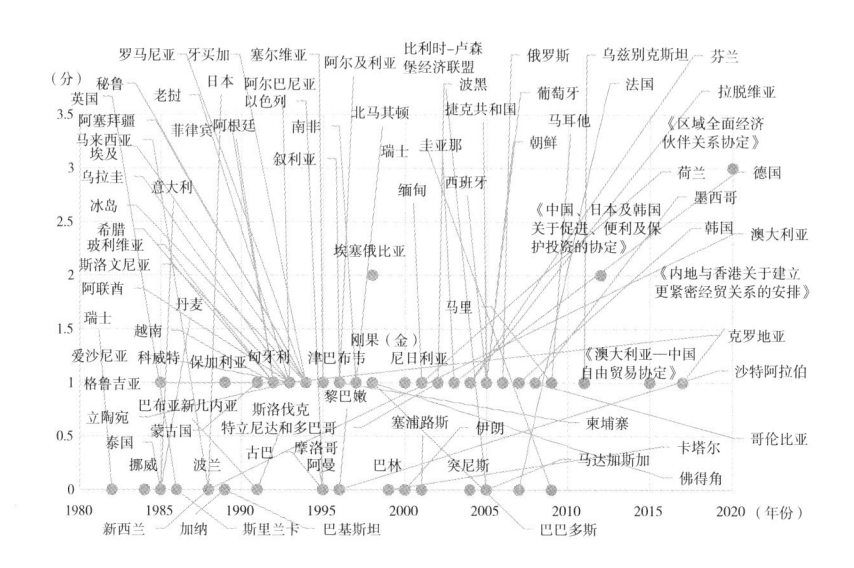

图4-10 制度机制得分分布

资料来源：笔者根据联合国贸发会议《投资政策中心》各协定深度计算而得。

八 条约期限、修改和终止

协定的存续时间越久、修改程序越规范、终止程序越合规，则协定的整体质量就越高。本指标可分为协定期限、自动续订、协定的修改与终止三个子指标，赋值为0—5分。协定的期限越长，说明协定越稳定，因此期限为无限期的协定赋值为1，年限为20年的协定赋值为0.75，15年的协定赋值为0.5，10年协定赋值为0.25，5年及5年以下的协定赋值为0；如果协定支持自动续订，根据续订时间的长度可以为个协定进行赋值。在此给续订时间为无限期的协定赋值为1，20年的协定赋值为0.75，15年的协定赋值为0.5，10年的协定赋值为0.25，5年及5年以下的协定赋值为0；协定如果支持单方面终止，则对投资者的不确定因素越大，因此如果存在协定允许单方面终止的条款则赋值为0，不存在相关条款则赋值为 2；单方面终止的通知期越长，则协定的其他成员国有更足够的时间进行准备，因此通知期为提前 1 年通知赋值为 1，提前 6 个月通知赋值为 0.5，提前 6 个月通知赋值为 0；如果允许协定进行修改或重新谈判，则协定内容的稳定性会受到影响，因此如果允许协定进行修改或重新谈判则赋值为 0，否则赋值为 1；存续和落日条款保证了协定的有效期限，因此越长得分越高，在此对存续/落日条款长度为 20 年的协定赋值为 1，15 年的协定赋值为 0.75，10 年的协定赋值为 0.5，5 年的协定赋值为 0.25，5 年以下的协定赋值为 0。结果显示，90 份样本协定中初始期限为无限期的协定共有 3 份，均为今年签订的协定。初始期限为 20 年的协定共有 2 份，初始期限为 15 年的协定共有 6 份，初始期限为 10 年的协定共有 66 份，初始期限在 5 年及以下的协定共有 13 份；自动续订期限为无限期的协定共有 73 份，续订 20 年的协定共有 1 份，无续订期限为 15 年的协定，续订期限为 10 年的协定共有 8 份，续订期限在 5 年及以下的共有 8 份；89 份协定在其内容中提及单方面终止协定，其中要求提前 1 年进行单方面终止通知的协定有 82 份，要求提前 6 个月进行终止通知的有 7 份；允许协定进行修改或重新谈判的协定共有 18 份，72 份协定不支持协定的再修改与再谈判；存续/落日条款长度为 20 年的协定共有 6 份，长度为 15 年的协定共有

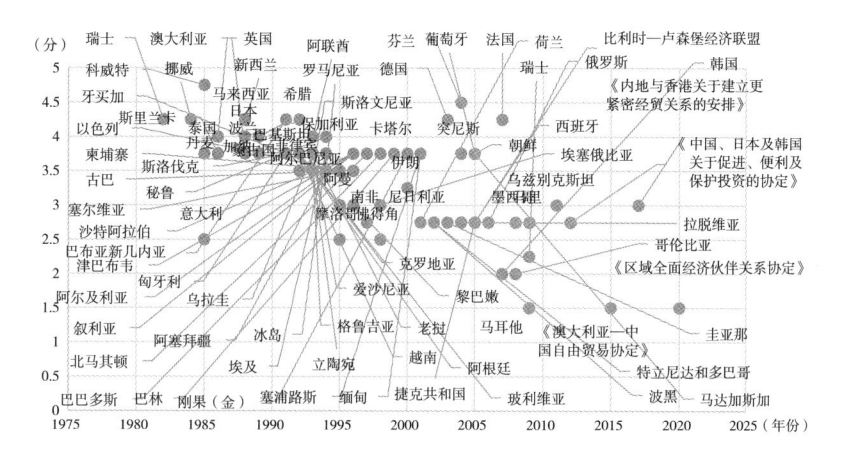

图 4-11 条约期限、修改和终止得分分布

资料来源：笔者根据联合国贸发会议《投资政策中心》各协定深度计算而得。

10份，长度为10年的协定共有68份，长度为5年的协定共有3份，长度为5年以下的协定共有3份。

由图4-11可知，条款期限、修改和终止子指标的得分在2005年后开始出现下行趋势，其可能原因是近年来签署的投资协定主要以无期限的长期协定为主，因此需要允许协定进行修改或重新谈判以保持投资协定的先进性，两者在赋值的逻辑上存在冲突，导致存续期限越久的投资协定得分反而越低。

第三节 双边投资协定对中国直接投资增长影响分析

一 模型构建与数据说明

引力模型被广泛地适用于国际贸易领域，用以研究两国间进出口贸易的影响因素。程惠芳和阮翔[1]通过将两国的经济规模、人均国民收入、双边贸易量及国家间的地理距离等变量纳入引力模型，实证分析了国际直接投资流量分布与上述变量间存在的相关关系。本节参考了袁保生[2]的分析方法，构建如下投资引力模型：

$$\ln OFDI_{ijt} = \alpha_0 + \alpha_1 bit_{ijt} + \alpha_2 depth_{ijt} + \alpha_3 gdppc_{jt} + \alpha_4 trade_{jt} + \alpha_5 export_{jt} + \mu_j + \mu_t + \varepsilon_{ijt} \quad (4-1)$$

式（4-1）中，下标 i、j、t 分别代表货物贸易出口国、货物贸易进口国和年份。被解释变量 $\ln OFDI_{ijt}$ 表示为 t 年 i 国对 j 国对外直接投资存量的自然对数，为防止零值存在对计量结果造成的影响，本节对原数据进行标准化处理，即 $\ln OFDI_{ijt} = \ln(OFDI_{ijt}+1)$。核心解释变量 bit_{ijt} 是表示双边投资协定是否生效的虚拟变量，若 t 年 i 国与 j 国协定处于生效状态则取值为1；反之为0。$depth_{ijt}$ 是为 t 年 i 国与 j 国签订的双边投资协定的投资协定深度指数，与 bit_{ijt} 相似，若 t 年 i 国与 j 国没有签署双边投资协定或者该协定已经终止，则 $depth_{ijt}$ 取值为0。$gdppc_{jt}$、

---

[1] 程惠芳、阮翔：《用引力模型分析中国对外直接投资的区位选择》，《世界经济》2004年第11期。

[2] 袁保生：《双边投资协定深度决定因素及投资效应研究》，博士学位论文，新疆大学，2021年。

$trade_{jt}$ 和 $export_{ijt}$ 是本节的控制变量，分别表示 t 年 j 国的人均 GDP 水平、贸易依存度水平和中高技术产品占制造业出口的比值，μ_j 和 μ_t 分别表示国家固定效应和年份固定效应，ε_{ijt} 为残差项。

由于本节考察的是中国双边投资协定对中国对外直接投资的影响，因此式（4-1）可改写成：

$$\ln OFDI_{china\_jt} = \alpha_0 + \alpha_1 bit_{china\_jt} + \alpha_2 depth_{china\_jt} + \alpha_3 gdppc_{jt} + \alpha_4 trade_{jt} + \alpha_5 export_{jt} + \mu_j + \mu_t + \varepsilon_{ijt} \qquad (4-2)$$

其中，$\ln OFDI_{china\_jt}$ 表示为 t 年中国对 j 国对外直接投资存量的自然对数，bit_{china_jt} 是中国在 t 年与 j 国的双边投资协定生效情况的虚拟变量，$depth_{china\_jt}$ 是为 t 年中国与 j 国签订的双边投资协定的投资协定深度指数，其他变量含义保持不变。

本节选取了与中国存在国际投资往来的 192 个经济体[①]，利用 2003—2019 年各经济体相关指标进行实证分析。其中，中国对外直接

[①] 本节研究的 192 个经济体按拼音字母排序分别为：阿尔巴尼亚、阿尔及利亚、阿富汗、阿根廷、阿拉伯联合酋长国、阿曼、阿塞拜疆、埃及、埃塞俄比亚、爱尔兰、爱沙尼亚、安哥拉、安提瓜和巴布达、奥地利、澳大利亚、巴巴多斯、巴布亚新几内亚、巴哈马、巴基斯坦、巴拉圭、巴勒斯坦、巴林、巴拿马、巴西、白俄罗斯、百慕大、保加利亚、北马其顿、贝宁、比利时、冰岛、波黑、波兰、玻利维亚、伯利兹、博茨瓦纳、布基纳法索、布隆迪、朝鲜、赤道几内亚、丹麦、德国、东帝汶、多哥、多米尼加共和国、多米尼克、俄罗斯联邦、厄瓜多尔、厄立特里亚、法国、菲律宾、斐济、芬兰、佛得角、冈比亚、刚果（布）、刚果（金）、哥伦比亚、哥斯达黎加、格林纳达、格鲁吉亚、古巴、圭亚那、哈萨克斯坦、韩国、荷兰、黑山、洪都拉斯、基里巴斯、吉布提、吉尔吉斯斯坦、几内亚、几内亚比绍共和国、加拿大、加纳、加蓬、柬埔寨、捷克共和国、津巴布韦、喀麦隆、卡塔尔、开曼群岛、科摩罗、科特迪瓦、科威特、克罗地亚、肯尼亚、库拉索、拉脱维亚、莱索托、老挝、黎巴嫩、立陶宛、利比里亚、利比亚、列支敦士登、卢森堡、卢旺达、罗马尼亚、马达加斯加、马尔代夫、马耳他、马拉维、马来西亚、马里、马绍尔群岛、毛里求斯、毛里塔尼亚、美国、蒙古国、孟加拉国、秘鲁、密克罗尼西亚联邦、缅甸、摩尔多瓦、摩洛哥、莫桑比克、墨西哥、纳米比亚、南非、南苏丹、尼加拉瓜、尼泊尔、尼日尔、尼日利亚、挪威、帕劳、葡萄牙、日本、瑞典、瑞鲁、瑞士、萨尔瓦多、萨摩亚、塞尔维亚、塞拉利昂、塞内加尔、塞浦路斯、塞舌尔、沙特阿拉伯、圣多美和普林西比、圣卢西亚、圣文森特和格林纳丁斯、斯里兰卡、斯洛伐克共和国、斯洛文尼亚、苏丹、苏里南、所罗门群岛、塔吉克斯坦、泰国、坦桑尼亚、汤加、特立尼达和多巴哥、突尼斯、土耳其、土库曼斯坦、瓦努阿图、危地马拉、委内瑞拉玻利瓦尔共和国、文莱达鲁萨兰国、乌干达、乌克兰、乌拉圭、乌兹别克斯坦、西班牙、希腊、新加坡、新西兰、匈牙利、叙利亚、牙买加、亚美尼亚、也门共和国、伊拉克、伊朗伊斯兰共和国、以色列、意大利、印度、印度尼西亚、英国、英属安圭拉、英属维尔京群岛、约旦、越南、赞比亚、乍得、智利、中非共和国、中国澳门特别行政区、中国台湾、中国香港特别行政区。

投资存量数据来自各年度《中国对外直接投资统计公报》①,双边投资协定的签订、生效情况来自联合国贸发会议投资政策中心②,各国各年人均 GDP、贸易依存度及中高技术产品占制造业出口的比值数据来自世界银行数据库。

表 4-8 变量描述性统计

变量类型	变量	变量名称	样本量	均值	标准差	最小值	最大值
因变量	中国对外直接投资	ln$OFDI$	3264	8.07	3.81	0.00	18.66
核心变量	双边投资协定生效情况	bit	3264	0.57	0.49	0.00	1.00
	双边投资协定深度指数	$depth$	3264	13.27	20.12	0.00	56.25
控制变量	人均国民生产总值	$gdppc$	3264	8.20	2.23	0.00	12.10
	贸易依存度	$trade$	3264	79.00	59.32	0.00	442.62
	中高技术产品占制造业出口	$export$	3264	25.28	24.28	0.00	97.20

二 双边投资协定对外直接投资效应回归结果

表 4-9 报告了式(4-2)的回归结果。可以看出,核心解释变量 bit 和 $depth$ 的回归系数均为显著,其中列(1)是未考虑零值的最小二乘法(OLS)回归,列(2)、列(3)是分别考虑了个体固定效应和个体—时间固定效应的回归结果。可以发现,列(1)与列(2)的系数较大,与实际情况不符,而同时考虑个体—时间固定效应后,核心变量依然显著,因此个体—时间固定效应的回归结果能够最好地反映投资协定对中国对外投资的影响。

表 4-9 回归结果分析

被解释变量:ln$OFDI$	OLS 回归	固定效应回归	
	(1)	(2)	(3)
bit	1.57***	2.55***	0.30*
	(0.16)	(0.26)	(0.17)

---

① 《中国对外直接投资统计公报》,https://fec.mofcom.gov.cn/article/tjsj/tjgb/.
② 《联合国贸发会议投资政策中心中国双边投资协定情况》,https://investmentpolicy.unctad.org/international-investment-agreements/countries/42/china/.

续表

被解释变量：ln*OFDI*	OLS 回归	固定效应回归	
	（1）	（2）	（3）
depth	0.18*** （0.00）	0.05*** （0.01）	-0.01* （0.01）
gdppc	0.75** （0.03）	0.65*** （0.48）	-0.23 （0.32）
trade	0.00 （0.00）	0.01*** （0.00）	0.00*** （0.00）
export	0.01*** （0.00）	0.31*** （0.01）	0.00 （0.00）
constant	5.97*** （0.25）	-0.86** （0.43）	4.05*** （0.29）
个体固定	NO	YES	YES
时间固定	NO	NO	YES
样本数	26112	26112	26112
R^2	0.11	0.10	0.23
F 值 *prob*	79.07*** ［0.00］	95.48*** ［0.00］	276.18*** ［0.00］

注：*、**、***分别表示在10%、5%、1%的水平下显著；小括号内为稳健标准误；中括号内为P值。

资料来源：根据Stata15.0整理。

从列（3）的回归结果可以看出，双边投资协定的生效对中国对外投资存在显著的正向效应，系数为0.3；而投资深度的系数为-0.01，即投资深度的增加反而会抑制中国对外投资的增长，这一结论与Hummer[1]提出的传统的投资协定深度的增加能够有效对冲国家风险对发展中国家国际直接投资的不利影响的结论相悖，其可能的原因在于选择的国家样本、时间存在差异，对投资深度指数的计算方式也存在不同。产生这一现象的可能原因在于中国目前签订的投资协定在环境保护、劳工

---

[1] Hummer Matthew R., "Do bilateral investment treaties accomplish their policy objectives? A case for developing & OECD member countries", *Georgetown University*, 2009.

标准等条款方面相对欠缺,而本书设计的投资协定深度与上述议题呈正相关,即投资协定的深度越高,上述议题的标准就越高,条款越严格,因此投资协定深度的增加反而会抑制中国投资的发展。从这一结果中也可以侧面体现出我国参与的投资协定整体水平依然较低,在投资者保护、环境、劳工标准等细化条款方面与国际最高投资规则仍存在一定的差距。实际上,部分学者也得出了与本节类似的结论,Rose-Ackerman 等[1]指出,双边投资协定和对外直接投资之间的相关性并不显著,他们发现双边投资协定只会对商业环境已经稳定的国家的投资流量产生积极影响,其对外国投资或外部投资者对中低收入国家投资环境的看法几乎没有积极影响;Falve 等[2]指出,当缔约国和东道国之间的政治制度实力存在较大差异时,双边投资条约的增立对双边直接投资流动的积极影响就会消失;Bengoa 等[3]运用拉丁美洲的数据进行实证检验,得出中低收入国家而言双边投资条约在吸引外国直接投资方面并不有效,除非这些国家批准具有高度投资保护的双边投资条约的结论,进一步佐证了投资协定深度作用的不确定性。因此,笔者认为,投资协定深度对一国的直接投资存量存在特定的阈值效应,只有当一国的制度环境达到某一特定水平,投资协定深度增加的正向效应才会体现。

第四节 我国投资规则与国际投资规则差距分析

一 国际服务业投资需要进一步扩大开放

我国外商投资规则对外商投资范围不断扩大,但在期权、期货等衍生工具、非股权投资、数字产业、金融服务业、资本自由转移等准入与准营方面与全球最高投资规则还存在一定差距,我国需要进一步扩大服

---

[1] Rose-Ackerman et al., "Foreign direct investment and the business environment in developing countries: The impact of bilateral investment treaties", *Yale Law & Economics Research Paper*, 2005, No: 293.

[2] Falvey Rod et al., "Heterogeneous effects of bilateral investment treaties", *Review of World Economics*, Vol. 153, No. 4, 2017, pp. 631-656.

[3] Bengoa Marta et al., "Do Trade and Investment Agreements Promote Foreign Direct Investment within Latin America? Evidence from a Structural Gravity Model", *Mathematics*, Vol. 8, No. 11, 2020, pp. 1-32.

第四章 | 国际投资规则变化比较分析

务业国际投资领域的开放。

二 深化"负面清单"+"准入前国民待遇"管理体制改革

我国外商直接投资现已实行"准入前国民待遇"+"负面清单"管理制度（见表4-10），在《中欧全面投资协定》文本中，中欧就市场准入开放和承诺进行了谈判，包括取消投资数量限制、股比限制和合资要求等。中国承诺在制造业、汽车服务业、金融服务业、医疗卫生、生物资源研发、电信/云服务、计算机服务和国际海上运输等领域提高开放水平[①]，但通过对标全球最高经贸规则中投资协定可以发现我国现行投资规则在该领域与国际最高经贸规则差距依然较大，需要进一步深化"负面清单"+"准入前国民待遇"的管理体制改革。

表4-10　　　　　　　　中国外商投资负面清单

限制	备注
禁止外国投资的部门	
农、林、牧、渔业	禁止投资中国稀有和特有的珍贵优良品种的研发、养殖、种植以及相关繁殖材料的生产（包括种植业、畜牧业、水产业的优良基因）
	禁止投资农作物、种畜禽、水产苗种转基因品种选育及其转基因种子（苗）生产
	禁止投资中国管辖海域及内陆水域水产品捕捞
采矿业	禁止投资稀土、放射性矿产、钨勘查、开采及选矿
制造业	禁止投资中药饮片的蒸、炒、炙、煅等炮制技术的应用及中成药保密处方产品的生产
批发和零售业	禁止投资烟叶、卷烟、复烤烟叶及其他烟草制品的批发、零售
交通运输、仓储和邮政业	禁止投资邮政公司、信件的国内快递业务
信息传输、软件和信息技术服务业	禁止投资互联网新闻信息服务、网络出版服务、网络视听节目服务、互联网文化经营（音乐除外）、互联网公众发布信息服务（上述服务中，中国入世承诺中已开放的内容除外）
租赁和商务服务业	禁止投资中国法律事务（提供有关中国法律环境影响的信息除外），不得成为国内律师事务所合伙人
	禁止投资社会调查

---

① 《中欧全面投资协定简报》，https://eeas.europa.eu/sites/default/files/cai_fact_sheet_cn.pdf/.

续表

限制	备注
禁止外国投资的部门	
科学研究和技术服务业	禁止投资人体干细胞、基因诊断与治疗技术开发和应用
	禁止投资人文社会科学研究机构
	禁止投资大地测量、海洋测绘、测绘航空摄影、地面移动测量、行政区域界线测绘，地形图、世界政区地图、全国政区地图、省级及以下政区地图、全国性教学地图、地方性教学地图、真三维地图和导航电子地图编制，区域性的地质填图、矿产地质、地球物理、地球化学、水文地质、环境地质、地质灾害、遥感地质等调查（矿业权人在其矿业权范围内经营工作不受此特别管理措施限制）
教育	禁止投资义务教育机构、宗教教育机构
文化、体育和娱乐业	禁止投资新闻机构（包括但不限于通讯社）
	禁止投资图书、报纸、期刊、音像制品和电子出版物的编辑、出版、制作业务
	禁止投资各级广播电台（站）、电视台（站）、广播电视频道（率）、广播电视传输覆盖网（发射台、转播台、广播电视卫星、卫星上行站、卫星收转站、微波站、监测台及有线广播电视传输覆盖网等），禁止从事广播电视视频点播业务和卫星电视广播地面接收设施安装服务
	禁止投资广播电视节目制作经营（含引进业务）公司
	禁止投资电影制作公司、发行公司、院线公司以及电影引进业务
	禁止投资文物拍卖的拍卖公司、文物商店和国有文物博物馆
	禁止投资文艺表演团体
外国所有权可能受到限制的行业	
农、林、牧、渔业	小麦新品种选育和种子生产的中方股比不低于34%；玉米新品种选育和种子生产须由中方控股
制造业	出版物印刷须由中方控股
	除专用车、新能源汽车、商用车外，汽车整车制造的中方股比不低于50%，同一家外商可在国内建立两家及两家以下生产同类整车产品的合资企业（2022年取消乘用车制造外资股比限制以及同一家外商可在国内建立两家及两家以下生产同类整车产品的合资企业的限制）
	卫星电视广播地面接收设施及关键件生产

续表

限制	备注
外国所有权可能受到限制的行业	
电力、热力、燃气及水生产和供应业	核电站的建设、经营须由中方控股
交通运输、仓储和邮政业	国内水上运输公司须由中方控股
	公共航空运输公司须由中方控股，且一家外商及其关联企业投资比例不得超过25%，法定代表人须由中国籍公民担任。通用航空公司的法定代表人须由中国籍公民担任，其中农、林、渔业通用航空公司限于合资，其他通用航空公司限于中方控股民用机场的建设、经营须由中方相对控股。外方不得参与建设、运营机场塔台
信息传输、软件和信息技术服务业	电信公司：限于中国入世承诺开放的电信业务，增值电信业务的外资股比不超过50%（电子商务、国内多方通信、存储转发类、呼叫中心除外），基础电信业务须由中方控股
租赁和商务服务业	市场调查限于合资，其中广播电视收听、收视调查须由中方控股
教育	学前、普通高中和高等教育机构限于中外合作办学，须由中方主导（校长或者主要行政负责人应当具有中国国籍，理事会、董事会或者联合管理委员会的中方组成人员不得少于1/2）
卫生和社会工作	医疗机构限于合资
基于互惠的限制：暂无	

资料来源：《外商投资准入特别管理措施（负面清单）》（2020年版）[1]。

三 需要进一步强化国际投资协定中社会责任条款

《中华人民共和国外商投资法》[2]（以下简称《外商投资法》）中相关社会责任内容主要是：外商投资企业经营生产经营活动，应当遵守法律、行政法规有关劳动保护、社会保险的规定，依照法律、行政法规

---

[1] 《外商投资准入特别管理措施（负面清单）》（2020年版），https：//www.ndrc.gov.cn/xxgk/zcfb/fzggwl/202006/P020200624549035288187.pdf/.

[2] 《中华人民共和国外商投资法》，https：//gkml.samr.gov.cn/nsjg/fgs/201908/t20190829_306349.html/.

和国家有关规定办理税收、会计、外汇等事宜，并接受相关主管部门依法实施的监督检查。从我国签订的投资协定的"其他条款"子指标可见，我国涉及针对国家的透明度条款和涉及针对投资者的透明度条款占比极小，在信息公开层面与主流国际投资协定具有较大差距。

另外，我国在代位求偿条款、不减损条款方面的覆盖较好，但对于监管权条款、环境或/和劳工的不降低标准条款、企业社会责任和腐败治理条款的涉及度相对较低，与国际主流的投资协定已有较大差距，对环境保护、绿色发展等社会责任规则不够完善，在企业国际投资进程中需要进一步完善社会责任条款，并加强促进投资促进专项条款的践行，打造可持续发展的国际投资环境。

四 需要进一步完善知识产权保护条款

我国知识产权保护全面履行《世界贸易组织协定》承诺，知识产权保护指数上升显著，2014—2015年度该项指标为 3.953 分，2019 年度已经到达 4.6 分，居全球第 53 位。①《外商投资法》明确指出，保护外国投资者和外商投资企业的知识产权，保护知识产权权利人和相关权利人的合法权益；对知识产权侵权行为，严格依法追究法律责任，鼓励在外商投资过程中基于自愿原则和商业规则经营技术合作，技术合作的条件由投资各方遵循公平原则平等协商确定，行政机关及其工作人员不得利用行政手段强制转让技术。

《美国—墨西哥—加拿大协定》和《全面与进步跨太平洋伙伴关系协定》对知识产权的保护更加严格，我国也需要进一步加强知识产权保护条款的完善，缩小与现行国际投资规则的差距。

五 国际交流合作程度较低，制度机制体系亟待构建

我国签订的投资协定中，仅有 62% 的协定涉及缔约国之间的磋商机制构建，在体制框架（联合机构）构建和技术合作机制构建层面极为欠缺。通过引入联合机构及技术合作机制，既能够有效地解决由于知识产权引起的国际纠纷，也能够有效地通过投资促进我国核心产业的技术升级，并更好地帮助我国相关技术的外向输出。

---

① https：//www.weforum.org/docs/WEF_ TheGlobalCompetitivenessReport2019.pdf/（Global Competitiveness Report 2019）.

六　争端解决机制透明度较低

在我国已签署的投资协定中，争端解决机制鲜少涉及临时措施手段，在仲裁程序的透明度方面对文件的公开、听证会的公开方面同样存在不足，这将会降低与我国投资协定签署的积极性，需要尽快建立公开、透明的争端解决机制，并最大限度降低由于索赔时效为投资者带来的潜在损失。

第五节　对标国际投资规则，构建国际投资双循环新格局

一　对标国际投资规则发展总体思路

根据国际投资规则发展新趋势，为对标全球最高经贸规则中的国际投资规则，要以国际投资管理制度创新为核心，深入贯彻落实更高水平对外开放的战略，营造更为开放、透明和高效的投资政策环境，促进我国国际投资可持续发展；进一步深化投资审批制度改革，形成"扩投资、稳外资"良性循环，构建国际投资与国内投资良好互动的发展新格局；通过精确对标国际投资规则改革的十大核心议题，进一步深化国际投资管理投资改革，重点完善国际投资治理体系，促进国际投资有序与健康发展，增强国际投资可持续发展能力，增强国际投资与产业政策互动性，完善外商投资规则体系，增强投资者权利与义务平衡关系，强化社会责任条款，建立与完善投资便利化评价指标体系（见表4-11）。

表4-11　　　　　　　国际投资协定改革十大核心议题

内容	国际投资协定改革核心议题	国际投资管理体制改革建议
总目标：投资可持续发展	投资决策的总体目标是促进投资以实现包容性增长和可持续发展	增强国际投资可持续发展能力
1. 政策一致性	投资政策应以一国的整体发展战略为基础，所有影响投资的政策在国家和国际层面上都应协调一致	增强国际投资与产业政策互动性

续表

内容	国际投资协定改革核心议题	国际投资管理体制改革建议
2. 公共治理与机构	应制定所有利益攸关方参与的投资政策,并将其嵌入基于法治的体制框架中,该法治应遵守高水平的公共治理并确保为投资者提供可预测,有效和透明的程序	完善国际投资治理体系,促进国际投资有序与高效发展
3. 动态决策	应定期审查投资政策的有效性和相关性,并使其适应不断变化的发展动态	建立动态国际规则预警机制,利用规则库进行经贸规则趋势判断
4. 权利和义务平衡	为了各方的发展利益,在制定国家和投资者的权利和义务时,应平衡投资政策	对标最高经贸规则相关条例,增强投资者与东道国权利与义务平衡关系
5. 规范权	每个国家都有权基于国家利益建立外国投资的准入条件和运营条件,以维护公共利益并尽量减少潜在的负面影响	完善外商投资规则体系
6. 投资开放	根据各国的发展战略,投资政策应建立开放,稳定和可预测的投资准入条件	扩大服务业国际投资开放水平
7. 投资保护与待遇	投资政策应为投资者提供足够的保护,对既有投资者的待遇本质上应该是非歧视性的	进一步完善投资待遇与保护条款
8. 投资促进和便利化	促进和投资便利化的政策应与可持续发展目标保持一致,并在最大程度上减少有害的投资竞争风险	建立与完善投资便利化评价指标体系
9. 公司治理与责任	投资政策应提倡并促进学习遵守企业社会责任和良好公司治理的国际最佳做法	强化社会责任条款
10. 国际合作	国际社会应合作应对共同的投资促发展政策挑战,尤其是在最不发达国家。各方还应共同努力,避免投资保护主义	加强国际投资合作,促进民营企业与"一带一路"沿线国家投资合作

资料来源:UNCTAD《投资政策框架》。[1]

---

[1] https://unctad.org/system/files/official-document/diaepcb2015d5_en.pdf/(Investment Policy Framework for Sustainable Development).

二 对标国际投资规则的建议

为对标国际投资规则，提出增强我国在国际投资比较优势下列建议：

（一）对标广义投资定义，扩大国际投资范围

我国国际投资协定范围需要逐步从企业直接投资、工程建设、基础设施建设投资向企业股份、股权参与；债券、债权证、贷款；期货、期权和其他衍生品；交钥匙、建设、管理、生产、特许权、收益分享和其他类似合同；知识产权；有形或无形、动产或不动产以及相关财产权等扩展。

（二）进一步深化负面清单管理体制改革

进一步深化负面清单管理体制改革，全面落实外商投资准入前国民待遇加负面清单管理制度。通过建立大数据动态监管系统，在风险可控的前提下放宽注册资本、投资方式等限制，推进科研和技术服务、医药健康、数字经济和新材料等核心领域的开放力度。

（三）加强知识产权与投资社会责任体系建设

进一步加强知识产权保护，实现"事前、事中、事后"全流程覆盖的知识产权保护体系建设。尝试在投资协定内添加技术合作机制，合法合规地进行国际技术交流合作。国际投资项目谈判中进一步完善劳工标准、环境保护、绿色发展的要求，将投资项目按对环境有重大贡献、对环境无重大危害及最低保障要求进行分类管理，以生态优先为标准，促进国际投资绿色发展。

（四）努力提高投资便利化水平

进一步扩大外资市场准入、提升投资便利化水平、提高利用外资质量、强化外商投资促进和服务、保护外商投资合法权益，努力实现稳外资与稳外贸互动发展。以"多规合一"为基础，推进规划用地审批改革，在核定条件、核发许可、核查验收三个阶段，全面探索"多审合一、多证合一"，保障外资企业的用地便利。在鼓励对外投资方面，在符合现行外汇管理规定的前提下，鼓励金融机构提高对境外资产或权益的处置能力，支持"走出去"企业以境外资产和股权、采矿权等权益为抵押获得贷款的多种新兴融资方式。

本章执笔：王俊锜，修改：程惠芳

第五章

知识产权规则变化比较分析

全球创新发展与创新竞争加剧,世界各国都高度重视知识产权保护。本章对《世界贸易组织协定》①(the WTO Agreements, WTO协定)、《跨太平洋伙伴关系协定》②(Trans-Pacific Partnership, TPP)、《全面与进步跨太平洋伙伴关系协定》③(Comprehensive and Progressive Agreement for Trans-Pacific Partnership, CPTPP)、《美国—墨西哥—加拿大协定》④(United States-Mexico-Canada Agreement, USMCA)、《区域全面经济伙伴关系协定》⑤(Regional Comprehensive Economic Partnership Agreement, RCEP协定)中的有关知识产权保护规则进行比较分析,知识产权保护规则变化主要体现在四个方面:一是超《与贸易有关的知识产权协定》⑥(Agreement on Trade-Related Aspects of Intellectual Property Rights, TRIPs)成为必然,有关知识产权的"公约"叠加趋势明显,使知识产权强保护和适当保护现象并存;二是商标、专利、版权等传统知识产权保护内容不断外延、强化;三是新知识产权保护类别、客体不断纳入;

---

① https://www.wto.org/english/docs_e/legal_e/final_e.htm/ (the WTO Agreements).

② https://ustr.gov/trade-agreements/free-trade-agreements/trans-pacific-partnership/tpp-full-text/ (Trans-Pacific Partnership) (TPP).

③ https://www.sice.oas.org/Trade/TPP/CPTPP/English/CPTPP_Index_e.asp/ (Comprehensive and Progressive Agreement for Trans-Pacific Partnership) (CPTPP).

④ https://ustr.gov/trade-agreements/free-trade-agreements/united-states-mexico-canada-agreement/agreement-between/ (United States-Mexico-Canada Agreement) (USMCA).

⑤ https://rcepsec.org/legal-text/ (Regional Comprehensive Economic Partnership Agreement) (RCEP).

⑥ https://www.wto.org/english/docs_e/legal_e/27-trips_01_e.htm/ (Agreement on Trade-Related Aspects of Intellectual Property Rights) (TRIPs).

四是知识产权执法规定更加明确、细致。

第一节 对标知识产权规则的重要性和必要性

当前，在新一轮科技革命和产业革命的推动下，世界经济结构和竞争格局正面临百年未遇的大变局，全球经贸规则也随之被重新构建。知识产权规则作为现代全球经贸规则的重要组成部分，同步经历着震荡与变革。随着《跨太平洋伙伴关系协定》、《全面与进步跨太平洋伙伴关系协定》、《美国—墨西哥—加拿大协定》、《日本与欧盟经济伙伴关系协定》[1]（*EU-Japan Economic Partnership Agreement*，以下简称欧日EPA）、《综合性经济贸易协定》[2]（*EU-Canada Comprehensive Economic and Trade Agreement*，以下简称欧加CETA）、《区域全面经济伙伴关系协定》等自由贸易协定的签订和生效，《世界贸易组织协定》与世界知识产权组织[3]（World Intellectual Property Organization，WIPO）多边体系下的知识产权规则被冲击和削弱，而碎片化的双边、区域经贸协定知识产权条款可能代之成为新高地和新趋势。另外，随着中国在技术创新与制造领域竞争力的提高，中国与美、日、欧等发达经济体在知识产权保护与实施上的摩擦不断加剧。[4]

在此背景下，梳理现有超级自由贸易协定中的知识产权相关内容，通过对标全球最高经贸规则，厘清国际知识产权制度方面的变化趋势、特点及我国存在的差距，进而提出发展举措，将有利于拓展和改善国际经贸关系，助力中国企业参与全球合作与竞争；有利于为创新驱动发展战略提供强有力的支撑，助推中国经济高质量发展。

---

[1] https：//trade. ec. europa. eu/doclib/press/index. cfm？ id = 1684/（EU-Japan Economic Partnership Agreement）（EPA）.

[2] https：//trade. ec. europa. eu/doclib/docs/2016/february/tradoc_154329. pdf/（EU-Canada Comprehensive Economic and Trade Agreement）（CETA）.

[3] https：//www. wipo. int/portal/en/.

[4] 褚童：《巨型自由贸易协定框架下国际知识产权规则分析及中国应对方案》，《国际经贸探索》2019年第9期。

第二节　全球知识产权规则的变化趋势与特征

根据世界知识产权组织对知识产权的广义定义，知识产权是指在工业、科学、文学、艺术等领域从事智力活动创造的智力成果依法所享有的权利，具体包括：①关于文学、艺术及科学作品有关的权利；②关于表演艺术家的演出、录音和广播的权利；③关于在一切领域中因人的努力而产生的发明；④关于科学发现的权利；⑤关于工业品式样的权利；⑥关于商品商标、服务商标、厂商名称和标记的权利；⑦关于制止不正当竞争的权利；及其他在工业、科学、文学及艺术领域的智力创作活动所产生的权利。

国际知识产权制度则从19世纪后半期开始出现至今已有100多年的历史，逐步形成了《世界贸易组织协定》与世界知识产权组织管辖下两大相对独立又相互兼容的国际知识产权法律体系，及地区性或双边自由贸易（投资）协定中的知识产权规则并存的格局。[①] 1994年《世界贸易组织协定》下《与贸易有关的知识产权协定》的缔结使国际知识产权制度步入TRIPs时代，但进入21世纪初，美国等西方国家对高标准知识产权保护的倡导，使《与贸易有关的知识产权协定》维持的平衡出现松动，开启了所谓的后TRIPs时代。后TRIPs时代的一个显著特征是，随着技术的日新月异，国际知识产权制度的形式和内容不断丰富、拓展和加深。根据代表全球最高标准的《跨太平洋伙伴关系协定》《全面与进步跨太平洋伙伴关系协定》《美国—墨西哥—加拿大协定》《日本与欧盟经济伙伴关系协定》《综合性经济贸易协定》《区域全面经济伙伴关系协定》等一些最新超级自由贸易协定中的知识产权内容，以下为当前国际知识产权制度的主要变化趋势和特征。

---

① 马忠法：《国际知识产权法律制度的现状、演进与特征》，《安徽师范大学学报》（人文社会科学版）2020年第2期。

一 在知识产权保护力度上，出现了知识产权强保护与知识产权适当保护并存现象

美国是推行知识产权强保护的代表，其主张的高标准、严要求和严执法知识产权保护立场，可能成为知识产权领域未来发展的重要趋势。不过，现生效的《全面与进步跨太平洋伙伴关系协定》《日本与欧盟经济伙伴关系协定》《综合性经济贸易协定》等由于包含不同经济发展水平和知识产权制度建设水平的国家，因此多采用了知识产权适当保护范式。知识产权适当保护范式以《与贸易有关的知识产权协定》为基准，一方面扩大了《与贸易有关的知识产权协定》的保护范围和内容，另一方面包容了发展中国家的需要，整体表现为区域内中等、适度的知识产权保护力度，从而为成员各方留下了一定的知识产权执法弹性空间。[①]《全面与进步跨太平洋伙伴关系协定》搁置了《跨太平洋伙伴关系协定》中的11条知识产权款项，使其整体保护水平和标准均低于《跨太平洋伙伴关系协定》，但《美国—墨西哥—加拿大协定》又基本恢复了这些款项，甚至提高了部分标准，这充分说明美国主张和坚持推动高标准知识产权规则，但这些规则内容目前尚未得到亚太区、欧盟区国家的普遍接受。《区域全面经济伙伴关系协定》的成员既有日本、韩国、新加坡等发达国家，同时又有泰国、柬埔寨、老挝等众多发展中国家，成员间的发展水平相差悬殊。为此，《区域全面经济伙伴关系协定》知识产权章第1条即指出应认识到"缔约方之间不同的经济发展水平和能力，以及各国法律制度的差异"，因而提供了相对平衡、包容的方案。

二 超TRIPs成为必然，"公约"递增和叠加趋势明显

除了《世界知识产权组织公约》外，WIPO管理着25项公约（条约或协定），其中15项用于知识产权保护、6项用于构建全球保护体系、4项为分类条约。以这些现有知识产权公约为基础，通过要求成员方加入或认可既有"公约"，从而相对高效、快速达成多方平衡，成为多个超级自由贸易协定的首选。《与贸易有关的知识产权协定》并入了

---

① 褚童：《巨型自由贸易协定框架下国际知识产权规则分析及中国应对方案》，《国际经贸探索》2019年第9期。

1967《保护工业产权巴黎公约》（以下简称《巴黎公约》）、1971 年《保护文学和艺术作品伯尔尼公约》（以下简称《伯尔尼公约》）、《罗马公约》和《有关集成电路知识产权条约》（以下简称《华盛顿条约》）4 个 WIPO 知识产权公约。而各个最新超级自由贸易协定则多在《与贸易有关的知识产权协定》基础上，不同程度地列入 WIPO 的其他知识产权公约。如《全面与进步跨太平洋伙伴关系协定》要求各成员方在加入前就同意 1979 年《专利合作条约》（以下简称 PCT）、《巴黎公约》和《伯尔尼公约》，在生效前须加入《商标国际注册马德里协定有关议定书》（以下简称《马德里协定》）、《国际承认用于专利程序的微生物保存布达佩斯条约》（以下简称《布达佩斯条约》）、《新加坡商标法条约》、1991 年《国际植物新品种保护公约》（以下简称 UPOV）、《WIPO 版权条约》（以下简称 WCT）、《WIPO 表演与录音制品条约》（以下简称 WPPT）。《美国—墨西哥—加拿大协定》除《全面与进步跨太平洋伙伴关系协定》包含的公约外，另增加了《工业品外观设计国际注册海牙协定》（以下简称《海牙协定》）和《发送卫星传输节目信号布鲁塞尔公约》（以下简称《布鲁塞尔公约》）。《区域全面经济伙伴关系协定》也比《全面与进步跨太平洋伙伴关系协定》多涉及两个条约（协定），即《海牙协定》和《关于为盲人、视力障碍者或其他印刷品阅读障碍者获得已出版作品提供便利的马拉喀什条约》（以下简称《马拉喀什条约》）。

三 商标、专利、版权等传统知识产权保护内容呈不断外延、强化态势

随着新技术和新经济社会关系的涌现，版权、专利、商标、外观设计、地理标志等知识产权的规则也随之更新，表现出涵盖内容拓展、限制条件减少、保护期延长等特点，使《与贸易有关的知识产权协定》框架下的保护标准和要求不断得以提高、具化（见附表 5-1 中带"※"细项）。以商标为例（见表 5-1 中的具体条款），变化主要表现为：

第五章 知识产权规则变化比较分析

表 5-1　WTO 协定与 CPTPP、RCEP、USMCA、欧加 CETA 部分商标权条款比较

协定	条款	主要内容
WTO-TRIPs	第 15 条：保护事项	任何标记或标记的组合，只要能够将一企业的货物和服务区别于其他企业的货物或服务，即能够构成商标。此类标记，特别是单词，包括人名、字母、数字、图案的成分和颜色的组合以及任何此类标记的组合，均应符合注册为商标的条件
	第 18 条：保护期限	商标的首次注册及每次续展的期限均不得少于 7 年。商标的注册应可以无限续展
CPTPP	第 18.18 条：可作为商标注册的标志种类	作为注册的条件，任何一方不得要求标志是视觉上可察觉的，也不得仅以构成商标的标志是声音为理由而拒绝商标注册。此外，双方应尽最大努力注册气味标记。当事人可以要求对商标做出简洁、准确的描述或图形说明，或适用时要求两者兼顾
	第 18.19 条：集体标志和证明标志	各方应规定商标包括集体商标和证明商标。只要认证标志受到保护，一方没有义务在其法律中将其视为单独类别。各方还应规定可作为地理标志的标记能够在其商标制度下得到保护
	第 18.24 条：电子商标制度	双方应提供：（a）商标的电子申请和维持系统；（b）商标申请和注册商标的公开电子信息系统，包括网上数据库
	第 18.26 条：商标保护期限	各方应规定商标的初始注册和每次续展注册的期限不少于 10 年
RCEP 协定	第 19 条：商标保护	每一缔约方应当确保能够将一个企业的货物和服务与其他企业的货物和服务区分开来的任何标记或任何标记组合都应当能够构成商标。此类标记，特别是包括人名、字母、数字、图形元素、立体形状、颜色组合在内的标记以及此类标记的任何组合，应当有资格注册为商标。缔约方不得将标记可被视觉感知作为一项注册条件，也不得仅因该标记由声音组成而拒绝商标注册
	第 20 条：证明商标和集体商标的保护	一、每一缔约方应当规定商标包括集体商标和证明商标。只要证明商标受到保护，一缔约方并无义务在其法律法规中将证明商标作为一个单独的类别对待 二、每一缔约方也应当规定，可作为地理标志的标记能够依照其法律法规在商标制度下得到保护
	第 22 条：商标的注册和申请	每一缔约方应当提供：（一）商标电子申请的处理、注册及维持制度；以及（二）可以公开访问的商标申请和注册的在线电子数据库

367

续表

协定	条款	主要内容
USMCA	第20.17条：可作为商标注册的标志种类	作为注册的条件，任何一方不得要求标志是视觉上可察觉的，也不得仅以构成商标的标志是声音为理由而拒绝商标注册。此外，双方应尽最大努力注册气味标记
USMCA	第20.18条：集体标志和认证标志	各方应规定商标包括集体商标和证明商标。只要认证标志受到保护，一方无须在其法律中将认证标志视为单独类别。各方还应规定可作为地理标志的标记能够在其商标制度下受到保护
USMCA	第20.23条：电子商标制度	除第20.9.3条（透明度）外，各方应提供：（a）商标的电子申请和维护系统；和（b）商标申请和注册商标的公开电子信息系统，包括网上数据库
USMCA	第20.25条：商标保护期限	各方应规定商标的初始注册和每次续展注册的期限不少于10年
欧加CETA	第20.13条：国际协定	各缔约方应尽一切合理努力遵守2006年3月27日在新加坡签订的《新加坡商标法条约》第1—22条，并加入1989年6月27日在马德里签订的《商标国际注册马德里协定有关议定书》

注：表格中出现的协定名称均以简写的方式表示，下同。

资料来源：笔者根据相关文本整理，下同。

（1）《全面与进步跨太平洋伙伴关系协定》和《美国—墨西哥—加拿大协定》拓展新增了电子商标、集体标志和证明标志等内容。《综合性经济贸易协定》更是要求成员应尽一切合理努力遵守《新加坡商标法条约》，而《新加坡商标法条约》既包括非传统的可视商标，如全息图商标、立体商标、颜色商标、位置商标和动作商标，也包括非可视商标，如声音商标、嗅觉商标或味觉商标和触觉商标。《区域全面经济伙伴关系协定》也要求所有缔约方提供商标电子数据库，用于商标的电子申请、注册和维护。

（2）放松了一些限制条件，在商标注册上，《与贸易有关的知识产权协定》中提出"各成员方可要求标志在视觉上是可以感知的，以此作为注册的一项条件"，但《全面与进步跨太平洋伙伴关系协定》（第18.18条）、《美国—墨西哥—加拿大协定》（第20.17条）删除了这一限制，指出"不得将标志可被视觉感知作为商标注册条件，不得拒绝声音注册商标,而且尽最大努力注册气味商标"。《区域全面经济伙伴关系协定》第11章第3节第19条也规定"缔约方不得将标记可被视觉感知作为一项注册条件,也不得仅因该标记由声音组成而拒绝商标注册",即声音和香气均可以申请商标保护。

(3)延长了保护期,《与贸易有关的知识产权协定》中"商标的首次注册及每次续展的期限均不得少于7年",而《全面与进步跨太平洋伙伴关系协定》与《美国—墨西哥—加拿大协定》中"商标的初始注册和每次续展注册的期限不少于10年"。类似地,在《与贸易有关的知识产权协定》中,录音制品制作者和表演者的保护期从录音制品被制作或演出进行的日历年年终算起为50年,而《美国—墨西哥—加拿大协定》《日本与欧盟经济伙伴关系协定》均延长了作品、表演或录音制品的版权及相关权保护期,更改为70年;《与贸易有关的知识产权协定》中工业设计的有效保护期限至少为10年,但《日本与欧盟经济伙伴关系协定》中外观设计的保护期为不少于20年。

四 新的知识产权保护类别、客体被不断纳入

云计算、大数据、人工智能、生物工程、新材料等新技术的快速发展,一大批新的知识产品、产业形态和产品传输途径得以催生,而各前沿超级自由贸易协定中的知识产权规则对这些新变化做出了呼应,适时地扩充了相关内容(见表5-2或附表5-1中带"☆"细项)。《全面与进步跨太平洋伙伴关系协定》与《美国—墨西哥—加拿大协定》的"专利和未披露测试或其他数据"部分新增了一些有关"对农用化学品未披露试验数据或其他数据的保护""对未披露试验数据或其他数据的保护""生物制剂""新药品定义"等内容的规则。《日本与欧盟经济伙伴关系协定》和《综合性经济贸易协定》中,也纳入了许多有关"数据保护""植物品种""商业秘密和未披露的试验或其他资料"等相应内容。《区域全面经济伙伴关系协定》知识产权章的第7节新增了对"遗传资源、传统知识和民间文学艺术"的保护。

表 5-2　　CPTPP、USMCA 部分新增知识产权保护类别或客体
（以 WTO 协定的 TRIPs 为基准）

CPTPP	USMCA
第 18.28 条　域名	第 20.27 条　域名
第 18.29 条　国家名称	第 20.28 条　国家名称
第 18.47 条　对农用化学品未披露试验数据或其他数据的保护	第 20.45 条　对农用化学品未披露试验数据或其他数据的保护
第 18.50 条　对未披露试验数据或其他数据的保护	第 20.48 条　对未披露试验数据或其他数据的保护
第 18.51 条　生物制剂	第 20.49 条　新药品的定义
第 18.52 条　新药品的定义	J 节　执行
第 18.66 条　平衡版权及相关权利制度	第 20.85 条　对载有加密节目的卫星和有线信号的保护
第 18.79 条　对载有加密节目的卫星和有线信号的保护	第 20.86 条　政府使用软件
第 18.80 条　政府使用软件	第 20.87 条　互联网服务提供商
J 节　互联网服务提供商	第 20.88 条　法律救济和安全港
第 18.81 条　定义	欧日 EPA
第 18.82 条　法律救济和安全港	第 14.38 条　植物新品种
RCEP 协定	欧加 CETA
第 53 条　遗传资源，传统知识和民间文学艺术	第 20.29 条　保护与医药产品相关的未公开数据
第 55 条　域名	第 20.30 条　植物保护产品相关数据的保护
第 57 条　国名的使用	第 20.31 条　植物品种

又如，《全面与进步跨太平洋伙伴关系协定》与《美国—墨西哥—加拿大协定》都对"互联网服务提供商"进行了定义，并要求每一缔约方保证权利人就处理此类侵权能获得法律救济，并且应为互联网服务商的在线服务设立或维持适当的安全港，即实施"避风港"规则。"避风港"规则是指权利人发现自己的作品、表演或录音录像制品被侵权后，向网络服务提供商提出符合法定形式的书面通知，要求提供商删除或断开该作品、表演和录音录像制品的链接，如果在合理的时间内没有

采取删除或断开的有效措施，提供商则构成间接侵权并承担侵权责任。① 在当今信息量巨大且流动、更新速度极快的网络环境下，"避风港"规则的这一"通知—删除"原则可以更好地平衡权利人和网络服务提供商间的权责。

五 知识产权执法规定更加明确、细致，并开始强调双方间的合作

《与贸易有关的知识产权协定》考虑不同国家国情，执法条款规定疏密有致，各成员国拥有较大的自主空间。但发达国家普遍认为《与贸易有关的知识产权协定》的部分模糊条款影响了执法效果，因此超级自贸协定试图明确这些条款，并增减部分规定以提高知识产权执法标准。比如具有显著包容性的《区域全面经济伙伴关系协定》知识产权章，虽然相对于《全面与进步跨太平洋伙伴关系协定》《美国—墨西哥—加拿大协定》新增内容偏少，但多项条款明显比《与贸易有关的知识产权协定》具体，更具有可操作性。又如《全面与进步跨太平洋伙伴关系协定》第18.74条和《美国—墨西哥—加拿大协定》第20.81条都明确了损害赔偿制度，并分别针对版权、著作权、商标权进行了说明；关于赔偿数额的衡量标准，包括可能的利润损失、以市场价格或零售价格来衡量的侵权商品或服务的价值等，要求赔偿数额应足以赔偿权利持有人因侵权所造成的损害，且能防止未来侵权行为的发生（见表5-3）。更加严格的知识产权执法还体现在边境措施的适用上，《全面与进步跨太平洋伙伴关系协定》、《美国—墨西哥—加拿大协定》的新变化主要表现为（见表5-4）：①边境措施所针对的侵权类型扩大；②边境措施的启动方式由原来的依申请变为依职权；③边境措施的适用环节可扩大至过境货物。② 相对而言，知识产权执行中的刑事程序和处罚仍比较模糊，如《全面与进步跨太平洋伙伴关系协定》第18.77条指出任何一方故意以"商业规模"进行商标伪造、版权或相关权利盗版时应受到刑事处罚，但对构成"商业规模"的数量、规模和金额都没有加以具体说明。

---

① 张丽霞：《CPTPP知识产权规则及我国的应对研究》，硕士学位论文，江西财经大学，2018年。
② 张丽霞：《CPTPP知识产权规则及我国的应对研究》，硕士学位论文，江西财经大学，2018年。

表 5-3　WTO 协定与 CPTPP、RCEP、USMCA、欧加 CETA、欧日 EPA 知识产权实施中关于损害赔偿的条款比较

协定	条款	主要内容
WTO-TRIPs	第 45 条：赔偿	对于故意或有充分理由应知道自己从事侵权活动的侵权人，司法机关有权责令侵权人向权利持有人支付足以补偿其因知识产权侵权所受损害的赔偿
CPTPP	第 18.74 条：民事和行政程序和补救办法	第 3 款：每一缔约方应规定，在民事司法程序中，其司法机关至少有权责令明知或有合理理由知道从事侵权活动的侵权人向权利持有人支付以补偿该权利持有人因其知识产权被该侵权人侵犯而所受损害的赔偿
		第 4 款　在确定第 3 款下的赔偿金额时，每一缔约方的司法机关应有权考虑，除其他外，权利持有人提交的任何合理价值尺度，可包括利润损失、以市场价格或建议零售价衡量的被侵权货物或服务的价值
		第 5 款　至少在版权或相关权侵权案件和假冒商标案件中，每一缔约方应规定，在民事司法程序中，其司法机关有权要求侵权人，至少在第 3 款中所述情况下，向权利持有人支付侵权人可归因于侵权的利润
		第 6 款　在有关侵犯保护作品、录音制品或表演的版权或相关权的民事司法程序中，每一缔约方应建立或设立规定下列一项或多项的制度：(1) 法定赔偿，根据权利持有人的选择而提供；或 (2) 额外赔偿
		第 7 款　在有关假冒商标的民事司法程序中，每一缔约方也应建立或设立包含下列一项或多项的制度：(1) 法定赔偿，根据权利持有人的选择而提供；或 (2) 额外赔偿
		第 8 款　第 6 款和第 7 款下的法定赔偿所列金额应足以补偿权利持有人因侵权所造成的损害，并可威慑未来侵权行为
		第 9 款　在判定第 6 款和第 7 款下的额外赔偿时，司法机关在考虑所有相关事项的基础上，包括侵权行为的性质和威慑未来类似侵权的需要，应有权判处其认为合理的额外赔偿
RCEP 协定	第 60 条：损害赔偿	第 1 款　每一缔约方应当规定，在关于知识产权权利实施的民事司法程序中，其司法机关有权责令明知或有合理理由知道自己从事侵权活动的侵权人向权利持有人支付足以偿其因知识产权权利侵权行为所受损害的赔偿金
		第 2 款　在确定第 1 款的赔偿金额时，除其他外，一缔约方的司法机关有权考虑权利持有人提出的任何合法的价值评估。在适当的情况下，一缔约方的司法机关可以在确定损害赔偿额时，考虑以市场价格衡量被侵权商品或服务的价值
		第 3 款　在著作权侵权或相关权利侵权和假冒商标案件中，司法机关有权责令明知或有合理理由知道自己从事侵权活动的侵权人向权利持有人支付因侵权获得的利润

续表

协定	条款	主要内容
USMCA	第20.81条：民事和行政程序和救济	与CPTPP的内容基本一致
欧加CETA	第20.40条：损失	第1款 各缔约方应提供：在民事司法程序中，其司法机关有权命令故意或有合理理由知道、从事知识产权侵权活动的侵权人向权利人支付： （1）足以赔偿权利持有人因侵权而遭受的损害；或者 （2）可归因于侵权行为的侵权人的利润，可推定为（1）款所指的损害赔偿额；在确定侵犯知识产权的损害赔偿数额时，其司法当局除其他外，可考虑权利持有人可能提交的任何合法价值计量，包括利润损失
		第2款 作为第1款的另一种选择，缔约方的法律可以规定支付报酬，如使用费或酬金，以补偿权利持有人未经授权使用权利持有人的知识产权
欧日EPA	第14.47条：损失	与欧加CETA的内容基本一致

表5-4 WTO协定与CPTPP、RCEP、USMCA、欧加CETA、欧日EPA知识产权实施中关于边境措施的条款比较

协定	条款	主要内容
WTO-TRIPs	第51条：海关中止放行	各成员应在符合以下规定的情况下，采取程序使有正当理由怀疑假冒商标或盗版货物的进口有可能发生的权利持有人，能够向行政或司法主管机关提出书面申请，要求海关中止放行此类货物进入自由流通。各成员可针对涉及其他知识产权侵权行为的货物提出此种申请，只要符合本节的要求。各成员还可制定关于海关中止放行自其领土出口的侵权货物的相应程序。 说明：（1）对于由权利持有人或经其同意投放到另一成员市场上的进口货物或过境货物，无义务适用此类程序；（2）"冒牌货物"指包括包装在内的任何如下货物：未经许可而载有的商标与此类货物已有效注册的商标相同，或其基本特征不能与此种商标相区分，并因此在进口国法律项下侵犯了所涉商标所有权人的权利；（3）"盗版货物"指任何如下货物：未经权利持有人同意或未经在生产国获得权利持有人充分授权的人同意而制造的复制品，及直接或间接由一物品复制而成的货物，如此种复制在进口国法律项下构成对版权或相关权利的侵犯

续表

协定	条款	主要内容
CPTPP	第18.76条：与边境措施有关的特殊要求	第1款：每一缔约方应规定可申请中止放行或扣留进口至该缔约方领土内的任何涉嫌假冒、混淆性相似商标或盗版的货物
		第3款：每一缔约方应规定，其主管机关有权要求启动中止放行涉嫌假冒、混淆性相似商标或盗版的货物程序的一权利持有人，提供足以保护被告和主管机关并防止滥用的合理保证金或同等的担保
		第5款：每一缔约方应规定，其主管机关可依职权对于在海关监管的下列货物启动边境措施：(a)进口；(b)准备出口；或(c)过境，且被怀疑属假冒商标货物或盗版货物。
RCEP协定	第三小节　边境措施	与TRIPs的条款基本一致
USMCA	第20.83条：与边境措施有关的特殊要求	与CPTPP的条款基本一致
欧加CETA	第20.43条：边境措施范围	第2款：本节提及的知识产权侵权行为，指假冒商标商品、盗版版权商品或者假冒地理标志商品
	第20.44条：由权利人申请	第1款：每一缔约方应规定，其主管当局要求权利持有人按照第20.43条所述程序提供充分证据，使主管当局确信，根据提供程序的缔约方的法律，有初步证据表明存在侵犯权利持有人知识产权的情况，并提供充分的信息，使有关主管当局能够合理地承认可能属于权利持有人所知范围的可疑货物
		第2款：每一缔约方均应规定在其境内申请暂停释放或扣留涉嫌侵犯第20.43条所列知识产权的货物
	第20.49条：边境措施领域的具体合作	每一方同意与另一方合作，以消除侵犯知识产权的国际货物贸易。为此目的，每一缔约方应在其管理中设立联系点，并随时准备交换有关侵权货物贸易的信息。每一缔约方尤其应促进其海关当局与另一缔约方海关当局在侵犯知识产权的货物贸易方面的信息交流与合作

续表

协定	条款	主要内容
欧日EPA	第14.51条：边境执法措施	第1款：对进口或出口货物，每一方应当采取或维持程序，使权利人可以请求其海关当局在其海关领土内暂停释放或扣留涉嫌侵犯商标、版权及相关权利、地理标志、专利、实用模型、工业设计、植物品种权利的货物（以下简称可疑商品）。说明：（1）就本条而言，"进口或出口货物"是指对欧盟而言，在海关监管下进进出出其关税区或在该处临时储存、经海关程序处理或复出口的货物；（2）该申请也适用于多次装运；（3）日本可以规定对侵权货物的海关过境或转运适用的处罚。其中"海关过境"是指在海关监管下货物从一个海关移往另一个海关的海关程序；"转运"是指在一个海关既是进出口海关又是运输工具的辖区内，将海关监管货物由进口运输工具转运至出口运输工具的海关程序
		第2款：每一方应配备电子系统，以便其海关当局在第1款所述申请获得批准或登记后对其进行管理
		第12款：双方海关当局可就打击侵犯本分节所述知识产权行为的边境措施进行合作

此外，《全面与进步跨太平洋伙伴关系协定》和《美国—墨西哥—加拿大协定》中专门设立了合作章节，对具体的合作管理机构、合作领域进行了比较详细的说明：要求各方成立由双方政府代表组成的知识产权委员会或合作联络点，以加强有关知识产权信息的协调、培训和信息交流，使知识产权保护更好地促进各国创新、创造、经济增长和就业等发展；合作内容包括专利合作和工作共享、公共领域、传统知识领域以及各种倡议和活动。多边超级自贸协定中合作条款的新增，一方面可以促进参与各方对知识产权的保护更加到位，使各方最大限度地获得知识产权溢出效应；另一方面可以强化对非成员方的排外效应，使非成员的对接、融入难度增加。

第三节 中国知识产权保护与存在问题

自2008年《国家知识产权战略纲要（2008—2020）》颁布和实施以来，中国的知识产权事业得以快速发展，各项知识产权法律制度也日益完善。

一 中国有效专利量居全球前列

比较2018年各国对专利、实用新型、商标及工业品外观设计的申请数（见表5-5），可发现中国在申请活动方面明显领先其他国家。2018年，中国的专利申请量为146万件，远超美国的51.5万件；中国的商标申请量为811.8万件，虽略低于欧盟合计，但居第2位的德国仅为235.5万件，居第3位的美国为175.9万件；工业品外观设计方面，虽然欧盟合计数量较高，但从国别看，居前五的分别是中国、德国、美国、意大利和法国。截至2018年，中国的有效专利数为236.6万件，排在世界第2位，而拥有有效专利最多的是美国，日本则以205万件居第3位。

表5-5　　　　2018年G20成员各类知识产权申请量及有效专利量　　　单位：件

专利		实用新型		商标		外观设计		有效专利	
中国	1460244	中国	5633138	欧盟	8428704	欧盟	1792163	美国	3063494
美国	515180	欧盟	21418	中国	8118135	中国	957241	欧盟	3006046
日本	460369	俄罗斯	9484	美国	1759406	美国	390996	中国	2366314
欧盟	434965	韩国	6889	英国	1219765	英国	196841	日本	2054276
韩国	232020	日本	6395	日本	719264	日本	141278	韩国	1001163
英国	56216	美国	2799	韩国	350330	韩国	114337	英国	572063
俄罗斯	30696	土耳其	2741	印度	333441	土耳其	55168	俄罗斯	256419
印度	30036	巴西	2537	俄罗斯	299577	澳大利亚	23864	加拿大	184559
加拿大	24483	印度尼西亚	1435	土耳其	285843	加拿大	19277	澳大利亚	156244
澳大利亚	12261	澳大利亚	1230	加拿大	282739	印度	15211	墨西哥	113286
土耳其	9360	墨西哥	707	澳大利亚	211451	巴西	9211	土耳其	75363
沙特阿拉伯	6910	英国	263	巴西	195715	俄罗斯	8310	南非	73270
巴西	6859	阿根廷	190	墨西哥	132420	墨西哥	3185	印度	60865
墨西哥	2695	加拿大	91	印度尼西亚	65206	南非	2809	巴西	31977
南非	1861	印度	34	阿根廷	63776	印度尼西亚	2667	印度尼西亚	22584
印度尼西亚	1451	南非	34	南非	34028	阿根廷	1422	阿根廷	13115

注：（1）阿根廷的有效专利数为2017年数据；（2）实用新型的数据通过加总居民和海外数据获得，但因北美洲的主管局没有提供实用新型注册业务，因此北美各国的实用新型数据偏低。

资料来源：WIPO数据库。

二 中国知识产权申请量快速递增

考察中国近十年各类知识产权的变化发展，同时与当今世界知识产

第五章 知识产权规则变化比较分析

权创造能力较强的7个代表性国家进行比较（见图5-1至图5-4），可发现近些年来，中国的赶超趋势非常明显：2012年，中国的专利申请量超过美国，随后快速与各国拉开了差距；2014年，中国的商标申请量超过德国、美国开始居世界第1位，同样此后快速递增，远超各国；2012年，中国成为世界工业品外观设计申请量最多的国家，此后各年虽有起伏，但基本保持世界第1位；有效专利方面，中国也是增长显著，2011年超过韩国居世界第3位，2017年则超过日本居世界第2位。

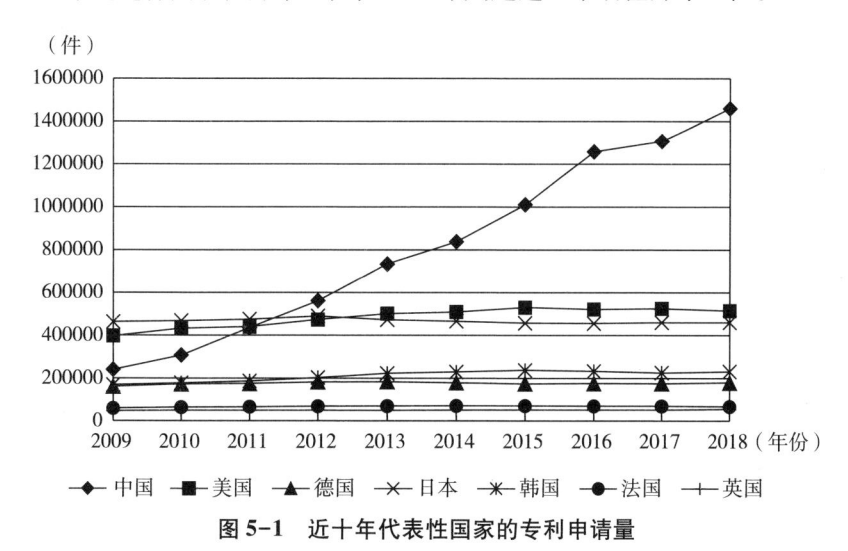

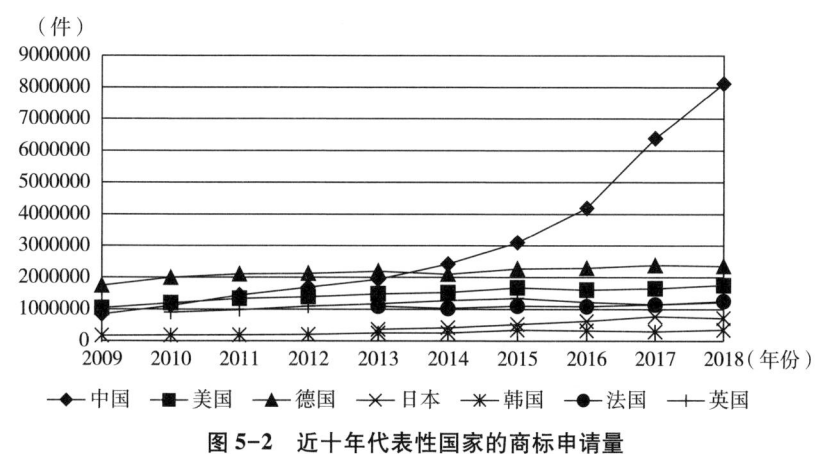

图5-1　近十年代表性国家的专利申请量

资料来源：WIPO数据库。

图5-2　近十年代表性国家的商标申请量

资料来源：WIPO数据库。

377

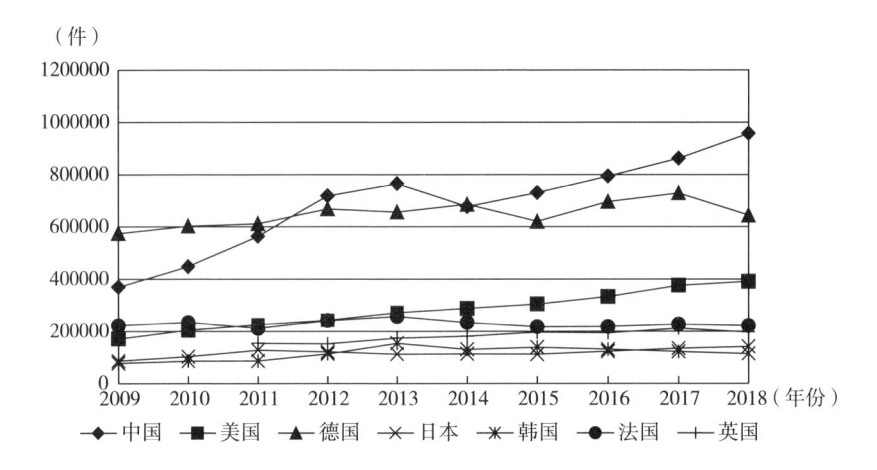

图 5-3　近十年代表性国家的工业品外观设计申请量

资料来源：WIPO 数据库。

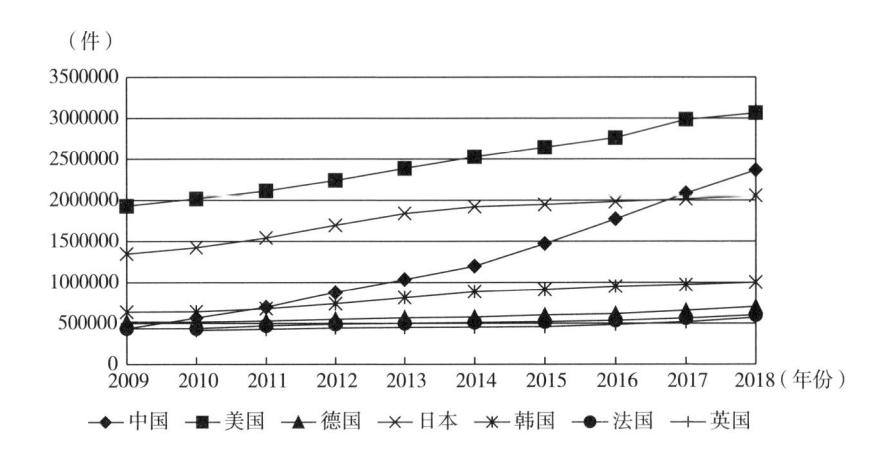

图 5-4　近十年代表性国家的有效专利

资料来源：WIPO 数据库。

三　中国知识产权创造能力尚不居世界前列

各国的各项知识产权数量一方面反映了其发展水平，另一方面也与其经济体规模直接相关。为此，进一步考察各个国家相对于其国内生产总值和人口规模的各项知识产权指标，以此比较不同经济规模国家之间的知识产权创造能力差异。图 5-5 和图 5-6 分别为 2018 年欧盟各国及世界代表性国家每 10 亿 GDP、每百万人口的有效专利数。显然，当剔除经济体规模所可能带来的放大效应后，中国的知识产权能力并不乐观，在有数据的约 40 个国家中，中国基本处于中下游地位。尤其是每百万人口的有效专利数，中国的排名更堪忧，在 42 个国家中，仅排第 30 位，每百万人口拥有的有效专利数为 1699 件，远低于韩国的 19387 件。

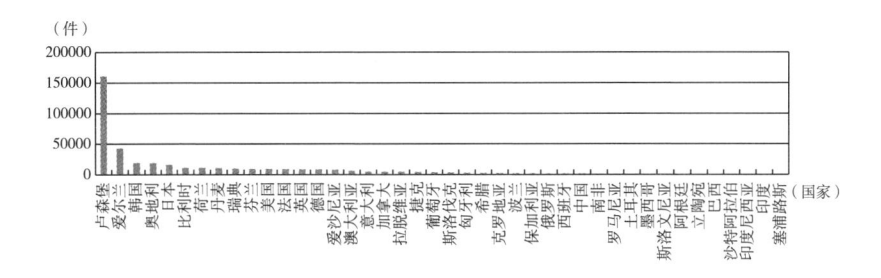

图 5-5　各国每百万人口的有效专利数（2018 年）

资料来源：WIPO 数据库。

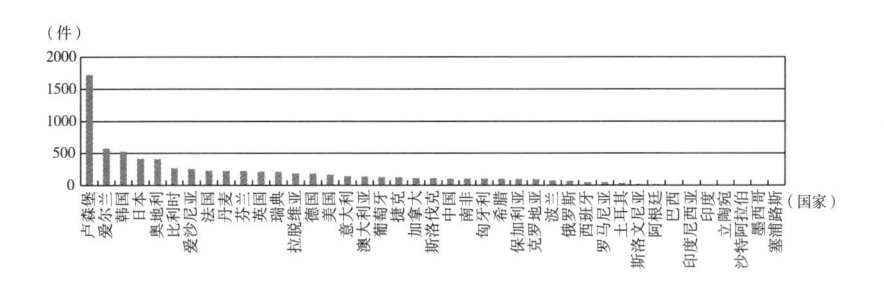

图 5-6　各国每 10 亿 GDP（2011 年不变美元）的有效专利数（2018 年）

资料来源：WIPO 数据库。

2018 年中国每 10 亿 GDP（2011 年不变美元）有效专利数的排名略优于每百万人口的有效专利数，每 10 亿 GDP 中国拥有有效专利数 105 件，排名第 22 位。排世界前 3 位的国家分别为：卢森堡，1724 件；爱尔兰，576 件；韩国，527 件。进一步考察中国与一些代表性国家单位 GDP 有效专利数的发展变化（见图 5-7），可发现中国与发达国家差距明显，但中国呈稳步增长态势，差距正在逐步缩小。

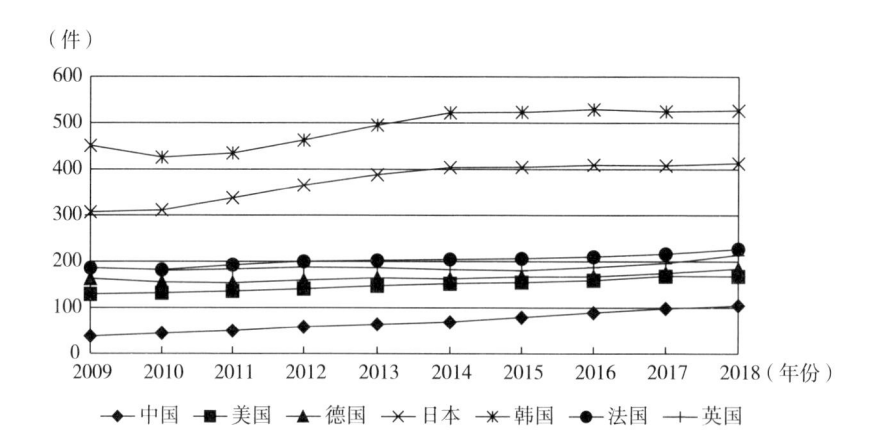

图 5-7 代表性国家近十年每 10 亿 GDP（2011 年美元不变价）的有效专利数
资料来源：WIPO 数据库。

四 中国知识产权大而不强、多而不优

表 5-6 数据显示，2019 年，知识产权使用费收入最多的国家是美国，达 1289.3 亿美元，然后是日本和德国，分别为 468.5 亿美元和 361.7 亿美元。中国的知识产权收入虽逐年递增，从 2009 年的 4.3 亿美元上升为 2019 年的 66 亿美元，但仍仅为美国的 5.1%。相反，知识产权使用费的支出方面，2019 年排名前五的国家分别是爱尔兰、美国、荷兰、中国和日本，其中中国的支出从 2009 年的 110.7 亿美元急剧上升为 2019 年的 343.7 亿美元。7 个知识产权创造能力大国中，美国、德国、日本的知识产权使用费顺差显著，同时顺差呈扩大态势；而中国的知识产权使用费出现了巨额逆差，且从 2009—2019 年，逆差额从 -106.4 亿美元增加为 -277.7 亿美元。知识产权使用费逆差的持续扩大，另一方面也表明，当前我国的自主知识产权水平不足以支撑产业的快速发展、升级需求，尚需向国外购买、引进大量先进技术。

表 5-6 代表性国家知识产权使用费

单位：10 亿美元（现价）

收入	中国	美国	德国	日本	韩国	法国	英国
2009 年	0.43	98.41	7.21	21.70	3.26	12.67	13.82

续表

收入	中国	美国	德国	日本	韩国	法国	英国
2010 年	0.83	107.52	8.28	26.68	3.19	13.63	14.20
2011 年	0.74	123.33	10.72	28.99	4.40	15.34	14.84
2012 年	1.04	124.44	10.30	31.89	3.90	12.74	13.45
2013 年	0.89	128.04	18.03	31.59	4.36	13.17	17.67
2014 年	0.68	129.72	23.49	37.34	5.54	14.54	19.87
2015 年	1.08	124.77	24.08	36.48	6.55	15.24	20.70
2016 年	1.16	124.39	28.73	39.14	6.94	15.48	19.18
2017 年	4.80	126.52	31.14	41.72	7.29	16.85	22.85
2018 年	5.56	128.75	36.32	45.57	7.75	16.82	26.25
2019 年	6.60	128.93	36.17	46.85	7.74	15.37	25.29
支出	中国	美国	德国	日本	韩国	法国	英国
2009 年	11.07	31.30	7.01	16.83	7.36	8.39	9.81
2010 年	13.04	32.55	7.12	18.77	9.18	10.01	10.17
2011 年	14.71	36.09	7.41	19.17	7.42	10.55	11.03
2012 年	17.75	38.66	6.40	19.90	8.62	8.75	9.73
2013 年	21.03	38.86	8.70	17.83	9.84	11.05	10.70
2014 年	22.61	41.98	10.73	20.94	10.55	12.76	12.18
2015 年	22.02	40.61	10.12	17.03	10.06	15.66	12.92
2016 年	23.98	46.99	11.30	20.25	9.43	14.76	11.82
2017 年	28.75	53.44	14.37	21.38	9.70	16.00	12.29
2018 年	35.78	56.12	16.06	21.99	9.81	15.94	14.48
2019 年	34.37	57.07	16.15	26.27	9.95	13.58	16.94
接收—支付	中国	美国	德国	日本	韩国	法国	英国
2009 年	-10.64	67.11	0.20	4.86	-4.10	4.28	4.01
2010 年	-12.21	74.97	1.16	7.91	-5.99	3.61	4.03
2011 年	-13.96	87.25	3.32	9.82	-3.02	4.80	3.82
2012 年	-16.70	85.78	3.90	11.99	-4.71	3.99	3.72
2013 年	-20.15	89.18	9.33	13.76	-5.48	2.11	6.97
2014 年	-21.94	87.73	12.76	16.39	-5.00	1.78	7.70
2015 年	-20.94	84.16	13.96	19.44	-3.50	-0.42	7.78
2016 年	-22.82	77.40	17.43	18.89	-2.49	0.72	7.36

续表

收入	中国	美国	德国	日本	韩国	法国	英国
2017 年	−23.94	73.08	16.77	20.34	−2.41	0.85	10.56
2018 年	−30.22	72.63	20.26	23.58	−2.06	0.88	11.77
2019 年	−27.77	71.86	20.02	20.59	−2.21	1.79	8.35

资料来源：世界银行。

五 中国知识产权保护日益增强，但与发达国家相比仍有较大提升空间

自 2008 年《国家知识产权战略纲要（2008—2020）》的颁布和实施以来，中国的知识产权事业得以快速发展，各项知识产权法律、法规制度日益完善，使中国的知识产权保护力度日益提升，具体工作包括：先后修订完善了《中华人民共和国专利法》《中华人民共和国商标法》《中华人民共和国著作权法》《中华人民共和国反不正当竞争法》等知识产权相关法律，以及《专利法实施细则》《商标法实施条例》《信息网络传播权保护条例》《植物新品种保护条例》等知识产权行政法规（见附表5-2）；同时优化了知识产权案件管辖布局，相继建立北京、上海、广州三家知识产权法院、最高人民法院知识产权法庭，全面推开知识产权民事、行政、刑事案件"三审合一"工作等。[①] 2020 年 11 月 15 日签署的《区域全面经济伙伴关系协定》所包含的知识产权专章是《区域全面经济伙伴关系协定》中内容最多、篇幅最长的章节，同时该协定也是迄今我国已签署自贸协定中，包含知识产权内容最丰富的协定，这都标志着我国的知识产权保护即将步入一个新发展阶段。

根据世界经济论坛（World Economic Forum，WEF）各年度《全球竞争力报告》（*The Global Competitiveness Report*）中各国的知识产权保护细项得分（见图5-8），可发现中国的知识产权保护水平稳中有升，尤其在"十三五"规划建设期，中国的知识产权保护指数上升显著，2007—2008 年度为 3.42，2014—2015 年度为 3.95，2017—2018 年度则为 4.49。

[①] 易继明、初萌：《后 TRIPs 时代知识产权国际保护的新发展及我国的应对》，《知识产权》2020 年第 2 期。

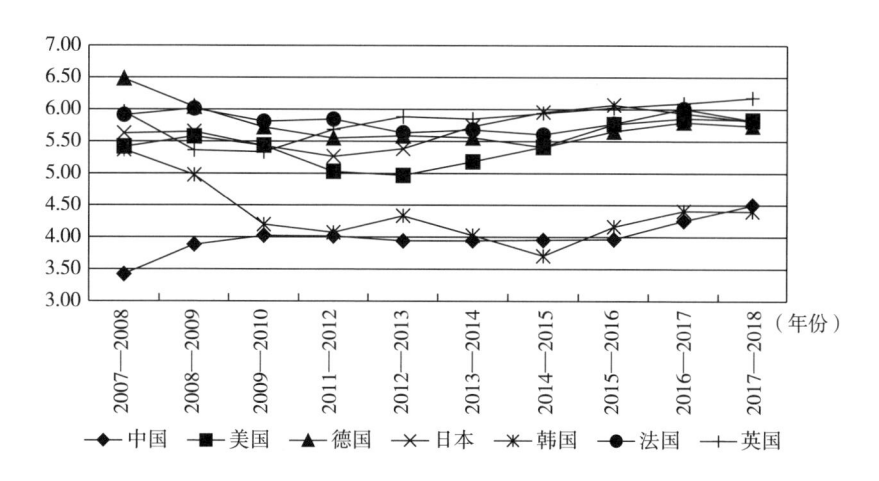

图 5-8　代表性国家的知识产权保护指数变化

资料来源:《全球竞争力报告》2007—2017 年数据库。

中国的知识产权保护水平与发达国家仍存在较大差距,特别是近 10 年来,以美国为首的西方发达国家也纷纷加大了知识产权保护力度。2019 年,中国的知识产权保护指数在 40 个样本国中,排名第 30 位(见图 5-9),同年度芬兰的指数值最高,高达 6.53,而日本、美国分别为 5.98 和 5.70。相比最新超级自由贸易协定所包含的知识产权条款,由于中国的知识产权规则涵盖领域相对窄,同时部分规则不够详细、具体,使当前中国的知识产权保护有一定的局限性。如在纳入的国际公约方面,我国加入的《保护植物新品种国际公约》为 1978 年版本,而非 1991 年版本。与 1978 年版本相比,1991 年版本赋予了育种者更大的保护范围,具体体现在废除了植物品种双重保护禁止条款、扩大了受保护植物品种范围和权利范围、延长了保护期等。[①] 为此,在美国贸易代表办公室发布的《2019 年特别 301 报告》中,中国仍被列为"重点观察名单"首位,认定中国在强化知识产权保护与执法方面仍然决心不够。[②]

[①] 易继明、初萌:《后 TRIPs 时代知识产权国际保护的新发展及我国的应对》,《知识产权》2020 年第 2 期。

[②] 易继明、初萌:《后 TRIPs 时代知识产权国际保护的新发展及我国的应对》,《知识产权》2020 年第 2 期。

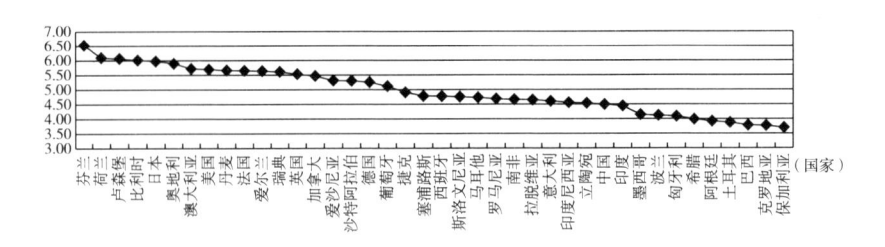

图 5-9 主要国家的知识产权保护指数比较（2019 年）

资料来源：《全球竞争力报告》2019 年数据库。

第四节　全球知识产权规则变化可能产生的影响

一　随着规则所涵盖内容的扩展和强化，知识产权越发成为获取和维持竞争优势的有力工具

随着经济全球化的深入发展，知识产权日益成为各国的重要战略性资源，成为提高国家竞争力和掌握发展主动权的关键。发达国家凭借其雄厚的技术基础及创新先发优势，常常利用知识产权设置繁杂的技术"天花板"，来"俘获""锁定"欠发达国家的产业发展，超级自由贸易协定中知识产权规则的扩展和强化则使技术"天花板"越发难以突破。后 TRIPs 时代，在各类自由贸易协定（Free Trade Agreement，FTA）的谈判过程中，知识产权保护常常被激化成富国的"粮食"和穷国的"毒药"，使南北矛盾不断凸显和加剧。[①] 王黎萤等指出，亚太地区主要经济体之间签订的各类 FTA 文本所涉及的知识产权规则保护强度，均超出《世界贸易组织协定》下《与贸易有关的知识产权协定》所涉及的知识产权规则最低保护强度。[②] 他们还发现，FTA 知识产权规则保护强度提升对发达国家出口贸易结构优化效果比发展中国家优化效果更加明显。技术领先的发达国家所签署的 FTA 文本所涉及的知识产权规则保护强度越高，对其防范贸易对象国企业模仿自身企业出口产品上的成

[①] 易继明、初萌：《后 TRIPs 时代知识产权国际保护的新发展及我国的应对》，《知识产权》2020 年第 2 期。

[②] 王黎萤等：《FTA 知识产权规则对出口贸易结构的影响研究》，《科学学研究》2021 年第 12 期。

本减少越有利。FTA 中知识产权保护的强化也更有利于提升中高收入国家全球价值链（Global Value Chain，GVC）的嵌入，以及对技术密集型行业 GVC 的嵌入。①

自 21 世纪以来，中国凭借优良的基础设施和较为完备的产业链，制造业竞争力不断增强。以美国为首的发达国家为了遏制中国制造业可能带来的潜在威胁，在提出制造业振兴计划的同时，开始紧攥知识产权这一工具，通过主张、推行高标准、严要求和严执法知识产权制度，充分利用知识产权来维护其竞争优势，出现了中兴、华为、大疆等中国企业频频被知识产权"大棒"打压事件。根据中国贸易救济信息网②的数据，2018 年、2019 年、2020 年、2021 年，美国发起的 337 调查案件分别有 50 件、47 件、49 件及 51 件，其中涉及中国企业（包括港、澳、台）的案件分别有 19 件、26 件、20 件及 26 件，占半数左右，可以预估未来仍将高频发生。

特别是超级自由贸易协定中新增了可授予专利的客体、对药品试验数据予以保护、实施互联网服务安全港框架等一大批新知识产权规则，可能会制约我国在云计算大数据、生命健康、互联网和电子商务等前沿领域的发展，增加我国在新一轮科技革命和产业变革中的立足难度。

二 高标准知识产权条款会对中国的技术创新产生"双刃剑"效应

一方面，这些超级自由贸易协定中的知识产权条款部分代表了当前世界发达国家的保护水平和要求，其在某些领域的保护方法和思路非常值得我们学习和研究，而且与这些前沿知识产权条款的对接可能形成倒逼机制，迫使我国加快完善知识产权保护制度，加强知识产权保护。③

另一方面，与发达国家的企业相比，中国企业的创新能力不足，知识产权的储备较少，特别是对核心技术知识主权的掌握更加薄弱。因此，我国很多企业在实际生产和新产品开发过程中，长期采用了引进、

---

① 孙玉红等：《区域贸易协定中知识产权保护对全球价值链嵌入程度的影响》，《经济评论》2021 年第 6 期。
② 中国贸易救济信息网，https：//cacs.mofcom.gov.cn。
③ 张丽霞：《CPTPP 知识产权规则及我国的应对研究》，硕士学位论文，江西财经大学，2018 年。

模仿、集成等技术创新策略，以此相对快速、低成本地实现技术进步和产业升级，获得强劲后发优势。而如果采用高标准知识产权规则，可能会需要缴纳高昂的知识产权使用费，使企业的生产成本骤增，也会加大知识产权侵权风险，增加获得先进技术授权的不确定性，降低企业对新技术的应用及新产品的开发速度。

实际上，自20世纪90年代以来，知识产权保护与创新能力间的关系、特别是关于加强知识产权保护是否有利于促进发展中国家创新能力的提升一直备受各界关注。其中有众多学者认为知识产权保护过紧或者过松都不利于发展中国家技术创新，知识产权保护与创新能力之间更多表现为复杂的倒"U"形关系，亦即存在一个最优的知识产权保护水平。[1] 尽管中国的各类知识产权活动快速发展，但多项指标表明无论是知识产权创造能力，还是人均收入和社会整体发展水平，中国仍然属于发展中国家行列。根据"最优知识产权保护假说"，知识产权保护标准如果超过了社会经济可承受的程度，非但不能促进创新，反而可能对公共利益与社会福利造成消极影响。[2] 陈大文利用2001—2018年中国省际层面数据，发现各区域存在最优知识产权保护水平，东部沿海地区与中部、西部地区只有实行"梯度式"的知识产权保护战略，国际贸易技术溢出才能有效地促进区域创新能力提升。[3] 顾晓燕等的研究指出，知识产权保护对技术创新数量和质量的影响存在差异，加强知识产权保护能显著增加技术创新数量，但不断加强的知识产权保护更有利于发展高质量技术创新，且知识产权保护对高质量技术创新的促进作用在东部地区尤为明显，而在中西部地区则偏向促进低质量技术创新[4]。

此外，知识产权保护强度也可能改变中国企业的"走出去"模式。随着国际知识产权保护的增强，相比市场导向型、资源获取型、风险分

---

[1] 刘思明等:《知识产权保护与中国工业创新能力——来自省级大中型工业企业面板数据的实证研究》,《数量经济技术经济研究》2015年第3期。
[2] 褚童:《巨型自由贸易协定框架下国际知识产权规则分析及中国应对方案》,《国际经贸探索》2019年第9期。
[3] 陈大文:《国际贸易技术溢出与区域创新能力双门槛效应——基于最优知识产权保护视角》,《天津商业大学学报》2021年第9期。
[4] 顾晓燕等:《知识产权保护的技术创新效应：量变抑或质变》,《中国科技论坛》2021年第10期。

散型等"走出去"模式，技术导向型可能成为部分企业国际化的首选和优选。因为通过并购发达国家知识产权储备较多的企业，不仅可以提高自身的研发能力，同时也可以降低知识产权侵权风险，避免因受到其他国家的知识产权限制而失去国际市场。

三 高标准、碎片化的双边/区域贸易协定知识产权条款可能削弱我国在国际知识产权规则方面的话语权

当前全球经济治理、经贸规则包括知识产权规则正处于大变革、大调整时期，同时随着我国知识产权综合实力的不断提高，迫切需要从知识产权领域的被动接受者、适应者向制度建设者转变。发达经济体间的抱团，各种超级自由贸易协定及双边协定的形成，在形式上脱离了更为广泛的《世界贸易组织协定》和 WIPO 多边体制，使本来应在其中讨论的问题在小范围内达成一致，并将中国排除在国际决策之外。在整个过程中，中国几乎无法表态，这样的程序显然将损害中国在国际知识产权规则方面的话语权，增大中国与各方的谈判压力，缩小中国的谈判空间。

尤其是《全面与进步跨太平洋伙伴关系协定》的形成可能会引起亚太经济格局的动荡，削弱了亚太自贸区中其他路径的选择。11 个《全面与进步跨太平洋伙伴关系协定》成员国中有 7 个同时也是《区域全面经济伙伴关系协定》成员国，规则的不同可能引起亚太地区国家间的冲突。同时，《全面与进步跨太平洋伙伴关系协定》将影响中国与日本、韩国间的经贸关系发展，影响中国在亚太地区的规则制定话语权，进而影响中国在亚太经济一体化中的作用和地位。[①]

第五节 知识产权保护与创新发展实证分析

一 知识产权保护与创新发展的计量模型

为考察知识产权保护程度对一国创新发展的影响，本节参考现有研究构建如下基本回归模型：[②]

---

① 樊莹：《CPTPP 的特点、影响及中国的应对之策》，《当代世界》2018 年第 9 期。
② 靳巧花、严太华：《国际技术溢出与区域创新能力——基于知识产权保护视角的实证分析》，《国际贸易问题》2017 年第 3 期。

$$Patent_{i,t} = \alpha + \beta IPR_{i,t} + \gamma Z_{i,t} + \varepsilon_{i,t} \tag{5-1}$$

式（5-1）中，i 代表国家，t 代表年份，$Patent$ 代表不同国家的创新发展水平，IPR 为各国对知识产权的保护程度，Z 是除知识产权保护以外的一些控制变量，ε_{it} 表示随机误差项。控制变量主要涵盖以下三个方面：首先，开放经济为各国提供充分的研发动机，往往能促进一国的技术进步和创新发展。因此，本节借鉴王华计量模型中的变量设置方法[①]，选取了贸易规模和外商直接投资规模来控制一国的开放经济水平。其次，一国的经济基础对国家的创新发展也有显著的影响，考虑数据的国际比较性，本节选取了人均耗电量、人口规模来反映一国的经济发展水平和相对经济规模。最后创新的发展离不开一些重要支持，如研发强度、人力资本、金融支持以及基础设施等，为此本节对这些支持条件也进行了控制。

二 变量与数据处理

（一）变量选择

1. 创新发展水平

专利指标是实证研究中衡量创新产出最常用的指标[②]，相比其他指标，专利指标具备审批严格、数据易获取的优点。因此，本节采用世界知识产权组织数据库中各国的专利申请量（Patent）并取对数来衡量一国的创新发展水平。

2. 知识产权保护（IPR）

传统文献中对于知识产权保护指数多数采用 Ginarte-Park（GP）指数[③]，GP 指数主要从知识产权范围、签署国际条约数、权利保护持久时间、执法机制以及限制五个方面来评估一国专利制度的完整程度。但是 GP 指数每五年更新一次，中间间隔较长，缺乏连贯性。而世界经济论坛的《全球竞争力报告》提供了知识产权保护指数年度数据，为此

[①] 王华：《更严厉的知识产权保护制度有利于技术创新吗?》，《经济研究》2011 年第 2 期。

[②] Naghavi A, Strozzi C., "Intellectual Property Rights, Diasporas, and Domestic Innovation", *Journal of International Economics*, Vol. 96, No. 1, 2015.

[③] Ginarte, J.C., Park, W.G., "Determinants of Patent Rights: A Cross-National Study", *Research Policy*, Vol. 26, No. 3, 1997.

参考相关研究①，本节也采用了该指数来衡量各国对知识产权的保护程度。

3. 研发强度（RDI）

本节采用各国研发支出占 GDP 的比重来衡量。

4. 人均耗电量（lnELEC）

本节采用各国耗电量除以人口总数并取对数，来衡量当地经济发展水平。

5. 人口规模（lnPOP）

本节采取各国人口总数并取对数，来衡量各国人口规模。

6. 贸易规模（TRADE）

本节采用各国的货物及服务贸易进出口总额除以 GDP 总额来表示一国的贸易开放程度。

7. 创新基础（INFRA）

本节采用个人使用互联网占比人数，来代理各国的创新基础设施水平。

8. 外商直接投资规模（FDI）

本节采用各国外商直接投资净流入占 GDP 的比重，来体现一国的外资开放程度。

9. 人力资本（HUM）

本节采用高等教育毛入学率来衡量一国的人力资本水平。

10. 金融支持力度（FIN）

本节采用各国的银行部门国内信贷占 GDP 的比重，来衡量一国的金融支持力度。

（二）数据来源及处理说明

由于世界经济论坛 2000 年才开始发布《全球竞争力报告》中的知识产权保护指数，同时考虑各变量数据的可得性和统计口径的一致性，本节将研究区间选择为 2000—2018 年。本节中，人口总数、银行部门国内信贷占 GDP 比重、高等教育毛入学率数据均来自国际货币基金组

---

① 余长林：《知识产权保护、模仿威胁与中国制造业出口》，《经济学动态》2015 年第 11 期。

织。研发支出占 GDP 比重、FDI 净流入占 GDP 比重、进出口贸易额占 GDP 比重、个人使用互联网占比人数等数据均来自世界银行数据库。总电量消耗数据来自世界能源组织。各国的专利申请数据来自世界知识产权组织数据库。变量统计描述见表 5-7。

表 5-7　　　　　　　　主要变量描述性统计

变量	含义	单位	样本量	平均值	标准偏差	最小值	最大值
创新发展水平（PATENT）	专利申请量取对数	件	1455	7.36	2.33	0	14.22
知识产权保护水平（IPR）	知识产权保护指数	—	1501	4.23	1.16	1.6	6.6
人均耗电量（lnELEC）	人均耗电量（千瓦时每人）取对数	千瓦时/人	1495	8.05	1.05	4.75	10.91
人口规模（lnPOP）	人口取对数	人	1501	16.51	1.63	12.54	21.06
贸易规模（TRADE）	进出口占 GDP	%	798	111.32	80.32	19.56	442.62
外商直接投资规模（FDI）	FDI 净流入占 GDP	%	1501	7.15	23.95	-57.61	449.08
人力资本（HUM）	高等教育毛入学率	%	1260	46.23	25.7	0.33	128.35
金融支持（FIN）	银行部门国内信贷占 GDP 比重	%	1469	65.13	47.68	0.2	312.1
研发强度（RDI）	研发支出占 GDP 比例	%	1228	1.17	1.01	0.01	4.94
创新基础（INFRA）	个人使用互联网占比人数	%	1501	44.46	29.94	0	99.01

资料来源：运用 Stata16.0 计算并整理得出。

三　实证结果分析

（一）回归结果分析

我们以 96 个经济体在 2000—2018 年的面板数据为样本，参考程惠芳等在考察知识资本对全要素生产率影响时的计量方法[1]，采用逐步回

---

[1] 程惠芳、陈超：《开放经济下知识资本与全要素生产率——国际经验与中国启示》，《经济研究》2017 年第 10 期。

归方法检验知识产权保护程度对国家创新发展的影响。本节经过豪斯曼检验，发现 Prob>chi2 = 0.0000，强烈拒绝原假设，说明解释变量与固定效应项相关，所以采用固定效应进行回归，结果详见表5-8。

表5-8　　　知识产权保护程度对国家创新发展水平的影响

变量	1	2	3	4	5	6	7	8	9
IPR	0.62*** (0.05)	0.37*** (0.07)	0.26*** (0.03)	0.17*** (0.04)	0.18*** (0.04)	0.21*** (0.04)	0.23*** (0.05)	0.09 (0.06)	0.18** (0.06)
lnELEC		0.42*** (0.08)	1.04*** (0.04)	1.09*** (0.05)	1.08*** (0.05)	1.09*** (0.05)	1.07*** (0.05)	0.79*** (0.08)	-0.36* (0.18)
lnPOP			1.23*** (0.02)	1.29*** (0.02)	1.26*** (0.02)	1.22*** (0.02)	1.23*** (0.02)	1.16*** (0.03)	3.34*** (0.41)
TRADE				0.00** (0.00)	0.00** (0.00)	0.00** (0.00)	0.00* (0.00)	0.00* (0.00)	0.00** (0.00)
FDI					-0.01*** (0.00)	-0.01*** (0.00)	-0.01*** (0.00)	-0.00* (0.00)	-0.01*** (0.00)
HUM						-0.01*** (0.00)	-0.00* (0.00)	-0.00* (0.00)	-0.00 (0.00)
FIN							0.00** (0.00)	-0.00*** (0.00)	-0.00*** (0.00)
RDI								0.41*** (0.06)	0.20* (0.10)
INFRA									-0.01*** (0.00)
R^2	0.10	0.11	0.80	0.85	0.85	0.86	0.83	0.84	0.27
F值	153.81	93.37	1894.40	1085.30	902.44	673.04	476.09	367.62	20.18
prob	[0.00]	[0.00]	[0.00]	[0.00]	[0.00]	[0.00]	[0.00]	[0.00]	[0.00]

注：*、**、***分别表示在10%、5%、1%的水平下显著；小括号内为标准误，中括号内为P值。
资料来源：运用Stata16.0计算并整理得出。

回归结果显示，知识产权保护对创新发展均具有正向作用效应，且基本通过了1%的显著性检验。这说明，一国对知识产权的保护程度越高，越能促进一国的创新发展水平。

表5-8列（2）至列（9）汇报了其他控制变量对创新发展水平的

计量回归结果。从其他控制变量的回归结果上来看，本节发现研发强度、人均耗电量、人口规模、贸易规模对创新发展水平的影响均显著正相关，这表明一国的创新发展水平受国家的经济发达程度、经济开放度以及研发投入影响。一个国家的经济发展水平越高，经济开放度越大，对科技的经费支持力度越强，一国的创新发展水平就越高。

外商直接投资规模和金融支持力度对创新发展水平的影响是显著负相关的，说明外商直接投资和金融支持力度对创新发展水平的提升作用并没有体现。从 FDI 方面来说，外资在国内设立的跨国公司通常具有雄厚的经济和研发实力，会吸引大量本国优秀科研人才。这就会使本土企业与外商合作的过程中，形成对跨国公司的技术依赖，因而在一定程度上抑制了本土企业的研发活动和创新能力的提高，产生了阶段性的创新"挤出"效应。[1] 另外，通常来说，高效的金融市场有助于降低企业融资成本和研发成本，提高企业研发投入的积极性[2]，但本节的实证结果与预期相反。这可能是由于研发投入的风险较大、周期较长，往往存在融资约束问题[3]，企业研发投入中融资渠道的障碍问题，导致了银行信贷这一变量未能有效支持创新发展。[4]

此外，一国的高等入学率与创新发展水平呈现负相关，但不显著。这可能是由于人力资本水平只有在到达一定的"门槛"时，才能极大地促进国家的创新发展。[5] 基础设施对创新发展的影响也呈现显著负相关，这或许是因为本章选取的指标未能很好地反映一国技术创新所需的高端基础设施。可能是由于样本国家的基础设施建设主要集中在满足居

---

[1] 李晓钟、张小蒂：《外商直接投资对我国技术创新能力影响及地区差异分析》，《中国工业经济》2008 年第 9 期。

[2] 黄先海、胡馨月、陈航宇：《知识产权保护、创新模式选择与我国贸易扩展边际》，《国际贸易问题》2016 年第 9 期。

[3] Himmelberg C P, Petersen B C, "R&D and Internal Finance: A Panel Study of Small Firms in High-tech Industries", *Review of Economics and Statistics*, Vol. 76, No. 1, 1994.

[4] 张杰、芦哲、郑文平、陈志远：《融资约束、融资渠道与企业 R&D 投入》，《世界经济》2012 年第 10 期。

[5] 李平、崔喜君、刘建：《中国自主创新中研发资本投入产出绩效分析——兼论人力资本和知识产权保护的影响》，《中国社会科学》2007 年第 2 期。

民生活需求的公共物品建设上,而非技术创新所需的高端基础设施建设上①,导致了基础设施变量未能促进一国创新发展。

(二)稳健型检验

为了检验知识产权保护对国家创新水平的稳定性,本节分别通过滞后一期、二阶段差分 GMM 模型和二阶段系统 GMM 模型来作为稳健性检验(见表 5-9)。不同计量方法下,知识产权保护程度对创新发展影响仍基本为显著正,表明本节前述主回归结果稳健可靠。

表 5-9　　　　　　　　　　稳健性检验

变量	差分 GMM	系统 GMM	滞后一期
$PATENT.L.$	0.32*** (0.03)	0.71*** (0.03)	—
IPR	0.06*** (0.03)	0.03 (0.02)	0.13** (0.06)
$lnELEC$	-0.66*** (0.14)	0.48*** (0.08)	-0.43** (0.18)
$lnPOP$	2.47*** (0.74)	0.54*** (0.05)	3.33*** (0.42)
$TRADE$	0.00*** (0.00)	0.00*** (0.00)	0.00** (0.00)
FDI	0.00*** (0.00)	0.00*** (0.00)	-0.01*** (0.00)
HUM	-0.00*** (0.00)	0 (0.00)	0 (0.00)
FIN	0.00*** (0.00)	-0.00*** (0.00)	-0.00** (0.00)
RDI	-0.24*** (0.09)	-0.05 (0.04)	0.14 (0.10)

① 王华:《更严厉的知识产权保护制度有利于技术创新吗?》,《经济研究》2011 年第 2 期。

续表

变量	差分 GMM	系统 GMM	滞后一期
INFRA	-0.00*** (0.00)	-0.00*** (0.00)	-0.01*** (0.00)
常数项	-29.44** (-2.51)	-10.65*** (1.18)	-43.70*** (6.75)
样本量	422	516	519

注：*、**、***分别表示在10%、5%、1%的水平下显著；小括号内为标准误。差分GMM检验及系统GMM检验分别对被解释变量做了滞后一期处理，滞后一期检验则是对核心解释变量及所有控制变量进行了滞后一期处理。

资料来源：运用Stata16.0计算并整理得出。

（三）分样本回归

一国的创新发展水平与一国的经济发展水平与教育状况密切相关。为了考察不同经济发展水平对创新的影响，本文构建了分位数回归模型，具体分位是1/3、2/3（模型1、模型2、模型3）。为了厘清不同受教育水平国家的知识产权保护程度对创新发展的影响，本节以高等教育毛入学率的平均值为基准，将样本国家分为受教育程度高（高于平均值）和受教育程度低（低于平均值）两个子样本，然后采用固定效应模型对两组子样本分别进行回归（模型4、模型5）。回归结果见表5-10。

表5-10　　　　　　　　　　分样本回归

变量	模型（1）人均GDP前1/3分位	模型（2）人均GDP1/3到2/3分位	模型（3）人均GDP后1/3分位	模型（4）低教育	模型（5）高教育
IPR	0.14* (0.07)	-0.30** (0.14)	-0.07 (0.13)	-0.20** (2.37)	0.34*** (5.31)
lnELEC	-3.31*** (0.46)	0.36 (1.16)	1.13*** (0.32)	1.05*** (8.42)	0.33** (2.82)
lnPOP	2.1 (2.42)	1.91 (1.96)	3.09*** (1.02)	1.19*** (35.07)	1.21*** (46.16)

续表

变量	模型（1） 人均 GDP 前 1/3 分位	模型（2） 人均 GDP1/3 到 2/3 分位	模型（3） 人均 GDP 后 1/3 分位	模型（4） 低教育	模型（5） 高教育
TRADE	0.00 (0.00)	0.01* (0.01)	0.00 (0.00)	0.00*** (7.94)	0.00 (0.50)
FDI	-0.00** (0.00)	-0.01*** (0.00)	-0.02 (0.01)	-0.01* (1.87)	0.00 (0.71)
HUM	0.00 (0.00)	0.00 (0.01)	0.01*** (0.00)	0.01 (1.15)	-0.01* (1.92)
FIN	0.00 (0.00)	-0.01** (0.00)	0.00 (0.00)	-0.00* (1.88)	-0.01*** (7.24)
RDI	0.02 (0.13)	-0.03 (0.34)	-0.23 (0.49)	0.24* (1.95)	0.37*** (8.42)
INFRA	-0.01 (0.00)	-0.01** (0.00)	-0.02*** (0.01)	0.02*** (3.11)	0.01** (2.19)
常数项	4.50 (35.03)	-24.77 (27.70)	-53.88*** (16.21)	-20.99*** (17.01)	-16.59*** (19.29)
R^2	0.60	0.44	0.55	0.89	0.86
F 值	98.45	221.54	52.46	1806.62	2038.78
prob	[0.00]	[0.00]	[0.00]	[0.00]	[0.00]

注：*、**、***分别表示在10%、5%、1%的水平下显著；小括号内为标准误，中括号内为P值。

资料来源：运用Stata16.0计算并整理得出。

第一，表5-10中模型（1）至模型（3）是分位数回归模型的估计结果。估计结果表明，知识产权保护水平对不同经济发展水平国家的创新发展影响存在较大差异。人均GDP前1/3分位样本国家的知识产权保护显著促进了国家的创新发展，而在1/3—2/3分位和后1/3分位样本中，知识产权保护水平负向影响国家创新发展。本节与代中强等的研究结论相似，即随着人均GDP的提高，知识产权保护对创新发展的促进作用存在"门槛"。[①] 只有当一国的经济发展达到一定水平后，知识产权保护的增强才能促进创新发展，而在经济发展水平较低时，知识产权保护的提高反而会抑制创新发展。这意味着为促进创新发展，一国的知识产权保护力度应与其经济发展水平相匹配，而不能一味追求过高、过严的知识产权保护。

第二，从表5-10中模型（4）和模型（5）的估计结果可知，在教育程度较高的国家，知识产权保护水平越高，国家的创新发展能力越强。而且在教育程度高的国家中，经济发展水平越高，国家和金融机构对研发投入的力度越大，创新基础越是完善，越有利于其创新发展。在教育程度较低的国家，知识产权对国家的创新发展呈现显著负效应。这是因为一国民众受教育程度弱往往导致一国缺乏足够的创新人才，使本国的自主创新能力相应地较弱，往往需要借助国外的技术转移实现创新发展。而本国过严的知识产权保护，会抑制国外技术的转移和溢出，不利于本国创新的发展。而一国的经济发展水平、人口规模以及研发支持力度均显著地促进了国家创新水平的发展。本节的实证结果表明，在不同教育程度的国家，知识产权保护对创新发展的影响也存在差异，因此国家应该依据自身创新能力基础，选择适合本国的知识产权保护强度。

第六节 中国对标知识产权规则的对策建议

针对当前世界知识产权保护客体不断扩张、强化趋势，同时基于我国知识产权创造能力尚属多而不优，特别是核心专利、重点领域高创新度专利相对薄弱等问题，中国应积极主动了解国际知识产权的前沿动态，适时适度调整国内知识产权相关法律，同时加快提升知识产权综合实力，不断提高世界知识产权领域的话语权。

一 以积极、开放、包容的心态对标高标准知识产权规则

无论是为了有利于开展对话、提高话语权，还是为了充分利用知识产权这一战略资源和公共政策工具，抑或为了日后加入《全面与进步

[①] 代中强、梁俊伟、孙琪：《知识产权保护、经济发展与服务贸易出口技术复杂度》，《财贸经济》2015年第7期。

跨太平洋伙伴关系协定》或其他更高水平的协定，中国都需要主动对标全球最高经贸规则。① 而为了深入研究前沿知识产权规则，及时了解和掌握知识产权国际保护新形势，应加强以下工作：①打造一流国际化知识产权专业人才团队，通过引进、深造、联合培养等多种方式，以及配套的管理、激励机制，集聚全球顶尖专业人才；②推进多元化的海外知识产权平台建设，除了政府的各级外设机构外，还可借助遍布全球的各级商会或相关组织，根据需要在相关国家设立知识产权信息分析中心或信息窗口。在此基础上，跟踪研究与我国经贸关系密切国家的知识产权法规政策；追踪相关经贸协定中的知识产权谈判进程，实时了解前沿知识产权规则的动态变化；积极参与各类国际知识产权研讨交流活动，巩固和发展中国在海外的各类知识产权合作等。

在实时了解全球前沿知识产权条款的基础上，客观评估我国现行知识产权制度与各超级自由贸易协定知识产权条款的差异，区分对待各类持平条款、追赶条款和距离条款，并立足本国国情，适时适度调整国内知识产权相关法律。

二 不断增加我国的知识产权综合实力

因美国等发达国家的力推，高标准、严要求和严执法的知识产权保护范式可能是知识产权领域未来发展的重要趋势。为了有效突破发达国家的知识产权"枷锁"，必须加快提升我国的知识产权综合实力。

首先，应保障知识产权战略的优先发展地位，认真贯彻落实《知识产权强国建设纲要（2021—2035年）》中的各项内容，确保"到2035年，中国特色、世界水平的知识产权强国基本建成"。

其次，结合各省份既有产业基础和资源禀赋优势，实施地区差异化科技创新发展战略和相应的知识产权布局工作。例如上海市先进制造业发展"十四五"规划以集成电路、生物医药、人工智能三大先导产业为引领，大力发展电子信息、生命健康、汽车、高端装备、先进材料、时尚消费品六大重点产业，构建"3+6"新型产业体系，打造具有国际竞争力的高端产业集群，相应的知识产权创造应主攻这些领域。又如浙

---

① 易继明、初萌：《后TRIPs时代知识产权国际保护的新发展及我国的应对》，《知识产权》2020年第2期。

江省为打造高水平创新型省份,浙江未来 5 年重点建设、计划实现创新突破的领域是"互联网+"、生命健康和新材料,为此需助力三大科创高地的自主创新和知识产权创造,积极开展以下工作:①政府定期制定、发布三大科创高地的发展态势报告,实施三大科创高地的专利标杆项目,通过形成重要技术领域的专利集,逐步丰富和完善专利储备库;②出台一批倾向性政策,引导高端创新人才、R&D 经费等创新要素向三大科创高地集聚;③协助相关企业"走出去"进行知识产权国际布局,在世界主流技术标准领域获得知识产权,为新兴产业的国际化发展赢得知识产权竞争优势;④打造以企业为主、科研院所及第三方服务机构等多方共同参与的健康专利运营生态。

最后,多措并举促进企业开展高质量知识产权创造及运用。为应对全球前沿知识产权规则的变化及可能产生的冲击,需出台各项措施提高企业的知识产权创造及运用能力,如实施基金资助和税收优惠政策,激发企业的创新热情,同时不断降低企业的创新成本和风险;鼓励企业技术导向型"走出去",加强对企业涉外知识产权的保护,降低企业的海外知识产权风险,包括完善知识产权海外风险预警机制、组建海外维权专家顾问团、建立海外知识产权纠纷指导中心等。

三 提高知识产权保护规则话语权

首先,以《区域全面经济伙伴关系协定》为范本,传达中国对知识产权规则的立场与主张,促进中国与各方的沟通与对话。《区域全面经济伙伴关系协定》包含 15 个成员方,既有日本、韩国、新加坡、澳大利亚、新西兰等发达经济体,也有老挝、缅甸、柬埔寨等发展中经济体。《区域全面经济伙伴关系协定》在尊重协定各方经济社会发展现状和法律制度差异的基础上,平衡各方权利和义务,全面提升了区域内知识产权水平,为国际知识产权规则提供了平衡、包容、平等的制度范本。[①]

其次,以《加强"一带一路"国家知识产权领域合作的共同倡议》为基石,加强与"一带一路"沿线国家的知识产权合作,促进相互间

[①] 陆黎梅、吴东庆:《RCEP 知识产权规则述评及对中国的启示》,《湖北广播电视大学学报》2021 年第 8 期。

的理解与支持。

最后，中国应积极参与和利用其他多边及区域机制，在不同场域中积极发声，以自身为纽带促进不同体制间的良性互动，从而在国际知识产权规则重构进程中实现呼应与对话，更好地表达与调整中国在知识产权规则构建上的立场与主张。[1] 也应该积极寻求一些非政府组织如第三世界网络、电子前沿基金会、基因资源国际行动等的支持，这些非政府组织在国际知识产权舞台上非常活跃，通过这些组织可以增加发声渠道。[2]

本章执笔：丁小义

---

[1] 褚童：《巨型自由贸易协定框架下国际知识产权规则分析及中国应对方案》，《国际经贸探索》2019年第9期。

[2] 闫晓旭：《中国自由贸易协定知识产权条款研究》，硕士学位论文，郑州大学，2017年。

第六章

海关监管与贸易便利化规则比较分析

海关根据国家赋予的权力，实施海关监管职责和促进贸易便利化水平提升。海关监管职责主要包括制定进出境运输工具、货物和物品的监管制度、进出口关税及其他税费征收管理、出入境卫生检疫和出入境动植物及其产品检验检疫、进出口商品法定检验、海关风险管理、打击走私综合治理、海关领域国际合作与交流等，加强海关监管，严守国门安全，维护国家主权和国家利益，推动海关改革创新是我国高水平开放发展的必然要求。本章对《世界贸易组织协定》①（World Trade Organization Agreement，WTO 协定）、《跨太平洋伙伴关系协定》②（Trans-Pacific Partnership Agreement，TPP）、《全面与进步跨太平洋伙伴关系协定》③（Comprehensive and Progressive Agreement for Trans-Pacific Partnership，CPTPP）、《美国—墨西哥—加拿大协定》④（United States-Mexico-Canada Agreement，USMCA）、《区域全面经济伙伴关系协定》⑤（Regional Comprehensive Economic Partnership Agreement，RCEP）、《跨大西洋贸易与投

---

① https：//www.wto.org/english/docs_e/legal_e/final_e.htm/（World Trade Organization Agreement）（WTO Agreement）.

② https：//ustr.gov/trade-agreements/free-trade-agreements/trans-pacific-partnership/tpp-full-text/（Trans-Pacific Partnership Agreement）（TPP）.

③ https：//www.sice.oas.org/Trade/TPP/CPTPP/English/CPTPP_Index_e.asp/（Comprehensive and Progressive Agreement for Trans-Pacific Partnership）（CPTPP）.

④ https：//ustr.gov/trade-agreements/free-trade-agreements/united-states-mexico-canada-agreement/agreement-between/（United States-Mexico-Canada Agreement）（USMCA）.

⑤ https：//rcepsec.org/legal-text/（Regional Comprehensive Economic Partnership Agreement）（RCEP）.

资伙伴协定》①（Transatlantic Trade and Investment Partnership Agreement，TTIP）、《北美自由贸易协定》②（North American Free Trade Agreement，NAFTA）等海关管理与贸易便利化规则变化进行了比较分析，对中国海关管理与贸易便利化规则与国际海关管理与贸易便利化规则的差距进行分析，并对贸易便利化对出口贸易的影响进行实证检验的基础上，提出对标国际海关管理与贸易便利化规则的政策建议。

第一节　对标国际海关监管规则的重要性

一　对标国际海关监管规则的重要性

海关根据国家赋予的权力，履行一系列海关监管职能。海关监管职责③主要包括：一是制定进出境运输工具、货物和物品的监管制度并组织实施。按规定承担技术性贸易措施相关工作。依法执行进出口贸易管理政策，负责知识产权海关保护工作，负责海关标志标识管理。组织实施海关管理环节的反恐、维稳、防扩散、出口管制等工作。制定加工贸易等保税业务的海关监管制度并组织实施，牵头审核海关特殊监管区域的设立和调整④。二是负责进出口关税及其他税费征收管理，拟订征管制度，制定进出口商品分类目录并组织实施和解释。牵头开展多双边原产地规则对外谈判，拟订进出口商品原产地规则并依法负责签证管理等组织实施工作。依法执行反倾销和反补贴措施、保障措施及其他关税措施⑤。三是负责进出口商品法定检验。监督管理进出口商品鉴定、验证、质量安全等。负责进口食品、化妆品检验检疫和监督管理，依据多双边协定实施出口食品相关工作⑥。四是负责海关风险管理。组织海关贸易调查、市场调查和风险监测，建立风险评估指标体系、风险监测预

---

① https：//trade.ec.europa.eu/doclib/press/index.cfm? id = 1230 # market-access/（Transatlantic Trade and Investment Partnership Agreement）（TTIP）．
② https：//www.sice.oas.org/trade/nafta/naftatce.asp/（North American Free Trade Agreement）（NAFTA）．
③ 中华人民共和国海关总署官网，https：//www.customs.gov.cn/．
④ 中华人民共和国海关总署官网，https：//www.customs.gov.cn/．
⑤ 中华人民共和国海关总署官网，https：//www.customs.gov.cn/．
⑥ 中华人民共和国海关总署官网，https：//www.customs.gov.cn/．

警和跟踪制度、风险管理防控机制。实施海关信用管理，负责海关稽查[①]。打击走私综合治理工作。五是依法查处走私、违规案件[②]。

对标国际海关监管规则，加快海关改革创新具有重要性。在经济全球化发展进程中，国家之间的经济联系日益密切，商品贸易和服务贸易、国际投资、人员交流和技术转让规模不断扩大，海关管理地位和作用凸显，国际贸易关税水平持续下降，海关便利化水平要求更高，海关通关程序简化，实行电子化通关要求更高，海关风险管理不断加强，实行海关改革创新是我国建设创新型国家的必然要求。建立以知识和技术为驱动力的知识型强国，建立知识型的海关管理系统。建立顾客至上的服务型海关行政系统，按知识化、信息化、标准化、公开化、准确性、多样性、公平性制定海关管理规则[③]。对标国际海关管理与贸易便利化规则，加快海关改革创新发展具有重要性。

二 对标国际海关管理规则，提高海关监管水平的必要性

在日益激烈的国际竞争中，持续而快速的国际贸易的发展，海关业务的数量大幅度上升，为了适应国际合作以及本国自身发展的需要，海关管理职能已经从监管、征税、打私、统计等传统经济领域进一步向知识产权、反恐和防核扩散以及口岸反洗钱监控与调查等现代领域延伸，不断增加的海关业务量和逐渐扩大的海关业务职能，使海关在管理和业务制度等方面表现出严重的不适应性。主动调整海关职能，改革海关管理模式具有必要性。随着信息化时代的到来，现代互联网科技的发展对海关管理体制提出了新的要求。海关管理需要在技术设备、管理体制上努力形成完善的信息化管理制度[④]。研究国际海关监管规则发展的变化趋势，深入探究海关监管的改革方向，提高海关监管水平具有必要性。

---

① 中华人民共和国海关总署官网，https://www.customs.gov.cn/.
② 中华人民共和国海关总署官网，https://www.customs.gov.cn/.
③ 李卫勇：《中国海关管理创新及其技术支撑研究》，博士学位论文，中南大学，2007年。
④ 李卫勇：《中国海关管理创新及其技术支撑研究》，博士学位论文，中南大学，2007年。

第二节 海关管理规则变化比较分析

在全球性经贸规则和区域性经贸规则中都有海关管理规则条款,在《跨太平洋伙伴关系协定》《全面与进步跨太平洋伙伴关系协定》和《区域全面经济伙伴关系协定》中都把海关管理拓展为《海关管理与贸易便利化》(Customs Administration and Trade Facilitation),说明海关管理不仅仅是国家贸易监管机构,海关承担着保障国家外贸安全和维护责任,还承担了促进贸易便利化的重要任务。海关管理与贸易便利化的新增加条款强调"海关法律和法规适用的可预见性、一致性和透明度、货物的快速通关、海关之间的合作、风险管理、便利国际供应链标准的实施、提高海关人员的专业技能、设立贸易便利化委员会"[1]等。《区域全面经济伙伴关系协定》中提出《海关程序和贸易便利化》目的是"保证每一缔约方海关法律和法规适用的可预见性、一致性和透明度;促进对每一缔约方海关程序的有效管理,以及货物的快速通关;简化每一缔约方的海关程序,并且在可能的范围内使其与相关国际标准相协调;促进缔约方海关之间的合作,以及便利缔约方之间的贸易,包括通过加强全球和区域供应链环境"[2]。《全面与进步跨太平洋伙伴关系协定》中提出《海关管理和贸易便利化》规则是"每一缔约方应保证其海关程序以可预测、一致和透明的方式适用"[3];"鼓励与其他缔约方就影响缔约方之间货物贸易的重要海关事务开展合作"[4];"每一缔约方应依照其法律通过信息共享和其他适当行动与其他缔约方开展合作,以实现遵守其涉及下列事项的法律法规"[5];"形成和实施经改进的最佳实践

---

[1] https://ustr.gov/trade-agreements/free-trade-agreements/trans-pacific-partnership/tpp-full-text/(Trans-Pacific Partnership Agreement)(TPP).

[2] https://rcepsec.org/legal-text/(Regional Comprehensive Economic Partnership Agreement)(RCEP Agreement).

[3] https://www.sice.oas.org/Trade/TPP/CPTPP/English/CPTPP_Index_e.asp/(Comprehensive and Progressive Agreement for Trans-Pacific Partnership)(CPTPP).

[4] https://www.sice.oas.org/Trade/TPP/CPTPP/English/CPTPP_Index_e.asp/(Comprehensive and Progressive Agreement for Trans-Pacific Partnership)(CPTPP).

[5] https://www.sice.oas.org/Trade/TPP/CPTPP/English/CPTPP_Index_e.asp/(Comprehensive and Progressive Agreement for Trans-Pacific Partnership)(CPTPP).

和风险管理技术；便利国际供应链标准的实施；简化和加强海关及时和高效通关的程序；提高海关人员的专业技能，以及加强技术的使用以提高对提出请求缔约方管辖进口的法律或法规的遵守程度"[①]。

一　海关监管和贸易便利化规则比较

本节对《世界贸易组织协定》《北美自由贸易协定》《区域全面经济伙伴关系协定》《跨太平洋伙伴关系协定》《全面与进步跨太平洋伙伴关系协定》《美国—墨西哥—加拿大协定》和《跨大西洋贸易与投资伙伴协定》有关海关管理和贸易便利化的条款进行比较，海关管理和贸易便利化的条款中预先裁决、海关程序、海关信息发布与透明度、货物放行和清关、快件运输、海关数字化、自动化、风险管理、海关合作都有明确要求。海关管理和贸易便利化的条款比较详见表6-1。

表6-1　有关海关管理和贸易便利化的规则比较

WTO协定	NAFTA	RCEP协定	TPP	CPTPP	USMCA	TTIP
贸易便利化协定	第五章：海关管理	第四章：海关程序和贸易便利化	第五章：海关管理和贸易便利化	第五章：海关管理和贸易便利化	第七章：海关管理和贸易便利化	第六章：海关和贸易便利化
第1条：信息的发布和提供	第501条：原产地证书	第4.1条：定义	第5.1条：海关程序和贸易便利化	第5.1条：海关程序和贸易便利化	第7.1条：贸易便利化	第1条：数据和文件
第2条：发表意见的机会、生效前的信息和磋商	第502条：关于进口的义务	第4.2条：目标	第5.2条：海关合作	第5.2条：海关合作	第7.2条：在线出版	第2条：信息技术的使用
第3条：预先裁决	第503条：免责条款	第4.3条：范围	第5.3条：预先裁决	第5.3条：预先裁决	第7.3条：与贸易商的沟通	第3条：文件的统一性

---

① https://www.sice.oas.org/Trade/TPP/CPTPP/English/CPTPP_Index_e.asp/（Comprehensive and Progressive Agreement for Trans-Pacific Partnership）（CPTPP）.

续表

WTO 协定	NAFTA	RCEP 协定	TPP	CPTPP	USMCA	TTIP
第4条：上诉或复审程序	第504条：关于出口的义务	第4.4条：一致性	第5.4条：对咨询或信息请求的回应	第5.4条：对咨询或信息请求的回应	第7.4条：咨询点	第4条：货物放行
第5条：加强公正、不歧视和透明度的其他措施	第505条：档案	第4.5条：透明度	第5.5条：复审和上诉	第5.5条：复审和上诉	第7.5条：预先裁决	第5条：报关行
第6条：对进出口或与进出口有关的费用和收费的纪律和处罚	第506条：原产地核查	第4.6条：咨询点	第5.6条：自动化	第5.6条：自动化	第7.6条：关于退税或关税延期计划的建议或信息	第6条：加急装运
第7条：货物放行和清关	第507条：保密	第4.7条：海关程序	第5.7条：快件运输	第5.7条：快件运输	第7.7条：货物放行	第7条：简化和最小化
第8条：边境机构合作	第508条：处罚	第4.8条：装运前检查	第5.8条：处罚	第5.8条：处罚	第7.8条：快件运输	第8条：过境和转运
第9条：拟在海关管制下进口的货物的移动	第509条：预先裁决	第4.9条：抵达前处理	第5.9条：风险管理	第5.9条：风险管理	第7.9条：信息技术的使用	第9条：费用和收费
第10条：与进出口和过境有关的手续	第510条：复查和上诉	第4.10条：预裁定	第5.10条：货物放行	第5.10条：货物放行	第7.10条：单一窗口	第10条：电子支付
第11条：过境自由	第511条：统一条例	第4.11条：货物放行	第5.11条：出版物	第5.11条：出版物	第7.11条：海关程序的透明度、可预测性和一致性	第11条：返修后重新进货

续表

WTO协定	NAFTA	RCEP协定	TPP	CPTPP	USMCA	TTIP
第12条：海关合作	第512条：合作	第4.12条：信息技术的应用	第5.12条：保密	第5.12条：保密	第7.12条：风险管理	第12条：装运前检查
第13条：一般原则	第513条：工作组和海关分组	第4.13条：对经认证的经营者的贸易便利化措施			第7.13条：清关后审计	第13条：风险管理
第14条：条款类别	第514条：定义	第4.14条：风险管理			第7.14条：经认证的经营者——AEO	第14条：清关后审计
第15条：A类的通知和实施		第4.15条：快运货物			第7.15条：海关裁定的复审和上诉	第15条：预先裁定
第16条：B类和C类实施最后日期的通知		第4.16条：后续稽查			第7.16条：行政指导	第16条：处罚
第17条：预警机制：延长B类和C类条款的实施日期		第4.17条：放行时间研究			第7.17条：运输	第17条：上诉
第18条：B类和C类的实施		第4.18条：审查和上诉			第7.18条：处罚	第18条：国际标准
第19条：B类和C类之间的转换		第4.19条：海关合作			第7.19条：行为准则	第19条：网络出版物
第20条：适用《关于争端解决规则和程序的谅解》的宽限期		第4.20条：磋商和联络点			第7.20条：报关行	第20条：咨询点

续表

WTO 协定	NAFTA	RCEP 协定	TPP	CPTPP	USMCA	TTIP
第21条：为能力建设提供援助和支持		第4.21条：实施安排			第7.21条：边境检查	
第22条：向委员会提交关于协助和支持能力建设的资料					第7.22条：交易者信息保护	
第23条：体制安排					第7.23条：促进贸易便利化的海关举措	
第24条：最后规定					第7.24条：贸易便利化委员会	
					第7.25条：区域和双边执法合作	
					第7.26条：交换特定保密信息	
					第7.27条：海关合规性验证请求	
					第7.28条：双方之间的保密	
					第7.29条：海关执法小组委员会	

注：由于篇幅限制，表格中出现的协定名称均以英语简写的方式出现，下同。

资料来源：笔者根据相关文本整理，下同。

二 海关管理和贸易便利化的规则分类比较

（一）贸易便利化规则比较

《世界贸易组织协定》《北美自由贸易协定》《区域全面经济伙伴关系协定》《跨太平洋伙伴关系协定》《全面与进步跨太平洋伙伴关系协定》《美国—墨西哥—加拿大协定》和《跨大西洋贸易与投资伙伴协定》都有对贸易便利化的规则制定条款（见表6-2），贸易便利化规则条款主要包括"海关程序和实践具有可预见性、一致性和透明度，包括货物的快速通关在内的措施便利贸易"①。"在可能的范围内，基于国际接受的货物快速通关和放行的标准，应用信息技术以支持海关运行"②，"应当努力使公众可获得其贸易管理文件的电子版"③。"努力提供一种便利，使进口商和出口商能够在一个单一入境点以电子方式完成标准化的进出口要求"④。"在可能的范围内，基于国际接受的货物快速通关和放行的标准，应用信息技术以支持海关运行。每一缔约方应当在可能的范围内，使用可以加速货物放行的海关程序的信息技术，包括在货物运抵前提交数据，以及用于风险目标管理的电子或自动化系统。每一缔约方应当努力使公众可获得其贸易管理文件的电子版"⑤。"使用能够加快货物放行程序的信息技术；通过电子手段提供货物进出口或过境所需的任何申报单或其他形式；允许以电子格式提交报关单和相关文件；使进口商、出口商、在其领土内从事货物过境的人员和其他海关用户能够使用电子系统，以便提交和接收信息"⑥。

---

① https：//rcepsec.org/legal-text/（Regional Comprehensive Economic Partnership Agreement）（RCEP Agreement）.

② https：//rcepsec.org/legal-text/（Regional Comprehensive Economic Partnership Agreement）（RCEP Agreement）.

③ https：//rcepsec.org/legal-text/（Regional Comprehensive Economic Partnership Agreement）（RCEP Agreement）.

④ https：//ustr.gov/trade-agreements/free-trade-agreements/trans-pacific-partnership/tpp-full-text/（Trans-Pacific Partnership）（TPP）.

⑤ https：//rcepsec.org/legal-text/（Regional Comprehensive Economic Partnership Agreement）（RCEP Agreement）.

⑥ https：//ustr.gov/trade-agreements/free-trade-agreements/united-states-mexico-canada-agreement/agreement-between/（United States-Mexico-Canada Agreement）（USMCA）.

表 6-2　　　　　　　　　各协定有关贸易便利化规则比较

协定	条目	内容
WTO协定	手续和文件要求	第10条第1点：1.1 为了尽量减少进口、出口和过境手续的发生率和复杂性，减少和简化进口、出口和过境单证的要求。（a）采用和/或适用于快速放行和清关货物，特别是易腐货物；（b）以减少商号和营办商遵守规定的时间和成本的方式采用和/或实施；（c）在为实现有关政策目标而合理地可采取两项或两项以上替代措施的情况下，选择最少的贸易限制性措施
	单一窗口	第10条第4点：4.1 各成员应努力建立或维持单一窗口，使贸易商能够通过单一入口点向参与的主管部门或机构提交货物进口、出口或转运的文件和/或数据要求。文件和/或数据经参与部门或机构审核后，通过单一窗口及时通知申请人
RCEP协定	海关程序	第4.7条：1. 每一缔约方应当保证其海关程序和实践具有可预见性、一致性和透明度，并通过包括货物的快速通关在内的措施便利贸易。2. 每一缔约方应当保证其海关程序，在可能的范围内并且在其海关法律和法规允许的范围内，符合世界海关组织的标准和建议的做法。3. 每一缔约方的海关应当以简化海关程序便利贸易为目的，审查其海关程序
	信息技术的应用	第4.12条：1. 每一缔约方应当在可能的范围内，基于国际接受的货物快速通关和放行的标准，应用信息技术以支持海关运行。2. 每一缔约方应当在可能的范围内，使用可以加速货物放行的海关程序的信息技术，包括在货物运抵前提交数据，以及用于风险目标管理的电子或自动化系统。3. 每一缔约方应当努力使公众可获得其贸易管理文件的电子版。4. 每一缔约方应当努力将以电子方式提交的贸易管理文件接受为与此类文件的纸质版有同等法律效力的文件。5. 在制定规定使用无纸化贸易管理的倡议时，鼓励每一缔约方考虑由国际组织主持制定的国际标准或方法。6. 每一缔约方应当在国际层面与其他缔约方合作，以提升对以电子方式提交的贸易管理文件的接受度

续表

协定	条目	内容
RCEP协定	对经认证的经营者的贸易便利化措施	第4.13条：每一缔约方应当根据第3款，向满足规定标准的经营者（本章中下称"经认证的经营者"），提供与进口、出口或过境手续和程序相关的额外的贸易便利化措施。或者，一缔约方可以通过所有经营者均可获得的海关程序提供此类贸易便利化措施，而无须制订单独计划
TPP	自动化	第5.6条：1.每一缔约方应：(a) 努力使用有关货物放行程序的国际标准；(b) 使海关用户能够使用电子系统；(c) 使用电子或自动化系统进行风险分析和确定目标；(d) 按照世界海关组织的数据模型，努力实施进出口数据的共同标准和要素；(e) 酌情考虑到通过世界海关组织或亚太经合组织制定的世界海关组织标准、建议、模式和方法；(f) 致力于开发一套从世界海关组织数据模型和相关海关组织建议以及指导方针中提取的共同数据元素，以便利政府间电子共享数据，以分析贸易流量。2.每一缔约方应努力提供一种便利，使进口商和出口商能够在一个单一入境点以电子方式完成标准化的进出口要求
CPTPP	自动化	第5.6条：1.每一缔约方应：(a) 努力使用有关货物放行程序的国际标准；(b) 使海关用户能够使用电子系统；(c) 使用电子或自动化系统进行风险分析和确定目标；(d) 按照世界海关组织的数据模型，努力实施进出口数据的共同标准和要素；(e) 酌情考虑到通过世界海关组织或亚太经合组织制定的世界海关组织标准、建议、模式和方法；(f) 致力于开发一套从世界海关组织数据模型和相关海关组织建议以及指导方针中提取的共同数据元素，以便利政府间电子共享数据，以分析贸易流量。2.每一缔约方应努力提供一种便利，使进口商和出口商能够在一个单一入境点以电子方式完成标准化的进出口要求
USMCA	贸易便利化	第7.1条：1.双方确认其在《世界贸易组织协定》附件1A所载《贸易便利化协定》下的权利和义务。2.为了尽量减少贸易商因货物进口、出口或过境而产生的费用，各缔约国应以便利货物进口、出口或过境的方式管理其海关程序，并支持遵守其法律。3.缔约方应在根据第7.24条（贸易便利化委员会）设立的贸易便利化委员会内讨论促进贸易的其他措施。鼓励各缔约方在本章义务的基础上采取进一步措施，以期进一步促进贸易

续表

协定	条目	内容
USMCA	信息技术的使用	第7.9条：每一缔约方应：（a）使用能够加快货物放行程序的信息技术；（b）通过电子手段提供货物进出口或过境所需的任何申报单或其他形式；（c）允许以电子格式提交报关单和相关文件；（d）使进口商、出口商、在其领土内从事货物过境的人员和其他海关用户能够使用电子系统，以便提交和接收信息；（e）促进电子系统的使用，以便利贸易商与其海关管理局和其他相关机构之间的沟通；（f）通过或维持允许电子支付进口或出口所征收或与之有关的关税、税款、费用或收费的程序海关和其他相关机构；（g）根据第7.12条（风险管理）使用电子风险管理系统；（h）努力允许进口商通过其电子系统，通过一次提交更正先前提交给涉及该方的多份进口报关单
	单一窗口	第7.10条：1. 每一缔约方应建立或维持一个单一窗口系统，使其能够通过单一入口点以电子方式提交其进口到其领土所需的文件和数据。2. 各缔约方应审查其单一窗口系统的运作情况，以期扩大其功能，以涵盖其所有进出口和过境交易。3. 各缔约方应及时通过单一窗口系统将货物放行的状态通知使用其单一窗口系统的人员。4. 如果一方通过单一窗口系统收到货物或货物装运的文件或数据，则该方不得要求该货物或货物装运的相同文件或数据，除非在紧急情况下或根据其法律、法规或程序规定的其他有限例外情况。如果提供电子副本，各方应尽量减少对纸质文件的要求
	促进贸易便利化的海关举措	第7.23条：1. 各缔约方应合作制定和实施与本节所述贸易便利化措施有关的海关举措，以及其他贸易便利化举措。2. 这种合作可包括以下方面的信息共享或合作：（a）实施海关程序的最佳做法；（b）海关和贸易合规措施的管理；（c）海关当局之间在业务一级的接触，以解决与经常性跨界业务有关的问题，并解决具体案件，包括待处理的货物；（d）制定和执行各种程序，以便利跨境贸易和改善与该行动有关的海关业务，货物放行和清关；（e）协调每种运输方式下的货物舱单数据要求；（f）实施旨在促进货物通过其入境港的移动的方案，包括在可行的情况下调整服务时间、联合海关检查和使用共享设施；（g）位于其共同边界的入境港的设计、开发和建造

411

续表

协定	条目	内容
TTIP	信息技术的使用	第2条：1. 每一缔约方应使用能够加快货物放行程序的信息技术，以便利缔约方之间的贸易。2. 各缔约方应：（a）以电子方式提供货物进口、过境或出口所需的报关单；（b）允许以电子格式提交报关单；（c）建立与贸易界电子交换海关信息的手段；（d）促进各自贸易商和海关当局以及其他有关机构之间的电子数据交换；（e）使用电子风险管理系统进行评估和确定目标，使其海关当局能够将检查重点放在高风险货物上，并便利低风险货物的放行和移动
	电子支付	第10条：每一缔约方应采用或保持允许电子支付海关在进出口时征收的关税、税款、费用和收费的程序

（二）快件运输规则比较

为了适应跨境电商和快件运输，各协定有关快件运输的规则均提出要减少快件运输所需要的单证，目的就是简化通关程序，提高通关效率。《区域全面经济伙伴关系协定》条款中提出对快运货物的规定："第一款的任何规定不得影响一缔约方对货物进行查验、扣留、扣押、没收、拒绝入境或进行后续稽查的权力，包括与使用风险管理系统相关的权力"[①]。《美国—墨西哥—加拿大协定》则对可以采用更少的海关手续的具体金额做出了规定[②]（见表6-3）。

[①] https：//rcepsec. org/legal-text/(Regional Comprehensive Economic Partnership Agreement)（RCEP Agreement）.

[②] https：//ustr. gov/trade-agreements/free-trade-agreements/united-states-mexico-canada-agreement/agreement-between/(United States-Mexico-Canada Agreement)（USMCA）.

表 6-3　　　　　　　　　　有关快件运输规则比较

协定	条目	内容
WTO协定	加快运输	第7条第8点：8.1各成员国应在保持海关管制的同时，采取或维持至少允许通过航空货运设施进入的货物快速放行给申请此种待遇的人的程序，如果一成员采用标准9限制可适用的人员，该成员可在公布的标准中要求，作为对其加急装运适用第8.2条所述待遇的资格条件，各成员应：（a）尽量减少按照第10条第1款放行加急装运所需的文件，并在可能的情况下，规定在提交有关某些装运的单一信息的基础上放行；（b）规定在正常情况下，只要已提交放行所需的资料，加急装运货物在抵达后应尽快放行
RCEP协定	快运货物	第4.15条：每一缔约方应当通过以下方式，采取或设立海关程序，在维持适当的海关监管和选择的同时，至少允许通过航空货运设施入境的货物加快通关：（a）规定抵达前处理与快运货物相关的信息；（b）在可能的范围内，允许通过电子方式，一次性提交涵盖一批快运货物中所有货物的信息；（c）将放行快运货物所需的单证减小到最低程度；（d）规定在正常情况下尽快放行快运货物，并且在可能的情况下，在货物抵达并且提交放行所需信息后6小时内放行；（e）努力将第（a）项到第（d）项中的待遇适用于任何重量或价值的货物，同时认可允许一缔约方要求额外的入境程序，包括申报、证明单证及关税和国内税的支付，并且基于货物种类限制此类待遇，只要此类待遇不仅限于文件等低价值货物
TPP	快件运输	第5.7条：各缔约方应在保持适当的海关管制和选择的同时，对快件采用或维持快速海关程序。这些程序应：（a）规定在快件到达之前提交和处理放行快件所需的信息；（b）允许通过电子手段一次性提交涵盖快件所含所有货物的信息，例如舱单；（c）在可能的范围内，对某些货物的放行作出规定，并提供最低限度的文件；（d）在正常情况下，规定在提交必要的海关单据后6小时内放行快件，但前提是货物已抵达；（e）适用于任何重量或价值的货物认识到一方可能需要正式的入境手续作为放行的条件，包括根据货物的重量或价值申报和提供证明文件以及缴纳关税；（f）规定在正常情况下，对价值低于该规定的固定金额的快件，不征收关税

续表

协定	条目	内容
CPTPP	快件运输	第5.7条：各缔约方应在保持适当的海关管制和选择的同时，对快件采用或维持快速海关程序。这些程序应：(a) 规定在快件到达之前提交和处理放行快件所需的信息；(b) 允许通过电子手段一次性提交涵盖快件所含所有货物的信息，例如舱单；(c) 在可能的范围内，对某些货物的放行作出规定，并提供最低限度的文件；(d) 在正常情况下，规定在提交必要的海关单据后6小时内放行快件，但前提是货物已抵达；(e) 适用于任何重量或价值的货物认识到一方可能需要正式的入境手续作为放行的条件，包括根据货物的重量或价值申报和提供证明文件以及缴纳关税；(f) 规定在正常情况下，对价值低于该规定的固定金额的快件，不征收关税
USMCA	快件运输	第7.8条：每一缔约方应在保持适当的海关管制的同时，对快件采取或维持具体的快速海关程序。这些程序应：(a) 规定在快件到达之前提交和处理放行快件所需的信息；(b) 允许通过电子手段（如可能）一次性提交涵盖快件所含所有货物的舱单等信息；(c) 加快放行在可能的范围内，以最低限度的文件或一次提交的资料为依据，对这些货物作出规定；(d) 规定在正常情况下，这些货物在抵达后立即放行，但必须提交所有必要的文件和数据；(e) 适用于任何重量或价值的货物，认识到一方可能需要正式的入境手续作为放行的条件，包括根据货物的重量或价值提交报关单、证明文件和缴纳关税；(f) 规定在正常情况下，在正常情况下，如果一方当事人的快递货物价值不超过该缔约方法律规定的固定金额，则在进口时点或需要办理正式入境手续时，不征收关税或税款，前提是该货物不属于为逃避关税或税收或避免适用于进口方要求的正式入境程序的任何法规而进行或计划进行的一系列货物的一部分
TTIP	加急装运	第6条：每一缔约方应确保其海关当局、边境机构或其他主管当局：(a) 规定在不超过确保遵守其海关和其他与贸易有关的法律和手续所需的期限内迅速放行货物；(b) 使货物在抵达时以电子方式放行贸易商提交货物信息，允许主管当局在货物到达之前处理该信息，前提是满足发布条件；(c) 允许在最终确定和支付关税、税费之前放行货物。在放行货物之前，一方当事人可以要求进口商以担保人、保证金或其他适当的文书的形式提供充分的担保。该担保不得超过保证支付担保所涵盖货物的关税、税款和费用所需的金额。保函不再需要时，应予以解除

(三) 货物放行规则比较

各协定有关货物放行的规则均提出要"设立简化的海关程序",目的是提高货物放行效率。与《跨太平洋伙伴关系协定》和《全面与进步跨太平洋伙伴关系协定》相比,《世界贸易组织协定》和《区域全面经济伙伴关系协定》都增加了对易腐货物放行的有关规定[①](见表6-4)。

表6-4　　　　　　　　　　有关货物放行规则比较

协定	条目	内容
WTO协定	货物放行和清关	第7条:1.出行前处理:1.1各成员应采用或维持允许提交进口文件和其他所需信息(包括舱单)的程序,以便在货物到达前开始处理,以便加快货物到达后放行。1.2各成员应酌情规定以电子格式提前递交文件,以便在抵达前处理此类文件。2.电子支付:各成员国应在切实可行的范围内采用或维持允许选择以电子方式支付进口和出口时由海关收取的关税、税项、费用和费用的程序。3.关税、税收、费用和收费的最终确定与豁免分离
RCEP协定	货物放行	第4.11条:1.每一缔约方应当为有效率地放行货物而采取或设立简化的海关程序,以便利缔约方之间的贸易。为进一步明确,本款不得要求一缔约方放行一项尚未满足放行要求的货物。2.根据第1款,每一缔约方应当采取或设立允许货物从海关通关的时间不得超过保证遵守海关法律和法规所需的时间,并尽可能在货物抵达后和提交所有海关通关所需信息后48小时内放行的程序
TPP	货物放行	第5.10条:1.每一缔约方应采取或保持简化的海关程序,以便有效地放行货物,以便利缔约方之间的贸易。本款不应要求一方在未达到货物放行要求的情况下放行货物。2.根据第1款,每一缔约方应采取或维持以下程序:(a)规定在不超过确保遵守其海关法所需的期限内,并尽可能在货物抵达后48小时内放行货物;(b)规定以电子方式提交和处理货物到达前的海关信息,以便在货物到达时加快海关放行;(c)允许货物在到达点放行,而不需临时转移到仓库或其他设施;以及(d)允许进口商在最终确定关税之前获得货物放行,进口方海关总署在货物到达前或抵达后未及时确定的税费,前提是货物有资格放行,且进口方要求的任何担保已提供或已支付拒付(如果一方要求)。拒付是指在金额有争议且有解决争议的程序的情况下支付关税、税费

---

① https://www.wto.org/english/docs_e/legal_e/final_e.htm/(World Trade Organization Agreement)(WTO Agreement).

续表

协定	条目	内容
CPTPP	货物放行	第5.10条：1. 每一缔约方应采取或保持简化的海关程序，以便有效地放行货物，以便利缔约方之间的贸易。本款不应要求一方在未达到货物放行要求的情况下放行货物。2. 根据第1款，每一缔约方应采取或维持以下程序：（a）规定在不超过确保遵守其海关法所需的期限内，并尽可能在货物抵达后48小时内放行货物；（b）规定以电子方式提交和处理货物到达前的海关信息，以便在货物到达时加快海关放行；（c）允许货物在到达点放行，而不需临时转移到仓库或其他设施；以及（d）允许进口商在最终确定关税之前获得货物放行，进口方海关总署在货物到达前或抵达后未及时确定的税费，前提是货物有资格放行，且进口方要求的任何担保已提供或已支付拒付（如果一方要求）。拒付是指在金额有争议且有解决争议的程序的情况下支付关税、税费
USMCA	货物放行	第7.7条：1. 每一缔约方应采取或保持简化的海关程序，以便有效地放行货物，以便利缔约方之间的贸易。2. 根据第1款，每一缔约方应采取或维持下列程序：（a）规定在收到报关单并履行所有适用要求和程序后立即放行货物；（b）规定以电子方式提交和处理文件和数据，包括舱单，在货物到达之前，为了加快货物到达时海关监管的放行；（c）允许货物在到达点放行，而不需要临时转移到仓库或其他设施；（d）如果一方当事人没有及时放行货物，则要求通知进口商，包括在其法律允许的范围内，不放行货物的原因，以及哪一个边境机构（如果不是海关总署）扣留了货物放行。3. 每一缔约方应采取或保持程序，规定在货物最终确定和支付对货物进口征收的或与之有关的任何关税、税收、费用和收费之前放行货物，但这些货物在抵达之前或抵达时没有立即确定，但货物在其他方面是合格的并提供了进口方要求的任何担保
TTIP	货物放行	第4条：每一缔约方应确保其海关当局、边境机构或其他主管当局：（a）规定在不超过确保遵守其海关和其他与贸易有关的法律和手续所需的期限内迅速放行货物；（b）使货物在抵达时以电子方式放行贸易商提交货物信息，允许主管当局在货物到达之前处理该信息，前提是满足发布条件；（c）允许在最终确定和支付关税、税费之前放行货物。在放行货物之前，一方当事人可以要求进口商以担保人、保证金或其他适当的文书的形式提供充分的担保。该担保不得超过保证支付担保所涵盖货物的关税、税款和费用所需的金额。保函不再需要时，应予以解除

(四) 风险管理规则比较

各协定关于风险管理规则均提出要"维持一个风险管理系统,并将风险管理集中在高风险货物,加快放行低风险货物"[①]。《跨太平洋伙伴关系协定》《全面与进步跨太平洋伙伴关系协定》《世界贸易组织协定》《美国—墨西哥—加拿大协定》和《跨大西洋贸易与投资伙伴协定》都明确了海关风险管理的规则条款。在进行风险管理的选择标准上,《区域全面经济伙伴关系协定》和《世界贸易组织协定》均提出"每一缔约方应当基于通过适当选择性标准(协调制度编码、货物性质和描述、原产国、货物启运国、货值、贸易商合规记录以及运输工具类型等)进行的风险评估进行风险管理"[②](见表6-5)。

表6-5　　　　　　　　　　有关风险管理规则比较

协定	条目	内容
WTO协定	风险管理	第7条第4点:4.1 各成员国应尽可能采用或维持一套海关监管风险管理系统。4.2 各成员应以避免对国际贸易的任意或不合理歧视或变相限制的方式设计和应用风险管理。4.3 各成员国应集中对高风险货物进行海关管制,并在可能的情况下实施其他相关边境管制,并加快对低风险货物的放行。一成员也可随机选择委托进行此类控制,作为其风险管理的一部分。4.4 各成员应通过适当的选择标准将风险评估作为风险管理的基础。这种选择性标准除其他外可包括协调制度代码、货物的性质和说明、原产国、货物装运国、货物价值、贸易商的遵守记录和运输工具类型
RCEP协定	风险管理	第4.14条:1. 每一缔约方应当采取或设立用于海关监管的风险管理制度。2. 每一缔约方应当以避免任意或不合理的歧视或避免构成对国际贸易变相限制的方式,设计和实施风险管理。3. 每一缔约方应当将海关监管,并且在可能的范围内将其他相关边境监管集中于高风险货物,加快放行低风险货物。每一缔约方还可随机选择货物进行此类监管,并将其作为风险管理的一部分。4. 每一缔约方应当基于通过适当选择性标准进行的风险评估进行风险管理。此类选择性标准可以包括,尤其是协调制度编码、货物性质和描述、原产国、货物启运国、货值、贸易商合规记录以及运输工具类型

---

① https://ustr.gov/trade-agreements/free-trade-agreements/trans-pacific-partnership/tpp-full-text/(Trans-Pacific Partnership)(TPP).

② https://rcepsec.org/legal-text/(Regional Comprehensive Economic Partnership Agreement)(RCEP Agreement).

续表

协定	条目	内容
TPP	风险管理	第5.9条：1. 每一缔约方应采用或维持一个风险管理系统，以评估和确定目标，使其海关当局能够将其检查活动集中于高风险货物，并简化低风险货物的清关和移动。2. 为了便利贸易，每一缔约方应定期审查和酌情更新第1款规定的风险管理制度
CPTPP	风险管理	第5.9条：1. 每一缔约方应采用或维持一个风险管理系统，以评估和确定目标，使其海关当局能够将其检查活动集中于高风险货物，并简化低风险货物的清关和移动。2. 为了便利贸易，每一缔约方应定期审查和酌情更新第1款规定的风险管理制度
USMCA	风险管理	第7.12条：1. 每一缔约方保持一个评估和确定目标的风险管理系统，使其海关当局和参与跨境贸易过程的其他机构能够将检查活动重点放在高风险货物上，并简化低风险货物的放行和移动。2. 每一缔约方应以通过适当的选择性标准对风险进行评估为基础进行风险管理。3. 每一缔约方应以避免对国际贸易的任意或不合理的歧视或变相限制的方式设计和实施风险管理。4. 为便利贸易，各缔约方应定期审查并酌情更新其风险管理制度。5. 缔约方应酌情通过改进风险分析和风险目标系统的兼容性，努力加强各自的风险评估
TTIP	风险管理	第13条：1. 每一缔约方应在通过适当的选择性标准对风险进行评估的基础上，采用或维持海关和其他有关边境管制的风险管理制度。2. 各缔约方应对进出口贸易的海关和其他有关边境管制集中在高风险货物上，并加快低风险货物的放行。作为风险管理的一部分，每一方还可以随机选择此类控制的委托。3. 每一缔约方应以避免对国际贸易的任意或不合理的歧视或变相限制的方式设计和实施风险管理（注：在关于使用信息技术的起草提案中提到了电子风险管理系统。将在规定海关和贸易便利化一章目标的开场白中提议，一般性地提及每一缔约方对各自规则和要求，包括风险管理的定期审查）

（五）预先裁决规则比较

《世界贸易组织协定》《北美自由贸易协定》《区域全面经济伙伴关系协定》《跨太平洋伙伴关系协定》《全面与进步跨太平洋伙伴关系协定》《美国—墨西哥—加拿大协定》和《跨大西洋贸易与投资伙伴协定》规则中都有关于"预先裁决"的具体要求，规定"在货物进口至其境内之前,根据进口商提供的事实和情况,向其境内的进口商或另一缔约方境内的出口商或生产商迅速发布书面事先裁定"[1],以加快货物通行速度。《区域全面经济伙伴关系协定》中将作出预先裁决的规定期限缩短至 90 天[2],在《美国—墨西哥—加拿大协定》中期限为 120 天[3],而在《跨太平洋伙伴关系协定》和《全面与进步跨太平洋伙伴关系协定》中为 150 天[4](见表 6-6)。

表 6-6 有关预先裁决规则比较

协定	条目	内容
WTO 协定	预先裁决	第 3 条:1. 每一成员应以合理的、有时限的方式向提交了包含所有必要信息的书面请求的申请人发出预先裁决。如果一名成员拒绝发出预先裁定,它应立即书面通知申请人,并说明其决定的相关事实和依据。2. 在下列情况下,成员可拒绝向申请人发出预先裁定:(a)申请人的案件已在任何政府机构、上诉法庭或法院悬而未决;或(b)已被任何上诉法庭或法院裁定。3. 先行裁决在作出后一段合理时间内有效,但支持该裁决的法律、事实或情况发生变化的除外。4. 若成员撤销、修改或使预先裁决无效,则应向申请人提供书面通知,说明其决定的相关事实和依据。如果某一成员撤销、修改或使具有追溯效力的预先裁定无效,则该成员只能在该裁定基于不完整、不正确、虚假或误导性信息的情况下这样做。5. 一成员就寻求裁决的申请人发出的预先裁决应对该成员具有约束力。成员可规定预先裁决对申请人具有约束力。6. 每一成员应至少公布:(a)关于预先裁决申请的要求,包括应提供的信息和格式;(b)委员会发出预先裁定的期限;和(c)预先裁定有效的时间。7. 根据申请人的书面请求,各成员应对预先裁决或撤销、修改或使预先裁决无效的决定进行复审

---

① https://www.sice.oas.org/trade/nafta/naftatce.asp/(North American Free Trade Agreement)(NAFTA).

② https://rcepsec.org/legal-text/(Regional Comprehensive Economic Partnership Agreement)(RCEP Agreement).

③ https://ustr.gov/trade-agreements/free-trade-agreements/united-states-mexico-canada-agreement/agreement-between/(United States-Mexico-Canada Agreement)(USMCA).

④ https://ustr.gov/trade-agreements/free-trade-agreements/trans-pacific-partnership/tpp-full-text/(Trans-Pacific Partnership)(TPP).

续表

协定	条目	内容
NAFTA	预先裁决	第509条：各缔约方应通过其海关管理部门，规定在货物进口至其境内之前，根据进口商提供的事实和情况，向其境内的进口商或另一缔约方境内的出口商或生产商迅速发布书面事先裁定，货物出口商或生产商，涉及：(a) 从非缔约方进口用于生产货物的材料是否因完全在一个或多个缔约方境内生产而发生附件401所列关税分类的适用变更；(b) 根据第四章规定的交易价值法或净成本法，商品是否满足区域价值含量要求；(c) 为确定一件商品是否满足第四章所述的区域价值含量要求，出口商或生产商在另一缔约方领土内按照《海关估价法典》的原则将适用的适当价值基础或方法；计算该商品或生产该商品所用材料的交易价值；(d) 目的是确定一个好的满足区域价值内容要求在第四章，适当的基础或方法合理分配成本，按照分配方法的统一规定，计算的净成本好或中间产品的价值；(e) 该商品是否符合第四章规定的原产商品；(f) 在货物从其领土出口到另一方领土进行修理或改造后重新进入其领土的货物，是否有资格按照第307条（修理或改造后重新进入的货物）享受免税待遇；(g) 建议或实际在货品上进行的标记
RCEP协定	预裁定	第4.10条：1. 每一缔约方应当在另一缔约方货物进口至其领土前，向提交了包含所有必要信息的书面申请的出口商、进口商或具有合理理由的任何人或其代表，以书面形式就下列事项作出预裁定：(a) 税则归类；(b) 一货物依照第三章（原产地规则）是否属原产货物；(c) 依照《海关估价协定》，根据特定事实用于确定完税价格的适当方法或标准，以及其适用情况；(d) 缔约方可能同意的其他事项。2. 一缔约方可要求一申请人在该缔约方内拥有法人代表或进行注册。在可能的范围内，此类要求不得限制有资格申请预裁定的人员类别，并且应当特别考虑中小企业的特定需求。这些要求应当明确、透明，并且不得构成任意或不合理的歧视。3. 每一缔约方应当采取或设立发布预裁定的程序，以便：(a) 规定申请预裁定所要求的信息；(b) 规定在评估预裁定申请的过程中，每一缔约方可以随时要求申请人提供评估申请所必需的补充信息，其中可能包括货物样品；(c) 保证预裁定是基于申请人提交的事实和情况，以及决定者所掌握的任何其他相关信息作出；(d) 保证预裁定包括相关事实和作出决定的根据。4. 每一缔约方应当以作出预裁定的缔约方的官方语言或其决定的语言作出预裁定。预裁定应当在收到所有必要信息后，以合理的、规定的方式在规定期限内，并且尽可能在90天内向申请人作出。每一缔约方应当在此类申请之前，规定并公布作出预裁定的期限。在海关收到申请后，确有合理理由超过规定期限作出预裁定的，海关应当在规定期限届满前将此类延迟的理由通报申请人。5. 如构成预裁定基础的事实和情况是行政复议或司法审查对象，一缔约方可以拒绝作出预裁定。拒绝作出预裁定的缔约方应当以书面形式迅速通知申请人，并列明相关事实、情况，以及拒绝作出预裁定决定的依据。6. 如依照第3款第（b）项，要求以书面形式提交的补充信息，未能在该缔约方以书面形式要求申请人提交补充信息时确定的合理期限内提交，一缔约方可以拒绝预裁定的申请。7. 每一缔约方应当规定，预裁定应当自作出之日起，或裁定明确的另一日期起生效，只要裁定所依据的法律、法规和行政法规，以及事实和情况未发生改变。在遵守第八款的情况下，预裁定的有效期至少应当为3年

续表

协定	条目	内容
TPP	预先裁决	第5.3条：1. 每一缔约方应在一方货物进口到其领土之前，应其领土内的进口商或另一缔约方领土上的出口商或生产商的书面请求，就下列事项作出书面预先裁决：(a) 关税分类；(b) 根据《海关估价协定》对特定案件适用海关估价标准；(c) 货物是否按照第3章（原产地规则和原产地程序）原产；(d) 当事方可能决定的其他事项。2. 每一方应尽快作出预先裁决，但在任何情况下不得迟于收到请求后的150天，前提是请求人已提交接受方作出预先裁决所需的所有信息。如果接受方提出请求，这包括请求方要求事先裁定的货物样本。当事人作出预先裁定，应当考虑请求人提供的事实和情况。为了更确切地说，如果构成预先裁决依据的事实和情况是行政或司法审查的对象，一方当事人可以拒绝做出预先裁决。当事人拒绝做出预先裁定的，应当及时书面通知请求人，说明有关事实和情况，并说明拒绝做出预先裁决的决定的依据。3. 每一方应规定，其预先裁决应自发布之日或裁决中规定的另一日期生效，并至少持续三年，前提是裁决所依据的法律、事实和情况保持不变。如果一方当事人的法律规定预先裁决在一段固定的时间后无效，该当事人应努力提供程序，使请求人在裁决无效之前，在裁决所依据的法律、事实和情况没有改变的情况下，能够迅速地在裁决无效之前重新做出裁决
CPTPP	预先裁决	第5.3条：1. 每一缔约方应在一方货物进口到其领土之前，应其领土内的进口商或另一缔约方领土上的出口商或生产商的书面请求，就下列事项做出书面预先裁决：(a) 关税分类；(b) 根据《海关估价协定》对特定案件适用海关估价标准；(c) 货物是否按照第3章（原产地规则和原产地程序）原产；(d) 当事方可能决定的其他事项。2. 每一方应尽快作出预先裁决，但在任何情况下不得迟于收到请求后的150天，前提是请求人已提交接受方做出预先裁决所需的所有信息。如果接受方提出请求，这包括请求方要求事先裁定的货物样本。当事人做出预先裁定，应当考虑请求人提供的事实和情况。为了更确切地说，如果构成预先裁决依据的事实和情况是行政或司法审查的对象，一方当事人可以拒绝做出预先裁决。当事人拒绝做出预先裁定的，应当及时书面通知请求人，说明有关事实和情况，并说明拒绝作出预先裁决的决定的依据。3. 每一方应规定，其预先裁决应自发布之日或裁决中规定的另一日期生效，并至少持续三年，前提是裁决所依据的法律、事实和情况保持不变。如果一方当事人的法律规定预先裁决在一段固定的时间后无效，该当事人应努力提供程序，使请求人在裁决无效之前，在裁决所依据的法律、事实和情况没有改变的情况下，能够迅速地在裁决无效之前重新做出裁决

续表

协定	条目	内容
USMCA	预先裁决	第7.5条：1.货物进口到其境内之前，各方应当通过其海关当局事先作出书面裁定，规定该货物进口时各方应当给予的待遇。2.每一缔约方应允许出口商、进口商、生产商或任何其他有正当理由的人或其代表请求事先做出书面裁决。3.任何一方不得要求另一方的出口商或生产商与位于进口缔约方领土内的人建立或维持合同关系或其他关系，以此作为要求作出预先裁决的条件。4.每一缔约方应就以下事项发出预先裁决：（a）关税分类；（b）根据《海关估价协定》对特定情况适用海关估价标准；（c）货物的原产地，包括货物是否符合本协定条款规定的原产货物；（d）货物是否受配额或税率配额的限制；（e）双方可能约定的其他事项。5.每一缔约国应在其领土内采取或维持统一的程序，以发布预先裁决，包括详细说明处理裁决申请所需的资料。6.每一缔约方应规定其海关当局：（a）在对预先裁定请求进行评估的过程中，可随时要求请求裁定的人提供补充信息或要求提前裁定的货物样本；（b）在发布预先裁决时，考虑到请求作出裁决的人提供的事实和情况；（c）尽快做出裁决，在任何情况下，不得迟于从请求提前裁决的人那里获得所有必要信息后120天；（d）向该人提供对裁决理由的充分解释。7.每一方应规定，其预先裁决自发布之日起或在裁决中规定的较后日期生效，除非预先裁决被修改或撤销，否则该裁决继续有效
TTIP	预先裁决	第15条：1.每一缔约方应在进口前，以合理、有时限的方式向已提交包含所有必要信息的书面请求的申请人发出事先裁定书。2.先行裁定自发布之日起至少三年内有效，但原先行裁定所依据的法律、事实或者情况发生变化的除外。3.如果提出的问题是行政或司法审查的对象，或者申请与预先裁决的任何预期用途无关，一方当事人可以拒绝发出预先裁决。当事人拒绝作出预先裁定的，应当及时书面通知申请人，说明有关事实和决定的依据。4.每一方应至少公布：a.申请预先裁决的要求，包括提供的信息和格式；b.它将发出预先裁决的时间。c.预先裁决有效的时间长度。5.当事人撤销、变更或者撤销预先裁定无效的，应当书面通知申请人，说明有关事实和作出决定的依据。当事人撤销、变更或者撤销具有溯及力的预先裁定的，只有基于不完整、不正确、虚假或者误导性信息的，才可以撤销、变更或者无效。6.预先裁定对申请人有约束力。当事人可以规定预先裁决对申请人具有约束力

（六）海关合作规则比较

《美国—墨西哥—加拿大协定》《跨太平洋伙伴关系协定》《全面与进步跨太平洋伙伴关系协定》和《区域全面经济伙伴关系协定》都提出加强海关合作规则条款，"鼓励就影响贸易的货物的海关问题进行国际合作，提供任何重大行政变更、法律修改的事先通知或与管理进口、出口或过境程序的法律或法规有关的、可能对协定的实施产生重大影响或可能影响一方海关和贸易法律法规的有效实施和执行的法规或其他措施"[1]（见表6-7）。

表6-7　　　　　　　　　　　有关海关合作规则比较

协定	条目	内容
RCEP协定	海关合作	第4.19条：1.在认为适当的情况下，每一缔约方的海关可以在下列方面协助其他缔约方海关：(a) 本章的实施和运行；(b) 制定和实施海关最佳实践和风险管理技术；(c) 简化和协调海关程序；(d) 提高技术技能和技术的使用；(e)《海关估价协定》的适用；(f) 缔约方可能共同决定的其他海关问题。2.每一缔约方应当，在可能的范围内，将任何重大的行政变动，法律或法规，或与其规制进口或出口的法律或法规相关的，可能对本章的运用产生实质性影响的类似措施的修改，及时通知其他缔约方。通知可以以英文或该缔约方的语言作出，并将向根据第四章第二十条（磋商和联络点）指定的联络点提供。3.一缔约方海关，在认为适当的情况下，可以与其他缔约方共享关于海关管理发展的信息和经验。4.每一缔约方应当在可能和可行的范围内，与拥有共同边界的其他缔约方，根据共同同意的条款进行合作，以协调跨境程序，从而便利跨境贸易

---

[1] https：//ustr.gov/trade-agreements/free-trade-agreements/united-states-mexico-canada-agreement/agreement-between/(United States-Mexico-Canada Agreement)(USMCA).

续表

协定	条目	内容
TPP	海关合作	第5.2条：1. 为了促进本协定的有效实施，每一方应：（a）鼓励与其他各方就影响双方之间贸易的货物的重大海关问题进行合作；（b）努力向每一方提供任何重大行政变更、修改的事先通知可能对本协定的实施产生实质性影响的法律、法规或与其管理进出口的法律、法规有关的类似措施。2. 各缔约方应根据本国法律，通过信息共享和其他适当活动与其他缔约方合作，以遵守各自有关下列方面的法律和法规：（a）本协定有关进出口的规定的实施和实施，包括优惠关税待遇的要求、提出优惠关税待遇要求的程序和核查程序；（b）海关估价协定的实施、适用和运作；（c）限制或禁止进出口；（d）调查和防止海关违法行为，包括逃税和走私；（e）缔约国可能决定的其他海关事项。3. 如果一方当事人合理怀疑其有关进口的法律、法规有违法行为，可以要求另一方提供通常收集的与货物进口有关的具体保密信息。4. 一方当事人根据第三款提出请求的，应当：（a）以书面形式提出；（b）说明请求提供信息的目的；（c）以足够的具体程度确定所请求的信息，使另一方当事人能够找到并提供该信息。5. 根据第三款被请求提供信息的缔约方应在不违反其法律和其作为缔约方的任何有关国际协定的前提下，提供载有所请求信息的书面答复
CPTPP	海关合作	第5.2条：1. 为了促进本协定的有效实施，每一方应：（a）鼓励与其他各方就影响双方之间贸易的货物的重大海关问题进行合作；（b）努力向每一方提供任何重大行政变更、修改的事先通知可能对本协定的实施产生实质性影响的法律、法规或与其管理进出口的法律、法规有关的类似措施。2. 各缔约方应根据本国法律，通过信息共享和其他适当活动与其他缔约方合作，以遵守各自有关下列方面的法律和法规：（a）本协定有关进出口的规定的实施和实施，包括优惠关税待遇的要求、提出优惠关税待遇要求的程序和核查程序；（b）海关估价协定的实施、适用和运作；（c）限制或禁止进出口；（d）调查和防止海关违法行为，包括逃税和走私；（e）缔约国可能决定的其他海关事项

续表

协定	条目	内容
USMCA	区域和双边执法合作	第7.25条：1. 双方同意加强和扩大本节规定的海关和贸易执法努力与合作。在这些努力中，双方可以使用任何适用的机制，包括双边合作机制。2. 各缔约方应根据其法律和法规，与其他缔约方合作，以执行或协助执行各自针对缔约方之间货物贸易中的海关违法行为的措施，包括确保本协定项下优惠关税待遇要求的准确性。3. 为促进本协定的有效实施，每一方应：（a）鼓励与其他缔约方就影响双方之间贸易的货物的海关问题进行合作；以及（b）努力向其他各方提供任何重大行政变更、法律修改的事先通知或与管理进口、出口或过境程序的法律或法规有关的、可能对本协定的实施产生重大影响或可能影响一方海关和贸易法律法规的有效实施和执行的法规或其他措施。4. 各缔约国应采取适当措施，如立法、行政或司法行动，以执行其与海关违法行为有关的法律、法规和程序，加强其海关当局与其他有关机构之间的协调以及与另一方的合作。5. 第4款下的措施可包括：（a）具体措施，例如采取执法行动，以发现、防止或处理海关违法行为，特别是针对已确定的海关优先事项，同时考虑到贸易数据，包括进口、出口或过境货物的形态，以查明这些违法行为的潜在或真实来源；（b）采取或维持旨在阻止或处罚海关违法行为的处罚措施；以及（c）为一方政府官员提供履行本协定项下强制执行义务的法定权力。6. 双方应根据各自的法律、法规和程序，通过共享信息进行合作，包括交换历史数据，以及在可行和适当的情况下，交换货物进出口和过境的实时数据，以确定潜在或真实的海关违法行为来源，尤其是在优先倡议或工业部门。各缔约方应确定并保持与另一方安全交换海关数据的能力。7. 每一方应在切实可行的情况下，在符合其法律法规的情况下，向另一方提供其认为有助于接收方发现、预防，或解决潜在的法律问题，特别是那些与非法活动有关的问题，包括逃税、走私和类似的违法行为。此类信息可包括有关涉嫌参与非法活动的任何人的具体数据、运输方式、其他相关信息、执法行动的结果、处罚的适用情况或不寻常的贸易模式，这些信息都是由提供方直接收集并从其他来源获得的。8. 双方应根据各自的法律、法规和程序，通过制定海关执法举措（包括成立特别工作组、联合或协调数据分析、确定特别监测措施和其他行动）努力开展双边或三方合作，防止、阻止和处理海关违法行为，特别是在共同关心的优先事项方面

（七）复审和上诉规则比较

每一成员方拥有对海关当局对原产地决定和提前裁定的复审和上诉的权利，向级别高于或独立于作出该决定的官员或机构提出行政上诉或复议，为提供有效、公正和易于使用的程序，制定了对海关事项的行政决定进行审查和上诉的规则。《世界贸易组织协定》《北美自由贸易协定》《区域全面经济伙伴关系协定》《跨太平洋伙伴关系协定》《全面与进步跨太平洋伙伴关系协定》《美国—墨西哥—加拿大协定》和《跨大西洋贸易与投资伙伴协定》有复审和上诉的具体规定。其中《区域全面经济伙伴关系协定》和《世界贸易组织协定》都规定"每一缔约方应当保证其上诉或审查程序以非歧视的方式进行"①，保障了复审和上诉的公平性（见表6-8）。

表6-8　　　　　　　　　　有关复审和上诉规则比较

协定	条目	内容
WTO协定	上诉或复审程序	第4条：1.（a）向高于或独立于作出该决定的官员或办公室的行政当局提出行政申诉或进行复审；和/或（b）对该决定的司法上诉或复审。2. 一成员的立法可要求在司法上诉或复审之前提出行政上诉或复审。3. 各会员国应确保其上诉或审查程序以非歧视的方式进行。4. 在第1（a）款规定的上诉或复核决定未作出的情况下，各成员应确保：（a）在其法律或条例规定的规定期限内；或（b）申请人有权在不无故拖延的情况下，向行政机关或司法机关提出进一步上诉或进一步复核，或向司法机关提出任何其他申诉。5. 各会员国应确保向第1款所述人员提供行政决定的理由，以便使该人员在必要时能够诉诸上诉或复核程序。6. 鼓励各成员使本条的规定适用于海关以外的有关边境机构发布的行政决定
NAFTA	复审和上诉	第510条：1. 每一缔约方应将其海关当局对原产地决定和提前裁定的复审和上诉的权利，与其向其领土内的进口商提供给任何人的权利大致相同：（a）为已被确定为产地来源的商品填写并签署产地来源证；（b）根据第311条（原产国标记），其货品已被确定为原产国标记的对象；或（c）根据第509条第1款已收到预先裁决的。2. 追溯到第1804条（行政诉讼）和第1805条（审查和吸引力），每一方应当提供审查和上诉的权利称为第一项包括访问：（a）至少一个级别的官员或办公室的行政复议独立负责审查下的决心；（b）依照其国内法，对行政复议的最后一级决定或决定进行司法或准司法审查

---

① https：//rcepsec. org/legal-text/（Regional Comprehensive Economic Partnership Agreement）（RCEP Agreement）.

续表

协定	条目	内容
RCEP协定	审查和上诉	第4.18条：1. 每一缔约方应当规定海关作出的行政决定6所针对的任何人在其领土内有权：（a）向级别高于或独立于作出该决定的官员或机构提出行政上诉或复议；以及（b）对该决定进行司法上诉或审查。2. 一缔约方的立法可以要求在司法上诉或审查前，先进行行政上诉或复议。3. 每一缔约方应当保证其上诉或审查程序以非歧视的方式进行。4. 每一缔约方应当保证，如第1款第（a）项下的上诉或复议决定：（a）未在其法律或法规所规定的期限内作出；或者（b）未能避免不适当的迟延，申诉人有权向行政机关或司法机关提出进一步上诉，或由此类机关进行进一步审查，或向司法机关寻求任何其他救济。5. 每一缔约方应当保证向第一款中所提及的人提供作出行政决定的理由，以使其能够在必要的情况下可以诉诸上诉或审查程序。6. 每一缔约方应当保证第一款中所提及的人，不会仅因为寻求对第一款中所提及的行政决定或疏忽的审查而受到不利的对待。7. 鼓励每一缔约方将本条适用于除海关外的相关边境机构所作出的行政决定。8. 行政或司法审查，或者行政或司法上诉的决定和决定理由，应当以书面形式提供
TPP	复审和上诉	第5.5条：1. 每一方应确保其对海关事项作出裁定的任何人有权获得：（a）对裁定的行政复议，独立于作出裁定的雇员或办事处；（b）对裁定的司法复审。2. 每一缔约方应确保根据第1款进行复审的机关以书面形式将其决定和作出决定的理由通知有关各方。一方当事人可以要求提出请求，作为在复审中说明作出决定的理由的条件
CPTPP	复审和上诉	第5.5条：1. 每一方应确保其对海关事项作出裁定的任何人有权获得：（a）对裁定的行政复议，独立于作出裁定的雇员或办事处；（b）对裁定的司法复审。2. 每一缔约方应确保根据第1款进行复审的机关以书面形式将其决定和作出决定的理由通知有关各方。一方当事人可以要求提出请求，作为在复审中说明作出决定的理由的条件

续表

协定	条目	内容
USMCA	海关裁定的复审和上诉	第7.15条：1. 为提供有效、公正和易于使用的程序，对海关事项的行政决定进行审查和上诉，每一缔约方应确保海关当局向其发出裁定的任何人有权获得：（a）由比作出裁定的雇员或办公室更高或独立的行政当局提出的行政上诉或对裁定的复审；（b）对行政复议最后一级作出的裁定或决定进行的准司法或司法审查或上诉。2. 每一缔约方向其发出行政裁定的人提供行政裁定的理由，并提供关于如何请求复审和上诉的信息。3. 每一缔约方应确保根据第1款进行复审或上诉的当局以书面形式将其在复审或上诉中的裁定或决定以及作出决定或决定的理由通知该人。4. 各缔约方应确保，如果一个人收到第1款规定的行政、准司法或司法复审或上诉的裁定或决定，该裁定或决定应以同样方式适用于该缔约国全境。5. 为了确保贸易商的可预测性和一贯适用其海关法律、法规和程序要求，鼓励各方适用行政、准司法的决定或决定，以及第1款所指的司法当局对其全境海关管理的做法。6. 各方应努力允许贸易商通过电子方式向海关提出行政复议请求或上诉
TTIP	上诉	第17条：1. 每一缔约方应提供有效、迅速、无歧视和易于使用的程序，以保证对海关或其他主管当局影响进出口货物或过境货物的行政行为、裁决和决定提出上诉的权利。2. 上诉程序可包括由监督机关进行行政复议，以及对行政一级根据当事人立法作出的决定进行司法审查。3. 已向海关申请作出决定，但在有关期限内仍未获得决定的，也有权行使上诉权。4. 每一缔约方应向其发出行政决定的人提供作出行政决定的理由，以便该人能够在必要时诉诸上诉程序

（八）处罚规则条款比较

有关处罚规则条款的规定明确了违反海关管理和贸易便利化规则的处罚措施。《世界贸易组织协定》《跨太平洋伙伴关系协定》《全面与进步跨太平洋伙伴关系协定》、《美国—墨西哥—加拿大协定》和《跨大西洋贸易与投资伙伴协定》均规定"各缔约方应确保其海关当局对违反海关法律、法规或程序要求所施加的处罚仅适用于对违反行为负有法律责任的人"①，明确了处罚的责任人，并要求"各缔约方应确保其海关当局对违反其海关法律、法规或程序要求的行为实施处罚时，应向被处罚人提供书面解释"②（见表6-9）。

表6-9　　　　　　　　　　有关处罚规则比较

协定	条目	内容
WTO协定	处罚规程	第6条第3点：3.1 就第3款而言，"处罚"一词系指成员海关当局因违反该成员海关法律、法规或程序要求而实施的处罚。3.2 各成员国应确保，对违反海关法、法规或程序要求的处罚仅适用于根据其法律对违反行为负责的人员。3.3 处罚应根据案件的事实和情况，并应与违约的程度和严重程度相适应。3.4 各成员应确保其维持措施以避免：（a）在罚款和义务的评估和征收方面的利益冲突；（b）在不符合第3.3款的情况下，为评估或征收罚款设立激励机制。3.5 各成员国应确保，当因违反海关法、法规或程序要求而被以处罚时，应向被处以处罚的人员提供书面解释，说明违反的性质和适用的法律，对违反规定的处罚数额或范围的规定或程序。3.6 当某一成员在海关当局发现其违反海关法律、法规或程序要求之前，自愿向其海关当局披露该成员违反海关法律、法规或程序要求的情况时，鼓励该成员酌情：在确定对此人的处罚时，将这一事实作为一个潜在的减刑因素。3.7 本款规定应适用于第3.1款所述的过境交通处罚
NAFTA	处罚	第508条：1. 各方应保持对违反其与本章有关的法律和法规的行为实施刑事、民事或行政处罚的措施。2. 第502（2）条、第504（3）条或第506（6）条中的任何内容均不得被解释为阻止一方根据情况需要采取措施

---

① https：//ustr. gov/trade-agreements/free-trade-agreements/trans-pacific-partnership/tpp-full-text/（Trans-Pacific Partnership Agreement）（TPP）.

② https：//ustr. gov/trade-agreements/free-trade-agreements/trans-pacific-partnership/tpp-full-text/（Trans-Pacific Partnership）（TPP）.

续表

协定	条目	内容
TPP	处罚	第5.8条：1. 每一缔约方应采取或保持措施，允许一方海关当局对违反其海关法律、法规或程序要求，包括关于关税分类、海关估价、原产国和本协定项下优惠待遇要求的法律、法规或程序要求进行处罚。2. 各缔约方应确保其海关当局对违反海关法律、法规或程序要求所施加的处罚仅适用于对违反行为负有法律责任的人。3. 各缔约方应确保其海关当局的处罚取决于案件的事实和情况，并与违反行为的程度和严重程度相称。4. 各方应确保在评估和征收罚款和关税时保持避免利益冲突的措施。政府官员的薪酬不得以任何经评定或征收的罚款或关税的固定部分或百分比计算。5. 各缔约方应确保，如果其海关当局因违反海关法律、法规或程序要求而受到处罚，应向被处罚人提供书面解释，说明违反行为的性质和法律规定，用于确定罚款数额的规定或程序。6. 在海关发现违反海关法律、法规或者程序要求的情形前，当事人自愿向海关总署披露的，该当事人的海关总署应当在适当的情况下，当确定对此人的处罚时，将此事实视为潜在的减轻因素。7. 每一缔约方应在其法律、法规或程序中规定或以其他方式实施一个固定和有限的期限，在该期限内，其海关当局可启动程序，对违反海关法律、法规或程序要求的行为进行处罚。8. 尽管有第7款的规定，海关当局可在规定的有限期限之外处以罚款，以代替司法或行政法庭的诉讼程序
CPTPP	处罚	第5.8条：1. 每一缔约方应采取或保持措施，允许一方海关当局对违反其海关法律、法规或程序要求，包括关于关税分类、海关估价、原产国和本协定项下优惠待遇要求的法律、法规或程序要求进行处罚。2. 各缔约方应确保其海关当局对违反海关法律、法规或程序要求所施加的处罚仅适用于对违反行为负有法律责任的人。3. 各缔约方应确保其海关当局的处罚取决于案件的事实和情况，并与违反行为的程度和严重程度相称。4. 各方应确保在评估和征收罚款和关税时保持避免利益冲突的措施。政府官员的薪酬不得以任何经评定或征收的罚款或关税的固定部分或百分比计算。5. 各缔约方应确保，如果其海关当局因违反海关法律、法规或程序要求而受到处罚，应向被处罚人提供书面解释，说明违反行为的性质和法律规定，用于确定罚款数额的规定或程序。6. 在海关发现违反海关法律、法规或者程序要求的情形前，当事人自愿向海关总署披露的，该当事人的海关总署应当在适当的情况下，当确定对此人的处罚时，将此事实视为潜在的减轻因素。7. 每一缔约方应在其法律、法规或程序中规定或以其他方式实施一个固定和有限的期限，在该期限内，其海关当局可启动程序，对违反海关法律、法规或程序要求的行为进行处罚。8. 尽管有第7款的规定，海关当局可在规定的有限期限之外处以罚款，以代替司法或行政法庭的诉讼程序

续表

协定	条目	内容
USMCA	处罚	第7.18条：1. 每一缔约方应采取或保持允许一方海关当局对违反其海关法律、法规或程序要求，包括关于关税分类、海关估价、过境程序、原产国或优惠待遇要求的法律、法规或程序要求进行处罚的措施。每一缔约国应确保在其领土内以统一的方式实施这些措施。2. 各缔约方应确保其海关当局对违反其海关法律、法规或程序要求所施加的处罚仅限于对违反行为负有法律责任的人。3. 各缔约方应确保其海关当局对违反其海关法律、法规或程序要求所施加的任何处罚取决于案件的事实和情况，包括受罚人以前的任何违反行为，并与违反的程度和严重程度相称。4. 各缔约方应规定，根据第7.2条（在线发布）发布的其法律、法规或程序中规定的海关交易中的文书错误或轻微错误不应被视为违反海关法律、法规或程序要求，并且可以在不评估罚款的情况下予以纠正，除非该错误是该人一贯错误模式的一部分。5. 各方应采取或保持措施，避免在评估和征收罚款和关税时发生利益冲突。政府官员的薪酬不得以任何经评定或征收的罚款或关税的固定部分或百分比计算。6. 各缔约方应确保其海关当局对违反其海关法律、法规或程序要求的行为实施处罚时，应向被处罚人提供书面解释，说明违反行为的性质，包括具体的法律、法规，或者有关的程序性要求，法律、法规或者程序性要求没有明确规定的，确定处罚数额的依据。7. 各方应规定，如果一方根据其法律、法规或程序要求进行了纠正，则在该方发现错误之前，该人员可纠正可能违反海关法律、法规或程序要求的海关交易中的错误（欺诈除外），并支付所欠关税、税款、费用和收费，包括利息。更正应包括识别交易和错误情况。当事人不得利用此错误来评估违反海关法律、法规或程序要求的处罚。8. 各方应规定一个固定的、有限的期限，在该期限内，可就违反海关法律、法规或程序要求提起处罚程序
TTIP	处罚	第16条：1. 每一缔约方应确保其各自的海关法律法规规定，对违反海关条例或程序要求的任何处罚都是相称的和非歧视性的。2. 对违反海关法律、法规或程序要求的处罚仅适用于根据其法律对违反行为负责的人员。3. 处罚应视案件的事实和情节而定，并应与违反行为的程度和严重程度相称。各方应避免对评估或收取罚款的奖励，或在评估和征收罚款时存在利益冲突。4. 如果自愿事先向海关当局披露违反海关法律、法规或程序要求的情况，鼓励各方在确定处罚时将其视为潜在的减轻因素。5. 如果因违反海关法律、法规或程序要求而受到处罚，应向被处罚人提供书面解释，说明违反行为的性质和适用法律，规定违约金数额或范围的规则或程序

(九) 保密规则比较

《跨太平洋伙伴关系协定》和《全面与进步跨太平洋伙伴关系协定》规则明确提出:"如果一方按照规定向另一方提供信息并指定该信息为机密信息,另一方应对该信息保密。提供信息的一方可要求另一方提供书面保证,保证该信息将被保密,仅用于另一方信息请求中规定的目的,未经提供信息的一方或提供信息的人的特别许可,不得披露"[①]。《美国—墨西哥—加拿大协定》增加了"一方可使用或披露从另一方收到的保密信息,但仅限于管理或执行其海关法或该法律另有规定的目的,包括在行政、准司法或司法程序中"[②] 条款,完善了对保密的规定(见表6-10)。

表6-10 有关保密规则比较

协定	条目	内容
WTO协定	保护和保密	第12条第5点:5.1 在符合第5.2段的前提下,请求成员应:(a) 保存所有信息或文档提供的严格要求成员至少在信心和格兰特相同级别的等保护和保密的国内法律和法律体系下提供所请求的成员所描述的第一款6.1 (b) 或 (c);(b) 仅向处理争议事项的海关当局提供信息或文件,并仅将信息或文件用于请求中所述的目的,除非被请求的成员另有书面同意;(c) 未经被请求成员的特定书面许可,不得披露信息或文件;(d) 在任何特定情况下,不得使用被请求成员提供的任何未经核实的信息或文件作为减轻疑虑的决定性因素;(e) 尊重被请求成员就保密信息或文件及个人数据的保留和处置规定的任何具体情况的条件;(f) 应请求,将因提供的信息或文件而就该事项采取的任何决定和行动通知被请求的成员。5.2 提出请求的成员根据其国内法和法律制度,可能无法遵守第5.1款的任何一款。如有,请求成员应在请求中予以说明。5.3 被请求成员对根据第4款收到的任何请求和核查信息应给予至少与被请求成员对其自身类似信息同等程度的保护和保密

---

① https://ustr.gov/trade-agreements/free-trade-agreements/trans-pacific-partnership/tpp-full-text/(Trans-Pacific Partnership)(TPP).

② https://ustr.gov/trade-agreements/free-trade-agreements/united-states-mexico-canada-agreement/agreement-between/(United States-Mexico-Canada Agreement)(USMCA).

续表

协定	条目	内容
NAFTA	保密	第507条：1. 各方应根据其法律对根据本章收集的机密商业信息保密，并应保护该信息不因披露而损害提供该信息的人员的竞争地位。2. 依照本章规定收集的商业机密信息，只能向负责原产地认定管理和执行的主管部门以及海关、税务部门披露
TPP	保密	第5.12条：1. 如果一方按照本章规定向另一方提供信息并指定该信息为机密信息，另一方应对该信息保密。提供信息的一方可要求另一方提供书面保证，保证该信息将被保密，仅用于另一方信息请求中规定的目的，未经提供信息的一方或提供信息的人的特别许可，不得披露。2. 如果另一缔约方未按照第1款行事，该缔约方可拒绝提供该缔约方要求的资料。3. 各方应采取或保持程序，防止未经授权披露根据其海关法管理提交的保密信息，包括披露可能损害信息提供人竞争地位的信息
CPTPP	保密	第5.12条：1. 如果一方按照本章规定向另一方提供信息并指定该信息为机密信息，另一方应对该信息保密。提供信息的一方可要求另一方提供书面保证，保证该信息将被保密，仅用于另一方信息请求中规定的目的，未经提供信息的一方或提供信息的人的特别许可，不得披露。2. 如果另一缔约方未按照第1款行事，该缔约方可拒绝提供该缔约方要求的资料。3. 各方应采取或保持程序，防止未经授权披露根据其海关法管理提交的保密信息，包括披露可能损害信息提供人竞争地位的信息
USMCA	双方之间的保密	第7.28条：1. 如果一方根据本节规定向另一方提供信息，并指定该信息为机密信息或根据接收方法律属于机密信息，接收方应根据其法律对该信息保密。2. 如果另一缔约方未按照第1款行事，该缔约方可拒绝提供该缔约方要求的资料。3. 一方可使用或披露根据本节从另一方收到的保密信息，但仅限于管理或执行其海关法或该方法律另有规定的目的，包括在行政、准司法或司法程序中

三 国际海关管理规则变化的新趋势和特点

（一）海关监管与贸易便利化相结合

海关监管与贸易便利化相结合，简化通关程序、电子化通关、预先裁决、货物快速通关以及设立贸易便利化委员会都是促进贸易便利化的重要措施。随着世界经济全球化和区域经济一体化的发展，尤其是关税水平的进一步降低，传统的非关税措施如配额、进口许可证、自动出口限制、数量性外汇管制以及技术性贸易壁垒等进一步受到约束，繁杂的海关手续和低效的贸易手续阻碍了贸易的顺利发展并增加了贸易成本，因此被世界各国和国际组织视为非关税壁垒。促进贸易便利化是世界各国为了促进国际贸易顺利进行的共同追求。海关监管和贸易便利化相结合也因此成为国际海关管理的谈判热点和发展新趋势。

（二）海关法律和法规适用的可预见性、一致性和透明度要求提高

《区域全面经济伙伴关系协定》中提出《海关程序和贸易便利化》目的是"保证每一缔约方海关法律和法规适用的可预见性、一致性和透明度；促进对每一缔约方海关程序的有效管理，以及货物的快速通关；简化每一缔约方的海关程序，并且在可能的范围内使其与相关国际标准相协调；促进缔约方海关之间的合作；以及便利缔约方之间的贸易，包括通过加强全球和区域供应链环境"[①]。《全面与进步跨太平洋伙伴关系协定》中提出《海关管理和贸易便利化》规则是"每一缔约方应保证其海关程序以可预测、一致和透明的方式适用"[②]。《区域全面经济伙伴关系协定》生效实施后，也将进一步促进我国和《区域全面经济伙伴关系协定》其他贸易伙伴之间海关法律法规适用的可预见性、一致性和透明性，可见，海关法律和法规适用的可预见性、一致性和透明度要求提高，也是当前国际海关管理规则发展变化的新趋势。

（三）海关风险管理加强

贸易便利化和海关监管通常被认为是一对矛盾的概念，但是加强风险管理可以同时实现这两个目的。海关风险管理一直是海关监管的重要

---

① https：//rcepsec.org/legal-text/（Regional Comprehensive Economic Partnership Agreement）（RCEP Agreement）.

② https：//www.sice.oas.org/Trade/TPP/CPTPP/English/CPTPP_Index_e.asp/（Comprehensive and Progressive Agreement for Trans-Pacific Partnership）（CPTPP）.

任务，是加强海关监管和服务的重要工作职责。但是，随着海关职能的扩展和职责的扩大，海关风险管理工作面临的困难和挑战不断增加，改革和创新已逐渐成为海关风险管理变革和发展的方向[①]。

（四）海关职能调整，海关体制创新发展加快

随着全球经济一体化进程的加速，非传统安全问题日益突出，金融、环境、流行病、信息安全、恐怖袭击等非传统安全因素，与传统安全问题交织在一起。新安全问题的转变和持续产生对国家安全构成严重威胁，导致国家安全内涵发生新变化，海关管理职能不断发展，并逐渐开始关注那些影响范围更大、更复杂的非传统职能；海关管理职能的演变表明海关职能目标的扩展，调整海关职能和扩大非传统职能。在发展中国家，由于税收在国家收入中占有重要比重，因此海关的主要职能是税收；而在发达国家，海关的主要职能是加强边境管理，由于经济全球化的不断发展，国家之间的联系更加紧密，边界安全问题已成为各国关注的重要问题[②]。海关管理职能调整，拓展非传统职能，海关管理体制创新加快，成为国际海关管理发展的新趋势。

（五）低关税向零关税转变成为新趋势

世界贸易组织从关贸总协定开始，宗旨就是致力于推动自由贸易，降低各国关税。《世界贸易组织协定》关税减让使成员国关税水平持续下降，关税持续下降为全球产业链、全球价值链发展创造了条件。但是由于全球产业链发展，产业链分工不断细化，产业链发展导致生产的中间环节增多，一种产品的生产需要多次经过多国海关，假设某种产品的生产经过多个国家，即便关税降至5%甚至更低，那么关税经过累计叠加之后，整个产品的生产也有可能需要承担超过10%甚至20%的关税[③]。因此，低关税已经不适应全球产业链和价值链发展需求，零关税成为全球价值链和产业链深化发展的新需求。

[①] 李新民等：《国外海关风险管理的经验及对我国海关的启示》，《上海海关学院学报》2013年第4期。

[②] 王菲易：《国际海关发展的主要趋势：基于新公共管理理论的实践阐释》，《上海海关学院学报》2013年第4期。

[③] 黄奇帆：《新时代国际贸易新格局、新趋势与中国的应对》，《企业观察家》2019年第8期。

表 6-11　　　　G20 成员所有产品加权平均适用税率　　　单位:%

G20 成员	1988 年	1992 年	1997 年	2002 年	2007 年	2012 年	2017 年	2018 年
中国		32.17	15.82	7.72	5.07		3.83	3.39
印度尼西亚			15.06	4.38	2.90	2.54	2.06	2.00
日本	4.12	4.24	4.33	5.52	2.74	2.27	2.51	2.45
韩国	13.95	8.53	13.45	9.98	7.13	7.59	5.05	4.83
印度		27.01	20.13	23.08	11.99	6.32	5.78	4.88
澳大利亚			6.82	3.69	3.45	1.81	0.89	0.86
欧盟	3.59	4.18	3.66	2.22	2.06	1.31	1.79	1.69
德国	3.59	4.18	3.66	2.22	2.06	1.31	1.79	1.69
意大利	3.59	4.18	3.66	2.22	2.06	1.31	1.79	1.69
南非	13.39		5.99	4.95	4.81	4.22	4.61	4.32
阿根廷		12.66	13.93	12.01	5.83	6.02	7.93	7.42
巴西		15.71	14.00	10.01	6.77	7.76	8.59	7.95
加拿大			1.99	1.49	1.54	1.40	1.52	1.47
墨西哥			13.08	5.03	2.41	5.17	1.24	1.21
美国		3.95	2.60	2.16	1.55	1.67	1.66	1.59
法国	3.59	4.18	3.66	2.22	2.06	1.31	1.79	1.69
俄罗斯			11.28	10.80	7.26	6.84	3.61	3.51
沙特阿拉伯				6.53	3.77	3.57	4.85	
土耳其			5.65	1.84	2.06		3.45	2.50
英国	3.59	4.18	3.66	2.22	2.06	1.31	1.79	1.69

资料来源:世界银行。

第三节　对标国际海关管理规则存在差距分析

根据海关管理与贸易便利化规则变化新趋势,对我国海关管理与贸易便利化规则与国际海关管理与贸易便利化规则的差距进行分析。

一　对我国通关效率和通关程序差距比较分析

(一)海关通关效率比较

从通关效率来看,G20 各成员的通关效率整体都呈现上升的趋势。

2018年，通关效率最高的是德国，其次是日本、澳大利亚、美国等，中国的通关效率在G20成员中处于中等位置。可以看出，中国的通关效率在近10年间有了较明显的提升，但是与德国和美国等发达国家比较仍然存在差距。

表6-12 G20成员通关效率（数值1—5，越大代表通关效率越高）

G20成员	2007年	2010年	2012年	2014年	2016年	2018年
中国	2.99	3.16	3.25	3.21	3.32	3.29
印度尼西亚	2.73	2.43	2.53	2.87	2.69	2.67
日本	3.79	3.79	3.72	3.78	3.85	3.99
韩国	3.22	3.33	3.42	3.47	3.45	3.40
印度	2.69	2.70	2.77	2.72	3.17	2.96
澳大利亚	3.58	3.68	3.60	3.85	3.54	3.87
欧盟	3.19	3.23	3.23	3.38	3.41	3.34
德国	3.88	4.00	3.87	4.10	4.12	4.09
意大利	3.19	3.38	3.34	3.36	3.45	3.47
南非	2.06	2.22	2.47	2.47	2.42	2.32
阿根廷	2.65	2.63	2.45	2.55	2.63	2.42
巴西	2.39	2.37	2.51	2.48	2.76	2.41
加拿大	3.82	3.71	3.58	3.61	3.95	3.60
墨西哥	2.50	2.55	2.63	2.69	2.88	2.77
美国	3.52	3.68	3.67	3.73	3.75	3.78
法国	3.51	3.63	3.64	3.65	3.71	3.59
俄罗斯	1.94	2.15	2.04	2.20	2.01	2.42
沙特阿拉伯	2.72	2.91	2.79	2.86	2.69	2.66
土耳其	3.00	2.82	3.16	3.23	3.18	2.71
英国	3.74	3.74	3.73	3.94	3.98	3.77

资料来源：世界银行。

（二）简化通关程序的措施及比较分析

《全面与进步跨太平洋伙伴关系协定》《区域全面经济伙伴关系协定》《跨太平洋伙伴关系协定》《美国—墨西哥—加拿大协定》成员都

根据规则致力于简化通关程序，提高通关效率。《跨太平洋伙伴关系协定》第五章设立了单独的自动化章节，鼓励缔约方应用电子系统，实施了"无纸化报关"，强调了整个报关流程的无纸化，并鼓励每个缔约国的海关当局提供电子支持系统和环境，海关的电子化、职能化程度持续加深。

为了简化通关程序，提高通关效率，我国推动简化海关通关程序一系列改革创新：①建立电子通关信息平台，实施无纸化通关。无纸化通关改革的实施，取代了纸质文件和报告的通关方式，不仅为通关企业提供了便利，而且为海关等边检机构提供了一种高效便捷的通关信息处理方式。②实施"三个一"的通关模式改革，采用"一次申报，一次查验，一次放行"的方式对通关货物进行监管。③试行国际贸易"单一窗口"。2014年6月，中国第一个国际贸易"单一窗口"的试点改革在中国上海市洋山港保税区进行。通关口岸的"单一窗口"制度是在"三个一"模式的基础上进一步推广的通关便利化措施，使通关企业能够通关一个单一的窗口一次性提交通关监管部门所需的所有单证信息，同时在相关部门进行审查合格后再通过同一窗口反馈给申报企业。2018年，海关总署会同口岸管理各相关部门出台了《提升我国跨境贸易便利化水平的措施（试行）》①，旨在采取有效措施，通过优化通关流程，简化文件程序，减少港口费用并建立健全管理机制，进一步减少进出口环节的时间和成本②。在优化通关流程上，主要采取取消海运提单换单环节，加快实现报检报关"串联"改"并联"，加大担保体系的推广力度、深化海关监管，建设国际贸易"单一窗口"，促进跨部门一次性合作检查5项措施③。通过一系列简化通关程序，提高通关效率改革创新，我国海关优化通关流程，通过提高通关效率取得显著成效。但是对标《全面与进步跨太平洋伙伴关系协定》《区域全面经济伙伴关系协定》和《美国—墨西哥—加拿大协定》海关规则，我国海关通关效率

---

① 《提升我国跨境贸易便利化水平的措施（试行）》，https://swj.zhangzhou.gov.cn/cms/html/zzsswj/2018-03-23/787892509.html/.
② 周柔：《中国共产党科学应对百年未有之大变局的四重维度——学习贯彻党的十九届五中全会精神》，《中共山西省委党校学报》2021年第2期。
③ 邓并：《直击》，《纺织服装周刊》2018年第13期。

还存在一定的差距，贸易便利化综合水平还存在明显差距。

二　海关风险管理差距比较分析

《世界贸易组织协定》《北美自由贸易协定》《区域全面经济伙伴关系协定》《跨太平洋伙伴关系协定》《全面与进步跨太平洋伙伴关系协定》《美国—墨西哥—加拿大协定》和《跨大西洋贸易与投资伙伴协定》有关贸易便利化的规则中，非常重视海关风险管理的规则，我国海关风险管理体系的组织结构和运行机制已经基本形成，与发达国家海关风险管理体系相比，仍然存在许多不足。我国海关风险管理体系不够完善，海关风险管理覆盖不够全面，我国的海关风险管理存在组织架构不协调、业务运行机制不流畅等问题[①]。跨境电商、数字贸易和服务贸易快速发展，海关风险管理任重道远。

第四节　贸易便利化对中国出口贸易影响的实证分析

本节通过建立贸易便利化的评价指标体系，运用主成分分析法对"一带一路"沿线55个国家[②]的贸易便利化水平进行定量测度，并构建扩展的引力模型对"一带一路"沿线国家的贸易便利化水平对我国出口贸易的影响进行实证分析。

一　贸易便利化指数的测算

（一）评价体系的构建

本节参考杜群阳、张若茜[③]的方法，构建了包含口岸效率（T）、海关环境（C）、规制环境（R）和金融与电子商务（F）共四个一级指标

---

① 陈邹阳：《我国海关风险管理存在的问题及对策研究》，硕士学位论文，湘潭大学，2013年。

② 出于对"一带一路"的含义特征以及数据是否易于获取的考虑，本节选取蒙古国、韩国、日本、澳大利亚、柬埔寨、老挝、马来西亚、泰国、文莱、新加坡、印度尼西亚、哈萨克斯坦、吉尔吉斯斯坦、巴基斯坦、斯里兰卡、印度、阿联酋、沙特阿拉伯、土耳其、伊朗、阿曼、以色列、约旦、格鲁吉亚、科威特、也门、尼泊尔、卡塔尔、俄罗斯、乌克兰、波兰、德国、捷克、瑞士、爱尔兰、比利时、法国、荷兰、卢森堡、英国、罗马尼亚、西班牙、意大利、丹麦、芬兰、挪威、瑞典、匈牙利、保加利亚、塞尔维亚、阿塞拜疆、阿尔及利亚、埃及、南非和尼日利亚共55个"一带一路"沿线国家。

③ 杜群阳、张若茜：《"一带一路"贸易便利化水平对中国OFDI影响的实证研究》，《浙江工业大学学报》（社会科学版）2021年第2期。

的评价指标体系，并在四个一级指标下设置了21个二级指标（见表6-13）。各二级指标数据主要源自世界经济论坛发布的《全球竞争力报告》（*Global Competitiveness Report*，GCR）、《全球信息技术发展报告》（*Global Information Technology Report*，GITR）以及透明国际发布的"全球清廉指数"。

表6-13　　　　　　　　贸易便利化评价指标体系

一级指标	二级指标	得分范围	数据来源
口岸效率（T）	航空基础设施质量 T1	1—7	GCR
	港口基础设施质量 T2	1—7	GCR
	公路基础设施质量 T3	1—7	GCR
	铁路基础设施质量 T4	1—7	GCR
	通信和电力基础设施质量 T5	1—7	GCR
海关环境（C）	海关程序负担 C1	1—7	GCR
	非常规支付与贿赂 C2	1—7	GCR
	非关税壁垒的普遍性 C3	1—7	GCR
	清廉指数 C4	0—100	透明国际发布的"全球清廉指数"
规制环境（R）	政府制定政策的透明度 R1	1—7	GCR
	政府官员的徇私舞弊 R2	1—7	GCR
	法律法规解决争端的效率 R3	1—7	GCR
	政府管制的负担 R4	1—7	GCR
	司法独立性 R5	1—7	GCR
	法律体系在法规挑战方面的效率 R6	1—7	GCR
金融与电子商务（F）	新技术的可获得性 F1	1—7	GCR
	企业对新技术的吸收 F2	1—7	GCR
	金融服务满足商业需求 F3	1—7	GCR
	金融服务的承担能力 F4	1—7	GCR
	政府在线服务指数 F5	0—1	GITR
	电子商务使用率 F6	0—1	GITR

资料来源：笔者根据资料整理而得。

(二) 贸易便利化水平的测算

在测算之前，首先需要对各指标数据进行标准化处理，使之取值范围介于0—1，并利用主成分分析法对各指标权重进行计算。经过 KMO 检验，整体 KMO 值为 0.9435。本节选择 2011—2019 年的数据，针对 21 个二级指标，基于 Stata16.0 软件进行主成分分析，结果表明可提取 Comp1 和 Comp2 两个主成分，两个主成分提取的信息量占比为 78.4%，并保证了各指标之间不存在相关性，具体为：

$Comp1 = 0.2364T_1 + 0.2276T_2 + 0.2255T_3 + 0.1991T_4 + 0.2142T_5 +$
$\quad 0.2389C_1 + 0.2431C_2 + 0.1846C_3 + 0.2304C_4 + 0.2182R_1 +$
$\quad 0.2276R_2 + 0.2360R_3 + 0.1519R_4 + 0.2350R_5 + 0.2273R_6 +$
$\quad 0.2395F_1 + 0.2337F_2 + 0.2259F_3 + 0.2265F_4 + 0.1777F_5 +$
$\quad 0.1465F_6$

$Comp2 = 0.0453T_1 + 0.0845T_2 + 0.0694T_3 + 0.2050T_4 + 0.2121T_5 -$
$\quad 0.0019C_1 + 0.0351C_2 - 0.1296C_3 + 0.1193C_4 - 0.2087R_1 -$
$\quad 0.1768R_2 - 0.1951R_3 - 0.4203R_4 - 0.0461R_5 - 0.2297R_6 +$
$\quad 0.0902F_1 - 0.0152F_2 - 0.1086F_3 - 0.1614F_4 + 0.4898F_5 +$
$\quad 0.4859F_6$

参考李豫新、郭颖慧[①]的研究，分别用两个主成分中各指标的系数与该主成分的贡献率相乘，再除以这两个主成分的累计贡献率，最后相加求和，得到各指标的系数得分，用各个系数得分除以各系数得分之和，即可得到 21 个二级指标的权重。据此，将贸易便利化综合指数 TWTFI 表示为：

$TWTFI = 0.0529T_1 + 0.0519T_2 + 0.0510T_3 + 0.0484T_4 + 0.0518T_5 +$
$\quad 0.0523C_1 + 0.0541C_2 + 0.0375C_3 + 0.0533C_4 + 0.0430R_1 +$
$\quad 0.0458R_2 + 0.0473R_3 + 0.0236R_4 + 0.0505R_5 + 0.0446R_6 +$
$\quad 0.0546F_1 + 0.0509F_2 + 0.0470F_3 + 0.0459F_4 + 0.0502F_5 +$
$\quad 0.0433F_6$

(三) 贸易便利化水平测算结果与分析

本节选取"一带一路"沿线 55 个国家作为研究对象。根据上述计

---

① 李豫新、郭颖慧：《边境贸易便利化水平对中国新疆维吾尔自治区边境贸易流量的影响——基于贸易引力模型的实证分析》，《国际贸易问题》2013 年第 10 期。

算贸易便利化综合指数的公式,将各国的指标值代入并得出相应的测量结果。表6-14是2011—2019年"一带一路"沿线55个国家的贸易便利化综合指数及各分项指标的平均值及排名情况汇总。本节根据数值大小将贸易便利化水平划分为0.8—1、0.7—0.8、0.6—0.7、0—0.6四个区间,分别表示极其便利、较为便利、一般便利、不便利。

表6-14 "一带一路"沿线部分国家贸易便利化综合指数和分项指数平均得分及排名

国家	综合指数 得分	综合指数 排名	口岸效率 得分	口岸效率 排名	海关环境 得分	海关环境 排名	规制环境 得分	规制环境 排名	金融与电子商务 得分	金融与电子商务 排名
中国	0.61	26	0.17	24	0.11	32	0.15	24	0.17	31
蒙古国	0.46	48	0.10	52	0.09	45	0.11	48	0.16	41
韩国	0.68	23	0.21	12	0.12	28	0.12	39	0.23	8
日本	0.79	7	0.22	7	0.15	15	0.18	13	0.24	4
澳大利亚	0.75	14	0.19	21	0.15	11	0.17	15	0.24	5
柬埔寨	0.45	49	0.12	48	0.08	52	0.12	45	0.14	50
老挝	0.49	43	0.13	46	0.09	44	0.14	30	0.13	52
马来西亚	0.72	18	0.20	18	0.13	23	0.17	16	0.22	16
泰国	0.57	33	0.16	32	0.10	38	0.13	34	0.18	29
文莱	0.61	27	0.17	28	0.13	24	0.14	27	0.17	36
新加坡	0.87	1	0.24	1	0.17	1	0.21	2	0.25	1
印度尼西亚	0.55	39	0.14	39	0.10	41	0.14	26	0.17	38
哈萨克斯坦	0.56	37	0.14	43	0.10	43	0.13	33	0.19	24
吉尔吉斯斯坦	0.41	55	0.09	53	0.08	54	0.11	52	0.13	51
巴基斯坦	0.48	47	0.13	47	0.09	48	0.12	41	0.15	46
斯里兰卡	0.58	31	0.16	31	0.10	37	0.14	29	0.18	30
印度	0.57	34	0.15	37	0.10	36	0.15	25	0.17	33
阿联酋	0.81	4	0.24	2	0.16	7	0.19	10	0.22	12
沙特阿拉伯	0.68	22	0.19	22	0.13	20	0.17	17	0.20	21
土耳其	0.58	32	0.16	30	0.11	33	0.13	37	0.18	27
伊朗	0.48	45	0.14	40	0.09	47	0.12	40	0.13	53
阿曼	0.69	20	0.20	16	0.13	22	0.16	18	0.19	23

续表

国家	综合指数 得分	综合指数 排名	口岸效率 得分	口岸效率 排名	海关环境 得分	海关环境 排名	规制环境 得分	规制环境 排名	金融与电子商务 得分	金融与电子商务 排名
以色列	0.69	19	0.17	25	0.13	19	0.16	21	0.23	11
约旦	0.61	25	0.16	34	0.12	29	0.15	23	0.18	26
格鲁吉亚	0.59	29	0.16	35	0.14	18	0.14	31	0.16	43
科威特	0.58	30	0.16	33	0.11	34	0.14	32	0.17	32
也门	0.34	56	0.08	56	0.07	56	0.09	56	0.10	56
尼泊尔	0.41	54	0.08	55	0.08	50	0.12	44	0.13	54
卡塔尔	0.77	12	0.21	15	0.15	12	0.20	6	0.21	19
俄罗斯	0.51	42	0.14	42	0.09	49	0.11	46	0.16	40
乌克兰	0.45	51	0.13	45	0.08	55	0.10	55	0.14	47
波兰	0.56	36	0.14	41	0.12	25	0.12	38	0.17	37
德国	0.77	11	0.22	6	0.15	16	0.18	11	0.22	13
捷克	0.59	28	0.18	23	0.12	26	0.12	42	0.17	34
瑞士	0.77	13	0.21	9	0.15	13	0.19	7	0.21	20
爱尔兰	0.72	17	0.19	19	0.16	9	0.18	12	0.19	22
比利时	0.74	16	0.21	11	0.15	14	0.19	19	0.22	14
法国	0.75	15	0.22	5	0.14	17	0.16	22	0.23	9
荷兰	0.84	3	0.23	3	0.16	6	0.20	4	0.25	3
卢森堡	0.77	9	0.20	17	0.16	4	0.19	8	0.22	17
英国	0.80	5	0.21	13	0.15	10	0.19	9	0.25	2
罗马尼亚	0.48	46	0.12	50	0.10	35	0.11	50	0.15	44
西班牙	0.69	21	0.21	8	0.13	21	0.13	36	0.21	18
意大利	0.55	40	0.17	27	0.11	31	0.10	54	0.17	35
丹麦	0.77	10	0.21	10	0.16	5	0.18	14	0.22	15
芬兰	0.85	2	0.23	4	0.17	2	0.21	1	0.23	7
挪威	0.78	8	0.19	20	0.16	8	0.20	5	0.24	6
瑞典	0.80	6	0.21	14	0.16	3	0.20	3	0.23	10
匈牙利	0.56	35	0.15	36	0.12	27	0.11	49	0.18	28
保加利亚	0.48	44	0.13	44	0.10	39	0.11	51	0.15	45
塞尔维亚	0.45	50	0.12	51	0.10	40	0.10	53	0.14	48
阿塞拜疆	0.56	38	0.17	29	0.09	46	0.14	28	0.16	42

续表

国家	综合指数		口岸效率		海关环境		规制环境		金融与电子商务	
	得分	排名	得分	排名	得分	排名	得分	排名	得分	排名
阿尔及利亚	0.42	53	0.12	49	0.08	51	0.11	47	0.10	55
埃及	0.54	41	0.15	38	0.10	42	0.13	35	0.17	39
南非	0.63	24	0.17	26	0.12	30	0.16	20	0.18	25
尼日利亚	0.43	52	0.09	54	0.08	53	0.12	43	0.14	49

资料来源：笔者根据公式计算而得。

可以看出：就综合指数而言，"一带一路"沿线各国的贸易便利化水平差距明显，贸易便利化水平达到"极其便利"的只有新加坡、芬兰、荷兰、阿联酋和英国，其中新加坡作为全球闻名的自由港，其贸易便利化综合指数达到0.87，位居第一，而也门、吉尔吉斯斯坦和尼泊尔等地的贸易便利化水平则相对落后；贸易便利化水平达到"较为便利"和"一般便利"的分别有13个和9个国家，其中中国的贸易便利化综合指数为0.61，属于"一般便利"国家，排名第26位，而"不便利"的国家有29个，其中大多数非洲国家的贸易便利化水平较为落后。

就各分项指数而言，各指标得分较高的主要是欧洲发达国家，亚洲和非洲国家得分相对较低。口岸效率最高的国家是新加坡，其次是阿联酋，口岸效率排名前10的其他8个国家均为欧洲发达国家。海关环境得分最高的三位国家分别是新加坡、芬兰和瑞典，亚洲和非洲国家的海关环境则相对较差。规制环境得分最高的国家是芬兰，新加坡排名第2位，排名前5位的其他三位国家均为欧洲发达国家。从金融与电子商务来看，得分最高的国家是新加坡，其次是英国、荷兰、日本和澳大利亚，得分较低的主要是非洲和亚洲部分国家。

二 贸易便利化水平对中国出口贸易影响的实证分析

（一）模型建立和数据说明

贸易引力模型认为，两国之间的双边规模与经济总量成正比，而与两国之间的地理距离成反比。在此基础上，许多学者在经典的引力模型中又引入了其他影响因素，例如，国内生产总值、人口、两国是否说共同语言、是否接壤等。基于此，本节在经典的贸易引力模型中引入贸易便利化综合指数，拓展了贸易引力模型：

$$\ln EX_{ijt} = \beta_0 + \beta_1 \ln GDP_{jt} + \beta_2 \ln POP_{jt} + \beta_3 \ln DIS_{jt} + \beta_4 \ln FDI_{jt} +$$
$$\beta_5 \ln TWTFI_{jt} + \beta_6 RTA_{jt} + \beta_7 BOR_{jt} + \varepsilon_{ijt} \qquad (6-1)$$

其中，ln 表示对变量取对数，目的是减少异方差对模型估计参数的干扰；β_0 为常数项，β_1、β_2 等为模型的待估参数，ε_{ijt} 为扰动项，i 表示中国，j 表示"一带一路"沿线国家，t 表示年份。各变量的定义及数据来源见表 6-15。

表 6-15　　　　　　　　　　变量的含义和数据来源

变量	变量定义	数据来源
EX_{ijt}	中国对 j 国的出口额	中国统计局网站
GDP_{jt}	j 国的国内生产总值	世界银行
POP_{jt}	j 国的人口总数	世界银行
DIS_{jt}	中国北京与 j 国首都间的直线距离	CEPII 数据库
FDI_{jt}	中国对 j 国的对外直接投资流量	中国对外直接投资统计公报
$TWTFI_{jt}$	j 国的贸易便利化水平	前文计算得到
RTA_{jt}	中国与 j 是否签订自贸协定，签订后取 1，否则取 0	中国自由贸易区服务网
BOR_{jt}	中国与 j 国是否接壤，接壤取 1，否则取 0	CEPII 数据库

资料来源：笔者根据资料整理而得。

关于以上因变量的选择，需要说明的是：①GDP 反映一国潜在的贸易需求，贸易需求越大，出口越大；②人口数量反映一国的消费需求，但同时可能会因国内分工深化减少国际贸易[①]；③两国距离越远，贸易成本越高，不利于国际贸易；④对外直接投资和贸易之间存在互补或替代关系，对此学者有不同的观点；⑤两国签订自贸协定通过区域间的优惠政策促进贸易发展；⑥两国接壤会使国家间的联系更加紧密，贸易风险减少。

---

① 廖佳、尚宇红：《"一带一路"国家贸易便利化水平对中国出口的影响》，《上海对外经贸大学学报》2021 年第 2 期。

（二）描述性统计和共线性检验

本节选取"一带一路"沿线55个国家2011—2019年的面板数据，各变量的描述性统计结果如下：从数据的均值、标准差等结果来看，数据的波动处于合理区间，从数据的最值来看，所选取的数据位于正常范围内。

表6-16　　　　　　　　　　变量的描述性统计

变量	样本容量	均值	标准差	最小值	最大值
$\ln EX$	385	13.6356	1.4542	10.4516	16.5343
$\ln TWTFI$	385	−0.5064	0.2307	−1.1178	−0.1311
$\ln GDP$	385	26.1392	1.5848	22.4410	29.1469
$\ln POP$	385	16.7545	1.4951	12.8833	21.0150
$\ln DIS$	385	8.6497	0.4804	6.8624	9.3652
$\ln FDI$	347	9.4412	2.0984	2.8904	14.1129
RTA	385	0.0312	0.1740	0	1
BOR	385	0.1455	0.3530	0	1

资料来源：笔者根据Stata16.0的回归结果整理得出。

在建立多元线性回归模型时，选取的控制变量应满足互斥性。如果变量间存在严重的多重共线性，则可能导致实证模型估计的准确性降低且回归结果出现失真，不利于实证研究。因此，这里选取皮尔逊检验的方法对各控制变量进行相关性检验，当相关系数小于0.8时，则说明变量间不存在严重的多重共线性。根据下表的结果，各变量的相关系数均小于0.8，说明变量间不存在严重的共线性问题。

表6-17　　　　　　　　　　共线性检验

变量	$\ln TWTFI$	$\ln GDP$	$\ln POP$	$\ln DIS$	$\ln FDI$	RTA	BOR
$\ln TWTFI$	1.0000						
$\ln GDP$	0.5036	1.0000					
$\ln POP$	−0.2151	0.6326	1.0000				
$\ln DIS$	0.1519	0.2355	−0.0004	1.0000			

续表

变量	ln*TWTFI*	ln*GDP*	ln*POP*	ln*DIS*	ln*FDI*	*RTA*	*BOR*
ln*FDI*	0.2186	0.3776	0.2853	-0.1873	1.0000		
RTA	0.1478	0.1504	0.0143	-0.1005	0.1776	1.0000	
BOR	-0.3943	-0.2551	0.1652	-0.4964	0.1739	-0.0316	1.0000

资料来源：笔者根据Stata16.0的回归结果整理得出。

（三）实证结果和分析

关于模型的选择，本节选择聚类稳健标准误的方法来控制可能存在的异方差和自相关问题①。针对回归模型的选取，本节先后运用LSDV法以及Hausman检验分别排除了固定效应和随机效应，最终确定选择混合OLS模型进行回归分析。

1. 综合效应分析

回归结果显示：第一，沿线国家的贸易便利化水平（TWTFI$_{jt}$）对我国出口到该国的贸易额的影响显著为正，影响系数为2.0189，表明沿线国家的贸易便利化水平每提升1%，我国出口到该国的贸易额将增加2.0189%。贸易伙伴国的贸易便利化水平越高，两国进行国际贸易的效率越高，有利于促进我国出口贸易流量的提升。第二，沿线国家的国内生产总值（GDP$_{jt}$）与我国出口到该国的贸易额呈正相关，且在1%的水平下显著，说明一国的经济发展水平越高，居民的消费水平越强，有利于我国出口贸易的提升。第三，沿线国家的人口数（POP$_{jt}$）与我国出口到该国的贸易额呈正相关，且在1%的水平下显著，这说明人口增加带来的居民消费需求的增加有利于国际贸易。第四，我国与沿线国家的地理距离（DIS$_{jt}$）与我国出口到该国的贸易额呈负相关，且在1%的水平下显著。当地理距离增加时，两国间的国际贸易的运输成本增加，不利于我国的出口贸易。第五，我国对沿线国家的直接投资流量（FDI$_{jt}$）与我国出口到该国的贸易额呈正相关，且在10%的水平下显著，这说明投资的增加有利于带动出口贸易的发展。

---

① 廖佳、尚宇红：《"一带一路"国家贸易便利化水平对中国出口的影响》，《上海对外经贸大学学报》2021年第2期。

2. 分项效应分析

为进一步评估贸易便利化各项分指标对出口贸易的影响程度，基于前文对贸易便利化评价指标体系的构建，贸易便利化综合指数包含四个一级指标，因此，本节将口岸效率（TFI）、海关环境（CFI）、规制环境（RFI）和金融与电子商务（FFI）分别替代贸易便利化综合指数（TWTFI）并形成模型（2）—模型（5）。结果显示：在贸易便利化的各项一级指标中，口岸效率、海关环境和金融与电子商务对我国出口贸易的影响系数均显著为正，其中，金融与电子商务对我国出口贸易的影响系数最大，为1.9612，表明"一带一路"沿线国家与我国的跨境电商联系程度增加，在带动我国出口贸易发展方面起到了重要作用；其次是海关环境和口岸效率，海关环境的改善和口岸效率的提升同样对我国出口贸易的增加起到了良好的促进作用。规制环境对我国出口贸易的影响系数虽为正，但不显著，可能是由于规制环境的提升见效慢[①]，从而对我国出口贸易提升的促进作用较弱。

表 6-18　　回归结果

变量	模型（1）	模型（2）	模型（3）	模型（4）	模型（5）
$\ln GDP$	0.3382*** (0.1127)	0.4007*** (0.1003)	0.4005*** (0.1288)	0.5479*** (0.0729)	0.3336*** (0.1141)
$\ln POP$	0.4061*** (0.1005)	0.3300*** (0.0900)	0.3877*** (0.1248)	0.2320*** (0.0695)	0.3789*** (0.0893)
$\ln DIS$	−0.6158*** (0.1018)	−0.6029*** (0.1019)	−0.7084*** (0.1149)	−0.7320*** (0.1187)	−0.5447*** (0.1026)
$\ln FDI$	0.0940* (0.0498)	0.1022** (0.0509)	0.1035** (0.0494)	0.0929* (0.0551)	0.0974* (0.0493)
RTA	−0.4832 (0.4245)	−0.4736 (0.4349)	−0.5163 (0.4000)	−0.5340 (0.4923)	−0.4710 (0.3705)
BOR	−0.1317 (0.0341)	−0.0212 (0.3022)	−0.1608 (0.3122)	−0.2112 (0.2875)	−0.1884 (0.2669)

---

① 范秋芳等：《"一带一路"沿线国家贸易便利化水平对中国出口贸易影响研究》，《工业技术经济》2019 年第 8 期。

续表

变量	模型（1）	模型（2）	模型（3）	模型（4）	模型（5）
ln*TWTFI*	2.0189** (0.7778)				
ln*TFI*		1.4097** (0.5680)			
ln*CFI*			1.5793** (0.8069)		
ln*RFI*				0.8072 (0.5863)	
ln*FFI*					1.9612*** (0.6378)
Constant	3.5200 (2.1928)	4.4984* (2.5069)	5.2829 (3.3228)	2.6171 (2.3897)	5.8034** (2.6582)
Observations	347	347	347	347	347
R-squared	0.7848	0.7781	0.7768	0.7690	0.7873

注：***、**和*分别表示在1％、5％和10％的置信水平下显著，括号内为聚类稳健标准误。

资料来源：笔者根据Stata16.0的回归结果整理得出。

（四）稳健性检验

为了检验模型的稳健性，本节选择缩尾处理方法进行稳健性检验，对解释变量进行了1％分位上的双边缩尾处理，贸易便利化综合指标系数为正，且通过显著性水平检验，各分项指数的估计结果也与前文保持一致，充分说明本节的研究结论是稳健的。

表6-19　　　　　　　　　　稳健性检验

变量	模型（1）	模型（2）	模型（3）	模型（4）	模型（5）
ln*TWTFI*	2.0200** (0.7805)				
ln*TFI*		1.4147** (0.5713)			
ln*CFI*			1.5765* (0.8083)		

续表

变量	模型（1）	模型（2）	模型（3）	模型（4）	模型（5）
ln*RFI*				0.8442 (0.5855)	
ln*FFI*					2.0030*** (0.6363)
其他变量	YES	YES	YES	YES	YES
Constant	3.5218 (2.1953)	4.5120* (2.5136)	5.2721 (3.3234)	2.6083 (2.3865)	5.9362** (2.6575)
Observations	347	347	347	347	347
R-squared	0.7847	0.7782	0.7767	0.7688	0.7878

注：①***、**和*分别表示在1%、5%和10%的置信水平下显著，括号内为聚类稳健标准误。

②为节省篇幅，表格对其他变量的估计结果不予展示，YES表明在回归时包含了其他变量。

资料来源：笔者根据Stata16.0的回归结果整理得出。

三 结论分析

本节通过建立贸易便利化的评价指标体系对"一带一路"沿线55个国家的贸易便利化水平进行定量测度，并构建扩展的引力模型对贸易便利化对我国出口贸易的影响进行实证分析，结果发现：①从综合效应分析来看，沿线国家的贸易便利化水平对我国出口到该国的贸易额的影响显著为正，影响系数为2.0189，表明"一带一路"沿线国家的贸易便利化水平有利于促进我国出口贸易流量的提升，沿线国家的贸易便利化水平每提升1%，我国出口到该国的贸易额将增加2.0189%。②从分项效应分析来看，金融和电子商务、海关环境和口岸效率对我国出口到该国的贸易额的影响系数均显著为正，其中金融和电子商务对我国的出口贸易影响系数最大，其次是海关环境和口岸效率。③除了贸易便利化水平之外，沿线国家的国内生产总值、人口数以及我国对沿线国家的直接投资都是影响我国出口到该国的贸易额的正向因素，而我国与沿线国家的地理距离则对我国出口到该国的贸易额具有负向影响。

第五节 对标国际海关管理规则的建议

一 进一步降低关税水平,逐步实施零关税

《全面与进步跨太平洋伙伴关系协定》《区域全面经济伙伴关系协定》《跨太平洋伙伴关系协定》和《美国—墨西哥—加拿大协定》都提出零关税条款,零关税条款对出口贸易发展是重大机遇,但是零关税商品进口对我国国内企业发展将产生严峻挑战。对标全球最高经贸规则,我国需要进一步降低关税水平,逐步实施零关税。实施零关税规则既要对标全球经贸规则,又需要考虑国内企业承受能力,我国需要分期分批制定并实施零关税规则。

二 进一步简化通关措施,提高通关效率

简化通关程序,减少通关时间,提高通关效率,降低贸易成本。一是进一步加强贸易便利化发展的智能化设施建设,完善海关港口的智能化基础设施,建立和完善智能物流体系,我国的贸易便利化基础设施建设取得明显成效,还需要提高信息管理系统中智能化水平。二是加强海关清关制度和港口管理制度的改革创新,进一步简化通关程序,科学改善通关管理的流程,进一步提高通关效率。

三 强化海关风险管理

积极完善海关风险管理体系,一是明确海关风险管理的重点目标,加强海关风险防范预警体系建设,提高海关风险管理预判水平。二是构建海关数字化智能化运行体系,完善多层次协同分析机制、深化风险参数管理机制来实现科学、高效的运作机制[1]。三是加强对贸易企业诚信评价体系建设,定期开展联合研究和判断,提升海关风险管理判断能力[2]。

四 拓展海关非传统职能

在数字经济、跨境电商和数字贸易加快发展背景下,海关要高度重

---

[1] 李新民等:《国外海关风险管理的经验及对我国海关的启示》,《上海海关学院学报》2013年第4期。
[2] 陈邹阳:《我国海关风险管理存在的问题及对策研究》,硕士学位论文,湘潭大学,2013年。

视并扩大非传统职能业务创新发展，海关加强国际合作，以全球产业链和供应链为整体，加强基于供应链的全过程信息管理系统建设。加强中国海关履行非传统职能的法律制度建设，优化中国海关履行非传统职能的工作机制，加强边境风险管理体系建设。

本章执笔：余文文，修改：程惠芳

第七章

原产地规则变化比较分析

原产地规则起源于对国际贸易的国别统计，随着区域性自由贸易区发展，成员国与非成员国之间关税优惠差异扩大，原产地规则作为确定生产或制造货物的国家或地区的规定，成为海关根据原产地规则的标准来确定进口货物的原产国，给予相应的海关待遇的依据，原产地规则成为国际贸易政策组成部分在国际贸易中发挥重要作用。本章对《世界贸易组织协定》(*World Trade Organization Agreement*，WTO 协定)、《跨太平洋伙伴关系协定》(*Trans-Pacific Partnership Agreement*，TPP)、《全面与进步跨太平洋伙伴关系协定》(*Comprehensive and Progressive Agreement for Trans-Pacific Partnership*，CPTPP)、《北美自由贸易协定》(*North American Free Trade Agreement*，NAFTA) 和《美国—墨西哥—加拿大协定》(*Unitized States—Mexico—Canada Agreement*，USMCA)、《区域全面经济伙伴关系协定》(*Regional Comprehensive Economic Partnership Agreement*，RCEP 协定) 中的原产地规则及其变化进行比较，并就原产地规则变化对我国产业及贸易的影响进行分析。原产地规则及其对原产国的关税优惠差异变化对贸易创造、贸易转移、贸易流向、国际直接投资和产业转移产生深刻影响。

第一节 原产地规则的定义及变化趋势

一 原产地规则定义

（1）《关税与贸易总协定 1994》（*General Agreement on Tariffs and*

Trade 1994，GATT 1994）中[①]有关原产地规则定义为："任何成员为确定货物原产国而普遍适用的原产地规则、规章和行政裁定"[②]。原产地规则要遵守《关税与贸易总协定1994》协定的产地标记要求，原产地规则应包括非优惠性商业政策中使用的所有原产地规则，符合最惠国待遇、国民待遇、反倾销和反贴补税条款，原产地规则以一致、统一、公正和合理的方式管理，原产地规则不得对国际贸易造成限制性、扭曲性或破坏性影响[③]。

（2）《关于简化和协调海关业务制度的国际公约》（*International Convention on the Simplification and Harmonization of Customs Procedures*，以下简称《京都公约》），1973年5月，以西方发达经济体为主，在日本京都召开的合作理事会中，对原产地规则定义正式被采纳，其货物原产国指的是"生产或制造某一产品的国家，其目的是为实施海关税则、数量限制或与贸易有关的其他任何措施"，国家一词，包括国家集团、地区或国家的一部分。原产地规则定义为"由国家法规和国际协定（原产标准）构成的准则发展而成的具体规定以用于决定产品原产地"。

（3）在1968年颁布的《欧洲共同体理事会关于货物原产地共同概念定义条例》中，欧盟对原产货物的定义为其成员国对原产国货物进口根据适用贸易的统一关税，数量限制和其他规定来决定和确认原产国的产品。并从原产货物的完全获得要求、实质的加工要求及权威机构的原产地证书进行判断。原产物品的定义为："完全在一个国家内生产、制造的商品"则"该生产、制造国为其原产地"。"经过几个国家加工制造所得的产品"则"最后一个进行了经济上经过实质性加工的国家货物，认定该国家为其原产地"。

（4）《跨太平洋伙伴关系协定》《全面与进步跨太平洋伙伴关系协定》《北美自由贸易协定》和《美国—墨西哥—加拿大协定》原产地规

---

① https：//www.wto.org/english/docs_e/legal_e/legal_e.htm（The Legal Texts Agreement on Rules of Origin）.

② https：//www.wto.org/english/docs_e/legal_e/22-roo_e.htm（The Legal Texts Rule of Origin Part I：Definitions and Coverage，Article 1：Rules of Origin）.

③ https：//www.wto.org/english/docs_e/legal_e/22-roo_e.htm（The Legal Texts Rule of Origin Part II：Disciplines to Govern the Application of Rules of Origin，Article 2：Disciplines During the Transition Period）.

则通过对原产货物的订立相关认定条款进行体现,《全面与进步跨太平洋伙伴关系协定》继承了《跨太平洋伙伴关系协定》的原产地规则,《美国—墨西哥—加拿大协定》原产地规则是在《北美自由贸易协定》原产地规则基础上进行修改,对非成员国制定了更加严格的规则约束。沿用《关于简化和协调海关业务制度的国际公约》相关的条款,以缔约方领土为界,原产地货物认定被分为两种情形:一是产品及原产材料制成品完全在缔约方领土境内获得或生产的货物或多个缔约方完全原产获得或生产的货物情形。二是缔约方使用非原产材料情形。原产地规则定义可以总结为进口国基于原产地货物判定条件及要求给予其缔约国领土范围内获得和生产的产品或含有非原产材料产品的原产地资格认定的法规体系[1]。

(5)《区域全面经济伙伴关系协定》对原产地规则定义没有相应完整的描述。其对原产地产品的认定,也沿用《关于简化和协调海关业务制度的国际公约》相关的条款,主要以完全获得、部分完全获得和非原产材料的三种情形构成原产地规则的基本框架。

综合上述关于原产地规则定义,其原产地规则与原产货物以法律条文的形式进行确定,并列以详细的判定条件在赋予原产地的资格上提供统一的认定标准。

表 7-1　　　　　　　　　原产地规则与原产货物定义比较

原产地规则	原产货物及原产地规则定义比较
《世界贸易组织协定》中的《原产地规则协定》	《世界贸易组织协定》从对成员国适用范围,对原有的原产地制度约束及规则实施规范上进行定义
《关于简化和协调海关业务制度的国际公约》	从货物原产国定义可以总结出,其原产货物是指为根据(进口国)适用的关税,数量限制或其他与贸易相关的措施为目的而进行生产和制造的产品。《关于简化和协调海关业务制度的国际公约》交代了原产地规则的建立是在国内立法和国际协定的基础上订立

---

[1] https://www.wcoomd.org/ (International Convention on the Simplification and Harmonization of Customs Procedures, Annex K., Chapter 1 Rule of Origin).

续表

原产地规则	原产货物及原产地规则定义比较
欧盟原产地规则《欧洲共同体理事会关于货物原产地共同概念定义条例》	欧盟从原产货物的定义为核心出发,指出原产货物是满足特殊贸易限制条件下的实质性生产加工要求进行生产
《全面与进步跨太平洋伙伴关系协定》	根据货物的完全获得,原产材料多个缔约方生产及非原产材料生产的情况,根据相应的规则进行判定,部分产品必须要满足特殊规则要求
《美国—墨西哥—加拿大协定》原产地规则	对原产货物的定义除了满足需要完全获得,原产材料多个缔约方生产及非原产材料生产的情况或部分产品必须要满足特殊规则以外,除了《商品名称及编码协调制度》(以下简称《协调制度》)第61章至第63章的产品外,非原产材料的含量在交易法下不得高于60%,在成本法下不得高于50%。原产货物的定义条件更为苛刻
《区域全面经济伙伴关系协定》原产地规则	该原产地规则对原产货物的定义根据以下几种情形: 完全获得或者生产的货物,在一缔约方完全获得或者生产;在一缔约方仅使用来自一个或一个以上缔约方的原产材料生产;或者在一缔约方使用非原产材料生产,并且符合第三章附件一(产品特定原产地规则)所列的适用要求

资料来源:笔者根据相关文本整理,下同。

二 原产地规则变化比较

(一) 欧美发达国家原产地规则

在《关于简化和协调海关业务制度的国际公约》的基础上,在产品特定性原产地规则上进行细化并对具体产业保护制定特定适用的原产地规则。

表7-2　　　　　　　　欧美原产地规则的变化比较

欧盟原产地规则	美国倡导的原产地规则
1968年802/68号订立对于产品完全获得和部分获得的认定条款,在两个国家以上生产的产品,最后的实质性工序生产被认定为该国产品,与该国产品相关的附随配件也被认定为该国原产产品。对石油及其相关制品的原产地规则适用进行了特殊的规定	1979年美国国会关于对建立北美自由贸易区法案提议

续表

欧盟原产地规则	美国倡导的原产地规则
1973年《关于简化和协调海关业务制度的国际公约》协调发达国家原产地规则，文件中提出了对原产地的认定的标准。在实质的转换标准、海关编码的变化、含量百分比的变化、生产工序以及特殊情况的产品等原产地的认定上提出建议	美加两国经济发展及文化水平接近，生活习俗接近且边境接壤，经济上相互依存度高，从1986年开始经历一年多的协商谈判，《美国与加拿大自由贸易协定》于1988年签署，次年1月生效
1992年吸收802/68号条例形成2913/92号《欧共体海关法典》并在其第二章中对非最惠国原产地规则与最惠国原产地规则及适用要求进行区分订立	1990年美国与墨西哥1968年在双边框架协议计划的基础上签署《美国与墨西哥贸易与投资协定》
1993年颁布2454/93号条例《欧共体海关法典实施条例》该法则的第二子部分在对原产地的认定上，进行了详细的描述，其涵盖了累积规则的相应条款，[①] 3665/93号条例将与货物相关的零配件的原产地认定写入2454/93号条例中，细化了对原产地认定的条件	1994年《北美自由贸易协定》[②] 正式生效，囊括了《美国与加拿大自由贸易协定》与《美国与墨西哥贸易与投资协定》，其产品特定性原产地规则类目主要基于《商品名称及编码协调制度》区域价值内容进行判定，位于403章针对汽车类产品的认定，其协调制度详细至涵盖6位海关编码
2000年1602/2000号补充最惠国条件下原产地规则以及涉及特殊的生产加工作业认定条款，并将柬埔寨列入其东南亚国家区域累计成员	2010年《跨太平洋伙伴关系协定》[③] 吸收了《北美自由贸易协定》关于原产地判定的相关内容，在文本中附录3-A的特殊产品规则中采用6位海关编码对特殊产品的编码改变进行详细的规定。在文本附录3附件1的汽车产品中重点对汽车产品的区域累计额进行了详细的订立
2013年530/2013号对《欧盟海关法典实施条例》进行修改，涉及受益国的定义，区域累计的具体细则等	2017年《全面与进步跨太平洋伙伴关系协定》[④] 沿用了《跨太平洋伙伴关系协定》原产地规则，在其附录3-D B部分特殊原产地规则上，商品税目对应的区域含量及特殊生产加工百分比做出了详细的规定

① 《欧盟海关法典实施条例2454/93号》，https：//www.consilium.europa.eu/en/documents-publications/public-register/meeting-documents/.

② https：//www.ustr.gov/trade agreements/free-trade-agreements/north-american-free-trade-agreement-nafta（North-American-Free-Trade-Agreement）.

③ https：//www.sice.oas.org/Trade/TPP/Final_Texts/English/TPP_Index_e.asp（Trans-Pacific Partnership, Chapter 3 Rules of Origin and Origin Procedures）.

④ https：//www.sice.oas.org/Trade/TPP/Final_Texts/English/TPP_Index_e.asp（Comprehensive and Progressive Agreement for Trans-Pacific Partnership, Chapter 3 Rule of Origin and Origin Procedures, Section A）.

续表

欧盟原产地规则	美国倡导的原产地规则
2015 年 2015/428 号对《欧盟海关法典实施条例》(《欧共体海关法典实施条例》)产品及原材料价值的判定条款进行修订	2018 年《美国—墨西哥—加拿大协定》对《北美自由贸易协定》原产地规则继承在产品特定原产地及制度性原产地认定要求上，对水果、咖啡、乳制品等订立特别的原产地适用要求

欧美原产地规则的演变经历由独自发展到形成统一的《关于简化和协调海关业务制度的国际公约》规则体系，在《关于简化和协调海关业务制度的国际公约》的规则影响下，欧美继承现有的规则，根据产业保护的需要又在细节制定上有所发展，并根据海关编码制定具体的规则与例外，对非贸易伙伴的国家和地区显示出很强的排他性。表 7-2 描述了欧美原产地规则的总体变化及发展趋势。

(二) 发展中国家东盟及《区域全面经济合作伙伴关系协定》原产地规则发展

《区域全面经济合作伙伴关系协定》① 则是由东盟自 2012 年发起，由中国、日本、韩国、澳大利亚、新西兰五国与东盟 10 国成员方共同参与签订的更为全面、更广泛、实现高质量、高水平的互惠区域协议。经过 22 论的谈判，2020 年 11 月《区域全面经济合作伙伴关系协定》正式签署。《区域全面经济合作伙伴关系协定》原产地协议整体沿用《关于简化和协调海关业务制度的国际公约》框架，对原有《中华人民共和国与东南亚国家联盟全面经济合作框架协议》已有的原产地文本(如表 7-3 所示) 及欧美发达国家原产地规则进行参照，根据《区域全面经济合作伙伴关系协定》成员国现实情况磋商成果进行制定。协定文本在涉及实质性改变标准的订立内容上分为产品特定性原产地规则(通过附件予以订立) 和制度性原产地规则。其中产品特定性原产地规则对具体产品适用税目归类改变及生产加工工序改变进行确定，制度性原产地规则包含了区域价值成分，微小加工，累积规则，直运规则，附

---

① https://rcepsec.org/legal-text/ (Regional Comprehensive Economic Partnership (RCEP), Chapter C Rules of Origin, Annex 3A Product-Specific Rules).

件、备件及工具，包装材料和容器，中性成分等具体条款。具体变化趋势如表7-3所示。

表7-3 《中国—东南亚国家联盟全面经济合作框架协议》及《区域全面经济合作伙伴关系协定》中的原产地规则的发展

《中华人民共和国与东南亚国家联盟全面经济合作框架协议》	《区域全面经济合作伙伴关系协定》原产地规则
2002年《中华人民共和国与东南亚国家联盟全面经济合作框架协议》，其中强调适用于"早期收获"计划所涵盖产品的临时原产地规则最后确定时间 附件一。确立了原产地规则的基本框架，协议于2003年7月1日生效	2012年东盟成员国与澳大利亚、中国、印度、日本、韩国和新西兰于11月20日在柬埔寨金边发表《关于启动〈区域全面经济伙伴关系协定〉谈判的联合声明》与通过《〈区域全面经济伙伴关系协定〉谈判指导原则和目标》
2004年《中华人民共和国与东南亚国家联盟全面经济合作框架协议》货物贸易协议继承"早期收货"所涵盖的产品，附件3中原产地规则予以明确，非完全获得的产品采用累计规则、微小加工处理、直运规则、包装、附件、备件及工具等制度性规则上予以订立	2018年《区域全面经济伙伴关系协定》第22轮谈判在新加坡举行，会议对涉及原产地规则开展积极磋商
2010年《中华人民共和国与东南亚国家联盟全面经济合作框架协议》第二议定书，增加附录B的特定产品规则清单，该清单采用6位海关编码对鱼类、塑料材料及制品、皮革类材料及制品、鞋靴、服装进行管理，对纺织材料采用含量要求进行认定	2019年泰国曼谷召开的第三次《区域全面经济伙伴关系协定》领导人会议，完成原产地规则谈判
2015年关于修订《中华人民共和国与东南亚国家联盟全面经济合作框架协议》及项下部分协议的议定书，将附件一取代原来的附件三，认定制度上增加了微小含量、中性成分、相同的可互换的材料。附录B中产品特定原产地规则中，扩大了产品认定涵盖的种类	2020年11月15日完成《区域全面经济伙伴关系协定》谈判，东盟10国及中国、日本、韩国、澳大利亚、新西兰的贸易部长共同签署《区域全面经济伙伴关系协定》

资料来源：中国自由贸易区服务网，https：//fta.mofcom.gov.cn/dongmeng_phase2/dongmeng_phase2_special.shtml.

第二节 原产地规则的框架及认定方法

一 原产地规则的框架

（一）原产地规则的框架

原产地规则的基本框架主要由完全获得标准以及实质性改变标准两个部分组成，产品特定性原产地规则由税则归类改变、充分加工或装配标准及区域价值成分三个部分组成，制度性原产地规则由累积规则、容忍规则、吸收规则等规则组成。邵志勤[①]将原产地规则进行分类后其具体结构如表7-4所示。

表7-4　　　　　　　　原产地规则的主要框架

原产地规则	一级分类	二级分类	三级分类
原产地规则	完全获得标准	—	
	实质性改变标准	产品特定性原产地规则	税则归类改变
			充分加工或装配标准
			区域价值成分
		制度性原产地规则（辅助性原产地规则）	累积规则
			容忍规则（微量条款）
			吸收规则
			微小加工
			中性成分（间接材料）
			成套货物
			包装材料和容器
			附件、备件和工具
			直运规则
			可互换材料

（二）原产地规则文本的主要分布情况

根据原产地规则的基本框架，欧美及亚太区域全面经济合作伙伴关系协定原产地规则文本的主要分布情况如表7-5所示。

---

① 邵志勤：《APEC自由贸易区原产地规则比较研究》，《亚太经济》2014年第2期。

表 7-5　原产地规则的文本主要分布情况

原产地规则组成	具体规则类别	欧盟原产地规则《欧盟海关法典》2913/92号条例第二章原产地第一节非普惠国原产地	欧盟原产地规则《欧盟海关法典》2913/92号条例第二章原产地第二节普惠国原产地	《欧盟海关法典实施条例》第2454/93号条例标题4原产地章节1非普惠国原产地	《欧盟海关法典实施条例》第2454/93号条例标题4原产地章节2普惠国原产地	《全面与进步跨太平洋伙伴关系协定》	《北美自由贸易协定》	《美国—墨西哥—加拿大协定》	《区域全面经济伙伴关系协定》
完全获得标准		第一节 非普惠制原产地第23条	—	—	第一节第二小节 原产地产品的定义第72条、第73条、第75条	第3.3条 完全获得	401章 货物原产地	4.3章 完全获得或生产的商品	第三条 完全获得或生产者生产的货物
实质性改变标准	税则归类改变	—	第二节 普惠制原产地第二章用于海关价值的货物的第30条	—	第一节第二小节 原产地产品的定义第79条、第80条	第3.4条 用于生产再生品的回收材料的处理	—	—	第十三条 单元
	充分加工或装配标准	—	—	第一节 基于加工过程的原产地认定第35条至第39条	第一节第二小节 原产地产品的定义第78条	—	—	—	第十三条 生产用材料

续表

实质性改变标准	区域价值成分	—	第二节 普惠国原产地 第三章海关价值目的货物价值 第29条、第30条、第31条、第32条、第33条	—	第一节 第二小节 原产地产品的定义 第77条 第3.5条 区域价值含量 第3.6条 用于生产货物的材料价格 第3.7条 用于生产货物的材料价格 第3.8条 材料价格进一步调整 第3.9条 净成本	402章 区域价值 4.5章 区域累计 4.6章 用于生产的材料价值 4.7章 材料价值的进一步调整	第五条 区域价值成分计算
	累积规则	—	—	—	第一节 第二小节 累积	第3.10条 累积	404章 累积	4.11章 累积	第四条 累积
	容忍规则（微量条款）	—	—	—	—	第3.11条 微量条款	405章 条款	4.12章 微量条款	第七条 微小含量
	吸收规则	—	—	—	第一节 第二小节 原产地产品的定义 第79条	第3.16条 间接材料	—	4.8章 中间材料 4.9章 间接材料	—
制度性原产地规则	微小加工	—	—	—	—	—	—	—	第六条 微小加工和处理

续表

中性成分（间接材料）	—	—	—	第一节 第二小节 原产地品的定义 第83条	第3.16条 间接材料	4.8章 中间材料 4.9章 间接材料	—
成套货物	—	—	—	第一节 第二小节 原产地品的定义 第80条	第3.17条 成套货物	4.17章 成套货物、工具及复合商品	—
制度性原产地规则	包装材料和容器	—	—	—	第3.14条 零售货品的包装材料及容器 第3.15条 为运输需要的包装材料及容器	409章 零售货品的包装材料及容器 410章 用以海运的包装材料及容器	4.15章 用于零售的包装材料和容器 4.16章 用于海运的包装材料及容器	第八条 包装材料和容器的处理
	附件、备件和工具	—	—	第二节 有关备件的规定 第41条至第46条	第一节 第二小节 原产地品的定义 第81条	第3.13条 附件、零件、工具及说明书或其他资料	407章 备件、附属部件和工具	4.14章 备件、附件、工具及说明书或其他资料	第九条 附件、备件和工具
	直运规则	—	—	—	—	第3.18条 转口与转运	411章 转运	4.18章 转运和转运	第十五条 直接运输

463

续表

				第3.12条 可互换性货物或材料	406章 可互换的货品和材料	4.13章 互换的货品和材料	第十一条 可互换货物或材料
可互换材料	—	—	—	《全面与进步跨太平洋伙伴关系协定》附件A 其他安排、附件B 最低信息要求、附件C 第3.11条（微量条款）的例外	403章 汽车产品	4.10章 汽车产品附件4-A 4.12章 例外附件4-B 规定附件产品的原产地规则	附件一 产品特定原产地规则 附件二 最低信息要求
制度性原产地规则	附件	—	—	—			

资料来源：笔者根据各类协定文本整理得出。

464

二 原产地的认定方法

（一）实质改变标准认定方法

在原产地规则认定的实践中，主要围绕以下条件判定：税目的改变、制造或加工作业、从价百分比情况。这三种认定方法在原产地规则实践中的利弊如表 7-6 所示。

表 7-6　　　　　　　　　实质改变标准认定优劣

原产地的判定	内容	优点	缺点
税目的改变（改变税号）	税号的改变是基于《商品名称及编码协调制度》进行判定，最终产品来自不同税号的原材料时，则判定该产品的原产地	通过制造商提供的产品生产原材料清单等证明文件就可以判断	需要订立例外情况，例外表需要不断的更新
制造或加工作业表	涉及对产品重要的生产加工的技术制作或加工作业	制造商不难提供相应的证明材料	订立例外情况，制造和改进的加工需要尽可能详细给定
从价百分比法	一国的增值量相等或者超过特定的百分比，获得以制造或加工原产地的资格	通过现有的文件可以核实地不明的原材料情况。产品的价格易于得到和核实	商品价格与原材料价格在国际上在波动，略微地高于或者低于核定百分比标准都会影响原产地的判定

（二）制度性辅助规则认定方法

制度性原产地规则又称辅助规则，包括累积规则、微量条款、微小加工、中性成分、成套货物、包装和容器等。

表 7-7　　　　　　　　制度性原产地规则及其认定的内容

原产地规则	内容
累积规则	允许某个优惠贸易安排的成员方使用来自另一优惠贸易安排的成员方的非原产的材料而加工产品且不丧失最终产品的优惠待遇。 通常将累积规则分为三类：一是双边累积，二是对角累积，三是完全累积

续表

原产地规则	内容
微量条款	又称容忍规则，规定百分比标准，最终产品中含有一小部分非原产材料而不至于影响产品的原产地资格。欧盟对评估的产品其总出厂价值或净重的非原产地微小含量不超过15%，渔业水产不适用该规则。北美原产地规则基于FOB价格规定其非原产价值不能超过7%，将含量达到10%乳制品，25%的黄油制品以及含有水果或蔬菜的浓缩汁或者矿物质或者维生素的制品不适用微量条款
吸收规则	指在使用非原产材料的情况下，如果从原材料到中间产品这一过程完成了实质性转变，使中间产品获得了原产资格，那么在中间产品向最终产品进行实质性改变的这一环节中，就把中间产品视为百分之百原产，不再考虑和评价上述初始原材料的非原产特性
微小加工	又称"不充分的生产或加工"或"不合格的加工"，通常是指完全不能赋予或者仅能很小程度地赋予最终产品的核心特点和属性的加工
中性成分	对于在产品生产过程中使用，但未构成产品组成部分的物品，如燃料工具等，在确定产品的原产地时不予考虑
成套货物	组成部分需要原产，如果有非原产成分，北美原产地规则规定该部分占成套货物的价格比例不高于10%
包装材料和容器	根据《协调商品名称和编码制度国际条约》归类的包装材料和容器，对于适用于运输的包装材料和容器则不予考虑，但涉及商业包装和容器，适用于税目改变与增值标准
附件、备件和工具	随附于产品的附件、备件和工具，满足特殊条件（和产品一起归类和开具发票，数量或价格合理）欧盟不予考虑，北美原产地规则酌情考虑在区域价值含量要求下的非原产地材料价值
直运规则	该货物在缔约方领土以外进行进一步生产或任何其他操作，会导致原产地的变更。但卸货、再装填或为保持其良好状态或将该货物运输到缔约方领土所必需的任何其他操作不影响原产地的变化

第三节 原产地规则对贸易发展的影响

原产地规则更加严格提高了非成员（非缔约方）获取优惠关税的成本，杨凯和韩剑指出，原产地规则中特定的商品、程序性和制度性规则导致的贸易效应存在明显的差异性。[1]

---

[1] 杨凯、韩剑：《原产地规则与自由贸易协定异质性贸易效应》，《国际贸易问题》2021年第8期。

一 完全获得规则的具体区别

完全获得标准中，欧美对原产国完全获得认定条件比《中华人民共和国与东南亚国家联盟全面经济合作框架协议》及《区域全面经济合作伙伴关系协定》严格且详细。欧盟普惠国待遇下，需要对船舶满足受惠国相关条件才予以适用普惠国完全获得认定。《跨太平洋伙伴关系协定》及《全面与进步跨太平洋伙伴关系协定》则对回收物的认定条件予以详细的规定。完全获得《区域全面经济伙伴关系协定》对缔约方从非领海获得的产品的原产地产品认定要求高于《中华人民共和国与东南亚国家联盟全面经济合作框架协议》，该协定强调国际法的约束效力，对废弃物的原产地认定规则也制定得更为详细。

《区域全面经济伙伴关系协定》强调在国际法的规定下，主权国家享有对产自该国专属经济区产品的原产地认定。对船只的国别认定，由简单的成员方注册或悬挂成员方国旗作为判定依据改为依照国际法的规定进行严格约束。《区域全面经济伙伴关系协定》原产地协议中完全获得标准中对回收物及衍生物的认定进行了清晰的表述，其涵盖的概念及范围相应扩大，约束力增强。

表 7-8　　　　　　　　　原产地规则完全获得标准的比较

区域原产地规则	标准具体内容
《欧盟海关法典》及《欧盟海关法典实施条例》（非普惠国待遇）	1. 原产于一国的货物应是在该国全部获得或生产的货物。 2. "在一国完全获得的货物"一词是指： （a）在该境内提取的矿产品； （b）在该国收获的蔬菜产品； （c）在该国出生和饲养的活动物； （d）从该国饲养的活动物中提取的产品； （e）在该国境内进行的狩猎或捕鱼的产品； （f）在有关国家登记或记录并悬挂该国国旗的船只从该国领海以外的海洋捕捞的产品和其他产品； （g）工厂船舶上从（f）项所述产品取得或生产的货物源于该国，但此种工厂船舶须在该国登记或记录并悬挂其国旗； （h）从领海以外海底或海底底土取得的产品，但该国拥有开采该海底或底土的专属权利； （i）从制造作业和废旧物品中提取的废物和废料产品，如果它们是在其中收集的，并且只适合回收原材料； （j）在任何生产阶段完全由（a）至（i）项所述货物或其衍生物生产的货物 3. 为第 2 款的目的，"国家"一词涵盖该国的领海

续表

区域原产地规则	标准具体内容
《欧盟海关法典》及《欧盟海关法典实施条例》（普惠国待遇）	第 75 条 1. 下列应视为在受益国全部获得： （a）从其土壤或海底提取的矿物产品； （b）在那里种植或收获的植物和蔬菜产品； （c）在那里出生和饲养的活动物； （d）在那里饲养的动物的产品； （e）在那里出生和饲养的屠宰动物的产品； （f）在那里狩猎或捕鱼获得的产品； （g）在那里出生和饲养鱼类、甲壳类和软体动物的水产养殖产品； （h）海上捕鱼的产品和船只从任何领海以外的海洋获取的其他产品； （i）在其工厂船上生产的产品完全来自（h）点所述产品； （j）在那里收集的废旧物品只适合回收原材料； （k）在那里进行的制造作业产生的废物和废料； （l）从海底或海底以下提取的产品，这些产品位于任何领海以外，但具有专属开采权； （m）由（a）至（l）项所述产品生产的货物 2. 第 1（h）和（i）款中的"其船舶"和"其工厂船舶"仅适用于满足下列每一项要求的船舶和工厂船舶： （a）在受惠国或会员国登记； （b）它们在受惠国或会员国的旗帜下航行； （c）符合下列条件之一： （一）这些资产至少由受益国或会员国国民拥有 50%的资产，或 （二）公司拥有： 在受益国或成员国设有总部和主要营业地 至少 50%为受益国或成员国国民所有。 3. 各成员国或不同的受益国均可满足第 2 款的条件，只要所涉所有受益国都能根据第 86 条第（1）款和第（5）款从区域累积中受益。在这种情况下，产品应被认为是根据第 2 款（b）项悬挂该船或工厂船帆的受益国的原产地 第 1 项只应在第 86 条第 2 款（a）、（c）和（d）项规定的条件已经满足的情况下适用

续表

区域原产地规则	标准具体内容
《跨太平洋伙伴关系协定》及《全面与进步跨太平洋伙伴关系协定》	第3.2条：原产货物，除本章另有规定外，每一缔约方应规定，如果货物是： （a）完全在第3条规定的一个或多个缔约方的领土内获得或生产的，则该货物原产。（全部获得或生产的货物）； （b）完全在一个或多个缔约方的领土内生产，完全由原产材料生产；或 （c）完全在一个或多个使用非原产材料的缔约方的领土内生产，条件是货物符合附件3-D（产品专用原产地规则）的所有适用要求，货物符合本章的所有其他适用要求。 第3.3条：全部取得或生产的货物 每一缔约方应规定，为第3条第2款（源自货物）的目的，一种货物完全是在一个或多个缔约方的领土内获得或生产的，如果是： （a）良好的植物或植物，生长，栽培，收获，采摘或聚集在那里； 在那里生长、栽培、收获、采摘或聚集的植物或植物制品 （b）在那里出生和长大的活动物； （c）从那里的活动物那里获得的物品； （d）在那里狩猎、诱捕、捕鱼、采集或捕获的动物； （e）从那里的水产养殖中获得的商品； （f）从（a）至（e）项中提取或提取的矿物或其他自然存在的物质； （g）从缔约方领土以外的海洋、海床或底土以及根据国际法在非缔约方领海以外获取的鱼类、贝类和其他海洋生物 （h）从（g）项所指在一缔约方登记、列名或记录并有权悬挂该缔约方国旗的工厂船舶上的货物生产的货物； （i）一缔约方或一缔约方的一个人从缔约方领土以外的海床或底土以及非缔约方对其行使管辖权的区域以外获取的鱼类、贝类和其他海洋生物以外的一种商品，但该缔约方或该缔约方的一个人有权根据国际法开采该海床或底土； （j）符合下列条件的货物： （i）源自该处生产的废物或废料；或 （ii）废物或废料源自该处收集的旧货，但这些货物只适合回收原材料；及 （k）在那里生产的商品，完全来自（a）至（j）项所述的货物或其衍生产品。 第3.4条：用于生产再制造品的回收材料的处理 1. 每一缔约方应规定，在一个或多个缔约方领土内提取的回收材料，在用于生产再制造的商品并将其并入该商品时，应视为源自该商品。 2. 为了更大的确定性： （a）再制造的货物只有在满足第3.2条（原发货物）的适用要求的情况下才能产生；和 （b）回收的未被使用或未被纳入再制造商品生产的材料，只有在其符合第3.2条（生货物）的适用要求的情况下才能产生
《北美自由贸易协定》	（a）货物完全在第415条所界定的一个或多个缔约方的领土内获得或生产

续表

区域原产地规则	标准具体内容
《美国—墨西哥—加拿大协定》	第4.3条：完全获得或生产的商品 每一缔约方应规定，就第4.2条（原产货物）而言，如果货物是在一个或多个缔约方的领土内完全获得或完全生产的，则该货物是： （a）从那里提取或取得的矿产或其他自然产生的物质； （b）在该处种植，栽培，收获，采摘或收集的植物，植物产品，蔬菜或真菌； （c）在该处出生和饲养的活物； （d）从该处的活动物获得的货物； （e）在该处狩猎，诱捕，捕鱼，聚集或捕捉而获得的动物； （f）从该处的水产养殖业获得的货物； （g）经登记，列出或记录的船只从缔约方领土以外的海，海床或底土中以及根据国际法在非缔约方领土海域中取得的鱼、贝类或其他海洋生物与一方并有权悬挂该方的旗帜； （h）在某缔约方登记，列出或记录并有权悬挂该缔约方国旗的工厂船上，由（g）项所指货物制成的货物； （i）缔约方或缔约方个人从缔约方领土以外的海床或底土中夺取的鱼类、贝类和其他海洋生物以外的其他货物，但该缔约方有权利用该海底或底土； （j）来自以下方面的废物： （i）在那里生产，或 （ii）在该处收集的旧货，但该货只适合用以回收原材料；和 （k）在任何生产阶段仅由（a）至（j）项所指货物或其衍生物生产的货物
《中华人民共和国与东南亚国家联盟全面经济合作框架协议》	下列产品应视为规则二（一）所指的"完全在一成员方生产或获得"： （一）在该成员方收获、采摘或收集的植物及植物产品； （二）在该成员方出生及饲养的活动物； （三）在该成员方从上述第（二）项活动物中获得的产品； （四）在该成员方狩猎、诱捕、捕捞、水生养殖、收集或捕获所得的产品； （五）从该成员方领土、领水、海床或海床底土开采或提取的除上述第（一）至（四）项以外的矿物质或其他天然生成的物质； （六）在该成员方领水以外的水域、海床或海床底土获得的产品，但该成员方须按照国际法规定有权开发上述水域、海床及海床底土； （七）在该成员方注册或悬挂该成员方国旗的船只在公海捕捞获得的鱼类及其他海产品； （八）在该成员方注册或悬挂该成员方国旗的加工船上仅加工及/或制造上述第（七）项的产品所得的产品； （九）在该成员方收集的既不能用于原用途，也不能恢复或修理，仅适于用作原材料部分品的回收，或者仅适于作再生用途的物品； （十）仅用上述第（一）项至第（九）项所列产品在一成员方加工获得的产品

续表

区域原产地规则	标准具体内容
《区域全面经济伙伴关系协定》	就第三章第二条（原产货物）而言，下列货物应当视为在一缔约方完全获得或者生产： （一）在该缔约方种植、收获、采摘或收的植物或植物货物，包括果实、花卉、蔬菜、树木、海藻、菌类和活植物； （二）在该缔约方出生并饲养的活动物； （三）从该缔约方饲养的活动物中获得的货物； （四）在该缔约方通过狩猎、诱捕、捕捞、耕种、水产养殖、收集或捕获直接获得的货物； （五）从该缔约方土壤、水域、海床或海床底土提取或得到的未包括在上述第（一）项至第（四）项范围的矿物质或其他天然生成物质； （六）从缔约方和非缔约方领海以外的水域、海床或海床底土，由该缔约方的船只获得的海洋渔获产品和其他海洋生物并且由该缔约方或该缔约方的人获得的其他货物，且符合国际法规定，对于从缔约方或非缔约方的专属经济区捕捞的海洋渔获产品和其他海洋生物，该缔约方或该缔约方的人应当有权开发该专属经济区，对于其他货物，该缔约方或该缔约方的人应当依据国际法有权开采相关海床和海床底土； （七）该缔约方船只依照国际法在公海获得的海洋渔获产品和其他海洋生物； （八）在该缔约方加工船上仅使用第（六）项或第（七）项所述的货物进行加工或制造的货物； （九）满足下列条件的货物： 1. 在该缔约方生产或消费中产生的，仅适用于废弃处置、原材料回收或回收利用的废碎料；或者 2. 在该缔约方收集的仅适用于废弃处置、回收原材料或回收利用的旧货物；以及 （十）在该缔约方仅使用第（一）项至第（九）项所述的货物或其衍生物获得或生产的货物

资料来源：中国自由贸易区服务网，笔者整理。

二 特定性原产地规则比较及对贸易的影响

（一）税目归类改变

欧美原产地规则中税目的改变要求高于《中华人民共和国与东南亚国家联盟全面经济合作框架协议》及《区域全面经济伙伴关系协定》。《美国—墨西哥—加拿大协定》要求关税税则章节变化涉及税目编码八位数字，其严格程度要高于《中华人民共和国与东南亚国家联盟全面经济合作框架协议》及《区域全面经济伙伴关系协定》的规则。

表 7-9 税收项目归类改变

区域原产地规则	税收项目归类内容
《欧盟海关法典》及《欧盟海关法典实施条例》	—
《北美自由贸易协定》	第 4 章原产地规则第 401 条原产货物第（b）款（b）由于生产完全发生在一个或多个缔约方的领土上，用于生产货物的每一种非原产地材料都经历了附件 401 所列关税分类的适用变化，或货物在不需要改变关税分类的情况下满足该附件的适用要求，货物满足本章所有其他适用要求
《美国—墨西哥—加拿大协定》	Section A：一般解释性说明：为了解释本附件所载的原产地规则： （a）本附件所指的关税项目，在本附件中以八位数字表示，由六个数字和两个字母组成，是指本附件 B 节以下表格所列具体缔约方的关税项目； （b）适用于某一特定标题、副标题或关税项目的具体规则或一套具体规则与标题、副标题或关税项目相邻； （c）适用于某一关税项目的规则应优先适用于该关税项目的母公司的标题或副标题的规则； （d）更改关税分类的要求只适用于非原产地材料； （e）《商品名称及编码协调制度》第 1 章至第 24 章所规定的货物规则中提到的重量指干重，除非协调制度另有规定； （f）提及"自 2020 年 1 月 1 日起或《协定》生效之日（以较晚者为准）"的具体规则是，如果《协定》在 2020 年 1 月 1 日之前生效，则适用的具体规则， （g）适用下列定义：一章是指协调制度的一章；标题是指协调制度下关税分类编号的前四位数字；一节是指协调制度的一节；小标题是指协调制度下关税分类编号的前六位数字；和 4-b-2 关税项目是指每个缔约方实施的协调制度下的关税分类编号的前八位数字 （h）如果货物是第 87 章的工具或表 A 所列的部分。本附件附录的 1、B、C、D、E、F 或 G 用于第 87 章的车辆，适用本附件附录的规定
《中华人民共和国与东南亚国家联盟全面经济合作框架协议》	（a）章是指税则编码下的税则分类号的前两位； （b）标题是指税则编码下的税则分类号的前四位； （c）副标题是指税则编码下的税则分类号的前六位
《区域全面经济伙伴关系协定》	就解释本附件中列出的产品特定原产地规则而言： （一）"类"指协调制度中的一类； （二）"章"指协调制度下税则归类编码的前两位数字； （三）"品目"指协调制度下税则归类编码的前四位数字；以及 （四）"子目"指协调制度下税则归类编码的前六位数字 如一货物适用选择性产品特定原产地规则，只要该货物满足选择性产品特定原产地规则中的一项，则认为符合该规则

资料来源：中国自由贸易区服务网。

第七章 | 原产地规则变化比较分析

（二）区域价值含量比较及对贸易的影响

1. 区域价值含量比较

《区域全面经济伙伴关系协定》原产地区域价值成分规则与《美国—墨西哥—加拿大协定》及《跨太平洋伙伴关系协定》复杂且详尽的高标准相比，规则针对性较弱且区域含量要求低于《美国—墨西哥—加拿大协定》及《跨太平洋伙伴关系协定》。美国倡导的《美国—墨西哥—加拿大协定》及《跨太平洋伙伴关系协定》高标准的经贸规则普遍的含量要求交易价值法情况下不低于60%，在使用净成本法的情况下不少于50%，《区域全面经济伙伴关系协定》原产区域价值含量则要求不低于40%，其规则要求相对较低。对其缔约国在《区域全面经济伙伴关系协定》内加工出口贸易产生积极的影响。美国倡导的《美国—墨西哥—加拿大协定》针对汽车及汽车零配件与纺织品采用产品特定性原产地规则进行适用，对特定产业的贸易保护动机明显，而相比《区域全面经济伙伴关系协定》则更关注东盟地区国家的产业发展。旨在原有东盟规则下，进一步进行规范和提升，《区域全面经济伙伴关系协定》在原有间接/扣减公式的基础上，增加了直接累加公式，将生产过程中原产国的工人成本和相关经营费用成本及利润核算在内，强调产品需要在缔约国内价值链增值活动中的重要性。

表7-10　　　　　　　　　欧美及亚太原产地区域价值规则

区域原产地规则	区域价值规则内容
《欧盟海关法典》及《欧盟海关法典实施条例》（非普惠国待遇）	附件10和附件11中的清单规定，如果所使用的非原产材料的价值不超过所获得产品的出厂价格的一定百分比，则授予原产地，则该百分比应按以下方式计算："价值"是指进口所用非原产地材料时的海关价值，或如果不知道而且无法确定，在加工国为这种材料支付的第一个可确定的价格，"出厂价"是指产品出口时所获得的出厂价减去任何内部税，或可返还的，"由于装配作业而获得的价值"是指由于装配本身，加上任何精加工和检查作业，以及由于纳入了来自进行有关作业的国家的任何部件而产生的价值增加，包括利润和由于作业而在该国承担的一般费用
《欧盟海关法典》及《欧盟海关法典实施条例》（普惠国待遇）	第82条 如《商品名称及编码协调制度》一般解释规则3所界定，当所有组成部分产品均为原产产品时，应视为原产。当一套由原产和非原产产品组成时，但该套作为一个整体应视为原产，但非原产产品的价值不超过该套出厂价格的15%

473

续表

区域原产地规则	区域价值规则内容
《北美自由贸易协定》	第401条原产货物第（c）款货物完全是在一个或多个缔约方的领土内完全由原始材料生产的；第（d）款或除《商品名称及编码协调制度》第61至63章规定的货物外，货物完全是在一个或多个缔约方的领土上生产的，但在生产货物时使用的《商品名称及编码协调制度》规定的作为部件的一种或多种非原产地材料不会改变关税分类，因为货物是以未经组装或拆卸的形式进口到缔约方领土的，但根据《商品名称及编码协调制度解释2（a）通则》被归类为组装货物，或商品的标题规定并具体描述商品本身及其部分，不再细分为副标题，或商品的副标题规定并具体描述商品本身及其部分，只要按照第402条确定的商品的区域价值内容在使用交易价值法的情况下不少于60%，或在使用净成本法的情况下不少于50%，并且该商品满足本章的所有其他适用要求 第402条区域价值内容 1. 除第5款规定的情况外，每一缔约方应规定，应根据第2款规定的交易价值法或第3款规定的净成本法，在商品出口商或生产者的选择下计算商品的区域价值内容 2. 各缔约方应规定，出口商或生产商可根据下列交易价值法计算商品的区域价值内容：RVC=（TV-VNM）/TV×100%　其中RVC是区域价值内容，以百分比表示；TV是一个F.O.B基准调整后的商品的交易价格和VNM是指生产者在生产商品时所使用的非原产地原料的价值 3. 各缔约方应规定，出口商或生产商可根据下列净成本方法计算商品的区域价值内容：RVC=（NC-VNM）/NC×100%　RVC是区域价值内容，以百分比表示；NC是商品的净成本；VNM是生产者在生产商品时使用的非原产材料的价值。除第403（1）和（2）（a）（一）条的规定外，为计算第2款或第3款规定的商品的区域价值含量，生产者在生产商品时使用的非原产材料的价值不应包括用于生产随后用于生产商品的原产材料的非原产材料的价值 4. 除第403（1）和（2）（a）（一）条的规定外，为计算第2款或第3款规定的商品的区域价值含量，生产者在生产商品时使用的非原产材料的价值不应包括用于生产随后用于生产商品的原产材料的非原产材料的价值 5. 每一缔约方应规定，出口商或生产商应仅根据第3款规定的净成本方法计算商品的区域价值含量，其中： （a）货物没有交易价值； （b）根据《海关估价法》第1条，货物的交易价值是不可接受的； （c）商品由生产者出售给有关人员，在商品出售前的6个月内，按数量计算，向有关人员出售相同或类似商品的数量超过生产者在这一期间总额的85%； （d）该货物为 （i）标题87.01或87.02、副标题8703.21至8703.90或87.04、87.05或87.06所列机动车辆； （ii）附件403.1或403.2所列，用于标题87.01或87.02、副标题8703.21至8703.90或标题87.04、87.05或87.06所列的机动车辆； （iii）在6401.10至6406.10小标题中规定，或

续表

区域原产地规则	区域价值规则内容
《北美自由贸易协定》	（iv）关税项目 8469.10.aa（文字处理机规定）； （e）出口商或生产商根据第 404 条选择积累商品的区域价值含量；或 （f）根据第 10 段，货物被指定为中间材料，并须符合区域价值含量要求 6. 如果某一货物的出口商或生产商根据第 2 款规定的交易价值方法计算货物的区域价值内容，而且缔约方随后在根据第五章（海关程序）进行核查期间通知出口商或生产商，货物的交易价值或用于生产货物的任何材料的价值必须根据《海关估价守则》第 1 条加以调整或不可接受，然后，出口商或生产者也可以根据第 3 款规定的净成本方法计算商品的区域价值含量。 7. 第 6 款的任何规定不得解释为妨碍根据第 510 条（审查和上诉）对下列事项做出的调整或拒绝： （a）商品的交易价值；或 （b）用于生产某种商品的任何材料的价值 8. 为计算第 3 款规定的商品净成本，商品生产者可以： （a）计算生产者生产的所有货物的总成本，减去所有这些货物总成本中包括的任何促销、营销和售后服务费用、特许权使用费、运输和包装费用以及不可允许的利息费用，然后合理地将这些货物的净成本分配给货物； （b）计算生产者生产的所有货物的总成本，合理地将总成本分配给商品，然后减去分配给商品的总成本部分中的任何促销、营销和售后服务费用、特许权使用费、运输和包装费用以及不可允许的利息费用；或 （c）合理分配构成货物总费用一部分的每一项费用，使这些费用总额不包括任何促销、营销和售后服务费用、特许权使用费、运输和包装费用以及不可允许的利息费用，只要所有这些费用的分配符合第 511 条（海关程序统一规定）规定的关于合理分配费用的规定 9. 除第 11 款规定外，用于生产商品的材料的价值应： （a）是根据《海关估价准则》第 1 条确定的材料的交易价值；或 （b）如果根据《海关估价准则》第 1 条，没有交易价值或材料的交易价值是不可接受的，应根据《海关估价准则》第 2 至第 7 条确定；和 （c）未列入（a）或（b）项的，包括 （i）运费、保险费、包装费和将材料运至生产商所在地的所有其他费用， （ii）在一个或多个缔约方境内支付的材料的关税、税款和报关费，以及 （iii）在生产商品时使用该材料造成的废弃物和变质费用，减去可再生废料或副产品的价值 10. 除第 403 条第 1 款和附件 403.2 中确定的部件外，为计算第 2 款或第 3 款规定的货物的区域价值含量，一种货物的生产者可以指定用于生产该货物的任何自产材料为中间材料，但中间材料须受一种材料的约束区域价值内容要求，在生产该中间材料时使用的受区域价值要求约束的其他自产材料本身不得被生产者指定为中间材料 11. 中间材料的数值应为： （a）商品生产者生产的所有可合理分配给该中间材料的货物的总费用；或

续表

区域原产地规则	区域价值规则内容
《北美自由贸易协定》	(b) 构成可合理分配给该中间材料的该中间材料所涉费用总额的每项费用的总和 12. 间接材料的价值应基于适用于生产货物的缔约方领土的公认会计原则
《美国—墨西哥—加拿大协定》	第4.2条：原产商品 除本章另有规定外，每一当事国均应规定，商品是： (a) 根据第4.3条（全程获得或生产的商品）的定义，在一个或多个缔约方的领土内完全获得或完全获得的产品； (b) 如果商品良好地满足附件4-B（特定产品的原产地规则）的所有适用要求，则完全使用一种非原产材料在一个或多个缔约方的领土内生产产品； (c) 完全在一个或多个缔约方的领土内由原始材料制成；要么 (d) 除《商品名称及编码协调制度》第61至63章所规定的货物外： (i) 全部在一个或多个缔约方的领土内生产； (ii) 在商品生产中使用的协调制度下作为零件提供的一种或多种非原产材料不能满足附件4-B（特定产品原产地规则）中规定的要求，因为这两种商品并且其物料归为同一小标题或同一标题，而该子标题或同一标题未进一步细分为小标题，或者该货物以非组装或拆装的形式进口到一个缔约方的领土内，但根据规则2归类为组装货物a)《统一制度解释通则》；和 (iii) 根据第4.5条（区域价值含量）确定的货物的区域价值含量，如果使用交易价值方法，则不少于60%，如果使用净成本方法，则不少于50%；该商品满足本章的所有其他适用要求 第4.4条：对用于生产再制造商品的回收材料的处理 1. 每一缔约方应规定，在一个或多个缔约方领土内获得的回收材料用于生产和混入再制造的货物时，应视为原产 2. 更加确定： (a) 再制造商品只有满足第4.2条（原产商品）的适用要求时才是原产地；和 (b) 只有在满足第4.2条（原产货物）的适用要求的情况下，才使用未回收或未用于再制造产品生产的回收材料。 第4.5条：区域价值内容 1. 除第6款另有规定外，每一缔约方均应规定，商品的区域价值成分应由商品的进口、出口或生产者根据交易价值方法确定在第2款中列出或在第3款中列出的净成本方法。 2. 每一当事国应规定，进口商、出口商或生产商可以根据以下交易价值方法计算货物的区域价值含量： RVC＝(TV-VNM)/TV×100 RVC是区域价值内容，以百分比表示； TV是货物的交易价值，已调整为不包括货物国际运输中产生的任何费用；和 VNM是非原产材料的价值，包括生产者在商品生产中使用的原产不确定的材料。 3. 每一当事国应规定，进口商、出口商或生产商可以根据以下净成本方法计算商品的区域价值含量：

续表

区域原产地规则	区域价值规则内容
《美国—墨西哥—加拿大协定》	RVC=（NC-VNM）/NC×100 RVC 是区域价值内容，以百分比表示； NC 是商品的净成本；和 VNM 是非原产材料的价值，包括生产者在商品生产中使用的原产不确定的材料 4. 每一缔约方应规定，生产者在生产商品时使用的非原产材料的价值，为了计算第 2 或 3 款中商品的区域价值含量，不应包括非商品价值。用于生产原始材料的原始材料，这些原始材料随后用于货物的生产中。 5. 每一当事国应规定，如果在商品生产中使用非原产性材料，则以下内容可被视为原始内容，以确定该商品是否满足区域价值内容要求： （a）在一个或多个缔约方的领土内进行的非原产材料的加工价值；和 （b）在一个或多个缔约方的领土内从事生产非原产材料所使用的任何原产材料的价值。 6. 每一缔约方应规定，如果附件 4-B（特定于产品的规则）规定，则进口商，出口商或生产商应仅根据第 3 款规定的净成本方法计算商品的区域价值含量。 7. 如果某商品的进口商，出口商或生产商根据第 2 款规定的交易价值方法计算了该商品的区域价值含量，并且随后缔约方在此过程中通知了进口商，出口商或生产商根据第 5 章（原始程序）进行的验证，即根据《海关估价协定》第 1 条，货物的交易价值或用于生产货物的材料的价值需要进行调整或不可接受，然后，出口商，生产商或进口商也可以根据第 3 款规定的净成本方法计算商品的区域价值含量 8. 为了计算第 3 款中货物的净成本，货物生产者可以： （a）计算该生产者生产的所有商品产生的总费用，减去任何促销，营销和售后服务费用，特许权使用费， 运输和包装成本以及所有这些商品的总成本中所包含的不允许的利息成本，然后合理地将这些商品的最终净成本分配给货物； （b）计算与该生产商生产的所有商品有关的总成本，合理地将总成本分配给该商品，然后减去任何促销，营销和售后服务成本，特许权使用费，运输和包装成本，分配给商品的总成本中所包含的不可允许的利息成本；要么 （c）合理分配构成商品总成本一部分的每种成本，以使这些成本的总和不包括任何促销，营销和售后服务成本，特许权使用费，运输和包装成本，和不可承受的利息费用，前提是所有这些费用的分配均与《统一条例》中有关合理分配费用的规定一致 第 4.6 条：生产中使用的材料的价值 每一缔约方均应就本章的目的规定，材料的价值为： （a）对于由货物生产者进口的材料，该材料在进口时的交易价值，包括该材料在国际运输中产生的费用； （b）在生产货物的领土上获得的材料： （i）生产者在生产者所在缔约方中支付或应付的价格，

续表

区域原产地规则	区域价值规则内容
《美国—墨西哥—加拿大协定》	（ⅱ）（a）项中为进口物料确定的价值，或 （ⅲ）在缔约方领土内已支付或应付的最早可确定的价格；要么 （c）对于自行生产的材料： （ⅰ）材料生产中产生的所有费用，包括一般费用，以及 （ⅱ）等于在正常交易过程中增加的利润，或等于通常在与被估价的自产材料相同类别或种类的货物销售中反映的利润 第4.7条：材料价值的进一步调整 1. 每一缔约方应规定，对于非原产材料或来源不明的材料，可从该材料的价值中扣除以下费用： （a）运费，保险费，包装费以及将物料运输到货物生产者所在地所产生的所有其他费用； （b）在一个或多个缔约方的领土上支付的材料上的关税，税款和海关经纪费，但可免除、退还、可退还或以其他方式可收回的关税和税款除外，其中包括抵免税款或税款已付或应付；和（c）在生产商品时使用材料造成的浪费和变废的成本，减去可重复使用的废料或副产品的价值。 2. 如果第1款中列出的成本或费用未知，或者无法获得调整金额的书面证据，则不允许对该特定成本进行调整 第4.8条中间材料 每一当事国应规定，除附件4-B（产品特定原产地规则）附录G表中标识的成分外，任何自产材料均可由生产者指定。为计算第4.5条第2款或第3款（区域价值内容）中商品的区域价值内容而将商品作为中间材料的生产者，但前提是如果中间材料受区域价值内容要求的约束，则受制于该中间材料生产中所使用的区域价值内容要求的其他自产材料本身可以被生产者指定为中间材料 第4.9条间接材料 间接材料应视为原始材料，无论其在何处生产
《中华人民共和国与东南亚国家联盟全面经济合作框架协议》	规则四：非完全生产或获得 （一）符合下列条件应视为规则二（二）所指的原产产品： 1. 原产于任一成员方的成分应不少于40%； 2. 原产于一成员方境外（非中国—东盟自由贸易区）的材料、零件或产物的总价值不超过所生产或获得产品离岸价格的60%，且最后生产工序在成员方境内完成 （二）在本附约中，规则4（一）2所规定的原产标准称为"中国—东盟自由贸易区成分"。40%中国—东盟自由贸易区成分的计算公式如下： $$RVC = \frac{\text{非中国—东盟自由贸易区不明原产地的材料+材料价值}}{\text{离岸价格}} \times 100\% < 60\%$$ 因此，中国—东盟自由贸易区成分：100%-非中国-东盟自由贸易区材料=至少40% 非原产材料价值为： 1. 材料进口时的到岸价格或 2. 最早确定的在进行制造或加工的成员方境内为不明原产地材料支付的价格； 在本条规则中，"原产材料"应视为根据各条有关规则确定原产国的一种材料，其原产国与使用该材料进行生产的国家为同一国家

续表

区域原产地规则	区域价值规则内容
《区域全面经济伙伴关系协定》	第五条区域价值成分计算一、第三章附件一（产品特定原产地规则）规定的货物的区域价值成分，应当按下列公式之一计算： （一）间接/扣减公式 $$RVC = \frac{FOB-VNM}{FOB} \times 100\%$$ 或者 （二）直接/累加公式 $$RVC = \frac{VOM+直接人工成本+直接经营费用成本+利润+其他成本}{FOB} \times 100\%$$ 其中： RVC 为货物的区域价值成分，以百分比表示； FOB 是指第三章第一条（定义）第（五）项规定的 FOB 价值；VOM 是指获得或自行生产并用于生产货物的原产材料、部件或产品的价值；VNM 是指用于生产该货物的非原产材料价值；直接人工成本包括工资、薪酬和其他员工福利；并且直接经营费用成本是指经营的总体费用 二 本章项下货物的价值应当依照 GATT1994 第七条和《海关估价协定》经必要性修正进行计算。所有成本应当依照生产货物的缔约方适用的公认会计准则进行记录和保存 三 非原产材料价值应当为： （一）就进口材料而言，材料进口时的 CIF 价值；并且 （二）就一缔约方内获得的材料而言，最早可确定的实付或应付的价格 四 原产地不明的材料应当视为非原产材料 五 下列费用可以从非原产材料价值或原产地不明的材料价值中扣除： （一）将货物运至生产商的运费、保险费、包装费和货物运至生产商过程中产生的其他运输相关费用； （二）未被免除、返还或以其他方式退还的关税、税收和代理报关费； （三）废品和排放成本，减去回收废料或副产品的价值 如第（一）项至第（三）项所列的费用未知或证据不足，则不得扣除此类费用

2. 区域价值含量中的纺织品及汽车产业相关规则

美国倡导的区域贸易协定中原产地的区域价值含量规则日趋严格，集中在汽车及纺织品产业，其目的是促进其区域内贸易伙伴的产业及双边贸易发展。区域价值法被《北美自由贸易协定》《跨太平洋伙伴关系协定》《全面与进步跨太平洋伙伴关系协定》以及《美国—墨西哥—加拿大协定》广泛应用。《北美自由贸易协定》原产地规则的 402 条，对区域价值的计算基于 F.O.B 的交易价值计算法与净成本计算法进行了详细的说明，对一般货物，交易法不少于 60% 的原产地增值部分，净值法不少于 50% 的原产地增值部分。在协调制度下税号 61—63 章的纺织品不适用此项规定，在第 402 条第 5 款中对机动车的区域价值只能采用净值法计算进行确定，并对净成本含量做出单独的规定。《跨太平洋伙伴关系协定》在其第三章第 3.5 条沿用了《北美自由贸易协定》区域价值的计算法及原产地的认定条款，并新增了增值法、扣减法，丰富了测算区域价值成分的手段。《全面与进步跨太平洋伙伴关系协定》则在原有《跨太平洋伙伴关系协定》的基础上进行继承[1]。《美国—墨西哥—加拿大协定》的第四章原产地规则的第 4.5 款区域价值计算的内容也是对之《北美自由贸易协定》内容的大致继承。

美国倡导的区域自贸协定中原产地规则中汽车行业的原产地区域价值含量标准日趋严格，目的旨在保护其汽车产业[2]。《北美自由贸易协定》的第 403 条款第 5 条对汽车用品的区域增值数量进行了明确的规定，《美国—墨西哥—加拿大协定》原产地协议中附件 B 部分以及附录中有关汽车产品的原产地规则，对汽车及其相关的配件及其净成本增加百分比与交易百分比进行了详细的规定。

从趋势看，《北美自由贸易协定》与《美国—墨西哥—加拿大协定》都对汽车产业的区域价值含量相对于一般贸易产品都提出了很高的要求和标准，汽车整体的含量要求要明显高于其相应零配件的要求，通过设置这一门槛限制整车的进口，保护国内汽车整车生产企业的市场竞争地位。《美国—墨西哥—加拿大协定》的平均每年区域价值含量增幅要高于《北美自由贸易协定》。在《美国—墨西哥—加拿大协定》中，汽车整车及零部件的增幅为平均每年为 2.5%—3.0%，而《北美自由贸易协定》平均每年的含量增幅为 1.63%。关键零配件的区域含量标准要明显低于一般零配件，汽车发动机等关键主要零配件的原产地区域含量标准要高于表 B 及表 C 的主要零配件及辅助零配件，为其发动

---

[1] 白洁、苏庆义：《CPTPP 的规则、影响及中国对策：基于和 TPP 对比分析》，《国际经济评论》2019 年第 1 期。
[2] 何蓉等：《美墨加协定（USMCA）对原产地规则的修订及其影响分析》，《区域与全球发展》2019 年第 6 期。

机等关键部件保证在区域内的市场竞争力而进行的具有针对性的规则设定。具体内容如表7-11所示。

表7-11　　　　　　北美的汽车及配件的区域含量要求

《北美自由贸易协定》的区域价值含量标准

关税项目	具体描述	1998年1月1日起及以后（区域价值含量标准）	2002年1月1日起及以后（区域价值含量标准）
87.01	牵引车辆	—	—
87.02	柴油或电驱动的汽车	56%	62.5%
8703.21	排气量小于1000毫升的小汽车		
8703.90	其他车辆		
8704.10	非公路用自卸车		
8704.22	柴油型货车		
8704.23	柴油型超重货车		
8704.32	5吨<汽油型≤8吨的其他货车		
8704.90	装有其他发动机的货车		
8705	全路面汽车起重车		
87.06	车辆底盘		
84.07	汽油发动机	55%	60%
84.08	柴油发动机		

《美国—墨西哥—加拿大协定》（区域价值含量标准）

具体描述		2020年1月1日	2021年1月1日	2022年1月1日	2023年1月1日
乘用车及轻型卡车整车		净成本法66%	净成本法下69%	净成本法下72%	净成本法下75%
乘用车及轻型卡车零配件	核心零配件根据表A.1	净成本法下66%或交易价值法下76%	净成本法下69%或交易价值法下79%	净成本法下72%或交易价值法下82%	净成本法下75%或交易价值法85%
	主要零配件基于表B	净成本法下62.5%或交易价值法下72.5%	净成本法下65%或交易价值法下75%	净成本法下67.5%或交易价值法下77.5%	净成本法下70%或交易价值法下80%
	辅助零配件基于表C	净成本法下62%或交易价值法下72%	净成本法下63%或交易价值法下73%	净成本法下64%或交易价值法下74%	净成本法下65%或交易价值法下75%

续表

具体描述		2020年1月1日	2024年1月1日	2027年1月1日
重型卡车整车		净成本法下60%	净成本法下64%	净成本法下70%
重型卡车零配件	主要零配件	净成本法下60%或交易价值法下70%	净成本法下64%或交易价值法下74%	净成本法下70%或交易价值法下80%
	辅助零配件	净成本法下50%或交易价值法下60%	净成本法下54%或交易价值法下64%	净成本法下60%或交易价值法下70%

资料来源:"North American Free Trade Agreement", ustr.gov/trade-agreements/free-trade-agreements/north-american-free-trade-agreement-nafta, United States-Mexico-Canada Agreement, ustr.gov/trade-agreements/free-trade-agreements/united-states-mexico-canada-agreement.

3. 区域价值含量标准提高导致贸易创造效应

《北美自由贸易协定》的区域价值含量标准的提高一定程度上增强了区域伙伴国的贸易往来,增强了北美国家汽车产业的竞争力,促使其制造业回流。墨西哥出口美国汽车贸易额呈现增长的趋势,由于墨西哥劳动力成本优势,汽车的相关部件的生产及组装转移到墨西哥进行,一定程度上形成了贸易创造。墨西哥与加拿大汽车生产出口美国的占比差距正不断地缩小。墨西哥出口至美国的汽车贸易比例结构变化如图7-1所示。

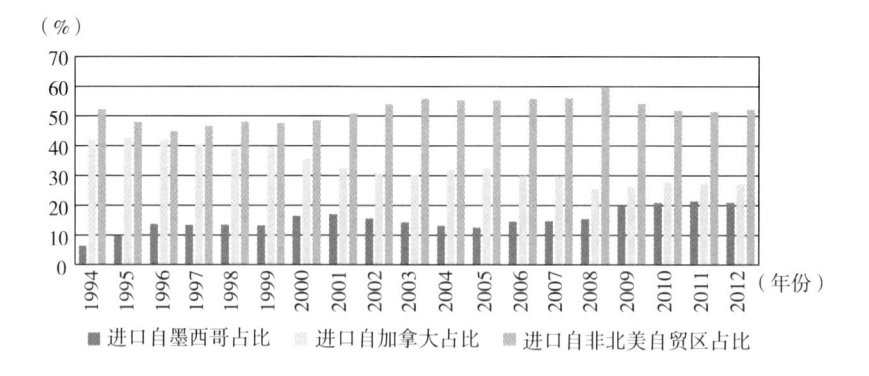

图7-1 美国汽车进口自墨西哥、加拿大变化情况

资料来源:UN comtrade数据整理。

（三）原产地充分加工或装配标准比较

（1）《区域全面经济伙伴关系协定》产品特定性原产地规则并没有将特定生产工具作为判定的依据，简化了认定的条件。《区域全面经济伙伴关系协定》产品特定性原产地规则中相对于《中华人民共和国与东南亚国家联盟全面经济合作框架协议》取消了针对纺织品原产地的特定工艺规则。也充分考虑到东盟国家纺织产业发展的现实贸易需要。而欧美则侧重以严格的特定生产工序的原产地判定来限制非成员国（缔约国）相关产品的进入，从而享受关税优惠，以保护本国产业。

表7-12　　　　　　　　　特定生产工序原产地规则比较

《欧盟海关法典》及《欧盟海关法典实施条例》	《美国—墨西哥—加拿大协定》	《跨太平洋伙伴关系协定》及《全面与进步跨太平洋伙伴关系协定》	《中华人民共和国与东南亚国家联盟全面经济合作框架协议》特定性规则	《区域全面经济合作伙伴关系协定》特定性规则
涉及一个以上国家的生产的货物，应被视为源自在此国家经过最后一次实质性、经济上合理的加工或在为此目的配备设备并引起制造新产品或代表重要制造阶段的生产　本章规定，属于合并术语第十一节的纺织品和纺织物品，以及纺织品和纺织物品以外的某些产品，其工作或加工应视为符合《欧盟海关法典》第24条规定的标准（欧盟充分加工或装配标准），并应赋予有关品实施这些产品的原籍国。2425/93第三十六条属于合并术语第十一节的纺织品，依照第三十七条的规定，应当将完整的加工过程视为本法第二十四条规定的具有产地来源的工作或者加工过程2425/93第三十七条所取得的产品，除涉及所使用的各种非原产材料外，在合并术语标题下接受分类的工作或者加工，应当视为完整的过程。但是，对于附件10所列的产品，只有该附件第3栏中提到的与所获得的每种产品有关的具体工艺应视为完整的，无论它们是否涉及标题的更改	《美国—墨西哥—加拿大协定》关于纺织品第四章附件4-B的第50章到第63章	—	"工艺规则1" 是指通过纤维制造工艺（聚合、缩聚和挤出）、纺纱、加捻、变形或由混合物或以下任何材料编织而成的制造：丝绸羊毛，纤维合成或人造长丝/人造长丝合成或人造短纤维/人造短纤维。针织或编织；或染色或印刷和整理的工艺 "工艺规则2" 是指制造材料：聚合物（无纺布）纤维（无纺布）纱线（织物）生的或未漂白的织物（成品织物）通过以下实质性转变过程：针织或编织；或染色或印刷和整理；或浸渍、涂层、覆盖或层压。 "工艺规则3" 是指通过切割和组装零件形成完整物品（用于服装和帐篷）并结合刺绣或装饰或印花（用于制成品）的工艺：原材料或未漂白织物；成品织物进行制造	—

资料来源：中国自由贸易区服务网。

(2) 欧盟对纺织品采取特殊且更严格详细的管理措施。根据《欧盟海关法典实施条例》的特殊清单附件 10 的具体内容，欧盟对纺织品采取特殊的管理标准，其涵盖了第 50 章到第 59 章，第 63 章的部分税目产品及第 60 章与第 61 章完整分类产品。欧盟对部分纺织品非原产原材料进行加工制造占产品出厂价格，最小数值不超过 25%。且对部分产品及材料的生产有严格的特殊工艺要求。特殊标准以表 7-13 举例说明。

表 7-13 欧盟纺织品制造与加工作业规则

编号	品名	加工制造流程中含有非原产地材料满足原产地产品的特殊要求	
第 60 章	针织或编织纤维	通过针织，由天然和/或人造短纤维纺纱或人造长丝挤压而成	
		或者	
		针织伴随着染色、植绒或者涂层工序	
		或者	
		植绒伴随着染色或印花	
		或者	
		染色的天然纤维伴随着针织	
		或者	
		加捻或者编织伴随着针织工艺，非加捻或者编织的纱线的价值不超过产品出厂价格的 47.5%	
第 61 章	针织或钩编服装及服装配件：	无	
	两片或两片以上的针织物或钩针织物，通过缝纫或其他方式组装而成，这些织物或经剪裁成形或直接成形	(a) 最不发达国家从化纤开始制造	(b) 其他受益国家针织和装饰（包括裁剪）
	其他	天然和/或人造主要成分的纤维或者是挤出的人造长丝纱，通过针织加工（针织成形）	
		或者	
		天然纤维染色伴随着针织成形	

续表

编号	品名	加工制造流程中含有非原产地材料满足原产地产品的特殊要求	
ex 第62章	服装日用品和衣服配件	(a) 最不发达国家从化纤开始制造	(b) 编织伴随着装饰（包括裁剪） 或者 在印花前进行补漆，并至少进行两次预处理或精整加工（如煮练、漂白、丝光、热定型、起绒、轧光、防缩处理、永久冲压定型、浸渍、修补和验布），前提是所用未印花织物的价值不超过47.5%产品出厂价的

注：ex 指的是本要求只适用于部分税则号的产品。

资料来源：欧盟2454/93条例《欧盟海关法典实施条例》①。

（3）北美纺织品规则的《美国—墨西哥—加拿大协定》对原产地认证与《北美自由贸易协定》相比更加严格，保护程度也更高。《北美自由贸易协定》纺织品规则涉及《商品名称及编码协调制度》第50章到第63章的纺织品，和欧盟类似采用特定加工工序作为认定纺织品的原产国，《美国—墨西哥—加拿大协定》第四章附件4-B的第50章到第63章与第六章的纺织品与服装对纺织品原产地的认定有详细的要求。

第一，《美国—墨西哥—加拿大协定》增加特殊纺织品的认定范围，扩大纺织品的禁限范围。在第六章第6.2款对特殊纺织品的原产地认定中，进口缔约方与出口缔约方对特殊纺织品与服装的认定相互确认条款包括以下范围。

①家庭手工业的手工织布；

②手工作坊用这些手工织布制成的商品；

③传统民俗工艺品；

④本土手工艺品。

《美国—墨西哥—加拿大协定》由于相比《北美自由贸易协定》增加了对本土手工艺品的原产地认证，则直接将非北美地区的手工艺品进行了区别，并加以适用相应的贸易禁限措施，扩大了纺织品的禁限范围。

---

① 《欧盟海关法典实施条例2454/93号》，https://www.consilium.europa.eu/en/documents-publications/public-register/meeting-documents/.

第二,税目的改变还需要缔约国满足特殊的制造工序过程,实际上增加了原产地认证的难度。

《美国—墨西哥—加拿大协定》附件 4-B 的第 61 章服装及其配件,针织与勾编条款中,对特定的服装不仅需要涉及 6 位的关税税目变化,还需要同时满足在缔约国切割、缝纫、成形、拼接等工序的操作才能认定为缔约国原产地身份并享受相关互惠待遇。

第三,对非北美国家原产地材料进口则受到限制,其结果是迫使将纺织相关加工工序的生产转移到北美缔约国家生产。其作用是进一步减少非北美纺织品及服装流入其境内市场。

表 7-14 《美国—墨西哥—加拿大协定》在其原产地规则条款中增加了原产地身份认定的条件

服装生产要求（缔约方境内生产）	纺织品生产要求（缔约方境内加工）
服装的口袋、缝纫线、涂层织物、口袋织物必须要在缔约方境内生产,纺织品要经过漂白、染色、水洗、酸洗或者渗透处理等工序	漂白、染色、水洗、酸洗或者渗透处理等工序

资料来源:《美国—墨西哥—加拿大协定》文本整理。

(4) 特定生产工序原产地规则的贸易创造也存在贸易转移效应。实行严格的原产地规则有助于降低贸易转移效应(吴小康、于津平,2021)[①]。《北美自由贸易协定》与《美国—墨西哥—加拿大协定》促进了美国、墨西哥、加拿大多边贸易的扩大,存在贸易创造效应,发展中国家墨西哥受益较多。

经济相对不发达的墨西哥相对于美国和加拿大处于贸易顺差,且顺差持续扩大。其原因为《美国—墨西哥—加拿大协定》严格的原产地规则使非北美原材料输入受到限制,生产加工的工序转移到劳动力价格低廉的墨西哥且该国生产的产品受到区域贸易优惠待遇。《美国—墨西哥—加拿大协定》的原产地规则使区域内的发展中国家受益如图 7-2 图 7-3 所示。

---

① 吴小康、于津平:《原产地规则与中韩自由贸易协定的贸易转移效应》,《国际贸易问题》2021 年第 10 期。

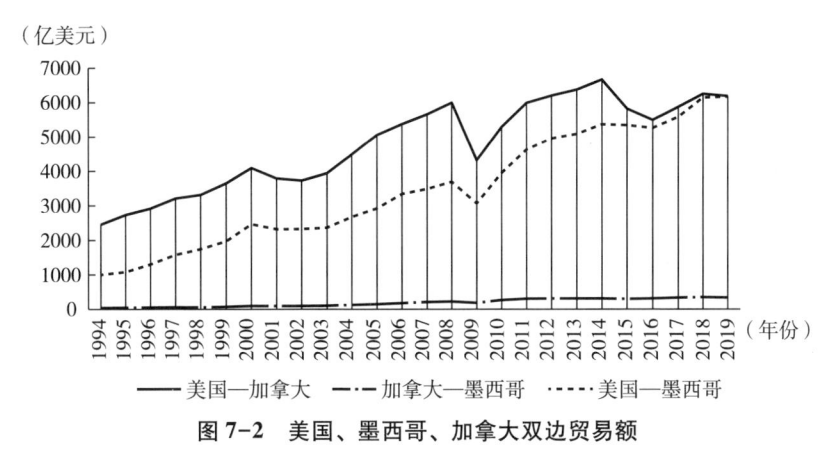

图 7-2 美国、墨西哥、加拿大双边贸易额

资料来源：UN Comtrade 数据整理。

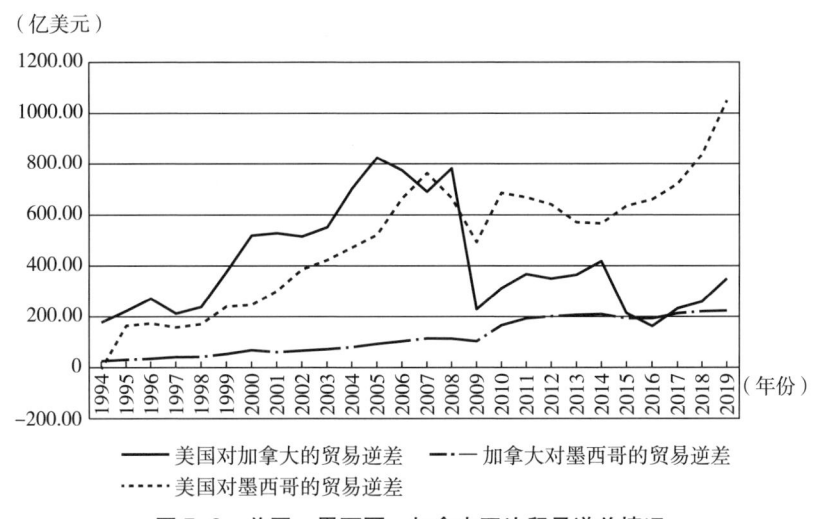

图 7-3 美国、墨西哥、加拿大双边贸易逆差情况

资料来源：UN Comtrade 数据整理。

三 制度性原产地规则比较及对贸易的影响

（一）累积规则的比较及对贸易的影响

1. 累积规则的比较

就累积规则的整体而言，累积的计算采用 RVC 的计算方式。《区域全面经济合作伙伴关系协定》相对于中国—东盟的累积规则认定条件

487

则适当放宽。欧盟发展的累积规则最为严格且复杂，目的是促进受惠国国家和地区的双边贸易发展。欧盟对纺织品采取特殊判定标准进行特别保护。欧美亚太累积条款如表 7-15 所示。

表 7-15　　　　　　　　欧美亚太累积条款整体比较

	累积规则适用条件	累积方式
《欧盟海关法典实施条例》	1. 满足《欧盟海关法典实施条例》第 78 条排除非充分加工及装配的情况，排除纺织品附件 16 所列的范围。 2. 排除《商品名称及编码协调制度》第一章及第 24 章的范围内的产品 3. 不可跨区域累积，同一集团内的国家之间累积 非原产可替代材料单独记账 4. 对累积适用的区域集团进行确定并要求满足一定条件才能在区域集团内适用累积规则 5. 附件 13b 排除在区域累积之外 6. 欧盟委员会批准受益国区域累积必须符合每一项规定的条件	区域累积、对角累积
《北美自由贸易协定》	生产者在缔约方 1. 领土上生产的商品 2. 非原产地材料适用关税分类变更，区域价值要求 3. 中间材料满足区域价值含量要求	几乎完全累积和成本法 RVC 计算
《跨太平洋伙伴关系协定》及《全面与进步跨太平洋伙伴关系协定》	生产商在一个 1. 或一个以上的缔约方领土内生产 2. 原产货物来自另一个缔约方领土，则该货物或材料视为原产于另一缔约方 3. 生产商在一个或一个以上缔约方领土内使用非原产材料的生产活动可计入该货物的原产成分	几乎完全累积和成本法 RVC 计算
《美国—墨西哥—加拿大协定》	生产者在缔约 1. 方领土上生产的商品 2. 每一缔约方应规定，在一个或多个缔约方的领土上对非原产地材料进行的生产可有助于商品的原产地地位，而不论该生产是否足以赋予该材料本身原产地地位	几乎完全累积和成本法 RVC 计算
《中华人民共和国与东南亚联盟全面合作框架协议》	除另有规定的以外，符合规则二（原产地标准）原产地要求的产品在一成员方境内用作享受该协议优惠待遇的制成品的材料，如最终产品的中国—东盟自由贸易区累计成分（即所有成员方成分的完全累积）不低于 40%，则该产品应视为原产于制造或加工该制成品的成员方境内	完全累积和成本法 RVC 计算

续表

	累积规则适用条件	累积方式
《区域全面经济伙伴关系协定》	一、除本协定另有规定外，符合第三章第二条（原产货物）规定的原产地要求且在另一缔约方用作生产另一货物或材料的材料，应当视为原产于对制成品或材料进行加工或处理的缔约方。 二、缔约方应当自本协定对所有签署国生效之日起审议本条。本项审议将考虑将第一款中累积的适用范围扩大到各缔约方内的所有生产和货物增值。除缔约方另有共识外，缔约方应当自开始之日起五年内结束审议	完全累积和成本法RVC计算

欧盟区域性集团累积规则允许某个优惠贸易安排的成员方使用来自另一优惠贸易安排的成员方的非原产的材料而加工产品并不丧失最终产品的优惠待遇，通常采用价值增值百分比进行累积计算。

2. 累积规则对贸易的影响

累积规则允许受惠国扩大原材料的使用范围，既有助于加强同受惠国的贸易联系，也有利于欧盟及美国的出口。享受欧盟区域性集团优惠且适用于累积规则的区域国家集团分别是东南亚国家联盟（东盟），中美洲共同市场及安第斯集团。自1993年《欧盟海关法典实施条例》[①]颁布适用累积规则以后，东盟国家及中美洲共同市场与欧盟的贸易呈现整体增长的趋势。具体见图7-4。

欧盟与美国倡导的原产地规则中对纺织品区域累积的规定则另作安排，在非充分加工及装配的情况下，纺织品在附件16所列的范围内不适用区域累积规则。

欧盟在《欧盟海关法典实施条例》2454/93号条例第84条至第88条对累积规则进行了更为详细的规定，并对部分产品不适用累积规则。满足《欧盟海关法典实施条例》第78条排除非充分加工及装配的情况，明确要求排除纺织品附件16所列的范围。限制跨区域累积和对非受益国原产材料进行严格管理。

---

① 《欧盟关税法典实施条例78条》，https：//www.consilium.europa.eu/en/documents-publicat ions/public-register/meeting-documents/.

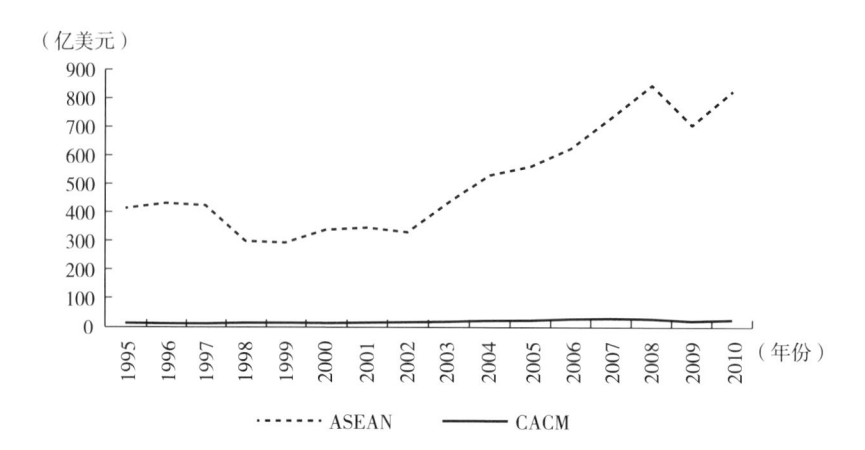

图 7-4 欧盟与东盟（ASEAN）及中美洲共同市场（CACM）的区域贸易情况

注：①缺少印度尼西亚 1995—2002 年的贸易数据，未统计到东盟与欧洲的双边贸易中。②中美洲国家萨尔瓦缺少贸易数据，未统计入中美洲共同市场。

资料来源：根据 UNCTAD stat 数据整理所得。

（二）微小含量规则

欧美微小含量规则实践以《商品名称及编码协调制度》加以辅助，排除不适用该规则的章节贸易产品。《北美自由贸易协定》与《美国—墨西哥—加拿大协定》对乳制品的微小含量进行特殊规定，以此保护本土的畜牧业竞争优势。不同区域贸易规则，其定义微小含量也有较大差别，以产品重量及出厂价格不超过 15% 作为微小含量的限量要求。《北美自由贸易协定》与《美国—墨西哥—加拿大协定》规定则更为苛刻，要求一般货物微小含量不超过交易价值的 7%，且需要满足其他要求。《区域全面经济合作伙伴关系协定》则对附属不同章节的货物，基于 F.O.B 或重量进行测算，微小含量不得高于 10%，其严格程度则介于欧盟《北美自由贸易协定》与《美国—墨西哥—加拿大协定》之间，如表 7-16 所示。

表 7-16　　　　　　　　　　　　微小含量规则的比较

区域原产地规则	微小含量规则内容
《欧盟海关法典实施条例》及《欧盟海关法典》	第 79 条 1. 作为对第 76 条的减损，并在不违反本条第 2 款和第 3 款的情况下，根据清单所列条件，附件 13a 中不应用于制造某一特定产品的非原产材料仍可使用，但其评估产品的总价值或净重不得超过： （a） 属于协调制度第 2 章和第 4 章至第 24 章范围内的产品重量的 15%，但第 16 章的加工渔业产品除外； （b） 除属于《商品名称及编码协调制度》第 50 至 63 章范围内的产品外，其他产品的出厂价格的 15% 应适用附件 13a 第一部分第 6 和 7 注所述的公差 2. 第 1 款不允许超过附件 13a 所列清单所列规则中规定的非原产地材料最大含量的任何百分比 3. 第 1 款和第 2 款不适用于在受惠国完全获得的第 75 条含义范围内的产品。然而，在不影响第 78 条和第 80 条（2）款的情况下，这些款规定的容忍度仍应适用于制造产品的所有材料的总和，而附件 13a 所列关于该产品的规则要求完全获得这些材料
《北美自由贸易协定》	1. 除第 3 款至第 6 款规定的情况外，如果在生产货物时使用的所有非原产地材料的价值不超过货物交易价值的 7%，但附件 401 所列关税分类未做适当改变，经调整为 F.O.B，则货物应被视为原产货物。基础，或者，如果根据《海关估价守则》第 1 条，货物的交易价值是不可接受的，所有这些非原产地材料的价值不超过货物总成本的 7%，但条件是： （a） 如果货物须符合区域价值内容要求，则在计算货物的区域价值内容时，应考虑到此类非原产地材料的价值 （b） 货物符合本章所有其他适用要求 2. 如果用于生产商品的所有非原产地材料的价值不超过商品交易价值的 7%，经调整 F.O.B，则不得要求受区域价值-内容要求约束的商品满足这种要求。依据，或者，如果根据海关估价规范第 1 条，货物的交易价值是不可接受的，则所有非原产地材料的价值不超过货物总成本的 7%，前提是货物满足本章的所有其他适用要求 3. 第 1 款不适用于： （a）《商品名称及编码协调制度》第 4 章或关税项目 1901.90.aa 规定的用于生产《商品名称及编码协调制度》第 4 章规定的商品的非原产材料（按乳固体重量计含 10% 以上的乳制品制剂）； （b）《商品名称及编码协调制度》第 4 章规定的或关税项目 1901.90.aa（按乳固体重量计含 10% 以上的乳制品制剂）中规定用于生产关税项目 1901.10.aa（按乳固体重量计含 10% 以上的婴儿制剂）、1901.20.aa（按黄油重量计含 25% 以上的混合物和面团，不供零售）、1901.90.aa（按乳固体重量计含 10% 以上的乳制品制剂）中规定的商品，关税项目 21.05 或关税项目 2106.90.dd（固体重量超过 10% 的制剂）、2202.90.cc（含牛奶的饮料）或 2309.90.aa（含牛奶固体重量超过 10% 的动物饲料，含谷物或谷物产品重量不到 6）；

续表

区域原产地规则	微小含量规则内容
《北美自由贸易协定》	(c) 标题08.05或副标题2009.11至2009.30规定的非原产材料,用于生产副标题2009.11至2009.30规定的商品或关税项目2106.90.bb(任何单一水果或蔬菜的浓缩水果或蔬菜汁,含有矿物质或维生素)或2202.90.aa(任何单一水果或蔬菜的果汁,含有矿物质或维生素); (d)《商品名称及编码协调制度》第9章规定的用于生产关税项目2101.10.aa(速溶咖啡,不加香料)规定的商品的非原产材料; (e)《商品名称及编码协调制度》第15章规定的用于生产标题15.01至15.08、15.12、15.14或15.15所列货物的非原产地材料; (f) 标题17.01所列用于生产标题17.01至17.03所列货物的非原产地材料; (g)《商品名称及编码协调制度》第17章或标题18.05规定的用于生产副标题1806.10规定的商品的非原产材料; (h) 标题22.03至22.08所列用于生产标题22.07至22.08所列货物的非原产材料; (i) 用于生产关税项目7321.11.aa(燃气灶或范围)所规定的商品的非原产材料,副标题为8415.10、8415.81、8415.83、8418.10通过8418.21、8418.29至8418.40、8421.12、8422.11、8450.11至8450.20或8451.21至8451.29,墨西哥关税项目8479.82.aa(垃圾压实机)或加拿大或美国关税项目8479.89.aa(垃圾压实机)或关税项目8516.60.aa(电炉或电炉);和 (j) 印刷电路组件是用于生产商品的非原产材料,如附件401所列商品关税分类的适用变化对使用这种非原产材料施加限制 4. 第1款不适用于标题20.09中规定的用于生产副标题2009.90或关税项目2106.90.cc(含有矿物质或维生素强化剂的水果或蔬菜汁浓缩混合物)或2202.90.bb(含有矿物质或维生素强化剂的水果或蔬菜汁混合物)中规定的商品的非原产单一果汁成分 5. 第1款不适用于《商品名称及编码协调制度》第1章至第27章规定的用于生产商品的非原产地材料,除非该非原产材料是在与本条规定的原产地确定的商品不同的小标题规定的 6.《商品名称及编码协调制度》第50至63章规定的货物,如果由于用于生产确定货物关税分类的货物部件的某些纤维或纱线未对附件401所列关税分类进行适用的更改而不产生,则应视为源自该部件中所有此类纤维或纱线的总重量不超过该部件总重量的7%
《美国—墨西哥—加拿大协定》	第4.12条(DE MINIMIS)的例外 各方应规定,第4.12条(最低要求)不适用于: (a) 品目04.01至04.06的非原产材料,或非品目乳制品,其副标题1901.90或2106.90的乳固体干重占10%以上,用于生产品目04.01至04.06的产品; (b) 品目04.01至04.06的非原产材料,或包含副标题1901.90或2106.90的乳固体干重超过10%的非原产乳制品,用于生产以下产品:

续表

区域原产地规则	微小含量规则内容
《美国—墨西哥—加拿大协定》	（i）子目 1901.10 所含的乳固体干重占 10%以上的婴儿制剂， （ii）不含供零售用的副标题 1901.20 的干果和油脂的混合物，其干脂重量占 25%以上， （iii）乳制品，其子标题 1901.90 或 2106.90 的乳固体干重占 10%以上， （iv）品目 21.05 的货物， （v）含有副标题 2202.90 的牛奶的饮料，或 （vi）副标题为 2309.90 的乳固体干重占 10%以上的动物饲料； （c）用于生产子目 2009.11 至 2009.39 的商品的品目 08.05 或子目 2009.11 至 2009.39 的非原产材料，或浓缩或经矿物质或维生素强化的任何单一水果或蔬菜的水果或蔬菜子目 2106.90 或 2202.90 中未集中的内容； （d）副标题 2101.11 中用于生产未经调味的速溶咖啡的《商品名称及编码协调制度》第 9 章的非原产材料； （e）《商品名称及编码协调制度》第 15 章的非原产材料，用于生产品目 15.01 至 15.08、15.12、15.14 或 15.15 的货物； （f）品目 17.01 至 17.03 所规定的货物的生产所用的品目 17.01 的非原产材料； （g）《商品名称及编码协调制度》第 17 章或标题 18.05 的非原产材料，用于生产副标题 1806.10； （h）《商品名称及编码协调制度》第 8 或 20 章的非原产桃子、梨或杏，用于生产品目 20.08 的产品； （i）第 20.09 条规定的非原产单一果汁成分，用于生产小标题 2009.90 规定的商品或关税项目 2106.90.cc（果汁或蔬菜汁的浓缩混合物，以矿物质或维生素强化）或 2202.90.bb（果汁或蔬菜汁的混合物，富含矿物质或维生素）； （j）品目 22.03 至 22.08 所规定的非原产材料，用于生产品目 22.07 或 22.08 所规定的商品； （k）用于生产《商品名称及编码协调制度》第 1 章至第 27 章的货物的非原产材料，除非该非原产材料在与根据本协定确定其原产的货物不同的子目中提供
《跨太平洋伙伴关系协定》及《全面与进步跨太平洋伙伴关系协定》	第 3.11 条：最低限度 1. 除附件 3-C［第 3.11 条（最低限度）的例外］规定外，每一缔约方应规定，如果所有这些材料的价值不超过第 3.1 条（定义）所界定的货物价值的 10%，且货物符合本章所有其他适用要求，则含有不符合附件 3-D（产品专用原产地规则）所规定的对货物的关税分类要求的适用变化的非原产地材料的货物仍为原产地货物。 2. 第 1 款仅适用于在生产另一种商品时使用非原产地材料。 3. 如果第 1 款中描述的商品也受区域价值内容要求的约束，则这些非原产地材料的价值应包括在适用的区域价值内容要求的非原产地材料的价值中。 4. 关于纺织品或服装商品，第 4 条第 2 款（原产地规则及有关事项）适用于第 1 款

续表

区域原产地规则	微小含量规则内容
《中华人民共和国与东南亚国家联盟全面经济合作框架协议》	—
《区域全面经济伙伴关系协定》	第七条 微小含量 一、不满足第三章附件一（产品特定原产地规则）所规定的税则归类改变要求的货物，只要该货物满足本章规定的所有其他适用要求，在下列情况下，仍为原产货物： （一）对于《商品名称及编码协调制度》编码第一章至第九十七章规定的货物，用于货物生产且未发生税则归类改变的非原产材料的价值不超过该货物 FOB 价值的百分之十。上述非原产材料的价值应当根据第三章第五条（区域价值成分计算）第三款进行计算；或者 （二）对于《商品名称及编码协调制度》编码第五十章至第六十三章规定的货物，用于货物生产且未发生税则归类改变的非原产材料的重量不超过该货物总重量的百分之十。 二、但是，在适用任何区域价值成分要求时，第一款所述的非原产材料价值应当计入货物的非原产材料价值中

（三）微小加工及处理

欧盟在微小加工及处理原产地判定条件上对于微小加工的内容订立得更为详细。反映出满足欧盟微小加工及处理原产地资格的要求比较高，一旦被认定授予原产地资格，则可以享受相应的税收优惠及减免。

表 7-17　　微小加工及处理比较

区域原产地	微小加工及处理内容
《欧盟海关法典》及《欧盟海关法典实施条例》（非普惠国待遇部分）	2425/93 第三十八条在任何情况下，无论标题是否有变化，下列均应被视为不足以赋予原产产品地位的工作或加工： （a）确保产品在运输和储存期间保持良好状态的作业（通风、摊开、干燥、清除损坏部件和类似作业）； （b）简单的操作，包括清除灰尘、筛选或筛选、分类、分类、匹配（包括组成一套物品）、洗涤、切割； （c）（一）改变托运货物的包装、拆解和组装；（二）简单地放入袋子、箱子、箱子、固定在卡片或木板上等，以及所有其他简单的包装作业； （d）在产品或其包装上贴上标记、标签或其他区别标志； （e）简单地组装产品的部件，使之成为完整的产品； （f）（a）至（e）中规定的两项或多项业务的组合；

续表

区域原产地	微小加工及处理内容
《欧盟海关法典》及《欧盟海关法典实施条例》（普惠国待遇部分）	第78条 1. 在不影响第3款的情况下，无论是否符合第七十六条的要求，下列操作应被视为不足以赋予原产产品地位的工作或加工： （a）保存作业，确保产品在运输和储存期间保持良好状态； （b）拆包和组装； （c）洗涤、清洁；清除灰尘、氧化物、油、油漆或其他覆盖层； （d）纺织品和纺织品的熨烫或压制； （e）简单的油漆和抛光操作； （f）稻谷的脱壳和部分或全部碾磨；谷物和稻谷的抛光和上光； （g）对糖进行着色或调味或形成糖块的操作；部分或全部碾碎晶体糖； （h）水果、坚果和蔬菜的剥皮、石击和炮击； （i）锐化、简单研磨或简单切割； （j）筛选、筛选、分类、分级、匹配； （k）简单地放置在瓶子、罐子、烧瓶、袋子、箱子、盒子里，固定在卡片或木板上，以及所有其他简单的包装操作； （l）在产品或其包装上贴上或印刷标记、标签、标识和其他区别标志； （m）简单混合各种产品；将糖与任何材料混合； （n）简单地加水或稀释或脱水或使产品变性； （o）简单地将物品部件组装成一件完整的物品或将产品拆卸成零件； （p）（a）至（o）点中规定的两项或多项作业的组合； （q）宰杀动物 2. 为第1款的目的，如果不需要为这些作业特别生产或安装的特殊技能或机器、器具或工具来执行这些作业，则应认为操作简单 3. 在确定某一产品所进行的工作或加工是否被视为第1款时，应考虑到在受益国就某一产品进行的所有操作
《北美自由贸易协定》	—
《美国—墨西哥—加拿大协定》	—
《跨太平洋伙伴关系协定》及《全面与进步跨太平洋伙伴关系协定》	—
《中华人民共和国与东南亚国家联盟全面经济合作框架协议》	规则七：微小加工处理 凡进行下列目的的加工或处理，无论是单独完成还是相互结合完成，均视为微小加工及处理，在确定货物是否在一国完全获得时，应不予考虑： （一）为运输或储存货物使货物保持良好状态； （二）为货物便于装运； （三）为货物销售而进行包装或展示

续表

区域原产地	微小加工及处理内容
《区域全面经济伙伴关系协定》	第六条 微小加工和处理 尽管有本章的任何其他规定，但使用非原产材料生产货物时，下列操作应当视为不足以赋予该货物原产资格的加工或处理： （一）为确保货物在运输或储存期间保持良好状态而进行的保存操作； （二）为运输或销售而对货物进行的包装或展示； （三）简单加工，包括过滤、筛选、挑选、分类、磨锐、切割、纵切、研磨、弯曲、卷取或开卷； （四）在货物或其包装上粘贴或印刷标记、标签、标识或其他类似的用于区别的标志； （五）仅用水或其他物质稀释，未实质改变货物的特性； （六）将产品拆分成零件； （七）屠宰动物； （八）简单的涂漆和抛光操作； （九）简单的去皮、去核或去壳； （十）同种类或不同种类货物的简单混合；或者 （十一）第（一）项至第（十）项所述的两种或两种以上操作的任意组合

（四）其他规则（反倾销反规避条款）

欧盟原产地规则中反倾销反规避条款约束出口商出口行为，配合原产地规则使用扩大反倾销的效果，目的是限制外国产业发展。

欧盟是第一个制定反倾销规避法律条款的国际组织。2004年，欧盟通过461/2004号条例，对384/96号条例作出了修改和补充，打击第三国转运规避和欧盟境内简单组装的规避行为。384/96号条例13条（Article 13）反规避条款中第二款对出口商规避现行反倾销措施成立的条件进行了定义：

（1）欧盟在反倾销调查发起之日起，或发起之前，该产品开始大幅增加且该产品的有关部分来自倾销国。

（2）零件构成装配产品中总价值的60%或以上。但部件在装配或者完成过程中，增值大于生产成本的25%，则不能够被视为规避。

（3）存在针对组装产品价格和数量的反倾销的矫正效果逐渐削弱，且有证据表明，该同类的产品或者类似价值的产品之前也存在倾销的现象。

欧盟结合原产地规则应用反倾销反规避条款，能够使反倾销的实施范围扩大，保护本国的产业发展。第三国不能通过简单地装配及简单地生产加工从而获得有利于进入欧盟的原产地身份，抵消对欧盟对应本国产业保护的政策效果。同时也引导外国将高技术产业的重要生产加工环节投资于欧盟内部，从而适应原产地规则的要求。

四 欧美原产地规则与中国原产地规则比较

中国货物原产地规则分为非优惠性与优惠性原产地规则，非优惠性原产地规则根据 2005 年 1 月 1 日正式实施的《中华人民共和国进出口货物原产地条例》。该条例沿用国际通行的《关于简化和协调海关业务制度的国际公约》对原产地判定的内容，主要有两个基本的标准："完全获得"和"最后实质性改变"。2004 年海关总署颁布的《关于非优惠原产地规则中实质性改变标准的规定》，沿用国际上对原产地认定的基本框架，从税目归类改变，从价百分比以及制造加工工序标准的内容进行了规定。中国的优惠性原产地规则适用于中国缔约的双边或区域贸易伙伴国及地区，协议的有关规定单独制定。

（一）纺织品的加工工序认定

中国原产地规则实质性改变标准中加工工序认定只涉及主要工序。

以纺织品为例，欧美对纺织品单独制定特殊原产地规则，在原产地的认定中，不仅需要满足特定税目归类的变化，大部分产品还须满足两种或完整的纺织工序在成员国/缔约国境内生产的要求。我国基于《关于非优惠原产地规则中实质性改变标准的规定》中的相关规定，对纺织品的加工工序要求条款订立得相对宽松。其部分内容如表 7-18 所示。

表 7-18　　　　　中国双边自贸协定的纺织品加工工序规则

章节	分类	内容
第 60 章	针织物及钩编织物	针织或编结
第 61 章	—	—
61.01	针织或钩编的男式大衣、短大衣、斗篷、短斗篷、带风帽的防寒短上衣（包括滑雪短上衣）、防风衣、防风短上衣及类似品，但税号 61.03 的货品除外	裁剪、缝纫至成衣或针织或编结

续表

章节	分类	内容
61.02	针织或钩编的女式大衣、短大衣、斗篷、短斗篷、带风帽的防寒短上衣（包括滑雪短上衣）、防风衣、防风短上衣及类似品，但税号61.04的货品除外	裁剪、缝纫至成衣或针织或编结
61.03	针织或钩编的男式西服套装、便服套装、上衣、长裤、护胸背带工装裤、马裤及短裤（游泳裤除外）	裁剪、缝纫至成衣或针织或编结
61.04	针织或钩编的女式西服套装、便服套装、上衣、连衣裙、裙子、裙裤、长裤、护胸背带工装裤、马裤及短裤（游泳服除外）	裁剪、缝纫至成衣或针织或编结
61.15	针织或钩编的连裤袜、紧身裤袜、长筒袜、短袜及其他袜类，包括用以治疗静脉曲张的长筒袜和无外鞋底的鞋类	裁剪、缝制或针织或编结
61.16	针织或钩编的分指手套、连指手套及露指手套	裁剪、缝制或针织或编结
61.17	其他制成的针织或钩编的衣着附件；服装或衣着附件的针织或钩编的零件	裁剪、缝制或针织或编结
第62章		
62.01	男式大衣、短大衣、斗篷、短斗篷、带风帽的防寒短上衣（包括滑雪短上衣）、防风衣、防风短上衣及类似品，但税号62.03的货品除外	裁剪、缝纫至成衣
62.02	女式大衣、短大衣、斗篷、短斗篷、带风帽的防寒短上衣（包括滑雪短上衣）、防风衣、防风短上衣及类似品，但税号62.04的货品除外	裁剪、缝纫至成衣
62.03	男式西服套装、便服套装、上衣、长裤、护胸背带工装裤、马裤及短裤（游泳裤除外）	裁剪、缝纫至成衣
62.04	女式西服套装、便服套装、上衣、连衣裙、裙子、裙裤、长裤、护胸背带工装裤、马裤及短裤（游泳服除外）	裁剪、缝纫至成衣
62.05	男衬衫	裁剪、缝纫至成衣
62.06	女衬衫	裁剪、缝纫至成衣
62.07	男式背心及其他内衣、内裤、三角裤、长睡衣、睡衣裤、浴衣、晨衣及类似品	裁剪、缝纫至成衣
62.08	女式背心及其他内衣、长衬裙、衬裙、三角裤、短衬裤、睡衣、睡衣裤、浴衣、晨衣及类似品	裁剪、缝纫至成衣
62.09	婴儿服装及衣着附件	裁剪、缝纫至成衣

续表

章节	分类	内容
62.1	用税号 56.02、56.03、59.03、59.06 或 59.07 的织物制成的服装	裁剪、缝纫至成衣
62.11	运动服、滑雪服及游泳服；其他服装	裁剪、缝纫至成衣

资料来源：中国自由贸易区服务网。

（二）区域价值含量差异

我国原产地规则中区域价值含量的要求低于欧美的原产地规则，与《区域全面经济伙伴关系协定》相当。我国原产地区域价值多半设置在40%—50%，个别国家的产品例如瑞士的咖啡豆其增值含量百分比达到70%。欧盟相关原产地规则及《美国—墨西哥—加拿大协定》的增值含量普遍在60%以上，个别的汽车产品达到85%以上。增值标准越低，原产地的限制就越弱。表7-19为中国与自贸区主要国家的原产地区域增值含量情况。

表7-19 中国与自贸协定主要国家的原产地区域增值含量情况

区域自由贸易区协定	增值百分比
《区域全面经济伙伴关系协定》	40%
《中国—韩国自由贸易协定》	45%—50%
《中国—澳大利亚自由贸易协定》	50%—60%
《中国—新西兰自由贸易协定》	50%
《中国—瑞士自由贸易协定》	40%—70%
《中国—格鲁吉亚自由贸易协定》	60%
《中国—智利自由贸易协定》	50%
《中国—秘鲁自由贸易协定》	40%—50%

资料来源：中国自由贸易区服务网。

（三）累积规则差异

我国的区域累积规则较为简单，且适用于多个自贸区伙伴国，内容差别不大。我国对累积规则的认定条件除了瑞士，对不同的自贸伙伴国的差异不大，反观欧盟的累积规则，排除了纺织品等相关的产品，同时限制跨区域的累积，其本质是对特定的国内产业进行保护并鼓励对特定产业在欧盟境内进行投资。当前，中国与自贸伙伴国及区域贸易协定主要国家的累积条件如表7-20所示。

表7-20　　中国与自贸协定及区域贸易协定主要国家的累积规则

区域自由贸易协定	累积规则内容
《区域全面经济伙伴关系协定》	第四条　累积 一、除本协定另有规定外，符合第三章第二条（原产货物）规定的原产地要求且在另一缔约方用作生产另一货物或材料的材料，应当视为原产于对制成品或材料进行加工或处理的缔约方 二、缔约方应当自本协定对所有签署国生效之日起审议本条。本项审议将考虑将第一款中累积的适用范围扩大到各缔约方内的所有生产和货物增值。除缔约方另有共识外，缔约方应当自开始之日起五年内结束审议
《中国—韩国自由贸易协定》	第36条　累积规则一缔约方的原产货物或材料在另一缔约方用于生产另一货物时，该货物或材料应当视为原产于后一缔约方
《中国—澳大利亚自由贸易协定》	第6条　累积来自一方领土的原产材料在另一方领土内用于货物的生产时，应视为原产于后一方领土内
《中国—新西兰自由贸易协定》	第23条　累积规则当一方原产货物或材料在另一方境内构成另一货物的组成部分时，该货物或材料应当视为原产于后一方境内
《中国—瑞士自由贸易协定》	第3.7条　累积 一、在不违背本协定第3.2条的情况下，如原产于缔约一方的产品在另一缔约方境内用作生产产品的材料，只要在该方进行的最后加工工序超出本协定第3.6（微小加工处理）条第一款的范畴，则应视为原产于该方 二、原产于缔约一方的产品出口到另一缔约方后，如果没有经过本协定第3.6条第一款所规定以外的生产或加工，其原产地应保持不变
《中国—格鲁吉亚自由贸易协定》	第五条　累积一方的原产材料在另一方用于货物生产时，该原产材料应当视为原产于后一方
《中国—智利自由贸易协定》	第20条　累积规则原产于一缔约方的货物或材料在另一缔约方境内用于组成另一货物时，则应当视为原产于后一缔约方境内
《中国—秘鲁自由贸易协定》	第28条　累积一、一缔约方的原产货物或材料在另一缔约方境内构成另一货物的组成部分时，该货物或材料应当视为原产于后一方境内。二、如果货物是由一缔约方境内的一家或多家生产商生产，在该缔约方境内生产该货物所用材料的过程，应当视为该货物生产过程的一部分，只要该货物满足第二十三条（原产货物）和其所适用的本章所有其他规定，该货物应当视为原产货物

资料来源：中国自由贸易区服务网。

（四）原产地规则的限制指数

国际贸易中的原产地规则（RoO）的作用，通常限于支持或者次要的功能。原产地规则被认为有助于其他工具的实施，从而用于确定特定的货物在特定时间获得关税待遇，具备市场准入功能。Estevadeordal（2000）[①] 通过对《北美自由贸易协定》的原产地规则进行分析，构建了原产地规则限制水平指数。《北美自由贸易协定》基于产品层面，通过关税税目的变更（CTH）、区域价值含量（RVC）和技术要求（TECH）这三个方法进行定义并采用七分法对原产地限制性指数进行计算。Estevadeordal 和 Suominen（2004）[②] 对最初的测算方法进行了调整，以税则调整的七分法为基础，加入区域价值成分标准。为了进一步反映原产地规则的限制程度，将行业层面对应的进口贸易量进行加权处理，从而得出行业层面的原产地限制指数，并且制度性原产地规则被引入指数的测算中。Cadot（2005）[③] 对七分法进行补充，指数测算中增加了"允许接受"和"例外规定"，并对"完全获得"标准的赋值提出了不同的建议。Harris（2007）[④] 提出等效的校准工具，在选择性标准中，对不同标准之间的等效关系进行研究，再根据七分法赋值。

1. 测算体系

成新轩、郭志尧（2019）根据七分法和PC法，根据原产地现有的框架，构建原产地规则限制指数体系，该测算体系的假定如下：

（1）完全获得标准。Estevadeordal 和 Suominen（2004）将原产地完全获得标准的赋值为7。Cadot（2005）指出，完全获得标准适用于大部分农产品，而农产品很少受到特定原产地规则的约束，成新轩、郭

[①] Antoni Estevadeoral, "Negotiating Preferential Market Access: The Case of NAFTA", *Journal of World Trade*, 2000, pp. 1-44.

[②] Antoni Estevadeordal and Kati Suominen, "Rules of origin: a world map and trade effects", the 7th Annual Conference on Global Economic Analysis, Washington, D.C, USA, 2004, pp. 1214-1245.

[③] Oliver Cadot, Carrére, Carrere, Jaime De Melo and Bolorrmaa Tumurchuder, "Product Specific Rules of Origin in EU and US Preferential Trading Arrangements: An Assessment", *World Trade Review*, Vol. 5, No. 2, 2005, pp. 199-224.

[④] Jeremy Tyler Harris, "Measurement and Determination of Rules of Origin in Preferential Trade Agreements (PTA'S)", *Journal of World Trade*, Vol. 34, No. 1, 2007, pp. 141-166.

志尧（2019）①的做法是将《协调制度》中完全获得标准的赋值设定为1，其他类别设定为4。

（2）税则归类的改变。一般认为，《商品名称及编码协调制度》的税则改变限制程度，子目（CTSH）的改变要小于品目（CTH）的改变，品目的改变要小于章（CTC）的改变。税目的改变标准有以下关系：

CTSH ≤ CTH ≤ CTC

如果涉及例外规定，例外规定标准则会使得原产地限制程度增加，非原产材料的使用范围相应地减小，因此，税则归类的例外限制由小到大依次为：

EXSH ≤ EXH ≤ EXC

（3）区域价值含量标准限制。区域累积法由向下累积法（build-down）和向上累积法（build-up）进行测算。

成新轩、郭志尧（2019）考虑到等效性的问题，对区域累积的方法统一采用向上累积法进行测算，区域价值含量的会计核算是基于出口货物的FOB价格剔除进口非原产材料的CIF价格以进行计算。

（4）选择性标准。由于对同一种产品，原产地规则限制会存在两种标准，Estevadeordal和Suominen（2004）认为，对同一种产品进行原产地的限制，其限制的选择性标准是具备类似的效果。因此，对不同制度下原产地限制约束建立了等价关系，针对使用程度较高的"品目改变或者区域价值含量40%"以及"章改变或者区域价值含量60%"建立了相应的等价关系，该关系如下所示：

CTH ≈ RCV40%   CTC ≈ RCV60%

（5）复合标准。在实际操作中，对一产品的原产地限制，往往在针对特定税目产品的税目变更的约束条件下，附加区域价值增值的约束条件。因此复合标准的原产地规则限制要比单一限制标准高。

（6）累积规则。累积规则实质是扩大了原产材料的累积范围，放松了原产地规则的限制，企业可以有更多的选择和灵活安排产业链，从

---

① 成新轩、郭志尧：《中国自由贸易区优惠原产地规则修正性限制指数体系的构建》，《管理世界》2019年第6期。

而降低企业的生产成本。因此，累积规则在赋值中予以计入负值。

（7）微量条款。微量条款在允许产品中存在少量非原产的材料但不影响累积规则，微量条款是对原产地规则的限制程度的放宽。

2. 等效性标准

成新轩、郭志尧（2019）根据与中国签订自贸协定国家之间使用频率较高的选择性指标建立等效性标准，使用频率较高的等效性标准三种情况为：区域价值含量60%或章改变，区域价值含量40%品目改变，区域价值含量改变或改变例外规定或品目改变，则认定为：

CTC=RVC60%，CTH=RVC40%，CTH=EXH=RVC40%

3. 赋分标准

根据 Estevadeordal（2000）与李海莲、韦薇（2016）税则改变标准的赋值方法对原产地限制指数赋值规则进行整理如表7-21所示。

表7-21　　　　　　　　原产地规则限制指数赋值

赋值要求分类	赋值项目	字母表示	原产地限制指数赋值
单一要求	完全获得	WO	7
	章改变	CTC	6
	品目改变	CTH	4
	子目改变	CTSH	3
	区域价值成分60%以上	RVC≥60%	6.5
	区域价值成分60%≥RVC≥50%	60%≥RVC≥55%	5
	区域价值成分50%≥RVC≥45%	50%≥RVC≥45%	4.5
	区域价值成分45%≥RVC≥40%	45%≥RVC≥40%	4
复合要求	章改变+例外	CTC+EXC	5.5
	品目改变+例外	CTH+EXC	5
	章改变+区域价值成分≥40%	CTC+RVC≥40%	7
	品目改变+区域价值成分≥50%	CTH+RVC≥50%	5.5
	章改变+特定加工工序	CTC+TS	7

续表

赋值要求分类	赋值项目	字母表示	原产地限制指数赋值
选择性要求	章改变或者区域价值成分≥60%	CTC 或 RVC≥60%	6
	章改变或者区域价值成分≥40%	CTC 或 RVC≥40%	5
	品目改变或者区域价值成分≥40%	CTH 或 RVC≥40%	4
	品目改变或者区域价值成分≥50%	CTH 或 RVC≥50%	4.3
	子目改变或者区域价值成分≥40%	CTSH 或 RVC≥40%	3
	特定加工工序或者区域价值成分≥40%	TS 或 RVC≥40%	3.1

4. 与中国建立优惠自由贸易协定的相关国家行业原产地限制指数

由于原产地判定标准多元化，且对特定的国家和产业具有一定的针对性，[①] 根据《进出口商品税则》和经济行业分类与代码（2011年版），从而得到17个行业的原产地规则限制效应指数。从指数的变化中可以看出，中国与发达国家新西兰、瑞士、韩国、澳大利亚的原产地限制指数要高于东盟。从行业限制水平上看，工序复杂且产业链较长的通用与专用设备、电气设备、计算机及通信电子设备、交通工具及仪器仪表等高技术产品的原产地限制水平相对较低。

表7-22 与中国建立优惠自贸协定的相关国家原产地产业限制指数

行业	东盟	新西兰	瑞士	韩国	澳大利亚
农林牧渔业	4	6	6	7	7
采矿业	3.1	6	7	7	7
农副食品加工与食品制造业	3.1	6	7	6.5	7
纺织品服装与鞋帽	3.1	6	6	7	6
皮革与毛皮	3.1	6	6	6	7

[①] 李海莲、韦薇：《中国区域自由贸易协定中原产地规则的限制指数与贸易效应研究》，《国际经贸探索》2016年第8期。

续表

行业	东盟	新西兰	瑞士	韩国	澳大利亚
木材加工	3.1	5	6	6	6
家居制造	3.1	6	5	6	6
造纸与印刷	3.1	6	7	6	6
化学及医药制造	3.1	4	6.5	5	5
塑料与橡胶	3.1	6	7	7	6
非金属矿制造业	3.1	6	5	4	4
黑色及有色金属制造业	3.1	6	7	7	7
通用与专用设备	3.1	5.5	4	5.5	5.5
交通运输工具	3.1	4	4	4	6
电气设备	3.1	4	4.5	4	4
计算机、通信和其他电子设备制造业	3.1	4	4.5	4	4
仪器仪表	3.1	6	4.7	4	5.5

资料来源：笔者根据中国自由贸易区服务网文本整理并计算得出。

（五）贸易效应研究（基于东盟伙伴国的贸易）

1. 模型及变量的选择

通过运用引力模型在产品层面进行分析，根据 Anderson 和 Wincoop（2003）[1] 产品的模型研究框架，形成以下实证模型：

$$\ln V_{ijk} = \beta_0 + \beta_1 \ln \tau_{ijk} + \beta_2 \ln \tau_{ij} + \delta_{jk} + \delta_{ik} + \mu_{ij} \tag{7-1}$$

其中，$\ln V_{ijk}$ 表示 k 产品从 i 国到 j 国的贸易值取对数，τ_{ijk} 为 k 产品的贸易成本，$\tau_{ijk} = e^{\gamma_1 r_{ijk} + \gamma_2 r_{ijk}}$，$\gamma_1 r_{ijk}$ 为关税成本，$\gamma_2 r_{ijk}$ 为原产地成本。τ_{ij} 是引力模型中的控制变量（语言、距离和 GDP）。δ_{ik} 和 δ_{jk} 分别是出口国和进口国在产品层面的固定效应。由于自由贸易区形成后，关税下降为零，对贸易成本的影响主要从原产地限制指数上体现。

冯帆、杨力（2019）[2] 根据模型进行修改，因此，引力模型改变为：

---

[1] James E. Anderson and Eric van Wincoop, "Gravity with Gravitas: A Solution to the Border Puzzle", *American Economic Review*, Vol. 93, No. 1, 2003, pp. 170-192.

[2] 冯帆、杨力：《FAT 原产地规则对贸易的限制效应——来自产品层面的实证研究》，《现代经济探讨》2019 年第 6 期。

$$\ln(V_{ijk}+1) = \beta_0 + \beta_1 \text{RoO}_k + \beta_3 \ln Y_{it} + \beta_4 \ln Y_{jt} + \delta_k + \delta_t + \mu_{kt} \quad (7-2)$$

其中，$\ln(V_{ijk}+1)$ 为贸易值的对数，由于考虑到可能存在部分国家年份的贸易值为负数，通过 $V_{ijk}+1$ 再对其求对数进行处理。RoO_k 代指 k 产品的原产地限制指数，T_{kt} 表示 k 产品的出口关税，$\ln Y_{it}$ 表示出口国的 GDP，$\ln Y_{jt}$ 表示进口国的 GDP。通过对贸易值、出口国 GDP 与进口国 GDP 取对数，减少可能存在的异方差。

2. 数据的来源及回归结果

V_{ijk} 的贸易值根据 UN Comtrade 中国出口东盟国家贸易额进行计算，$\ln Y_{it}$ 与 $\ln Y_{jt}$ 来自国际货币基金组织数据库。

表 7-23　　　　　　　　　　基本回归结果

变量	（1）	（2）	（3）
ROO_k	-1.2652 (0.365)	-1.2652 (0.365)	-1.2652 (0.365)
$\ln Y_{it}$		0.8408 (0.000)	1.1918 (0.000)
$\ln Y_{jt}$			0.5938 (0.046)
常数	14.6685 (0.008)	10.4518 (0.061)	5.5878 (0.043)
R^2	0.0482	0.0637	0.0650

模型（1）、模型（2）和模型（3）验证了原产地限制指数（RoO）对贸易呈现明显的负相关，且原产地限制指数越大，对贸易的抑制效果就越强。

（六）多边贸易协定的积极作用

在现有原产地规则的自贸协定作用下，中国与自贸协定伙伴国双边贸易与《区域全面经济伙伴关系协定》多边缔约国，多数年份呈现正增长，发展势头较好。发达经济体中，新西兰于 2008 年，瑞士于 2014 年，韩国和澳洲于 2015 年与中国实施双边自贸协定。发展中经济体中，智利和秘鲁于 2010 年，格鲁吉亚于 2018 年与中国签署双边自贸协定。自 2014 年后，中国与部分签署协定的国家双边贸易呈现较为稳定的增长,《区域全面经济伙伴关系协定》缔约国多数年份与中国的贸易呈现正增长,但增幅起伏较大。因此含有原产地规则的自贸协定与多边《区域全面经济伙伴关系协定》为双方与多方在贸易发展上提供了良好稳定的贸易环境,致力于促进多边贸易的稳定发展。

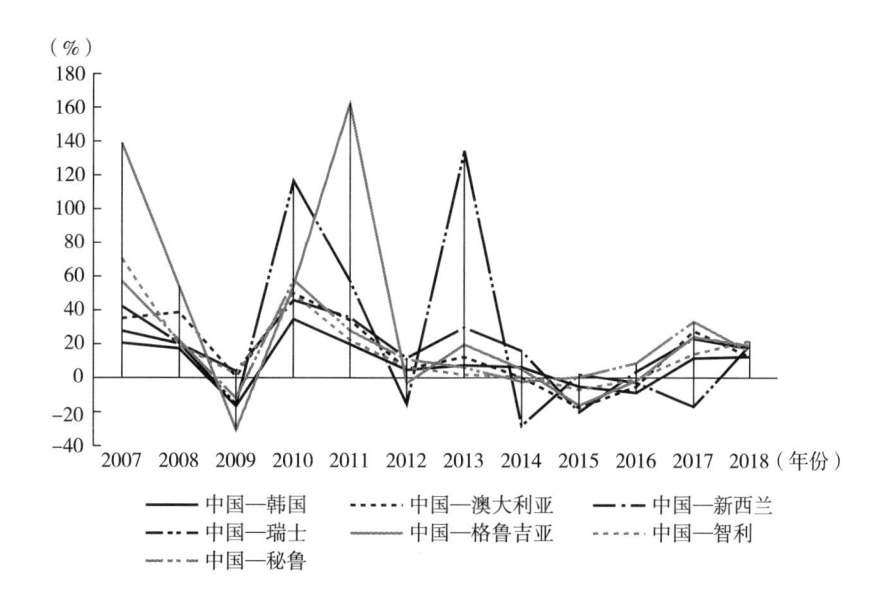

图 7-5　中国与签署自贸协定的部分国家双边贸易增幅情况

资料来源：UN comtrade 资料整理。

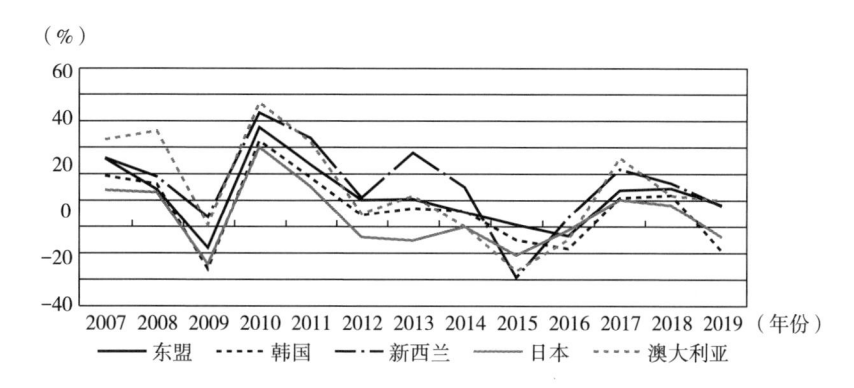

图 7-6　《区域全面经济伙伴关系协定》缔约方与中国多边贸易增长情况

资料来源：UN comtrade 资料整理。

表7-24　　中国与签署自贸协定的部分国家双边贸易增幅情况　　单位:%

年份	中国—韩国	中国—澳大利亚	中国—新西兰	中国—瑞士	中国—格鲁吉亚	中国—智利	中国—秘鲁
2007	19.32	32.93	26.11	39.68	130.83	66.34	53.74
2008	16.16	36.27	18.95	19.20	50.53	17.99	20.68
2009	-16.04	0.67	3.65	-14.94	-29.21	2.07	-11.61
2010	32.56	47.00	43.07	109.56	50.95	46.51	54.42
2011	18.60	31.99	33.55	53.87	152.32	20.94	26.21
2012	4.38	4.91	10.98	-14.87	-3.16	5.85	10.14
2013	6.96	11.61	28.01	126.29	18.43	1.75	5.87
2014	5.91	0.20	15.01	-26.91	4.94	0.56	-2.43
2015	-5.04	-16.79	-19.24	1.71	-15.53	-6.69	0.44
2016	-8.38	-4.95	3.48	-2.82	-1.68	-1.01	8.22
2017	10.91	26.13	21.75	-16.03	22.71	13.30	31.30
2018	11.90	11.86	16.48	18.20	17.99	20.60	14.70

资料来源：UN comtrade 资料整理。

（七）中国与《区域全面经济伙伴关系协定》及欧美国家的贸易状况

《中华人民共和国与东南亚国家联盟全面经济合作框架协议》的原产地规则的订立对缔约国之间的贸易额的增长产生了积极贸易创造效应，现有的《区域全面经济伙伴关系协定》原产地规则对促进中国与东盟及亚太其他发达国家和地区的双边贸易额增长产生积极的效果[1]。从2002年中国与东盟谈判及经贸协定签订至今，多边贸易额呈现快速上涨的趋势。2012年开始，中国对东盟国家贸易出现了顺差，出口规模及增幅显著。张恪渝和周玲玲（2021）指出，在《区域全面经济伙伴关系协定》推动下，农业多数部门，劳动密集型产业中的服装部门、木材制造、造纸业及轻工业部门会相应受益。[2]

---

[1] 徐世腾、周金燕：《东盟FTA原产地规则比较研究》，《亚太经济》2016年第5期。
[2] 张恪渝、周玲玲：《RCEP对中国经济及其区域内部的影响分析》，《国际贸易问题》2021年第11期。

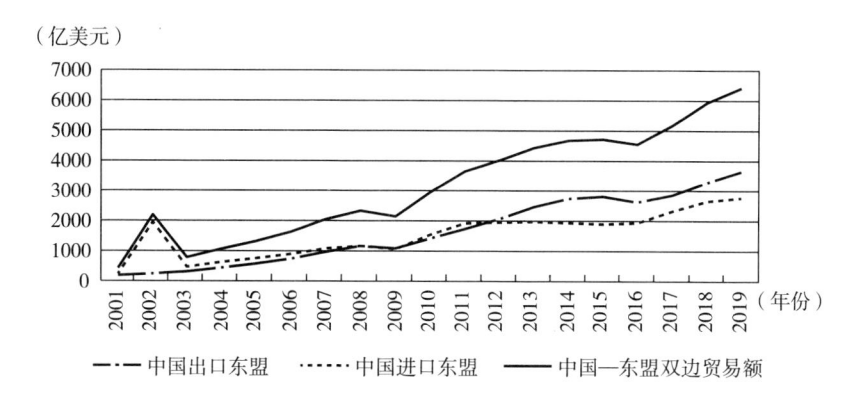

图 7-7　中国与东盟国家的贸易情况

资料来源：UN comtrade 资料整理。

中国与《区域全面经济伙伴关系协定》区域合作缔约国、欧盟、美国、加拿大、墨西哥的贸易规模变化如下：《区域全面经济伙伴关系协定》国家与中国的贸易额始终高于中国与其他欧美发达国家，且差距还在不断地加大。自 2017 年开始，中国与《区域全面经济伙伴关系协定》缔约国之间的贸易额增长率开始超过欧美发达国家和地区。因此，《区域全面经济伙伴关系协定》的落实，使多边贸易规模得到迅速增长，贸易创造效应显著。

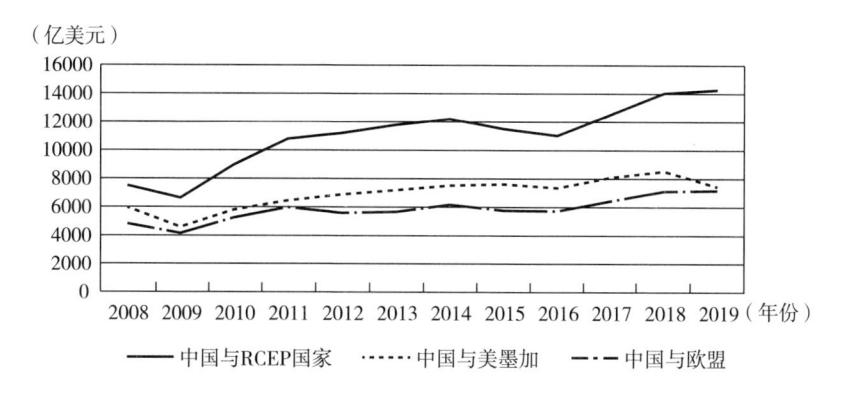

图 7-8　中国与《区域全面经济伙伴关系协定》（RCEP）缔约国家、欧盟、美国、墨西哥、加拿大多边贸易额

资料来源：UN comtrade 资料整理。

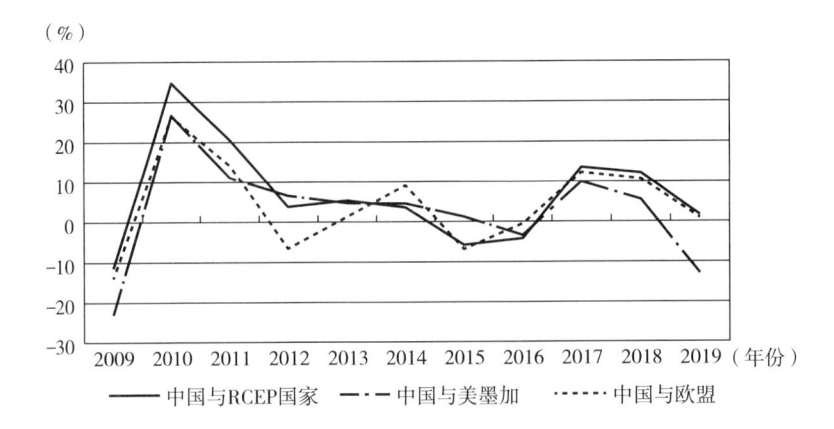

图 7-9　中国与《区域全面经济伙伴关系协定》(RCEP) 缔约国家、欧盟、美国、墨西哥、加拿大贸易增长状况

资料来源：UN comtrade 资料整理。

基于欧美原产地规则与《区域全面经济伙伴关系协定》原产地规则的内容，总结如下：

(1) 涵盖原产地规则的自贸协定，大体上制定得较为合理，对扩大缔约国双边贸易产生积极的影响，与欧美《跨太平洋伙伴关系协定》和《全面与进步跨太平洋伙伴关系协定》相比较，其立法体系的严谨及对国际条约基本原则的细化值得借鉴，可以此作为范本，完善中国的法律体系，提高服务与全球贸易治理能力（全毅，2021）。[①]

(2) 对比欧美的原产地规则，我国原产地规则需要对国内战略发展的产业制定详细的认定规则，对产业精准保护相应提高，结合贸易对象国的产业及出口状况，在国家层面，在战略竞争的产品上，对贸易创造的进口竞争产品制定原产地规则例外安排（吕建兴等，2021）[②]，从而为产业发展提供良好的竞争环境。

(3) 《区域全面经济伙伴关系协定》与欧美及东盟原产规则相比较，完全获得标准为世界贸易组织贸易规则精神的延伸，同时基于国际

[①] 全毅：《CPTPP 与 RCEP 服务贸易规则比较及中国服务业开放策略》，《世界经济研究》2021 年第 12 期。

[②] 吕建兴等：《中国自由贸易协定中市场准入例外安排的基本特征、贸易策略与决定因素——基于产品层面的证据》，《中国工业经济》2021 年第 6 期。

法的精神能够被缔约方广泛认同与接受。在产品特定性原产地规则的制定上，与欧美及东盟相比，取消了对纺织品的特殊加工工艺的认定要求，简化原产地的认定复杂程度，促进东盟国家对纺织产业发展及在缔约方之间提供贸易便利。区域价值规则的测算在原有东盟规则上，增加了直接累加法，将直接生产经营成本及人工成本考虑在内，其条款订立的意图是将生产价值链增值的部分留在缔约国境内，从而促进缔约国国内相关产业的发展。

（4）《中华人民共和国进出口货物原产地条例》累积规则相对于欧盟的累积条款促进受益国之间贸易的作用有限。其区域价值含量相对欧美较低，降低了对区域内生产的中间品的利用率。

（5）中国的反倾销反规避条款认定缺乏细节及可操作性，相比较欧盟反倾销反规避条款对事实细节的认定可操作性强，反倾销反规避主要用于抵御第三国迂回出口的情况。在中美贸易战的背景下，对美国的对等产品进口限制就有可能从第三国流入，贸易谈判上对美征收关税的反制效果可能会受到影响。

（6）基于对国内相关产业的适当保护，积极扩大与贸易对象国的双边贸易及对欧美区域贸易协定原产地分析并结合中国当前贸易发展及产业状况，以及对欧美及《区域全面经济伙伴关系协定》原产地规则的对标难度及实现路径进行总结，如表7-25所示。

表7-25　对标欧美原产地规则的难度及实现路径

原产地规则		欧美的原产地规则		《区域全面经济伙伴关系协定》	
		对标难度	实现路径	对标难度	实现路径
产品特性原产地规则	税则归类改变	中等	根据国家的产业发展战略，对重点发展的产业及其产品的贸易实行限制程度相对较高的品目改变标准	较小	对现有的税则归类改变进行沿用
	充分加工或装配标准	较大	重点保护扶持的产业与具有战略意义的产业的中间品及最终品的生产过程，工艺环节等订立特殊的认定要求	无	—

续表

		欧美的原产地规则		《区域全面经济伙伴关系协定》	
产品特性原产地规则	区域价值成分	较大	对特定需要保护的产业进行确定并对其产品中含有的非原产原料区域价值含量进行确定，满足产品主要部分源自区域内部贸易伙伴成员生产的同时，允许成员国采用一定量的非原产原料，降低可能的生产成本	中等	直接成本依照生产货物缔约方适用的公认会计准则进行记录和保存 货物价值依照GATT1994的《海关估价协定》进行测算和对标
制度性原产地规则	累积规则	较大	参考欧盟对累积规则订立	较小	对现有累积规则进行沿用
	容忍规则	中等	参考北美区域协定关于乳制品的原产地容忍规则。明确特定要保护的产业，对相应产品中非原产关键成分订立含量要求进行确定	较小	调整现有原产地规则微小含量（10%）以内允许规定
	吸收规则	较小	欧美原产地规则内容直接沿用	无	—
	微小加工	较小	欧美原产地规则内容直接沿用	较小	对现有微小加工规则进行沿用
	中性成分	较小	欧美原产地规则内容直接沿用	较小	公认会计准则的记录要求进行对标。 对中性材料涉及的具体范围进行对标
	成套货物	较小	欧美原产地规则内容直接沿用	无	—
	包装材料和容器	较小	欧美原产地规则内容直接沿用	较小	采用区域价值法进行判定，货物的零售包装或容器的原产与非原产成分予以考虑
	附件、备件和工具	较小	欧美原产地规则内容直接沿用	较小	对《区域全面经济合作伙伴关系协定》RCEP原产地规则的附件、备件和工具的适用条件予以对标

续表

		欧美的原产地规则		《区域全面经济伙伴关系协定》
制度性原产地规则	直运规则	较小	欧美原产地规则内容直接沿用	较小	对《区域全面经济合作伙伴关系协定》RCEP原产地规则的运输适用条件予以对标
	可互换材料	较小	欧美原产地规则内容直接沿用	较小	对出口缔约国的公认会计准则认可的库存管理办法进行对标

第四节 欧美原产地规则对浙江贸易的影响

一 浙江省的外贸变化趋势及影响

浙江省外贸在全国31个省份中排名第3位，占全国外贸出口额的13%，较高的出口比重也意味着会面临欧美发达国家贸易政策的冲击，但也存在与《区域全面经济伙伴关系协定》区域缔约方贸易增长的契机。

浙江省在2018年外贸出口额为3279.4亿美元，在31个省份中位居第三，当年占全国出口比重的13%，仅次于广东的29%与江苏的17%，且浙江省自2008年出口占全国比重呈现缓慢增长，具体数据如图7-10、图7-11与图7-12所示。

二 欧美严格原产地规则波及我国特定产业

（一）对中国汽车产业及纺织品的影响

欧美原产地规则针对特定产业进行保护，贸易转移效应凸显。其保护主要涵盖汽车产品、纺织品，对中国汽车零部件出口与中国纺织品出口产生负面影响，浙江相关产业及外贸也有所波及。

中国与美国在汽车产品的双边贸易上，整车双边贸易处于逆差，但逆差数额逐年减少，中国与美国在汽车核心零部件、主要零部件及辅助零部件顺差逐年增加。《美国—墨西哥—加拿大协定》谈判中，美国基于零部件进口的贸易现状，在原产地规则制定中对汽车的零配件及整车

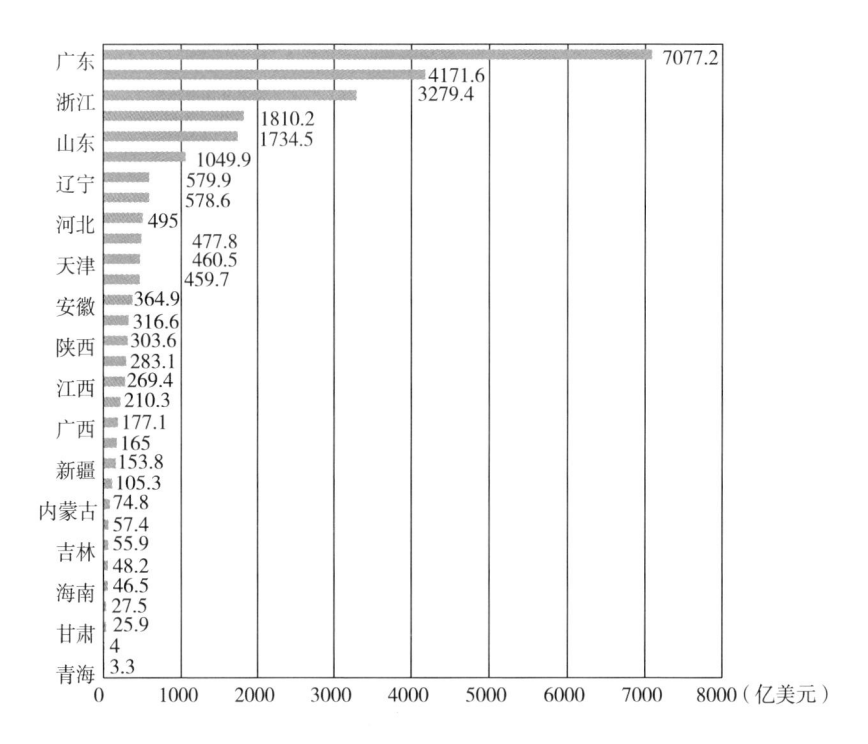

图 7-10　2018 年全国 31 个省份的出口情况

资料来源：《中国统计年鉴（2018）》。

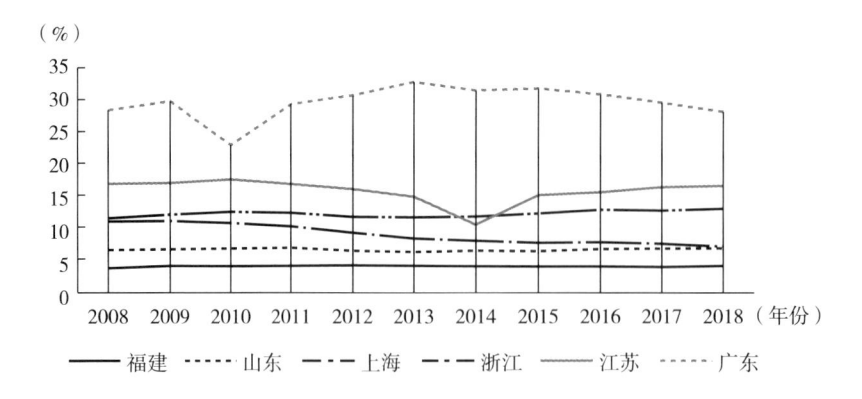

图 7-11　全国主要省份历年出口比重变化情况

资料来源：《中国统计年鉴》（2008—2018）。

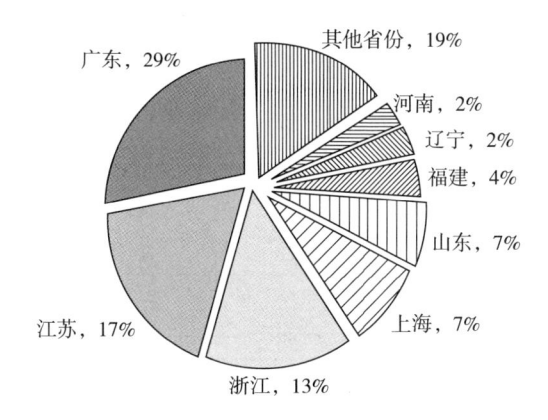

图 7-12　2018 年全国出口主要省份占比情况

资料来源：《中国统计年鉴（2018）》。

的原产地区域价值含量要求逐步提高，特别是汽车核心零部件的区域价值含量要求最终要达到 75% 以上，其目的是限制中国的核心零部件出口至美国参与其区域市场的竞争，并将汽车零部件转移至其缔约国境内生产。

表 7-26　　　　　　当前中美汽车产品双边贸易情况　　　　单位：亿美元

汽车零部件及整车出口			
年份	核心零件	主要零件	辅助零件	整车
2014	122.31	242.79	165.43	2.17
2015	127.68	254.00	168.99	3.57
2016	126.02	251.95	165.42	14.25
2017	134.45	273.45	196.64	17.77
2018	158.53	309.04	220.67	21.61
汽车零部件及整车进口				
年份	核心零件	主要零件	辅助零件	整车
2014	20.41	38.20	55.70	126.39
2015	21.52	36.52	51.81	116.77
2016	23.75	37.4	51.71	121.68
2017	26.77	41.08	52.73	130.96
2018	29.11	45.69	59.59	104.36

续表

汽车零部件及整车净出口			
年份	核心零件	主要零件	辅助零件	整车
2014	-124.22	101.89	204.58	109.73
2015	-113.19	106.16	217.48	117.17
2016	-107.43	102.27	214.54	113.71
2017	-113.18	107.68	232.37	143.91
2018	-82.75	129.42	263.35	161.07

资料来源：UN comtrade 数据整理。

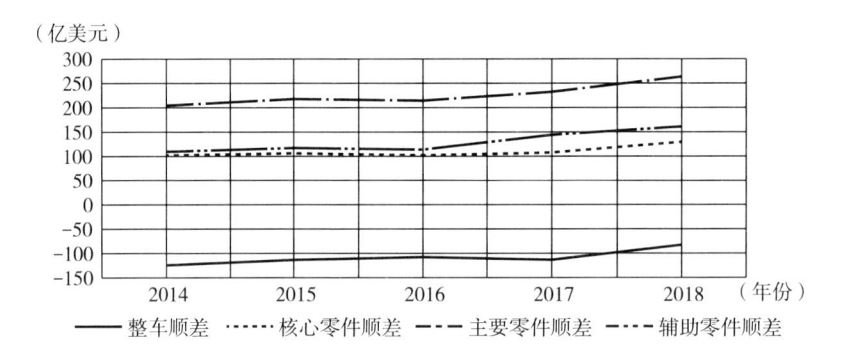

图 7-13 当前中美汽车产品双边贸易情况

资料来源：UN comtrade 数据整理。

由于欧盟及美国对进口纺织品的原产地认定规则有特殊加工制作过程及区域价值含量要求，且欧盟于 2004 年取消对中国纺织品进口的普惠制原产地认定，该部分原因导致中国出口欧美纺织品的产品竞争优势逐渐丧失。我国当前出口欧美的纺织品贸易额呈现下降的趋势，如表 7-27 与图 7-14 所示。

表 7-27 中国出口欧盟及美国的纺织品贸易额及其占世界的比重变化

年份	出口美国（亿美元）	出口欧盟（亿美元）	出口美国占比（%）	出口欧盟占比（%）
2014	396.34	429.90	18.34	19.90
2015	409.47	384.12	20.09	18.85

续表

年份	出口美国（亿美元）	出口欧盟（亿美元）	出口美国占比（%）	出口欧盟占比（%）
2016	377.82	360.63	20.27	19.35
2017	372.79	361.79	19.82	19.23
2018	383.26	374.44	20.07	19.61

资料来源：UN comtrade 数据整理。

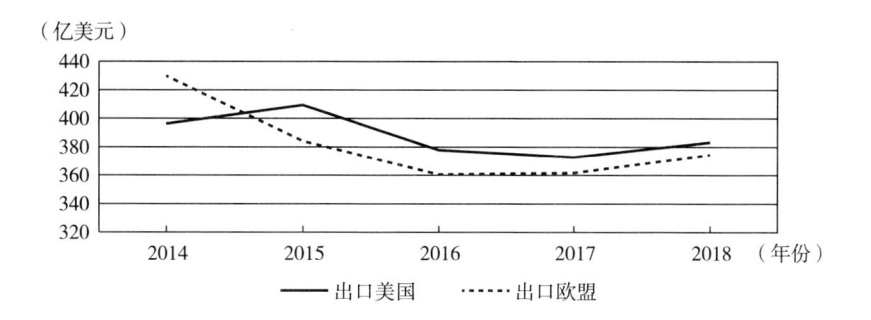

图 7-14　中国出口欧盟及美国的纺织品情况

资料来源：UN comtrade 数据整理。

（二）对浙江省贸易发展的影响分析

欧美实施严格的原产地规则，而《中华人民共和国与东南亚国家联盟全面经济合作框架协议》及《区域全面经济伙伴关系协定》区域经贸合作的落实，间接影响了浙江的出口贸易流向及产业格局，最新的数据显示，浙江出口欧盟、墨西哥占贸易额比重在逐年下降，美国与加拿大出口比重则存在一定的波动变化。值得注意的是，中国对《区域全面经济伙伴关系协定》国家的出口比重逐年增加。浙江省出口贸易结构中机电、纺织品、服装、汽车配件等贸易产品居前，其中机电产品的比重在 2020 年占出口比重达到 44% 为主要出口产品。虽然欧美原产地规则中对纺织品及汽车配件订立了严格使用标准，但《中华人民共和国与东南亚国家联盟全面经济合作框架协议》及《区域全面经济伙伴关系协定》的落成，对浙江的纺织品、服装及汽车配件等产品的出口竞争提供了良好的环境。浙江的纺织品与服装的出口比重在 2019 年呈现下降后，2020 年又开始上升。汽车零配件出口虽然比重不大，但增幅明显。2020年比重相对于前一年增长了近5倍。

表 7-28　　　　　　　　浙江省出口国别贸易额比重　　　　　　单位:%

国别	2018 年	2019 年	2020 年
欧盟 27 国	22.01	21.73	19.50
美国	19.59	17.11	18.02
加拿大	1.69	1.62	1.80
墨西哥	2.12	2.10	0.00
《区域全面经济合作伙伴关系协定》国家	18.46	19.61	20.51

资料来源:中华人民共和国杭州海关。

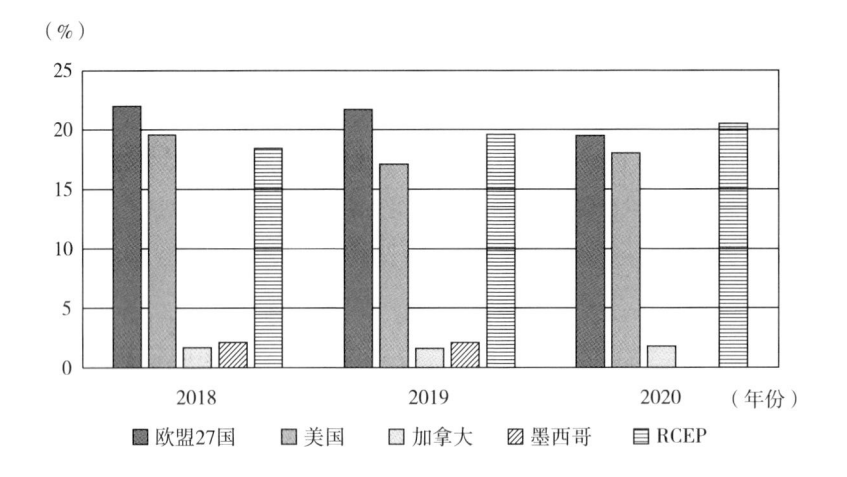

图 7-15　浙江省出口国别贸易额比重

注:RCEP 代指《区域全面经济合作伙伴关系协定》的成员国。
资料来源:中华人民共和国杭州海关。

表 7-29　　　　　　　　浙江省主要出口产品比重　　　　　　　单位:%

项目	2018 年	2019 年	2020 年
机电产品	43.50	43.91	44.00
纺织品	12.68	12.72	26.83
服装	9.64	9.02	12.46

续表

项目	2018年	2019年	2020年
汽车零配件	3.33	2.94	3.20
汽车整车	0.11	0.12	0.53

资料来源：中华人民共和国杭州海关。

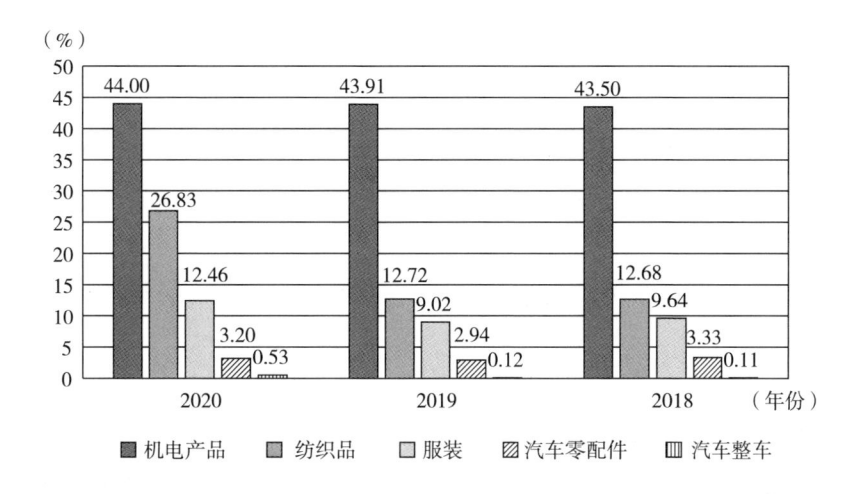

图7-16 浙江省主要出口产品比重

资料来源：中华人民共和国杭州海关。

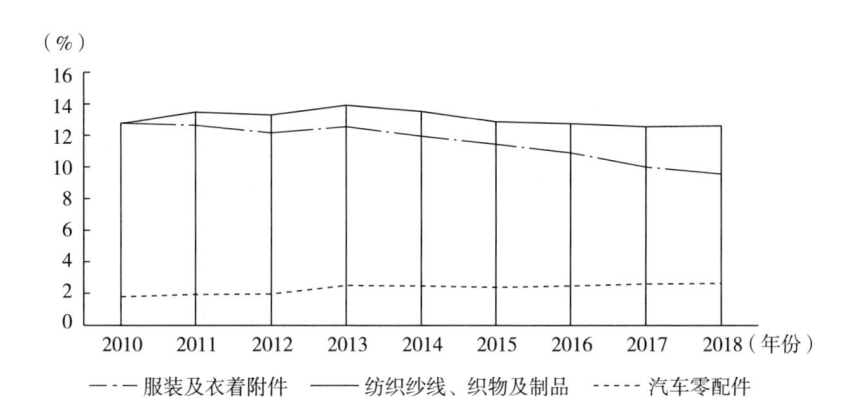

图7-17 纺织品、汽车零件占浙江出口比重历年变化趋势

资料来源：《浙江统计年鉴》。

第五节　对标原产地规则的政策建议

原产地规则新变化对进出口贸易发展将产生深刻影响，本节提出对标全球原产地规则的政策建议，主要建议如下：

一　优化出口贸易结构，增加高技术产品出口

欧美发达国家在原产地特殊规则主要针对汽车部件、机电、纺织品及服装等出口工业品，我国出口产品中汽车部件、机电、纺织品及服装占比较大，使外贸出口面临不确定性因素增加。目前欧美发达国家对高技术产品原产地特殊规则还比较少，我国需要优化出口贸易结构，进一步扩大高技术产品出口贸易，以规避原产地规则的贸易争端。

二　加强原产地规则培训学习，积极利用原产地规则进行国际合作

欧美发达国家订立严格的原产地规则，其实质是欧盟通过其严格的累积规则与加工生产特殊工序等原产地要求，使其他国家将具有技术密集的投资及企业吸引进欧盟境内，美国通过设立较高的区域含量要求及特殊加工工序的原产地要求，变相地鼓励美资企业回流北美地区。对标全球最高经贸规则中原产地规则，加强企业对原产地规则学习培训，积极利用原产地规则，开展贸易和投资国际合作，重新布局全球产业链、价值链。

三　加强国际经贸规则与原产地研究的复合人才队伍建设

原产地规则实施涉及技术和规则的复杂专业知识，目前企业缺乏全球经贸规则专业人才，迫切需要加强国际经贸规则复合专业人才队伍建设，帮助企业分析不同国家原产地规则适用，为出口企业原产地规则贸易争端提供服务，保护出口企业的合法权益。在扩大双边及多边贸易的同时积极参与国际原产地规则的制定，提高自身原产地规则制定的话语权，减少因原产地规则限制产生的贸易争端。

四　加强原产地规则大数据系统建设

加强商品进出口贸易有关的原产地规则大数据系统建设，完善产品有关的原材料、半成品、制成品数据追溯管理系统，通过官方原产地规则大数据和信息平台追溯产品的原产地，确定进出口产品原产地及商品质量可靠性。建立企业、海关、商检三方联动原产在各部门之间数据流动地规则数据系统，既有利于对进出口商品的原产地、商品质量及贸易安全进行保障，维护人民群众的根本权益，也有利于实现对进出口商品原产地追溯和贸易商品质量全程监管。

本章执笔：李许凯，修改：程惠芳

第八章

争端解决机制及规则变化比较分析

争端解决机制是对国际贸易与国际投资中产生的争端提供有效和透明的规则、程序和解决办法，是全球经贸规则的重要组成部分，争端解决机制在全球贸易投资发展中起着重要作用。本章对《世界贸易组织协定》[①]（*World Trade Organization Agreement*，WTO 协定）、《美国—墨西哥—加拿大协定》[②]（*United States-Mexico-Canada Agreement*，USMCA）、《全面与进步跨太平洋伙伴关系协定》[③]（*Comprehensive and Progressive Agreement for Trans-Pacific Partnership*，CPTPP）、（区域全面经济伙伴关系协定）[④]（*Regional Comprehensive Economic Partnership Agreement*，RCEP 协定）中的争端解决规则条款进行比较分析，发现国际争端解决机制发展出现新趋势：争端解决机制所涵盖范围扩大，涉及新规定增加；国际争端解决机制冲突加剧；争端解决机制时效性加强；政治和司法综合方式和多元化的争端解决方式成为主流；争端解决机制透明度提高；对仲裁涉及的专家组成员的公正性、中立性和专业度提出

---

① https：//www.wto.org/english/docs_e/legal_e/final_e.htm/（World Trade Organization Agreement）（WTO Agreement）.

② https：//ustr.gov/trade-agreements/free-trade-agreements/united-states-mexico-canada-agreement/agreement-between/（United States-Mexico-Canada Agreement）（USMCA）.

③ https：//www.sice.oas.org/Trade/TPP/CPTPP/English/CPTPP_Index_e.asp/（Comprehensive and Progressive Agreement for Trans-Pacific Partnership）（CPTPP）.

④ https：//rcepsec.org/legal-text/（Regional Comprehensive Economic Partnership Agreement）（RCEP）.

更高要求。我国高水平开放经济发展,需要进一步优化争端解决机制,进一步提高争端解决机制的透明化,进一步提升争端解决的数字化智能化水平。

第一节 对标全球经贸规则中争端解决机制的必要性与重要性

国际金融危机发生十多年后,世界经济发展再次来到十字路口。中国着眼全世界人民的共同福祉,坚持以开放、协商、合作、共赢的理念解决国际贸易争端,维护多边贸易体制的公正性、权威性,为全球经济治理和构建开放型世界经济贡献了中国智慧。全球最高经贸规则中有关争端解决机制具有统一性、效率性和强制性的特点,对标全球最高经贸规则中争端解决机制具有必要性与重要性。

一 争端解决机制有关概念与程序

争端解决机制是有关贸易投资的争端解决程序和方法,是全球贸易与投资规则的重要组成部分,对经济全球化过程中贸易投资争端解决发展发挥重要作用。争端解决机制具有统一性、效率性和强制性的特点。磋商是争端解决机制的首要必经程序,是争端当事方自行解决争端的一种方法,当磋商各方无法达成一致解决争端,在争端当事方自愿的基础上进入斡旋、调解和调停程序,由中立第三方协助解决争端,如果斡旋、调解和调停程序还不能够解决争端,则进入专家组裁决或仲裁裁决程序,仲裁裁决具有法律约束力,当事方必须执行。专家组程序是争端解决机制的核心程序,当磋商、斡旋、调解、仲裁不能解决争端时,一方提交设立专家组申请,即进入该程序,专家组的职责是对将要处理的案件的事实、法律的适用及一致性作出客观的评估,并提出调查结果报告及圆满解决争端的建议。在专家组调查结果报告形成后,争端当事方对专家组的报告持有异议可进入上诉审查程序,由常设上诉机构对上诉进行审议。最后是执行程序,包括监督实施专家组的裁决,和因申请而采取补偿和中止义务的进一步措施①。

二 争端解决机制在多边贸易规则中起着重要作用

《世界贸易组织协定》争端解决机制作为多边贸易体制为解决WTO成员间的贸易纠纷方面做出了巨大贡献，发挥着日益重要的作用。这正如WTO首席总干事鲁杰罗所说："世界贸易组织的所有成就中若不提及争端解决机制将是不完整的，而该机制在许多方面是整个多边贸易体系的中流砥柱，也是WTO对全球经济稳定的最大的最突出的贡献。"②

世界贸易组织争端解决机制中，争端的参与方主要是发达国家，起诉方和被起诉方主要都是发达国家，而中国和印度等发展中国家的被诉次数也逐步增加，如表8-1所示。起诉方前3位分别为：美国、欧盟和加拿大，被诉方的前3位为：美国、欧盟和中国。从案件受理情况分析，磋商中的案件占31.90%，解释了磋商是解决争端的必经环节，而获得上诉机构裁决和专家组裁决的案件共占36.04%，由此验证了司法方式解决争端的重要性③。

表8-1　　WTO争端案件的主要参与方及案件受理情况

前十位起诉方（件）	前十位被诉方（件）	争端案例受理情况		
^	^	案件状态	争端数（件）	占案例比重（%）
美国（123）	美国（153）	磋商中	200	31.90
欧盟（100）	欧盟（85）	双方协商解决	63	10.05
加拿大（39）	中国（43）	上诉方撤诉	46	7.34
巴西（33）	印度（27）	专家组阶段中	35	5.58
墨西哥（25）	加拿大（23）	获得专家组裁决	73	11.64
日本（25）	阿根廷（22）	上诉机构阶段中	8	1.28
印度（24）	韩国（18）	获得上诉机构裁决	153	24.40
阿根廷（21）	巴西（16）	启动执行审查程序	47	7.50

---

① 宋淑华：《WTO争端解决机制的基本程序》，中华人民共和国商务部WTO/FTA咨询网，https://chinawto.mofcom.gov.cn/.

② 宋淑华：《WTO争端解决机制的基本程序》，中华人民共和国商务部WTO/FTA咨询网，https://chinawto.mofcom.gov.cn/.

③ 李思奇等：《WTO争端解决机制是否真的能够促进出口？——基于WTO争端裁决案件的实证研究》，《财经研究》2019年第6期。

续表

前十位起诉方（件）	前十位被诉方（件）	争端案例受理情况		
		案件状态	争端数（件）	占案例比重（%）
韩国（20）	日本（15）	信息不明	2	0.31
中国（20）	墨西哥（15）			

资料来源：WTO 官方网站并整理得到（https://www.wto.org/english/tratop_e/dispu_e/dispu_current_status_e.htm）。

三 美国阻挠 WTO 争端解决机制运作，完善争端解决机制具有紧迫性

当前 WTO 争端解决机制的独立性和权威性正受到严重挑战。美国以争端解决机制需要改善透明度、上诉机构"越权"裁决等为由，阻挠争端解决机制上诉机构成员的遴选程序，上诉机构的公信力正受到不断的挑战。而美国政府秉持"国内法大于国际法"的立场，采取单边报复措施的行为削弱了争端解决机制的权威性。而美国当前"无视 WTO 争端裁决"的态度削弱了争端解决机制的司法仲裁价值，使争端解决机制的有效性受到威胁[1]。美国的阻挠可能将导致 WTO 争端解决机制的停摆。如何发挥我国在维护多边经贸规则体系中争端解决机制的重要作用，对标全球最高经贸规则中争端解决机制过程中，推动多边经贸规则体系的争端解决机制创新发展，推动国际贸易的稳定健康发展具有重要性与紧迫性。

第二节 争端解决机制的规则比较分析

《世界贸易组织协定》争端解决机制是全球经贸规则和区域性经贸规则协定中的争端解决机制的重要基础，《美国—墨西哥—加拿大协定》《全面与进步跨太平洋伙伴关系协定》《区域全面经济伙伴关系协定》中的争端解决规则条款都是在世界贸易组织争端解决机制基础上进一步完善。

---

[1] 李思奇等：《WTO 争端解决机制是否真的能够促进出口？——基于 WTO 争端裁决案件的实证研究》，《财经研究》2019 年第 6 期。

一 争端解决机制规则条款比较

本节对《世界贸易组织协定》《美国—墨西哥—加拿大协定》《全面与进步跨太平洋伙伴关系协定》《区域全面经济伙伴关系协定》有关争端解决机制规则条款进行比较。争端解决规则条款大多明确争端解决范围、磋商、斡旋、调解和调停、专家组设立、专家组职权范围、专家组职能、第三方参与、获得信息的权力、中止或终止诉讼和最终报告的实施。

争端解决规则中磋商是首要必经程序，是世界贸易组织成员解决贸易争端的主要办法，《世界贸易组织协定》争端解决机制鼓励争端各方在争端的每一个阶段尽一切努力，通过合作和磋商，达成争端各方共同同意的争端解决办法。当合作和磋商不能够解决争端时，就需要进入斡旋、调解和调停程序，斡旋、调解和调停程序是在争端当事方自愿的基础上，由争端解决机构协助解决争端的方法。如果斡旋、调解和调停程序还不能够解决争端，就进入专家组裁决或仲裁裁决程序，仲裁裁决具有法律约束力，当事方必须执行，争端解决机制具有效率性和强制性的特点，各大经贸规则争端解决规则对应章节条款比较如表 8-2 所示。

表 8-2　　　　　　　　争端解决规则条款比较

WTO 协定（共 23 条）		USMCA（共 19 条）		CPTPP（共 21 条）		RCEP 协定（共 21 条）	
附件 2：关于争端解决规则与程序的谅解		第 31 章：争端解决		第 28 章：争端解决		第 19 章：争端解决	
第 1 条	范围和实施	第 31.1 条	合作	第 28.1 条	定义	第 1 条	定义
第 2 条	管理	第 31.2 条	范围	第 28.2 条	合作	第 2 条	目标
第 3 条	总则	第 31.3 条	管辖选择	第 28.3 条	范围	第 3 条	范围
第 4 条	磋商	第 31.4 条	磋商	第 28.4 条	管辖选择	第 4 条	总则
第 5 条	斡旋、调解和调停	第 31.5 条	斡旋、调解和调停	第 28.5 条	磋商	第 5 条	场所的选择
第 6 条	专家组的建立	第 31.6 条	专家组设立	第 28.6 条	斡旋、调解和调停	第 6 条	磋商

续表

WTO 协定（共 23 条）		USMCA（共 19 条）		CPTPP（共 21 条）		RCEP 协定（共 21 条）	
第 7 条	专家组的职责范围	第 31.7 条	专家组职权范围	第 28.7 条	专家组设立	第 7 条	斡旋、调解、调停
第 8 条	专家组的组成	第 31.8 条	专家名册和资格	第 28.8 条	专家组职权范围	第 8 条	设立专家组的请求
第 9 条	多方起诉程序	第 31.9 条	专家组组成	第 28.9 条	专家组组成	第 9 条	多个起诉方的程序
第 10 条	第三当事方	第 31.10 条	专家组议事规则	第 28.10 条	专家名册和资格	第 10 条	第三方
第 11 条	专家组的职能	第 31.11 条	仲裁庭程序的中止或终止	第 28.11 条	小组主席名册和具体名单	第 11 条	专家组的设立
第 12 条	专家组程序	第 31.12 条	电子文件归档	第 28.12 条	专家组职能	第 12 条	专家组职能
第 13 条	获得资料的权利	第 31.13 条	专家组职能	第 28.13 条	专家组议事规则	第 13 条	专家组程序
第 14 条	保密性	第 31.14 条	第三方参与	第 28.14 条	第三方参与	第 14 条	程序的中止与终止
第 15 条	临时评审阶段	第 31.15 条	获得信息的权力	第 28.15 条	获得信息的权力	第 15 条	最终报告的执行
第 16 条	专家组报告的通过	第 31.16 条	中止或终止诉讼	第 28.16 条	中止或终止诉讼	第 16 条	执行审查
第 17 条	上诉审议	第 31.17 条	专家组报告	第 28.17 条	初次报告	第 17 条	补偿和中止减让
第 18 条	与专家组或上诉机构的联系	第 31.18 条	最终报告的实施	第 28.18 条	最终报告	第 18 条	最不发达国家缔约方的特殊和差别待遇
第 19 条	专家组和上诉机构的建议	第 31.19 条	赔偿和中止减让	第 28.19 条	最终报告的实施	第 19 条	费用
第 20 条	DSB 作出决定的时间框架			第 28.20 条	赔偿和中止减让	第 20 条	联络点

续表

WTO协定（共23条）		USMCA（共19条）		CPTPP（共21条）		RCEP协定（共21条）	
第21条	对执行各项建议和裁决的监督			第28.21条	合规性审查	第21条	语言
第22条	赔偿和减让的中止						
第23条	加强多边体制						

注：表格中出现的协定名称均以英语简写的方式表示，下同。
资料来源：笔者根据相关文本整理，下同。

二 争端解决机制规则分类比较及新趋势

本节主要对《世界贸易组织协定》《美国—墨西哥—加拿大协定》《全面与进步跨太平洋伙伴关系协定》《区域全面经济伙伴关系协定》磋商、仲裁、执行程序等规则进行分类比较。

（一）争端解决机制时效性具有加强趋势

争端解决机制和程序有明确时限规定且时效性具有加强趋势，如表8-3所示。在磋商阶段，《世界贸易组织协定》规定接到磋商申请请求之日起10日内答复请求，各成员方应自收到申请之日起30日内进行磋商，关于易腐货物事项在收到请求书之日起10日内进行磋商；《美国—墨西哥—加拿大协定》《全面与进步跨太平洋伙伴关系协定》和《区域全面经济伙伴关系协定》规定收到磋商请求之日起7日内答复请求，在收到关于易腐货物事项的请求书之日起15日内；或所有其他事项的请求交付之日起30日内进行磋商。报告提交时间《世界贸易组织协定》为6个月（紧急为3个月，最长为9个月）。《美国—墨西哥—加拿大协定》初步报告：在指定最后一名专家组成员后150日内；最终报告：争议方可在提交初步报告后15日内，提交最终报告。《全面与进步跨太平洋伙伴关系协定》中期报告：在指定最后一名专家组成员后120日内；最终报告：专家组应在提交初步报告后30日内向争议各方提交最终报告；《区域全面经济伙伴关系协定》和《全面与进步跨太平洋伙伴关系协定》中期报告和最终报告提交时限相同。时效性加强趋势还体现在专家组设立和监督执行程序中，各经贸组织协定都在《世界贸易组织协定》基础上有了明确的时限规定。

表 8-3　　WTO 协定、USMCA、CPTPP、RCEP 协定争端
解决时效性规则比较

WTO 协定		磋商	第 4 条：收到请求磋商之日起 10 日内答复请求，协商请求之日起 30 日内进行磋商（易腐货物 10 日）
	仲裁	专家组设立	第 6 条：当起诉方提出设立专家组的请求，则最迟应在此请求列入 DSB 的正式议程的会议之后的下一次会议上成立专家组，除非在那次会议上 DSB 以协商一致方式同意不成立专家组
		专家组成员选择	第 8 条：如果在专家组成立之日起 20 日内未能就专家组成员达成一致意见，任命总干事认为最合适的专家组成员，以确定专家组的组成。DSB 主席应在收到请求之日起 10 日内将由此组成的专家组的组成通知各成员
		提交报告	第 16 条：为使该程序更为有效，专家组进行审查的期限，即自该专家组的组成及其职责取得一致意见到最终报告送交争端各当事方这段时间，原则上不应超过 6 个月。若遇紧急情况，包括涉及易腐食品的那些情况，该专家组应设法在 3 个月内将其报告送交争端各当事方
	监督执行		第 21 条：在专家组或上诉机构报告通过之日起 30 日内举行的 DSB 会议上，有关成员应将其执行 DSB 建议和裁决的意图通知 DSB。建议或裁决应列入 DSB 会议议程，并保留直到该问题解决
USMCA		磋商	第 31.4 条：收到请求磋商之日起 7 日内答复请求，关于易腐货物事项的请求书交付之日起 15 日内进行磋商；所有其他事项的请求送达之日起 30 日内
	仲裁	专家组设立	第 31.6 条：就易腐货物问题提出磋商请求后 30 日；正常物品提出磋商请求后 75 日未能解决问题，咨询缔约方可通过其秘书处科室向答复方发出书面通知，请求设立专家组
		专家组成员选择	第 31.9 条：专家组应由五名成员组成，提交设立专家组的请求后 15 日内决定专家组的主席人选，在选定主席后 15 日内，每一争议方应选出两名为另一方公民的专家组成员
		提交报告	第 31.17 条：最后一名专家被任命之日起 150 日内向争议双方提交一份初始报告；争议方可在提交初次报告后 15 日内，或在争议各方可能决定的另一段时间内，就其初次报告向专家组提交书面意见；专家组应在提交初始报告后 30 日内提交一份最终报告；提交最终报告后的 15 日内，争议双方应向公众提供最终报告
	监督执行		第 31.18 条：收到最终报告后 45 日内，争议双方应努力就争议的解决达成一致，如果未达成一致，申请方可暂停向应诉方申请与不符合同或无效或损害具有同等效力的利益，直到争议双方就争议的解决达成一致意见为止

续表

CPTPP		磋商	第28.5条：收到请求磋商之日起7日内答复请求，关于易腐货物事项的请求书交付之日起15日内进行磋商；所有其他事项的请求送达之日起30日内
	仲裁	专家组设立	第28.7条：就易腐货物问题提出磋商请求后30日；正常物品提出磋商请求后75日；咨询方可同意的任何其他期限未能解决问题，咨询缔约方可通过其秘书处科室向答复方发出书面通知，请求设立专家组
		专家组成员选择	第28.9条：专家组由三名成员组成，提出设立专家组的请求之日20日内，申诉方和应诉方应各自指定一名专家组成员，并将这些任命通知对方；提交设立专家组的请求之日后35日内未能指定一名主席，则被任命的两名专家组成员应从（专家组主席名册和具体缔约方名单）规定的名册中任命主席
		提交报告	第28.17条，第28.18条：专家组成员任命之日起150日内向争议各方提交一份初始报告；争议方可在提交初次报告后15日内，就其初次报告向专家组提交书面意见；专家组应在提交初始报告后30日内向争议各方提交一份最终报告，在提交最终报告后的15日内，争议双方应向公众公布最终报告
	监督执行		第28.19条：在收到最终报告的45日内，争议双方应努力就争议的解决达成一致，如未达成一致，任何争议方可在根据最终报告提交最终报告后60日内，将此事提交主席，通过仲裁确定合理期限
RCEP协定		磋商	第6条：收到请求磋商之日起7日内答复请求关于易腐货物事项的请求书交付之日起15日内进行磋商；所有其他事项的请求送达之日起30日内
	仲裁	专家组设立	第8条：在紧急情况下，包括涉及易腐货物的情况，磋商请求之日后20日内；正常物品提出磋商请求后60日内；磋商未能以上列期限内解决争端，提出设立专家组的请求应当确定由专家组处理的特定争议措施
		专家组成员选择	第11条：起诉方应当在提出设立专家组的请求之日起10日内任命一名专家组成员。被诉方应当在收到提出设立专家组的请求之日起20日内任命一名专家组成员；如在收到设立专家组的请求之日35天内没有任命任何专家组成员，任何争端方可以在其后的25日内，请求WTO总干事在提出此类请求之日起的30日内任命余下的专家组成员
		提交报告	第13条：设立的专家组应当自其设立之日起150日内向争议各方发布中期报告；专家组应当在中期报告发出日起30日内向争端各方发布最终报告，提交最终报告后的15日内，争议双方应向公众公布最终报告
	监督执行		第15条：争端各方不能在专家组向争端各方发布最终报告之日起45日内就合理期限达成一致，任何争端方可以通过通报专家组主席和另一争端方的方式，请求专家组主席确定合理期限。此类请求应当在专家组向争端各方发布最终报告之日起120日内提出

(二) 争端解决磋商、仲裁透明度规则具有加强趋势

争端解决机制中的透明度要求在争端解决的各个程序中均有体现，如表8-4所示。《美国—墨西哥—加拿大协定》增加了提高纠纷处理透明度的规定。《美国—墨西哥—加拿大协定》条款规定，"除非争议当事人不接受，专家组的听审会一般都应当开放"①。《全面与进步跨太平洋伙伴关系协定》授权公众更多地参与争端解决程序，《全面与进步跨太平洋伙伴关系协定》规定，"专家组的听证会应向公众开放，其书面陈述、口头陈述的书面版本和对专家组请求或问题的书面答复应向公众公布"②，"专家小组的听证会应当立即向公众展开，其书面说明、口头声明的书面版本以及对专家组要求或疑问的书面回答也应当向公众发布"③。《区域全面经济伙伴关系协定》在争端解决程序的透明度上较《全面与进步跨太平洋伙伴关系协定》更为保守，在提交专家组书面陈述中《区域全面经济伙伴关系协定》规定，向专家组提交的书面陈述应当按保密资料处理，但应当使争端各方可获得，规定不得阻止一争端方或第三方向公众披露关于其自身立场的陈述，只要不披露一争端方或第三方向专家组提供的，该方已经指定为保密的陈述或信息，不阻止公开但未说明应主动向公众公开，且并未说明听证会应主动向公众开放。

在世界贸易组织争端解决机制的改革中，对增强透明度的呼声很高，专家组和上诉机构也通过实际案例对透明度做出不同于以往的解释，专家组审理可以公开。"法庭之友"在世界贸易组织同样经历了从不被接受到接受的过程，更广泛的利益群体得以参与争议解决。无论是采取相应的技术手段，还是对有关条款的解释，仲裁过程的透明度都在提升④。

---

① https：//ustr.gov/trade-agreements/free-trade-agreements/united-states-mexico-canada-agreement/agreement-between/（United States-Mexico-Canada Agreement）（USMCA）.

② https：//www.sice.oas.org/Trade/TPP/CPTPP/English/CPTPP_Index_e.asp/（Comprehensive and Progressive Agreement for Trans-Pacific Partnership）（CPTPP）.

③ https：//www.sice.oas.org/Trade/TPP/CPTPP/English/CPTPP_Index_e.asp/（Comprehensive and Progressive Agreement for Trans-Pacific Partnership）（CPTPP）.

④ 王茜、高锦涵：《RCEP争端解决机制构建研究》，《国际展望》2018年第2期。

表 8-4　　WTO 协定、USMCA、CPTPP、RCEP 协定争端
解决透明度规则比较

WTO 协定		磋商	第 4 条：协商应保密，不得损害任何成员在任何进一步诉讼中的权利
	仲裁	听证会	附件 3：专家组的审议情况和提交给它的文件应保密。本谅解并不妨碍争端一方向公众披露其立场声明。各成员应将另一成员提交专家组并指定为机密的信息视为机密信息。当争端一方向专家组提交其书面划界案的机密文本时，它还应应一成员的请求，提供其提交书中可能向公众披露的信息的非机密摘要
		专家组书面陈述	
		专家组审议情况	
		报告中的个人意见	第 14 条：个别专家在专家组报告中发表的意见应当匿名
		最终报告	第 14 条：专家组的报告应在争端各方不在场的情况下根据所提供的资料和所作的陈述起草并不予向公众公布
	法庭之友		第 13 条：各专家组应有权向其认为适当的任何个人或机构寻求信息和技术建议。但是，专家组在向一成员管辖范围内的任何个人或机构寻求此类信息或建议之前，应通知该成员的当局。一成员应迅速和充分地答复专家组提出的任何要求，要求提供其认为必要和适当的资料。未经提供信息成员的个人、机构或当局的正式授权，不得披露所提供的保密信息
USMCA		磋商	第 31.4 条：协商应当保密，不得损害当事人在另一诉讼中的权利
	仲裁	听证会	第 31.11 条：有争议的当事人有权在专家组至少举行一次听证会，每个人都可以口头发表意见；专家组的听证会应向公众开放，除非争议各方另有决定
		专家组书面陈述	第 31.11 条：每一个争议方都有机会提供一份初始和反驳的书面陈述；每一争议当事方的书面陈述、口头陈述的书面文本以及对专家组的请求或问题的书面答复（如有）在文件提交后尽快公开
		专家组审议情况	第 31.11 条：专家组应审议位于争端一方领土内的非政府实体提出的关于争端的书面意见的请求，这些意见可能有助于专家组评估争端各方的意见和论点；机密信息受到保护
		报告中的个人意见	第 31.11 条：专家组报告中所有专家组成员的观点都应当是匿名的
		最终报告	第 31.17 条：在采取任何保护机密信息的措施后，争议双方应在提交最终报告后 15 天内将最终报告公开
	法庭之友		第 31.15 条：应争议一方的请求，或主动要求，专家组可向其认为适当的个人或机构寻求信息或技术咨询，但前提是争议各方同意并遵守争议各方决定的任何条款和条件，争议双方有机会对根据本条获得的信息或建议发表意见

续表

CPTPP		磋商	第28.5条：协商应当保密，不得损害当事人在另一诉讼中的权利
	仲裁	听证会	第28.13条：有争议的当事人有权在专家组至少举行一次听证会，每个人都可以口头发表意见；除非争议各方另有协议，否则专家组的任何听证应向公众开放
		专家组书面陈述	第28.13条：每一个争议方都有机会提供初始和反驳书面陈述；在提交这些文件后尽快向公众公布其书面陈述、口头陈述的书面文本和对专家组的请求或问题的书面答复
		专家组审议情况	第28.13条：专家组应审议位于争端一方领土内的非政府实体提出的关于争端的书面意见的请求，这些意见可能有助于专家组评估争端各方的意见和论点；机密信息受到保护
		报告中的个人意见	第28.18条：专家组不得在初步报告或最终报告中披露哪位专家组成员持多数意见或哪位专家组成员持少数意见
		最终报告	第28.18条：在采取任何步骤保护机密信息后，争端各方应不迟于最终报告提交后15天向公众发布最终报告
	法庭之友		第28.15条：应争议一方的请求，或根据其主动权，专家组可向其认为适当的任何个人或机构寻求信息和技术咨询，但前提是争议各方同意并遵守争议各方商定的任何条款和条件。争议双方应有机会对根据本条获得的任何信息或建议发表意见
RCEP协定		磋商	第6条：磋商应当保密，并且不得损害任何争端方在任何进一步或其他程序中的权利
	仲裁	听证会	第13条：专家组确定的时间表应当为争端各方提供至少一次向专家组陈述其案件的听证会。一般来说，除特殊情况外，时间表中不得提供超过两次听证会
		专家组书面陈述	第13条：向专家组提交的书面陈述应当按保密资料处理，但应当使争端各方可获得，不得阻止一争端方或第三方向公众披露关于其自身立场的陈述，只要不披露一争端方或第三方向专家组提供的，该方已经指定为保密的陈述或信息
		专家组审议情况	第13条：专家组应审议位于争端一方领土内的非政府实体提出的关于争端的书面意见的请求，这些意见可能有助于专家组评估争端各方的意见和论点；机密信息受到保护
		报告中的个人意见	第13条：机密信息受到保护
		最终报告	第13条：专家组应当在向该争端各方发布最终报告之日起七天内向其他缔约方发布最终报告，此后，在遵循保护最终报告所包含的任何保密信息的情况下，一争端方可以使最终报告可公开获得
	法庭之友		第13条：专家组可以应一争端方的请求或自发地向其认为适当的任何个人或机构寻求附加信息和技术建议。但在此之前，该专家组应当寻求争端各方的意见。如争端各方同意专家组不得寻求附加信息或技术建议，则专家组不得寻求此类信息或技术建议

(三) 争端解决程序公正性规则比较及趋势

争端解决公正性规则中对仲裁涉及的专家组成员的公正性、中立性和专业度要求更高，争端解决机制加强了裁决者的资质和遴选程序要求，如表 8-5 所示。《世界贸易组织协定》争端解决机制在专家组指示性名单选择上需要保证小组成员的独立性、足够多样化的背景和广泛的经验，专家组成员应以个人身份任职，不得担任政府代表或任何组织的代表。各成员不得就专家组审议的事项向其发出指示，也不得试图以个人身份影响他们，因此对名单成员有诸如"曾在专家组任职或向专家组提出诉讼的人或曾担任 GATT1947 成员国或缔约方代表"[①] 等要求，且对于名单上的每一个人，名单应说明个人在所涉协定的部门或主题方面的具体经验或专长来保证争端解决的专业度。《全面与进步跨太平洋伙伴关系协定》争端解决机制在保留《世界贸易组织协定》"专家组成员指示性名单"之外，新设了"专家组主席候选名册"，同时高度强调了成员的专业素质。专家组的成员"须在法律、国际贸易或与《全面与进步跨太平洋伙伴关系协定》协定相关的其他事项中，或在国际贸易协定之争端解决上富有经验或专长"[②]；在专家组的组成环节，督促争端方尽力选择在争端事项上富有经验或专长的专家组成员，尤其对于环境和劳工争端，要求相关专家组成员必须具有环境法、劳动法方面的理论或实务经验专长[③]。《区域全面经济伙伴关系协定》争端解决机制在专家组成员指示性名单及资格方面也提出了诸多高要求，包括专家组成员指示性名单及资格中的："未以任何身份处理过该事项"；"未向争端各方披露可能引起对他或她的独立性或公正性产生合理怀疑的信息"，进一步提高了专家组成员的公正性及素质要求，使争端解决的公正性和中立性得到保证。

[①] https：//www.wto.org/english/docs_e/legal_e/final_e.htm/（World Trade Organization Agreement）（WTO Agreement）.

[②] https：//www.sice.oas.org/Trade/TPP/CPTPP/English/CPTPP_Index_e.asp/（Comprehensive and Progressive Agreement for Trans-Pacific Partnership）（CPTPP）.

[③] 张茜：《CPTPP 争端解决机制比较研究——以 WTO 争端解决机制改革为视角》，《大连海事大学学报》2018 年第 6 期。

第八章 | 争端解决机制及规则变化比较分析

表 8-5　WTO 协定与 USMCA、CPTPP、RCEP 协定争端解决公正性规则比较

WTO 协定	设立专家组	第 8 条：专家组应由 3 名专家成员组成，除非在该专家组设立的 10 天内，争端各当事方同意它由 5 名成员组成，并应立即将该专家组的组成情况通知各成员。秘书处应向争端各当事方提出该专家组的任命。若没有不可抗力的缘由，争端各当事方不应反对任命
	专家组成员选择	第 8 条：如果在专家组成立的 20 天内，并未就成员组成达成协议，并在任一当事方的请求下，总干事应按照争议所涉及的各有关协议的任何有关的专门或附加的规则和程序，在与 DSB 主席有关的委员会或理事会主席协商的基础上，并与争端各当事方磋商后，通过任命最合适的人选来决定专家组的组成。DSB 应在收到请求的 10 天内，向各成员通报专家组的组成情况
	专家组成员指示性名单及资格	第 8 条：为协助甄选小组成员，建立政府和非政府个人的指示性名单 1. 曾在专家组任职或向专家组提出诉讼的人或曾担任 GATT 1947 成员国或缔约方代表；2. 作为任何涵盖协定或其前身协定的理事会或委员会代表的人或在秘书处，教授或出版国际贸易法或政策，或担任成员国的高级贸易政策官员；3. 小组成员的选择应确保成员的独立性、足够多样化的背景和广泛的经验；4. 专家组成员应以个人身份任职，不得担任政府代表或任何组织的代表
	小组主席名册	（无对应名册）
USMCA	设立专家组	第 31.9 条：专家组应由五名成员组成，每一争端方应努力挑选具有与争端主题有关的专门知识或经验的专家组成员；如果争议方认为专家组成员违反行为准则，争议各方应进行协商，如果他们同意，专家组成员应被除名，并应根据本条规定选出新的专家组成员
	专家组成员选择	第 31.9 条：5 名专家组成员组成，争议各方应努力在提交成立专家组的请求后 15 天内就专家组主席人选作出决定；在选定主席后 15 天内，每一争议当事方应选出两名由另一争议当事方公民组成的小组成员
	专家组成员指示性名单及资格	第 31.8 条：建立并维持一个最多 30 名愿意担任专家组成员的个人名册。每一缔约方应指定最多 10 人 1. 具有国际法、国际贸易、本协定所涉其他事项或解决国际贸易协定下争端的专门知识或经验；2. 在客观、可靠和正确判断的基础上进行选择；3. 独立于一方，不隶属于或接受一方的指示；4. 遵守委员会制定的行为准则
	小组主席名册	（无对应名册）

535

续表

CPTPP	设立专家组	第28.9条：专家组应由三名成员组成，每一争端方应努力挑选具有与争端主题有关的专门知识或经验的专家组成员；如果争议方认为专家组成员违反行为准则，争议各方应进行协商，如果他们同意，专家组成员应被除名，并应根据本条规定选出新的专家组成员
	专家组成员选择	第28.9条：3名专家组成员组成申诉一方或多方和被诉一方应各自任命一名专家组成员，成立专家组的请求后20天内就专家组主席人选作出决定；申诉方或当事方一方和答复方另一方可提名三名候选人。主席应在设立小组的请求后60天内从提名的候选人中随机选出
	专家组成员指示性名单及资格	第28.10条：1. 具有国际法、国际贸易、本协定所涉其他事项或解决国际贸易协定下争端的专门知识或经验；2. 在客观、可靠和正确判断的基础上进行选择；3. 独立于一方，不隶属于或接受一方的指示；4. 遵守委员会制定的行为准则
	小组主席名册	第28.11条：对本协定生效的缔约方应建立一个名册，用以挑选小组主席，小组主席名册应至少由15人组成，每一缔约方最多可提名两名个人作为名册成员，并可在其提名中包括任何缔约方至多一名国民，小组主席资格要求同专家组成员指示性名单资格要求
RCEP协定	设立专家组	第11条：除非争端各方另有约定，专家组成员应符合专家组成员指示性名单及资格；每一名专家组成员应当以个人身份任职，不得作为政府代表，也不得作为任何组织的代表。任何缔约方不得就专家组审查的事项给任何专家组成员个人指示或寻求对任何专家组成员个人施加影响
	专家组成员选择	第11条：起诉方应当在收到根据设立专家组请求的通报之日起10天内任命一名专家组成员。被诉方应当在收到设立专家组请求之日起20天内任命一名专家组成员。一争端方应当通报另一争端方其对专家组成员的任命任何组织的代表。任何缔约方不得就专家组审查的事项给予任何专家组成员个人指示或寻求对任何专家组成员个人施加影响
	专家组成员指示性名单及资格	第11条：1. 具有法律、国际贸易、本协定涵盖的其他事项或者国际贸易协定项下的争端解决的专业知识或经验；2. 在客观性、可靠性和合理的判断力的基础上严格挑选；3. 独立于，并且不与任何缔约方关联或接受任何缔约方的指示；4. 未以任何身份处理过该事项；5. 向争端各方披露可能引起对他或她的独立性或公正性产生合理怀疑的信息；6. 遵守《程序规则》所附的《行为准则》
	小组主席名册	（无对应名册）

(四)争端解决管辖权选择规则比较及趋势

现有的全球性的争端解决机制只有《世界贸易组织协定》争端解决机制，而区域性的争端解决机制主要有：《世界贸易组织协定》争端解决机制、《美国—墨西哥—加拿大协定》争端解决机制、《中国—东盟自由贸易协定》争端解决机制、《全面与进步跨太平洋伙伴关系协定》争端解决机制、《区域全面经济伙伴关系协定》争端解决机制等。现行国际规则体系呈现碎片化状态，相互间既有交叉，又有冲突。为应对不同协定规则冲突，各个区域组织都对管辖权做出一定规定，比如，《美国—墨西哥—加拿大协定》争端解决协议中明确规定，对于同属于《世界贸易组织协定》以及《美国—墨西哥—加拿大协定》成员的当事方而言，采取二者选其一的排他法，争端当事方自行选择适用其中的一种争端解决机制，但一旦选定则不能做出任何变动，各协定都对管辖权做出一定规定，如表8-6所示。假如一个争端同时满足两个国际贸易组织的争端解决机制，且双方选择解决争端的组织不同，在此情况下就会出现不同国际组织管辖权之间的冲突，如美国对加拿大软木材征收反补贴税案件，美国对加拿大软木材征收反补贴税，加拿大作为申诉方向《北美自由贸易协定》争端解决机制提起仲裁，而美国作为申诉方向《世界贸易组织协定》争端解决机制提起控诉。世界贸易组织专家组的报告认为加拿大的行为严重损害了美国相关竞争者的利益，而《北美自由贸易协定》专家组则认为美国应当取消加征关税并返还已经收取的加征关税，完全不同的裁决使美国陷入了两难的困境[1]。

表8-6　WTO协定、USMCA、CPTPP、RCEP协定争端解决管辖选择规则比较

WTO协定	法庭选择	（无对应条款）
USMCA	法庭选择	第31.3条：1. 如果根据本协定和争端当事方为缔约方的另一国际贸易协定，包括《世界贸易组织协定》，就某一事项发生争端，申诉方可选择解决争端的法院。 2. 一旦申诉方根据本章或根据第1款所指的协议要求设立或提交一个专家组或法庭，选定的法院应被用来排除其他论坛

---

[1] 樊云：《国际投资争端解决机制新近发展特点分析及中国对策》，硕士学位论文，广西师范大学，2013年。

续表

WTO 协定	法庭选择	（无对应条款）
CPTPP	法庭选择	第28.4条：1. 如果根据本协定和争端当事方为缔约方的另一国际贸易协定，包括《世界贸易组织协定》，就某一事项发生争端，申诉方可选择解决争端的法院 2. 一旦申诉方根据本章或根据第1款所指的协议要求设立或提交一个专家组或法庭，选定的法院应被用来排除其他论坛
RCEP协定	法庭选择	第5条：当争端涉及本协定项下和争端各方均为缔约方的另一国际贸易或投资协定项下实质相等的权利和义务时，起诉方可以选择解决争端的场所，并且应当在使用该场所的同时排除其他场所

（五）争端解决上诉规则比较及趋势

越来越多的国际组织采用"一审终裁"争端解决方式，取消《世界贸易组织协定》的上诉机构，如表8-7所示。争端解决处理机制主要问题之一是争议处理周期长、效率低、成本高。许多争端涉案当事方涉案时间过久，合法权益难以得到有效维护。《全面与进步跨太平洋伙伴关系协定》《美国—墨西哥—加拿大协定》和《区域全面经济伙伴关系协定》无上诉机构以及上诉程序，"一审终裁"争端解决方式，取消了《世界贸易组织协定》的上诉机构，这是现有的贸易组织争端解决机制与《世界贸易组织协定》争端解决机制的最显著差异，能增加争端解决的时效性，更快执行专家组受理结果，但从另一方面看裁决的公正性可能会受到挑战。因此，为在更大程度上保证公正性，现有的国际组织在加强裁决者的资质和遴选程序要求上更加严格[①]。

（六）争端解决机制程序主要规则比较分析

解决国际争端的方法通常有以下两种：一是政治解决方法，包括谈判、斡旋、调停、调查、和解等多种方式；二是通过法律的途径即仲裁和司法方式来解决争端，优点是使争端的解决具有预见性、稳定性以及较强的法律约束力。《世界贸易组织协定》《全面与进步跨太平洋伙伴

---

① 张茜：《CPTPP争端解决机制比较研究——以WTO争端解决机制改革为视角》，《大连海事大学学报》（社会科学版）2018年第6期。

第八章 争端解决机制及规则变化比较分析

表8-7 　　WTO 协定、USMCA、CPTPP、RCEP 协定争端
　　　　　解决上诉规则比较

WTO 协定	上诉规则	第17 条：1. DSB 应设立常设上诉机构。上诉机构应审理专家组案件的上诉。委员会由七人组成，其中三人应在任何一个案件中任职。在上诉机构任职的人员应轮流任职。这种轮换应在上诉机构的工作程序中确定。 2. DSB 应任命人员在上诉机构任职，任期四年，每个人可连任一次。但是，在《世界贸易组织协定》生效后立即任命的七名人员中的三名，其任期应在两年结束时届满，由抽签决定。空缺一经出现，即予填补。被任命接替任期未满的人，其任期应为前任的剩余任期。 3. 上诉机构应由具有公认权威的人员组成，在法律、国际贸易和一般适用协定的主题事项方面具有专业知识。他们不与任何政府有联系。上诉机构的成员资格应广泛代表世界贸易组织的成员资格。在上诉机构任职的所有人员应在接到通知后随时待命，并应随时了解世界贸易组织的争端解决活动和其他有关活动。他们不得参与审议任何可能产生直接或间接利益冲突的争端。 4. 一般而言，诉讼程序不得超过争端一方正式通知其上诉决定之日起至上诉机构分发其报告之日止60 天。上诉机构在确定其时间表时，应酌情考虑第4 条第9 款的规定。当上诉机构认为不能在60 天内提交报告时，应以书面形式通知DSB 延误的原因以及提交报告的估计期限。在任何情况下，诉讼不得超过90 天。 5. 上诉机构的程序应保密。上诉机构的报告应在争端各方不在场的情况下，根据所提供的资料和所作的陈述起草。
USMCA	上诉规则	无上述程序，一裁终局
CPTPP	上诉规则	无上述程序，一裁终局
RCEP 协定	上诉规则	无上述程序，一裁终局

关系协定》《美国—墨西哥—加拿大协定》《区域全面经济伙伴关系协定》都是采用综合方式的争端解决机制。对在WTO 登记的共226个多边或双边贸易协议进行了统计分析，发现每个协议都基本包含一种解决争议的方法，其中65%的贸易协议选择了政治和司法综合争端解决模式，说明综合争端解决机制的设置得到了多方认可，该模式是

一种趋势①。

争端解决机制所涵盖范围扩大，涉及新规定增加。《美国—墨西哥—加拿大协定》和《全面与进步跨太平洋伙伴关系协定》不仅覆盖了传统贸易投资议题，还包括数字贸易、电子商务、金融服务、国有企业、竞争、环境保护和劳工标准等内容及其新规定，扩展的区域贸易协定的管辖范围和新的区域贸易协定规则也将扩展争端解决机制所涵盖的范围。《美国—墨西哥—加拿大协定》最引人关注的一点是劳工章节的变化，在当前的区域经贸合作中，将劳工标准与国际贸易挂钩渐成一种趋势，《美国—墨西哥—加拿大协定》劳工标准可能演变成未来其他区域自由贸易协定劳工标准的蓝本。

表8-8　　WTO协定、USMCA、CPTPP、RECP协定争端解决机制主要规则比较汇总

		WTO协定	USMCA	CPTPP	RCEP协定
管辖选择		（无对应条款）	争端双方为当事方的另一国际贸易协定就任何事项发生争端，申诉方可选择解决争端的法院	争端双方为当事方的另一国际贸易协定就任何事项发生争端，申诉方可选择解决争端的法院	起诉方可以选择解决争端的场所，并且应当在使用该场所的同时排除其他场所
磋商	磋商期间	30日（紧急10）保密	30日内磋商（紧急15）保密	30日内磋商（紧急15）保密	30日内磋商（紧急15）保密
斡旋、调解和调解	斡旋、调解和调解期间	收到协商之日60日内可由总干事协助解决争端保密	随时保密	随时保密	随时保密
仲裁	专家组设立	将请求首次作为一项议题列入DSB议程会议之后的DSB会议上设立	收到磋商请求75日内，紧急30日内申请，专家组在收到请求之日设立	收到磋商请求60日内，紧急30日，专家组在收到请求之日设立	收到磋商请求60日内，紧急20日，专家组在收到请求之日设立

① 王茜、高锦涵：《RCEP争端解决机制构建研究》，《国际展望》2018年第2期。

续表

		WTO 协定	USMCA	CPTPP	RCEP 协定
仲裁	专家组成员选择	由 3 名专家组成员组成，秘书处从名单选择，争端解决机构主席在收到要求 10 日内通知各方成员	5 名专家组成员组成，争议各方应努力在提交成立专家组的请求后 15 日内就专家组主席人选作出决定	3 名专家组成员组成申诉一方或多方和被诉一方应各自任命一名专家组成员，成立专家组的请求后 20 日内就专家组主席人选作出决定	由三名专家组成员组成，起诉方通报之日起 10 日内任命一名专家组成员，被诉方通报之日起 20 日内任命一名专家组成员
		小组之日起 20 日内，对人选意见不一致的，WTO 总干事经与 DSB 主席和有关委员会或理事会主席协商，指定专家	在选定主席后 15 日内，每一争议当事方应选出两名由另一争议当事方公民组成的小组成员	申诉方或当事方一方和答复方另一方可提名三名候选人。主席应在设立小组的请求后 60 日内从提名的候选人中随机选出	第三名专家组成员为专家组主席。为协助达成此类同意，每一争端方可以向另一争端方提供一份最多三名专家组主席的被提名人名单
	专家的要求	专家组成员的选定应确保成员的独立性，并拥有多重不同的背景和丰富的经验	所有专家组成员知识和经验、独立于任何一方，不曾以任何身份处理过争端事项，主席不是任何一方的国民	所有专家组成员应当具有专业知识或经验，独立于任一缔约方主席，不曾以任何身份处理过争端事项	每一名专家组成员应当以个人身份任职，不得作为政府代表，也不得作为任何组织的代表，具有与争端中的事项相关的专业知识或经验
	提交报告时间	6 个月（紧急 3 个月，最长 9 个月）	初步报告：在指定最后一名专家组成员后 150 日内 最终报告：争议方可在提交初步报告后 15 日内，提交最终报告	中期报告：在指定最后一名专家组成员后 120 日内 最终报告：专家组应在提交初步报告后 30 日内向争议各方提交最终报告	中期报告：专家组设立之日起 150 日内向争端各方发布中期报告 最终报告：在中期报告发出之日起 30 天内向争端各方发布最终报告

续表

		WTO 协定	USMCA	CPTPP	RCEP 协定
法庭之友		专家组可向任何有关来源寻求信息	专家组可向任何有关来源寻求信息	专家组可向任何有关来源寻求信息	专家组可向任何有关来源寻求信息
第三方参与		专家组给予第三方听取意见并向专家组提出书面陈述的机会	专家组给予第三方听取意见并向专家组提出书面陈述的机会	专家组给予第三方听取意见并向专家组提出书面陈述的机会	专家组给予第三方听取意见并向专家组提出书面陈述的机会
透明度	磋商	磋商最终解决办法保密	磋商保密	磋商保密	磋商保密
	听证会	保密	公开	公开	未说明
	提交专家组的书面陈述	保密	公开	公开	保密（争议各方可获得）
	专家组的审议情况	保密	保密	保密	保密
	报告中的个人意见	保密	保密	保密	保密
上诉程序	审理期限	60 日（最长 90 日）	无上述程序，一裁终局	无上诉程序，一裁终局	无上诉程序，一裁终局
执行程序	执行监督	执行建议或裁决应列入 DSB 会议议程，并保留下直至该问题解决	在收到最终报告的 45 日内，争议双方应努力就争议的解决达成一致，提供双方都可接受的赔偿，或争议双方同意的其他补救办法	在收到最终报告的 45 日内，争议双方应努力就争议的解决达成一致，如未达成一致，在最终报告提交最终报告后 60 日内，将此事提交主席，通过仲裁确定合理期限	收到最终报告之日起 45 日内就合理期限达成一致，如未达成一致，请求专家组主席确定合理期限。此类请求应当在专家组向争端各方发布最终报告之日起 120 日内提出

第八章 争端解决机制及规则变化比较分析

第三节 争端解决规则比较分析

一 我国争端解决机制规则分析

本节对《世界贸易组织协定》《中国—澳大利亚自由贸易协定》[①]《中国—韩国自由贸易协定》[②] 有关争端解决机制规则进行比较。《中国—澳大利亚自由贸易协定》《中国—韩国自由贸易协定》同样明确具有争端解决范围、磋商、斡旋、调解和调停、专家组设立、专家组职权范围、专家组职能、第三方参与、获得信息的权力、中止或终止诉讼和最终报告的实施等主要条款,与《世界贸易组织协定》争端解决机制相比缺少上诉机构有关程序条款。现阶段我国争端解决机制不断完善,但同时也存在不足,主要问题是争端解决机制体系还不够完善,争端解决透明度还需要提升,争端解决效率还需要提高,《世界贸易组织协定》与《中国—澳大利亚自由贸易协定》《中国—韩国自由贸易协定》争端解决规则章节条款比较如表8-9所示。

表8-9　　WTO 协定、《中国—澳大利亚自由贸易协定》、
《中国—韩国自由贸易协定》争端解决规则条款比较

WTO 协定（共23条）		《中国—澳大利亚自由贸易协定》（共17条）		《中国—韩国自由贸易协定》（共17条）	
附件2：关于争端解决规则与程序的谅解		第15章：争端解决		第20章：争端解决	
第1条	范围和实施	第1条	合作	第20.1条	合作
第2条	管理	第2条	适用范围	第20.2条	范围
第3条	总则	第3条	联系点	第20.3条	场所选择
第4条	磋商	第4条	场所的选择	第20.4条	磋商
第5条	斡旋、调解和调停	第5条	磋商	第20.5条	斡旋、调停和调解
第6条	专家组的建立	第6条	斡旋、调停和和解	第20.6条	专家组设立

[①] 《中国—澳大利亚自由贸易协定》，https：//fta.mofcom.gov.cn/Australia/australia_special.shtml/.

[②] 《中国—韩国自由贸易协定》，https：//fta.mofcom.gov.cn/korea/korea_special.shtml/.

续表

WTO 协定（共23条）		《中国—澳大利亚自由贸易协定》（共17条）		《中国—韩国自由贸易协定》（共17条）	
附件2：关于争端解决规则与程序的谅解		第15章：争端解决		第20章：争端解决	
第7条	专家组的职责范围	第7条	仲裁庭的设立与组成	第20.7条	专家组组成
第8条	专家组的组成	第8条	仲裁庭的职能	第20.8条	专家组职能
第9条	多方起诉程序	第9条	解释规则	第20.9条	程序规则
第10条	第三当事方	第10条	仲裁庭程序规则	第20.10条	专家组程序的中止或终止
第11条	专家组的职能	第11条	仲裁庭程序的中止或终止	第20.11条	专家组报告
第12条	专家组程序	第12条	仲裁庭报告	第20.12条	最终报告的执行
第13条	获得资料的权利	第13条	最终报告的执行	第20.13条	合理期限
第14条	保密性	第14条	合理期限	第20.14条	一致性审查
第15条	临时评审阶段	第15条	一致性审查	第20.15条	中止减让或其他义务
第16条	专家组报告的通过	第16条	补偿、中止减让和义务	第20.16条	后中止程序
第17条	上诉审议	第17条	中止后审查	第20.17条	私人权利
第18条	与专家组或上诉机构的联系				
第19条	专家组和上诉机构的建议				
第20条	DSB做出决定的时间框架				
第21条	对执行各项建议和裁决的监督				
第22条	赔偿和减让的中止				
第23条	加强多边体制				

二 争端解决机制规则比较

（一）磋商规则比较

本部分对比《世界贸易组织协定》《中国—澳大利亚自由贸易协定》《中国—韩国自由贸易协定》磋商规则，如表8-10所示。相比较于《世界贸易组织协定》争端解决机制，《中国—澳大利亚自由贸易协定》《中国—韩国自由贸易协定》在时效性以及保密性方面的规定与《世界贸易组织协定》保持一致，一方面明确磋商回复、磋商进行时间限制，充分保证争端解决的快速有效，另一方面对磋商结果保密，保障了任何一方在以后诉讼过程中的权利。但在一些细节规定上《中国—澳大利亚自由贸易协定》与《中国—韩国自由贸易协定》有所缺失，比如《中国—澳大利亚自由贸易协定》没有规定磋商被请求方回复的时限以及《中国—韩国自由贸易协定》未规定涉及易腐货物的紧急事项下磋商进行的时限，这些规定有待完善。

表8-10　　　　　　　　　　磋商规则比较

WTO协定	磋商规则	第4条：1. 如果根据某个有关协议提出了磋商请求，接到请求的成员（双方同意的时间除外）应自收到请求的10日内，对该请求作出答复，并在收到请求后不超过30日内，若情况紧急，包括涉及易腐食品，各成员应在收到该项请求之后的不超过10天的时间内真诚地进行磋商，以达成双方满意的解决方案。 2. 磋商应予保密，并不损害任何一方在以后的诉讼过程中的权利
《中国—澳大利亚自由贸易协定》	磋商规则	第5条：1. 在磋商请求提出后，被请求方应立即回复该请求，并应善意地进行磋商；涉及易腐货物的紧急事项，自收到磋商请求之日起10日内；或者任何其他事项，自收到磋商请求之日起30日内进行磋商。 2. 磋商应保密，且不影响任何一方在任何进一步程序中的权利
《中国—韩国自由贸易协定》	磋商规则	第20.4条：1. 在磋商请求做出后，被请求方应当在收到请求后的10日内以书面形式进行答复；磋商应当在收到磋商请求后30日内、以达成双方满意的解决方案为目的善意地进行。 2. 磋商应保密，且不影响任何一方在任何进一步程序中的权利

（二）斡旋、调解和调停规则比较

《世界贸易组织协定》下的调解和斡旋程序与《中国—澳大利亚自由贸易协定》《中国—韩国自由贸易协定》协定在条款上的区别并不大，调解和调停程序可以与专家组受理并行进行，也可以随时开始或结束，并且都对斡旋调解结果具有保密性。不同的是，《世界贸易组织协定》规定总干事为了帮助争端各方解决争端，能够按照职权进行斡旋、调解或调停，但我国自贸区协定没有常驻机构和常驻人员来负责调解和斡旋，制度存在规范性问题以及专业性问题较世界贸易组织争端解决机制更为明显，将会导致程序具体实施过程的随意性，对中国区域贸易协定斡旋与调解程序的有效性提出质疑。

表 8-11　　　　　　　　　斡旋、调解和调停规则比较

WTO 协定	斡旋、调解和调停规则	第 5 条：1. 斡旋、调解和调停是在争端的各当事方同意之下自愿进行的程序。 2. 涉及斡旋、调解和调停的各项程序，尤其在这些程序中争端的各当事方所持立场保密，并且无损于任何一个当事方按照这些程序在任何进一步的诉讼程序中享有的权益。 3. 争端的任何当事方在任何时候均可要求斡旋、调解和调停，并可在任何时候开始，也可在任何时候终止。一旦斡旋、调解或调停程序终止，起诉方即可提出设立一个专家组的请求。 4. 如果争端的各当事方同意，在该专家组进行工作的同时，斡旋、调解和调停的程序仍可继续。 5. 总干事以其职务上的资格可进行斡旋、调解或调停，以协助各成员解决争端
《中国—澳大利亚自由贸易协定》	斡旋、调解和调停规则	第 6 条：1. 双方可随时同意斡旋、调停和和解。斡旋、调停和和解可随时开始，随时终止。 2. 如果双方同意，斡旋、调停和和解可在根据本章第七条成立的仲裁庭的审理程序进行时继续进行
《中国—韩国自由贸易协定》	斡旋、调解和调停规则	第 20.5 条：1. 斡旋、调停和调解是在缔约双方同意的情况下自愿采取的程序。 2. 涉及斡旋、调停和调解的程序，尤其是缔约双方在这些程序中所采取的立场应当保密，且不得损害任一缔约方在本章下任何进一步程序中的权利。 3. 任一缔约方可随时请求进行斡旋、调停和调解。此程序可随时开始，可随时终止。如缔约双方同意，斡旋、调停和调解程序可以在根据第 20.6 条设立的专家组审理程序进行的同时继续进行

(三) 专家组程序规则比较

《中国—澳大利亚自由贸易协定》和《中国—韩国自由贸易协定》条款规定仲裁庭由 3 名成员组成，被诉方和起诉方各自指定一名仲裁员，如果一成员方未能在规定 30 日内完成仲裁员的指定，将由世界贸易组织总干事与世界贸易组织争端解决机构相关委员和理事会共同指定仲裁员，而《世界贸易组织协定》规定如果在专家组成立的 20 日内，并未就成员组成达成协议，将由世界贸易组织争端解决机构主席有关的委员会或理事会主席协商任命，对比被诉方和起诉方各自指定一名仲裁员的规则，世界贸易组织仲裁员由秘书处任命，公正性会更高，如表 8-12 所示。同时在提交初步报告和最终提交最终报告的时间上，《中国—澳大利亚自由贸易协定》和《中国—韩国自由贸易协定》较《世界贸易组织协定》争端解决机制 6 个月内提交最终报告有所缩短，时效性更强的仲裁程序的确在督促双方任命专家组以及最终报告的产出上拥有更高的效率，但这种自行任命专家组成员的方法以及时效性更强的仲裁程序，对专家组成员的专业性也提出了更高的要求。

表 8-12　　　　　　　　　专家组程序规则比较

WTO 协定	专家组设立	第 6 条：将请求首次作为一项议题列入 DSB 议程会议之后的 DSB 会议上设立
	专家组成员选择	第 8 条：1. 秘书处应向争端各当事方提出该专家组的任命，专家组应由 3 名专家成员组成，除非在该专家组设立的 10 日内，争端各当事方同意它由 5 名成员组成。 2. 如果在专家组成立的 20 日内，并未就成员组成达成协议，并在任一当事方的请求下，总干事应按照争议所涉及的各有关协议的任何有关的专门或附加的规则和程序，在与 DSB 主席有关的委员会或理事会主席协商的基础上，并与争端各当事方磋商后，通过任命最合适的人选来决定专家组的组成
	专家的要求	第 8 条：专家组成员的选定应确保成员的独立性，并拥有多重不同的背景和丰富的经验
	提交报告时间	第 16 条：若该专家组认为它在 6 个月内，或紧急情况下的 3 个月内不能提交其报告，则它应以书面形式向 DSB 通报延迟的原因，并通知预计它将提交报告的期限。但无论如何，从专家组的成立到向各成员递交报告的期限不应超过 9 个月

续表

《中国—澳大利亚自由贸易协定》	专家组设立	第7条：收到磋商请求60日内，紧急20日内申请，仲裁庭在收到请求之日设立
	专家组成员选择	第7条：1. 仲裁庭应当由三名仲裁员组成，在仲裁庭设立15日内，各方指定1名仲裁员仲裁庭设立之日起30日内共同一致指定主席。 2. 如仲裁庭的任一仲裁员未在仲裁庭设立30日内得到指定或认命，任何一方可请求世界贸易组织总干事在请求提起之日起30日内指定一名仲裁员
	专家的要求	第7条：所有仲裁员应由专业知识和经验、独立于任何一方，曾以任何身份处理过争端事项的主席不是任何一方的国民担任
	提交报告时间	第12条：1. 初步报告：最后一名仲裁员指定之日起90日内向双方提交初步报告。 2. 最终报告：仲裁庭应在提交报告之日起30日内向双方提交最终报告。 3. 10日内使公众获得
《中国—韩国自由贸易协定》	专家组设立	第20.6条：收到磋商请求后60日内，专家组在收到请求之日设立
	专家组成员选择	第20.7条：1. 专家组应当包括三名成员，各缔约方应当在专家组设立后15日内分别指定一名专家组成员，缔约双方应当在专家组设立后30日内努力就担任主席的第三名专家组成员达成一致。 2. 如果缔约双方无法在专家组设立后30日内议定主席人选，应争端任一缔约方请求，WTO总干事应在此后的30日内指定主席人选
	专家的要求	第20.7条：所有专家组成员应当具有专业知识或经验，独立于任一缔约方主席不曾以任何身份处理过争端事项
	提交报告时间	第20.11条：1. 中期报告：在指定最后一名专家组成员后120日内向缔约双方提交中期报告。 2. 最终报告：专家组应当在提交中期报告的45日内向缔约双方提交最终报告。 3. 15日内使公众获得，除非缔约双方决定不公开

（四）持续性监督执行规则比较

《中国—澳大利亚自由贸易协定》和《中国—韩国自由贸易协定》中的最终报告执行和合理期限两个条款大致覆盖了《世界贸易组织协定》监督执行程序条款，包括"在仲裁庭最终报告提交之日起30日内，被诉方应通知起诉方其执行仲裁庭裁决的意向"①，"如双方不能在最终报告提交之日起 45 日内就合理期限达成协议，只要可能，任何一方可将该事项提交原仲裁庭，由其来确定合理期限"②。但与《世界贸易组织协定》争端解决机制相比，缺少持续性的监督执行程序条款，根据《世界贸易组织协定》，在最终报告形成之后进入监督执行程序，争端解决机构有对裁决结果监督执行的义务，在此过程中，成员方仍然可以对裁决实施过程中产生的问题向争端解决机构反映，并在合理期限开始后的 6 个月列入争端解决机构会议议程，直到问题解决，如表 8-13 所示。

表 8-13　　　　　　　　　　监督执行规则比较

WTO 协定	监督和执行规则	第 21 条：1. 为了全体成员的利益，必须迅速履行 DSB 的各项建议或裁决，以确保有效解决各项争端。 2. 在通过专家组或上诉机构报告的 30 日内举行的 DSB 会议上，有关的成员应通知 DSB 其执行 DSB 各项建议和裁决的意向。如立即履行各项建议和裁决不是切实可行，有关的成员应确定一个合理的履行各项建议和裁决的时间期限，该合理的时间期限应当是： a）由有关成员拟议的时间期限，只要该期限经 DSB 认可，或未经 DSB 的认可； b）则在通过各项建议和裁决之后的 45 日内，由争端各当事方一致同意的一段时间；或没有此类协议的情况下； c）则在通过各项建议和裁决之后的 90 日内经有约束力的仲裁来决定的一段时间。在此类仲裁中，仲裁员的方针应是执行专家组或上诉机构的建议的合理时间期限，不应超过自通过专家组或上诉机构的报告后的 15 个月。但是，该时间期限可按特殊情况而有所缩短或延长。 3. DSB 应保持监督已通过的各项建议或裁决的执行情况。在建议和裁决通过之后，任何成员可在任何时候向 DSB 提出关于执行各项建议或裁决的问题。除非 DSB 另有决定，按照第 21 条第 3 款的规定，在确定合理时间期限后的 6 个月内，执行各项建议或裁决的问题应列入 DSB 会议的议事日程，并在该问题解决之前，应保留在 DSB 的议事日程之内。有关成员应至少在每次此类 DSB 会议之前 10 日向 DSB 递交一份关于执行这些建议或裁决进展情况的书面报告

① 《中国—澳大利亚自由贸易协定》，https：//fta.mofcom.gov.cn/Australia/australia_special.shtml/.
② 《中国—澳大利亚自由贸易协定》，https：//fta.mofcom.gov.cn/Australia/australia_special.shtml/.

续表

《中国—澳大利亚自由贸易协定》	监督和执行规则	第13条、第14条：1. 如果仲裁庭认定涉案措施不符合本协定或一方未能履行其在本协定项下的义务，被诉方应使该措施符合本协定。 2. 在仲裁庭最终报告提交之日起30日内，被诉方应通知起诉方其执行仲裁庭裁决的意向。如果立即执行不可行，被诉方应在合理期限内执行。 3. 合理期限应由双方商定。如双方不能在最终报告提交之日起45日内就合理期限达成协议，只要可能，任何一方可将该事项提交原仲裁庭，由其来确定合理期限。 4. 仲裁庭应在该事项向其提交之日起30日内向双方提交决定。在作出决定前，仲裁庭应要求双方提交书面陈述，并在应任何一方请求时，与双方召开听证会并给予每一方在听证会上进行陈述的机会。作为指导性原则，合理期限自仲裁庭发布最终报告之日起不应该超过15个月。但是，此时间可视具体情况缩短或延长。 5. 如果仲裁庭认为在上述期限内不能提交决定，则应书面通知双方迟延的原因和预计提交决定的期限。除非双方另行商定，任何迟延不得超过15日
《中国—韩国自由贸易协定》	监督和执行规则	第20.13条、第20.14条：1. 如果在其最终报告中，专家组认定一缔约方未能遵守本协定项下的义务，其解决方案应尽可能消除上述不一致。 2. 除非缔约双方另有约定，被诉方应当立即消除专家组最终报告中所认定的不一致，如果立即消除不可行，应在第20.13条规定的合理期限内消除。 3. 合理期限应当由缔约双方共同商定，如在专家组报告散发后30日内缔约双方未能就此达成一致，如有可能，任何一方可将此事项提交原专家组，原专家组应当确定合理期限。 4. 专家组应当在该事项提交之日起30日内向缔约双方提交报告。如果专家组认为其在此期限内无法提交报告，则应当书面通知缔约双方迟延的原因和预计提交报告的期限。除非缔约双方另有约定，任何迟延不应超过30日。 5. 合理期限一般不得超过自专家组最终报告散发之日起15个月。 6. 被诉方将在合理期限届满前至少30日，以书面形式告知起诉方其执行专家组最终报告的进展

（五）上诉机构和程序比较

《中国—澳大利亚自由贸易协定》和《中国—韩国自由贸易协定》等现在的区域贸易协定为了缩短争端解决时间、加强时效性，大多数采用了"一审终裁"的模式，能让争端解决程序尽快进入监督执行阶段，从时间和效率上来看，确实节约时间、提升效率，但同时也产生了对裁决公正性的挑战，如表 8-14 所示。现行的区域贸易协定在提升裁决公正性上有做出努力，如《全面与进步跨太平洋伙伴关系协定》争端解决机制加强了裁决者的资质和遴选程序要求；《全面与进步跨太平洋伙伴关系协定》争端解决机制在保留《世界贸易组织协定》"专家组成员指示性名单"之外，新设了"专家组主席候选名册"，同时高度强调了成员的专业素质。专家组的成员"须在法律、国际贸易或与《全面与进步跨太平洋伙伴关系协定》协定相关的其他事项中，或在国际贸易协定之争端解决上富有经验或专长"[1]。

表 8-14　　　　　　　　　　上诉规则比较

WTO 协定	上诉规则	第 17 条：1. DSB 应设立常设上诉机构。上诉机构应审理专家组案件的上诉。委员会由七人组成，其中三人应在任何一个案件中任职。在上诉机构任职的人员应轮流任职。这种轮换应在上诉机构的工作程序中确定。 2. DSB 应任命人员在上诉机构任职，任期四年，每个人可连任一次。但是，在《世界贸易组织协定》生效后立即任命七名人员中的三名，其任期应在两年结束时届满，由抽签决定。空缺一经出现，即予填补。被任命接替任期未满的人，其任期应为前任的剩余任期。 3. 上诉机构应由具有公认权威的人员组成，在法律、国际贸易和一般适用协定的主题事项方面具有专业知识。他们不与任何政府有联系。上诉机构的成员资格应广泛代表世界贸易组织的成员资格。在上诉机构任职的所有人员应在接到通知后随时待命，并应时了解世界贸易组织的争端解决活动和其他有关活动。他们不得参与审议任何可能产生直接或间接利益冲突的争端。 4. 一般而言，诉讼程序不得超过争端一方正式通知其上诉决定之日起至上诉机构分发其报告之日止 60 天。上诉机构在确定其时间表时，应酌情考虑第 4 条第 9 款的规定。当上诉机构认为不能在 60 天内提交报告时，应以书面形式通知 DSB 延误的原因以及提交报告的估计期限。在任何情况下，诉讼不得超过 90 天。 5. 上诉机构的程序应保密。上诉机构的报告应在争端各方不在场的情况下，根据所提供的资料和所作的陈述起草

---

[1] 张茜：《CPTPP 争端解决机制比较研究——以 WTO 争端解决机制改革为视角》，《大连海事大学学报》（社会科学版）2018 年第 6 期。

续表

《中国—澳大利亚自由贸易协定》	上诉规则	无上述程序，一裁终局
《中国—韩国自由贸易协定》	上诉规则	无上述程序，一裁终局

第四节　我国贸易争端解决现状分析

一　争端数量居于世界第一，"两反一保"调查是贸易摩擦的主要方式

根据我国贸易救济网数据可以看到，针对我国的贸易救济案约占全球贸易救济案的1/3，我国已成为遭受各国反倾销和反补贴调查最多的国家。从2008—2020年，有1292起贸易救济调查案件针对中国，分别由27个国家和地区发起，对比G20成员贸易救济案件数量，中国的争端数量遥遥领先。自2008年至今，我国共遭受了反倾销870件，反补贴176件，保障措施246件，总计1292件，占全球贸易救济案件的43.80%。

表8-15　2008—2020年G20成员遭遇贸易救济调查案件数量

2008—2020年被诉案件数			
G20成员	反倾销（件）	反补贴（件）	保障措施（件）	总和（件）
中国	870	176	246	1292
韩国	223	17	19	259
印度	116	48	7	171
美国	126	20	22	168
印度尼西亚	99	17	12	128
土耳其	70	24	10	104
日本	86	0	16	102
欧盟	72	3	13	88

续表

2008—2020 年被诉案件数					
G20 成员	反倾销（件）	反补贴（件）	保障措施（件）	总和（件）
俄罗斯	71	4	6	81
巴西	67	6	5	78
德国	36	2	8	46
墨西哥	40	3	3	46
意大利	28	3	11	42
沙特阿拉伯	36	2	8	46
加拿大	19	6	7	32
南非	26	1	6	33
澳大利亚	15	3	10	28
法国	18	0	9	27
阿根廷	12	5	6	23
英国	10	0	9	19

资料来源：中华人民共和国商务部中国贸易救济信息网，https://cacs.mofcom.gov.cn/.

二 钢铁工业、金属制品工业是我国贸易摩擦多发产业

中国钢铁工业、金属制品工业及化学原料和制品工业是遭遇贸易救济调查比例排在前3的行业，2008—2020年，中国金属制品工业、钢铁工业及化学原料和制品工业遭遇贸易救济案件数量分别达到了239件、220件、203件，占总数的19%、17%和16%，涉案的贸易措施包括反倾销、反补贴、保障措施等，其他贸易摩擦多发产业还包括非金属制品工业、纺织工业和电气工具等。

金属制品工业、钢铁工业及化学原料和制品工业作为贸易摩擦最多的产业，钢铁产品和金属制品也是中美贸易摩擦的集中领域。2017年4月，美国时任总统特朗普分别签署备忘录，授权美国商务部对进口钢铁、铝产品发起"232调查"，这是美国自2001年针对铁矿砂与半成钢发起"232调查"后，时隔16年再次发起"232国家安全调查"，充分体现了其日益升温的贸易保护主义倾向，不惜采取极端措施，挑战多边

贸易规则[①]。

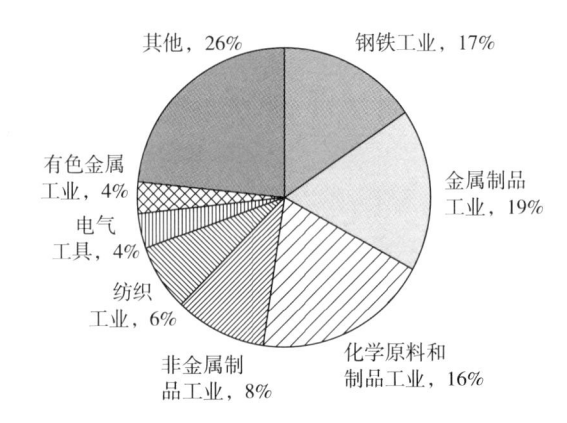

图 8-1　2008—2020 年我国各行业遭遇贸易救济调查占比

资料来源：中华人民共和国商务部中国贸易救济信息网，https://cacs.mofcom.gov.cn/.

表 8-16　2008—2020 年我国各行业遭遇贸易救济调查数量

	反倾销（件）	反补贴（件）	保障措施（件）	总计（件）
金属制品工业	166	52	21	239
钢铁工业	142	32	46	220
化学原料和制品工业	140	18	45	203
非金属制品工业	69	10	24	103
纺织工业	53	3	27	83
电气工具	43	4	4	51
有色金属工业	32	6	8	46
造纸工业	24	5	12	41
食品	9	1	23	33
橡胶制品工业	22	6	4	32
通用设备	21	6	2	29
塑料制品业	22	2	2	26
汽车工业	18	4	4	26

---

① 宫毓雯：《国际经济新形势下我国应对贸易争端的对策研究——基于典型案例启示》，《国际贸易》2017 年第 11 期。

续表

	反倾销（件）	反补贴（件）	保障措施（件）	总计（件）
木材及制品工业	15	5	3	23
化纤工业	16	3	2	21
医药工业	17	1	2	20
光伏产业	10	6	3	19
专用设备	11	1	2	14
其他运输设备	8	3	0	11
家具工业	6	5	0	11
文体、工美和娱乐用品	10	0	0	10
电子工业	5	2	3	10
皮革工业	4	0	0	4
仪表仪器工业	3	0	0	3
煤炭工业	1	0	0	1

资料来源：中华人民共和国商务部中国贸易救济信息网，https://cacs.mofcom.gov.cn/.

三 全球 TBT 和 SPS 通报数呈不断增长态势

技术性贸易壁垒（TBT）及卫生和植物检疫（SPS）是最隐性且各国最偏好使用的非关税壁垒。2002 年以来，世界各国 TBT 和 SPS 通报数总体上呈逐年增长的趋势，TBT 通报数从 2002 年的 586 件上升到 2020 年的 1438 件，SPS 通报数由 2002 年的 608 件上升到 2020 年的 1063 件。通报国家也从过去以发达国家为主发展到现在发达国家与发展中国家共同普遍存在，TBT 和 SPS 通报数不断增加也将导致国家间投资贸易的争端增加，一方面，要求各国改善产品的卫生和技术标准；另一方面，提高争端解决效率和公正性的要求提高。

四 我国 SPS 和 TBT 通报数均位于全球前列

2002—2020 年，在 G20 各成员中，中国动植物卫生检疫（SPS）通报数量位列全球第三，达到 1314 件，仅次于美国的 2671 件和巴西的 1710 件，SPS 通报数量位于前列的还包括加拿大、日本、韩国等。从涉及技术性贸易壁垒（TBT）案件数量上来看，G20 各成员的 TBT 案

（件）

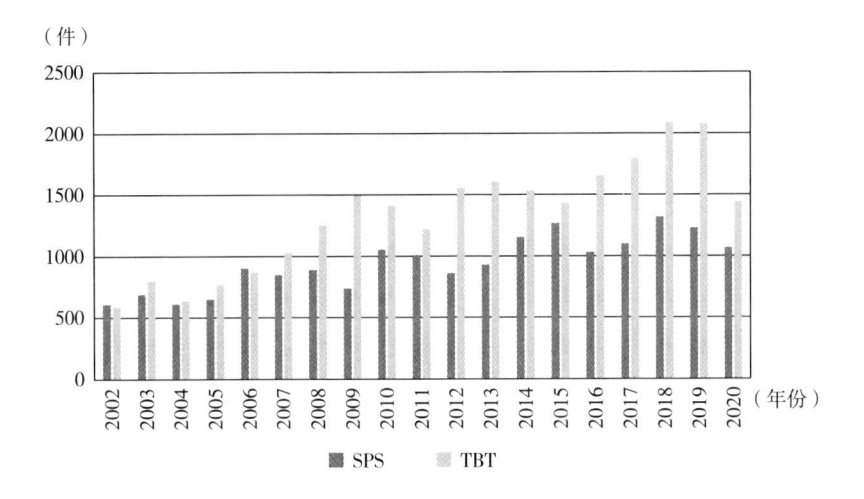

图 8-2 全球 SPS 和 TBT 通报数

资料来源：WTO 的非关税壁垒数据库。

件数量存在明显差异，总体上来看，TBT 通报数量最高的国家是美国、中国，其次是巴西、韩国、日本等。

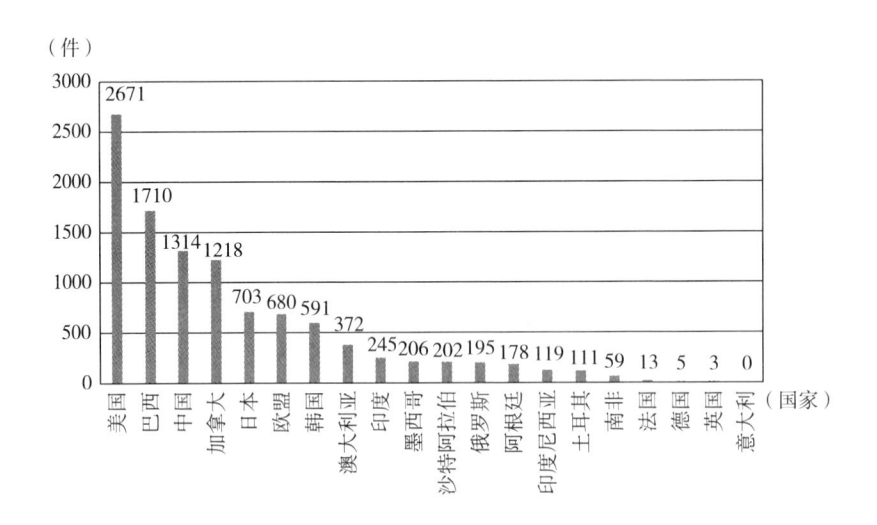

图 8-3 G20 各成员 2002—2020 年 SPS 通报数

资料来源：WTO 的非关税壁垒数据库。

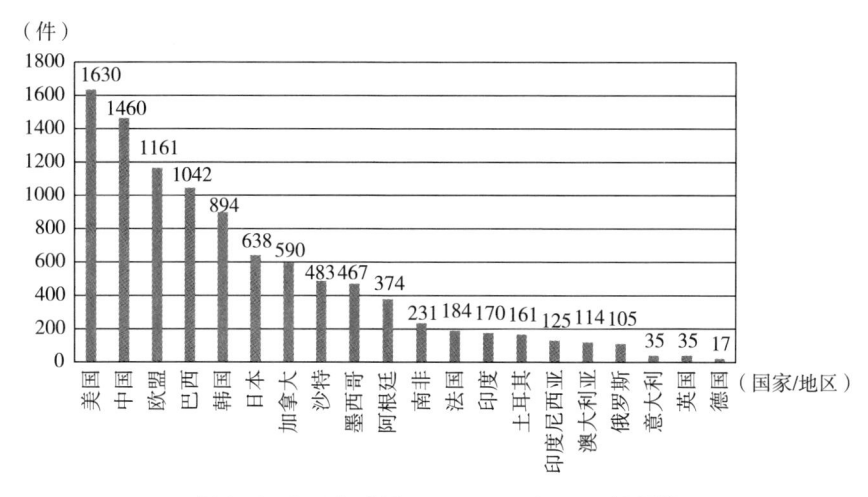

（件）
1800 ┤ 1630
1600 ┤   1460
1400 ┤   1161
1200 ┤   1042
1000 ┤   894
 800 ┤   638 590
 600 ┤   483 467
 400 ┤   374
 200 ┤   231 184 170 161 125 114 105
   0 ┤   35 35 17
      美 中 欧 巴 韩 日 加 沙 墨 阿 南 法 印 土 印 澳 俄 意 英 德 （国家/地区）
      国 国 盟 西 国 本 拿 特 西 根 非 国 度 耳 度 大 罗 大 国 国
                        大   哥 廷   其 尼 利 斯 利
                                                 西 亚   亚
                                                 亚

图 8-4　G20 各成员 2002—2020 年 TBT 通报数

资料来源：WTO 的非关税壁垒数据库。

在当前的国际贸易中，进口国 TBT 和 SPS 的设置给广大出口国尤其是发展中国家的相关出口企业带来了严重影响。许多企业的产品因无法达到 TBT 和 SPS 技术和卫生要求而减少出口甚至被迫退出市场，使出口国与相关企业蒙受巨大的经济损失。

五　浙江省贸易量位于全国前列，对争端解决提出更高的要求

近几年来，贸易摩擦不断，而浙江省进出口贸易仍保持着逐年增长的趋势，2018 年浙江省出口额为 3024 亿美元，进口额为 1048 亿美元，贸易额达 4073 亿美元，较 2017 年增长 11.39%，在全国 31 个省份中，浙江省贸易额排名第 5 位，仅次于广东、江苏、上海、北京，不断增长的贸易量以及贸易保护主义的抬头，必将会导致贸易摩擦的不断增加，也对争端解决机制的标准提出了更高要求。

表 8-17　我国 31 个省份 2018 年贸易额数据及排名

排名	省份	贸易额（万美元）	出口额（万美元）	进口额（万美元）
1	广东	108510300	64704600	43805700
2	江苏	66403900	40404000	25999900
3	上海	48961200	20717000	28244200
4	北京	41243000	7417000	33826000

续表

排名	省份	贸易额（万美元）	出口额（万美元）	进口额（万美元）
5	浙江	40730799	30249290	10481509
6	山东	26305671	14710207	11595464
7	福建	18757563	11568536	7189027
8	天津	13167800	4881000	8286800
9	辽宁	10335000	4880000	5455000
10	四川	8993788	5039827	3953961
11	海南	8481758	2977608	5504150
12	河南	8281923	5376745	2905178
13	重庆	7904012	5137710	2766302
14	广西	6255444	3280000	2975444
15	安徽	5936443	3621000	2315443
16	河北	5244122	3399000	1845122
17	湖北	4989938	3409000	1580938
18	江西	4818759	3394269	1424490
19	陕西	4569000	3160000	1409000
20	湖南	4344000	3057000	1287000
21	云南	2989300	1281000	1708300
22	山西	2077491	1227000	850491
23	新疆	1935200	1642000	293200
24	吉林	1852996	442764	1410232
25	黑龙江	1813000	445000	1368000
26	内蒙古	1474556	575000	899556
27	贵州	748860	512000	236860
28	甘肃	505589	183123	322466
29	宁夏	412555	274000	138555
30	西藏	87147	44136	43011
31	青海	72718	47011	25707

资料来源：浙江省统计局。

六 外商直接投资快速增长，对争端解决提出了更高的要求

2008年国际金融危机后，浙江省外商投资额快速增长，其增速保

持波动增长态势，表明浙江省引进外资能力显著提升，这既与省内营商环境的不断优化紧密相关，也离不开浙江省推动贸易和投资便利化相关制度的持续创新。在设立自由贸易试验区的 18 个省份中，2018 年浙江省外商投资总额排名第 4，仅次于广东、江苏和上海。不断增长的外商直接投资，不可避免地会增加投资贸易争端，也对争端解决机制的标准提出了更高要求，自贸区作为改革开放政策试验田，在争端解决制度上的创新作用有待充分发挥。

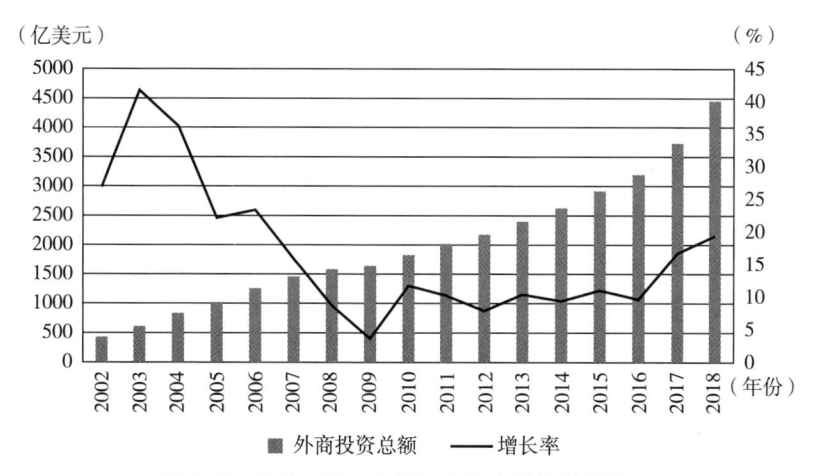

图 8-5　2002—2018 年浙江省外商投资总额情况

资料来源：《浙江统计年鉴》。

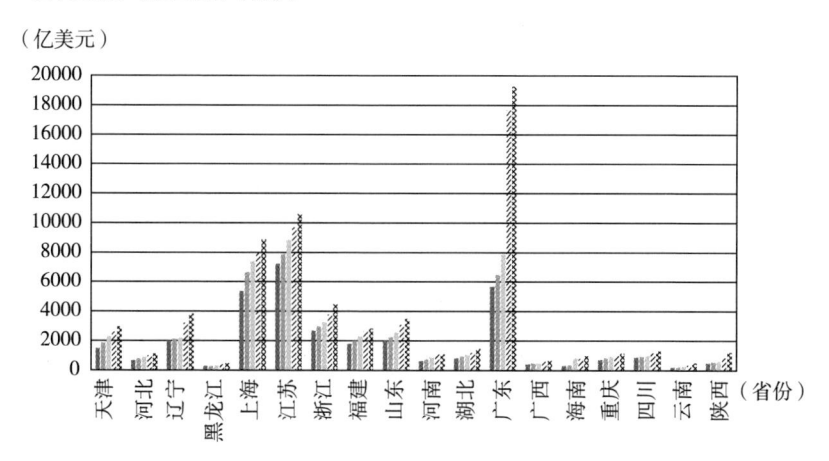

图 8-6　2014—2018 年自贸区省市外商投资总额对比

资料来源：各省份统计年鉴。

第五节　国际争端解决机制与贸易投资发展的实证研究

现有的国际争端解决机制都建立了更具有时效性、透明度以及公正性的法律，那么国际争端解决机制的实行与裁决对于一个国家的进出口贸易以及外商直接投资之间存在何种关系？本节试图通过实证研究检验国家争端解决数量与进出口贸易及外商直接投资的关系。

现有对争端解决机制的研究大多从制度层面和法律层面展开，剖析争端解决涉及法律问题、制度特征以及发展中国家在争端解决机制中参与情况。关于争端案件发起和裁决政治经济因素影响的研究较为普遍[1]，但从经济学视角，通过实证研究争端解决机制影响及作用的文献比较欠缺[2]。部分学者指出，积极援引争端解决机制解决贸易争端可以在维护起诉方出口收益上起到一定作用，而被诉方的贸易自由化承诺也将通过裁定被诉方败诉、贸易报复能力等因素得到履行[3]，且起诉方获得的贸易收益还受到案件持续时间影响[4]。有学者发现，争端解决机制具有贸易溢出效应，争端案件的裁决一方面直接促进起诉方对被诉方涉案产品出口，另一方面也促进了其他第三方对被诉方涉案产品的出口[5]。但也有学者对此有不同的看法，他们认为争端解决机制所带来的贸易效应作用有限，并不会促进贸易发展[6]。

---

[1] Davis Christina L. and Sarah Blodgett Bermeo, "Who Files? Developing Country Participation in GATT/WTO Adjudication", *The Journal of Politics*, Vol. 71, No. 2, 2009.

[2] 田丰：《世界贸易组织争端解决机制的经济学研究新进展》，《经济学动态》2015年第2期。

[3] Bown Chad P., "On the Economic Success of GATT/WTO Dispute Settlement", *Review of Economics and Statistics*, Vol. 86, No. 3, 2004.

[4] 林波：《全球治理背景下WTO争端解决机制效率研究》，《技术经济与管理研究》2017年第6期。

[5] Bechtel Michael M. and Thomas Sattler, "What is Litigation in the World Trade Organization Worth?", *International Organization*, Vol. 69, No. 2, 2007.

[6] Stephen Chaudoin et al., "Do WTO Disputes Actually Increase Trade?", *International Studies Quarterly*, Vol. 60, No. 2, 2016.

一 理论机制与研究假设

（一）争端解决机制通过推动贸易投资自由化促进贸易与投资

区域贸易组织成员间可以通过争端解决机制提供的多边制度平台，对不符合规则的贸易壁垒进行有效消除，形成对贸易投资自由化的促进作用，在整体上提升贸易福利。有学者指出，争端解决机制倾向于起诉方所倡导的贸易自由化价值，往往做出有利于起诉方的裁决[1]。

（二）争端解决机制通过执行争端裁决促进贸易与投资

在实际争端案件中，被诉方往往更倾向于执行争端裁决。一方面考虑到不执行裁决的声誉成本[2]，对于那些公然违反国际规则的国家，将会招致其他成员国批评与谴责，对国家声誉造成影响[3]；另一方面争端裁决具有法律约束力，贸易协定各成员方会习惯性地遵守争端裁决，并期望其他成员也切实遵守。这种对遵约的信仰形成了一种"遵约引力"，形成国家间遵约的良性互动[4]，而一个受到"尊重"的争端解决机制显然将更好地维护成员利益[5]。

（三）争端解决机制通过公正裁决贸易救济措施促进贸易与投资

倘若争端涉及一些贸易救济案，如反倾销、反补贴措施时，贸易救济措施可能作为一种隐蔽性保护工具来保护一国国内产业发展，通过公正裁决撤销或修改反倾销或反补贴措施，降低进口税率，同时对其他想要通过一系列违反国际规则的贸易救济措施来促进本土产业发展的国家产生一定的威慑作用，从而促进贸易投资自由化发展[6]。

---

[1] Colares Juscelino F., "A Theory of WTO Adjudication: From Empirical Analysis to Biased Rule Development", *Vanderbilt Journal of Transnational Law*, Vol. 42, No. 2, 2009.

[2] Goldsmith Jack L. and Eric A. Posner, *The Limits of International Law*, Oxford: Oxford University Press, 2005.

[3] 韩逸畴：《WTO争端解决机制及其对国家声誉的影响研究》，《当代法学》2015年第29期。

[4] Franck Thomas M., *The Power of Legitimacy among Nations*, New York: Oxford University Press, 1990.

[5] 田丰：《WTO争端解决机制的效率》，《世界经济与政治》2006年第8期。

[6] 李思奇等：《WTO争端解决机制是否真的能够促进出口？——基于WTO争端裁决案件的实证研究》，《财经研究》2019年第6期。

(四) 争端解决机制通过影响被诉方的"遵约"行为促进贸易与投资

理论上，如果起诉方获得争端裁决支持的主张比例越高，被诉方需要为此履行的贸易自由化承诺水平就越高，起诉方的预期贸易投资收益就越大；但这也取决于被诉方对争端裁决结果的认同度。总体而言，世界贸易组织争端裁决的品质较高，具有较强的连贯性和说服力，其司法仲裁价值被广大成员认可。争端案件的结果会影响被诉方执行裁决，起诉方获得支持的主张比例越高，被诉方执行裁决的约束激励越强，对起诉方的贸易投资促进效应越大[1]。

(五) 争端解决机制通过潜在报复机制促进贸易与投资

起诉方的贸易报复能力越强，被诉方执行争端裁决的动机越强，对起诉方的贸易投资促进效应越大。从理性选择视角来看，起诉方报复能力是被诉方是否执行争端裁决的重要影响因素，被诉方执行争端裁决与否一方面由执行裁决预期成本和收益的评估结果决定，另一方面取决于起诉方采取的报复措施所能产生的经济损失的评估，越强的报复能力将带来对起诉方越强的约束激励作用[2]。

基于以上理论，本章提出假设1：争端解决机制作用下，一国争端裁决数量的提升有助于促进贸易进出口额提高，有利于外商直接投资流入。

二 模型构建和变量说明

为检验假设1，本章借鉴林波 (2017)[3] 构建双向固定效应回归模型，具体模型如下：

$$ex_{it}=\alpha_0+\alpha_1 dc_{it}+\alpha_2 rd_{it}+\alpha_3 psc_{it}+\alpha_4 edu_{it}+\alpha_5 pop_{it}+\alpha_6 gov_{it}+\gamma_i+\delta_t+\varepsilon_{it}$$

(8-1)

$$im_{it}=\alpha_0+\alpha_1 dc_{it}+\alpha_2 rd_{it}+\alpha_3 psc_{it}+\alpha_4 edu_{it}+\alpha_5 pop_{it}+\alpha_6 gov_{it}+\gamma_i+\delta_t+\varepsilon_{it}$$

(8-2)

---

[1] 李思奇等：《WTO争端解决机制是否真的能够促进出口？——基于WTO争端裁决案件的实证研究》，《财经研究》2019年第6期。

[2] Mavroidis Petros C., "Remedies in the WTO Legal System: Between a Rock and a Hard Place", European Journal of International Law, Vol. 11, No. 4, 2000.

[3] 林波：《全球治理背景下WTO争端解决机制效率研究》，《技术经济与管理研究》2017年第6期。

$$fdi_{it}=\alpha_0+\alpha_1 dc_{it}+\alpha_2 rd_{it}+\alpha_3 psc_{it}+\alpha_4 edu_{it}+\alpha_5 pop_{it}+\alpha_6 gov_{it}+\gamma_i+\delta_t+\varepsilon_{it}$$
(8-3)

模型（8-1）、模型（8-2）、模型（8-3）分别用于验证争端裁决数量对于贸易出口、贸易进口及外国直接投资的影响。i 表示国家，t 表示时间年份，ex_{it} 表示贸易出口，im_{it} 表示贸易进口，fdi_{it} 表示外商直接投资，dc_{it} 表示争端数量，rd_{it} 表示研发投入，psc_{it} 表示私营部门信贷水平，edu_{it} 表示教育水平，pop_{it} 表示人口数量，gov_{it} 表示政府支出，γ_i、δ_t 分别表示个体固定效应、时间固定效应，ε_{it} 代表随机误差项。在实证检验部分主要采用时间个体双向固定效应面板模型进行回归验证，以控制年份与个体差异影响。

在内生性检验时，考虑到两者存在严重的内生性导致伪回归或造成计量结果的严重误差。为避免该情况的发生，本章参考杨仕辉等（2013）[1] 贸易救济措施争端解决动态非平衡面板数据模型，运用系统GMM估计。同时为提高回归结果的精确性，在方程中分别加入控制变量，具体计量模型如下：

$$ex_{it}=\alpha_0+\alpha_1 ex_{i(t-1)}+\alpha_2 dc_{it}+\alpha_3 rd_{it}+\alpha_4 psc_{it}+\alpha_5 edu_{it}+\alpha_6 pgdp_{it}+\alpha_7 res_{it}+\varepsilon_{it}$$
(8-4)

$$im_{it}=\alpha_0+\alpha_1 im_{i(t-1)}+\alpha_2 dc_{it}+\alpha_3 rd_{it}+\alpha_4 psc_{it}+\alpha_5 edu_{it}+\alpha_6 pgdp_{it}+\alpha_7 res_{it}+\varepsilon_{it}$$
(8-5)

$$fdi_{it}=\alpha_0+\alpha_1 fdi_{i(t-1)}+\alpha_2 dc_{it}+\alpha_3 rd_{it}+\alpha_4 psc_{it}+\alpha_5 edu_{it}+\alpha_6 pgdp_{it}+\alpha_7 res_{it}+\varepsilon_{it}$$
(8-6)

核心被解释变量 ex_{it}、im_{it}、fdi_{it} 分别表示 i 国家 t 期的贸易出口、贸易进口、外商直接投资，$ex_{i(t-1)}$、$im_{i(t-1)}$、$fdi_{i(t-1)}$ 分别表示滞后一期的出口额、进口额、外商直接投资存量，核心解释变量为 dc_{it} 争端数量，控制变量为：rd_{it} 表示研发投入、psc_{it} 表示私营部门信贷水平、edu_{it} 表示教育水平、$pgdp_{it}$ 表示国内生产总值、res_{it} 表示资源禀赋、ε_{it} 表示随机误差项，具体变量数据来源及衡量方法见表8-18。

---

[1] 杨仕辉、郭艳春：《WTO贸易救济措施争端解决的绩效分析——基于动态非平衡面板数据模型系统GMM检验》，《商业经济与管理》2013年第3期。

表 8-18　　　　　　　　变量的衡量方法及数据来源

变量类型	变量	衡量方法	数据来源
被解释变量	出口 进口 外商直接投资	出口额 进口额 外商直接投资存量	联合国贸发会议数据库
核心解释变量	争端数量	反倾销、反补贴、保障措施案件涉及数量	商务部贸易救济网
控制变量	人口水平	人口数量	联合国贸发会议数据库
	国内生产总值	人均 GDP	
	教育水平	高等教育入学率	世界银行数据库
	研发投入	R&D 占 GDP 比重	
	私营部门信贷	私营部门国内信贷占 GDP 比重	
	政府支出	政府支出占 GDP 比重	
	资源禀赋	自然资源租金总额占 GDP 比重	

三　描述性分析和共线性检验

本节将样本国家选定为 G20 各成员（不包括欧盟），2008—2020 年共 13 年面板数据进行实证分析，从变量的描述性检验结果上看，不存在异常值，各具体变量的描述性统计详见表 8-19。

表 8-19　　　　　　　　　变量的描述性分析

变量	观测值	平均值	标准差	最小值	最大值
ex	247	12.8138	0.8957	10.9129	14.7672
im	247	12.8144	0.9310	10.5658	14.7764
fdi	247	12.9377	1.0075	11.1627	16.1953
dc	247	0.4379	0.5610	0.0000	2.6300
rd	247	1.5722	1.0627	0.0423	4.9984
psc	247	4.3112	0.6690	2.5107	5.3750
edu	247	4.0167	0.4915	2.7111	4.8210
gov	247	17.4628	4.0483	8.4237	30.0034
pop	247	11.5751	1.1093	9.9679	14.1796

续表

变量	观测值	平均值	标准差	最小值	最大值
$pgdp$	247	9.7489	1.0177	6.9618	11.1483
res	247	0.0393	2.0673	-3.9940	4.0168

资料来源：根据Stata16.0软件整理得出，下同。

控制变量间如果存在严重的多重共线性，可能导致实证模型难以准确估计或者回归结果出现失真。本章使用相关系数矩阵来检验多重共线性问题。同时，在多重共线性严重程度的判断标准上，借鉴Krammer（2010）[1]的做法，即如果变量两两之间的相关系数≥0.8，则认为模型中存在严重的多重共线性问题，这一结果会放大估计系数的标准误，从而影响估计结果的统计显著性；而如果变量两两之间的相关系数<0.8，则认为多重共线性的存在对估计结果的影响并不严重。表8-20显示了全球整体的模型中各解释变量的相关系数矩阵，根据多重共线性的判断标准，控制变量并不存在严重多重共线性。

表8-20 控制变量的共线性检验

变量	rd	psc	edu	gov	pop	$pgdp$	res
rd	1.0000						
psc	0.7183	1.0000					
edu	0.4914	0.1709	1.0000				
gov	0.2781	0.3337	0.3454	1.0000			
pop	-0.0533	0.0763	-0.4701	-0.5319	1.0000		
$pgdp$	0.6230	0.4875	0.7177	0.6268	-0.5965	1.0000	
res	-0.7189	-0.4818	-0.3582	-0.1627	0.0895	-0.4623	1.0000

四 基准回归

基准回归结果如表8-21所示，列（1）、列（2）结果展示了争

---

[1] Sorin Krammer, "International R&D Spillovers in Emerging Markets: The Impact of Trade and Foreign Direct Investment", *The Journal of International Trade & Economic Development*, Vol. 19, No. 4, 2010.

端数量对出口额的影响。结果显示：在不加入其他控制变量的情况下，争端数量对出口额影响在5%的显著性水平下影响为正，当加入控制变量之后，回归结果显示争端数量对出口额影响在10%显著性水平下正向显著，弹性系数为0.0795。控制变量方面，教育水平对出口额影响正向显著，表明高等教育提升带来的人力资本作为高端生产要素，是出口提升的重要驱动力量，政府支出对出口的影响为负向显著，这可能是由于各种形式的政策扭曲存在，较大的政府支出不利于出口增长。

列（3）、列（4）结果展示了争端数量对进口额的影响。结果显示：在不加入其他控制变量的情况下，争端数量对进口额影响在1%的显著性水平下影响为正，当加入控制变量之后，回归结果显示争端数量对出口额影响在1%显著性水平下正向显著，弹性系数为0.1495。控制变量方面，研发投入对进口额影响正向显著，研发投入与进口存在互动效应，进口与可以带来技术的溢出效应促进一国研发水平提升，研发投入也对一国进口具有正向促进作用，教育水平对进口的影响为正向显著，高等教育入学率的提升同时对出口和进口有促进作用。

列（5）、列（6）结果展示了争端数量对外商直接投资存量的影响。结果显示：在不加入其他控制变量的情况下，争端数量对外商直接投资存量在1%的显著性水平下影响为正，当加入控制变量之后，回归结果显示争端数量对外商直接投资存量在1%显著性水平下正向显著，弹性系数为0.4428。控制变量方面，研发投入对外商直接投资存量影响为正，政府支出增加不利于外商直接投资存量增长，私营部门信贷、人口数量、教育水平对外商直接投资存量影响不显著。

表 8-21　　　　　　　　　　　基准回归结果

变量	(1) ex	(2) ex	(3) im	(4) im	(5) fdi	(6) fdi
dc	0.1062** (0.0448)	0.0795* (0.0421)	0.1117*** (0.0403)	0.1495*** (0.0355)	0.4281*** (0.0724)	0.4428*** (0.0662)
rd		0.0411 (0.0391)		0.0577* (0.0330)		0.2477*** (0.0614)

续表

变量	(1) ex	(2) ex	(3) im	(4) im	(5) fdi	(6) fdi
psc		−0.0205 (0.0598)		0.0382 (0.0504)		−0.1185 (0.0939)
edu		0.3700*** (0.0728)		0.4001*** (0.0613)		0.8016 (0.1144)
pop		0.0549 (0.3155)		0.1229 (0.2658)		−0.2672 (0.4954)
gov		−0.0431*** (0.0079)		0.0051 (0.0067)		−0.0403*** (0.0125)
常数项	12.7177*** (0.0305)	11.4082*** (3.4956)	12.7141*** (0.0274)	9.4244*** (2.9453)	12.2630*** (0.0493)	13.0661** (5.4884)
时间固定	Yes	Yes	Yes	Yes	Yes	Yes
个体固定	Yes	Yes	Yes	Yes	Yes	Yes
R^2	0.5973	0.6723	0.6706	0.7653	0.6288	0.7148
F	24.5300	23.9300	33.6800	38.0300	28.0100	29.24

注：*、**、***分别表示在10%、5%、1%的水平下显著，括号中的数字表示标准误。

五 内生性检验与稳健性检验

为了进一步增强研究结论的稳健性，本章进行了下述三方面的内生性与稳健性检验：①动态面板系统 GMM 估计［见模型（8-4）、模型（8-5）、模型（8-6）］；②滞后变量法。将所有解释变量均滞后一期，重新估计本文的主要回归；③剔除异常样本点。

在选用动态面板系统 GMM 方法进行分析时，需考虑动态面板数据模型中引入解释变量的滞后项造成的自相关问题，故进行 Sargan 检验，其 P 值大于 0.5 则接受原假设，说明工具变量的选定是合理的，即模型的设定是合理的。

内生性检验回归结果如表 8-22 所示，三个模型被解释变量的滞后项系数均为正向显著，说明一国贸易出口、贸易进口、外商直接投资存量的提升主要受自身内在动力机制影响，争端数量对于出口额和进口额的影响分别在 10% 和 1% 显著性水平下显著为正，争端数量对于外商直接投资影响系数为正，但没有通过显著性水平检验。

稳健性检验回归结果如表 8-23 所示，在滞后变量法和剔除异常样本点缩尾处理后的回归结果显示，争端数量的指标均通过显著性水平检验，且系数为正，与原模型回归结果基本一致，说明原模型的回归结果是稳健的。表明争端数量确实是影响样本国家出口额、出口额、外商直接投资的因素，并且具有正向促进关系，假设 1 成立。

表 8-22　　　　　　　　　　GMM 内生性检验结果

变量	（1）ex	（2）im	（3）fdi
$L1.ex$	0.4724*** (0.0543)		
$L1.im$		0.2971*** (0.0626)	
$L1.fdi$			0.5554*** (0.1183)
dc	0.1696* (0.1014)	0.2512*** (0.0748)	0.0549 (0.0650)
rd	-0.2323*** (0.0734)	0.2371 (0.1986)	-0.0189 (0.0679)
psc	0.6471*** (0.1385)	-0.0136 (0.1037)	0.5711** (0.2406)
edu	-0.2721* (0.1511)	0.0162 (0.1827)	0.2377 (0.2122)
$pgdp$	0.7481*** (0.0997)	0.6182*** (0.0706)	0.0382 (0.1179)
res	0.0848*** (0.0125)	0.1395*** (0.0218)	0.0331* (0.0198)
$\_cons$	-1.8918** (0.7773)	2.4617*** (0.6080)	1.9661* (1.1886)
Obs	228	228	228

续表

变量	（1）ex	（2）im	（3）fdi
Wald（P value）	962.5800*** [0.0000]	838.35*** [0.0000]	976.34*** [0.0000]
Sargan（P value）	16.7374 [1.0000]	14.2651 [1.0000]	13.34808 [1.0000]

注：***、**、*分别表示在1%、5%、10%的置信水平下显著，回归系数下方小括号内为标准误，中括号内为P值。

表8-23　　　　　　　　　　稳健性检验结果

变量	（1）ex	（2）ex	（3）im	（4）im	（5）fdi	（6）fdi
L.dc	0.0619* (0.0426)		0.1371*** (0.0386)		0.4087*** (0.0633)	
L.rd	0.0298 (0.0415)		0.0128 (0.0376)		0.2318*** (0.0616)	
L.psc	0.0422 (0.0603)		-0.0379 (0.0546)		-0.2804*** (0.0895)	
L.edu	0.2476*** (0.0735)		0.3076*** (0.0666)		0.7638*** (0.1092)	
L.pop	-0.0196 (0.3381)		0.2607 (0.3065)		-0.5213 (0.5023)	
L.gov	-0.0405*** (0.0083)		-0.0010 (0.0075)		-0.0450*** (0.0124)	
dc		0.1147** (0.0459)		0.1723*** (0.0376)		0.4743*** (0.0702)
rd		-0.0634 (0.0488)		0.0340 (0.0400)		0.1698** (0.0746)
psc		0.0220 (0.0651)		0.0155 (0.0533)		-0.0963 (0.0995)
edu		0.3136*** (0.0784)		0.4035*** (0.0643)		0.7795*** (0.1199)

续表

变量	(1) ex	(2) ex	(3) im	(4) im	(5) fdi	(6) fdi
pop		−0.4910 (0.3195)		0.1740 (0.2620)		−0.6468 (0.4885)
gov		−0.0244** (0.0095)		0.0044 (0.0077)		−0.0379*** (0.0145)
常数项	12.1945*** (3.7454)	17.5663*** (3.5331)	8.4043** (3.3954)	8.9495*** (2.8972)	17.1821*** (5.5639)	17.4905*** (5.4025)
时间固定	Yes	Yes	Yes	Yes	Yes	Yes
个体固定	Yes	Yes	Yes	Yes	Yes	Yes
R^2	0.6987	0.6450	0.7554	0.7591	0.6461	0.7069
F	26.1900	21.2000	34.8800	36.7700	20.6200	28.14

注：*、**、***分别表示在10%、5%、1%的水平下显著，括号中的数字表示标准误。

第六节 对标国际高标准争端解决规则的建议

争端解决机制完善是一个不断优化发展过程，对标国际最高经贸规则，努力完善多元化争端解决机制，提高争端解决透明度，提高争端解决效率。

一 优化完善多元化争端解决机制

国际贸易与投资发展范围不断扩大，争端解决机制所涵盖范围也不断扩大，国际争端解决机制冲突加剧，争端解决机制时效性加强，政治和司法综合方式和多元化的争端解决方式成为新趋势，建立和完善多元化争端解决机制非常重要。贸易投资争端涉及磋商、斡旋、调解、仲裁等多环节，充分发挥行业中介组织和商会处理纠纷时的磋商功能，同时对调解的效力给予明确规定，探索建立涉自贸区案件的多方参与调解机制及专业案件的调解前置程序[1],以满足双方当事人在仲裁庭审理案件前的协商要求,并尽量减少协调过程中对诉讼人进行诉讼实质审查的不必要的影响,为当事人提供更加全方位的争端解决咨询服务。充分发挥工商、税务、商委、劳动和社会保障等各行政部门的调解工作,以发挥行政部门在化解各种经贸争端中的重要功能,把争议有效化解在进入诉讼程序以前。对进入诉讼程序的争端,积极争取有关部门的协助和配合,妥善化解争端。

二 提高争端解决透明度

提高投资贸易争端解决透明度已经成为争端解决机制改革的重要任务。进一步提高国际贸易与投资政策透明度,提高对相关的法律、法规、程序及时公布并可公开获得便利度,通过裁判文书网和法院网等信息网公开各类涉自贸区案件裁判文书为国际贸易提供透明的法律环境[2]。进一步明确行政主管部门对有关规定文本负有解释说明义务,争端当事人对文件享有异议权。争端当事人可以通过行政程序对规范性文件提请审查和行政行为申请行政复议,提高争端解决透明度[3]。

三 努力提高争端解决效率

借鉴国际先进争端解决机制的程序和经验,提高专家组成员的素质,提高争端解决智能化水平,更加高效、公正、充分地解决争端,提高争端解决效率。努力将大数据、云计算与人工智能等信息技术融入争端解决系统,推进争端在线解决、实现"互联网+争端解决"新平台建设。全面贯通在线争端解决平台,秉持多元共治、争端解决分层递进的理念,提供在线咨询、评估、调解、仲裁、诉讼五大服务功能[4]。搭建网上上诉、调解、仲裁互动平台。争端解决机构实现在线协调,以在线委托、委派调解形式交给国际调解机构调处,以突破法律空间局限,实现跨界融合,以在线或电子方法远程开展;实现争端开庭方式以远程或

---

[1] 夏红、韩涛:《我国自贸试验区法治建设经验梳理》,《辽宁师范大学学报》(社会科学版)2018年第1期。
[2] 吴江:《上海自贸区争端解决机制相关法律制度创新研究》,硕士学位论文,南昌大学,2016年。
[3] 李晶:《法治创新为投资开放保驾护航》,《法制日报》2014年11月4日第10版。
[4] 胡仕浩:《中国特色多元共治解纷机制及其在商事调解中应用》,《法律适用》2019年第19期。

网上开庭，国际商事法院的判决书、裁定书、调解书，以电子递交方式完成送达，提高争端解决效率[1]。

本章执笔：田文达，修改：程惠芳

---

[1] 杨临萍：《"一带一路"国际商事争端解决机制研究——以最高人民法院国际商事法庭为中心》，《人民司法》2019年第25期。

第九章

全球营商环境及其规则变化比较分析

我国正加快构建开放型经济新体制,优化营商环境,推动更高水平的对外开放。当前全球经贸规则和区域性经贸规则体系从关税下降、取消和减少非关税壁垒等贸易政策体系向竞争政策、透明度、监管一致性、知识产权保护等优化营商环境方向转变。本章对《关税与贸易总协定(1947)》①[The General Agreement on Tariffs and Trade (1947),GATT 1947]、《关税与贸易总协定(1994)》②(General Agreement on Tariffs and Trade (1994), GATT 1994)、《世界贸易组织协定》③(the WTO Agreements)、《跨太平洋伙伴关系协定》④(Trans-Pacific Partnership, TPP)、《跨大西洋贸易与投资伙伴协定》⑤(Transatlantic Trade and Investment Partnership, TTIP)、《全面与进步跨太平洋伙伴关系协定》⑥(Comprehensive and Progressive Agreement for Trans-Pacific Partner-

---

① https://www.wto.org/english/docs_e/legal_e/gatt47_e.pdf/ [The General Agreement on Tariffs and Trade (1947)] (GATT 1947).
② https://www.wto.org/english/docs_e/legal_e/06-gatt.pdf/ [General Agreement on Tariffs and Trade (1994)] (GATT 1994).
③ https://www.wto.org/english/docs_e/legal_e/final_e.htm/ (the WTO Agreements).
④ https://ustr.gov/trade-agreements/free-trade-agreements/trans-pacific-partnership/tpp-full-text/ (Trans-Pacific Partnership) (TPP).
⑤ https://trade.ec.europa.eu/doclib/press/index.cfm?id=1230#market-access/ (Transatlantic Trade and Investment Partnership) (TTIP).
⑥ https://www.sice.oas.org/Trade/TPP/CPTPP/English/CPTPP_Index_e.asp/ (Comprehensive and Progressive Agreement for Trans-Pacific Partnership) (CPTPP).

ship，CPTPP）、《美国—墨西哥—加拿大协定》①（United States-Mexico-Canada Agreement，USMCA）、《区域全面经济伙伴关系协定》②（Regional Comprehensive Economic Partnership Agreement，RCEP 协定）等有关营商环境的条款进行比较。与营商环境有关的经贸规则条款具有明显增加趋势：一是市场开放环境条款增加，对服务贸易和国际投资市场准入条件进一步放宽，负面清单管理加强；二是与政务环境有关的政策透明度、监管一致性条款增加，知识产权保护更加严格；三是与人文环境有关的商务人员临时移动、劳工标准规则要求提升。对标全球最高经贸规则，优化营商环境、深化贸易投资便利化成为高水平对外开放的重要任务。

第一节　全球经贸规则体系下有关营商环境规则变化比较

营商环境是指市场主体在准入、生产经营、退出等过程中涉及的政务环境、市场环境、法治环境、人文环境等有关外部因素和条件的总和，是一项涉及经济、社会改革和对外开放众多领域的系统工程。③ 优化营商环境是实现市场准入畅通、市场开放有序、市场竞争充分、市场秩序规范的现代市场体系的重要基础。《中共中央关于全面深化改革若干重大问题的决定》④ 提出建立公平开放透明的市场规则，建设法治化营商环境。国务院《优化营商环境条例》⑤ 指出营商环境是指企业等市场主体在市场经济活动中所涉及的体制机制性因素和条件，并从制度层面为优化营商环境提供更为有力的保障和支撑：一是明确优化营商环境的原则和方向；二是加强市场主体保护；三是优化市场环境；四是提升

---

① https：//ustr.gov/trade-agreements/free-trade-agreements/united-states-mexico-canada-agreement/agreement-between/（United States-Mexico-Canada Agreement）（USMCA）.

② https：//rcepsec.org/legal-text/（Regional Comprehensive Economic Partnership Agreement）（RCEP Agreement）.

③ 资料来源：中国政府网营商环境政策库。

④ 新华社：《中共中央关于全面深化改革若干重大问题的决定》，《人民日报》2013 年 11 月 16 日第 1 版。

⑤ 新华社：《优化营商环境条例》，《人民日报》2019 年 10 月 24 日第 10 版。

政务服务能力和水平；五是规范和创新监管执法；六是加强法治保障。对标全球经贸规则中有关营商环境条款和世界银行营商环境的评价指标体系和评价机制，从优化营商环境中寻找经济可持续增长新动力，成为制度型开放经济发展和经济高质量发展的重要战略任务。

一 全球经贸规则体系中有关营商环境规则变化比较

本节对《关税与贸易总协定（1947）》《关税与贸易总协定（1994）》《世界贸易组织协定》《跨太平洋伙伴关系协定》《全面与进步跨太平洋伙伴关系协定》《美国—墨西哥—加拿大协定》《区域全面经济关系伙伴协定》中有关营商环境的条款变化进行比较，主要是对国民待遇与市场准入、投资准入和负面清单、反补贴与反倾销、透明度、反腐败、竞争政策、监管一致性等条款进行比较。

（一）国民待遇与市场准入条款

国民待遇与市场准入条款以《关税与贸易总协定（1947）》为基础，但是市场准入条款出现不断放宽趋势。

表9-1　　　　　　　国民待遇与市场准入条款发展比较

	国民待遇与市场准入条款发展比较
GATT 1947	第2.3条：一缔约国领土的产品输入到另一缔约国领土时，在关于产品的国内销售、兜售、购买、运输、分配或使用的全部法令、条例和规定方面所享受的待遇应不低于相同的国产品所享受的待遇
TPP	第2章：货物一章包括TPP缔约方的基本义务，即取消来自TPP地区的合格货物的关税，并向其他TPP缔约方的货物提供与它们向其本国国民提供的同等待遇，即国民待遇
CPTPP	第2.3条：1. 每一缔约方应根据GATT 1994第3条，包括其解释性说明，给予另一缔约方的货物国民待遇。为此，GATT 1994第3条及其解释性说明在细节上作必要修改后纳入本协定并成为本协定一部分。2. 为进一步明确，对于地区一级政府，一缔约方根据第1款给予的待遇，指不低于该地区一级政府给予其作为一部分的该缔约方的任何同类、直接竞争或可替代货物的最优惠待遇的待遇
USMCA	第2.3条：1. 每一缔约方应根据GATT 1994第3条，包括其解释性说明，给予另一缔约方的货物以国民待遇，为此，GATT 1994第3条及其解释性说明经适当变通后纳入本协定并成为其一部分。2. 一缔约方根据第1款所给予的待遇，就地区政府而言，是指不低于该地区政府给予其所属缔约方的任何类似、直接竞争或可替代货物的最优惠待遇。3. 第1款和第2款不适用于附件2-A［第2.3条（国民待遇）和第2.11条（进出口限制）的例外］中规定的措施

续表

	国民待遇与市场准入条款发展比较
RCEP 协定	第 2.3 条：每一缔约方应当根据 GATT 1994 第 3 条给予其他缔约方的货物国民待遇。为此，GATT 1994 第 3 条经必要修改后应当纳入本协定，并且成为本协定的一部分

注：表中出现的协定名称均以英语简写的方式表示，下同。

资料来源：笔者根据相关文本整理，下同。

（二）投资准入与负面清单条款

投资条款一般强调国民待遇和最惠国待遇，《全面与进步跨太平洋伙伴关系协定》《跨太平洋伙伴关系协定》等明确任何缔约方不得就其领土内缔约另一方投资者的投资进行设立、取得、扩大、管理、经营、运营、出售或其他处置方面施加或强制执行以下要求：出口一定水平或比例的货物；达到一定水平或比例的当地含量；购买、使用其领土内生产的货物，或给予其领土内生产的货物优惠，或向其领土内的人购买货物；将进口产品的数量或价值与出口产品的数量或价值相联系；通过将销售与出口产品的数量或价值或外汇收入相联系，以限制该投资生产的货物在其领土内销售；向其领土内的人转让特定技术、生产流程或其他专有知识；对待外商投资注重公平性。

表 9-2　　　　　　　　　　投资条款发展比较

	投资条款发展比较
RCEP 协定	第 10.3 条：投资国民待遇：1. 在投资的设立、取得、扩大、管理、经营、运营、出售或其他处置方面，每一缔约方给予另一缔约方投资者和所涵盖投资的待遇应当不低于在类似情形下其给予本国投资者及其投资的待遇。2. 为进一步明确，一缔约方根据第一款所给予的待遇，对于中央以外的政府层级而言，指不低于作为该缔约方一部分的该政府在类似情形下给予其投资者或投资的最优惠待遇。 第 10.4 条：投资最惠国待遇：1. 在投资的设立、取得、扩大、管理、经营、运营、出售或其他处置方面，每一缔约方给予另一缔约方投资者的待遇应当不低于其在类似情形下给予任何其他缔约方或非缔约方投资者的待遇。2. 在投资的设立、取得、扩大、管理、经营、运营、出售或其他处置方面，每一缔约方给予涵盖投资的待遇应当不低于其在类似情形下给予任何其他缔约方或非缔约方的投资者在其领土内的投资的待遇。 第 10.5 条：投资待遇：每一缔约方应当依照习惯国际法外国人最低待遇标准给予涵盖投资公平公正待遇以及充分保护和安全

续表

	投资条款发展比较
TTIP	第2章第3条：投资国民待遇：1. 每一方在本国境内设立企业时，应给予另一方投资者及其投资不低于在类似情况下给予其投资者及其投资的待遇。2. 各方应给予另一方投资者及其投资者在其境内经营的待遇，不低于在类似情况下给予其投资者和投资者的待遇。 第2章第4条：投资最惠国待遇：1. 每一方应给予另一方投资者及其投资者在其境内设立企业的待遇，不低于在类似情况下给予任何非缔约方投资者和投资者的待遇。2. 每一方应给予另一方投资者及其在其境内经营的投资不低于在类似情况下给予任何非缔约方投资者和投资的待遇。3. 第1款和第2款不得被解释为迫使一方向另一方的投资者提供所列明的任何待遇的利益
USMCA	第14.4条：投资国民待遇：1. 各方应给予另一方投资者的待遇不低于其在类似情况下给予其本国投资者的待遇，涉及其境内投资的设立、收购、扩张、管理、行为、运营、销售或其他处置。2. 在相同的情况下，各方应在投资的设立、收购、扩张、管理、实施、运营、销售或其他处置方面，给予所涵盖的投资不低于其给予其投资者在其境内的投资的优惠待遇。3. 一缔约方根据第1款和第2款给予的待遇，就中央政府以外的政府而言，指不低于该政府在类似情况下给予其所属缔约方的投资者及其投资者的最优惠待遇。4. 为提高确定性，本条规定的"类似情况"下是否给予待遇取决于所有情况，包括相关待遇是否根据合法的公共福利目标区分投资者或投资。 第14.5条：投资最惠国待遇：1. 各方应给予另一方投资者的待遇不低于其在类似情况下给予其他任何一方或非缔约方投资者在其领土内投资的设立、收购、扩张、管理、行为、经营、销售或其他处置的待遇。2. 在类似情况下，各方应给予涵盖投资不低于其给予任何其他方或任何非缔约方投资者在其境内的投资的优惠待遇，涉及投资的设立、收购、扩张、管理、实施、运营、销售或其他处置。3. 一缔约方根据第1款和第2款给予的待遇，就中央政府以外的政府而言，指不低于该政府在类似情况下给予其境内投资者以及这些投资者、任何其他缔约方或非缔约方投资者的最优惠待遇。4. 为提高确定性，本条规定的"类似情况"下是否给予待遇取决于所有情况，包括相关待遇是否根据合法的公共福利目标区分投资者或投资
CPTPP	第9.4条：国民待遇：1. 每一缔约方在设立、获得、扩大、管理、经营、运营、出售或以其他方式处置在其领土内的投资方面给予另一缔约方投资者的待遇不得低于在相似情况下该缔约方给予本国投资者的待遇。2. 每一缔约方在设立、获得、扩大、管理、经营、运营、出售或以其他方式处置投资方面给予涵盖投资的待遇不得低于在相似情况下该缔约方给予本国投资者在其领土内投资的待遇。3. 为进一步明确，一缔约方根据第1款所给予的待遇，对于一地区政府，指不低于该地区政府在相似情况下给予其作为一部分的该缔约方的投资者或投资者的投资的最优惠待遇。 第9.5条：最惠国待遇：1. 每一缔约方在设立、获得、扩大、管理、经营、运营、出售或以其他方式处置在其领土内投资方面给予另一缔约方的投资者的待遇不得低于在相似情况下该缔约方给予任何其他缔约方或任何非缔约方的投资者的待遇。2. 每一缔约方在设立、获得、扩大、管理、经营、运营、出售或以其他方式处置投资方面给予涵盖投资的待遇不得低于在相似情况下该缔约方给予任何其他缔约方或任何非缔约方的投资者在其领土内投资的待遇。3. 为进一步明确，本条中所指的待遇不包括国际争端解决程序或机制

(三) 透明度条款

从《关税与贸易总协定（1994）》开始到《区域全面经济伙伴关系协定》，透明度条款始终遵循着尽可能及时迅速地公布法律、法规和行政裁决。近年来，协议对透明度要求逐步具体化，对政策、信息公布的时间从模糊到明确具体期限。互联网的出现使文件政策透明度的时效性得到提升。

表 9-3　　　　　　　　　透明度条款发展比较

透明度条款发展比较	
GATT 1994	附件 1A《装运前检验协定》第 2 条：装运前检验：用户成员应确保装运前检验活动以透明的方式实施。出口成员应以能够使其他政府和贸易商知晓的方式，迅速公布所有与装运前检验活动有关的适用法律和法规
the WTO Agreements	附件 1A 装运前检验：用户成员应确保装运前检验活动以透明的方式进行。出口商成员应及时公布与装运前检验活动相关的所有适用法律和法规，以使其他政府和贸易商了解这些法律和法规
TPP	第 26 章：透明度与反腐败：要求 TPP 缔约方尽可能确保其与 TPP 涉及的任何事项相关的法律、法规和行政裁决是公开的，并确保相关法规可得到注意和评论
CPTPP	第 26.2 条：1. 每一缔约方应保证迅速公布其有关本协定所涵盖任何事项普遍适用的法律、法规、程序和行政裁定，或以可使利害关系人和缔约方知晓的其他方式提供。2. 在可能的限度内，每一缔约方应：（1）提交公布其拟采取的第 1 款中所指任何措施；及（2）向利害关系人和其他缔约方提供合理机会对这些拟议措施进行评论。3. 在可能的限度内，在引入或修改第 1 款中所指的法律、法规或程序时，每一缔约方应努力在这些法律、法规或程序依照其法律制度以拟议形式或最终形式公开提供之日与其生效之日之间提供一合理期限
RCEP 协定	第 4.5 条：每一缔约方应当以非歧视和易获得的方式，在可能的范围内在互联网上迅速公布下列信息，以使政府、贸易商和其他利害关系人能够知晓：（1）进口、出口和过境程序（包括港口、机场和其他入境点的程序）以及所需表格和文件；（2）对进口或出口所征收的，或与进口或出口相关的任何种类的关税和国内税的实施税率；（3）政府部门或代表政府部门对进口、出口或过境征收的或与进口、出口或过境相关的规费和费用；（4）用于海关目的的产品归类或估价规定；（5）与原产地规则相关的普遍适用的法律、法规及行政裁定；（6）进口、出口或过境的限制或禁止；（7）针对违反进口、出口或过境手续行为的惩罚规定；（8）上诉或审查程序；（9）与任何一国或多国缔结的与进口、出口或过境相关的协定或协定部分内容；及（10）与关税配额管理相关的程序

(四) 反腐败条款

反腐败条款在众多规则协议中都有明确章节予以规定,《跨太平洋伙伴关系协定》等对反腐败做出了具体阐述,以促进公职人员行为廉洁。打击贪腐、约束公职人员行为、违法惩罚有助于促进营商环境改善,规则变化显示反腐力度有加强趋势。

表 9-4　　　　　　　　　　　反腐败条款发展比较

	反腐败条款发展比较
TPP	第 26 章:打击贪污的措施:各 TPP 缔约方承诺通过或维持将向公职人员提供不正当利益(或公职人员索取此种利益)以及影响国际贸易或投资事项中的其他腐败行为定为犯罪的法律。各方还承诺有效执行反腐败法律法规。在政府官员中提倡廉洁:跨太平洋伙伴关系缔约方同意为其公职人员制定或维持一套行为准则,并采取措施减少利益冲突。他们还承诺加强对公职人员的培训,采取措施阻止送礼,促进举报可能的腐败行为,并对从事腐败行为的公职人员进行纪律处分。TPP 在透明度和反腐败方面的规定是美国所有贸易协定中最严格的。期望这些将为反腐败行动树立一个新的高标准,包括承诺通过、维持和执行防止公职人员腐败的刑法,保持行为准则,促进公职人员廉洁,通过法律将会计实践中的腐败行为定为犯罪,并有效执行反腐败法律
CPTPP	第 26.6 条:1. 缔约方确认决心消除国际贸易和投资中的贿赂和腐败。认识到在公有和私有部门内均建立诚信的必要性且每一部门在此方面均负有互补责任,缔约方确认遵守订于 2007 年 7 月的 APEC 公职人员行为准则,并鼓励遵守订于 2007 年 9 月 APEC 商业行为准则:私有部门商业诚信与透明度准则。2. 本节的范围仅限于消除与本协定所涵盖任何事项相关的贿赂和腐败的措施。3. 缔约方认识到,依照本节采用或维持的关于违法行为的描述,以及关于界定行为合法性的适用法律抗辩或法律规则的描述,为每一缔约方的法律所保留,且这些违法行为应依照每一缔约方的法律进行起诉和处罚。4. 每一缔约方应批准或加入 2003 年 10 月 31 日订于纽约的联合国反腐败公约
RCEP 协定	第 17.9 条:1. 每一缔约方应当根据其法律和法规,采取适当措施预防和打击与本协定涵盖的任何事项有关的腐败。2. 任何缔约方不得就本条项下产生的任何事项诉诸第十九章争端解决项下的争端解决

(五) 反补贴与反倾销条款

有关补贴与倾销的条款从《关税与贸易总协定(1994)》《世界贸易组织协定》时期就已经开始重视,对补贴与倾销的损害认定、制裁等内容近年来的变化不大。在《区域全面经济伙伴关系协定》中,反倾销税、反补贴税仍然是应对补贴与倾销行为的重要手段。

表 9-5　　　　　　　　反补贴与反倾销条款发展比较

	反补贴与反倾销条款发展比较
GATT 1994	第 2 章第 6 条：如果任何缔约方给予或维持任何补贴，包括任何形式的收入或价格支持，直接或间接增加其领土内任何产品的出口或减少任何产品的进口，则应书面通知缔约方补贴的程度和性质、补贴对其领土内进口或出口的受影响产品数量的估计影响以及需要补贴的情况。在确定任何此类补贴对任何其他缔约方的利益造成严重损害或威胁的任何情况下，提供补贴的缔约方应根据请求与其他缔约方或有关缔约方讨论限制补贴的可能性。缔约各方承认，倾销，即一国产品以低于产品正常价值的价格进入另一国商业的行为，如对缔约一方领土上的既定产业造成或威胁造成实质损害，或实质上阻碍国内产业的建立，则应受到谴责。就本条而言，如果一种产品从一个国家出口到另一个国家的价格低于其正常价值，则该产品应被视为以低于其正常价值的价格进入进口国的商业
the WTO Agreements	附件 1A：反倾销措施只能在 GATT 1994 第 6 条规定的情况下，并根据本协定的规定发起和进行的调查实施。在根据反倾销立法或条例采取行动的范围内，下列规定适用于 GATT 1994 第 6 条。除第 6 款规定的情况外，为确定任何被指控的倾销的存在、程度和影响而进行的调查，应根据国内产业或代表国内产业提出的书面申请启动。根据第 1 款提出的申请应包括下列证据：(1) 倾销，(2) 本协定所解释的 GATT 1994 第 6 条所指的损害，以及 (3) 倾销进口产品与指称的损害之间的因果关系。没有相关证据证明的简单断言不能被认为满足本段的要求。反倾销调查中的所有利害关系方应被告知当局要求的信息，并有充分的机会以书面形式提出他们认为与所涉调查有关的所有证据。反倾销税只在抵消造成损害的倾销所必需的时间和程度内有效
TTIP	竞争章节：根据欧盟初始立场文件中关于反垄断、政府影响和补贴的建议内容，本文对欧盟建议纳入补贴一章的部分内容进行了进一步的详细说明。除了这些核心内容之外，欧盟希望促使人们对可能增加的内容进行思考。各方可以考虑禁止某些种类的补贴的可行性。特别是，在没有可信的重组计划的情况下，为支持破产或境况不佳的公司而提供的补贴属于一些最有害的补贴类型，可能对贸易和投资关系产生不利影响
RCEP 协定	第 7.11 条：以与 GATT 1994 第 6 条、反倾销协定和补贴与反补贴措施协定的规定相一致的方式适用的反倾销税或反补贴税。1. 缔约方保留其在 GATT 1994 第 6 条、反倾销协定和补贴与反补贴措施协定项下的权利和义务。本节确认并建立在这些权利和义务的基础上。2. 在任何调查程序中，当一缔约方的调查机关决定进行实地调查以核查一应诉方提供的信息，且该信息与计算反倾销税幅度和可诉补贴水平有关，调查机关应当迅速通知该应诉方其调查意向

（六）竞争条款

营商环境提升需要重视国内竞争环境，各协议均强调自由与无扭曲的竞争环境的重要性，国家竞争法、国家竞争管理部门的设立都被各协议所提及，对于发达国家来说，自由的竞争环境对原本就具有优势的产业企业有巨大的吸引力和营利性。

表 9-6　　　　　　　　　　　竞争条款发展比较

	竞争条款发展比较
TPP	第 16 章：有效竞争的法律：通过竞争政策章节，TPP 成员国同意通过或维持禁止反竞争商业行为的国家竞争法，并致力于将这些法律适用于其领土内的所有商业活动。为确保此类法律得到有效实施，TPP 缔约方将设立或维持负责执行国家竞争法的机构。消费者保护：TPP 成员国同意采用或维持禁止对消费者造成损害或潜在损害的欺诈和欺骗性商业活动的法律，就像美国的情况一样。双方还同意酌情就与竞争活动有关的共同利益事项，包括在实施消费者保护法方面进行合作。程序公正：随着 TPP 国家加强其竞争政策法律及其执行，竞争政策章节包括一系列与程序公平相关的义务，包括确保被执行行动的人有合理的机会由律师代表，为其辩护提供证据的规则，执法部门采取了一系列的透明程序。私人诉权：TPP 方同意提供一个独立权利要求赔偿受伤引起的违反法律或一个政党的竞争，给人提供一个请求，一个政党的竞争当局立案调查，发现后寻求赔偿违反竞争
CPTPP	第 16.1 条：1. 每一缔约方应采用或维持禁止限制竞争商业行为的国家竞争法，以提高经济效率和消费者福利，并针对该行为采取适当行动。这些法律应考虑 1999 年 9 月 13 日订于奥克兰的 APEC 关于加强竞争与监管改革的原则。2. 每一缔约方应努力将国家竞争法适用于其领土内的所有商业活动。然而，每一缔约方可规定某些免予适用其国家竞争法的情况，只要这些免予适用情况是透明的且基于公共政策理由或公共利益理由。3. 每一缔约方应设立一个或多个负责执行其国家竞争法的主管机关（国家竞争主管机关）。每一缔约方应规定，其一个或多个主管机关的执行政策依照第 1 款中所列目标行事且不因国籍不同而有所歧视
TTIP	竞争章节：一般原则：双方认识到自由和不受扭曲的竞争在贸易和投资关系中的重要性。有效的竞争执法有助于确保所有公司根据自身优势进行竞争，从而使市场运行得更好。这有利于消费者、企业和整个经济。双方承认，反竞争商业做法和国家干预有可能扭曲市场的正常运作，破坏贸易自由化的好处。立法框架：为促进各自区域内的自由和不受扭曲的竞争，各方应保持以有效方式处理所有下列做法的反垄断和合并竞争立法：（1）企业之间的横向和纵向协议、企业协会的决定和协调一致的做法，其目的或效果是防止、限制或扭曲竞争；（2）一个或多个具有支配地位的企业的滥用；（3）企业之间的集中严重妨碍了有效竞争，尤指因创造或加强统治地位而产生的竞争。实施：（1）各方应各自维持一个业务上独立的机构，负责并适当配备有效执行上文中所述竞争立法的设备。（2）双方应以透明和非歧视的方式适用各自的竞争立法，尊重程序公平的原则和有关企业的辩护权，无论其国籍或所有权地位如何

续表

竞争条款发展比较	
USMCA	第21.1条：1. 每一缔约方应遵守禁止竞争性商业行为以促进竞争以提高经济效率和消费者福利的国家竞争法，并应对该行为采取适当的行动。2. 每一缔约方应努力将本国竞争法适用于其领土上的所有商业活动。这并不妨碍一个缔约方将其国家竞争法适用于其管辖范围具有适当联系的境外的商业活动。3. 每一缔约方可以规定某些豁免适用本国竞争法，但前提是这些豁免是透明的，在其法律中确定的，并且是基于公共利益或公共政策的基础。4. 每一缔约方应设立一个或多个国家竞争管理当局（国家竞争管理当局），负责其国家竞争法律的执行。5. 每一缔约方应确保其国家竞争主管部门的执行政策包括：（1）在类似情况下对待另一缔约方的人的待遇不逊于该缔约方的人；（2）酌情考虑另一缔约方的国家竞争管理当局的执法活动对相关执法活动的影响；和（3）将与在党的领土外的行为或资产有关的补救措施限制在对党的领土或商业有损害或威胁损害的适当联系的情况下
RCEP协定	第13.1条：通过采取和维持禁止反竞争行为的法律和法规，以及通过缔约方在制定和实施竞争法律和法规方面的区域合作，促进市场竞争，提高经济效率和消费者福利。追求此类目标将有助于缔约方从本协定中获益，包括便利缔约方之间的贸易和投资

（七）国有企业（垄断）条款

自从《关税与贸易总协定（1994）》开始，国有企业（垄断）条款就得到了较为明确的规定。国有企业、垄断企业对营商环境影响较大，会对竞争中立原则产生不利影响，协议中不断强调公平竞争环境的重要性，对国有企业垄断企业的行为作出约束。

表9-7　　　　　　　国有企业（垄断）条款发展比较

国有企业（垄断）条款发展比较	
GATT 1994	第17条：每一缔约方承诺，如果它建立或维持一个国营企业，无论其位于何处，或给予任何企业正式或实际上的专属或特别特权，该企业在涉及进口或出口的采购或销售中，应以符合本协定规定的影响私人贸易商进出口的政府措施的非歧视待遇的一般原则的方式行事
TPP	第17章：覆盖范围：TPP的国有企业章节对主要从事商业活动的国有企业为了避免政府通过将权力下放给国有企业而轻易逃避义务的结果，它包括了要求在授权下运营的国有企业遵守TPP协定义务的规则。商业考虑和非歧视待遇：国有企业一章包括TPP缔约方的承诺，即确保其国有企业基于商业考虑进行商业购买和销售，TPP协定政府确保其国有企业或指定垄断企业不歧视其他方的企业、商品和服务。非商业援助：SOE章节确保，在向SOE提供任何非商业援助时，TPP各方同意不会对其他TPP各方的利益造成不利影响。这包括TPP缔约方承诺不通过向在另一缔约方境内生产和销售商品的国有企业提供非商业援助而损害另一缔约方的国内产业

续表

	国有企业（垄断）条款发展比较
CPTPP	第 17 章：授予职权：每一缔约方应保证，在其国有企业、国家企业和指定垄断行使该缔约方已指示或授予此类实体的任何监管、行政或其他政府职权时，这些实体以与该缔约方在本协定项下的义务不相抵触的方式行事
TTIP	竞争—国有企业章节：1. 双方确认其在 GATT 1994 第 17 条第 1 款至第 3 款、GATT1994 第 17 条解释谅解以及 GATS 第 8 条第 1 款、第 2 款和第 5 款项下的权利和义务，这些权利和义务在此纳入并成为本协定的一部分，并应适用。2. 本章不适用于公约（第二十章——公共采购）第 2 条所指的一方当事人或其采购实体的"涵盖采购"。3. 本章应适用于在双方已根据本协定跨境服务供应一章或投资一章作出具体承诺的部门经营的企业，且仅适用于这些具体承诺。4. 本章不适用于企业在某一缔约方的市场准入、国民待遇或最惠国保留已列入该缔约方具体承诺表的部门采取或维持的措施

（八）差别待遇条款

差别待遇条款主要针对弱势产业企业，营商环境提升过程中，主要需要兼顾这些群体的诉求。《世界贸易组织协定》条款中多项目下都对发展中国家成员提供差别和更优惠的待遇，促进发展中国家成员更多地参与世界贸易，由此产生的争端解决过程也将考虑差别待遇。

表 9-8　　　　　　　　　　差别待遇条款发展比较

	差别待遇条款发展比较
the WTO Agreements	附件 1A 农业：1. 根据对发展中国家成员的差别和更优惠待遇是谈判的一个组成部分这一认识，在承诺方面的特殊和差别待遇应按本协定的有关规定提供，并体现在减让和承诺表中。2. 发展中国家成员应具有在长达 10 年的时间内履行减排承诺的灵活性。不应要求最不发达国家成员做出减排承诺。1. 发达国家成员应采取（关于改革方案对最不发达国家和粮食净进口发展中国家可能产生的不利影响的措施的决定）框架内规定的行动。2. 农业委员会应酌情监测本决定的后续行动。 附件 1A 技术性贸易壁垒：各成员应通过有关规定以及本协定其他条款的相关规定，向本协定的发展中国家成员提供差别和更优惠的待遇 附件 1A 动植物卫生检疫措施：在制定和实施动植物卫生检疫措施时，各成员应考虑到发展中国家成员，特别是最不发达国家成员的特殊需要

583

续表

	差别待遇条款发展比较
RCEP 协定	第19.18条：1. 在确定涉及最不发达国家缔约方争端的原因，以及在争端解决程序的所有阶段，应当特别考虑最不发达国家缔约方的特殊情况。为此，缔约方在本程序项下提出涉及最不发达国家缔约方的事项时应当保持适当克制。如果发现利益丧失或减损是由最不发达国家缔约方采取的措施造成，起诉方应当根据此类程序对第19章第17条（补偿和中止减让或其他义务）或其他义务涵盖的事项保持适当的克制。2. 如任何争端方为最不发达国家缔约方，专家组报告应当明确表明对构成本协定一部分的最不发达国家缔约方，在争端解决程序过程中提出的关于特殊和差别待遇相关规定的考虑形式

（九）通知条款

自从《世界贸易组织协定》生效起，已经对通知要求进行具体阐述，目前的众多协定中，通知条款的及时性与内容要求以关贸总协定为重要基础。对于不同类型的条款，通知的具体要求有所区别。

表 9-9　　　　　　　　　　　通知条款发展比较

	通知条款发展比较
the WTO Agreements	附件 1A 进口许可：制定许可程序或改变这些程序的成员应在公布后 60 天内通知委员会。 附件 1A 装运前检验：当《世界贸易组织协定》对有关成员生效时，成员应向秘书处提交使本协定生效的法律和法规的副本，以及与装运前检验有关的任何其他法律和法规的副本。在正式公布之前，不得对装运前检验相关法律法规进行任何修改。它们应在出版后立即通知秘书处。秘书处应将这一信息告知各成员。 附件 1A 原产地规则：各成员应在《世界贸易组织协定》对其生效后 90 天内向秘书处提供其原产地规则、司法裁决以及与该日生效的原产地规则有关的普遍适用的行政裁决。如果由于疏忽而没有提供原产地规则，有关成员应在这一事实为人所知后立即提供。秘书处收到和掌握的信息清单应由秘书处分发给各成员。 附件 1A 保障措施：一成员应在下列情况下立即通知保障监督委员会：（1）启动与严重伤害或严重伤害威胁及其原因有关的调查程序；（2）发现进口增加造成严重伤害或威胁；和（3）决定适用或延长保障措施。 附件 1A 补贴与反补贴：各成员同意，在不影响 GATT 1994 第 16 条第 1 款规定的情况下，其补贴通知应不迟于每年 6 月 30 日提交，并应符合第 2 款至第 6 款的规定

续表

通知条款发展比较	
RCEP 协定	第 7.3 条：1. 在下列情况下，一缔约方应当立即向其他缔约方发出书面通知：（1）发起本章第 4 条（调查程序）所指的与严重损害或严重损害威胁相关的调查程序及其原因；（2）就因增加的进口所造成的严重损害或严重损害威胁作出调查结果；（3）实施或延长一项 RCEP 过渡性保障措施；以及（4）决定修改，包括逐步放宽一项 RCEP 过渡性保障措施

（十）中小企业条款

提升营商环境过程中，涉及中小企业条款主要旨在为中小企业提供更多商业机会，促使公平竞争环境，《跨太平洋伙伴关系协定》至《美国—墨西哥—加拿大协定》均对中小企业的条款进行协商，总体原则大致相同。信息共享、加强合作、建立中小型企业委员会成为许多协定关注的重点。

表 9-10　　　　　　　　　中小企业条款发展比较

中小企业条款发展比较	
TPP	第 24 章：侧重于中小企业特有的问题。它将确保能够方便地在线获取有关信息，并提供一种手段，不断解决中小型企业特别感兴趣和关切的问题。提供中小企业信息的专用在线网站：确保中小企业随时可以获得定制信息，使其能够充分参与 TPP 并从中受益，中小企业一章包括各 TPP 缔约方的承诺，即创建一个面向中小企业用户的网站，提供有关该协定及其利用方式的易于访问的信息。这些网站将把跨 TPP 协定数百页的所有相关信息，加上其他特定国家的信息，提炼成适合中小企业需要的单一用户友好网站。这将包括对 TPP 中小型企业相关条款的描述，以及每个 TPP 国家相关机构的联系信息；各 TPP 国家的标准和法规信息；有关知识产权的程序；外国投资条例；商业登记程序；雇佣条例；以及税务程序。建立 TPP 中小型企业委员会：为确保 TPP 缔约方持续参与与中小企业相关的问题，本章设立了一个中小企业委员会，定期召开会议，审查中小企业似乎在多大程度上利用 TPP 的好处。该委员会还将就如何进一步提高中小型企业 TPP 的效益提出建议。我们希望其活动还包括在出口咨询、贸易援助和中小企业培训计划等领域支持中小企业的合作或能力建设活动；信息共享；以及其他活动

续表

	中小企业条款发展比较
CPTPP	第24.1条：要求协议缔约方建立和维护一个网站，其中包含有关协议的信息，包括旨在帮助中小企业从协议创造的机会中获益的信息。协议缔约方的网站将包含协议文本，包括附件、关税表和特定产品的原产地规则。中小企业一章还将要求缔约方拥有与所有其他缔约方同等网站的链接。这将确保协议缔约方中的中小企业能够获得其正在运营或计划在未来某个时间运营的协议市场的相关商业信息。为促进协议缔约方中小企业的持续增长和发展，将设立一个由各协议缔约方政府代表组成的中小企业委员会。该委员会将：1. 确定帮助中小企业利用协议的方法；2. 交流支持中小企业出口商的最佳做法的经验；3. 探索能力建设机会，以加强中小企业出口咨询、援助和培训计划；4. 促进制订援助中小型企业的方案参与并为全球价值链做出贡献
TTIP	中小型企业章节：中小型企业委员会：1. 双方特此设立一个由各方官员组成的中小企业问题委员会。2. 中小企业问题委员会应在本协议生效后一年内召开会议，并在必要时召开会议，并应通过双方决定的沟通渠道开展工作，包括电子邮件、视频会议或其他方式。3. 中小企业问题委员会应根据美国—欧盟中小企业对话和中小企业合作管理安排，协调其工作与各方开展的合作活动。中小企业问题委员会应努力与美国—欧盟中小企业对话会议和中小企业合作管理安排会议同时召开。合作增加中小企业的贸易和投资机会：1. 双方应继续在跨大西洋经济理事会主持下开展关于如何增加中小企业参与贸易和交流最佳做法的有力对话（欧盟—美国中小企业对话）以及美国商务部国际贸易管理局和欧盟委员会在中小企业方面的合作工作的基础上继续开展对话欧盟委员会企业和工业总局，根据中小企业支持谅解备忘录管理欧洲企业网络。2. 双方可酌情通过欧盟—美国中小企业对话、中小企业谅解备忘录、第X.4条（中小企业问题委员会）设立的中小企业问题委员会或双方可能决定的任何其他方式，就第2款所述事项进行合作。信息共享：各方应建立或维护自己的可公开访问的网站或包含本协定相关信息的网页
USMCA	第25.1条：为了加强双方之间的合作，为中小企业提供更多的商业机会，此外，双方还应在中小企业合作谅解备忘录的框架下，寻求增加贸易和投资机会，特别是应该：（1）促进合作双方的小型商业基础设施的支持，包括专门的中小企业中心、孵化器和加速器，出口援助中心，和其他适当的中心，创建一个国际网络分享最佳实践，交换市场研究，促进中小企业参与国际贸易，以及在当地市场业务增长。（2）就促进代表人数不足的群体，包括妇女、土著人民、青年和少数民族拥有的中小企业以及新成立的农业和农村中小企业的活动，加强与其他缔约方的合作，并促进这些中小企业之间的伙伴关系及其对国际贸易的参与。（3）加强与其他缔约方的合作，在以下领域交流信息和最佳做法：改善中小企业获得资金和信贷的渠道、中小企业参与政府采购的机会以及帮助中小企业适应不断变化的市场条件。（4）鼓励企业、企业家和顾问参与网络等平台，分享信息和最佳做法，帮助中小企业与国际供应商、买家和其他潜在商业伙伴建立联系

续表

中小企业条款发展比较	
RCEP 协定	第 14.2 条：信息共享：每一缔约方应当促进与本协定相关的关于中小企业的信息共享，包括通过建立和维持一个可公开访问的信息平台，以及通过信息交流在缔约方之间共享知识、经验和最佳实践。 第 14.3 条：合作：缔约方应当加强本章项下的合作。 第 14.4 条：联络点：每一缔约方应当在本协定对其生效之日起 30 天内指定一个或多个联络点，以便利本章项下的合作和信息共享，并将该一个联络点或多个联络点的联系细节向其他缔约方通报。每一缔约方应当将此类联系细节的任何变动向其他缔约方通报

（十一）跨境服务（运输）条款

跨境服务（运输）条款在《关税与贸易总协定（1994）》中就有专门的章节进行阐述，是后续协议参照的重要基础。跨境服务（运输）注重国民待遇原则、最惠国待遇原则、市场准入原则，对外商提供尽量一致的服务，为跨境过境货物提供清关便利。

表 9-11　　　　　　　跨境服务（运输）条款发展比较

跨境服务（运输）条款发展比较	
GATT 1994	第 5 条：货物（包括行李）以及船舶和其他运输工具，在通过一缔约国领土时，不论是否转运、仓储、散装或改变运输方式，都应被视为在该领土上过境，而这种通过只是整个旅程的一部分，其起点和终点都在该运输通过的缔约国的边界之外。这种性质的运输在本条中称为"过境运输"
CPTPP	第 10.3 条：第三方协议方对外国服务供应商的待遇不得低于国内服务供应商。 第 10.4 条：一个第三方协议缔约方不得给另一个第三方协议缔约方的服务供应商低于任何其他国家的服务供应商的待遇。该章规定，协议缔约方和贸易伙伴有义务不对服务部门的本国或外国供应商施加限制，包括限制在一个国家能够提供服务的供应商数量或能够提供服务的合法企业形式（如合伙企业或合资企业）（"市场准入"义务）。缔约方必须确保以合理、客观和公正的方式管理影响向其国家提供服务的措施。为确保企业熟悉可能影响其在第三方物流协议方提供服务的法规，要求每个第三方物流协议方公开相关法律法规，以允许相关方对这些法规进行评论，并确保第三方物流协议方有一个回应企业询问的机制

续表

	跨境服务（运输）条款发展比较
TTIP	市场准入章节：在作出市场准入承诺的部门或分部门，任何一方不得在其全部领土或一个领土分区的基础上，通过跨境服务供应采取或维持市场准入措施。 国民待遇章节：1. 在所有影响跨境服务供应的措施方面，每一方应给予另一方的服务和服务供应商同等待遇比它在类似情况下给予自己的服务和服务供应商的待遇更优惠。2. 一方可以通过给予另一方的服务和服务供应商与它给予自己的同类服务和服务供应商的形式上相同的待遇或形式上不同的待遇来满足第1款的要求。3. 如果形式上相同或形式上不同的待遇改变了竞争条件，有利于一方的服务或服务供应商，而不利于另一方的类似服务或服务供应商，则该待遇应被视为较差。4. 本条款中的任何内容都不应被解释为要求任何一方对相关服务或服务供应商的外国特性所导致的固有竞争劣势进行补偿。 最惠国待遇章节：1. 在影响跨境服务供应的所有措施方面，每一方应给予另一方的服务和服务供应商不低于其在类似情况下给予任何非缔约方的服务和服务供应商的待遇。2. 第1款不得被解释为迫使一方向另一方的服务和服务供应商提供以下任何待遇的好处
RCEP协定	第2.5条：过境货物：每一缔约方应根据GATT 1994第5条第3款以及贸易便利化协定的有关规定，继续为来自或运往其他缔约方的过境货物提供清关便利。 第4.19条：海关合作：每一缔约方应当在可能和可行的范围内，与拥有共同边界的其他缔约方，根据共同同意的条款进行合作，以协调跨境程序，从而便利跨境贸易。 第9.2条：自然人临时移动范围：本协定的任何规定不得阻止一缔约方对另一缔约方的自然人入境该缔约方，或在该缔约方境内临时停留采取管理措施，包括为保护其边境完整以及为保证自然人有序跨境流动而采取的必要措施，只要此类措施不以使任何缔约方在本章项下获得的利益丧失或减损的方式适用

（十二）数量限制条款

无论是《关税与贸易总协定（1947）》还是《区域全面经济伙伴关系协定》，一般条件下，各协议均不支持数量限制，数量限制是重要的非关税壁垒，起到抑制国际贸易的作用，数量限制本身缺少透明度，从而容易导致贸易保护措施的滥用。除非另有规定。

表9-12　　　　　　　　数量限制条款发展比较

	数量限制条款发展比较
GATT 1947	第11条：数量限制的一般取消：1. 任何缔约国除征收税捐或其他费用以外，不得设立或维持配额、进出口许可证或其他措施以限制或禁止其他缔约国领土的产品的输入，或向其他缔约国领土输出或销售出口产品

588

续表

数量限制条款发展比较	
GATT 1994	第11条：除关税、税收或其他费用外，任何缔约方不得对任何其他缔约方领土上的任何产品的进口或对任何目的地为任何其他缔约方领土的任何产品的出口或出口销售实行或维持任何禁令或限制，无论这些禁令或限制是通过配额、进出口许可证还是其他措施生效的。任何缔约方不得禁止或限制从任何其他缔约方的领土进口任何产品，或出口任何以任何其他缔约方的领土为目的地的产品，除非所有第三国的类似产品的进口或向所有第三国的类似产品的出口同样受到禁止或限制
RCEP 协定	第2.17条：普遍取消数量限制：除本协定另有规定外，任何缔约方不得对从其他缔约方进口的任何货物或者向其他缔约方领土出口的任何货物采取或维持除关税、国内税或其他费用外的任何禁止或限制，无论此类禁止或限制通过配额、进口或出口许可或其他措施生效，但根据其在 the WTO Agreements 相关规定项下的权利和义务作出的禁止或限制除外。为此，GATT 1994 第11条经必要修改后纳入本协定并成为本协定一部分

（十三）监管条款

监管要求涉及多方面协商，要求具有良好的监管实践，进行监管影响评估，消除重叠和不一致的监管要求或法规，注重透明度等，营商环境提升与国内监管环境有一定相关性。良好的监管实践受到各协定的提倡。

表 9-13　　　　　　　　　　监管条款发展比较

监管条款发展比较	
TPP	第25章：这些承诺能够促进监管发展过程中的"良好监管实践"原则，包括监管机构之间的协调、利益相关者投入的机会，以及基于事实的监管决策
CPTPP	第25章：就本章而言，监管一致性指为便利本国政策目标的实现，在监管措施的计划、设计、发布、实施和审议过程中对良好监管实践的使用，以及各政府之间为深化这些目标及促进国际贸易和投资、经济增长和就业而加强监管合作努力过程中对良好监管实践的使用。核心良好监管实践的实施：1. 为有助于设计可最佳实现缔约方目标的措施，如所制定的拟议涵盖监管措施超过缔约方设定的经济影响的最低水平，或如适当，超过其他监管影响的最低水平，则缔约方在符合其法律法规的情况下，通常应鼓励相关监管机构开展监管影响评估。监管影响评估可包含一系列用以确定可能影响的程序。2. 认识到缔约方在制度、社会、文化、法律和发展方面的差异可能产生特定监管方法，缔约方开展的监管影响评估。监管一致性委员会：1. 缔约方特此设立监管一致性委员会，由每一缔约方的政府代表组成。2. 委员会应审议与本章实施和运用有关的问题。委员会还应审议确定未来优先事项，包括可能的部门倡议和合作活动，涉及本章下所涵盖的问题及本协定其他章所涵盖的与监管一致性相关的问题。合作：1. 缔约方应开展合作，以便利本章的实施，并使本章所产生的利益最大化。合作活动应考虑到每一缔约方的需求

续表

监管条款发展比较	
TTIP	监管合作章节：1. 只有在加强或至少保持对公民的保护水平的情况下，才有可能进行合作。这不仅适用于 TTIP，而且适用于所有欧盟贸易协定。例如，欧盟在里斯本条约中的审慎原则既不会因为 TTIP 而改变，也不会被削弱。2. 责任：任何监管合作都必须尊重立法程序和监管自主权。将在各级确保透明度，无论是在现有的合作倡议方面，还是在确定未来倡议的过程中。3. 监管机构将确定他们希望合作的领域，并共同确定优先事项。在这些领域，我们的做法已经很相似，将使公民、监管机构和企业受益。4. 监管机构将继续主导欧盟和美国的监管合作计划
RCEP 协定	第 8.15 条：为保证与资质要求和程序、技术标准和许可要求相关的措施不对服务贸易构成不必要的壁垒，在认识到能够进行监管以及采用新的与服务的提供相关的法规以实现其政策目标的同时，每一缔约方应当努力保证其采取或维持的此类措施。 第 12.10 条：1. 每一缔约方应当，在考虑联合国国际贸易法委员会电子商务示范法（1996 年）、2005 年 11 月 23 日订于纽约的联合国国际合同使用电子通信公约，或其他适用于电子商务的国际公约和示范法基础上，采取或维持监管电子交易的法律框架。2. 每一缔约方应当努力避免对电子交易施加任何不必要的监管负担

二 营商环境有关规则变化新趋势

新一轮国际经贸规则重构凸显全方位覆盖、多元化、高质量高标准等特点，高标准、高水平的知识产权保护、服务业开放、跨境数据自由流动、竞争政策和国有企业等议题成为谈判的重点。[①] 以美欧日为代表的发达经济体，凭借技术领先优势主导全球数字贸易规则的方向，并在国内政策导向和国际谈判中坚持数字贸易开放原则。要求国际一流的营商环境对标高标准的国际经贸规则，现有经贸规则的发展呈现如下新趋势：一是市场开放环境条款增加，对服务贸易和国际投资市场准入条件进一步放宽，负面清单管理加强。二是与政务环境有关的政策透明度、监管一致性条款增加，知识产权保护更加严格。三是与人文环境有关的商务人员临时移动、劳工标准规则要求提升。

在本节所选取的营商环境有关规则中，《关税与贸易总协定

---

① 李玉梅、鲁雁南：《提升外资营商环境需要对标国际经贸规则》，《开放导报》2019 年第 6 期。

（1947）》《关税与贸易总协定（1994）》《世界贸易组织协定》条款是当下众多协定条款的参照基础。

一方面，市场开放环境条款增加成为新趋势：①国民待遇与市场准入条款出现不断放宽趋势；②投资条款强调国民待遇和最惠国待遇基础上，对待外商投资更加注重公平性；③对补贴与倾销的损害认定、制裁等内容近年来的变化不大，在《区域全面经济伙伴关系协定》中，反倾销税、反补贴税仍然是应对补贴与倾销行为的重要手段；④国有企业（垄断）条款有较为明确的规定，协定中不断强调公平竞争环境的重要性，对国有企业垄断企业的行为作出更多的约束；⑤差别待遇条款主要针对弱势产业企业，众多协议都对发展中国家成员提供差别和更优惠的待遇，以促进发展中国家成员更多地参与世界贸易；⑥中小企业条款为中小企业提供更多商业机会，促使公平竞争环境，《跨太平洋伙伴关系协定》至《美国—墨西哥—加拿大协定》均对中小企业的条款进行协商，总体原则大致相同，信息共享、加强合作、建立中小型企业委员会成为许多协议关注的重点；⑦跨境服务（运输）条款融入国民待遇原则、最惠国待遇原则、市场准入原则，对外商提供尽量一致的服务，为跨境过境货物提供清关便利；⑧无论是《关税与贸易总协定（1947）》还是目前的《区域全面经济伙伴关系协定》，一般条件下，各协定均不支持数量限制条款，除非另有规定。

另一方面，与政务环境有关的条款增加：①透明度条款要求得到逐步具体化，对政策、信息公布的时间从模糊到明确具体期限，互联网的出现使文件政策透明度的时效性得到提升；②反腐败条款进一步得到具体阐述，以促进公职人员行为廉洁，打击贪腐、约束公职人员行为、违法惩罚等规则变化显示反腐力度有加强趋势；③在竞争条款中，各协定均强调自由与无扭曲的竞争环境的重要性，各协定都对成立国家竞争法、国家竞争管理部门有所提及；④各协定通知条款的及时性与内容要求以关贸总协定为重要基础，对于不同类型的条款，通知的具体要求有所区别；⑤监管条款要求具有良好的监管实践，目前良好的监管实践受到各协定的提倡。

第二节　我国营商环境与国际营商环境水平比较

一　根据世界银行营商环境评价体系，我国营商环境持续改善

世界银行的营商环境评价体系是我国营商环境评估的重要基础。在其报告①中给出具体说明：世界银行"营商环境"提供了两个综合衡量指标的结果：营商难易程度评分和基于"营商难易程度"评分的"营商难易程度"排名。"营商环境"排名将经济体与其他经济体进行比较；"营商环境"对基准经济体的监管最佳实践进行评分，显示出每个营商环境指标与最佳监管绩效的接近程度。营商环境便利度得分衡量一个经济体在10个营商环境主题的41个指标（不包括雇用工人和与政府签订合同指标）的监管最佳实践措施的衡量指标方面的表现。

表9-14　世界银行营商环境报告企业监管指标构成

指标集	衡量对象
开办企业	开办一家有限责任公司所需的手续、时间、成本和最低实缴资本，涵盖男性和女性
办理建筑许可	完成仓库建设所需的所有手续、时间及成本以及施工许可制度中的质量控制和安全机制
获得电力	接入电网所需的手续、时间及成本，以及供电可靠性和电价透明度
登记财产	转让财产所需的手续、时间及成本，以及土地管理制度的质量，涵盖男性和女性
获得信贷	动产抵押的法律和信用信息系统
保护中小投资者	小股东在关联方交易和公司治理中的权利
纳税	公司适用的所有税务规定以及申报后的流程所需的付款、时间、总税款和缴费比率
跨境贸易	出口具有比较优势的产品和进口汽车零部件所需的时间和成本
执行合同	解决商业纠纷的时间和成本，以及司法程序的质量，涵盖男性和女性
办理破产	办理商业破产所需的时间、成本、结果和回收率，以及破产法律框架的优点

---

① World Bank Group, *Doing Business 2020*, World Bank Publications, 2020.

第九章 全球营商环境及其规则变化比较分析

续表

指标集	衡量对象
雇用员工	就业监管的灵活性
政府采购	参与以及获取公共采购的工程合同所需的手续及时间，以及公共采购的监管框架

资料来源：根据世界银行相关资料整理得出，下同。

世界银行在报告①中最新排行榜如表9-15所示，该排序以2019年5月1日为基准，基于各经济体对综合排名中10个主题的营商环境得分平均值。对于数据涵盖两个城市的经济体，得分是两个城市的人口加权平均值。从表9-15中可以看出，目前我国总体排在第31位，达到了77.9分，最近几年我国营商环境的排名提升优化营商环境取得明显成效。但是我国与国际一流营商环境国家仍然存在明显差距，我国应当对标的营商环境国际一流的国家或地区如新西兰、新加坡、中国香港、丹麦、韩国、美国、格鲁吉亚、英国、挪威、瑞典等。

表9-15　　　　　营商环境评价综合得分　　　　单位：分

排名	经济体	得分	排名	经济体	得分	排名	经济体	得分
1	新西兰	86.8	11	立陶宛	81.6	21	泰国	80.1
2	新加坡	86.2	12	马来西亚	81.5	22	德国	79.7
3	中国香港	85.3	13	毛里求斯	81.5	23	加拿大	79.6
4	丹麦	85.3	14	澳大利亚	81.2	24	爱尔兰	79.6
5	韩国	84.0	15	中国台湾	80.9	25	哈萨克斯坦	79.6
6	美国	84.0	16	阿联酋	80.9	26	冰岛	79.0
7	格鲁吉亚	83.7	17	北马其顿	80.7	27	奥地利	78.7
8	英国	83.5	18	爱沙尼亚	80.6	28	俄罗斯	78.2
9	挪威	82.6	19	拉脱维亚	80.3	29	日本	78.0
10	瑞典	82.0	20	芬兰	80.2	30	西班牙	77.9

① World Bank Group, *Doing Business 2020*, World Bank Publications, 2020.

续表

排名	经济体	得分	排名	经济体	得分	排名	经济体	得分
31	中国	77.9	60	墨西哥	72.4	89	不丹	66.0
32	法国	76.8	61	保加利亚	72.0	90	波斯尼亚和黑塞哥维那	65.4
33	土耳其	76.8	62	沙特阿拉伯	71.6	91	萨尔瓦多	65.3
34	阿塞拜疆	76.7	63	印度	71.0	92	圣马力诺	64.2
35	以色列	76.7	64	乌克兰	70.2	93	圣卢西亚	63.7
36	瑞士	76.6	65	波多黎各	70.1	94	尼泊尔	63.2
37	斯洛文尼亚	76.5	66	文莱	70.1	95	菲律宾	62.8
38	卢旺达	76.5	67	哥伦比亚	70.1	96	危地马拉	62.6
39	葡萄牙	76.5	68	阿曼	70.0	97	多哥	62.3
40	波兰	76.4	69	乌兹别克斯坦	69.9	98	萨摩亚群岛	62.1
41	捷克共和国	76.3	70	越南	69.8	99	斯里兰卡	61.8
42	荷兰	76.1	71	牙买加	69.7	100	塞舌尔	61.7
43	巴林	76.0	72	卢森堡	69.6	101	乌拉圭	61.5
44	塞尔维亚	75.7	73	印度尼西亚	69.6	102	斐济	61.5
45	斯洛伐克	75.6	74	哥斯达黎加	69.2	103	汤加	61.4
46	比利时	75.0	75	约旦	69.0	104	纳米比亚	61.4
47	亚美尼亚	74.5	76	秘鲁	68.7	105	波斯尼亚和黑塞哥维那	61.3
48	摩尔多瓦	74.4	77	卡塔尔	68.7	106	塔吉克斯坦	61.3
49	白俄罗斯	74.3	78	突尼斯	68.7	107	瓦努阿图	61.1
50	黑山	73.8	79	希腊	68.4	108	巴基斯坦	61.0
51	克罗地亚	73.6	80	吉尔吉斯斯坦	67.8	109	马拉维	60.9
52	匈牙利	73.4	81	蒙古国	67.8	110	科特迪瓦	60.7
53	摩洛哥	73.4	82	阿尔巴尼亚	67.7	111	多米尼克	60.5
54	塞浦路斯	73.4	83	科威特	67.4	112	吉布提	60.5
55	罗马尼亚	73.3	84	南非	67.0	113	安提瓜和巴布达	60.3
56	肯尼亚	73.2	85	赞比亚	66.9	114	埃及	60.1
57	科索沃	73.2	86	巴拿马	66.6	115	多米尼加共和国	60.0
58	意大利	72.9	87	博茨瓦纳	66.2	116	乌干达	60.0
59	智利	72.6	88	马耳他	66.1	117	西岸和加沙	60.0

第九章 全球营商环境及其规则变化比较分析

续表

排名	经济体	得分	排名	经济体	得分	排名	经济体	得分
118	加纳	60.0	143	黎巴嫩	54.3	167	喀麦隆	46.1
119	巴哈马群岛	59.9	144	柬埔寨	53.8	168	孟加拉国	45.0
120	巴布亚新几内亚	59.8	145	帕劳群岛	53.7	169	加蓬	45.0
121	斯威士兰	59.5	146	格林纳达	53.4	170	圣多美和普林西比	45.0
122	莱索托	59.4	147	马尔代夫	53.3	171	苏丹	44.8
123	塞内加尔	59.3	148	马里	52.9	172	伊拉克	44.7
124	巴西	59.1	149	贝宁	52.4	173	阿富汗	44.1
125	巴拉圭	59.1	150	玻利维亚	51.7	174	几内亚比绍	43.2
126	阿根廷	59.0	151	布基纳法索	51.4	175	利比里亚	43.2
127	伊朗	58.5	152	毛里塔尼亚	51.1	176	叙利亚	42.0
128	巴巴多斯	57.9	153	马绍尔群岛	50.9	177	安哥拉	41.3
129	厄瓜多尔	57.7	154	老挝	50.8	178	赤道几内亚	41.1
130	圣文森特和格林纳丁斯	57.1	155	冈比亚	50.3	179	海地	40.7
131	尼日利亚	56.9	156	几内亚	49.4	180	刚果	39.5
132	尼日尔	56.8	157	阿尔及利亚	48.6	181	东帝汶	39.4
133	洪都拉斯	56.3	158	密克罗尼西亚	48.1	182	乍得	36.9
134	圭亚那	55.5	159	埃塞俄比亚	48.0	183	刚果	36.2
135	伯利兹	55.5	160	科摩罗	47.9	184	中非共和国	35.6
136	所罗门群岛	55.3	161	马达加斯加	47.7	185	南苏丹	34.6
137	佛得角	55.0	162	苏里南	47.5	186	利比亚	32.7
138	莫桑比克	55.0	163	塞拉利昂	47.5	187	也门	31.8
139	圣基茨和尼维斯	54.6	164	基里巴斯	46.9	188	委内瑞拉	30.2
140	津巴布韦	54.5	165	缅甸	46.8	189	厄立特里亚	21.6
141	坦桑尼亚	54.5	166	布隆迪	46.8	190	索马里	20.0
142	尼加拉瓜	54.4						

注：World Bank Group, *Doing Business 2020*, World Bank Publications, 2020, 下同。

根据世界银行营商环境评价结果，中国营商环境水平排名从2013年的第96位持续上升，特别是近年来营商环境排名从2017年的第78

位上升到 2018 年的第 46 位，报告①显示，我国营商环境水平上升至第 31 位，领先于法国、荷兰和瑞士，并连续两年被世行评选为营商环境改善幅度最大的全球 10 个经济体之一。我国北京、上海营商环境在 2018 年以后大幅提升。2020 年 G20 成员整体营商环境水平，最高的为美国纽约，达到 85.2 分，韩国、英国、澳大利亚位列其后，北京和上海已经达到 78—77 分，营商环境与最高水平区域仍然存在差距，存在进一步的提升空间（见表 9-16）。

表 9-16　　　　　2010—2020 年营商环境评价（G20 成员）　　　　单位：分

分类	国家（地区）	（1）营商环境综合指标									
		2010年	2011年	2012年	2013年	2014年	2015年	2016年	2017年	2018年	2019年	2020年
亚洲	中国（北京）					60.1	61.7	63.0	64.7	65.2	73.9	78.2
	中国（上海）	56.6	58.5	58.8	60.1	59.9	61.5	63.2	64.6	65.2	74.0	77.7
	韩国	80.9	81.1	81.8	82.8	82.3	82.8	83.1	84.0	84.0	84.0	84.0
	日本（东京）	78.1	79.1	79.4	79.3	77.0	76.9	77.4	77.6	77.7	77.8	77.8
	印度尼西亚					60.7	61.8	62.1	64.7	66.9	68.2	69.6
	印度					51.9	52.9	54.5	55.9	60.9	67.5	71.0
	土耳其	65.3	65.3	65.7	66.8	67.8	68.8	69.1	69.4	70.9	75.3	76.8
非洲	沙特阿拉伯	66.1	67.1	67.0	68.0	65.2	65.3	59.2	59.4	62.1	63.8	71.6
	南非	68.4	68.3	70.0	71.0	69.7	68.7	66.2	65.4	65.3	66.7	67.0
欧洲	俄罗斯					67.5	69.2	74.1	75.3	76.5	77.4	78.2
	英国	83.0	83.6	83.7	83.7	82.7	82.9	83.3	83.3	83.2	83.6	83.5
	法国	70.3	71.0	71.1	70.6	71.2	73.0	76.1	76.3	76.0	76.8	76.8
	德国	79.4	79.3	79.4	79.3	79.4	79.2	79.5	79.6	79.3	79.3	79.7
	意大利	65.8	66.0	66.2	66.6	68.4	68.7	71.7	71.8	73.2	73.0	72.9

① World Bank Group, Doing Business 2020, World Bank Publications, 2020.

第九章 全球营商环境及其规则变化比较分析

续表

分类	国家（地区）	（1）营商环境综合指标										
		2010年	2011年	2012年	2013年	2014年	2015年	2016年	2017年	2018年	2019年	2020年
美洲	美国（纽约）	86.3	86.0	86.0	85.2	84.0	84.0	85.0	85.0	85.0	85.0	85.2
	墨西哥					69.3	70.5	71.6	72.4	72.5	72.3	72.4
	加拿大	78.7	79.8	79.5	79.9	79.9	79.6	79.8	79.5	79.3	79.7	79.6
	阿根廷	57.8	57.5	57.9	56.5	56.2	56.3	56.7	57.2	57.5	58.2	59.0
	巴西（圣保罗）	55.1	54.8	54.7	54.8	55.3	56.0	54.9	54.4	54.7	58.3	58.8
大洋洲	澳大利亚	79.5	79.7	79.7	80.3	80.7	80.6	80.4	80.2	80.8	80.7	81.2

从图 9-1 来看，亚洲区域韩国营商环境稳步提升，居于首位。北京、上海、印度近年提升幅度最大，我国这两个地区已经达到日本东京的营商环境水平。

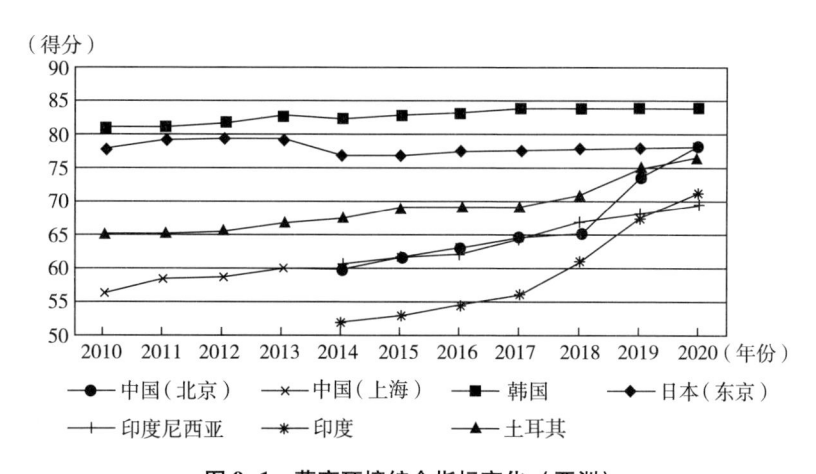

图 9-1 营商环境综合指标变化（亚洲）

资料来源：根据世界银行相关资料整理得出，下同。

世界银行将北京、上海列入中高收入地区，从图 9-1 中可以看出上海、北京的提升步伐一致，已经与俄罗斯、土耳其并列步入中高收入地区营商环境较优的梯队，正朝 80 分水平进行突破。阿根廷、巴西提升幅度则较慢。

二 我国营商环境与国际营商环境比较存在差距

对照世界银行评价中一流营商环境水平,我国北京、上海在企业开办、办理施工许可、电力取得、合同履行4个方面,达到发达国家的先进水平。在财产登记方面,北京、上海成效比较突出。在跨境贸易方面,北京、上海与最高水平有10分的差距。在信贷取得、少数投资者保护、赋税、破产处理4个方面差距比较明显。

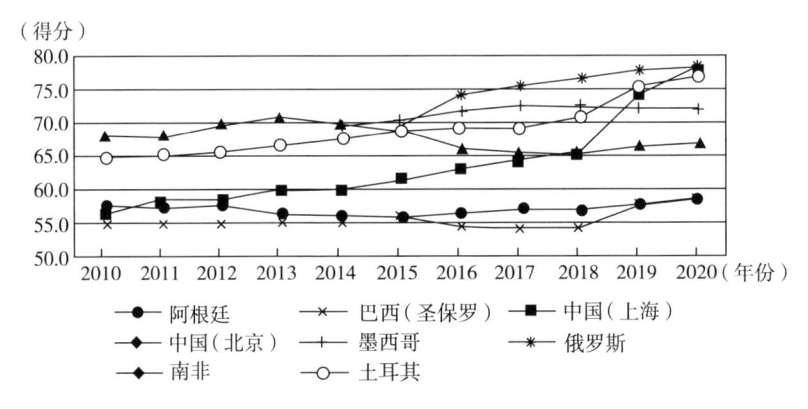

图 9-2 营商环境综合指标变化(中高收入分类)

表 9-17　　　2010—2020 年营商环境评价(按区域分类)　　　单位:分

分类	国家(地区)	(2)企业开办得分									
		2010年	2011年	2012年	2013年	2014年	2015年	2016年	2017年	2018年	2019年	2020年
亚洲	中国(北京)					71.8	80.5	80.3	84.1	85.1	93.6	95.1
	中国(上海)	66.1	67.0	68.2	72.0	72.5	81.2	81.1	84.6	85.6	93.3	93.3
	韩国	84.5	84.5	88.7	91.9	91.9	91.9	91.9	93.4	93.4	93.4	93.4
	日本(东京)	83.1	83.1	85.9	85.9	85.9	86.0	86.0	86.0	86.0	86.0	86.0
	印度尼西亚					59.1	64.1	65.7	74.6	76.1	79.4	81.2
	印度					59.1	61.8	71.7	72.2	73.9	81.0	81.6
	土耳其	81.8	81.4	81.4	81.6	81.0	79.1	79.2	81.0	81.9	88.2	88.8

续表

分类	国家(地区)	（2）企业开办得分										
		2010年	2011年	2012年	2013年	2014年	2015年	2016年	2017年	2018年	2019年	2020年
非洲	沙特阿拉伯	73.1	72.8	73.0	74.0	73.9	74.0	74.4	75.4	80.0	80.1	93.1
	南非	80.7	80.7	81.4	81.4	81.4	79.7	79.7	80.0	80.0	81.2	81.2
欧洲	俄罗斯					88.6	91.6	91.8	93.0	93.0	93.0	93.1
	英国	89.8	89.8	89.8	89.8	89.8	91.2	94.6	94.6	94.6	94.6	94.6
	法国	92.5	92.5	92.5	92.5	92.5	93.0	93.1	93.3	93.3	93.3	93.1
	德国	80.8	81.5	81.6	81.7	81.8	81.4	82.7	83.5	83.5	83.6	83.7
	意大利	83.8	83.7	83.8	84.0	84.2	86.6	86.7	86.7	86.8	86.8	86.8
美洲	美国(纽约)	91.4	91.3	91.3	91.3	91.3	91.6	91.6	91.6	91.6	91.6	91.6
	墨西哥					86.9	86.8	86.9	85.7	85.8	85.9	86.1
	加拿大	97.2	97.2	97.2	97.2	97.2	97.2	98.2	98.2	98.2	98.2	98.2
美洲	阿根廷	72.1	71.7	72.2	72.6	71.6	72.4	73.3	73.5	73.6	82.0	80.4
	巴西(圣保罗)	56.5	57.9	58.1	58.2	58.3	59.8	59.8	59.8	59.8	80.4	81.6
大洋洲	澳大利亚	96.5	96.5	96.5	96.5	96.5	96.5	96.5	96.5	96.5	96.5	96.6

表9-18   2010—2020年营商环境评价（按区域分类）   单位：分

分类	国家(地区)	（3）办理施工许可证得分										
		2010年	2011年	2012年	2013年	2014年	2015年	2016年	2017年	2018年	2019年	2020年
亚洲	中国(北京)					34.4	41.4	42.1	42.4	43.5	62.1	77.8
	中国(上海)	11.8	13.4	15.4	23.6	26.2	27.0	37.5	37.8	39.3	67.7	77.0
	韩国	87.3	87.3	85.9	85.9	85.9	77.8	77.9	84.5	84.4	84.4	84.4
	日本(东京)	76.2	82.2	81.9	81.9	81.9	83.1	83.1	83.1	83.1	83.1	83.1

续表

分类	国家（地区）	（3）办理施工许可证得分										
		2010年	2011年	2012年	2013年	2014年	2015年	2016年	2017年	2018年	2019年	2020年
亚洲	印度尼西亚					55.9	64.3	65.3	65.8	64.0	65.9	66.8
	印度					22.4	35.9	35.9	35.9	39.7	72.1	78.7
	土耳其	51.9	51.5	52.7	61.4	65.0	66.9	68.4	68.7	69.6	73.4	73.8
非洲	沙特阿拉伯	72.5	77.3	75.0	75.8	75.8	77.3	77.3	76.9	76.6	76.7	78.3
	南非	67.1	67.2	67.0	67.2	67.3	68.4	68.3	68.3	68.3	68.2	68.3
欧洲	俄罗斯					53.2	69.9	70.6	73.1	73.2	78.4	78.9
	英国	85.8	85.7	86.9	86.9	86.9	80.1	80.2	80.2	80.3	80.3	80.3
	法国	76.9	76.9	76.8	71.4	69.0	74.0	74.3	76.4	76.5	74.3	74.3
	德国	82.9	82.9	82.8	82.9	82.9	78.1	78.1	78.1	78.1	78.2	78.2
	意大利	63.2	62.9	62.9	63.0	62.9	65.6	65.7	65.8	68.0	68.2	68.3
美洲	美国（纽约）	84.4	80.0	80.0	80.0	80.1	80.1	80.1	80.1	80.1	80.1	80.1
	墨西哥					64.2	65.8	65.9	67.7	67.8	68.2	68.8
	加拿大	71.3	71.2	67.4	67.3	67.4	73.8	73.9	73.8	72.9	73.0	73.0
	阿根廷	43.3	36.9	38.3	39.8	37.7	47.1	48.3	49.2	49.0	49.3	56.4
	巴西（圣保罗）	44.3	44.6	45.0	45.4	45.5	47.6	47.8	47.8	47.9	48.0	47.7
大洋洲	澳大利亚	83.7	83.7	83.7	83.7	83.7	86.1	86.1	84.4	84.4	84.6	84.7

表 9-19　　　　2010—2020 年营商环境评价（按区域分类）　　　单位：分

分类	国家（地区）	（4）电力取得得分										
		2010年	2011年	2012年	2013年	2014年	2015年	2016年	2017年	2018年	2019年	2020年
亚洲	中国（北京）					63.5	63.3	63.5	63.5	63.7	92.0	95.4

续表

分类	国家(地区)	(4) 电力取得得分										
		2010年	2011年	2012年	2013年	2014年	2015年	2016年	2017年	2018年	2019年	2020年
亚洲	中国(上海)	67.0	67.4	67.8	68.2	68.4	67.1	67.2	67.3	67.4	92.0	95.4
	韩国	99.8	99.8	99.8	99.9	99.8	99.9	99.9	99.9	99.9	99.9	99.9
	日本(东京)	87.4	87.4	87.4	87.4	87.4	90.5	90.5	90.5	90.7	90.7	90.7
	印度尼西亚					73.1	75.0	77.6	80.9	83.9	86.4	87.3
	印度					68.2	69.8	81.7	90.3	88.6	89.2	89.4
	土耳其	79.5	79.4	79.8	80.2	86.1	83.5	80.6	80.6	81.0	81.2	84.5
非洲	沙特阿拉伯	81.6	81.6	81.6	81.5	81.5	76.8	76.8	76.8	76.8	79.9	91.8
	南非	56.9	56.6	55.1	55.5	55.6	41.8	63.2	56.2	56.3	68.8	68.8
欧洲	俄罗斯					70.4	77.9	84.2	92.8	92.8	94.0	97.5
	英国	81.1	81.1	80.8	81.4	90.8	93.3	93.3	93.3	93.3	96.4	96.9
	法国	81.2	81.2	81.2	81.2	81.2	85.9	85.9	85.9	85.9	92.0	92.0
	德国	98.3	98.3	98.3	98.4	98.4	98.8	98.8	98.8	98.8	98.8	98.8
	意大利	78.2	78.2	78.2	78.2	78.2	80.7	80.7	80.7	86.0	86.0	86.1
美洲	美国(纽约)	88.3	88.3	88.3	88.3	88.3	91.2	91.2	91.2	91.2	91.2	91.2
	墨西哥					64.3	67.5	67.5	68.3	71.0	71.1	71.1
	加拿大	55.3	55.3	55.3	59.2	59.3	63.2	63.8	63.8	63.8	63.8	63.8
	阿根廷	72.6	72.6	72.6	72.6	72.6	70.0	70.0	70.0	70.0	70.0	70.0
	巴西(圣保罗)	71.8	72.0	72.5	72.6	72.7	73.3	73.4	68.7	68.8	72.0	72.0
大洋洲	澳大利亚	80.6	80.6	80.6	80.6	80.6	82.3	82.3	82.3	82.3	82.3	82.3

表 9-20　　2010—2020 年营商环境评价（按区域分类）　　　　单位：分

分类	国家(地区)	(5) 财产登记得分										
		2010年	2011年	2012年	2013年	2014年	2015年	2016年	2017年	2018年	2019年	2020年
亚洲	中国(北京)					76.7	76.7	76.7	76.7	76.7	82.2	82.6
	中国(上海)	72.5	72.5	72.3	72.5	72.5	72.6	72.8	72.8	73.6	79.7	79.7
	韩国	70.7	70.7	70.7	70.7	70.7	71.0	76.2	76.3	76.3	76.3	76.3
	日本(东京)	73.0	73.0	72.7	72.4	72.4	72.5	75.2	75.2	75.2	75.6	75.6
	印度尼西亚					60.7	60.7	53.2	55.7	59.8	60.1	60.0
	印度					54.0	54.1	47.7	45.6	46.1	47.9	47.6
	土耳其	75.6	75.7	75.0	75.0	73.4	76.4	78.5	78.5	81.5	79.9	81.6
非洲	沙特阿拉伯	87.8	87.8	87.8	87.8	87.8	87.8	78.2	78.5	81.2	84.1	84.5
	南非	60.5	60.1	67.3	66.7	66.2	66.0	61.2	59.9	59.3	59.3	59.5
欧洲	俄罗斯					84.8	88.2	88.2	88.2	88.6	88.6	88.6
	英国	71.3	71.2	71.3	71.3	72.4	72.5	75.3	74.9	75.3	75.3	75.7
	法国	49.2	55.4	55.4	55.4	55.4	57.0	63.1	61.1	60.7	63.3	63.3
	德国	66.5	66.5	66.5	65.4	65.4	63.1	66.5	66.6	66.5	66.5	66.6
	意大利	75.1	75.0	75.1	75.1	79.4	79.4	81.7	81.7	81.7	81.7	81.7
美洲	美国(纽约)	88.9	88.9	88.1	82.3	82.3	82.4	76.8	76.8	76.8	76.7	76.8
	墨西哥					59.7	59.6	56.9	61.1	60.8	60.4	60.2
	加拿大	84.6	84.6	84.6	81.5	81.9	81.9	79.3	79.3	77.8	77.8	77.8
	阿根廷	62.6	62.6	59.8	59.8	60.6	60.6	56.3	56.3	56.7	56.7	56.7
	巴西(圣保罗)	56.9	56.8	57.0	57.0	57.0	57.1	52.9	52.9	52.8	52.8	55.0
大洋洲	澳大利亚	77.4	77.2	77.2	77.1	77.1	76.9	74.2	74.2	76.4	75.9	75.7

表9-21　　2010—2020年营商环境评价（按区域分类）　　单位：分

分类	国家（地区）	(6) 信贷取得得分											
		2010年	2011年	2012年	2013年	2014年	2015年	2016年	2017年	2018年	2019年	2020年
亚洲	中国（北京）					50.0	50.0	50.0	60.0	60.0	60.0	60.0
	中国（上海）	56.3	56.3	56.3	56.3	50.0	50.0	50.0	60.0	60.0	60.0	60.0
	韩国	75.0	75.0	75.0	75.0	65.0	65.0	65.0	65.0	65.0	65.0	65.0
	日本（东京）	81.3	75.0	75.0	75.0	55.0	55.0	55.0	55.0	55.0	55.0	55.0
	印度尼西亚					50.0	50.0	55.0	60.0	65.0	70.0	70.0
	印度					65.0	65.0	65.0	65.0	75.0	80.0	80.0
	土耳其	56.3	56.3	56.3	56.3	40.0	45.0	45.0	45.0	55.0	75.0	75.0
非洲	沙特阿拉伯	56.3	62.5	62.5	62.5	45.0	45.0	45.0	45.0	45.0	45.0	60.0
	南非	81.3	81.3	81.3	81.3	65.0	60.0	60.0	60.0	60.0	60.0	60.0
欧洲	俄罗斯					55.0	55.0	70.0	70.0	80.0	80.0	80.0
	英国	100.0	100.0	100.0	100.0	75.0	75.0	75.0	75.0	75.0	75.0	75.0
	法国	56.3	56.3	56.3	56.3	50.0	50.0	50.0	50.0	50.0	50.0	50.0
	德国	81.3	81.3	81.3	81.3	70.0	70.0	70.0	70.0	70.0	70.0	70.0
	意大利	50.0	50.0	50.0	50.0	45.0	45.0	45.0	45.0	45.0	45.0	45.0
美洲	美国（纽约）	93.8	93.8	93.8	93.8	95.0	95.0	95.0	95.0	95.0	95.0	95.0
	墨西哥					75.0	80.0	90.0	90.0	90.0	90.0	90.0
	加拿大	81.3	81.3	81.3	81.3	85.0	85.0	85.0	85.0	85.0	85.0	85.0
	阿根廷	62.5	62.5	62.5	62.5	50.0	50.0	50.0	50.0	50.0	50.0	50.0
	巴西（圣保罗）	50.0	50.0	50.0	50.0	45.0	45.0	45.0	45.0	45.0	50.0	50.0
大洋洲	澳大利亚	87.5	87.5	87.5	93.8	90.0	90.0	90.0	90.0	90.0	90.0	95.0

表 9-22　　　　2010—2020 年营商环境评价（按区域分类）　　　　单位：分

分类	国家（地区）	（7）少数投资者保护得分										
		2010年	2011年	2012年	2013年	2014年	2015年	2016年	2017年	2018年	2019年	2020年
亚洲	中国（北京）	50.0	50.0	50.0	50.0	52.0	56.0	56.0	56.0	56.0	62.0	72.0
	中国（上海）	50.0	50.0	50.0	50.0	52.0	56.0	56.0	56.0	56.0	62.0	72.0
	韩国	60.0	60.0	60.0	66.7	70.0	74.0	74.0	74.0	74.0	74.0	74.0
	日本（东京）	70.0	70.0	70.0	70.0	64.0	64.0	64.0	64.0	64.0	64.0	64.0
	印度尼西亚	60.0	60.0	60.0	60.0	60.0	60.0	64.0	64.0	70.0	70.0	70.0
	印度	56.7	60.0	60.0	60.0	70.0	76.0	76.0	76.0	80.0	80.0	80.0
	土耳其	56.7	56.7	56.7	56.7	76.0	76.0	76.0	76.0	76.0	76.0	76.0
非洲	沙特阿拉伯	66.7	66.7	66.7	66.7	60.0	60.0	60.0	62.0	76.0	80.0	86.0
	南非	80.0	80.0	80.0	80.0	80.0	80.0	80.0	80.0	80.0	80.0	80.0
欧洲	俄罗斯	46.7	46.7	46.7	46.7	56.0	56.0	56.0	58.0	58.0	58.0	60.0
	英国	80.0	80.0	80.0	80.0	84.0	84.0	84.0	84.0	84.0	84.0	84.0
	法国	53.3	53.3	53.3	53.3	68.0	68.0	68.0	68.0	68.0	68.0	68.0
	德国	50.0	50.0	50.0	50.0	62.0	62.0	62.0	62.0	62.0	62.0	62.0
	意大利	56.7	56.7	56.7	56.7	66.0	66.0	66.0	66.0	66.0	66.0	66.0
美洲	美国（纽约）	83.3	83.3	83.3	83.3	70.0	70.0	70.0	70.0	70.0	70.0	70.0
	墨西哥	56.7	56.7	56.7	56.7	62.0	62.0	62.0	62.0	62.0	62.0	62.0
	加拿大	83.3	83.3	83.3	86.7	84.0	84.0	84.0	84.0	84.0	84.0	84.0
	阿根廷	50.0	50.0	50.0	50.0	62.0	62.0	62.0	62.0	62.0	62.0	62.0
	巴西（圣保罗）	53.3	53.3	53.3	53.3	62.0	62.0	62.0	62.0	62.0	62.0	62.0
大洋洲	澳大利亚	56.7	56.7	56.7	56.7	64.0	64.0	64.0	64.0	64.0	64.0	64.0

表 9-23　　2010—2020 年营商环境评价（按区域分类）　　单位：分

分类	国家(地区)	(8) 赋税得分										
		2010年	2011年	2012年	2013年	2014年	2015年	2016年	2017年	2018年	2019年	2020年
亚洲	中国(北京)					60.9	63.9	60.1	60.4	63.2	69.4	71.7
	中国(上海)	44.8	60.3	60.3	60.6	60.9	64.1	60.9	60.6	63.3	66.7	68.7
	韩国	80.1	81.1	81.6	83.7	85.0	85.1	86.9	86.9	86.9	86.9	87.4
	日本(东京)	62.4	72.7	73.6	73.2	73.1	71.7	78.2	80.8	81.4	81.6	81.6
	印度尼西亚					58.5	59.2	67.5	67.7	68.5	68.4	75.8
	印度					53.8	53.9	41.5	44.7	65.2	65.4	67.6
	土耳其	79.1	79.0	80.6	80.6	80.7	80.5	72.6	73.0	73.1	74.8	86.6
非洲	沙特阿拉伯	92.3	92.3	92.3	98.8	98.8	99.2	74.7	74.6	75.0	75.0	80.5
	南非	87.3	87.2	87.0	86.8	88.9	88.8	81.2	81.0	81.2	81.1	81.2
欧洲	俄罗斯					79.2	79.5	79.3	79.2	79.1	79.6	80.5
	英国	90.2	89.6	89.6	90.2	90.3	90.9	86.4	86.8	86.9	87.1	86.2
	法国	70.9	70.9	71.0	69.9	69.6	68.7	77.5	77.8	78.4	79.3	79.2
	德国	79.0	76.4	76.8	79.1	76.8	77.0	82.2	82.2	82.1	82.1	82.2
	意大利	59.1	60.6	60.6	62.0	63.1	63.3	60.3	62.6	68.3	66.3	64.0
美洲	美国(纽约)	79.4	78.7	78.7	79.3	79.7	79.7	83.2	83.2	83.2	83.3	85.8
	墨西哥					72.8	72.7	66.4	66.7	66.5	65.6	65.8
	加拿大	85.4	93.0	93.0	93.0	93.0	93.0	88.1	88.1	88.1	88.1	88.1
	阿根廷	42.5	42.5	44.5	45.0	45.0	45.0	45.7	47.2	49.3	49.3	49.3
	巴西(圣保罗)	44.9	44.4	44.1	42.6	42.4	42.5	34.1	34.3	34.4	34.4	34.4
大洋洲	澳大利亚	82.1	82.1	82.3	82.3	82.5	82.4	85.6	85.6	85.6	85.6	85.7

表 9-24　　　　2010—2020 年营商环境评价（按区域分类）　　　　单位：分

分类	国家(地区)	(9) 跨境贸易得分										
		2010年	2011年	2012年	2013年	2014年	2015年	2016年	2017年	2018年	2019年	2020年
亚洲	中国(北京)					70.0	69.0	69.0	69.0	69.0	82.8	85.7
	中国(上海)	73.0	72.9	73.2	73.0	72.9	72.1	72.1	72.1	72.1	83.9	87.2
	韩国	92.5	92.6	93.8	93.9	93.9	92.5	92.5	92.5	92.5	92.5	92.5
	日本(东京)	87.2	87.1	86.9	86.8	86.7	86.5	86.5	86.5	86.5	86.5	86.3
	印度尼西亚					78.0	62.8	62.8	65.1	66.5	66.5	67.5
	印度					64.9	56.5	56.5	57.6	58.6	77.5	82.5
	土耳其	71.3	71.8	72.2	72.3	72.8	87.9	87.9	87.9	87.9	91.4	91.6
非洲	沙特阿拉伯	77.8	77.2	78.1	78.1	74.1	48.5	48.5	48.5	49.6	54.3	76.0
	南非	57.1	58.2	60.0	70.4	71.2	59.7	59.7	59.7	59.7	59.6	59.6
欧洲	俄罗斯					53.0	69.4	69.4	69.4	70.9	71.8	71.8
	英国	85.7	87.8	88.0	88.2	88.2	93.8	93.8	93.8	93.8	93.8	93.8
	法国	90.0	90.1	89.8	89.9	90.1	100.0	100.0	100.0	100.0	100.0	100.0
	德国	88.3	88.4	88.1	88.2	88.3	91.8	91.8	91.8	91.8	91.8	91.8
	意大利	81.9	82.0	82.1	82.9	83.3	100.0	100.0	100.0	100.0	100.0	100.0
美洲	美国(纽约)	88.3	88.4	88.5	88.5	88.6	92.0	92.0	92.0	92.0	92.0	92.0
	墨西哥					81.3	82.1	82.1	82.1	82.1	82.1	82.1
	加拿大	85.5	85.2	85.6	86.2	86.3	88.4	88.4	88.4	88.4	88.4	88.4
	阿根廷	61.7	63.7	66.8	59.0	63.4	63.1	63.1	65.6	65.6	65.6	67.1
	巴西(圣保罗)	71.5	66.9	65.0	66.1	66.9	55.6	57.4	58.8	63.0	69.9	69.9
大洋洲	澳大利亚	80.5	80.9	80.9	81.2	81.1	70.8	70.6	70.6	70.6	70.3	70.3

表 9-25 2010—2020 年营商环境评价（按区域分类） 单位：分

分类	国家（地区）	(10) 合同履行得分										
		2010年	2011年	2012年	2013年	2014年	2015年	2016年	2017年	2018年	2019年	2020年
亚洲	中国（北京）					66.2	66.2	77.3	79.1	79.1	79.1	80.0
	中国（上海）	69.5	69.5	69.5	69.5	67.7	67.7	78.8	78.8	78.8	78.8	81.6
	韩国	78.7	78.7	80.8	79.2	79.2	79.2	84.1	84.1	84.1	84.1	84.1
	日本（东京）	69.9	69.9	69.9	69.9	73.2	73.2	65.3	65.3	65.3	65.3	65.3
	印度尼西亚					44.3	44.3	42.6	45.4	47.2	47.2	49.1
	印度					29.0	29.0	36.6	39.3	41.2	41.2	41.2
	土耳其	65.2	65.0	65.0	66.1	66.1	67.1	68.1	68.1	69.9	71.8	71.4
非洲	沙特阿拉伯	52.7	52.7	52.7	54.8	54.8	56.5	56.9	56.9	60.6	63.4	65.3
	南非	65.1	66.1	66.1	66.1	66.1	66.1	54.1	54.1	54.1	54.1	56.9
欧洲	俄罗斯					75.3	74.2	73.0	72.2	72.2	72.2	72.2
	英国	66.4	68.4	68.4	67.4	67.4	67.4	68.7	68.7	68.7	68.7	68.7
	法国	76.2	76.2	76.2	76.2	76.2	76.2	73.5	73.5	73.5	73.5	73.5
	德国	76.7	76.7	76.7	76.7	76.7	75.0	70.9	70.4	70.4	70.4	74.1
	意大利	42.2	42.2	42.2	42.9	45.4	45.4	54.6	53.1	53.1	53.1	53.1
美洲	美国（纽约）	76.8	76.8	76.8	74.8	73.2	73.2	79.1	79.1	79.1	79.1	79.1
	墨西哥					63.8	63.8	65.7	67.0	67.0	67.0	67.0
	加拿大	63.8	63.8	63.8	63.8	63.8	60.8	55.6	53.4	53.4	57.1	57.1
	阿根廷	65.4	65.4	65.4	57.9	52.8	52.1	55.6	55.7	55.7	55.7	57.5
	巴西（圣保罗）	52.2	52.2	52.2	53.2	51.6	51.6	63.5	65.4	65.4	65.4	65.4
大洋洲	澳大利亚	76.9	76.9	76.5	76.5	76.3	76.3	79.0	79.0	79.0	79.0	79.0

表 9-26　　　　2010—2020 年营商环境评价（按区域分类）　　　　单位：分

分类	国家（地区）	\(11\)破产处理得分									
		2010	2011	2012	2013	2014	2015	2016	2017	2018	2019	2020
亚洲	中国（北京）					55.3	55.3	55.4	55.8	55.8	55.8	62.1
	中国（上海）	54.9	55.5	55.4	55.1	55.3	55.3	55.4	55.8	55.8	55.8	62.1
	韩国	80.8	81.5	81.8	81.5	81.8	82.2	82.5	83.0	83.1	83.0	82.9
	日本（东京）	90.4	90.5	90.5	90.6	90.6	90.6	90.1	90.0	90.2	90.2	90.0
	印度尼西亚					67.6	67.7	67.4	67.4	67.6	67.9	68.1
	印度					32.4	32.6	32.6	32.8	40.7	40.8	62.0
	土耳其	35.9	36.4	37.0	37.7	37.0	40.0	35.1	35.0	33.3	40.7	38.5
非洲	沙特阿拉伯	0.0	0.0	0.0	0.0	0.0	0.0	0.0	0.0	0.0	0.0	0.0
	南非	43.9	45.1	54.9	55.0	55.1	55.1	54.9	54.8	54.5	54.5	54.6
欧洲	俄罗斯					59.2	59.1	58.4	56.7	57.6	58.4	59.1
	英国	79.7	82.0	82.0	82.0	82.0	82.0	82.0	82.0	80.2	80.3	80.3
	法国	56.8	57.0	58.9	60.3	60.3	75.9	76.1	76.6	73.9	74.1	74.6
	德国	90.2	90.9	91.5	89.1	91.6	91.8	91.9	92.3	90.3	90.1	89.8
	意大利	67.9	68.7	70.4	71.6	75.9	76.0	76.1	76.6	77.0	77.3	77.5
美洲	美国（纽约）	88.1	90.7	90.7	90.7	91.2	91.2	91.2	91.2	91.1	90.9	90.5
	墨西哥					62.9	72.6	73.0	73.1	72.3	70.8	70.3
	加拿大	79.0	83.5	83.2	83.2	81.4	81.4	81.4	81.4	81.5	81.5	81.0
	阿根廷	45.4	46.8	46.9	45.9	45.9	44.9	42.9	42.7	41.2	41.2	40.0
	巴西（圣保罗）	49.8	49.8	50.2	49.2	51.1	54.5	52.7	49.1	47.5	48.5	50.4
大洋洲	澳大利亚	73.7	75.3	74.7	74.7	75.0	75.3	75.4	75.6	78.8	78.9	78.9

第九章 | 全球营商环境及其规则变化比较分析

在营商环境综合指标方面，我国北京和上海在2010—2020年提升速度比较快，与第一梯队新加坡、纽约和英国差距大幅度缩小。

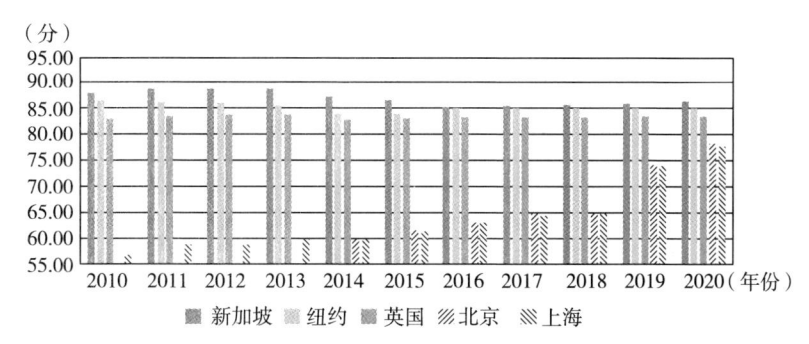

图 9-3 营商环境综合指标对比

资料来源：根据世界银行相关资料整理得出，下同。

企业开办得分主要评估开办一家有限责任公司所需的手续、时间、成本和最低实缴资本。我国北京、上海的众多改革已经基本实现了国际较为前沿的水平。

办理施工许可证主要评估完成仓库建设所需的所有手续、时间及成本以及施工许可制度中的质量控制和安全机制。从图9-5中可以看出，北京、上海的追赶速度也很快。

获得电力指标主要评估接入电网所需的手续、时间及成本，以及供电可靠性和电价透明度，北京、上海已经超过美国与新加坡水平，电力供应电价水平走在世界前列。

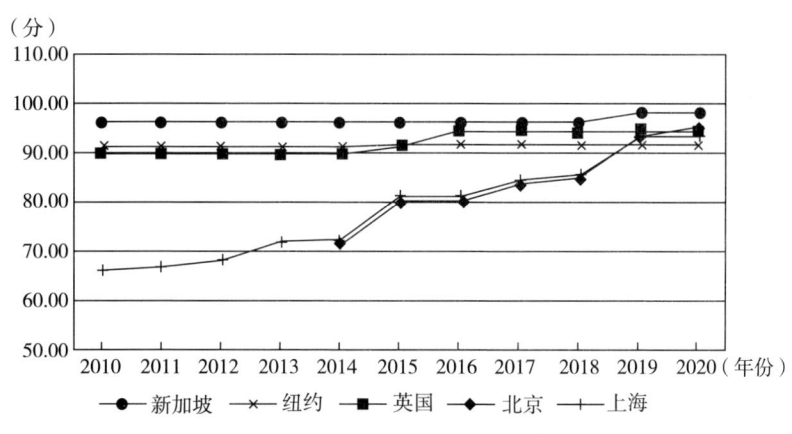

图 9-4 企业开办得分指标对比

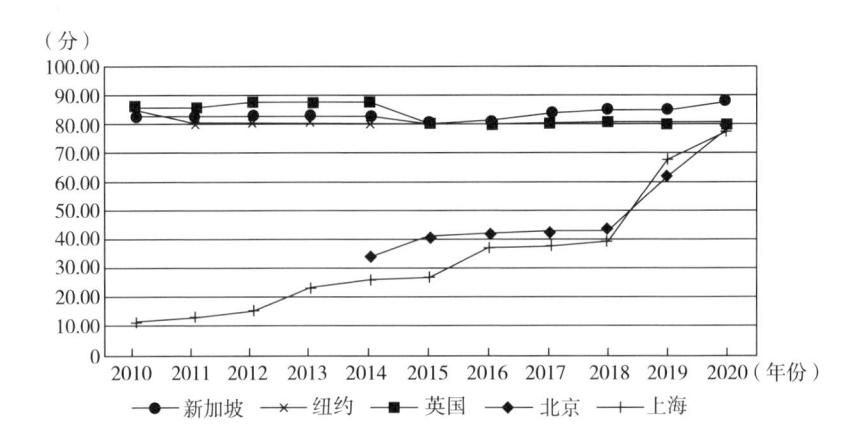

图 9-5　办理施工许可证得分指标对比

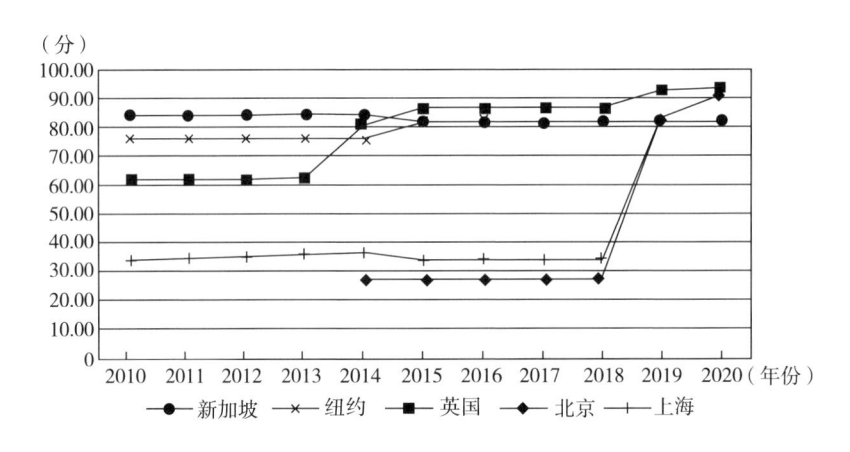

图 9-6　电力取得得分指标对比

登记财产得分主要评价转让财产所需的手续、时间及成本，以及土地管理制度的质量。在这一方面，新加坡、北京目前处于国际最好水平，上海仍然存在一定差距，在财产登记方面，世界各国普遍存在不足之处，是未来营商环境需要改善的重点领域。

获得信贷主要评价动产抵押的法律和信用信息系统，代表国家金融水平的重要方面。在信贷取得部分，我国北京、上海目前存在"短板"，但也需要考虑进一步开放金融市场时带来的信贷冲击、高杠杆现象的发生，对此需要结合我国金融风险审慎考虑。

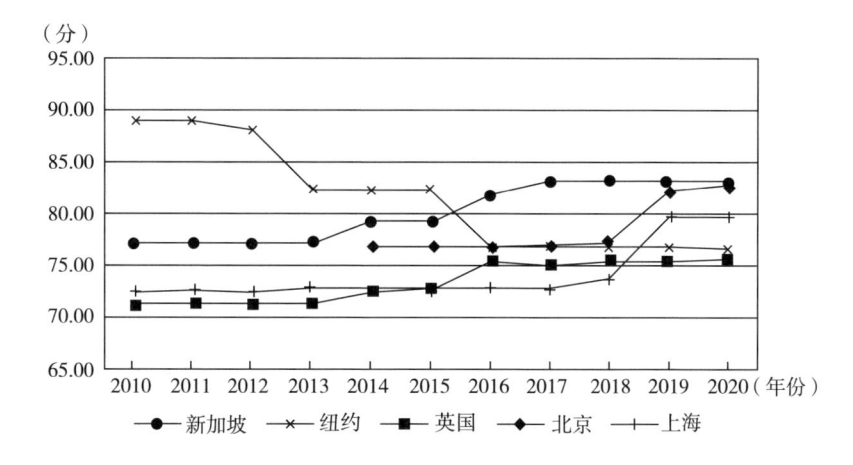

图 9-7 财产登记得分指标对比

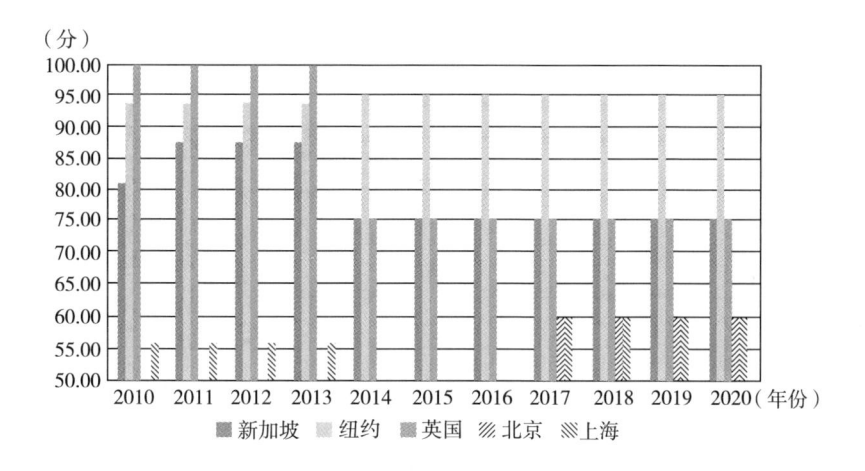

图 9-8 信贷取得得分指标对比

保护中小投资者主要评价小股东在关联方交易和公司治理中的权利，新加坡、英国是做得比较好的对标对象。我国北京、上海目前在这方面已经达到纽约的水平，并可以实现进一步提升。对中小投资者进行有力保障，也是当前众多协议中讨论的重点。

纳税得分评估公司适用的所有税务规定以及申报后的流程所需的付款、时间、总税款和缴费比率，我国北京、上海虽然有了较大提升，但在税负压力方面仍然存在差距，较重的税负、烦琐的纳税程序不利于企业效率的提升。

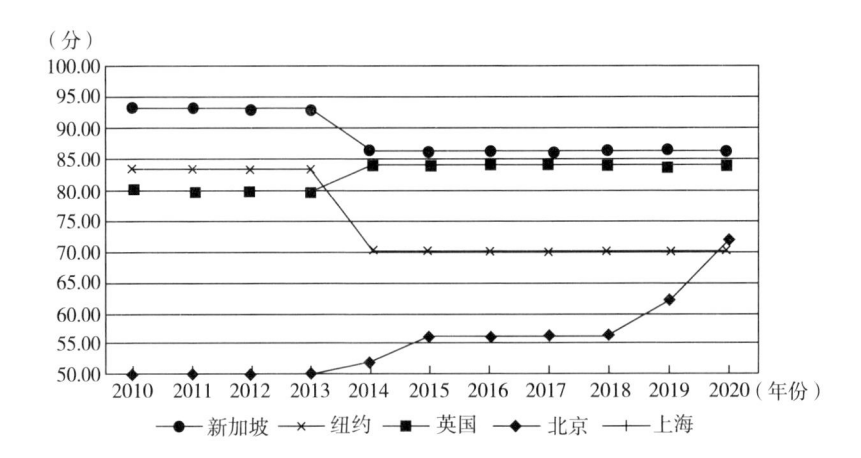

图 9-9 少数投资者保护得分指标对比

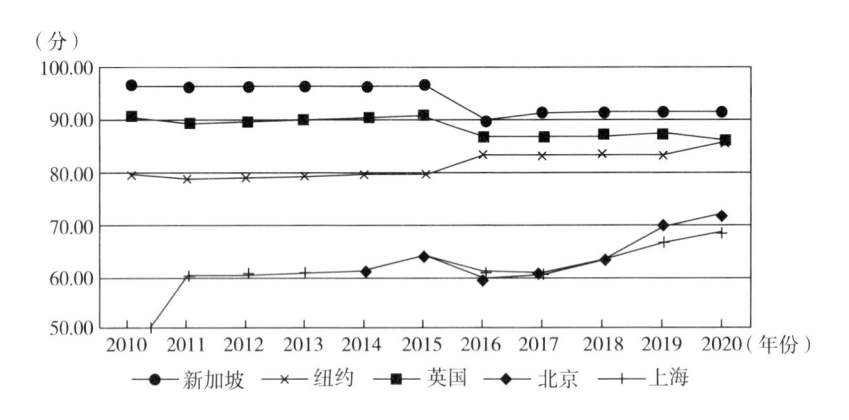

图 9-10 赋税得分指标对比

跨境贸易主要测度出口具有比较优势的产品和进口汽车零部件所需的时间和成本，一些国家可以达到 90—95 分，我国北京、上海目前处于 85—90 分。作为出口大国，我国在海关监管、交通运输需要进一步完善。

执行合同部分主要评估解决商业纠纷的时间和成本，以及司法程序的质量。新加坡水平最高，北京、上海的目前水平也处于较优状态。

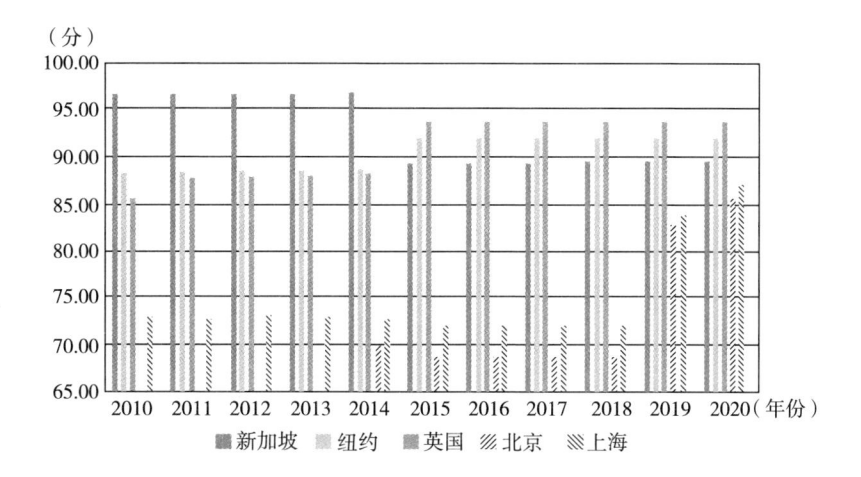

(分)
100.00
95.00
90.00
85.00
80.00
75.00
70.00
65.00
　　2010　2011　2012　2013　2014　2015　2016　2017　2018　2019　2020（年份）
■新加坡　 纽约　 英国　 北京　 上海

图 9-11　跨境贸易得分指标对比

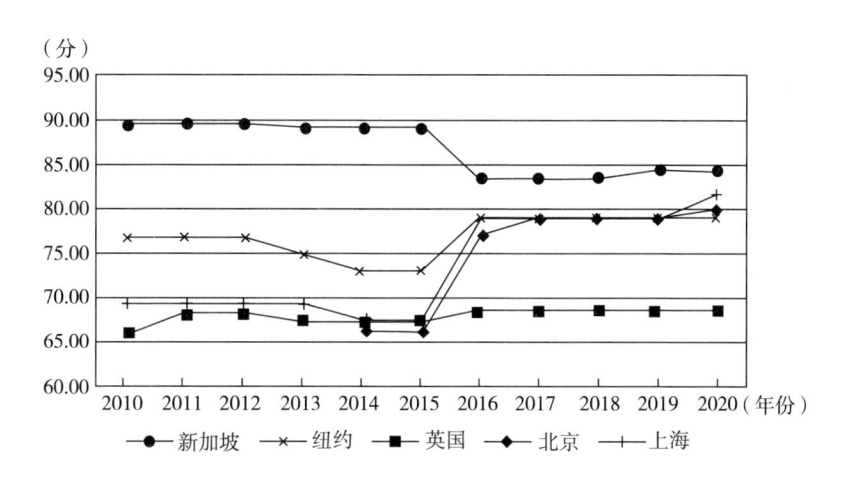

(分)
95.00
90.00
85.00
80.00
75.00
70.00
65.00
60.00
　　2010　2011　2012　2013　2014　2015　2016　2017　2018　2019　2020（年份）
—●— 新加坡　—×— 纽约　—■— 英国　—◆— 北京　—+— 上海

图 9-12　合同履行得分指标对比

办理破产主要指办理商业破产所需的时间、成本、结果和回收率，以及破产法律框架的优点。我国北京、上海存在较大差距。

单独从我国角度看待营商环境的变化，结合11个指标评估我国政策实施的效果。可以看出，我国北京目前有4个方面存在较大"短板"，主要是赋税、少数投资者保护、信贷取得、破产处理。上海的主要短板与北京相似，可以反映出我国整体在这4个方面存在不足，是营商环境未来亟须完善的方面。

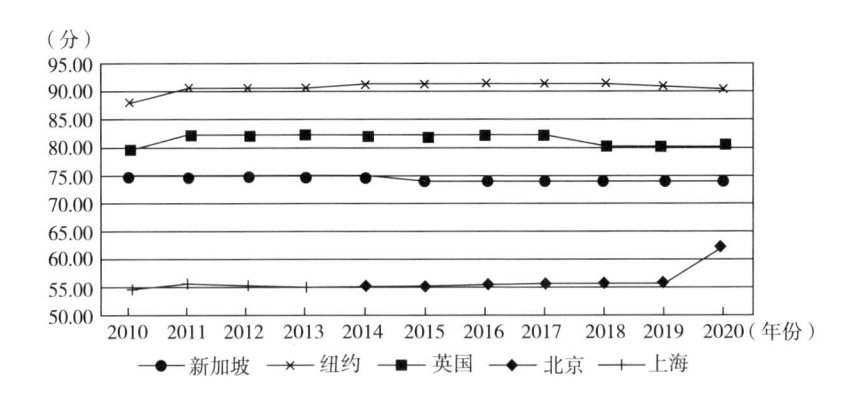

图 9-13 破产处理得分指标对比

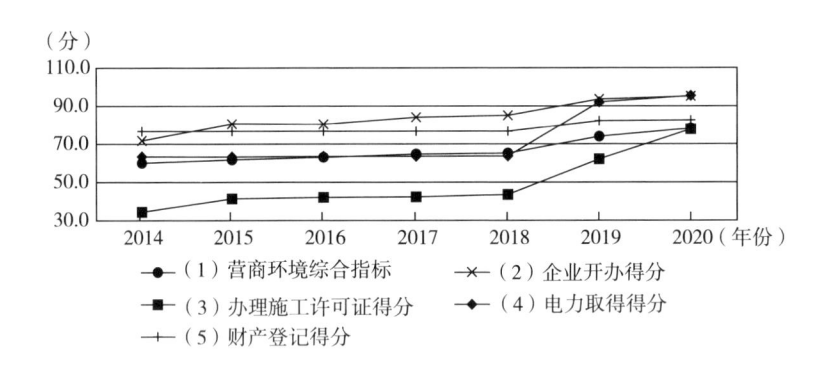

图 9-14 营商环境指标变化（北京）(a)

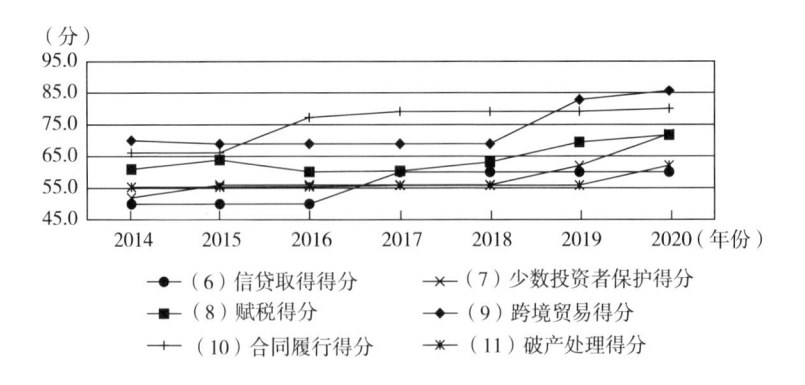

图 9-15 营商环境指标变化（北京）(b)

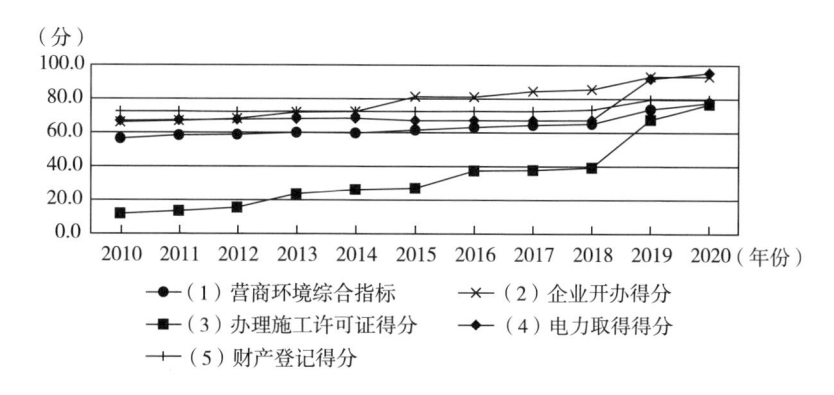

第九章 全球营商环境及其规则变化比较分析

图 9-16 营商环境指标变化（上海）(a)

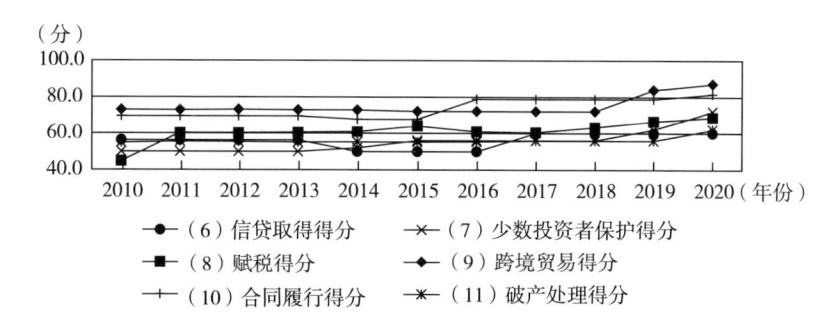

图 9-17 营商环境指标变化（上海）(b)

第三节 对标国际营商环境规则的实证检验

营商环境与进出口贸易发展具有密切关系。随着价值链的发展和全球贸易—投资—生产网络的形成，边界后措施逐渐成为制约各经济体参与国际分工、融入国际生产网络的主要壁垒。贸易协定的执行有效降低了成员国之间的贸易壁垒，扩大了市场规模；贸易协定一体化程度越深，对贸易的放大效应越强，边境后措施成为影响贸易流量的重要制约因素。[①] 营商环境对贸易出口具有重要影响，诸如基础设施、行政审批

[①] 高疆、盛斌：《贸易协定质量会影响全球生产网络吗？》，《世界经济研究》2018 年第 8 期。

效率、监管效率、融资便利程度、高素质劳动力等代理变量与出口增长呈显著正向关系。营商环境越好的地区，企业出口贸易成本越低，企业出口意愿越强，出口规模也越大；而较差的营商环境则会削弱企业竞争力，阻碍企业出口。[①]

营商环境与国际投资发展具有密切关系。企业的投资决策及行为受到内外部多方面因素的影响，其中，融资约束是最为关键的因素之一。从企业的内部融资约束来看，营商环境的改善提供了完善的基础设施，有利于降低企业的生产和运输成本，从而增加企业的内部现金流，缓解企业的内部融资约束，进而促进企业投资；从企业的外部融资约束来看，良好的营商环境能提供完善的法律环境和金融环境，保证企业的信息披露，降低企业与金融机构的信息不对称，提高银行等金融机构的借款意愿。另外，金融环境的改善可以拓宽企业的融资渠道，增加金融产品的种类和数量，为企业提供更充足的外部资金，配套金融制度能控制市场风险，提高资金的配置效率，从整体上缓解企业的外部融资约束，有利于促进企业的投资。[②]

营商环境与经济发展具有密切关系。营商环境发展足够好、交易效率足够高，彼此的效用都会变好，社会福利也会变好。当营商环境变好，分工的潜力会增大，分工从自给自足向局部分工再向完全分工不断演进。[③] 优化区域营商环境，提升信用监管水平，可以有效降低区域市场参与主体的交易成本，促进潜在企业的市场进入，推动整个区域的经济高质量发展。契约精神与商事改革具有互补性，契约和商事环境可以推动高契约行业的技术创新以及更多潜在企业的市场进入。[④] 此外，金融支持实体经济，主要通过在外部资本影响企业研发与创新等行为，带来生产效率提升。地区营商环境的改善使银行等债权人对企业发展有着

---

① 黄静、肖小勇、何玉成：《疫情、营商环境与出口》，《国际贸易问题》2021年第9期。

② 牛鹏、郑明波、郭继文：《营商环境如何影响企业投资》，《当代财经》2022年第1期。

③ 袁正、乔瑞敏：《营商环境、创新与经济发展》，《重庆工商大学学报》（社会科学版）2021年第6期。

④ 曾光辉、王荣、王赫：《信用监管、营商环境与区域经济增长》，《工业技术经济》2022年第1期。

更稳定的预期，使企业获得更多的长期融资支持。由于长期融资可以缓解企业短期还款压力，扩大业务规模，鼓励研发与创新行为，有利于企业生产率提升，充分体现了金融支持实体经济的作用。同时，营商环境优化使信贷资源更多地流向民营制造企业，带来资本市场化配置的同时扭转了国有企业因过度融资造成的内部金融化困局，金融服务实体经济功能进一步增强。良好的营商环境有利于民营制造企业融资歧视的缓解，从而推动金融支持实体经济。[①]

根据上面分析，由此提出假设：营商环境有利于进出口贸易额增长，有利于吸引外国投资流入，根据假设1建立营商环境与进出口贸易和国际投资的相关性回归模型。

一　模型构建和变量说明

为检验假说1，主要参考黄静等（2021）构建回归模型如下：

$$EXPORT_{it} = \alpha_0 + \alpha_1 DB_{it} + \alpha_2 Cons_{it} + \gamma_i + \delta_t + \varepsilon_{it} \qquad (9-1)$$

$$IMPORT_{it} = \alpha_0 + \alpha_1 DB_{it} + \alpha_2 Cons_{it} + \gamma_i + \delta_t + \varepsilon_{it} \qquad (9-2)$$

$$INFDI_{it} = \alpha_0 + \alpha_1 DB_{it} + \alpha_2 Cons_{it} + \gamma_i + \delta_t + \varepsilon_{it} \qquad (9-3)$$

模型（9-1）、模型（9-2）、模型（9-3）分别用于验证营商环境优化对于贸易出口、贸易进口及外国直接投资流入的影响。i表示国家，t表示时间年份，$EXPORT_{it}$表示本国贸易出口，$IMPORT_{it}$表示本国贸易进口，$INFDI_{it}$表示本国外国直接投资流入，DB_{it}表示本国营商环境，$Cons_{it}$代表一系列控制变量，γ_i、δ_t分别表示个体固定效应、时间固定效应，ε_{it}代表随机误差项。在实证检验部分主要采用时间个体双向固定效应面板模型进行回归验证，以控制年份与个体差异影响。

核心被解释变量主要包括贸易出口、贸易进口及外国直接投资流入，各国数据均来源于联合国贸发会议数据库。核心解释变量为营商环境指数，主要来源于世界银行的营商环境报告。影响各国贸易、投资的因素众多，在此主要选取人均国内生产总值、人口水平、研发投入水平（以R&D投资占GDP比重表示）、高等教育水平（以高等教育入学率表示）、私营部门发展水平（以私营部门国内信贷占GDP比重表示）

[①] 杨畅、曾津、沙宸冰：《营商环境优化推动了金融支持实体经济吗——基于中国民营制造企业的研究》，《财经科学》2022年第2期。

共 5 个控制变量，以减小遗漏变量偏误产生的可能性，其中各国人均国内生产总值、人口水平数据来源于联合国贸发会议数据库，研发投入水平、高等教育水平、私营部门发展水平来源于世界银行数据库。

二 描述性分析和共线性检验

为与前文研究保持一致，在实证检验中将样本选定为 G20 各成员（不包括欧盟），时间跨度为 2010—2020 年。在回归模型中，为了减少异方差对模型参数估计的干扰，对各指标采用取对数的方法进行处理，各变量的描述性统计见表 9-27。从数据的均值标准差情况来看，数据波动处于合理区间，从数据最值来看，所选数据处于正常范围内。

表 9-27　　　　　　　变量的描述性分析

变量	变量含义	观测值	平均值	标准差	最小值	最大值	变量来源
DB	营商环境指数	177	4.2704	0.1276	3.9492	4.4308	世界银行
EXPORT	出口额	190	13.0796	0.9028	11.1425	14.8052	联合国贸发会议
IMPORT	进口额	190	13.0629	0.9126	11.1260	14.9782	联合国贸发会议
INFDI	国际直接投资流入存量	209	13.0057	1.0021	11.1628	16.1953	联合国贸发会议
PGDP	人均国内生产总值	209	9.7762	0.9956	7.2099	11.1484	联合国贸发会议
POP	人口水平	209	11.5845	1.1079	10.0058	14.1797	联合国贸发会议
RD	研发投入水平	156	0.2962	0.7126	-2.4686	1.5102	世界银行
EDU	高等教育水平	164	3.9869	0.4802	2.8811	4.7955	世界银行
PSC	私营部门发展水平	192	4.3633	0.6524	2.5408	5.3750	世界银行

资料来源：根据 Stata16.0 软件整理得出，下同。

考虑到如果控制变量之间存在多重共线性问题，将会导致估计结果失真或估计不准确，首先须对各控制变量采用皮尔逊相关系数检验。判断依据为：若两变量相关系数绝对值大于 0.8 则认为存在严重的共线性问题，若相关系数绝对值小于 0.8 则认为不存在严重共线性，不予删除。根据该判断依据，对检验结果（见表 9-28）进行筛选，变量并未出现严重的共线性问题，故均予以保留。在回归模型中同时对时间效应、个体效应进行固定，豪斯曼检验在 1% 的水平下强烈拒绝原假设，因此使用固定效应模型是可行的。

表 9-28　　　　　　　　　控制变量的共线性检验

变量	PGDP	POP	RD	EDU	PSC
PGDP	1.000				
POP	-0.595***	1.000			
RD	0.679***	-0.091	1.000		
EDU	0.732***	-0.459***	0.539***	1.000	
PSC	0.512***	0.026	0.750***	0.185**	1.000

注：**、*** 分别表示在5%、1%的水平下显著。

三　基准回归

表 9-29 列（1）、列（2）展示了营商环境对一国贸易出口额的影响。在不引入控制变量的情况下，营商环境 DB 的系数显著为正，但是随着控制变量的加入，营商环境 DB 的系数为正，但是不显著，表明一国营商环境的改善对于本国出口贸易的影响不明显。相比之下，人均国内生产总值的系数显著为正，表明各国的贸易出口额主要受到人民生活水平等因素的影响，营商环境起到的作用有限。

表 9-29 列（3）、列（4）展示了营商环境对一国贸易进口额的影响。在不引入控制变量的情况下，营商环境 DB 的系数显著为正，但是随着控制变量的加入，营商环境 DB 的系数为正，但是不显著，表明一国营商环境的提升对于本国进口贸易的影响不明显。另外，人均国内生产总值的系数显著为正，表明各国的贸易进口额主要是受到人民生活水平等因素的影响，营商环境起到的作用有限。

表 9-29 列（5）、列（6）展示了营商环境对本国外国直接投资流入的影响。在不引入控制变量的情况下，营商环境 DB 的系数显著为正，随着控制变量的加入，营商环境 DB 的系数仍在10%水平下显著为正，说明营商环境在促进 FDI 流入方面起到了重要的推动作用。一国营商环境的提升有助于吸引更多的外国直接投资流入，并进一步促进经济发展。

表 9-29　　　　　　　　　　　基础回归结果

变量	（1）EXPORT	（2）EXPORT	（3）IMPORT	（4）IMPORT	（5）INFDI	（6）INFDI
DB	0.919*** (0.187)	0.357 (0.294)	0.370** (0.172)	0.402 (0.251)	0.620** (0.251)	0.705* (0.422)
PGDP		0.306*** (0.072)		0.439*** (0.061)		0.487*** (0.103)
POP		-0.266 (0.868)		0.121 (0.741)		-1.832 (1.246)
RD		-0.083 (0.146)		-0.078 (0.125)		0.083 (0.210)
EDU		0.134 (0.188)		0.337** (0.161)		-0.168 (0.270)
PSC		-0.294** (0.123)		-0.066 (0.105)		-0.475*** (0.176)
常数项	9.008*** (0.794)	12.354 (10.263)	11.310*** (0.732)	4.587 (8.768)	10.252*** (1.067)	28.931* (14.735)
R^2	0.629	0.758	0.608	0.832	0.497	0.723
F	21.853	15.452	19.988	24.494	13.212	12.882

注：*、**、***分别表示在10%、5%、1%的水平下显著，括号中的数字表示标准误，下同。

四　进一步讨论

在进一步的讨论中，主要采取滞后核心解释变量的方法。这样做的考虑有，本国营商环境优化会促进经济发展，但这种效应并不能立即体现在当期的宏观经济数据中，可能会存在一定的时滞，因此有必要对滞后核心解释变量的情况进行探讨。进一步讨论的回归结果如表9-30所示。

表9-30列（1）、列（2）展示了上一期营商环境对一国贸易出口额的影响。在不引入控制变量的情况下，上一期营商环境L.DB的系数显著为正，但是随着控制变量的加入，上一期营商环境L.DB的系数为正，但是不显著，表明一国营商环境的改善对于本国未来出口贸易的影

响也不明显，起到的作用有限。

表9-30列（3）、列（4）展示了上一期营商环境对一国贸易进口额的影响。在不引入控制变量的情况下，上一期营商环境 L.DB 的系数显著为正，随着控制变量的加入，上一期营商环境 L.DB 的系数仍在5%的水平下显著为正，表明一国营商环境的改善对于本国未来进口贸易有一定的积极影响。营商环境变好，国际分工的潜力也在增大，分工从自给自足向局部分工再向完全分工不断演进。

表9-30列（5）、列（6）展示了上一期营商环境对本国外国直接投资流入的影响。在不引入控制变量的情况下，上一期营商环境 L.DB 的系数显著为正，但是随着控制变量的加入，上一期营商环境 L.DB 的系数为正，但是不显著。结合基准回归结果可以发现，营商环境改善对于本国的外国直接投资流入的影响主要存在于当期，其时滞作用有限。

表9-30 进一步讨论回归结果

变量	（1） EXPORT	（2） EXPORT	（3） IMPORT	（4） IMPORT	（5） INFDI	（6） INFDI
L.DB	1.041*** (0.232)	0.555 (0.339)	0.685*** (0.190)	0.679** (0.294)	0.677** (0.268)	0.615 (0.536)
PGDP		0.160* (0.089)		0.345*** (0.077)		0.473*** (0.141)
POP		−0.859 (0.894)		0.319 (0.776)		−0.812 (1.414)
RD		−0.105 (0.138)		0.003 (0.119)		0.126 (0.218)
EDU		−0.018 (0.186)		0.470*** (0.162)		−0.325 (0.295)
PSC		−0.243* (0.134)		−0.263** (0.116)		−0.369* (0.212)
常数项	8.667*** (0.986)	20.293* (10.931)	10.149*** (0.806)	2.490 (9.485)	10.003*** (1.139)	17.822 (17.290)
R^2	0.627	0.797	0.639	0.857	0.543	0.726
F	20.712	17.166	21.876	26.370	15.357	11.610

五 稳健性检验

在数据收集过程中,核心解释变量营商环境 DB 存在部分缺失值的现象,主要表现为若干国家 2010—2013 年的营商环境得分缺失。因此,在稳健性检验部分,主要采取缩短时间窗口的做法,将样本时间范围限定在 2014—2020 年,回归结果如表 9-31 所示。各变量系数、显著性水平基本与前文得出的结果保持一致,表明上文结论具有稳健性。

表 9-31　　稳健性检验回归结果

变量	(1) EXPORT	(2) EXPORT	(3) IMPORT	(4) IMPORT	(5) INFDI	(6) INFDI
DB	0.301 (0.183)	-0.281 (0.256)	0.686*** (0.199)	0.469* (0.274)	0.638*** (0.233)	0.949* (0.474)
PGDP		0.398*** (0.076)		0.510*** (0.082)		0.308** (0.141)
POP		0.846 (1.133)		1.147 (1.214)		-1.613 (2.103)
RD		-0.345** (0.134)		0.003 (0.143)		0.208 (0.248)
EDU		-0.059 (0.210)		0.187 (0.225)		0.092 (0.390)
PSC		-0.095 (0.155)		0.247 (0.166)		-0.338 (0.288)
常数项	11.858*** (0.775)	1.340 (13.547)	10.228*** (0.842)	-9.065 (14.512)	10.252*** (0.987)	26.147 (25.141)
R^2	0.700	0.856	0.635	0.873	0.631	0.738
F	34.673	26.853	25.862	30.871	26.167	12.651

第四节　对标国际营商环境规则,优化营商环境的建议

一 深化市场准入与负面清单管理体制改革

当前全球最高经贸规则中放宽服务贸易、投资市场准入以及优化营

商环境成为新趋势。市场准入与负面清单改革不仅涉及市场准入管理方式的改变，还包括转变政府职能、处理好政府与市场关系、建立现代治理体系等。在当前，我国经济发展进入新阶段，进一步推进负面清单管理制度具有更为重大的意义，实施市场准入负面清单管理制度是建立现代化治理体系的重点内容，也是建设统一开放现代化市场体系的着力点。[1]

明确市场准入负面清单改革目标，进一步构建完善透明、公平、开放、有法可依的市场准入制度，清单内实现透明依法，清单外实现公平开放，充分赋予企业自主投资权。[2] 结合国内外发展经验，逐步探索修改缩减负面清单的做法，协调解决修改过程中地方性法规和国家法律间的冲突矛盾，进行更深层次的立法研究，提出可行性更高的方案。[3] 统筹协调、充分征求政府、行业、专家以及公众意见，配合修订有关法律，形成一系列综合配套政策，在监管体系构建中形成合力。[4]

二 增强政策透明度改革

增强政策透明度成为全球最高经贸规则的重点条款，而且透明度条款逐步具体化，对政策、信息公布的时间从模糊到明确具体期限，互联网的出现使时效性得到进一步提升。中国要坚定不移地推进高水平对外开放，需要不断增强政策透明度和可预期性。

建立更加公平公正公开的市场环境，为外国投资者、投资企业提供更加完备透明的法律法规、政策措施、投资信息等服务，利用主流媒体平台、互联网平台等加强最新政策的宣传推广引导，各级政府部门第一时间解读各种信息、事件、政策等，向市场传递准确答案，同时切实发挥好投诉机制作用，维护企业各项权益，平等对待各类市场主体。[5] 提

---

[1] 郭冠男、李晓琳：《市场准入负面清单管理制度与路径选择：一个总体框架》，《改革》2015年第7期。

[2] 郭冠男、谢海燕：《制定和实施负面清单制度必须理清的重大关系》，《中国行政管理》2015年第10期。

[3] 商舒：《中国（上海）自由贸易试验区外资准入的负面清单》，《法学》2014年第1期。

[4] 庞明川、朱华、刘婧：《基于准入前国民待遇加负面清单管理的中国外资准入制度改革研究》，《宏观经济研究》2014年第12期。

[5] 金观平：《增强政策透明度和可预期性》，《经济日报》2021年9月5日。

高货币政策透明度，形成长效稳定的公众预期，构建更加清晰的货币政策框架，建立货币政策与市场信心正向反馈机制。①

三 深化竞争中立体制改革

世界银行评估结果显示，我国主要在赋税、少数投资者保护、信贷取得、破产处理等方面存在较大短板，市场竞争环境有待进一步提升。加强竞争中立体制改革，增强竞争中立制度建设，促进市场化、法制化和国际化发展。

深化国有企业改革，推动实行分类改革、分类监管，制定出台详细的分类标准和操作措施，助推国有企业与市场经济深度融合。进一步改善商业化国有企业的内部治理结构，继续探索完善现代化的企业管理制度，实现人事独立。② 严格限定反垄断法豁免权限的适用领域和适用范围，防止部分市场主体凭借自身所有权地位、所有制背景获得非公平的市场竞争优势，谋取私营企业无法获得的税收优惠、利率优惠、监管豁免等竞争优势，减少资源扭曲配置的情况发生。③

政府在行政执法过程中注重公平性，合理合法地依照法律确定的公平原则与制度规范，确保执法公平，有效实施国家反垄断法，防止政府过度使用行政权力排除或限制竞争，以求减少市场经济下政府失灵情况的发生。④

四 坚持反腐败力度不减

国际规则的变化表明国际范围反腐力度有加强趋势，对反腐败条款更加明确，以促进公职人员行为廉洁，打击贪腐、约束公职人员行为、违法惩罚，有助于在实践中促进营商环境改善。

构建科学完备的权力运行组织架构。明确权力运行程序规则，明确国家监察权力运行程序规则，建立国家监察权运行体系，规范国家监察权与其他国家权力间的协调与制约关系。⑤ 完善以往惩治法中的积弊问

---

① 徐亚平、李甜甜：《我国货币政策预期管理的难点及完善对策》，《经济纵横》2017年第7期。
② 马其家、樊富强：《TPP对中国国有企业监管制度的挑战及中国法律调整——以国际竞争中立立法借鉴为视角》，《国际贸易问题》2016年第5期。
③ 王丹：《以竞争中性制度促进形成强大国内市场》，《宏观经济管理》2020年第6期。
④ 丁茂中：《我国竞争中立政策的引入及实施》，《法学》2015年第9期。
⑤ 徐汉明：《国家监察权的属性探究》，《法学评论》2018年第1期。

题，使立法手段起到不敢腐的成效。采取逐步制定等方式，优先选择重点核心制度完善立法。[1]

五 提升贸易投资便利化水平

贸易投资便利化水平的提高是优化营商环境的重要体现。努力对标全球最高的营商环境规则，营造公正、透明、高效和安全的营商环境。要在保护投资者的合法权益、降低企业创办难度、缩短审批程序流程、保障金融服务质量、提升法律法规和行政监管的效率和透明度等方面积极努力，提升贸易投资便利化水平。[2] 努力打造自贸区营商环境升级版，在交通基础设施、信息通信、网络合作等方面积极展开国际合作，优化市场营商环境，提升自贸区贸易投资便利化水平。

本章执笔：庄博，修改：程惠芳

---

[1] 刘艳红：《中国反腐败立法的战略转型及其体系化构建》，《中国法学》2016 年第 4 期。

[2] 刘镇、邱志萍、朱丽萌：《海上丝绸之路沿线国家投资贸易便利化时空特征及对贸易的影响》，《经济地理》2018 年第 3 期。

第十章

自由贸易区制度创新与贸易投资便利化比较分析

党的十九大报告指出:"实行高水平的贸易和投资自由化便利化政策,全面实行准入前国民待遇加负面清单管理制度,大幅度放宽市场准入,扩大服务业对外开放,保护外商投资合法权益。"①"赋予自由贸易试验区更大改革自主权,探索建设自由贸易港。"② 2013 年以来,我国实施自由贸易试验的制度创新与改革开放,自由贸易试验区对标全球高标准经贸规则,以制度创新为核心,以贸易自由便利、投资自由便利、跨境资金流动自由便利、运输来往自由便利改革为重点,以优惠税收制度安排、高效社会治理体系和完备的法治体系为保障③,把自由贸易试验区建设成为引领开放型经济高质量发展的先行区和增长极。

"十三五"时期,我国自由贸易试验区发展数量持续增加,形成了海陆沿边统筹、东西南北中兼顾、由点及面的全方位开放新格局。自由贸易试验区以开放促进改革,以改革促进创新,自由贸易试验区的制度创新和贸易投资便利化改革成果丰硕,为推动制度型开放经济发展发挥了重要作用。"十四五"时期,自由贸易试验区在贯彻五大新发展理念,对标全球高标准经贸规则,加快制度创新、优化要素配置、增强产

---

① 习近平同志在中国共产党第十九次全国代表大会上报告《决胜全面建成小康社会,夺取新时代中国特色社会主义伟大胜利》,https://cpc.people.com.cn,2017 年 10 月 18 日。
② 习近平同志在中国共产党第十九次全国代表大会上报告《决胜全面建成小康社会,夺取新时代中国特色社会主义伟大胜利》,https://cpc.people.com.cn,2017 年 10 月 18 日。
③ 中华人民共和国中央人民政府网,中共中央国务院印发《海南自由贸易港建设总体方案》,https://www.gov.cn,2020 年 6 月 1 日。

第十章 自由贸易区制度创新与贸易投资便利化比较分析

业创新发展、优化市场化、法治化、国际化营商环境，推进更高水平开放，构建以国内大循环为主体，国际国内双循环相互促进的新发展格局等方面将发挥更大的示范引领作用。中国自由贸易试验区持续制度创新，将为人类命运共同体指引的开放型世界经济发展探索新发展模式。

本章对《欧洲联盟条约》（*Treaty on European Union*，EU）[1]、《美国—墨西哥—加拿大协定》（*United States - Mexico - Canada Agreement*，USMCA）[2]、《区域全面经济伙伴关系协定》（*Regional Comprehensive Economic Partnership Agreement*，RCEP）[3] 的主要成员国的贸易投资便利化进行比较分析，对我国31个省份的货物贸易便利化、服务贸易便利化、国际投资便利化进行比较分析基础上，对中国（上海）自由贸易试验区、中国（广东）自由贸易试验区、中国（浙江）自由贸易试验区、中国（重庆）自由贸易试验区、中国（海南）自由贸易港、中国（江苏）自由贸易试验区、中国（北京）自由贸易试验区等制度创新与贸易投资便利化改革进行比较分析，深入探索自由贸易试验区制度创新与贸易投资便利化的互动关系，提出加快对标全球最高经贸规则，深化自由贸易试验区制度创新和改革开放，进一步提高贸易投资便利化水平，促进制度型开放经济高质量发展的建议。

第一节 自由贸易区制度创新的重要意义

一 自由贸易区与经济一体化的定义及其变化

自由贸易区与经济一体化的定义是随国际贸易、国际直接投资和经济全球化发展而变化的。经济一体化（Economic Integration）定义可分为广义经济一体化和狭义经济一体化。广义经济一体化是指世界各国之间彼此相互开放，形成相互联系、相互依赖的开放型世界经济，世界各国在国际分工的基础上，政府间通过协商缔结条约，让渡一定的国家主

---

[1] https：//european-union.europa.eu/（*Treaty on European Union*）（EU），（Official Journal of the European Communities），29.7.92.

[2] https：//www.ustr.gov/Trade Agreement/（United States - Mexico - Canada Agreement）（USMCA）.

[3] https：//rcepsec.org/legal-text/（Regional Comprehensive Economic Partnership Agreement）（RCEP）.

权（如欧盟的欧元，欧盟国家让渡了本国货币自主发行权），建立国家之间经济货币联盟，促进商品、资本和劳动力自由流动，实施统一货币、共同商业政策、对外贸易政策、货币政策、统一外交政策及安全政策等，扩大要素和市场发展时空范围，提高资源配置效率和经济竞争力。狭义经济一体化，即区域经济一体化，指区域内两个或两个以上国家或地区相互开放，形成相互联系、相互依赖的区域性开放型经济，促进区域内自由贸易、国际直接投资和经济合作发展，实现区域内贸易投资自由便利、区域内产业优势互补和生产要素优化配置，最终形成区域内互利共赢、共同发展的经济一体化。

美国学者 Dominick 认为经济一体化通常要经历五个发展阶段[1]，分别为"互惠贸易协定"（Preferential Trade Arrangements）、"自由贸易区"（Free Trade Area）、关税同盟（Customs Union）、共同市场（Common Market）、经济联盟（Economic Union）。目前，全球范围内经济一体化水平最高的是欧洲联盟，欧洲联盟[2]已经进入经济货币联盟的发展阶段。

自由贸易区是经济一体化的重要组成部分和重要发展阶段，自由贸易区与经济一体化具有互动发展的关系。自由贸易区的定义可分为自由贸易区和自由贸易园区。自由贸易区（Free Trade Area，FTA）通常指两个或两个以上的国家或地区，通过政府间签订自由贸易协定，相互减少或取消货物的关税和非关税壁垒，放宽市场准入，实现贸易投资自由化、便利化，促进产业优势互补，互利共赢，共同发展。

自由贸易区的第二个定义是国境内自由贸易区，或称为自由贸易园区（Free Trade Zone，FTZ），自由贸易园区最早出现在 1973 年国际海关理事会签订的《京都公约》中，该公约将自由贸易园区定义为在一国领土内设立部分区域，该区域内实行特殊的海关监管制度，进入该区域的货物或该区域内生产的产品将免征进口关税，这一区域通常被视为关境之外。早期的自由贸易园区的定义主要是指一国境内保税区、出口

---

[1] Salvatore, Dominick, *International Economics*, Eighth edition, John Wiley & Sons, Inc., 2004, pp. 321-322.

[2] https://www.european-union.europa.eu/ (*Treaty on European Union*) (EU), (Official Journal of the European Communities), 29.7.92.

第十章 | 自由贸易区制度创新与贸易投资便利化比较分析

加工区和贸易港区等。

中国把国境内自由贸易区称为中国自由贸易试验区：如中国（上海）自由贸易试验区，中国（浙江）自由贸易试验区，中国（海南）自由贸易港，中国（香港）自由贸易港，原因是中国自由贸易试验区不仅仅是传统自由贸易园区的减免关税政策或制度安排，自由贸易试验区要率先对标全球最高经贸规则进行制度创新与改革试验，对标《世界贸易组织协定》（WTO Agreement）①、《贸易便利化协定》（*Trade Facilitation Agreement*，TFA）②、《跨太平洋伙伴关系协定》（*Trans-Pacific-Partnership Agreement*，TPP）③、《全面与进步跨太平洋伙伴关系协定》（*Comprehensive and Progressive Agreement for Trans-Pacific Partnership*，CPTPP）④、《区域全面经济伙伴关系协定》（*Regional Comprehensive Economic Partnership*，RCEP）⑤、《美国—墨西哥—加拿大协定》（*United States-Mexico-Canada Agreement*，USMCA）⑥、《服务贸易总协定》（*General Agreement on Trade in Services*，GATS）⑦、《与贸易有关知识产权协定》（*Agreement on Trade-Related Aspects of Intellectual Property Rights*，TRIPs）⑧ 等进行制度创新和贸易投资便利化改革，推进更高水平开放，为实现贸易自由便利、投资自由便利、跨境资金流动自由便利、人员进出自由便利、运输来往自由便利和数据安全有序流动等进行一系列改革，优化市场化、法治化、国际化营商环境的重要任务。中国自由贸易试验区是传统国境内自由贸易区的深化发展，是高水平开放经济发展的压力测试区，是贸易投资便利化改革的新高地。

---

① https://www.wto.org/（World Trade Organization Agreement）（WTO Agreement）.
② https://www.wto.org/Documents/（Trade Facilitation Agreement）（TFA）.
③ https://ustr.gov/trade-agreements/free trade agreements/（Trans-Pacific-Partnership Agreement）（TPP）.
④ https://wtocenter.vn/chuyen-de/12782-full-text-of-cptpp./（Comprehensive and Progressive Agreement for Trans-Pacific Partnership）（CPTPP）.
⑤ https://www.rcepsec.org/legal-text/（Regional Comprehensive Economic Partnership Agreement）（RCEP）.
⑥ https://www.ustr.gov/Trade Agreement/（United States-Mexico-Canada Agreement）（USMCA）.
⑦ https://www.wto.org/（General Agreement on Trade in Services）（GATS）.
⑧ https://www.wto.org/english/（Agreement on Trade-Related Aspects of Intellectual Property Rights）（TRIPs）.

自由贸易区有关的另一个概念是自由贸易港（Free Trade Port），自由贸易港是指设在国家或地区境内，允许境外货物、资金自由进出的港口区。对进出港区的全部或大部分货物免征关税，并且准许在自由港内，开展货物自由储存、展览、拆装、重新包装、整理、加工和制造等业务活动。如中国海南自由贸易港，在海南自由贸易港与中华人民共和国关境外其他国家和地区之间设立"一线"[①]，一般货物进入海南自由贸易港免征进口关税。在海南自由贸易港与中华人民共和国关境内的其他地区（简称内地）之间设立"二线"[②]，"货物从海南自由贸易港进入内地，原则上按进口规定办理相关手续，照章征收关税和进口环节税"。[③] 中国海南自由贸易港除优惠关税政策以外，更重要的是承担制度创新和贸易投资便利化改革的任务，"海南是我国最大的经济特区，具有实施全面深化改革和试验最高水平开放政策的独特优势。支持海南逐步探索、稳步推进中国特色自由贸易港建设，分步骤、分阶段建立自由贸易港政策和制度体系，是习近平总书记亲自谋划、亲自部署、亲自推动的改革开放重大举措"。[④] 因此，海南自由贸易港比传统自由贸易港区具有更高的制度创新要求、更高的贸易投资自由化便利化水平。

二 加快自由贸易试验区创新发展的重要性

百年未有之大变局加速演变，全球经贸格局发生深刻变化，美国的商品出口贸易竞争优势持续下降，美国在商品出口贸易和国际直接投资年流量中的国际地位下降，美国等发达国家贸易投资保护主义抬头，经济全球化遭遇逆流。而中国在商品贸易和国际直接投资中的地位持续上升，美国为维护世界霸权地位，实施贸易战、科技战、外交战等试图全面遏制中国发展。当前，区域型经贸规则体系加快发展，全球性经贸规

[①] 中共中央国务院印发《海南自由贸易港建设总体方案》，中华人民共和国中央人民政府网，https://www.gov.cn，2020年6月1日。
[②] 中共中央国务院印发《海南自由贸易港建设总体方案》，中华人民共和国中央人民政府网，https://www.gov.cn，2020年6月1日。
[③] 中共中央国务院印发《海南自由贸易港建设总体方案》，中华人民共和国中央人民政府网，https://www.gov.cn，2020年6月1日。
[④] 中共中央国务院印发《海南自由贸易港建设总体方案》，中华人民共和国中央人民政府网，https://www.gov.cn，2020年6月1日。

第十章 自由贸易区制度创新与贸易投资便利化比较分析

则体系面临严峻挑战和重构,给世界经济发展带来诸多不确定性,给我国开放型经济发展带来外部冲击。

在"逆全球化"与全球化斗争加剧,世界经济进入动荡复杂变化的关键时期,习近平主席明确指出:"这个世界,各国相互联系、相互依存的程度空前加深,人类生活在同一个地球村里,生活在历史和现实交汇的同一个时空里,越来越成为你中有我,我中有你的命运共同体"。[①]"我们应该推动建设开放型世界经济,促进贸易和投资自由化便利化,合作打造新的全球价值链,实现经济全球化再平衡"。[②] 习近平主席明确提出"推动形成全面开放新格局。开放带来进步,封闭必然落后。中国开放的大门不会关闭,只会越开越大"。[③] 习近平总书记提出的推动形成全面开放新格局,构建人类命运共同体新理论指引的开放型世界经济新体系,为中国开放经济深化发展指明了战略方向。习近平总书记在党的十九大报告中明确提出"赋予自由贸易试验区更大改革自主权,探索建设自由贸易港"[④] 为中国自由贸易试验区制度创新和改革发展明确了战略目标。对标全球最高经贸规则,加快自由贸易试验区制度创新和改革发展,加快制度型开放经济发展,对推动我国新阶段深化制度型开放经济发展具有战略意义。

自由贸易试验区制度创新主动对标全球最高经贸规则,以贸易投资便利化为重点、以政府职能转变为核心进行制度创新与深化改革,形成与全球最高经贸规则相衔接的制度创新体系,中国自由贸易试验区成为深度参与全球经济治理体系建设的先行区。加快自由贸易试验区制度创新,加快人才、资本、技术等生产要素的国际流动和高效配置,激活企业国际化发展动力,优化产业结构,提高经济增长质量和效益,对我国引领开放型世界经济发展具有重要意义。

自由贸易试验区贸易投资便利化制度创新的复制与推广对深化新一

[①] 习近平:《论坚持推动构建人类命运共同体》,中央文献出版社2018年版,第5页。
[②] 习近平:《论坚持推动构建人类命运共同体》,中央文献出版社2018年版,第472页。
[③] 习近平同志在中国共产党第十九次全国代表大会上报告《决胜全面建成小康社会,夺取新时代中国特色社会主义伟大胜利》,https://cpc.people.com.cn,2017年10月18日。
[④] 习近平同志在中国共产党第十九次全国代表大会上报告《决胜全面建成小康社会,夺取新时代中国特色社会主义伟大胜利》,https://cpc.people.com.cn,2017年10月18日。

轮改革开放发挥示范作用，贸易投资自由化便利化的制度创新对服务"一带一路"高质量发展具有重要意义。自由贸易试验区制度创新对构建国际国内双循环新发展格局，加快供给侧结构性改革与需求侧管理互动发展，打造一批优化营商环境示范区，加快吸引全球资本、技术、人才集聚，促进世界级先进制造业集群，对加快产业结构转型升级，加快经济高质量发展具有非常重要的意义。

三　加快自由贸易试验区制度创新发展具有紧迫性

诺斯[1]提出制度创新是经济持续增长的根本来源。林毅夫等[2]认为，"中国改革开放由浅入深、逐步深化，是一种摸索、试验和积累合理制度的过程，是一个渐进性制度创新的过程"。王小鲁[3]认为"制度的不断演进和变革引起的资源重新配置是中国经济过去高速增长最重要的贡献来源"。当前全球经济格局面临重构，全球贸易、投资、经济中心向亚洲转移，经济全球化与逆全球化斗争加剧，全球经济治理体系面临新挑战，迫切需要探索开放型世界经济发展新体系。中国主动对标全球最高经贸规则，加快自由贸易试验区的制度创新压力测试，提升贸易投资便利化水平，对进一步全面扩大开放，以制度创新推动中国开放经济高质量发展，引领开放型世界经济发展具有紧迫性。

全球经济治理体系面临重构，世界贸易组织面临改革创新，《美国—墨西哥—加拿大协定》[4]《全面与进步跨太平洋伙伴关系协定》[5]《区域全面经济伙伴关系协定》[6]等区域性经贸规则体系竞争加剧。《区域全面经济伙伴关系协定》正式生效，亚太区域经济一体化加深，加快制度开放型经济发展，发挥我国在亚太区域经济一体化规则体系中创新引领作用具有紧迫性。因此，研究自由贸易试验区的制度创新与贸易

---

[1] SCoase R. H., "The Task of the Society", International Society for New Institutional Economics Newsletter, 1999.

[2] 林毅夫等:《论中国经济改革的渐进式道路口》,《经济研究》1993年第9期。

[3] 王小鲁:《中国经济增长的可持续性与制度变革》,《经济研究》2000年第7期。

[4] https：//www.ustr.gov/Trade Agreement，(United States – Mexico – Canada Agreement) (USMCA)。

[5] https：//wtocenter.vn/ (Comprehensive and Progressive Agreement for Trans-Pacific Partnership) (CPTPP)。

[6] https：//rcepsec.org/legal-text/ (Regional Comprehensive Economic Partnership Agreement) (RCEP)。

投资便利化,以高水平开放促进高质量发展具有重要意义。

第二节 自由贸易区制度创新与改革发展新趋势

20世纪70年代以来,随着国际贸易、国际投资和经济全球化的深化发展,世界上自由贸易区从原来以关税优惠政策促进贸易发展向制度创新和经贸规则体系重塑方向转变,本节对自由贸易区制度创新和开放发展过程及趋势进行分析。

一 自由贸易区制度创新发展过程

从世界自由贸易区发展历史考察,自由贸易区发展随着国际贸易、国际投资和国际技术创新而发生深刻变化,自由贸易区制度创新也随着不同发展阶段发生变化。自由贸易区制度创新大体上经历下列三个阶段:

第一阶段(1948—1995年),自由贸易区主要以关税优惠政策促进国际贸易发展的阶段。在《关税与贸易总协定》(GATT)[①]规则体系下,主要是通过减少或取消货物贸易关税和非关税壁垒,促进成员国之间国际贸易发展。欧洲自由贸易区从1973年起,以5年为过渡期,分5个阶段,每阶段平均削减货物贸易关税20%,最后实现完全免除关税,贸易数量限制措施全部取消。欧洲自由贸易区促进欧洲进出口贸易快速发展。1973—2008年,欧洲一直是全球货物进出口贸易第一大市场,1973—2010年欧洲出口占全球出口贸易比例一直保持在40%—50%。美国与加拿大、墨西哥签署《北美自由贸易协定》(简称NAFTA),1994年1月正式生效,北美自由贸易区成员之间的关税下降、非关税壁垒取消促进美国、加拿大、墨西哥的国际贸易快速发展。东盟自由贸易区(以下简称AFTA,1992年1月在新加坡签署),1993年实施《共同有效优惠关税计划》(以下简称CEPT),促进东盟国家货物进出口贸易快速发展。

[①] https://www.wto.org, GATT Dcuments 1946-1948,(General Agreement on Tariff and Trade)(GATT 1947).

第二阶段（1996—2017 年），自由贸易区进入关税优惠政策与贸易便利化联动发展阶段。20 世纪 90 年代后期，发达国家的关税税率已下降到比较低水平，世界贸易组织推动贸易便利化[①]谈判。1996 年世界贸易组织新加坡部长级会议宣言提出讨论贸易便利化，认为贸易便利化能够提高国际贸易的效率，降低贸易成本，创造就业，提升全球贸易便利化水平，促进国际贸易自由化发展。通过多年谈判，世界贸易组织成员于 2014 年 11 月签署《贸易便利化协定》（Trade Facilitation Agreement[②]，TFA），《贸易便利化协定》签署后需要世界贸易组织成员的国内核准程序，2/3 的成员核准接受后，《贸易便利化协定》才能生效。2017 年 2 月 22 日，世界贸易组织成员对《贸易便利化协定》核准国家达到 112 个，超过世界贸易组织 164 个成员的 2/3，《贸易便利化协定》[③]正式生效。《贸易便利化协定》谈判和生效推动世界贸易组织成员进入关税优惠政策与贸易便利化联动发展阶段，通过实施海关预裁定制度（商品预分类，价格预审核和原产地预确定），简化通关程序和物流，提高贸易政策透明度，加强海关国际合作等，提升贸易便利化水平，从更深层次上促进国际贸易自由化发展。

第三阶段（2018 年至今），自由贸易区进入关税优惠、贸易投资便利化与综合性贸易制度创新相结合发展阶段。

2018 年以来，区域经济一体化和区域性自由贸易区加快发展，自由贸易区进入综合性经贸制度创新与改革发展新阶段。2018 年 3 月 8 日，日本、韩国等 11 国代表在智利首都圣地亚哥签署《全面与进步跨太平洋伙伴关系》，2018 年 12 月 30 日《全面与进步跨太平洋伙伴关系协定》[④]生效。2019 年 12 月 10 日，美国、加拿大、墨西哥签署《美国—墨西哥—加拿大协定》[⑤]，2020 年 7 月 1 日，《美国—墨西哥—加拿大协定》生效。2021 年 11 月 15 日，东盟十国加上中国、日本、韩国、

[①] https：//www.wto.org/Documents/（Trade Facilitation Agreement）（TFA）.

[②] https：//www.wto.org/Documents/（Trade Facilitation Agreement）（TFA）.

[③] https：//www.wto.org/Documents/（Agreement on Trade Facilitation）（AFT）.

[④] https：//wtocenter.vn/chuyen-de/12782-full-text-of-cptpp/（Comprehensive and Progressive Agreement for Trans-Pacific Partnership）（CPTPP）.

[⑤] https：//www.ustr.gov/Trade Agreement/（United States - Mexico - Canada Agreement）（USMCA）.

澳大利亚、新西兰等 15 个成员方签署了《区域全面经济伙伴关系协定》①，2022 年 1 月 1 日生效。《全面与进步跨太平洋伙伴关系协定》《美国—墨西哥—加拿大协定》《区域全面经济伙伴关系协定》都是包括货物贸易、服务贸易、国际投资、知识产权、市场准入、负面清单、海关监管、原产地、竞争中立、透明度、政府采购、监管一致性等全方位、多层次、立体化的综合性经贸协定。

《全面与进步跨太平洋伙伴关系协定》、《美国—墨西哥—加拿大协定》和《区域全面经济伙伴关系协定》向全方位、多层次、立体化的综合性经贸规则体系变化新趋势，标志着自由贸易区发展已经进入关税优惠政策、贸易投资便利化与综合性经贸制度创新相结合的发展新阶段。

二 自由贸易区制度创新与改革发展的新趋势

从世界范围自由贸易区发展进程考察，自由贸易区制度创新与改革发展出现下列三大新趋势：

（一）自由贸易区从关税优惠政策向经贸制度创新转变新趋势

随着国际贸易、投资、技术转移和数字经济加快融合发展，自由贸易区战略定位不再仅仅局限于通过关税优惠政策促进国际贸易和国际投资发展，而是把自由贸易区作为贸易自由化、投资便利化、知识产权保护、经贸制度创新、经济安全、外交关系和地缘政治的综合性战略平台。欧美国家对自由贸易区战略定位更加注重国际贸易、国际投资、知识产权保护、竞争规则、监管体制等经贸制度和经贸规则创新效应，成为其实现产业链、创新链、价值链的全球战略布局调整、巩固全球经济地位、维护经济安全的战略平台。

（二）强化自由贸易区制度创新，促进贸易投资便利化和国内经济互动发展

《美国—墨西哥—加拿大协定》②《区域全面经济伙伴关系协定》③

---

① https：//www.rcepsec.org/legal-text/（Regional Comprehensive Economic Partnership Agreement）（RCEP）.

② https：//www.ustr.gov/Trade Agreement/（United States – Mexico – Canada Agreement）（USMCA）.

③ https：//rcepsec.org/legal-text/（Regional Comprehensive Economic Partnership Agreement）（RCEP）.

《全面与进步跨太平洋伙伴关系协定》[①] 等通过货物贸易、服务贸易、国际投资、知识产权、市场准入、负面清单、海关监管、原产地、竞争中立、透明度、政府采购、监管一致性等综合性经贸规则创新促进贸易、投资和经济互动发展。一些自由贸易区实施"三零"规则（零关税、零补贴、零壁垒），自由贸易区关税优惠的地理边界效应弱化，强化自由贸易区的制度创新效应，提升贸易投资自由化便利化水平，促进贸易、投资和经济互动发展。

（三）自由贸易区制度创新与技术创新互动成为国际贸易与投资竞争新优势

自由贸易区加快制度创新与技术创新互动发展，通过提高政策透明度、政府审批效率、政府治理能力、优化营商环境、海关通关速度、物流配送等，吸引全球高层次人才、技术、资本集聚到自由贸易区，自由贸易区的制度创新与技术创新互动发展已经成为新一轮国际贸易和国家投资的竞争新优势。自由贸易区通过制度创新和改革发展，大幅度降低生产成本、贸易成本、投资成本、创新成本和物流成本，自由贸易区成为吸引高端要素、战略产业和创新企业的集聚新高地，促进自由贸易区技术创新发展。自由贸易区的制度创新、技术创新与优良营商环境互动成为国际竞争新优势。

第三节　贸易投资便利化水平国际比较分析

一　贸易便利化定义及其变化

贸易便利化是指国际贸易标准化、透明化、便捷化，以降低贸易成本，提高贸易效率和效益，促进国际贸易自由化发展。"便利化"（Facilitation）源于拉丁文"Facililis"，意为"简易、方便"。"便利"在《辞海》中解释为"敏捷、容易取得"。"贸易便利化"一词于1923年在国际联盟会议中被首次提及，但是贸易便利化推动实施却相对缓慢，直到20世纪90年代，国际贸易便利化才被提到国际组织讨论议程。

---

① https://wtocenter.vn/chuyen-de/12782-full-text-of-cptpp（Comprehensive and Progressive Agreement for Trans-Pacific Partnership）（CPTPP）.

第十章 自由贸易区制度创新与贸易投资便利化比较分析

1996年，世界贸易组织新加坡部长级会议宣言提出贸易便利化谈判，当初贸易便利化主要是涉及国际贸易程序的简化与协调，侧重于海关制度及规则的透明度、海关程序简化、税费减免以及货物自由过境便捷的制度安排。

1996年以来，贸易便利化引起国际组织高度重视，贸易便利化定义和规则成为国际贸易理论与政策研究的热点问题。世界贸易组织（1998）指出"贸易便利化是指国际贸易程序的简化和协调，具体是指商品流动过程中所进行的收集、商谈及数据处理所从事的活动以及所需要手续的简化和标准化"。联合国经济与社会理事会（2003）指出"贸易便利化是指能够减少贸易过程的复杂性、降低交易成本，并且能保证实现高效、透明度和可预见性的广泛的、综合的措施"。21世纪以来，贸易便利化日益受到重视，国际组织纷纷提出贸易便利化的定义，主要国际组织有关的贸易便利化定义见表10-1。

表10-1　　国际组织对贸易便利化的定义

国际组织	年份	贸易便利化定义
世界贸易组织（WTO）	1998	贸易便利化是指国际贸易程序的简化和协调，具体是指商品流动过程中所进行的收集、商谈及数据处理所从事的活动以及所需要手续的简化和标准化
联合国贸易与发展会议（UNCTAD）	2001	贸易便利化是指国际贸易程序的简化和协调，包括改进国际货物流动数据的收集及处理，简化货物流通的手续和成本
经济合作与发展组织（OECD）	2002	贸易便利化是指国际货物在从卖方到买方的流动过程中，相关信息流动及一方向另一方支付时所需程序的简化和标准化
联合国欧洲经济委员会（UNECE）	2002	贸易便利化是指在国际可接受的最优方式、规范及准则的基础上，降低国际贸易交易过程中的成本和复杂性，用全面的、一体化的方法，保证所有贸易活动在进行过程中有效、透明和可预见
亚太经济合作组织（APEC）	2002	贸易便利化是指在新技术的运用之下，采取相关措施，解决贸易流程烦琐的问题，减少了贸易中的障碍，降低商品流通中的成本与摩擦，以促进货物贸易和服务贸易更进一步的流通

续表

国际组织	年份	贸易便利化定义
联合国经济与社会理事会（ECOSOC）	2003	贸易便利化是指能够减少贸易过程的复杂性、降低交易成本，并且能保证实现高效、透明度和可预见性的广泛的、综合的措施

资料来源：笔者整理而得。

21世纪以来，随着国际货物贸易、服务贸易与国际直接投资加快融合发展，贸易便利化的内涵从货物贸易便利化向服务贸易、国际直接投资拓展，贸易便利化定义也逐步扩展到跨境交付、境外消费、商业存在、自然人流动等服务贸易与国际投资。服务贸易便利化和投资便利化成为全球经贸规则谈判的重要议题，2008年亚太经济合作组织（APEC）推动《投资便利化行动》，经济合作与发展组织（OECD）发布《投资政策框架2015年版》，认为投资便利化实质是通过简化并协调国际直接投资相关程序，以降低投资成本并创造协调、透明和可预见的投资环境。2016年联合国贸发会议（UNCTAD）达成《投资便利化全球行动清单》，2017年世界贸易组织（WTO）在部长级会议上通过了《关于投资便利化声明》。

二 贸易便利化有关文献回顾

近年来比较多研究文献聚焦于贸易便利化水平的评价指标体系的构建与测算，有关贸易便利化水平的评价指标体系文献研究重点之一：是从重视贸易成本向制度成本研究转变，Anderson[1]强调贸易便利化更多涉及的是与政策相关的制度性成本。Hornork 和 Koren[2] 提出重视行政壁垒使贸易成本增加。Anderson 和 Yotov[3] 提出重视监管成本，Sequeira[4]

---

[1] Dlina E. Anderson et al., "Intra-national Trade Costs: Assaying Regional Frictions", *European Economic Review*, Vol. 112, 2019, pp. 32–50.

[2] Cecília Hornok and Miklós Koren, "Administrative Barriers to Trade", *Journal of International Economics*, Vol. 96, 2015, pp. 110–122.

[3] James E. Anderson and Yoto V. Yotov, "Terms of Trade and Global Efficiency Effects of Free Trade Agreements, 1990–2002", *Journal of International Economics*, Vol. 99, 2016, pp. 279–298.

[4] Sandra Sequeira, "Corruption, Trade Costs, and Gains From Tariff Liberalization: Evidence from Southern Africa", *The American Economic Review*, Vol. 106, No. 10, 2016, pp. 3029–3063.

提出重视腐败成本等。贸易便利化水平的评价指标体系文献研究重点之二：是贸易便利化水平的评价指标体系从单一指标向综合性制度创新评价指标体系转变，由于贸易便利化涉及货物贸易、服务贸易、市场准入、海关监管、争端解决机制、政策透明度、负面清单、营商环境等诸多因素，贸易便利化水平的评价指标体系从单维度向多维度多指标体系转变。国内学者佟家栋和李连庆[1]发表了《贸易政策透明度与贸易便利化影响——基于可计算一般均衡模型的分析》一文。孔庆峰和董虹蔚[2]发表了《"一带一路"国家的贸易便利化水平测算与贸易潜力研究》一文。段文奇和景光正[3]发表了《贸易便利化、全球价值链嵌入与供应链效率——基于出口企业库存的视角》一文。有关贸易便利化水平的评价指标体系文献研究重点之三：是如何构建贸易便利化指标体系。世界银行（World Bank）侧重货物贸易的海关管理效率及物流服务构建物流绩效指数（Logistics Performance Index，LPI）。世界经济论坛（WEF）侧重货物市场准入和边境管理构建贸易促进指数（The Enabling Trade Index，ETI），世界经济论坛侧重国家综合竞争力构建国际竞争力指数（The Global Competitiveness Index，GCI），经合发组织（OECD）侧重海关程序便利和透明构建《贸易便利化指数》（Trade Facilitation Indicators，TFI）（见表10-2）。

表10-2　　　　主要国际组织构建有关贸易便利化指标体系

主要国际组织	一级指标
WTO《贸易便利化协定》	信息可获性、商贸参与度、海关预裁定、上诉或审查程序、规费与费用、单证与自动化、通关程序便利和透明
OECD的贸易便利化指数	信息可获得性、贸易商的参与、预裁定、上诉程序、规费和费用、单证类手续、自动化手续、程序性手续、边境机构合作（内部）、边境机构合作（外部）、管理与公正

---

[1] 佟家栋、李连庆：《贸易政策透明度与贸易便利化影响——基于可计算一般均衡模型的分析》，《南开经济研究》2014年第4期。

[2] 孔庆峰、董虹蔚：《"一带一路"国家的贸易便利化水平测算与贸易潜力研究》，《国际贸易问题》2015年第12期。

[3] 段文奇、景光正：《贸易便利化、全球价值链嵌入与供应链效率——基于出口企业库存的视角》，《世界经济》2021年第2期。

续表

主要国际组织	一级指标
世界银行物流绩效指数	海关、基础设施、物流行业竞争性、可追溯性、及时性
世界经济论坛贸易促进指数	国内市场准入、国外市场准入、边境机构的效率和透明度、运输基础设施的可用性和质量、运输服务的可用性和质量、信息通信技术的可用性和使用、运营环境
世界银行的营商环境指数	开放企业、办理执照获得电力、登记财产、缴纳税款、跨境贸易、获得信贷、保护中小投资者、执行合同、办理破产、劳动市场监管

资料来源：笔者通过官网整理。

三 贸易投资便利化指标体系构建及国际比较分析

（一）贸易投资便利化综合性指标体系构建

本节认为贸易投资便利化涉及货物贸易、服务贸易、国际投资、海关通关、争端解决、创新发展与知识产权保护、交通物流、政策透明度和政府服务效率等诸多因素。因此，本节探索建立贸易投资便利化综合性指标体系，以便客观全面地反映国际贸易投资便利化变化趋势和特征。

1. 贸易投资便利化综合性指标体系构建原则

为了对贸易投资便利化水平进行国际比较分析，贸易投资便利化综合性指标体系构建需要遵循下列原则：

（1）科学性原则。构建一套能够科学反映贸易投资便利化综合性指标体系，力求能够比较科学、客观、全面地反映贸易投资便利化水平。

（2）可计量性原则。指标体系中变量能够从国际权威数据库或国际组织官网获得数据，可计量可进行国际比较分析。

（3）可比性原则。为了使贸易投资便利化指数具有可比性，需要对指标体系中数据统一进行标准化处理，使结果具有国际可比性。

2. 贸易投资便利化综合指数计算方法与数据来源

本节采用主成分分析方法，对全球范围内可获得数据的126个国家和地区建立原始数据库，对原始数据进行标准化处理，采用主成分分析方法，通过加权求和方法计算126个国家和地区的贸易投资便利化指数（Trade and Investment Facilitation Index，TIFI），计算公式如下：

$$Score_{TIFI_j} = \sum_{m=1}^{f} W_m \sum_{n=1}^{g} W_{mn} \sum_{i=1}^{h} (a_{ij} y_{ij}) \tag{10-1}$$

其中，y_{ij} 表示第 j 个国家或地区第 i 个三级指标经过标准化处理后的值，为了方便比较分析以及消除各指标之间的计量单位和数量级的差异，具体公式为 $y_{ij} = \dfrac{x_{jmni} - x_{jmni(\min)}}{x_{jmni(\max)} - x_{jmni(\min)}} \times 100$，$x_{jmni(\min)}$ 是各国家或地区第 i 个三级指标的原始数据，$x_{jmni(\min)}$ 是各国家或地区第 i 个三级指标的最小值，$x_{jmni(\max)}$ 是各国家或地区中第 i 个三级指标的最大值。$m=1$，$2, \cdots, f$，f 代表一级指标的个数；$n=1, 2, \cdots, g$，g 代表某一个一级指标下的二级指标个数；$i=1, 2, \cdots, h$，h 代表某一个二级指标下的三级指标个数。W_m 为第 m 个一级指标的权重值；W_{mn} 为第 m 个一级指标下的第 n 个二级指标的权重值；a_{ij} 表示第 j 个国家或地区第 i 个三级指标的权重。

贸易投资便利化综合指数的原始数据主要来自联合国贸发会议数据库、世界银行的 WDI 数据库、世界银行的 LPI 数据库、世界银行的 WGI 数据库、UNCTAD 的投资政策中心数据库、*The Global Competitiveness Report*、*The Global Enabling Trade Report* 等数据库或研究报告的数据。

（二）贸易投资便利化综合指标体系构成

本节贸易投资便利化综合指标体系构成由 10 个一级指标、30 个二级指标、58 个三级指标构成。贸易投资便利化 10 个一级指标包括：货物贸易便利化、服务贸易便利化、国际投资便利化、创新与知识产权保护便利化、海关通关便利化、争端解决便利化、交通物流便利化、政策透明与政府服务效率便利化、数字经济便利化、市场有效与公平竞争便利化，二级指标和三级指标见表 10-3。

表 10-3　　　　　贸易投资便利化综合指标体系构成

一级指标	二级指标	三级指标（单位）	数据来源
1. 货物贸易便利化（7 个）	1. 货物贸易依存度	1. 出口货物贸易依存度（货物贸易出口额/GDP）(%)	联合国贸发会议数据库
		2. 进口货物贸易依存度（货物贸易进口额/GDP）(%)	联合国贸发会议数据库

续表

一级指标	二级指标	三级指标（单位）	数据来源
1. 货物贸易便利化（7个）	2. 货物贸易开放平台	3. 区域贸易协定生效数	世界贸易组织的 RTA 数据库
	3. 货物贸易市场准入	4. 国内市场准入	*The Global Enabling Trade Report*
		5. 非关税壁垒保护程度	*The Global Competitiveness Report*
	4. 货物贸易竞争力	6. 货物贸易进出口增长率（%）	联合国贸发会议数据库
		7. 货物贸易进出口占全球比例（%）	联合国贸发会议数据库
2. 服务贸易便利化（6个）	5. 服务贸易开放水平	8. 服务贸易依存度（服务贸易进出口额/GDP）（%）	联合国贸发会议数据库
		9. 服务业开放度（服务贸易进出口额/服务业增加值）（%）	联合国贸发会议数据库
	6. 服务贸易竞争力	10. 服务贸易进出口增长率（%）	联合国贸发会议数据库
		11. 服务贸易进出口占全球比例（%）	联合国贸发会议数据库
	7. 服务贸易开放平台	12. 服务贸易协定生效数	世界贸易组织的 RTA 数据库
	8. 服务业发展水平	13. 服务业占三次产业总增加值比例（%）	联合国贸发会议数据库
3. 国际投资便利化（7个）	9. 国际投资依存度	14. 外商投资依存度（外商直接投资存量/GDP）（%）	联合国贸发会议数据库
		15. 对外投资依存度（对外直接投资存量/GDP）（%）	联合国贸发会议数据库
	10. 外资开放平台	16. 双边投资协定生效数	UNCTAD 的投资政策中心数据库

续表

一级指标	二级指标	三级指标（单位）	数据来源
3. 国际投资便利化（7个）	11. 国际投资竞争力	17. 外商直接投资存量占全球比例（%）	联合国贸发会议数据库
		18. 对外直接投资存量占全球比例（%）	联合国贸发会议数据库
	12. 外资流动效率	19. 外商直接投资存量增长率（%）	联合国贸发会议数据库
		20. 对外直接投资存量增长率（%）	联合国贸发会议数据库
4. 创新与知识产权保护便利化（5个）	13. 创新水平	21. 每百万人口的专利申请（个/百万人）	*The Global Competitiveness Report*
		22. R&D 占 GDP 的比重（%）	*The Global Competitiveness Report*
		23. 研究机构质量	*The Global Competitiveness Report*
	14. 知识产权保护	24. 知识产权支付占 GDP 比重（%）	世界银行的 WDI 数据库
		25. 知识产权保护水平	*The Global Competitiveness Report*
5. 海关通关便利化（5个）	15. 通关效率	26. 海关清关效率	世界银行的 WDI 数据库
		27. 进出口时间	*The Global Enabling Trade Report*
	16. 通关成本	28. 进出口成本	*The Global Enabling Trade Report*
	17. 海关通关环境	29. 非法支付和贿赂	*The Global Enabling Trade Report*
		30. 海关透明度	*The Global Enabling Trade Report*
6. 争端解决便利化（4个）	18. 法治环境	31. 法治程度	世界银行的 WGI 数据库
		32. 司法独立性	*The Global Competitiveness Report*
		33. 监管质量	世界银行的 WGI 数据库
	19. 争端解决效率	34. 争端解决效率	*The Global Competitiveness Report*
7. 交通物流便利化（6个）	20. 交通运输基础设施	35. 公路运输设施质量	*The Global Competitiveness Report*
		36. 铁路运输设施质量	*The Global Competitiveness Report*
		37. 航空运输设施质量	*The Global Competitiveness Report*
		38. 港口运输设施质量	*The Global Competitiveness Report*

续表

一级指标	二级指标	三级指标（单位）	数据来源
7. 交通物流便利化（6个）	21. 物流服务水平	39. 运输服务的可用性和质量	The Global Enabling Trade Report
		40. 物流绩效水平	世界银行的 LPI 数据库
8. 政策透明与政府服务便利化（6个）	22. 政府透明度	41. 政府开放	世界银行的 WDI 数据库
		42. 政府权力限制	世界银行的 WDI 数据库
		43. 政府反腐败与廉政水平	世界银行的 WGI 数据库
	23. 政府服务	44. 政府管制负担	The Global Competitiveness Report
		45. 政府治理能力	世界银行的 WDI 数据库
		46. 政府治理效率	世界银行的 WGI 数据库
9. 数字经济便利化（6个）	24. 数字产品贸易	47. 信息通信技术产品贸易额	联合国贸发会议数据库
	25. 数字技术基础设施	48. 固定宽带使用率	The Global Competitiveness Report
		49. 信息通信技术	The Global Competitiveness Report
		50. 数字技能	The Global Competitiveness Report
	26. 金融支持力度	51. 金融体系完备	The Global Competitiveness Report
	27. 法律框架	52. 数字商业的法律框架	The Global Competitiveness Report
10. 市场有效与公平竞争便利化（6个）	28. 劳动市场效率	53. 劳工政策有效性	The Global Competitiveness Report
		54. 劳动市场环境	The Global Competitiveness Report
	29. 商品市场效率	55. 营商环境便利	世界银行的 WDI 数据库
		56. 商品市场环境	The Global Competitiveness Report
	30. 金融市场效率	57. 银行稳健性	The Global Competitiveness Report
		58. 金融服务便利性	The Global Competitiveness Report

四 贸易投资便利化综合指数国际比较分析

对 2020 年全球 126 个国家和地区的贸易投资便利化综合指数计算，得出贸易投资便利化综合指数世界 50 强国家和地区的排行榜。2020 年贸易投资便利化综合指数世界 50 强的国家和地区排行榜中，《欧洲联盟条约》《美国—墨西哥—加拿大协定》《区域全面经济伙伴关系协定》的成员国和地区占 36 个，在贸易投资便利化综合指数世界 50 强的比例达到72%。其中《欧洲联盟条约》成员方26个（见图10-1）：荷兰、卢森堡、芬兰、丹麦、德国、瑞典、英国、奥地利、爱尔兰、比利时、法国、马耳他、爱沙尼亚、捷克、塞浦路斯、西班牙、葡萄牙、立陶宛、斯洛文尼亚、拉脱维亚、斯洛伐克、意大利、匈牙利、波兰、保加利亚、罗马尼亚。《区域全面经济伙伴关系协定》成员方8个（见图10-1）：新加坡、日本、新西兰、澳大利亚、韩国、中国、马来西亚、泰国。《美国—墨西哥—加拿大协定》成员方2个（见图10-1）：美国和加拿大。贸易投资便利化综合指数世界50强数据表明，区域经济一体化协定（自由贸易区协定）的成员国家和地区的贸易投资便利化水平总体比较高，表明区域经济一体化协定（自由贸易区协定）对提升成员国或地区的贸易投资便利化水平具有积极促进作用，反映出自由贸易区制度创新与贸易投资便利化水平提升具有协动性发展趋势。

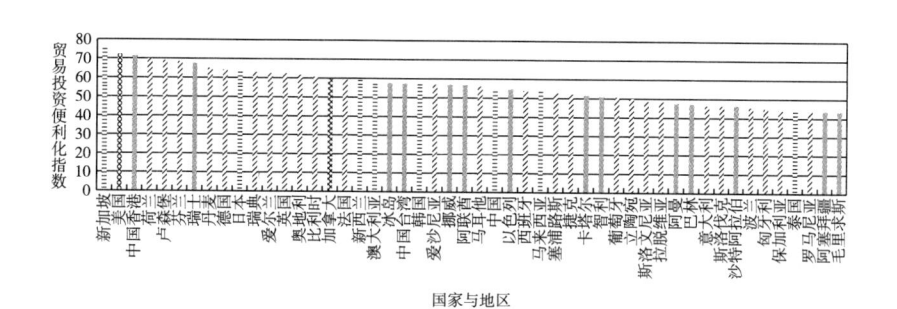

图10-1　2020年贸易投资便利化综合指数世界50强国家和地区排行榜

资料来源：笔者根据贸易投资便利化综合指数制作。

2020年贸易投资便利化综合指数世界50强（见表10-4）的国家和地区名单除了《欧洲联盟条约》《美国—墨西哥—加拿大协定》《区域全面经济伙伴关系协定》的成员国和地区以外，其余国家和地区是中国香港、瑞士、冰岛、中国台湾、挪威、阿联酋、以色列、卡塔尔、智利、阿曼、巴林、沙特阿拉伯、阿塞拜疆、毛里求斯，大多属于开放经济发展水平比较高的国家和地区，表明开放经济水平与贸易投资便利化水平具有互动关系。

645

表 10-4　　　2020 年贸易投资便利化综合指数世界
50 强国家和地区排行榜

排名	贸易投资便利化综合指数		货物贸易便利化指数		服务贸易便利化指数		国际投资便利化指数	
1	新加坡	76.14	中国香港	63.02	卢森堡	72.35	美国	55.63
2	美国	72.21	荷兰	62.26	马耳他	60.93	中国香港	54.59
3	中国香港	71.34	新加坡	62.18	美国	60.22	塞浦路斯	50.88
4	荷兰	69.87	德国	61.02	爱尔兰	59.95	新加坡	48.63
5	卢森堡	68.93	斯洛文尼亚	57.18	新加坡	56.83	马耳他	46.45
6	芬兰	68.40	比利时	56.08	荷兰	55.34	爱尔兰	36.74
7	瑞士	67.47	捷克	55.97	法国	52.03	瑞士	33.49
8	丹麦	65.03	斯洛伐克	55.17	塞浦路斯	50.70	荷兰	32.82
9	德国	64.16	匈牙利	52.67	德国	50.37	加拿大	27.16
10	日本	63.20	爱沙尼亚	52.00	英国	49.96	英国	25.53
11	瑞典	62.96	芬兰	51.74	比利时	48.99	卢森堡	24.80
12	爱尔兰	62.43	英国	51.48	西班牙	46.07	中国	21.98
13	英国	62.28	立陶宛	51.40	希腊	45.96	比利时	21.89
14	奥地利	61.67	拉脱维亚	51.22	丹麦	45.87	法国	19.30
15	比利时	60.73	葡萄牙	51.11	意大利	44.48	德国	18.74
16	加拿大	59.52	奥地利	50.88	瑞典	44.43	俄罗斯	18.22
17	法国	59.21	美国	50.59	中国香港	44.17	芬兰	17.63
18	新西兰	59.12	卢森堡	50.51	奥地利	43.17	巴西	16.85
19	澳大利亚	57.79	中国	50.39	葡萄牙	42.89	西班牙	16.03
20	冰岛	57.60	法国	50.28	日本	41.99	中国台湾	15.90
21	中国台湾	57.30	西班牙	49.92	立陶宛	41.80	瑞典	15.66
22	韩国	57.25	爱尔兰	49.79	爱沙尼亚	41.51	日本	15.44
23	爱沙尼亚	56.94	瑞典	49.65	芬兰	41.06	韩国	15.41
24	挪威	56.81	波兰	49.53	拉脱维亚	40.95	爱沙尼亚	15.26
25	阿联酋	56.76	意大利	49.42	瑞士	39.83	希腊	15.20
26	马耳他	56.03	马耳他	49.13	保加利亚	38.90	乌克兰	15.04
27	中国	54.84	克罗地亚	49.11	波兰	38.19	黎巴嫩	14.88
28	以色列	54.64	丹麦	48.54	克罗地亚	37.99	泰国	14.88
29	西班牙	53.88	罗马尼亚	48.11	罗马尼亚	37.79	澳大利亚	14.72

续表

排名	贸易投资便利化综合指数		货物贸易便利化指数		服务贸易便利化指数		国际投资便利化指数	
30	马来西亚	53.74	保加利亚	47.80	匈牙利	37.52	以色列	14.59
31	塞浦路斯	52.72	希腊	45.36	斯洛伐克	37.38	意大利	14.56
32	捷克	52.19	塞浦路斯	44.60	中国	37.16	罗马尼亚	14.43
33	卡塔尔	51.61	瑞士	43.31	捷克	37.14	智利	14.11
34	智利	50.93	智利	43.09	斯洛文尼亚	36.95	马来西亚	14.09
35	葡萄牙	50.66	墨西哥	42.62	巴拿马	34.40	奥地利	14.08
36	立陶宛	50.03	阿联酋	41.59	哥斯达黎加	34.36	阿塞拜疆	14.08
37	斯洛文尼亚	48.51	马来西亚	41.40	智利	34.27	捷克	13.99
38	拉脱维亚	48.40	越南	41.13	韩国	33.28	墨西哥	13.91
39	阿曼	47.55	日本	38.53	冰岛	32.70	格鲁吉亚	13.80
40	巴林	47.13	澳大利亚	36.87	澳大利亚	31.91	摩尔多瓦	13.75
41	意大利	46.42	韩国	36.29	加拿大	31.90	越南	13.73
42	斯洛伐克	46.41	冰岛	36.05	新西兰	30.55	塞尔维亚	13.72
43	沙特阿拉伯	46.34	新西兰	35.94	黎巴嫩	28.86	葡萄牙	13.64
44	波兰	45.59	加拿大	35.91	挪威	28.78	巴林	13.51
45	匈牙利	45.04	格鲁吉亚	35.85	秘鲁	27.92	土耳其	13.44
46	保加利亚	44.01	中国台湾	35.81	墨西哥	27.84	丹麦	13.28
47	泰国	43.85	挪威	35.56	萨尔瓦多	26.87	蒙古国	13.10
48	罗马尼亚	43.69	乌克兰	34.21	洪都拉斯	26.84	巴拿马	13.03
49	阿塞拜疆	43.61	泰国	33.64	以色列	26.76	菲律宾	13.03
50	毛里求斯	43.45	土耳其	33.38	菲律宾	26.65	冰岛	12.96

贸易投资便利化综合指数居世界前10强的国家和地区是新加坡、美国、中国香港、荷兰、卢森堡、芬兰、瑞士、丹麦、德国、日本。我国在贸易投资便利化世界50强排行榜中，贸易投资便利化综合指数居世界第27位，货物贸易便利化指数居世界第19位，服务贸易便利化指数居世界第32位，国际投资便利化指数居世界第12位（见表10-4）。改革开放以来，特别是党的十八大以来，推动中国自由贸易试验区制度创新与改革开放，我国贸易投资便利化水平持续提升，但是与贸易投资便利化综合指数居世界前10强的国家和地区相比，贸易投资便利化水

平差距仍然非常明显（见表10-4）。我国需要进一步加快制度型开放经济发展，加强自由贸易试验区制度创新和改革开放互动发展，加快推动我国贸易投资便利化综合水平提升。

根据对2020年全球126个国家和地区的货物贸易便利化指数的计算，货物贸易便利化指数世界50强的国家和地区排行榜见表10-4。2020年货物贸易投资便利化指数世界50强的国家和地区排行榜中，《欧洲联盟条约》《美国—墨西哥—加拿大协定》《区域全面经济伙伴关系协定》的成员国和地区占40个，在贸易投资便利化综合指数世界50强的比例达到80%。其中《欧洲联盟条约》成员国28个（见图10-2）：荷兰、德国、斯洛文尼亚、比利时、捷克、斯洛伐克、匈牙利、爱沙尼亚、芬兰、英国、立陶宛、拉脱维亚、葡萄牙、奥地利、卢森堡、法国、西班牙、爱尔兰、瑞典、波兰、意大利、马耳他、克罗地亚、丹麦、罗马尼亚、保加利亚、希腊、塞浦路斯。《美国—墨西哥—加拿大协定》成员国3个：美国、墨西哥、加拿大。《区域全面经济伙伴关系协定》成员国9个（见图10-2）：新加坡、中国、马来西亚、越南、日本、澳大利亚、韩国、新西兰、泰国。货物贸易便利化与区域性经贸规则、自由贸易区协定、区域经济一体化水平存在密切关系，货物贸易便利化与货物贸易依存度及自由贸易区制度创新也存在协动性关系（见图10-3）。

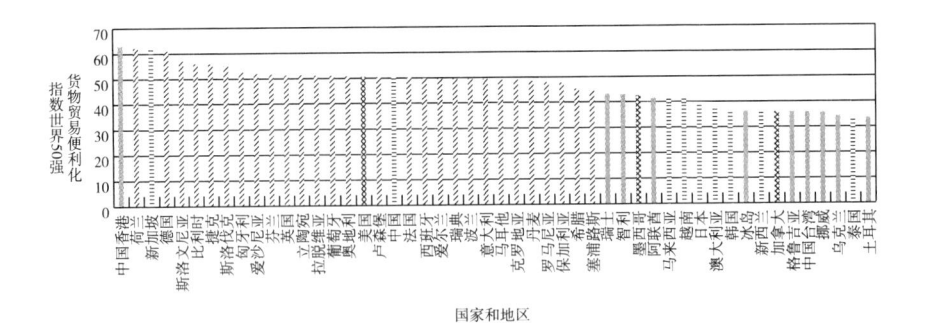

图10-2　2020年货物贸易便利化指数世界50强国家和地区排行榜

资料来源：笔者根据货物贸易便利化指数制作。

第十章 | 自由贸易区制度创新与贸易投资便利化比较分析

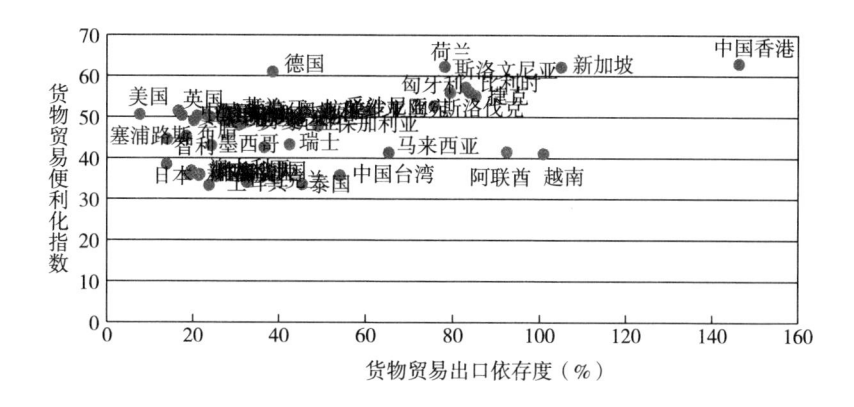

图 10-3　货物贸易便利化与货物贸易依存度的相关性

资料来源：笔者根据货物贸易便利化指数制作。

货物贸易便利化指数居世界前 10 强的国家和地区是中国香港、荷兰、新加坡、德国、斯洛文尼亚、比利时、捷克、斯洛伐克、匈牙利、爱沙尼亚。我国在货物贸易便利化指数居世界第 19 位（见图 10-2），我国虽然是货物贸易世界第一大国，但是我国货物贸易便利化指数与货物贸易便利化指数居世界前 10 强国家和地区仍然存在差距，我国需要进一步加快自由贸易试验区制度创新，扩大高水平开放，提升货物贸易便利化水平。

根据对 2020 年全球 126 个国家和地区的服务贸易便利化指标体系的计算，服务贸易便利化指数世界 50 强的国家和地区排行榜见图 10-4，《欧洲联盟条约》《美国—墨西哥—加拿大协定》《区域全面经济伙伴关系协定》的成员国和地区占 40 个，在服务贸易便利化指数世界 50 强的比例达到 80%，表明服务贸易便利化与区域性经贸规则、自由贸易区协定、区域经济一体化水平具有密切关系，服务贸易便利化与服务贸易依存度及自由贸易区制度创新存在协动性关系（见图 10-5）。

在 2020 年服务贸易便利化指数世界 50 强的国家和地区排行榜中，《欧洲联盟条约》成员国 28 个：卢森堡、马耳他、爱尔兰、荷兰、法国、塞浦路斯、德国、英国、比利时、西班牙、希腊、丹麦、意大利、瑞典、奥地利、葡萄牙、立陶宛、爱沙尼亚、芬兰、拉脱维亚、保加利亚、波兰、克罗地亚、罗马尼亚、匈牙利、斯洛伐克、捷克、斯洛文尼

649

亚。《美国—墨西哥—加拿大协定》成员国3个：美国、墨西哥、加拿大。《区域全面经济伙伴关系协定》成员国9个：新加坡、日本、中国、韩国、澳大利亚、新西兰、菲律宾（见图10-4）。

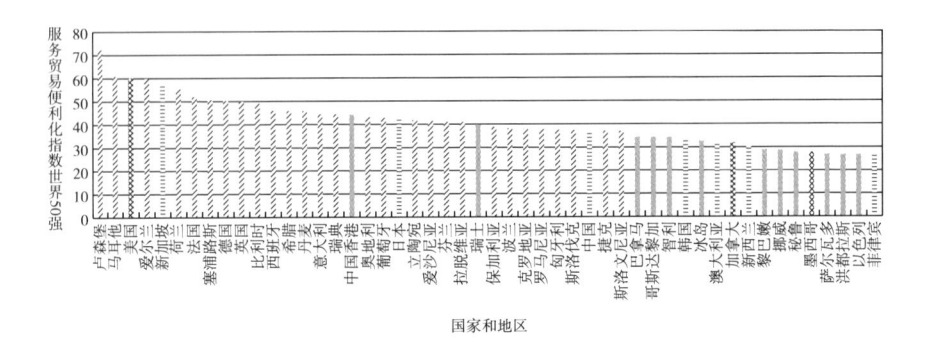

图10-4　2020年服务贸易便利化指数世界50强国家和地区排行榜

资料来源：笔者根据服务贸易便利化指数制作。

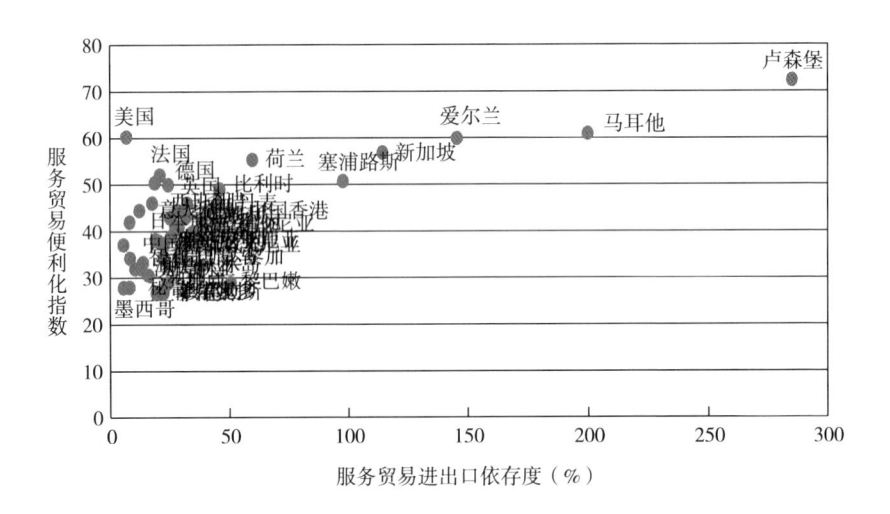

图10-5　服务贸易便利化与服务贸易进出口依存度的相关性

资料来源：笔者根据服务贸易便利化指数制作。

服务贸易便利化指数居世界前10强的国家和地区是卢森堡、马耳他、美国、爱尔兰、新加坡、荷兰、法国、塞浦路斯、德国、英国，我国在服务贸易便利化指数居世界第32位（见图10-4），我国服务贸易便利化水平与居世界10强国家和地区的差距非常明显，我国需要进一

第十章 | 自由贸易区制度创新与贸易投资便利化比较分析

步扩大服务贸易开放,加强自由贸易试验服务贸易制度创新和改革开放,加快提升服务贸易便利化水平。

根据2020年全球126个国家和地区的国际投资便利化指标体系的计算结果,国际投资便利化指数世界50强的国家和地区排行榜见图10-6,《欧洲联盟条约》《美国—墨西哥—加拿大协定》《区域全面经济伙伴关系协定》的成员国和地区占32个,在服务贸易便利化指数世界50强的比例达到60%以上,其中《欧洲联盟条约》成员国20个:塞浦路斯、马耳他、爱尔兰、荷兰、英国、卢森堡、比利时、法国、德国、芬兰、西班牙、瑞典、爱沙尼亚、希腊、意大利、罗马尼亚、奥地利、捷克、葡萄牙、丹麦。《美国—墨西哥—加拿大协定》成员国3个:美国、加拿大、墨西哥。《全面区域经济伙伴关系协定》成员国9个:新加坡、中国、日本、韩国、泰国、澳大利亚、马来西亚、越南、菲律宾(见图10-6)。数据表明国际投资便利化水平与区域性经贸规则(自由贸易区协定)和区域经济一体化水平存在密切关系,国际投资便利化与国际投资依存度及自由贸易区的制度创新具有协动性关系(见图10-7)。

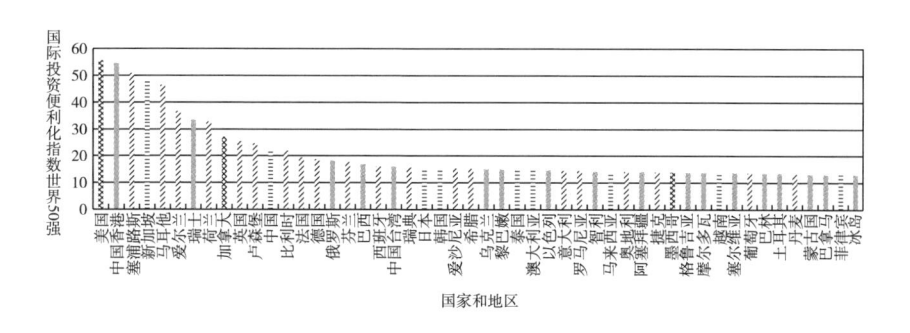

图10-6 2020年国际投资便利化指数世界50强国家和地区排行榜

资料来源:笔者根据国际投资便利化指数制作。

国际投资便利化指数居世界前10强的国家和地区是美国、中国香港、塞浦路斯、新加坡、马耳他、爱尔兰、瑞士、荷兰、加拿大、英国。我国的国际投资便利化指数居世界第12位,改革开放以来,特别是党的十八大以来,我国利用外资和对外直接投资规模持续扩大,外商投资市场准入不断放宽,负面清单不断缩减,营商环境不断完善,我国

651

的国际投资便利化指数与美国、英国、荷兰等国家差距持续缩小。我国需要抓住《区域全面经济伙伴关系协定》生效机遇，加强与日本、韩国及东盟成员国的国际投资合作，我国的国际投资便利化指数有望进入世界前10强国家排行榜（见图10-6）。

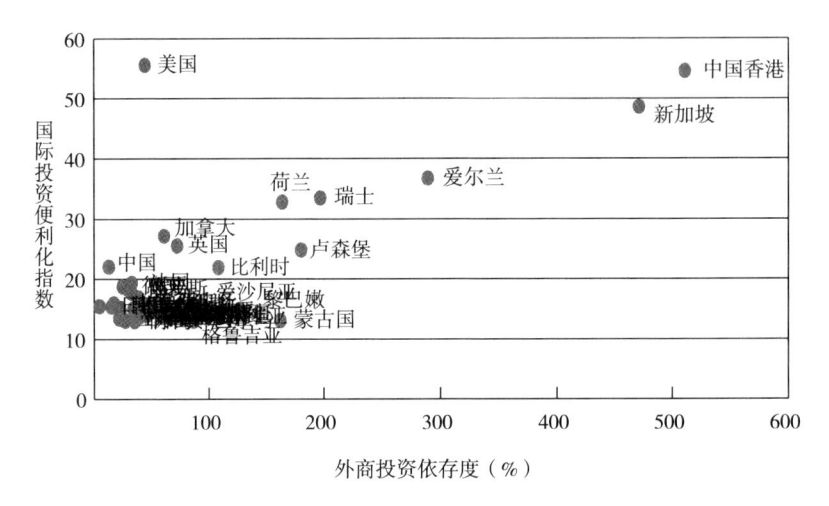

图10-7　国际投资便利化与外商投资依存度的相关性

资料来源：笔者根据国际投资便利化指数制作。

我国已经是货物贸易第一大出口国，货物贸易第二大进口国，服务贸易第四大出口国，国际直接投资第二大国，我国高水平开放发展要力争贸易投资便利化综合指数进入世界前10强国家和地区排行榜。为此需要对新加坡、美国、中国香港、荷兰的贸易投资便利化综合指数进一步比较分析，以便找出我国差距，加快补短板，加快制度型开放经济发展，促进我国贸易投资便利化综合指数达到世界一流水平，加快从开放经济大国向开放经济强国转变。

2020年，新加坡贸易投资便利化综合评价指数居世界第1位，新加坡在海关通关便利化、交通物流便利化、政策透明与政府服务效率、市场有效与公平竞争便利化均居世界第1位，争端解决便利化、数字经济便利化居世界第2位（见图10-8），新加坡贸易投资便利化水平居世界一流水平。

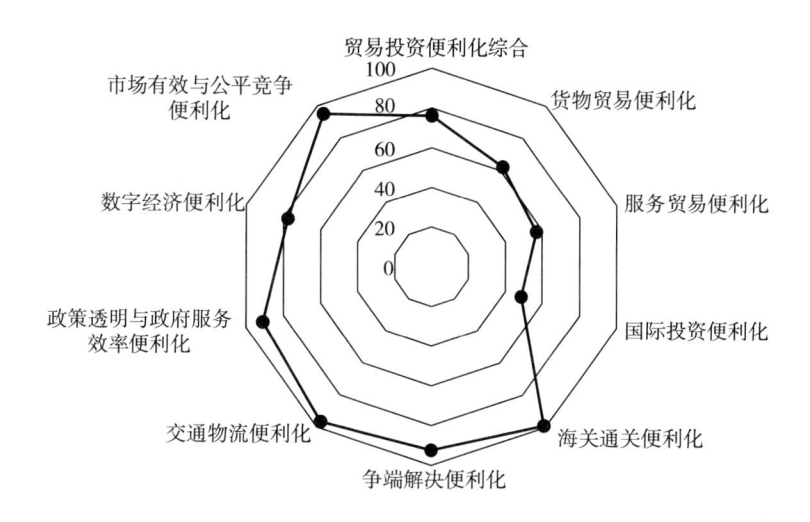

第十章 | 自由贸易区制度创新与贸易投资便利化比较分析

图 10-8　新加坡贸易投资便利化指数得分

资料来源：笔者根据贸易投资便利化指数制作。

2020 年，美国贸易投资便利化综合指数居世界第 2 位，美国在国际投资便利化指数、创新与知识产权保护便利化指数居世界第 1 位，在服务贸易便利化指数、数字经济便利化指数、市场有效与公平竞争便利化指数均居世界第 3 位，美国贸易投资便利化指数水平处于世界一流水平（见图 10-9）。

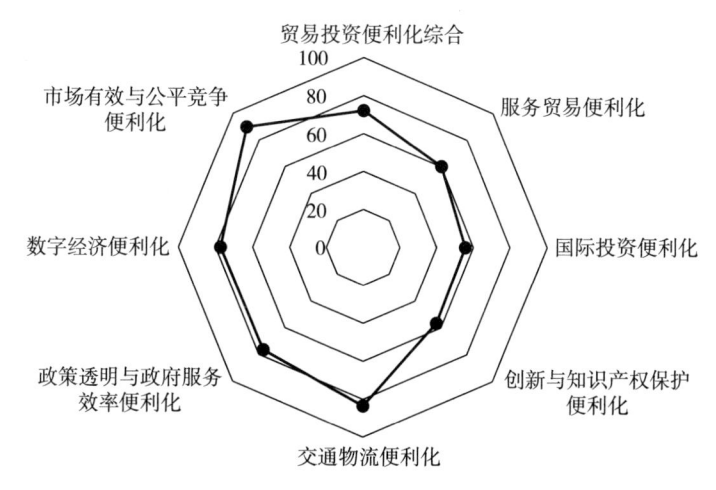

图 10-9　美国贸易投资便利化指数得分

资料来源：笔者根据贸易投资便利化指数制作。

653

2020年，中国香港的贸易投资便利化综合指数居世界第3位，中国香港在货物贸易便利化、国际投资便利化、争端解决便利化、海关通关便利化、交通物流便利化、政策透明与政府服务效率便利化、数字经济便利化、市场有效与公平竞争便利化等处于世界一流水平（见图10-10）。

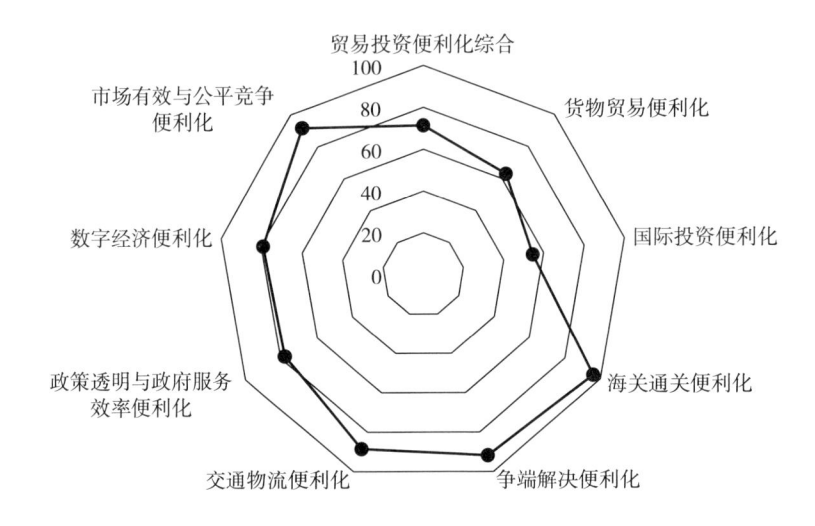

图 10-10 中国香港贸易投资便利化指数得分

资料来源：笔者根据贸易投资便利化指数制作。

2020年，荷兰的贸易投资便利化综合指数居世界第4位，荷兰在货物贸易便利化、服务贸易便利化、国际投资便利化、海关通关便利化、争端解决便利化、交通物流便利化、数字经济便利化等处于世界一流水平（见图10-11）。

2020年，我国在贸易投资便利化综合指数居世界第27位，我国的数字经济发展便利化指数居世界第5位，国际投资便利化指数居世界第12位，货物贸易便利化指数居世界第19位，创新发展与知识产权保护便利化指数居世界第20位，服务贸易便利化指数居世界第32位，交通物流便利化指数居世界第32位，政策透明与政府服务效率便利化指数居世界第37位（见图10-12）。

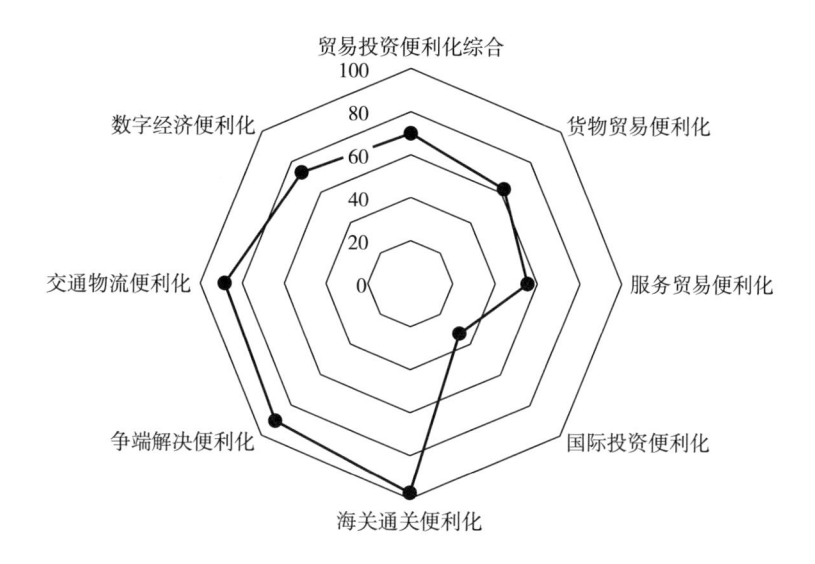

第十章 自由贸易区制度创新与贸易投资便利化比较分析

图 10-11　荷兰贸易投资便利化指数得分

资料来源：笔者根据贸易投资便利化指数制作。

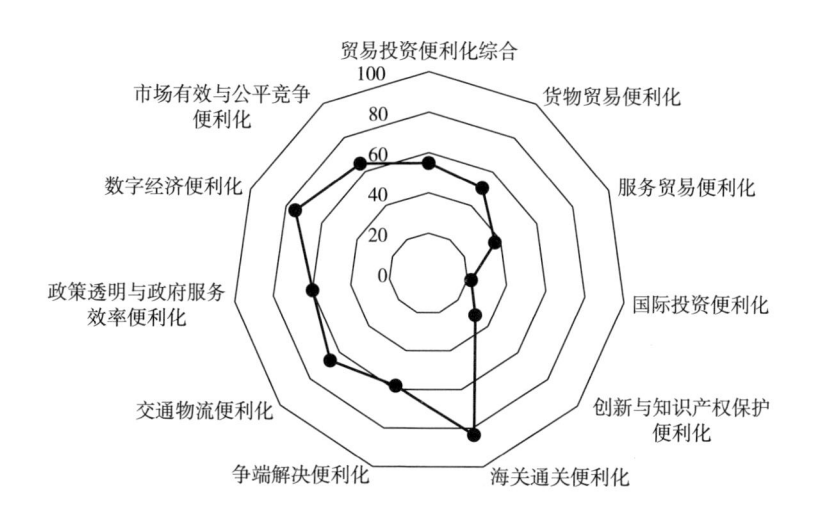

图 10-12　中国贸易投资便利化指数得分

资料来源：笔者根据贸易投资便利化指数制作。

党的十八大以来，我国推动自由贸易试验区改革创新，我国的贸易投资便利化水平持续提升，但是与世界一流的贸易投资便利化综合水平相比较仍然存在比较大的差距，特别是在创新与知识产权保护便利化、服务贸易便利化、交通物流便利化、政策透明与政府服务效率、海关通关便利化方面差距非常明显。我国迫切需要从五个方面加快制度型改革创新，一是加快服务贸易开放，提升服务贸易便利化水平；二是加强创新发展与知识产权保护，提升创新与知识产权保护便利化水平；三是加快交通物流的智能化发展，提升交通物流便利化水平；四是加快政策透明度与政府服务效率改革，提升政策透明度与政府服务效率水平；五是加快海关通关的数字化智能化水平，提升海关通关便利化水平。加强自由贸易试验区制度创新力度，加快制度型开放经济发展，加快推动我国贸易投资便利化向世界一流水平迈进。

第四节　国内31个省份贸易投资便利化水平比较分析

贸易投资便利化综合指数的国际比较分析结果表明，党的十八大以来，我国推动自由贸易试验区制度创新，我国贸易投资便利化水平持续提升，但是目前与世界一流的贸易投资便利化水平仍然存在比较大的差距。为了对我国贸易投资便利化存在问题和短板进行深入分析，有必要对国内31个省份的贸易投资便利化综合指数进行比较分析。为此，需要构建国内31个省份贸易投资便利化综合性评价指标体系。

国内31个省份贸易投资便利化综合性指标体系构建，需要遵循科学性、可操作性、可持续性的原则，考虑前瞻与实用，共性与特色相结合，以便通过31个省份贸易投资便利化比较分析，能够客观全面地反映我国区域性贸易投资便利化水平的变化趋势。

一　国内31个省份贸易投资便利化综合性评价指标体系构成

考虑到数据可获得和可比较分析，国内31个省份贸易投资便利化综合性指标体系由10个一级指标、31个二级指标、71个三级指标构成。贸易投资便利化综合性指标体系中10个一级指标包括：货物贸易便利化、服务贸易便利化、国际投资便利化、创新与知识产权保护便利化、海关通关便利化、争端解决便利化、交通物流便利化、政策透明与政府服务效率便利化、数字经济便利化、市场公平竞争与要素市场便利化（见表10-5）。

表10-5　国内31个省份贸易投资便利化综合性评价指标体系构成

一级指标	二级指标	三级指标（单位）	数据来源
1. 货物贸易便利化（6个）	1. 货物贸易开放水平	1. 出口货物贸易依存度（货物贸易出口额/GDP）（%）	《中国统计年鉴》
		2. 进口货物贸易依存度（货物贸易进口额/GDP）（%）	《中国统计年鉴》
	2. 自由贸易区发展	3. 自由贸易区数量（个）	国务院官网
	3. 货物贸易公平竞争	4. 私营企业外贸/国有企业外贸（%）	《中国统计年鉴》
	4. 货物贸易竞争力	5. 货物贸易进出口增长率（%）	《中国统计年鉴》
		6. 货物贸易进出口占全球比例（%）	《中国统计年鉴》
2. 服务贸易便利化（7个）	5. 服务贸易开放水平	7. 服务贸易依存度（服务贸易进出口额/GDP）（%）	商务部网站
		8. 服务业开放度（服务贸易进出口额/服务业增加值）（%）	商务部网站
	6. 服贸竞争力	9. 服务贸易进出口增长率（%）	商务部网站
		10. 服务贸易进出口占全球比例（%）	商务部网站
	7. 服贸监管创新平台	11. 服务业扩大开放综合试点（是取1，否取0）	国务院官网
		12. 服务贸易创新发展试点（是取1，否取0）	国务院官网
	8. 服务业发展水平	13. 服务业占三次产业总增加值比例（%）	《中国统计年鉴》
3. 国际投资便利化（7个）	9. 国际直接投资开放水平	14. 外商投资依存度（实际利用外资额/GDP）（%）	商务部网站
		15. 对外投资依存度（对外直接投资额/GDP）（%）	《中国对外直接投资统计公报》

续表

一级指标	二级指标	三级指标（单位）	数据来源
3. 国际投资便利化（7个）	10. 外资监管体系	16. 外资审批和监管文件（个）	北大法宝
	11. 国际投资竞争力	17. 实际利用外资占全球比例（%）	商务部网站
		18. 对外直接投资占全球比例（%）	《中国对外直接投资统计公报》
	12. 外资流动效率	19. 对外直接投资额增长率（%）	《中国对外直接投资统计公报》
		20. 外商直接投资额增长率（%）	商务部网站
4. 创新与知识产权保护便利化（8个）	13. 创新发展水平	21. R&D经费内部支出增长（%）	《中国科技统计年鉴》
		22. 每百万人口的有效发明专利数（项）	《中国统计年鉴》
		23. R&D经费投入强度（R&D支出/GDP）（%）	《中国科技统计年鉴》
		24. 新产品销售收入/GDP（%）	《中国科技统计年鉴》
	14. 知识产权保护	25. 知识产权纠纷数量增长（%）	中国裁判文书网
		26. 知识产权服务效率（分）	《中国知识产权发展状况评价报告》
		27. 知识产权司法保护水平（分）	《中国知识产权发展状况评价报告》
		28. 知识产权行政保护水平（分）	《中国知识产权发展状况评价报告》
5. 海关通关便利化（6个）	15. 通关时间	29. 进口平均通关时间（小时）	地方海关官网
		30. 出口平均通关时间（小时）	地方海关官网
	16. 通关效率	31. 海关特殊监管区（个）	中国海关官网
		32. 报关员业务技能—薪资（分）	《报关员岗位薪酬调查报告》
	17. 信息透明度	33. 政府网络信息公开（分）	《中国政府网络透明度指数》
	18. 海关智能化水平	34. 电子支付能力（分）	《中国移动支付发展报告》

续表

一级指标	二级指标	三级指标（单位）	数据来源
6. 争端解决便利化（7个）	19. 法治透明度	35. 立法透明度（分）	《中国人大立法透明度指数报告》
		36. 司法透明度（分）	《中国司法透明度指数报告》
		37. 检务透明度（分）	《中国检务透明度指数报告》
	20. 争端解决支撑力量	38. 每万人拥有律师数（人）	《中国社会统计年鉴》
		39. 每万人拥有公证员数（个）	《中国社会统计年鉴》
		40. 每万人拥有工会基层组织数（个）	《中国社会统计年鉴》
		41. 每万人拥有社会组织数（个）	《中国社会统计年鉴》
7. 交通物流便利化（8个）	21. 交通运输基础设施	42. 公路货物周转量（亿吨千米）	《中国统计年鉴》
		43. 铁路货物周转量（亿吨千米）	《中国统计年鉴》
		44. 机场货邮吞吐量（万吨）	中国民航局官网
		45. 水运货物周转量（亿吨千米）	《中国统计年鉴》
	22. 物流服务水平	46. 快递业务量（万件）	国家邮政局
		47. 快递收入（万元）	国家邮政局
		48. 邮政业营业网点（处）	《中国统计年鉴》
		49. 邮路总长度（千米）	《中国统计年鉴》
8. 政策透明与政府服务便利化（6个）	23. 政策透明度	50. 政务平台建设公开（分）	《中国政府透明度报告》
		51. 政府管理和服务公开（分）	《中国政府透明度报告》
		52. 政府执行和结果公开（分）	《中国政府透明度报告》
	24. 政府服务效率	53. 政府治理能力（分）	《数字政府发展指数报告》
		54. 政府治理效果（分）	《数字政府发展指数报告》
		55. 社会对政府服务满意度（分）	《中国政务数据治理发展报告》

续表

一级指标	二级指标	三级指标（单位）	数据来源
9. 数字经济便利化（8个）	25. 数字产品贸易水平	56. 信息技术产品贸易额（亿元）	中国海关官网
	26. 数字基础设施	57. 互联网宽带接入端口（个/百人）	《中国统计年鉴》
		58. 企业拥有网站数（个/百家）	《中国统计年鉴》
		59. 5G基站建设数（个）	各省市区政府工作报告
	27. 消费者信息保护	60. 区块链技术发展水平（区块链专利申请数）（个）	《中国区块链专利报告》
		61. 物流区块链应用落地项目（个）	《中国区块链年度发展报告》
		62. 信息安全收入（亿元）	《中国统计年鉴》
	28. 跨境电子商务平台	63. 跨境电子商务综合试验区覆盖率（%）	跨境电子商务综合试验区网站
10. 市场公平竞争与要素市场便利化（8个）	29. 市场公平竞争	64. 私营企业的营业收入/国有企业的营业收入（%）	《中国工业统计年鉴》
		65. 民营企业中国500强数量（个）	中国工商联
	30. 金融市场发展	66. 固定资产投资增长率（%）	《中国统计年鉴》
		67. 社会融资规模增量/GDP（%）	中国人民银行官网
		68. 银行机构存贷款/GDP（倍）	EPS数据库
	31. 劳动力市场与就业	69. 劳动力就业比例（%）	《中国统计年鉴》
		70. 劳动力单位产出（元）	《中国统计年鉴》
		71. 就业人员平均收入水平增长（%）	《中国统计年鉴》

资料来源：笔者依据相关文献资料整理构建指标体系。

二 贸易投资便利化指数计算方法与数据来源

为了能够对国内31个省份的贸易投资便利化水平进行客观全面的评价，本节采用主成分分析方法，通过加权求和方法来计算31个省份的贸易投资便利化评价指数（Trade and Investment Facilitation Index，

TIFI），计算公式如下：

$$Score_{TIFI_j} = \sum_{m=1}^{f} W_m \sum_{n=1}^{g} W_{mn} \sum_{i=1}^{h} (a_{ij} y_{ij}) \quad （10-2）$$

其中，y_{ij} 表示第 j 个省份第 i 个三级指标经过标准化处理后的值，这是为了方便比较分析以及消除各指标之间的计量单位和数量级的差异，具体公式为 $y_{ij} = \frac{x_{jmni} - x_{jmni(\min)}}{x_{jmni(\max)} - x_{jmni(\min)}} \times 100$，$x_{jmni(\min)}$ 是各省份第 i 个三级指标的原始数据，$x_{jmni(\min)}$ 是各省份第 i 个三级指标的最小值，$x_{jmni(\max)}$ 是各省份中第 i 个三级指标的最大值。$m = 1, 2, \cdots, f$，f 代表一级指标的个数；$n = 1, 2, \cdots, g$，g 代表某一个一级指标下的二级指标个数；$i = 1, 2, \cdots, h$，h 代表某一个二级指标下的三级指标个数。W_m 为第 m 个一级指标的权重值；W_{mn} 为第 m 个一级指标下的第 n 个二级指标的权重值；a_{ij} 表示第 j 个省份第 i 个三级指标的权重。

国内 31 个省份贸易投资便利化综合性指数的原始数据主要来源于《中国统计年鉴》、国务院官网、商务部网站、《中国对外直接投资统计公报》、《中国工业统计年鉴》、《中国科技统计年鉴》、《中国知识产权发展状况评价报告》、中国海关官网、地方海关官网、《中国政府网络透明度指数》、《中国移动支付发展报告》、《中国人大立法透明度指数报告》、《中国司法透明度指数报告》、《中国检务透明度指数报告》、《中国社会统计年鉴》、中国民航局官网、国家邮政局、《中国政府透明度报告》、《数字政府发展指数报告》、《中国政务数据治理发展报告》、各省份《政府工作报告》、《中国区块链专利报告》、跨境电子商务综合试验区网站、中国工商联官网、中国人民银行官网、EPS 数据库等（见表 10-5）。

贸易投资便利化综合指标体系中有正向指标和逆向指标两种，正向指标为数值越大越好，逆向指标则相反。为了使其与正向指标保持一致性，对逆向指标取倒数，然后再对其进行标准化处理。

三 中国 31 个省份贸易投资便利化水平比较分析

根据对贸易投资便利化综合指数计算，2020 年中国 31 省份贸易投资便利化综合指数居全国前 10 位的是广东、上海、北京、浙江、江苏、山东、天津、重庆、四川、福建。货物贸易便利化指数居全国前 10 位的是上海、浙江、广东、江苏、北京、天津、福建、山东、重庆、辽宁。服务贸易便利化指数居全国前10位的是上海、北京、广东、天津、重庆、江苏、浙江、海南、山东、辽宁。国际投资便利化指数居全国前10位的是上海、广东、北京、山东、江苏、浙江、天津、海南、福建、重庆（见表10-6）。

表10-6　　2020年中国31个省份贸易投资便利化指数排行榜

排名	贸易投资便利化综合指数 省份	得分	货物贸易便利化指数 省份	得分	服务贸易便利化指数 省份	得分	国际投资便利化指数 省份	得分
1	广东	69.76	上海	70.65	上海	97.41	上海	76.87
2	上海	64.04	浙江	68.68	北京	92.55	广东	75.88
3	北京	60.58	广东	68.42	广东	75.75	北京	62.56
4	浙江	56.07	江苏	51.40	天津	46.53	山东	57.78
5	江苏	54.47	北京	50.32	重庆	41.28	江苏	56.03
6	山东	42.57	天津	39.28	江苏	40.58	浙江	52.36
7	天津	38.98	福建	38.74	浙江	39.49	天津	38.98
8	重庆	33.68	山东	35.62	海南	39.42	海南	31.53
9	四川	32.32	重庆	32.01	山东	32.68	福建	22.22
10	福建	31.90	辽宁	29.42	辽宁	17.74	重庆	18.19
11	湖北	30.94	广西	29.16	福建	17.05	江西	17.37
12	安徽	29.50	湖南	29.14	四川	16.38	湖北	14.82
13	河北	28.87	河北	27.49	安徽	15.82	辽宁	12.45
14	江西	26.83	四川	25.39	河北	15.38	四川	11.76
15	河南	26.15	安徽	24.48	湖北	13.47	河北	10.39
16	湖南	25.59	河南	22.71	吉林	13.26	河南	9.50
17	海南	23.99	湖北	21.75	陕西	13.09	湖南	8.23
18	辽宁	22.87	云南	21.35	黑龙江	11.90	安徽	8.22
19	陕西	22.76	陕西	21.31	新疆	11.15	陕西	8.19
20	广西	22.70	黑龙江	19.91	云南	10.64	宁夏	8.06
21	贵州	21.62	江西	16.11	贵州	10.42	新疆	7.75
22	云南	20.66	海南	15.26	山西	5.05	吉林	7.41

续表

排名	贸易投资便利化综合指数 省份	得分	货物贸易便利化指数 省份	得分	服务贸易便利化指数 省份	得分	国际投资便利化指数 省份	得分
23	吉林	17.56	新疆	14.34	河南	3.02	云南	7.11
24	黑龙江	17.41	山西	8.71	湖南	2.99	广西	6.61
25	内蒙古	17.00	宁夏	8.10	江西	2.37	黑龙江	6.53
26	甘肃	16.74	吉林	6.91	甘肃	2.13	贵州	5.03
27	山西	16.60	内蒙古	6.80	青海	2.08	西藏	4.76
28	宁夏	15.10	西藏	4.63	宁夏	1.98	山西	4.67
29	新疆	14.50	甘肃	4.05	内蒙古	1.80	内蒙古	4.65
30	青海	12.27	贵州	3.39	广西	1.66	青海	4.34
31	西藏	7.20	青海	0.21	西藏	0.73	甘肃	2.64

资料来源：笔者根据贸易投资便利化指标体系计算得出。

从表10-6中数据比较分析看，贸易投资便利化综合指数居全国前10位的省份是广东、上海、北京、浙江、江苏、山东、天津、重庆、四川、福建，都是中国自由贸易试验区先行先试省市和开放经济先行省市，说明我国区域性贸易投资便利化综合水平与自由贸易试验区的制度创新和开放经济发展水平存在密切关系，也可以说明区域性自由贸易试验区对提升该区域的贸易投资便利化水平成效显著。

2013年上海率先实施自由贸易试验区制度创新与改革开放试点，2019年国家又批准《中国（上海）自由贸易试验区临港新片区总体方案》。经过自由贸易试验区制度创新与改革，2020年，上海在货物贸易便利化指数、服务贸易便利化指数、国际投资便利化指数、海关通关便利化指数均居全国第1位，交通物流便利化指数、政策透明与政府服务效率便利化指数居全国第2位，说明上海自由贸易试验区制度创新与改革开放，在促进贸易投资便利化水平提升方面已经取得显著成效（见图10-13）。

广东是开放经济大省，2015年，广东成为我国第二批自由贸易试验区制度创新与改革开放的试点省份之一。通过自由贸易试验区制度创新与改革开放试点，2020年，广东贸易投资便利化综合指数居全国第1

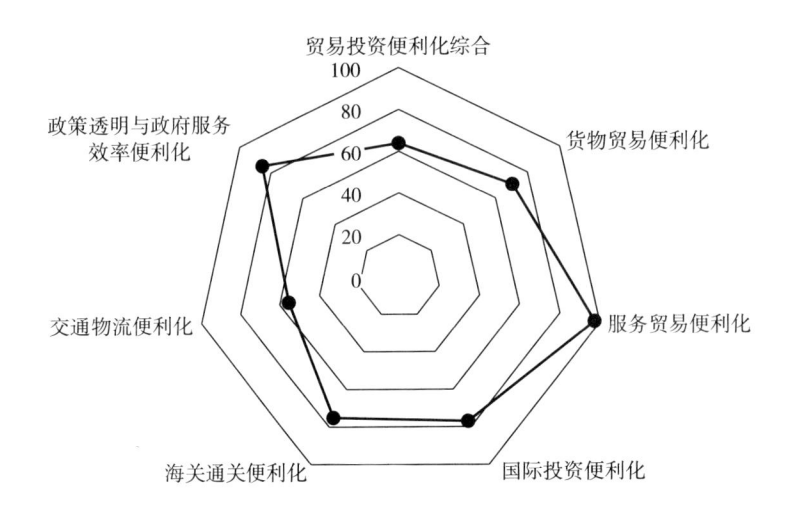

图 10-13　上海贸易投资便利化指数得分

资料来源：笔者根据贸易投资便利化指数制作。

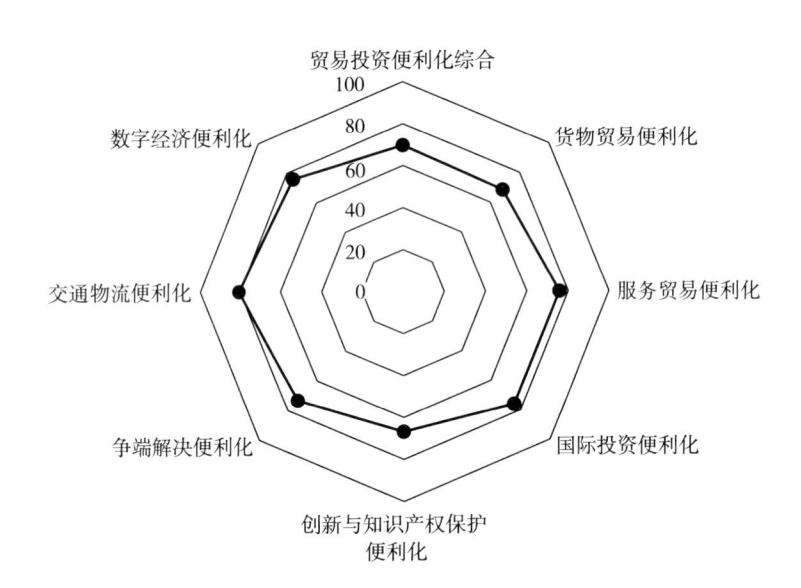

图 10-14　广东贸易投资便利化指数得分

资料来源：笔者根据贸易投资便利化指数制作。

位，货物贸易便利化指数居全国第 3 位，服务贸易便利化指数居全国第 3 位，国际投资便利化指数居全国第 2 位，创新与知识产权保护便利化指数居全国第2位，争端解决便利化指数居全国第2位，交通物流便利化指数居全国第1位，数字经济便利化指数居全国第1位（见图10-14）。数据表明，广东自由贸易试验区制度创新对贸易投资便利化水平提升成效显著。

浙江是开放经济大省，2017年，浙江成为我国第三批自由贸易试验区制度创新与改革开放的试点省份之一。经过自由贸易试验区制度创新与改革开放试点，2020年，浙江货物贸易便利化指数居全国第2位，服务贸易便利化指数居全国第7位，国际投资便利化指数居全国第6位，创新与知识产权保护便利化指数、交通物流便利化指数、政策透明与政府服务效率便利化指数均居全国第3位，市场公平竞争与要素市场便利化指数居全国第1位（见图10-15），浙江在自由贸易试验区制度创新和市场营商环境优化等诸多方面促进贸易投资便利化水平提升，浙江自由贸易试验区制度创新取得显著成效。

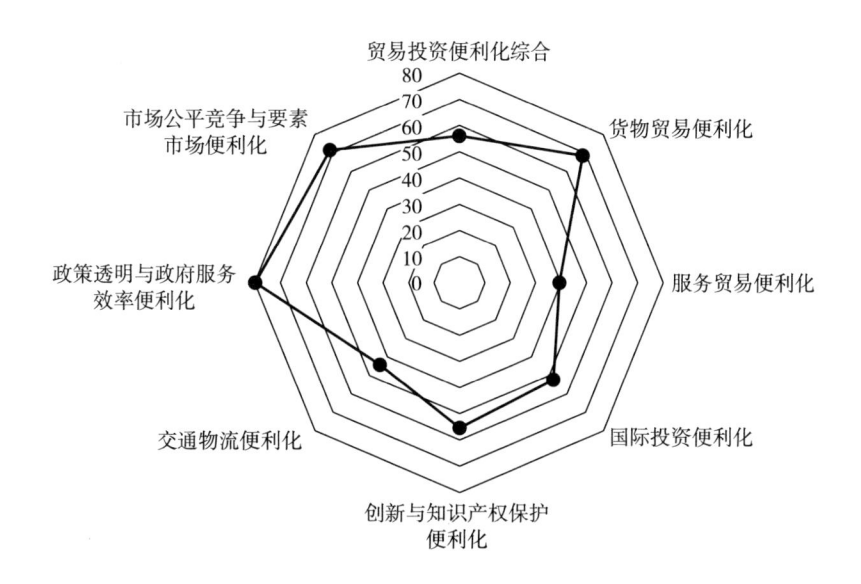

图 10-15 浙江贸易投资便利化指数得分

资料来源：笔者根据贸易投资便利化指数制作。

北京的进口贸易和服务贸易走在全国前列，根据2020年贸易投资便利化综合指数计算结果，北京的创新与知识产权保护便利化指数、政策透明与政府服务效率便利化指数均居全国第 1 位，货物贸易便利化指数居全国第 5 位，服务贸易便利化指数居全国第 2 位，国际投资便利化指数居全国第 3 位，数字经济便利化指数居全国第 2 位，海关通关便利化指数、市场公平竞争与要素市场便利化指数均居全国第 3 位（见图 10-16）。数据表明，北京自由贸易试验区制度创新中的服务贸易开放创新，政策透明度与政府服务效率改革创新取得了显著成效。

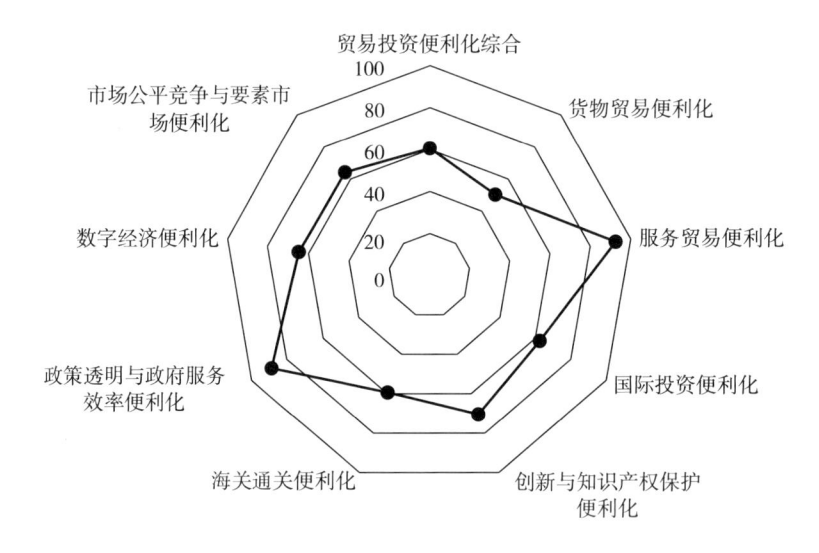

图 10-16　北京贸易投资便利化指数得分

资料来源：笔者根据贸易投资便利化指数制作。

江苏是开放经济大省，2019 年，江苏成为我国第四批自由贸易试验区制度创新与改革开放的试点省份之一。经过自由贸易试验区制度创新与改革开放的试点，2020 年，江苏争端解决便利化指数居全国第 1 位，海关通关便利化指数、市场公平竞争与要素市场便利化指数均居全国第 2 位，货物贸易便利化指数居全国第 4 位，服务贸易便利化指数居全国第 6 位，国际投资便利化指数居全国第 5 位，数字经济便利化指数居全国第 3 位（见图 10-17）。上述数据表明，江苏自由贸易试验区制度创新对贸易投资便利化水平提升发挥了重要作用，特别是在争端解决便利化和海关通关便利化方面成效显著。

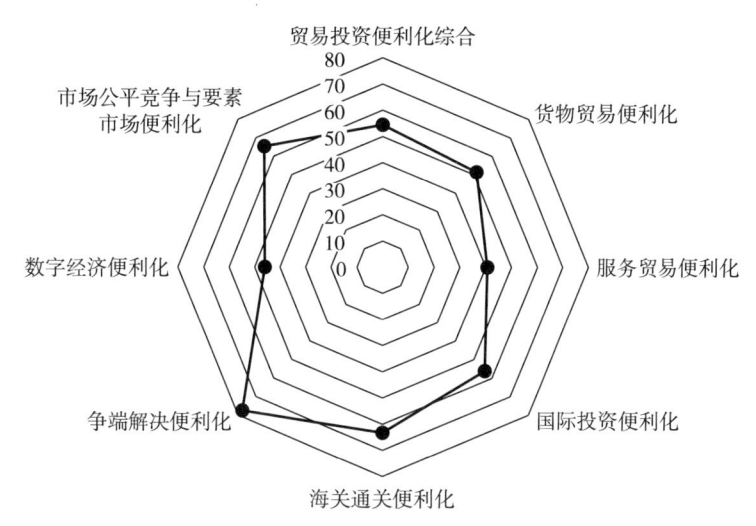

第十章 | 自由贸易区制度创新与贸易投资便利化比较分析

图 10-17 江苏贸易投资便利化指数得分

资料来源：笔者根据贸易投资便利化指数制作。

海南是全国率先进行全域自由贸易港的制度创新试点省份，海南贸易投资便利化水平持续提升。但是由于海南的货物贸易、服务贸易、国际投资总体规模比较小，贸易发展、产业发展和创新人才基础相对薄弱，海南的贸易投资便利化综合指数目前在全国居第 17 位，2020 年，海南服务贸易便利化指数居全国第 8 位，国际投资便利化指数居全国第 8 位，海南政策透明度与政府服务效率指数居全国第 12 位（见图 10-18）。随着海南自由贸易港制度创新与改革开放深化发展，海南贸易投资便利化指数水平将会持续提升。

根据贸易投资便利化指数居全国前列省份比较分析，上海、广东、浙江、江苏、北京、海南自由贸易试验区制度创新与开放经济发展走在全国前列，贸易投资便利化综合指数也处于全国前列。分析结果表明：贸易投资便利化水平与自由贸易试验区制度创新具有互动发展关系，货物贸易便利化、服务贸易便利化、国际直接投资便利化与自由贸易试验区制度创新存在协动性发展趋势。自由贸易试验区制度创新对贸易投资便利化水平提升具有显著作用，自由贸易试验区制度创新对加快提升贸易投资依存度具有积极促进作用，数据表明，中国自由贸易试验区制度创新已经取得非常显著的成效。

667

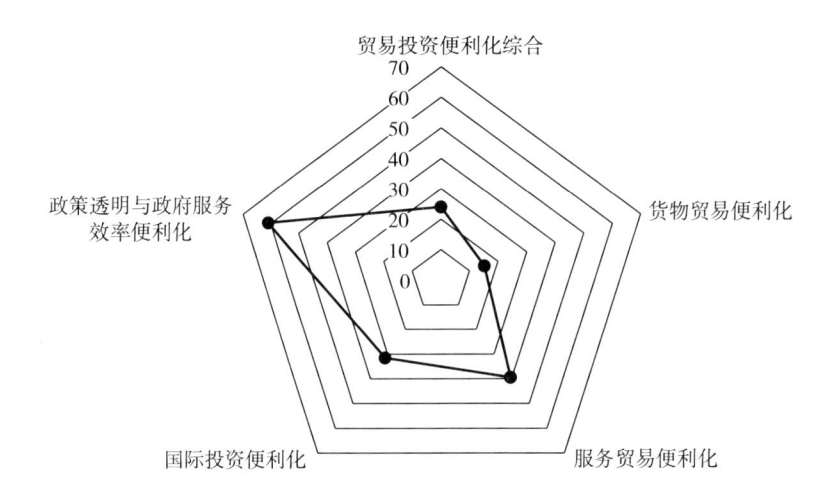

图 10-18 海南贸易投资便利化指数得分

资料来源：笔者根据贸易投资便利化指数制作。

从上述图表数据比较结果看，贸易投资便利化还与省市的开放发展水平具有互动关系，如货物贸易依存度、服务贸易依存度、国际投资依存度与货物贸易便利化、服务贸易便利化、国际投资便利化呈正相关关系，如上海、广东、浙江、江苏、北京开放经济发展走在全国前列，贸易投资便利化水平也处于全国前列（见图10-19、图10-20）。

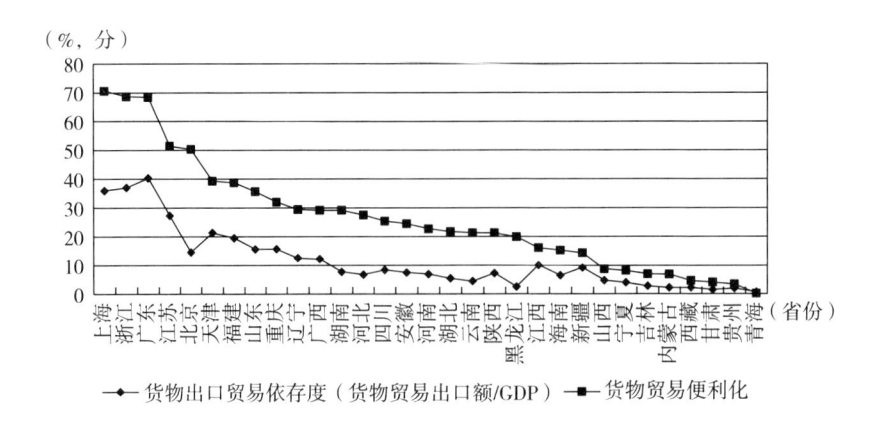

图 10-19　2020年31个省份货物贸易便利化指数与货物贸易出口依存度变化

资料来源：笔者根据货物贸易便利化指数制作。

668

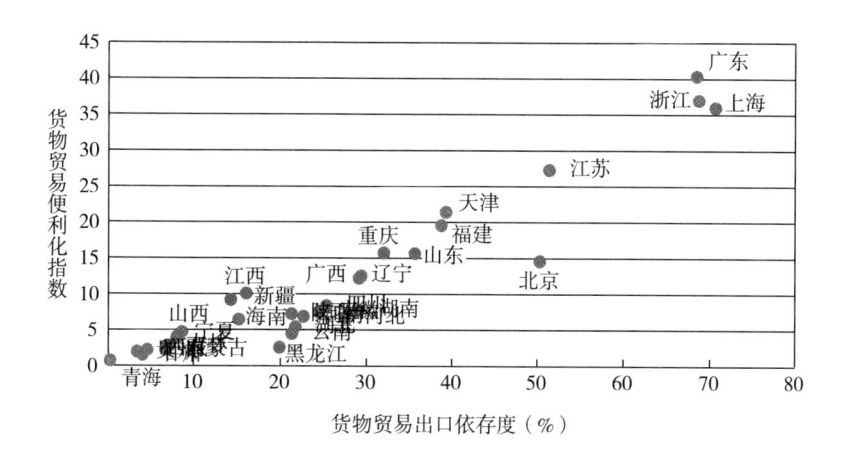

第十章 自由贸易区制度创新与贸易投资便利化比较分析

图 10-20　2020 年 31 个省份货物贸易便利化指数与货物贸易出口依存度的相关性

资料来源：笔者根据货物贸易便利化指数制作。

根据服务贸易便利化指数，全国 31 个省份的服务贸易便利化水平可以分为四个层次：第一层次为上海、北京、广东，第二层次为天津、重庆、江苏、浙江、海南、山东，第三层次为辽宁、福建、四川、安徽、河北、湖北、吉林、陕西、黑龙江、新疆、云南、贵州，第四层次为山西、河南、湖南、江西、甘肃、青海、宁夏、内蒙古、广西、西藏。从服务贸易便利化指数层次分析看，一是服务贸易便利化水平与服务贸易开放（服务贸易依存度）存在密切相关性（见图 10-21），服务贸易便利化、服务贸易开放水平与自由贸易试验区的服务贸易制度创新具有密切联系，服务贸易便利化水平处于第一层次的中国（上海）自由贸易试验区、中国（北京）自由贸易试验区、中国（广东）自由贸易试验区积极推动服务贸易便利化制度创新试点，服务贸易便利化指数反映出上海、北京、广东服务贸易开放制度创新已经取得显著成效。二是我国区域之间的服务贸易便利化与服务贸易依存度差异非常大，区域之间服务贸易发展不平衡的问题仍然比较突出（见图 10-22）。

从 2020 年国际投资便利化指数的分布看，第一层次是上海、广东、北京、山东、江苏、浙江，第二层次是天津、海南、福建、重庆、江西、湖北、辽宁、四川、河北。第三层次是河南、湖南、安徽、陕西、宁夏、新疆、吉林、云南、广西、黑龙江。第四层次是贵州、西藏、山

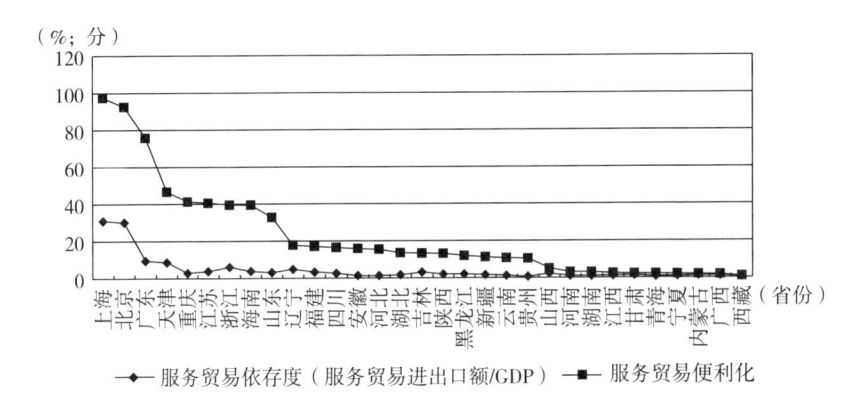

图 10-21　2020 年中国 31 个省份服务贸易便利化指数与服务贸易依存度变化

资料来源：笔者根据服务贸易便利化指数制作。

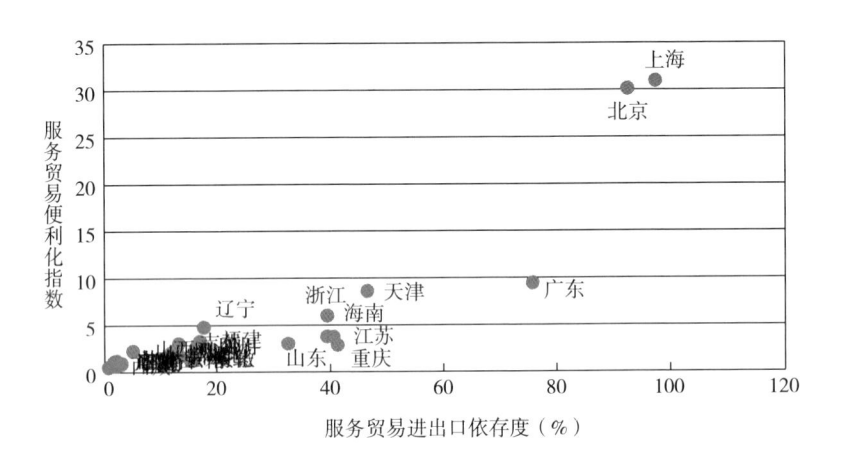

图 10-22　2020 年 31 个省份服务贸易便利化指数与服务贸易依存度的相关性

资料来源：笔者根据服务贸易便利化指数制作。

西、内蒙古、青海、甘肃。国际投资便利化水平处于第一层次的上海、广东、北京、山东、江苏和浙江等都是自由贸易试验区率先发展省份，也是率先实施外商投资负面清单制度创新省份，这些省市的国际直接投资和开放经济走在全国前列。在第二层次省份中，天津和海南的国际投资便利化水平分别居全国第 7 位和第 8 位，天津和海南国际投资便利化水平与自由贸易试验区制度创新具有密切联系。分析表明，一是国际投资便利化指数水平与外商投资开放（外商投资依存度）以及自由贸易

第十章 自由贸易区制度创新与贸易投资便利化比较分析

试验区发展存在密切联系（见图 10-24），表明自由贸易试验区对促进外商投资发展发挥了积极作用，自由贸易试验区提升了国际投资便利化水平。二是区域之间国际投资便利化水平差异非常大，国际投资的区域发展不平衡问题仍然比较突出（见图 10-23）。

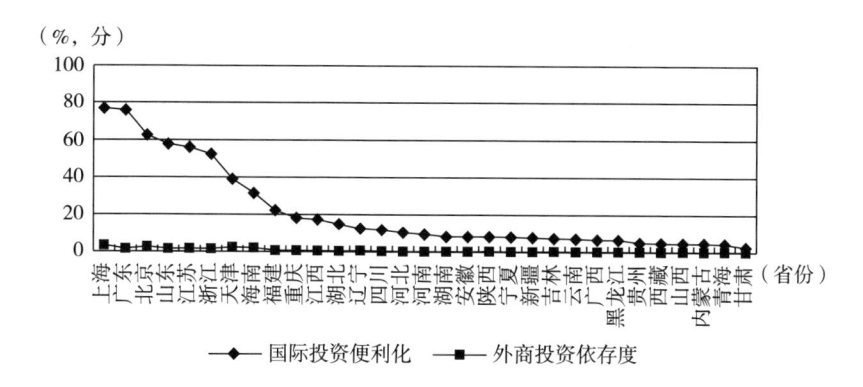

图 10-23　2020 年 31 个省份国际投资便利化指数与外商投资依存度变化
资料来源：笔者根据国际投资便利化指数制作。

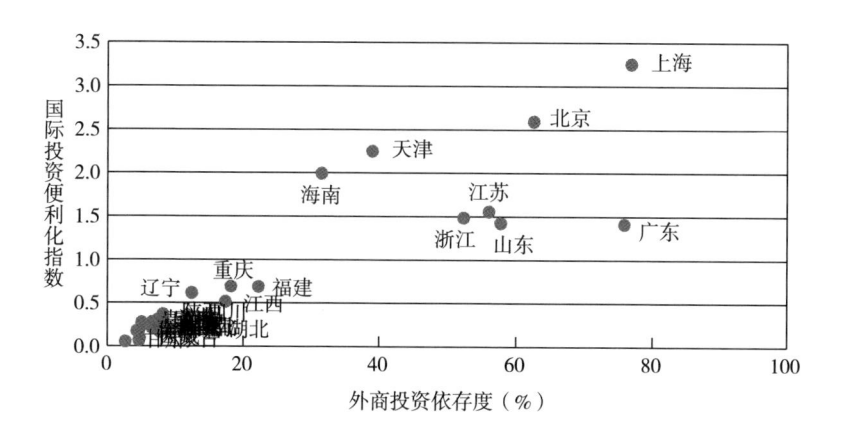

图 10-24　2020 年 31 个省份国际投资便利化指数与外商投资依存度的相关性
资料来源：笔者根据国际投资便利化指数制作。

2020 年，中国 31 个省份创新与知识产权保护便利化指数、海关通关便利化指数、争端解决便利化指数排序见表 10-7。其中创新发展与知识产权保护便利化指数居全国前 10 位的是北京、广东、浙江、江苏、

671

天津、上海、山东、安徽、福建、河北。海关通关便利化指数居全国前10位的是上海、江苏、北京、广东、浙江、重庆、天津、湖北、山东、四川。争端解决便利化指数居全国前10位的是江苏、广东、四川、山东、浙江、安徽、河南、北京、湖南、上海（见表10-7）。

表10-7　2020年中国31个省份创新与知识产权保护、海关通关、争端解决便利化指数排行榜

排序	省份	创新与知识产权保护便利化指数	省份	海关通关便利化指数	省份	争端解决便利化指数
1	北京	70.52	上海	75.05	江苏	77.59
2	广东	66.81	江苏	63.34	广东	73.29
3	浙江	55.44	北京	59.42	四川	60.35
4	江苏	54.64	广东	53.10	山东	58.61
5	天津	53.17	浙江	53.03	浙江	52.21
6	上海	51.13	重庆	51.24	安徽	46.07
7	山东	44.14	天津	48.85	河南	43.52
8	安徽	42.33	湖北	45.16	北京	41.86
9	福建	41.51	山东	37.90	湖南	40.48
10	河北	36.09	四川	37.03	上海	40.41
11	重庆	34.73	安徽	36.02	广西	39.83
12	四川	33.84	湖南	33.16	河北	38.55
13	辽宁	33.62	江西	32.08	湖北	38.14
14	湖北	32.59	福建	30.98	内蒙古	37.29
15	湖南	31.85	河北	30.47	江西	37.23
16	陕西	31.01	贵州	28.26	贵州	37.10
17	河南	30.75	广西	27.27	云南	34.33
18	江西	29.84	河南	26.77	陕西	33.82
19	广西	28.12	陕西	26.70	辽宁	32.84
20	甘肃	27.32	黑龙江	25.16	福建	32.25
21	黑龙江	20.71	云南	24.35	重庆	30.81
22	宁夏	19.96	海南	24.25	吉林	30.03
23	贵州	19.55	辽宁	22.56	甘肃	27.87

续表

排序	省份	创新与知识产权保护便利化指数	省份	海关通关便利化指数	省份	争端解决便利化指数
24	吉林	19.35	山西	22.46	山西	22.96
25	内蒙古	17.53	吉林	21.09	黑龙江	22.88
26	新疆	16.38	甘肃	20.85	海南	21.14
27	云南	16.35	青海	17.53	天津	20.93
28	山西	12.65	内蒙古	16.73	宁夏	17.58
29	青海	9.35	宁夏	13.04	新疆	16.32
30	海南	3.69	新疆	12.15	青海	16.27
31	西藏	1.57	西藏	7.95	西藏	2.79

资料来源：笔者根据指标体系计算。

2020年，中国31个省份交通物流便利化指数、政策透明与政府服务效率便利化指数、数字经济便利化指数、市场公平竞争与要素市场便利化指数排序见表10-8。其中交通物流便利化指数居全国前10位的是广东、上海、浙江、江苏、河北、山东、河南、福建、安徽、辽宁。政策透明与政府服务效率便利化指数居全国前10位的是北京、上海、浙江、江西、贵州、四川、广东、天津、湖北、山东。数字经济发展便利化指数居全国前10位的是广东、北京、江苏、浙江、上海、山东、重庆、天津、河南、四川。市场公平竞争与要素市场便利化指数居全国前10位的是浙江、江苏、北京、广东、福建、上海、重庆、湖北、天津、山东（见表10-8）。

表10-8 2020年中国31个省份交通物流、透明度与政府服务效率、数字经济发展、市场竞争便利化指数

排序	省份	交通物流便利化指数	省份	政策透明与政府服务效率便利化指数	省份	数字经济便利化指数	省份	市场公平竞争与要素市场便利化指数
1	广东	80.61	北京	88.54	广东	75.81	浙江	71.57
2	上海	55.33	上海	85.36	北京	64.54	江苏	65.27
3	浙江	44.22	浙江	79.74	江苏	46.01	北京	64.16

续表

排序	省份	交通物流便利化指数	省份	政策透明与政府服务效率便利化指数	省份	数字经济便利化指数	省份	市场公平竞争与要素市场便利化指数
4	江苏	28.81	江西	73.50	浙江	43.96	广东	58.34
5	河北	24.79	贵州	72.10	上海	40.57	福建	52.02
6	山东	22.68	四川	70.12	山东	32.75	上海	47.61
7	河南	18.96	广东	69.62	重庆	30.39	重庆	42.64
8	福建	17.07	天津	69.50	天津	26.11	湖北	41.74
9	安徽	16.86	湖北	68.57	河南	21.81	天津	41.01
10	辽宁	14.14	山东	62.70	四川	20.70	山东	40.80
11	湖北	13.45	江苏	61.06	湖北	19.68	湖南	39.22
12	四川	12.76	海南	60.95	福建	17.82	江西	37.71
13	北京	11.28	安徽	54.40	辽宁	16.45	河北	37.54
14	山西	9.33	宁夏	52.73	河北	16.39	安徽	35.88
15	陕西	8.35	河北	51.60	湖南	16.23	四川	34.89
16	江西	7.98	河南	50.04	海南	15.57	河南	34.40
17	广西	7.92	福建	49.31	安徽	14.91	青海	34.36
18	湖南	7.79	重庆	48.34	江西	14.14	云南	34.35
19	内蒙古	7.78	吉林	47.80	陕西	9.41	广西	33.99
20	重庆	7.19	湖南	46.79	贵州	9.28	山西	33.06
21	天津	5.49	陕西	46.16	黑龙江	9.26	黑龙江	30.00
22	云南	5.39	甘肃	45.97	吉林	8.56	新疆	29.99
23	甘肃	4.58	广西	45.17	山西	7.95	陕西	29.52
24	黑龙江	4.31	云南	44.85	云南	7.88	内蒙古	28.45
25	贵州	4.08	内蒙古	42.54	广西	7.24	贵州	27.01
26	吉林	3.98	山西	39.17	西藏	7.10	辽宁	26.86
27	新疆	3.93	青海	31.72	宁夏	6.94	甘肃	26.01
28	海南	2.37	新疆	29.61	内蒙古	6.41	海南	25.77
29	宁夏	0.98	黑龙江	23.46	青海	6.24	西藏	22.07
30	青海	0.57	辽宁	22.62	甘肃	6.00	宁夏	21.62
31	西藏	0.20	西藏	20.17	新疆	3.33	吉林	17.21

资料来源：笔者根据指标体系计算。

根据上述31个省份贸易投资便利化指数比较分析，结果表明：贸易投资便利化综合指数居全国前10位的省份是广东、上海、北京、浙江、江苏、山东、天津、重庆、四川、福建，这10个省份也是我国自由贸易试验区先行先试省市和开放经济先行省市，说明我国区域性贸易投资便利化综合水平与自由贸易试验区的制度创新和开放经济发展水平存在密切关系，也说明贸易投资便利化水平与自由贸易试验区制度创新具有互动发展关系，货物贸易便利化、服务贸易便利化、国际直接投资便利化与自由贸易试验区制度创新存在协动性发展趋势。自由贸易试验区制度创新对贸易投资便利化水平提升具有显著作用，自由贸易试验区制度创新对加快提升贸易投资依存度具有积极促进作用。从31个省份数据比较表明，中国自由贸易试验区的制度创新和改革开放取得了显著成效。

第五节 中国改革开放与自由贸易试验区制度创新发展

根据贸易投资便利化指数的国际国内比较分析，贸易投资便利化与自由贸易试验区和开放经济发展水平存在密切联系，有必要对中国改革开放与自由贸易试验区制度创新发展进一步深入分析。

一 中国改革开放与开放型经济发展阶段

自1978年改革开放以来，我国逐步形成了全方位、多层次、宽领域的对外开放格局和具有中国特色的开放型经济体系，开放型经济取得举世瞩目的伟大成就。中国改革开放与开放型经济发展大体上可以分为五个发展阶段：

（一）外向型经济发展阶段（1978—1991年）

外向型经济发展阶段（1978—1991年），实施改革开放战略，实现沿海区域开放和改革外贸管理体制互动，下放外贸经营权，培育外贸企业主体，增强出口创汇能力，发展外向型经济。

1978年，邓小平同志在党的十一届三中全会上指出像中国这样大的国家搞建设，在坚持自力更生的基础上，还需要对外开放，吸收外国的资金和技术来帮助我们发展。党中央决定将工作重心转移到社会主义现代化建设上来，实施改革开放战略，中国的开放型经济发展自此拉开了帷幕。1980年5月，中央批准在深圳、珠海、汕头和厦门设置"经济特区"，给予特区政府在特区范围内实行一系列特殊经济政策的权力，拥有对外贸易管理和人员出入境管理的权利。1983年设立海南岛经济特区，1984年5月，中央决定开放大连、秦皇岛、天津、烟台、青岛、连云港、南通、上海、宁波、温州、福州、广州、湛江、北海14个沿海港口城市，扩大这些城市对外经贸活动的自主权力。1984年10月，《中共中央关于经济体制改革的决定》明确提出："把对外开放作为长期的基本国策"。1987年，党的十三大又明确提出，进一步扩大对外开放的广度和深度，不断发展对外经济技术交流与合作。1988年3月，中央决定将沿海经济开放区扩展到辽东半岛、山东半岛以及其他沿海和市县等北方沿海。1990年4月，中央决定开发和开放上海浦东，在浦东实行经济技术开发区和某些经济特区政策。以加快上海产业结构调整，增强城市综合服务能力，促进上海这个最大的工商口岸城市成为国际性的经济、贸易、金融和航运中心，进而带动整个长江三角洲和长江流域的经济发展，使之成为国民经济全局中继沿海地区之后又一重要经济发展地带。

1978—1991年的改革开放初期，国家在对外经济贸易领域中的改革的重点是对高度集中垄断外贸经营体制进行改革，通过高度集中垄断外贸经营权向地方和部门下放，国有外贸体制改革促进对外贸易发展。国家外贸经营体制改革和外贸经营权向地方下放，1979年以后沿海省市相继成立了各类省级进出口公司及与外贸有关的银行、海关、商检、对外贸易运输等机构。1988年，国家进一步深化外贸经营体制改革，提出"自负盈亏、放开经营、工贸结合、推行代理制"的原则，推行外贸承包经营责任制，对外贸易的经营权逐步对企业开放，中国的进出口商品管理从高度集中的计划管理逐步向国际通用的关税、许可证、配额等贸易政策调节和市场价格调节转变。

通过实现沿海区域开放和改革外贸管理体制互动，1978—1991年，中国商品进出口贸易快速发展，商品出口额从1978年的99亿美元增长到1991年的719亿美元，同期商品进口额从111亿美元增长到638亿美元（见图10-25）。

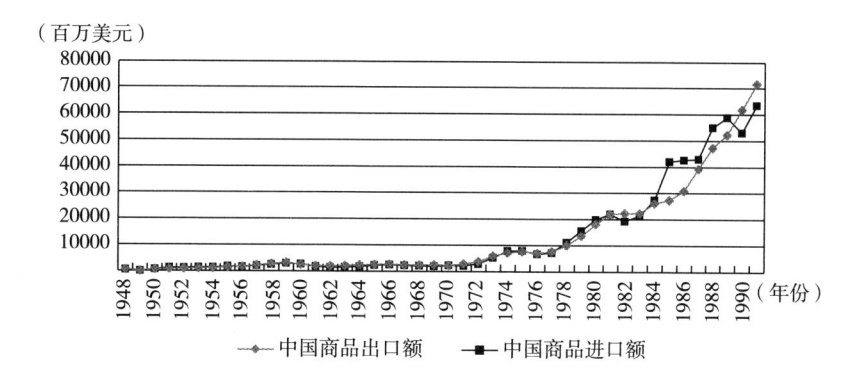

图 10-25　1978—1991 年中国商品进出口额变化
资料来源：根据联合国贸发会议数据库 UNCTAD Statistics 数据制作。

（二）外向型经济向开放型经济转型阶段（1992—2000 年）

外向型经济向开放型经济转型阶段（1992—2000 年），建立社会主义市场经济体制，深化外贸、金融、财税体制改革，对外贸易和吸收外商直接投资互动发展，形成多层次、宽领域的对外开放格局，推动外向型经济向开放型经济转型。

经过外贸管理体制和外贸企业经营机制的改革，企业已经逐步成为对外经济贸易的主体。但由于外汇由国家集中控制的管理制度和人民币汇率高估的固定汇率制度，这时的中国出口商品仍然缺乏国际竞争力，企业还缺乏能实现自负盈亏的有效手段。为了改变对外贸易经营的长期亏损状况，使外贸企业走上自负盈亏的道路，国家对外汇管理体制和人民币的汇率制度进行了一系列的改革，1990 年开始逐步调整人民币汇率，使高估的人民币汇率逐步接近均衡汇率，一定程度上提高了中国出口商品的国际竞争力；1994 年实现人民币的官方汇率与外贸企业的内部结算汇率（调剂汇率）并轨，实施单一的有管理的浮动汇率制度。这一改革使外汇管理体制和外汇市场运行机制发生了根本性的变化，市场力量逐渐成为人民币汇率形成和外汇资源配置的主导力量。实施单一的有管理的浮动汇率制度的改革不仅与我国市场经济体制以市场为资源配置的基础性手段的要求相适应，而且与国际经济的调节机制接轨，通过汇率的变动调节进出口商品的价格和进出口贸易的规模，进而调节国际收支和宏观经济的外部平衡是国际通行的调节方式。外汇管理体制和人民币汇率制度的市场化改革,为内源性经济向开放型经济转变提供了制度创新的环境,内源性经济向开放型经济转变的能力逐步增强。

在这一时期,国家在人民币汇率制度改革的同时进行了新一轮的对外贸易体制改革,对外贸易实现统一政策、平等竞争、间接调控、宏观管理、工贸结合、自负盈亏、放开经营、高效协调的新体制。外贸领域民营企业的发展,推动了国有企业的改革,改制后的国有外贸企业活力明显增强。外贸出口主体多元化格局的形成和国有企业活力的增强,国有企业、民营企业、外资企业三轮驱动对外贸易的快速发展(见图10-26)。

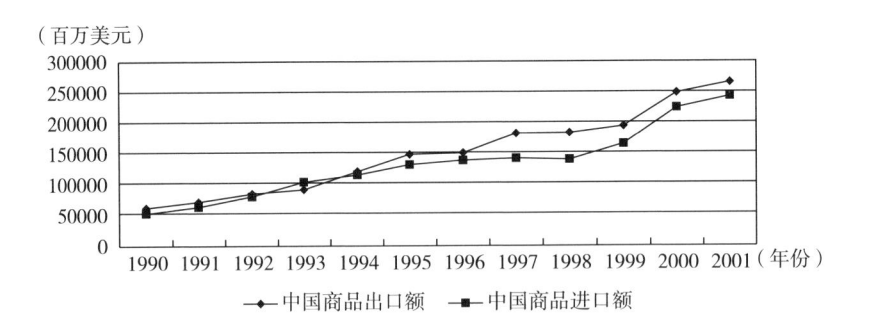

图10-26　1990—2001年中国商品进出口额变化

资料来源:根据联合国贸发会议数据库 UNCTAD Statistics 数据制作。

(三)全面提高对外开放水平阶段(2001—2012年)

2001年12月11日中国成为世界贸易组织正式成员,使中国的改革开放进入了从改革促进开放向开放促进改革转变的新的历史发展阶段,加快发展多双边经贸发展,"引进来"和"走出去"相结合,全面提高对外开放水平,进出口贸易和国际投资快速增长。中国商品出口额从2000年的2492亿美元增加到2012年的20487亿美元。商品进口额从2000年的2250亿美元增加到2012年的18184亿美元(见图10-27)。中国商品出口额占全球商品出口总额比例从2000年的3.86%增长到2012年的11%(见图10-28)。自2010年以来,中国商品出口额居世界第1位,成为全球第一大商品出口国,中国成为开放型经济大国。

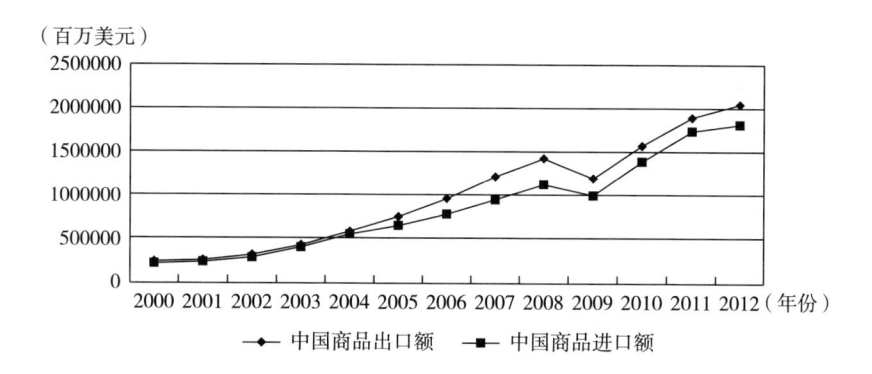

图 10-27　2000—2012 年中国商品进出口额变化

资料来源：根据联合国贸发会议数据库 UNCTAD Statistics 数据制作。

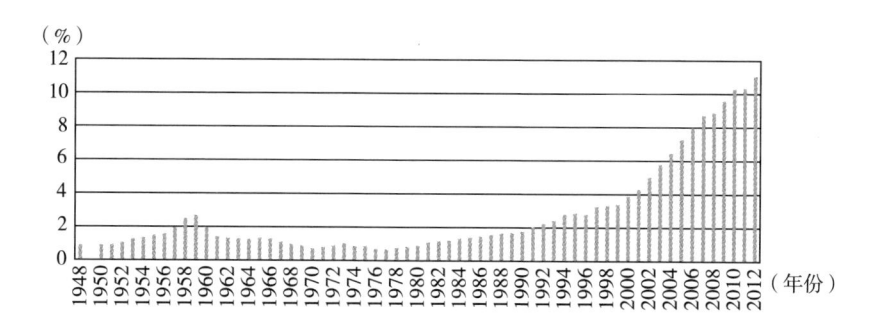

图 10-28　1948—2012 年中国商品出口额占全球商品出口总额比例变化

资料来源：根据联合国贸发会议数据库 UNCTAD Statistics 数据制作。

（四）开放型经济大国向开放型经济强国转变阶段（2013—2030 年）

党的十八大以来，中国开放型经济发展进入新时代，实行更加积极主动的全方位开放，推动高水平开放发展。习近平总书记提出推动"一带一路"高质量发展倡议，实施中国自由贸易试验区制度创新与深化改革，提出推动构建人类命运共同体，提出创新、活力、联动、包容的开放型世界经济和可持续发展的中国方案，中国从融入经济全球化向引领经济全球化转变，全面提高开放型经济水平，进入开放型经济大国向开放型经济强国转变阶段。

党的十八大以来，中国自由贸易试验区积极主动对标全球最高经贸规则，以制度创新为核心，以实现贸易自由便利、投资自由便利、跨境资金流动自由便利、人员进出自由便利、运输来往自由便利和数据安全有序流动改革为重点，把自由贸易试验区建设成为引领制度型开放经济高质量发展的先行区和新高地。中国自由贸易试验区发展数量持续增加，形成了海陆沿边统筹、东西南北中兼顾、由点及面的自由贸易区战略布局。中国自由贸易试验区以开放促进改革，以改革促进创新，自由贸易试验区的制度创新和贸易投资便利化改革成果丰硕，为推动制度型开放经济发展与开放经济高质量发展发挥了非常重要作用。

2013年以来，中国商品出口贸易额快速增长，商品出口额从2013年的22090亿美元增加到2020年的25902亿美元，商品进口额从2013年的19499亿美元增长到2020年的20571亿美元（见图10-29、图10-30），中国商品出口第一大国地位更加稳固（见图10-31），中国商品进口第二大国地位更加稳定（见图10-32）。

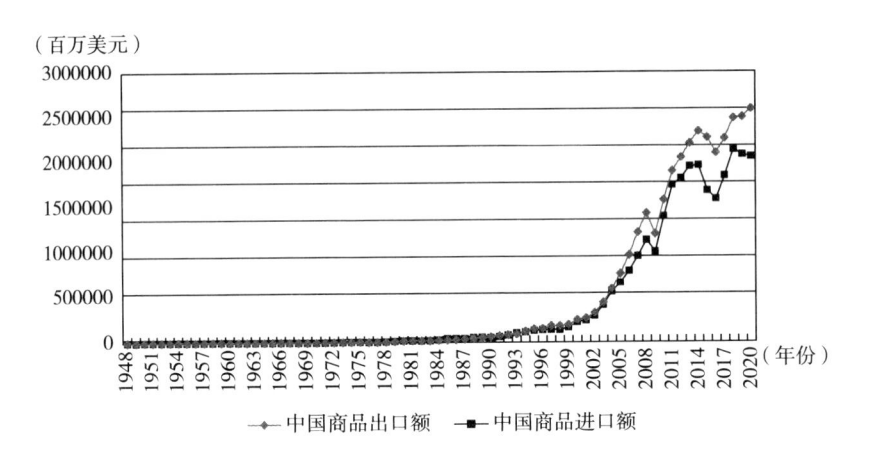

图10-29 1948—2020年中国商品进出口额变化

资料来源：根据联合国贸发会议数据库UNCTAD Statistics商品出口贸易数据制作。

2013—2020年，中国国际直接投资快速发展，国际直接投资（FDI）流入额从2013年的1239亿美元增加到2020年的1493亿美元，同期国际直接投资（FDI）流出额从1078亿美元增加到1329亿美元（见图10-32），2020年中国国际直接投资（FDI）流出额居全球第1位（见图10-33）。

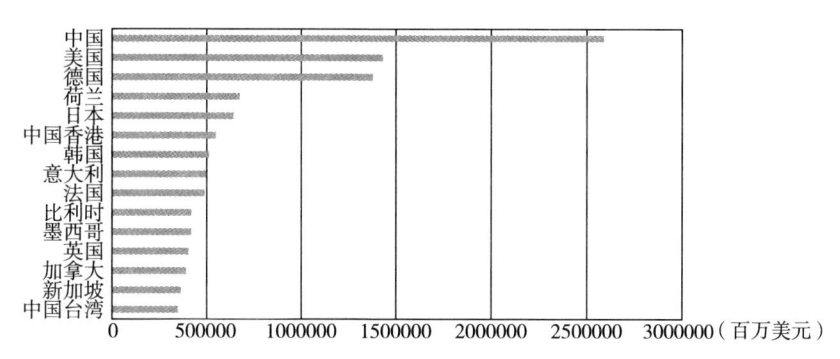

第十章 | 自由贸易区制度创新与贸易投资便利化比较分析

图 10-30　2020 年货物出口贸易大国和地区排序

资料来源：根据联合国贸发会议数据库 UNCTAD Statistics 商品出口贸易数据制作。

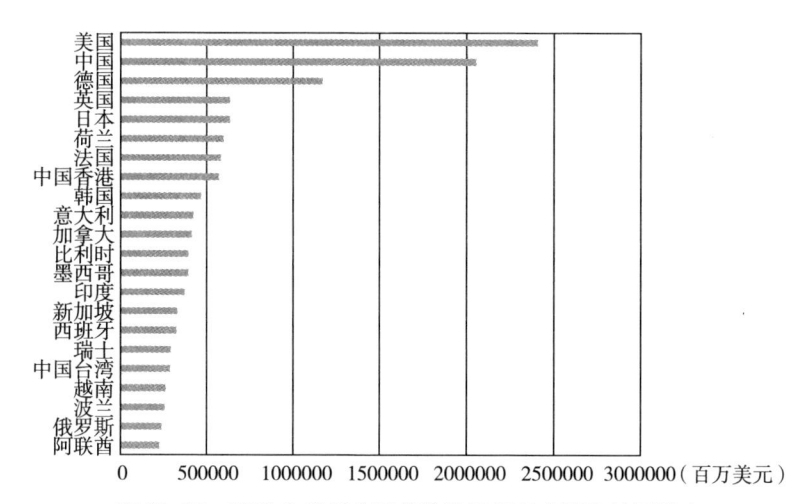

图 10-31　2020 年世界主要货物进口贸易大国和地区排序

资料来源：根据联合国贸发会议数据库 UNCTAD Statistics 商品进口贸易数据制作。

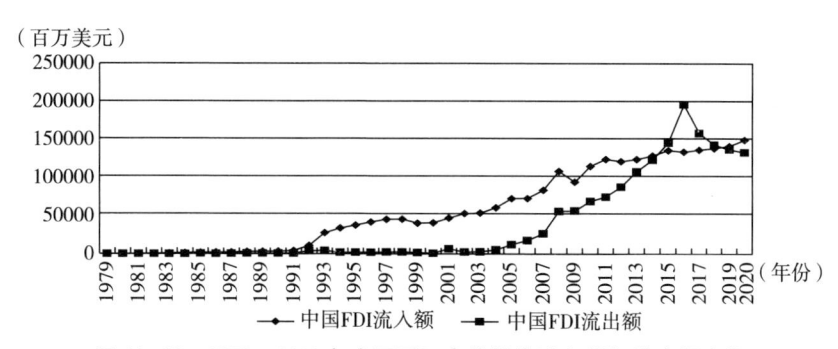

图 10-32　1979—2020 年中国国际直接投资流入额与流出额变化

资料来源：联合国贸发会议数据库 UNCTAD Statistics 根据 FDI 数据制作。

681

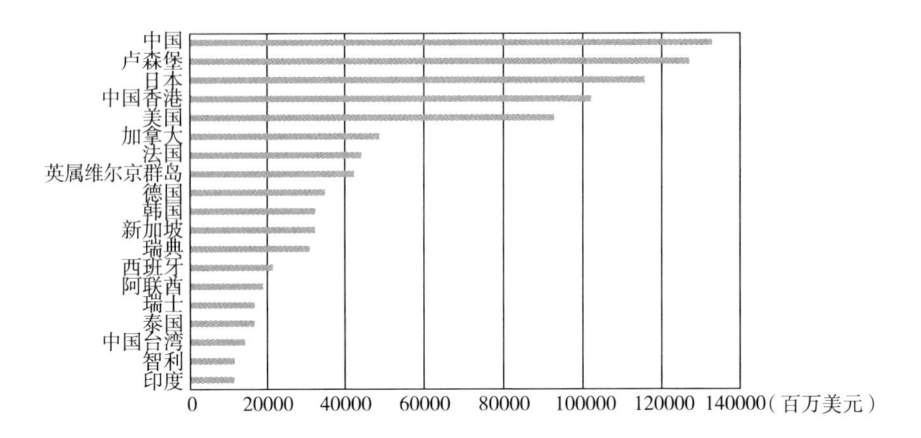

图 10-33　2020 年世界主要国家和地区国际直接投资（FDI）流出额排序

资料来源：联合国贸发会议数据库 UNCTAD Statistics 根据 FDI 数据制作。

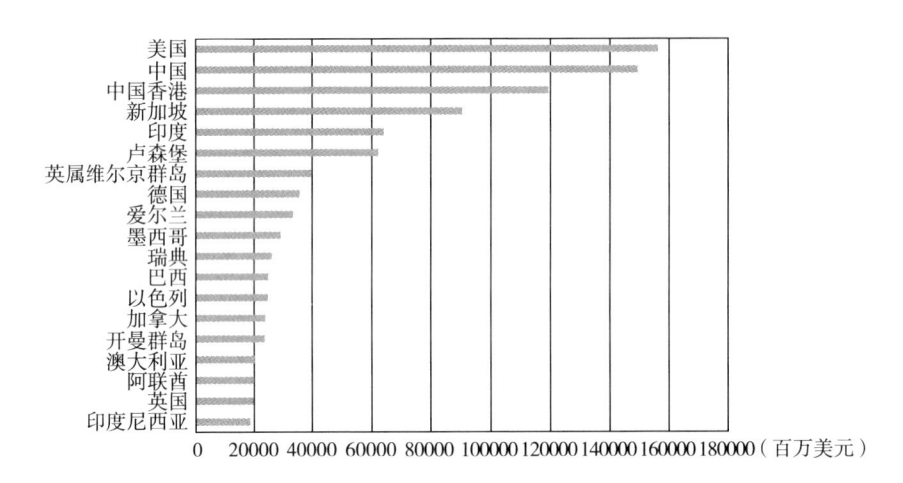

图 10-34　2020 年世界主要国家和地区国际直接投资（FDI）流入额排序

资料来源：联合国贸发会议数据库 UNCTAD Statistics 根据 FDI 数据制作。

（五）中国成为开放型经济强国阶段（2030—2050 年）

2030—2050 年，中国有望成为开放型经济强国，中国将引领全球开放经济发展，对外贸易的质量、技术、品牌和贸易体制引领世界贸易发展，新产业、产业链和产业国际合作引领世界产业发展，推动构建人类命运共同体理念引领全球经贸规则体系重塑，中国将在世界经济治理体系中发挥重要引领作用。

二 中国自由贸易试验区的制度创新与改革发展比较分析

（一）中国自由贸易试验区的制度创新与改革发展阶段

改革开放以来，中国自由贸易试验区的制度创新与改革发展大体上经历以下三个阶段：

1. 海关特殊监管区和保税区探索发展阶段（1990—2012年）

1990年6月，国务院批准设立中国第一个海关特殊监管区——上海外高桥保税区，之后陆续在全国设立了出口加工区、保税物流园区、保税港区、综合保税区等共150余个海关特殊监管区，基本覆盖了沿海、沿江、沿边、内陆地区的重要港口和中心城市，积累了海关特殊监管区、出口加工区、保税物流园区、保税港区、综合保税区等制度创新与管理的丰富经验。

2. 中国自由贸易试验区制度创新与改革发展阶段（2013—2019年）

党的十八大以来，习近平总书记高度重视自由贸易试验区发展，建设自由贸易试验区是党中央在新时代推进改革开放的一项战略举措，在我国改革开放进程中具有里程碑意义。2013年以来，中国自由贸易试验区加快发展，自由贸易试验区从关税优惠单一功能向多功能综合性自由贸易试验区转变。

2013—2019年，中国自贸试验区发展经过了四批战略部署，中国自贸试验区形成了海陆沿边统筹、东西南北中兼顾、由点及面全方位开放新格局，中国自由贸易试验区的制度创新与改革发展不断深化。2013年9月27日批准设立了中国（上海）自由贸易试验区，成为中国第一个综合性自由贸易试验区。中国（上海）自由贸易试验区率先实行政府职能转变、金融开放制度、服务贸易开放、探索建立负面清单管理模式，外商投资管理体制改革、优化市场化、国际化和法治化的营商环境和税收政策等改革创新，取得制度创新合改革经验后向全国复制推广。

2015年4月20日国务院批准中国第二批三个自由贸易试验区：中国（广东）自由贸易试验区、中国（天津）自由贸易试验区、中国（福建）自由贸易试验区，三个自由贸易试验区借鉴了上海自贸区制度创新和改革发展经验的同时，进一步深化贸易投资便利化的制度创新与改革试验。

2017年3月31日国务院批准中国第三批7个自由贸易试验区：中国（辽宁）自由贸易试验区、中国（浙江）自由贸易试验区、中国（河南）自由贸易试验区、中国（湖北）自由贸易试验区、中国（重庆）自由贸易试验区、中国（四川）自由贸易试验区、中国（陕西）自由贸易试验区，7个自由贸易试验区中有5个自由贸易试验区位于内陆省市，说明第三批自由贸易试验区的制度创新和改革发展进入差异化和特色化试验阶段。

2019年8月26日国务院批准中国第四批6个自由贸易试验区：中国（山东）自由贸易试验区、中国（江苏）自由贸易试验区、中国（广西）自由贸易试验区、中国（河北）自由贸易试验区、中国（云南）自由贸易试验区、中国（黑龙江）自由贸易试验区，6个自由贸易试验区覆盖东部、中部、西部三大区域和不同经济发展水平的省份，对贸易投资便利化制度创新与改革发展进行更深层次制度创新与改革试验。

3. 自由贸易试验区贸易投资便利化制度创新与改革的综合性试验阶段

"十三五"时期，经过18个省份自由贸易试验区的战略布局、制度创新与改革开放发展，中国自由贸易试验区呈现出从点上突破到遍地发展，从沿海突围到沿海、沿边、沿通道推进的发展态势，形成了全方位开放新格局，中国自由贸易试验区制度创新与改革发展不断向深层次推进。

在进入新发展阶段，中国自由贸易试验区进入更高水平、更大力度、更深层次对标全球最高经贸规则，批准上海自由贸易区临港新片区和海南全域自由贸易港进行以制度创新为核心，以实现贸易自由便利、投资自由便利、跨境资金流动自由便利、人员进出自由便利、运输来往自由便利和数据安全有序流动改革为重点的综合性制度创新与改革试验。中国自由贸易试验区与世界上先进自由贸易区正在朝协同方向发展，从主要以优惠关税和取消或减少非关税壁垒的贸易政策安排向制度创新和改革开放试验区转变，再向提升自由贸易试验区的贸易投资自由化、便利化、综合性制度创新转变。上海自由贸易区临港新片区和海南全域自由贸易港的制度创新与改革发展的制度设计已经达到全球最高经贸规则水平。

第十章 自由贸易区制度创新与贸易投资便利化比较分析

（二）中国自由贸易试验区制度创新和改革发展比较分析

为了对贸易投资便利化水平与中国自由贸易试验区制度创新和改革发展互动关系有更加深入的了解，有必要对贸易投资便利化水平居全国前列的中国（上海）自由贸易试验区、中国（广东）自由贸易试验区、中国（浙江）自由贸易试验区、中国（海南）自由贸易港、中国（江苏）自由贸易试验区、中国（北京）自由贸易试验区的战略定位、发展目标、制度创新与改革发展任务进行比较分析。

1. 中国（上海）自由贸易试验区制度创新与改革发展

（1）中国（上海）自由贸易试验区范围与总体目标。上海是中国的金融中心、贸易中心、航运中心和创新中心。2013年9月18日，国务院批准《中国（上海）自由贸易试验区总体方案》，成立中国第一个综合性自由贸易试验区——中国（上海）自由贸易试验区。上海自由贸易试验区的范围涵盖上海外高桥保税区、上海外高桥保税物流园区、洋山保税港区和上海浦东机场综合保税区4个海关特殊监管区域，并根据先行先试推进情况以及产业发展和辐射带动需要，逐步拓展实施范围和试点政策范围，形成与上海国际经济、金融、贸易、航运中心建设的联动机制。[1]

中国（上海）自由贸易试验区总体目标：[2] 经过2—3年的改革试验，加快转变政府职能，积极推进服务业扩大开放和外商投资管理体制改革，大力发展总部经济和新型贸易业态，加快探索资本项目可兑换和金融服务业全面开放，探索建立货物状态分类监管模式，努力形成促进投资和创新的政策支持体系，着力培育国际化和法治化的营商环境，力争建设成为具有国际水准的投资贸易便利、货币兑换自由、监管高效便捷、法制环境规范的自由贸易试验区，为我国扩大开放和深化改革探索新思路和新途径，更好地为全国自由贸易试验区制度创新探索成功试验。[3]

---

[1]《中国（上海）自由贸易试验区总体方案》，中华人民共和国中央人民政府网，https://www.gov.cn，2013年9月18日。
[2]《中国（上海）自由贸易试验区总体方案》，中华人民共和国中央人民政府网，https://www.gov.cn，2013年9月18日。
[3]《中国（上海）自由贸易试验区总体方案》，中华人民共和国中央人民政府网，https://www.gov.cn，2013年9月18日。

(2) 中国（上海）自由贸易试验区制度创新与改革发展任务。中国（上海）自由贸易试验区紧紧围绕面向世界、服务全国的战略要求和上海"四个中心"建设的战略任务，按照先行先试、风险可控、分步推进、逐步完善的方式，把扩大开放与体制改革相结合、把培育功能与政策创新相结合，形成与国际投资、贸易通行规则相衔接的基本制度框架。[①] 中国（上海）自由贸易试验区制度创新与改革发展任务如下：

一是加快政府职能转变：改革创新政府管理方式，按照国际化、法治化的要求，积极探索建立与国际高标准投资和贸易规则体系相适应的行政管理体系，推进政府管理由注重事先审批转为注重事中、事后监管。[②]

二是扩大服务业和投资领域的开放：扩大服务业开放。选择金融服务、航运服务、商贸服务、专业服务、文化服务以及社会服务领域扩大开放，暂停或取消投资者资质要求、股比限制、经营范围限制等准入限制措施（银行业机构、信息通信服务除外），营造有利于各类投资者平等准入的市场环境。[③] 探索建立负面清单管理模式，借鉴国际通行规则，对外商投资试行准入前国民待遇，逐步形成与国际接轨的外商投资管理制度[④]，提高境外投资便利化程度。[⑤]

三是深化金融领域的开放创新[⑥]，在风险可控前提下，可在试验区内对人民币资本项目可兑换、金融市场利率市场化、人民币跨境使用等方面创造条件进行先行先试，建立与自由贸易试验区相适应的外汇管理体制，全面实现贸易投资便利化。逐步允许境外企业参与商品期货交

[①]《中国（上海）自由贸易试验区总体方案》，中华人民共和国中央人民政府网，https://www.gov.cn，2013年9月18日。
[②]《中国（上海）自由贸易试验区总体方案》，中华人民共和国中央人民政府网，https://www.gov.cn，2013年9月18日。
[③]《中国（上海）自由贸易试验区总体方案》，中华人民共和国中央人民政府网，https://www.gov.cn，2013年9月18日。
[④]《中国（上海）自由贸易试验区总体方案》，中华人民共和国中央人民政府网，https://www.gov.cn，2013年9月18日。
[⑤]《中国（上海）自由贸易试验区总体方案》，中华人民共和国中央人民政府网，https://www.gov.cn，2013年9月18日。
[⑥]《中国（上海）自由贸易试验区总体方案》，中华人民共和国中央人民政府网，https://www.gov.cn，2013年9月18日。

第十章 自由贸易区制度创新与贸易投资便利化比较分析

易。鼓励金融市场产品创新。支持股权托管交易机构在试验区内建立综合金融服务平台,支持开展人民币跨境再保险业务,培育发展再保险市场。①

四是营造相应的监管和税收制度环境②,适应建立国际高水平投资和贸易服务体系的需要,创新监管模式,促进试验区内货物、服务等各类要素自由流动,推动服务业扩大开放和货物贸易深入发展,形成公开、透明的管理制度。推进实施"一线放开"。允许企业凭进口舱单将货物直接入区,再凭进境货物备案清单向主管海关办理申报手续,探索简化进出境备案清单,简化国际中转、集拼和分拨等业务进出境手续;实行"进境检疫,适当放宽进出口检验"模式,创新监管技术和方法。探索构建相对独立的以贸易便利化为主的货物贸易区域和以扩大服务领域开放为主的服务贸易区域。坚决实施"二线安全高效管住"。优化卡口管理,加强电子信息联网,通过进出境清单比对、账册管理、卡口实货核注、风险分析等加强监管,促进二线监管模式与一线监管模式相衔接,推行"方便进出,严密防范质量安全风险"的检验检疫监管模式。③

五是探索与试验区相配套的税收政策④,注册在试验区内的企业或个人股东,因非货币性资产对外投资等资产重组行为而产生的资产评估增值部分,可在不超过5年期限内,分期缴纳所得税。对试验区内企业以股份或出资比例等股权形式给予企业高端人才和紧缺人才的奖励,实行已在中关村等地区试点的股权激励个人所得税分期纳税政策。⑤

中国上海自由贸易试验区是中国第一个由"关税优惠简单功能"到"贸易、投资便利化改革多功能综合体"转变自由贸易试验区,上

---

① 《中国(上海)自由贸易试验区总体方案》,中华人民共和国中央人民政府网,https://www.gov.cn,2013年9月18日。
② 《中国(上海)自由贸易试验区总体方案》,中华人民共和国中央人民政府网,https://www.gov.cn,2013年9月18日。
③ 《中国(上海)自由贸易试验区总体方案》,中华人民共和国中央人民政府网,https://www.gov.cn,2013年9月18日。
④ 《中国(上海)自由贸易试验区总体方案》,中华人民共和国中央人民政府网,https://www.gov.cn,2013年9月18日。
⑤ 《中国(上海)自由贸易试验区总体方案》,中华人民共和国中央人民政府网,https://www.gov.cn,2013年9月18日。

海自由贸易试验区制度创新取得显著成效。殷华和高维和[①]以上海自贸区为例，基于面板数据的政策效应评估方法，利用地区间经济发展的相关性构造上海市的反事实经济绩效，对比上海市的真实经济绩效，估计出上海自贸区产生的"制度红利"效应。研究结果表明，上海自贸区建设显著促进了上海市GDP、投资、进口和出口的增长。扩区后的自贸区建设对上海市经济的促进效应更加显著，这意味着"制度红利"效应的进一步扩大。上海自贸区以制度创新为核心推进改革，具有显著的长期经济效应。

（3）《中国（上海）自由贸易试验区临港新片区总体方案》总体要求与发展目标。[②] 上海自由贸易试验区制度创新与改革发展取得显著成效，为推动上海自由贸易试验区进一步深化制度创新，国家在2019年7月29日又批准《中国（上海）自由贸易试验区临港新片区总体方案》。中国（上海）自由贸易试验区临港新片区规划范围为：[③] 在上海大治河以南、金汇港以东以及小洋山岛、浦东国际机场南侧区域设置新片区。按照"整体规划、分步实施"原则，先行启动南汇新城、临港装备产业区、小洋山岛、浦东机场南侧等区域，面积为119.5平方公里[④]。

《中国（上海）自由贸易试验区临港新片区总体方案》总体要求"对标国际上公认的竞争力最强的自由贸易园区，选择国家战略需要、国际市场需求大、对开放度要求高但其他地区尚不具备实施条件的重点领域，实施具有较强国际市场竞争力的开放政策和制度，加大开放型经济的风险压力测试，实现新片区与境外投资经营便利、货物自由进出、资金流动便利、运输高度开放、人员自由执业、信息快捷联通，打造更具国际市场影响力和竞争力的特殊经济功能区，主动服务和融入国家重

[①] 殷华、高维和：《上海自贸区以制度创新为核心推进改革，具有显著的长期经济效应》，《财经研究》2017年第43卷第2期。
[②] 《中国（上海）自由贸易试验区临港新片区总体方案》，中华人民共和国中央人民政府网，https://www.gov.cn，2019年7月29日。
[③] 《中国（上海）自由贸易试验区临港新片区总体方案》，中华人民共和国中央人民政府网，https://www.gov.cn，2019年7月29日。
[④] 《中国（上海）自由贸易试验区临港新片区总体方案》，中华人民共和国中央人民政府网，https://www.gov.cn，2019年7月29日。

大战略，更好服务对外开放总体战略布局"。①

中国（上海）自由贸易试验区临港新片区的发展目标为："到2025年，建立比较成熟的投资贸易自由化便利化制度体系，打造一批更高开放度的功能型平台，集聚一批世界一流企业，区域创造力和竞争力显著增强，经济实力和经济总量大幅跃升。到2035年，建成具有较强国际市场影响力和竞争力的特殊经济功能区，形成更加成熟定型的制度成果，打造全球高端资源要素配置的核心功能，成为我国深度融入经济全球化的重要载体。"②

（4）中国（上海）自由贸易试验区临港新片区制度创新与改革发展任务。中国（上海）自由贸易试验区临港新片区制度创新任务包括：一是建立以投资贸易自由化为核心的制度体系，支持新片区以投资自由、贸易自由、资金自由、运输自由、人员从业自由等为重点，推进投资贸易自由化便利化。二是建立全面风险管理制度，以风险防控为底线，以分类监管、协同监管、智能监管为基础，全面提升风险防范水平和安全监管水平。三是建设具有国际市场竞争力的开放型产业体系，发挥开放型制度体系优势，推动统筹国际业务、跨境金融服务、前沿科技研发、跨境服务贸易等功能集聚，强化开放型经济集聚功能。加快存量企业转型升级，整体提升区域产业能级。③

中国（上海）自由贸易试验区临港新片区在适用自由贸易试验区各项开放创新措施的基础上，支持新片区以投资自由、贸易自由、资金自由、运输自由、人员从业自由等为重点，推进投资贸易自由化便利化。④ 习近平总书记2019年11月在上海考察时强调："上海自贸试验区临港新片区要进行更深层次、更宽领域、更大力度的全方位高水平开放，努力成为集聚海内外人才开展国际创新协同的重要基地、统筹发展

---

① 《中国（上海）自由贸易试验区临港新片区总体方案》，中华人民共和国中央人民政府网，https：//www.gov.cn，2019年7月29日。
② 《中国（上海）自由贸易试验区临港新片区总体方案》，中华人民共和国中央人民政府网，https：//www.gov.cn，2019年7月29日。
③ 《中国（上海）自由贸易试验区临港新片区总体方案》，中华人民共和国中央人民政府网，https：//www.gov.cn，2019年7月29日。
④ 《中国（上海）自由贸易试验区临港新片区总体方案》，中华人民共和国中央人民政府网，https：//www.gov.cn，2019年7月29日。

在岸业务和离岸业务的重要枢纽、企业走出去发展壮大的重要跳板、更好利用两个市场两种资源的重要通道、参与国际经济治理的重要试验田，有针对性地进行体制机制创新，强化制度建设，提高经济质量。"[1]

对 2020 年全国 31 个省份贸易投资便利化综合指数评价结果证明，上海投资贸易自由化便利化指数居全国第 1 位，中国（上海）自由贸易试验区制度创新取得显著成效。

2. 中国（广东）自由贸易试验区制度创新与改革发展

广东是对外贸易、国际直接投资、GDP 规模在中国 31 个省份排名中居第 1 位的开放经济大省。2015 年 4 月 8 日，国务院批准第二批自由贸易试验区为广东、天津和福建三个沿海省份。国务院批准的《中国（广东）自由贸易试验区总体方案》提出：中国（广东）自由贸易试验区的实施范围 116.2 平方公里，涵盖三个片区：广州南沙新区片区 60 平方公里（含广州南沙保税港区 7.06 平方公里），深圳前海蛇口片区 28.2 平方公里（含深圳前海湾保税港区 3.71 平方公里），珠海横琴新区片区 28 平方公里。《中国（广东）自由贸易试验区总体方案》提出"紧紧围绕国家战略，进一步解放思想，先行先试，以开放促改革、促发展，以制度创新为核心，促进内地与港澳经济深度合作，为全面深化改革和扩大开放探索新途径、积累新经验，发挥示范带动、服务全国的积极作用"。[2]

（1）中国（广东）自由贸易试验区战略定位与发展目标。中国（广东）自由贸易试验区战略定位为：依托港澳、服务内地、面向世界，将自贸试验区建设成为粤港澳深度合作示范区、"21 世纪海上丝绸之路"重要枢纽和全国新一轮改革开放先行地。[3]

中国（广东）自由贸易试验区发展目标为：经过 3—5 年改革试验，营造国际化、市场化、法治化营商环境，构建开放型经济新体制，实现粤港澳深度合作，形成国际经济合作竞争新优势，力争建成符合国

---

[1] 马跃峰、李心萍、姜晓丹：《自贸试验区以开放促改革、促发展、促创新，提升产业链供应链现代化水平》，《人民日报》2022 年 1 月 8 日第 1 版。
[2] 《中国（广东）自由贸易试验区总体方案》，中华人民共和国中央人民政府网，https://www.gov.cn，2015 年 4 月 8 日。
[3] 《中国（广东）自由贸易试验区总体方案》，中华人民共和国中央人民政府网，https://www.gov.cn，2015 年 4 月 8 日。

际高标准的法制环境规范、投资贸易便利、辐射带动功能突出、监管安全高效的自由贸易园区。①

（2）中国（广东）自由贸易试验区制度创新与改革发展任务。中国（广东）自由贸易试验区制度创新任务主要包括：一是建设国际化、市场化、法治化营商环境，在扩大开放的制度建设上大胆探索、先行先试，加快形成高标准投资贸易规则体系。实施自贸试验区外商投资负面清单制度，减少和取消对外商投资准入限制，重点扩大服务业和制造业对外开放，提高开放度和透明度。② 二是深入推进粤港澳服务贸易自由化，进一步扩大对港澳服务业开放，促进服务要素便捷流动。③ 三是强化国际贸易功能集成，推进贸易发展方式转变，增强国际航运服务功能。④ 四是深化金融领域开放创新，推动适应粤港澳服务贸易自由化的金融创新。推动投融资便利化，建立健全自贸试验区金融风险防控体系。⑤ 五是增强自贸试验区辐射带动功能，引领珠三角地区加工贸易转型升级，打造泛珠三角区域发展综合服务区，支持国内企业和个人参与"21世纪海上丝绸之路"建设。⑥ 六是监管服务和税收政策改革，创新通关监管服务模式，"一线放宽、二线管住、人货分离、分类管理"原则实施分线管理。

（3）《中国（广东）自由贸易试验区改革开放方案》建设目标。2015年4月以来，中国（广东）自由贸易试验区总体方案取得明显成效。2018年5月4日，国务院又批准《中国（广东）自由贸易试验区

---

① 《中国（广东）自由贸易试验区总体方案》，中华人民共和国中央人民政府网，https：//www.gov.cn，2015年4月8日。
② 《中国（广东）自由贸易试验区总体方案》，中华人民共和国中央人民政府网，https：//www.gov.cn，2015年4月8日。
③ 《中国（广东）自由贸易试验区总体方案》，中华人民共和国中央人民政府网，https：//www.gov.cn，2015年4月8日。
④ 《中国（广东）自由贸易试验区总体方案》，中华人民共和国中央人民政府网，https：//www.gov.cn，2015年4月8日。
⑤ 《中国（广东）自由贸易试验区总体方案》，中华人民共和国中央人民政府网，https：//www.gov.cn，2015年4月8日。
⑥ 《中国（广东）自由贸易试验区总体方案》，中华人民共和国中央人民政府网，https：//www.gov.cn，2015年4月8日。

改革开放方案》。《中国（广东）自由贸易试验区改革开放方案》[1] 建设目标为：到 2020 年，率先对标国际投资和贸易通行规则，建立与国际航运枢纽、国际贸易中心和金融业对外开放试验示范窗口相适应的制度体系，打造开放型经济新体制先行区、高水平对外开放门户枢纽和粤港澳大湾区合作示范区。强化自贸试验区同广东省改革的联动，各项改革试点任务具备条件的在珠江三角洲地区全面实施，或在广东省推广试验。

（4）《中国（广东）自由贸易试验区改革开放方案》制度创新与改革发展任务。《中国（广东）自由贸易试验区改革开放方案》制度创新任务包括：一是对标国际先进规则，建设开放型经济新体制先行区。进一步完善外商投资准入前国民待遇加负面清单管理制度，大幅度放宽市场准入，扩大服务业对外开放，提高自贸试验区外商投资负面清单开放度和透明度，着力构建与负面清单管理方式相适应的事中事后监管制度。[2]

二是进一步提升贸易便利化水平，创新贸易综合监管模式。营造有利于人才集聚的制度环境、人文环境和生活环境，促进创新驱动发展。维护劳动者合法权益。加强最低工资、工时、职业安全与卫生及工作条件方面的政策研究与执法。加强环境保护。创新环境保护管理制度，探索开展出口产品低碳认证。[3]

三是争创国际经济合作竞争新优势，打造高水平对外开放门户枢纽。建设国际航运枢纽。扩大对"21 世纪海上丝绸之路"沿线国家和地区港口的投资，打造全球港口链。推动建立统筹国内和国际市场、空港和海港资源、在岸和离岸业务、货物贸易和服务贸易的全球供应链核心枢纽。积极吸引各类国内外总部机构和大型企业集团设立结算中心。

---

[1]《中国（广东）自由贸易试验区改革开放方案》，中华人民共和国中央人民政府网，https：//www.gov.cn，2018 年 5 月 4 日。
[2]《中国（广东）自由贸易试验区改革开放方案》，中华人民共和国中央人民政府网，https：//www.gov.cn，2018 年 5 月 4 日。
[3]《中国（广东）自由贸易试验区改革开放方案》，中华人民共和国中央人民政府网，https：//www.gov.cn，2018 年 5 月 4 日。

继续研究设立以碳排放为首个交易品种的创新型期货交易所。①

四是开拓协调发展新领域，打造粤港澳大湾区合作示范区。② 促进粤港澳经济深度合作，打造与港澳营商环境对接、经济发展协同的合作体系。深入推进粤港澳服务贸易自由化，创新粤港澳科技合作机制。携手港澳参与"一带一路"建设。探索与"一带一路"沿线国家和地区自由贸易园区口岸在认证认可、标准计量、检验检测等方面开展多双边合作交流。③

3. 中国（浙江）自由贸易试验区制度创新与改革发展

浙江是出口贸易、吸引外商投资、对外直接投资、经济规模处于全国前列的开放经济大省和民营经济大省。2017年3月15日，国务院批准《中国（浙江）自由贸易试验区总体方案》，浙江成为中国第三批自由贸易试验区。

（1）中国（浙江）自由贸易试验区战略定位与发展目标。《中国（浙江）自由贸易试验区总体方案》战略定位为：④ 以制度创新为核心，以可复制可推广为基本要求，将自贸试验区建设成为东部地区重要海上开放门户示范区、国际大宗商品贸易自由化先导区和具有国际影响力的资源配置基地。中国（浙江）自由贸易试验区发展目标为：经过3年左右有特色的改革探索，基本实现投资贸易便利、高端产业集聚、法治环境规范、金融服务完善、监管高效便捷、辐射带动作用突出，以油品为核心的大宗商品全球配置能力显著提升，对接国际标准初步建成自由贸易港区先行区⑤。

（2）中国（浙江）自由贸易试验区制度创新主要任务。中国（浙

---

① 《中国（广东）自由贸易试验区改革开放方案》，中华人民共和国中央人民政府网，https：//www.gov.cn，2018年5月4日。
② 《中国（广东）自由贸易试验区改革开放方案》，中华人民共和国中央人民政府网，https：//www.gov.cn，2018年5月4日。
③ 《中国（广东）自由贸易试验区改革开放方案》，中华人民共和国中央人民政府网，https：//www.gov.cn，2018年5月4日。
④ 《中国（浙江）自由贸易试验区总体方案》，中华人民共和国中央人民政府网，https：//www.gov.cn，2017年3月15日。
⑤ 《中国（浙江）自由贸易试验区总体方案》，中华人民共和国中央人民政府网，https：//www.gov.cn，2017年3月15日。

江)自由贸易试验区制度创新主要包括四方面任务:[①] 一是切实转变政府职能,深化行政体制改革,建立权责明确、管理高效、运转协调的自贸试验区行政管理体制;二是推动油品全产业链投资便利化和贸易自由化,加快形成国际一流的石化产业集群,成为国际油品和大宗商品交易中心;三是拓展新型贸易投资方式,发展新型贸易中心;四是推动金融管理领域体制机制创新,扩大金融服务领域开放。

(3)中国(浙江)自由贸易试验区制度创新成效显著。中国(浙江)自由贸易试验区,以制度创新为核心,以推动新形势下大宗商品贸易自由化为主要任务,努力将自贸区建设成为我国东部地区重要海上开放门户示范区、国际大宗商品贸易自由化先导区和具有国际影响力的资源配置基地。浙江(舟山)自由贸易试验区建设取得了显著成效,成效主要体现在以下方面:万亿油气产业集群基本成型;旗舰型炼化一体化项目一期建成投产;舟山港跃升为全球第八大加油港;国际海事服务生态链基本形成;建成全国最大的油气储备基地;跨境人民币结算辐射带动效应明显;江海联运形成全程综合物流服务体系;数字自贸区赋能通关效率领先全国。

(4)中国(浙江)自由贸易试验区扩展区域功能定位及发展目标。中国(浙江)自由贸易试验区制度创新成效显著,2020年8月30日国务院又批准《中国(浙江)自由贸易试验区扩展区域方案》[②],浙江自贸试验区扩展区域实施范围119.5平方公里,涵盖三个片区:宁波片区46平方公里(含宁波梅山综合保税区5.69平方公里、宁波北仑港综合保税区2.99平方公里、宁波保税区2.3平方公里),杭州片区37.51平方公里(含杭州综合保税区2.01平方公里),金义片区35.99平方公里(含义乌综合保税区1.34平方公里、金义综合保税区1.26平方公里)。宁波片区建设链接内外、多式联运、辐射力强、成链集群的国际航运枢纽,打造具有国际影响力的油气资源配置中心、国际供应链创新中心、

[①] 《中国(浙江)自由贸易试验区总体方案》,中华人民共和国中央人民政府网,https://www.gov.cn,2017年3月15日。

[②] 《中国(浙江)自由贸易试验区扩展区域方案》,中华人民共和国中央人民政府网,https://www.gov.cn,2020年8月30日。

全球新材料科创中心、智能制造高质量发展示范区。① 杭州片区打造全国领先的新一代人工智能创新发展试验区、国家金融科技创新发展试验区和全球一流的跨境电商示范中心，建设数字经济高质量发展示范区。② 金义片区打造世界"小商品之都"，建设国际小商品自由贸易中心、数字贸易创新中心③、内陆国际物流枢纽港、制造创新示范地和"一带一路"开放合作重要平台。

《中国（浙江）自由贸易试验区扩展区域方案》功能定位为：坚持以"八八战略"为统领，发挥"一带一路"建设、长江经济带发展、长三角区域一体化发展等国家战略叠加优势，着力打造以油气为核心的大宗商品资源配置基地、新型国际贸易中心、国际航运和物流枢纽、数字经济发展示范区和先进制造业集聚区。

《中国（浙江）自由贸易试验区扩展区域方案》发展目标为：④ 对标国际先进规则，加大开放力度，开展规则、规制、管理、标准等制度型开放。到2025年，基本建立以投资贸易自由化便利化为核心的制度体系，营商环境便利度位居全国前列，油气资源全球配置能力显著提升，国际航运和物流枢纽地位进一步增强，数字经济全球示范引领作用彰显，先进制造业综合实力全面跃升，成为引领开放型经济高质量发展的先行区和增长极。到2035年，实现更高水平的投资贸易自由化，新型国际贸易中心全面建成，成为原始创新高端制造的重要策源地、推动国际经济交往的新高地，成为新时代全面展示中国特色社会主义制度优越性重要窗口的示范区。⑤

（5）中国（浙江）自由贸易试验区扩展区域的制度创新与改革发

---

① 《中国（浙江）自由贸易试验区扩展区域方案》，中华人民共和国中央人民政府网，https：//www.gov.cn，2020年8月30日。
② 《中国（浙江）自由贸易试验区扩展区域方案》，中华人民共和国中央人民政府网，https：//www.gov.cn，2020年8月30日。
③ 《中国（浙江）自由贸易试验区扩展区域方案》，中华人民共和国中央人民政府网，https：//www.gov.cn，2020年8月30日。
④ 《中国（浙江）自由贸易试验区扩展区域方案》，中华人民共和国中央人民政府网，https：//www.gov.cn，2020年8月30日。
⑤ 《中国（浙江）自由贸易试验区扩展区域方案》，中华人民共和国中央人民政府网，https：//www.gov.cn，2020年8月30日。

展任务。① 中国（浙江）自由贸易试验区扩展区域的制度创新任务主要包括：一是建立以投资贸易自由化便利化为核心的制度体系。② 进一步提升贸易便利化水平，进一步丰富国际贸易"单一窗口"功能，将服务贸易出口退税申报纳入"单一窗口"管理。深化服务贸易创新试点，探索以高端服务为先导的"数字+服务"新业态新模式。③ 推进投资自由化便利化④，对外商投资实行准入前国民待遇加负面清单管理制度，支持建立国际投资"单一窗口"，在区内研究放宽油气产业、数字经济、生命健康和新材料等战略性新兴产业集群市场准入。推动金融创新服务实体经济，开展本外币合一银行账户体系试点，提升本外币银行账户业务便利性。开展包括油品等大宗商品在内的更高水平贸易投资便利化试点。探索符合贸易新业态新模式特点的跨境外汇结算模式，支持外贸健康发展。吸引跨国公司地区总部、结算中心、贸易中心和订单中心在自贸试验区落户。⑤ 进一步转变政府职能。深化"最多跑一次"改革，依法经批准将下放至地级及以上城市的省级管理权限下放至自贸试验区。按照"整体智治"现代政府理念，建设数字政府，完善"互联网+政务服务"、"互联网+监管"体系，加快政府数字化转型，健全事中事后监管服务，完善中央与地方信息共享机制，促进市场主体管理信息共享。⑥

二是高质量建设现代化开放型经济体系。⑦ 打造以油气为核心的大宗商品全球资源配置基地。聚焦能源和粮食安全，研究建立能源等大宗

---

① 《中国（浙江）自由贸易试验区扩展区域方案》，中华人民共和国中央人民政府网，https://www.gov.cn，2020年8月30日。

② 《中国（浙江）自由贸易试验区扩展区域方案》，中华人民共和国中央人民政府网，https://www.gov.cn，2020年8月30日。

③ 《中国（浙江）自由贸易试验区扩展区域方案》，中华人民共和国中央人民政府网，https://www.gov.cn，2020年8月30日。

④ 《中国（浙江）自由贸易试验区扩展区域方案》，中华人民共和国中央人民政府网，https://www.gov.cn，2020年8月30日。

⑤ 《中国（浙江）自由贸易试验区扩展区域方案》，中华人民共和国中央人民政府网，https://www.gov.cn，2020年8月30日。

⑥ 《中国（浙江）自由贸易试验区扩展区域方案》，中华人民共和国中央人民政府网，https://www.gov.cn，2020年8月30日。

⑦ 《中国（浙江）自由贸易试验区扩展区域方案》，中华人民共和国中央人民政府网，https://www.gov.cn，2020年8月30日。

商品政府储备和企业储备相结合的政策保障体系，更好地发挥企业储备在保障粮食安全方面的作用。打造新型国际贸易中心。支持以市场化方式推进世界电子贸易平台（eWTP）全球布局，探索在数据交互、业务互通、监管互认、服务共享等方面的国际合作及数字确权等数字贸易基础设施建设，打造全球数字贸易博览会。[1] 打造国际航运和物流枢纽。探索"互联网+口岸"新服务，促进海港、陆港、空港、信息港"四港"联动发展[2]，支持全球智能物流枢纽建设，提升"海上丝绸之路"指数、快递物流指数国际影响力。打造数字经济发展示范区。加大以自主深度算法、超强低耗算力和高速广域网络为代表的新一代数字基础设施建设，支持布局 IPv6、卫星互联网、6G 试验床等网络基础设施，全面拓展数字产业化、产业数字化、数字生活新服务，把国家数字服务出口基地打造为数字贸易先行示范区。[3] 加强数字经济领域国际规则、标准研究制定，推动标准行业互信互认。积极推动杭州城西科技创新大走廊、宁波甬江科技创新大走廊与自贸试验区改革联动、创新联动，打造数字经济创新引领区。[4] 建设全国电子数据交换系统贸易网，打造枢纽型国际化数字强港。

三是构建安全高效的风险防控体系，加快完善风险防范机制。加强顶层设计，健全风险防范责任机制，坚持底线思维，强化重大风险防范的政治责任和履责能力。[5] 加强风险防控机制的专业化、科学化建设，创新激励机制，强化风险管理人才队伍建设。打造数字一体化监管服务平台。[6] 依托数字化手段，开展自贸试验区一体化风险防控监管平台体

---

[1] 《中国（浙江）自由贸易试验区扩展区域方案》，中华人民共和国中央人民政府网，https：//www.gov.cn，2020 年 8 月 30 日。

[2] 《中国（浙江）自由贸易试验区扩展区域方案》，中华人民共和国中央人民政府网，https：//www.gov.cn，2020 年 8 月 30 日。

[3] 《中国（浙江）自由贸易试验区扩展区域方案》，中华人民共和国中央人民政府网，https：//www.gov.cn，2020 年 8 月 30 日。

[4] 《中国（浙江）自由贸易试验区扩展区域方案》，中华人民共和国中央人民政府网，https：//www.gov.cn，2020 年 8 月 30 日。

[5] 《中国（浙江）自由贸易试验区扩展区域方案》，中华人民共和国中央人民政府网，https：//www.gov.cn，2020 年 8 月 30 日。

[6] 《中国（浙江）自由贸易试验区扩展区域方案》，中华人民共和国中央人民政府网，https：//www.gov.cn，2020 年 8 月 30 日。

系差别化探索。充分利用大数据、人工智能、区块链、5G 等先进信息技术，建设高标准智能化监管平台。构建全链条信用管理机制。[①] 支持开展企业信用风险分类管理试点工作，加强企业信用风险状况评估分析，提升企业信用风险状况预测预警和动态监测能力，实现对市场主体的精准靶向监管。

4. 中国（海南）自由贸易港制度创新与改革发展

海南是中国改革开放的经济特区。2018 年 4 月 13 日，习近平总书记在庆祝海南建省办经济特区 30 周年大会上发表重要讲话指出"党中央决定支持海南全岛建设自由贸易试验区，支持海南逐步探索、稳步推进中国特色自由贸易港建设"[②]，赋予了海南改革开放以来前所未有的重大历史机遇。2018 年 9 月 24 日，党中央、国务院批准《中国（海南）自由贸易试验区建设方案》。海南自贸试验区的实施范围为海南岛全岛。功能划分是按照海南省总体规划的要求，以发展旅游业、现代服务业、高新技术产业为主导，科学安排海南岛产业布局。

（1）《中国（海南）自由贸易试验区建设方案》战略定位与发展目标。《中国（海南）自由贸易试验区建设方案》战略定位是"发挥海南岛全岛试点的整体优势，紧紧围绕建设全面深化改革开放试验区、国家生态文明试验区、国际旅游消费中心和国家重大战略服务保障区，实行更加积极主动的开放战略，加快构建开放型经济新体制，推动形成全面开放新格局，把海南打造成为我国面向太平洋和印度洋的重要对外开放门户"。[③]

中国（海南）自由贸易试验区建设发展目标为："对标国际先进规则，持续深化改革探索，以高水平开放推动高质量发展，加快建立开放型生态型服务型产业体系。到 2020 年，自贸试验区建设取得重要进展，国际开放度显著提高，努力建成投资贸易便利、法治环境规范、金融服务完善、监管安全高效、生态环境质量一流、辐射带动作用突出的高标

[①]《中国（浙江）自由贸易试验区扩展区域方案》，中华人民共和国中央人民政府网，https：//www.gov.cn，2020 年 8 月 30 日。

[②] 光明日报：《海南自贸区：打造改革开放新标杆》，2018 年 11 月 26 日。

[③]《中国（海南）自由贸易试验区总体方案》，中华人民共和国中央人民政府网，https：//www.gov.cn，2018 年 10 月 16 日。

准高质量自贸试验区,为逐步探索、稳步推进海南自由贸易港建设,分步骤、分阶段建立自由贸易港政策体系打好坚实基础"。①

（2）中国（海南）自由贸易试验区改革创新任务。中国（海南）自由贸易试验区制度创新任务包括：一是加快构建开放型经济新体制。② 大幅放宽外资市场准入,对外资全面实行准入前国民待遇加负面清单管理制度。深化现代农业、高新技术产业、现代服务业对外开放,在种业、医疗、教育、旅游、电信、互联网、文化、金融、航空、海洋经济、新能源汽车制造等重点领域加大开放力度。提升贸易便利化水平。对进出海南洋浦保税港区的货物,除禁止进出口和限制出口以及需要检验检疫的货物外,试行"一线放开、二线高效管住"的货物进出境管理制度。加快建设具有国际先进水平的国际贸易"单一窗口",实现监管单位的信息互换、监管互认、执法互助。③ 创新贸易综合监管模式。在海关特殊监管区域全面实施货物状态分类监管,完善进口商品风险预警快速反应机制,加强安全风险监测,实施安全问题调查制度。建设重要产品进出口安全追溯体系,实现重点敏感产品全过程信息可追溯,与国家重要产品追溯平台对接,实现信息共享。④ 加快金融开放创新。充分发挥金融支持自贸试验区建设的重要作用,出台金融领域的"一揽子"政策措施,以服务实体经济、促进贸易投融资便利化为出发点和落脚点,以制度创新为核心,大力推动自贸试验区金融开放创新。⑤ 加强"一带一路"国际合作。按照"共商、共建、共享"的原则,构筑全方位立体化开放通道。鼓励"一带一路"国家和地区参与

---

① 《中国（海南）自由贸易试验区总体方案》,中华人民共和国中央人民政府网,https：//www.gov.cn,2018 年 10 月 16 日。
② 《中国（海南）自由贸易试验区总体方案》,中华人民共和国中央人民政府网,https：//www.gov.cn,2018 年 10 月 16 日。
③ 《中国（海南）自由贸易试验区总体方案》,中华人民共和国中央人民政府网,https：//www.gov.cn,2018 年 10 月 16 日。
④ 《中国（海南）自由贸易试验区总体方案》,中华人民共和国中央人民政府网,https：//www.gov.cn,2018 年 10 月 16 日。
⑤ 《中国（海南）自由贸易试验区总体方案》,中华人民共和国中央人民政府网,https：//www.gov.cn,2018 年 10 月 16 日。

自贸试验区建设。[1]

二是加快服务业创新发展[2]。推动现代服务业集聚发展。依托博鳌乐城国际医疗旅游先行区,大力发展国际医疗旅游和高端医疗服务。[3] 支持举办国际商品博览会、国际电影节、中国(海南)国际海洋产业博览会等大型国际展览会、节庆活动,以及文化旅游、国际品牌等适合海南产业特点的展会。[4] 支持引进国际化的规划、建筑工程、建筑设计、仲裁、会计、知识产权、医疗健康、影视、会展等专业服务机构,推进服务要素集聚。[5] 支持完善跨境消费服务功能。高标准建设商务诚信示范省[6]。提升国际航运能力。依托自贸试验区,科学有序开发利用海洋资源,培育壮大特色海洋经济,建设南海服务保障基地。建设具有较强服务功能和辐射能力的国际航运枢纽,不断提高全球航运资源配置能力。[7] 提升高端旅游服务能力。发展环海南岛邮轮航线,支持邮轮企业根据市场需求依法拓展东南亚等地区邮轮航线,不断丰富由海南邮轮港口始发的邮轮航线产品,将海南纳入国际旅游"一程多站"航线。积极支持实施外国旅游团乘坐邮轮15天入境免签政策。[8]

三是加快政府职能转变。深化机构和行政体制改革。赋予海南省人民政府更多自主权,科学配置行政资源,大力转变政府职能,深化

---

[1] 《中国(海南)自由贸易试验区总体方案》,中华人民共和国中央人民政府网,https://www.gov.cn,2018年10月16日。
[2] 《中国(海南)自由贸易试验区总体方案》,中华人民共和国中央人民政府网,https://www.gov.cn,2018年10月16日。
[3] 《中国(海南)自由贸易试验区总体方案》,中华人民共和国中央人民政府网,https://www.gov.cn,2018年10月16日。
[4] 《中国(海南)自由贸易试验区总体方案》,中华人民共和国中央人民政府网,https://www.gov.cn,2018年10月16日。
[5] 《中国(海南)自由贸易试验区总体方案》,中华人民共和国中央人民政府网,https://www.gov.cn,2018年10月16日。
[6] 《中国(海南)自由贸易试验区总体方案》,中华人民共和国中央人民政府网,https://www.gov.cn,2018年10月16日。
[7] 《中国(海南)自由贸易试验区总体方案》,中华人民共和国中央人民政府网,https://www.gov.cn,2018年10月16日。
[8] 《中国(海南)自由贸易试验区总体方案》,中华人民共和国中央人民政府网,https://www.gov.cn,2018年10月16日。

"放管服"改革。打造国际一流营商环境。开展营商环境评价,在开办企业、办理施工许可证、获得电力、登记财产、获得信贷、保护少数投资者、纳税、跨境贸易、执行合同和办理破产等方面加大改革力度。[1] 深入推进行政管理职能与流程优化。全面推进行政审批和行政服务标准化。全面推行"互联网+政务服务"模式。完善知识产权保护和运用体系。推进知识产权综合执法,建立跨部门、跨区域的知识产权案件移送、信息通报、配合调查等机制。支持建立知识产权交易中心,推动知识产权运营服务体系建设。建立包含行政执法、仲裁、调解在内的多元化知识产权争端解决与维权援助机制,探索建立重点产业、重点领域知识产权快速维权机制。[2]

（3）《海南自由贸易港建设总体方案》战略定位与发展目标。中国（海南）自由贸易试验区建设取得显著成效基础上,习近平总书记亲自谋划、亲自部署、亲自推动海南自由贸易港建设,分步骤、分阶段建立自由贸易港政策和制度体系。[3] 2020年6月1日中共中央国务院印发《海南自由贸易港建设总体方案》《海南自由贸易港建设总体方案》[4]指出:"在海南建设自由贸易港,是推进高水平开放,建立开放型经济新体制的根本要求;是深化市场化改革,打造法治化、国际化、便利化营商环境的迫切需要;是贯彻新发展理念,推动高质量发展,建设现代化经济体系的战略选择;是支持经济全球化,构建人类命运共同体的实际行动。"[5]

《海南自由贸易港建设总体方案》指导思想为:[6] 要对标国际高水

---

[1] 《海南自由贸易港建设总体方案》,中华人民共和国中央人民政府网,https://www.gov.cn,2020年6月1日。
[2] 《海南自由贸易港建设总体方案》,中华人民共和国中央人民政府网,https://www.gov.cn,2020年6月1日。
[3] 《海南自由贸易港建设总体方案》,中华人民共和国中央人民政府网,https://www.gov.cn,2020年6月1日。
[4] 《海南自由贸易港建设总体方案》,中华人民共和国中央人民政府网,https://www.gov.cn,2020年6月1日。
[5] 《海南自由贸易港建设总体方案》,中华人民共和国中央人民政府网,https://www.gov.cn,2020年6月1日。
[6] 《海南自由贸易港建设总体方案》,中华人民共和国中央人民政府网,https://www.gov.cn,2020年6月1日。

平经贸规则，解放思想、大胆创新，聚焦贸易投资自由化便利化，建立与高水平自由贸易港相适应的政策制度体系，建设具有国际竞争力和影响力的海关监管特殊区域，将海南自由贸易港打造成为引领我国新时代对外开放的鲜明旗帜和重要开放门户。[①] "以贸易投资自由化便利化为重点，以各类生产要素跨境自由有序安全便捷流动和现代产业体系为支撑，以特殊的税收制度安排、高效的社会治理体系和完备的法治体系为保障，在明确分工和机制措施、守住不发生系统性风险底线的前提下，构建海南自由贸易港政策制度体系"。

《海南自由贸易港建设总体方案》战略定位为：[②] "紧紧围绕国家赋予海南建设全面深化改革开放试验区、国家生态文明试验区、国际旅游消费中心和国家重大战略服务保障区的战略定位，充分发挥海南自然资源丰富、地理区位独特以及背靠超大规模国内市场和腹地经济等优势，抢抓全球新一轮科技革命和产业变革重要机遇，聚焦发展旅游业、现代服务业和高新技术产业，加快培育具有海南特色的合作竞争新优势"。

《海南自由贸易港建设总体方案》发展目标为：[③] 到2025年，初步建立以贸易自由便利和投资自由便利为重点的自由贸易港政策制度体系。营商环境总体达到国内一流水平，市场主体大幅增长，产业竞争力显著提升，风险防控有力有效，适应自由贸易港建设的法律法规逐步完善，经济发展质量和效益明显改善。[④] 到2035年，自由贸易港制度体系和运作模式更加成熟，以自由、公平、法治、高水平过程监管为特征的贸易投资规则基本构建，实现贸易自由便利、投资自由便利、跨境资金流动自由便利、人员进出自由便利、运输来往自由便利和数据安全有序流动。营商环境更加优化，法律法规体系更加健全，风险防控体系更加严密，现代社会治理格局基本形成，成为我国开放型经济新高地。到

[①] 《海南自由贸易港建设总体方案》，中华人民共和国中央人民政府网，https://www.gov.cn，2020年6月1日。
[②] 《海南自由贸易港建设总体方案》，中华人民共和国中央人民政府网，https://www.gov.cn，2020年6月1日。
[③] 《海南自由贸易港建设总体方案》，中华人民共和国中央人民政府网，https://www.gov.cn，2020年6月1日。
[④] 《海南自由贸易港建设总体方案》，中华人民共和国中央人民政府网，https://www.gov.cn，2020年6月1日。

21世纪中叶,全面建成具有较强国际影响力的高水平自由贸易港。[①]

(4)海南自由贸易港制度创新设计与改革发展任务。《海南自由贸易港建设总体方案》提出制度创新设计与改革发展任务:一是贸易自由便利。在实现有效监管的前提下,建设全岛封关运作的海关监管特殊区域。对货物贸易,实行以零关税为基本特征的自由化便利化制度安排。对服务贸易,实行以"既准入又准营"为基本特征的自由化便利化政策举措。"一线"放开。在海南自由贸易港与中华人民共和国关境外其他国家和地区之间设立"一线"。"一线"进(出)境环节强化安全准入(出)监管,加强口岸公共卫生安全、国门生物安全、食品安全、产品质量安全管控。实行便捷高效的海关监管,建设高标准国际贸易"单一窗口"。[②] 实施跨境服务贸易负面清单制度,破除跨境交付、境外消费、自然人移动等服务贸易模式下存在的各种壁垒,给予境外服务提供者国民待遇。实施与跨境服务贸易配套的资金支付与转移制度。[③]

二是投资自由便利。大幅放宽海南自由贸易港市场准入,强化产权保护,保障公平竞争,打造公开、透明、可预期的投资环境,进一步激发各类市场主体活力。创新完善投资自由制度。实行以过程监管为重点的投资便利制度。建立健全公平竞争制度。强化竞争政策的基础性地位,确保各类所有制市场主体在要素获取、标准制定、准入许可、经营运营、优惠政策等方面享受平等待遇。政府采购对内外资企业一视同仁。加强和优化反垄断执法,打破行政性垄断,防止市场垄断,维护公平竞争市场秩序。[④] 完善产权保护制度。依法保护私人和法人财产的取得、使用、处置和继承的权利,以及依法征收私人和法人财产时被征收财产所有人得到补偿的权利。落实公司法等法律法规,加强对中小投资

[①] 《海南自由贸易港建设总体方案》,中华人民共和国中央人民政府网,https://www.gov.cn,2020年6月1日。

[②] 《海南自由贸易港建设总体方案》,中华人民共和国中央人民政府网,https://www.gov.cn,2020年6月1日。

[③] 《海南自由贸易港建设总体方案》,中华人民共和国中央人民政府网,https://www.gov.cn,2020年6月1日。

[④] 《海南自由贸易港建设总体方案》,中华人民共和国中央人民政府网,https://www.gov.cn,2020年6月1日。

者的保护。加大知识产权侵权惩罚力度，建立健全知识产权领域市场主体信用分类监管、失信惩戒等机制。①

三是跨境资金流动自由便利，坚持金融服务实体经济，重点围绕贸易投资自由化便利化，分阶段开放资本项目，有序推进海南自由贸易港与境外资金自由便利流动。便利跨境贸易投资资金流动，进一步推动跨境货物贸易、服务贸易和新型国际贸易结算便利化，实现银行真实性审核从事前审查转为事后核查。在跨境直接投资交易环节，按照准入前国民待遇加负面清单模式简化管理，提高兑换环节登记和兑换的便利性，探索适应市场需求新形态的跨境投资管理。② 扩大金融业对内对外开放。率先在海南自由贸易港落实金融业扩大开放政策。支持建设国际能源、航运、产权、股权等交易场所。加快发展结算中心，加快金融改革创新。

四是人员进出自由便利。根据海南自由贸易港发展需要，针对高端产业人才，实行更加开放的人才和停居留政策，打造人才集聚高地。在有效防控涉外安全风险隐患的前提下，实行更加便利的出入境管理政策。对外籍高层次人才投资创业、讲学交流、经贸活动方面提供出入境便利。完善国际人才评价机制，以薪酬水平为主要指标评估人力资源类别，建立市场导向的人才机制。对外籍人员赴海南自由贸易港的工作许可实行负面清单管理，放宽外籍专业技术技能人员停居留政策。实行宽松的商务人员临时出入境政策。建立健全人才服务管理制度。实现工作许可、签证与居留信息共享和联审联检。推进建立人才服务中心，提供工作就业、教育生活服务，保障其合法权益。③

五是运输来往自由便利，实施高度自由便利开放的运输政策，推动建设西部陆海新通道国际航运枢纽和航空枢纽，加快构建现代综合交通运输体系。建立更加自由开放的航运制度。进一步放宽空域管制与航路航权限制，优化航运路线，鼓励增加运力投放，增开航线航班。提升运

---

① 《海南自由贸易港建设总体方案》，中华人民共和国中央人民政府网，https://www.gov.cn，2020 年 6 月 1 日。
② 《海南自由贸易港建设总体方案》，中华人民共和国中央人民政府网，https://www.gov.cn，2020 年 6 月 1 日。
③ 《海南自由贸易港建设总体方案》，中华人民共和国中央人民政府网，https://www.gov.cn，2020 年 6 月 1 日。

输便利化和服务保障水平。加强内地与海南自由贸易港间运输、通关便利化相关设施设备建设,合理配备人员,提升运输来往自由便利水平。①

六是数据安全有序流动,在确保数据流动安全可控的前提下,扩大数据领域开放,创新安全制度设计,实现数据充分汇聚,培育发展数字经济。有序扩大通信资源和业务开放。开放增值电信业务,逐步取消外资股比等限制。允许实体注册、服务设施在海南自由贸易港内的企业,面向自由贸易港全域及国际开展在线数据处理与交易处理等业务,并在安全可控的前提下逐步面向全国开展业务。安全有序开放基础电信业务。②

七是发展现代产业体系,大力发展旅游业、现代服务业和高新技术产业,不断夯实实体经济基础,增强产业竞争力。高新技术产业。聚焦平台载体,提升产业能级,以物联网、人工智能、区块链、数字贸易等为重点发展信息产业。依托文昌国际航天城、三亚深海科技城,布局建设重大科技基础设施和平台,培育深海深空产业。围绕生态环保、生物医药、新能源汽车、智能汽车等壮大先进制造业。发挥国家南繁科研育种基地优势,建设全球热带农业中心和全球动植物种质资源引进中转基地。③

八是税收制度改革,按照零关税、低税率、简税制、强法治、分阶段的原则,逐步建立与高水平自由贸易港相适应的税收制度。按照海南自由贸易港建设的不同阶段,分步骤实施零关税、低税率、简税制的安排,最终形成具有国际竞争力的税收制度。④

九是加强社会治理,着力推进政府机构改革和政府职能转变,鼓励区块链等技术集成应用于治理体系和治理能力现代化,构建系统完备、

---

① 《海南自由贸易港建设总体方案》,中华人民共和国中央人民政府网,https://www.gov.cn,2020年6月1日。
② 《海南自由贸易港建设总体方案》,中华人民共和国中央人民政府网,https://www.gov.cn,2020年6月1日。
③ 《海南自由贸易港建设总体方案》,中华人民共和国中央人民政府网,https://www.gov.cn,2020年6月1日。
④ 《海南自由贸易港建设总体方案》,中华人民共和国中央人民政府网,https://www.gov.cn,2020年6月1日。

科学规范、运行有效的自由贸易港治理体系。[①]

裴长洪[②]分析了海南自由贸易港中国特色：中国特色社会主义、法治体系和社会治理等是其基本制度特色；与中国开放型经济发展趋势相适应的体制、治理体系是其对外开放的内涵；内外兼顾、国内国际双循环相互促进的产业体系是其经济发展的主要特点，特别是"三农"发展和广袤的海疆经济，是世界上其他任何一个自由贸易港绝无仅有的特殊现象。围绕贸易投资、人员和运输便利化、"放管服"改革、金融改革创新等一系列制度创新安排和集成更体现了中国特色的自由贸易港试验和发展的大胆探索和前进方向。[③]

5. 中国（江苏）自由贸易试验区制度创新与改革发展

江苏是进出口贸易额、国际直接投资额、GDP 规模在中国 31 个省份排名居第二位的贸易大省、投资大省和经济大省。2019 年 8 月 2 日，国务院批准《中国（江苏）自由贸易试验区总体方案》。[④] 中国（江苏）自由贸易试验区的实施范围 119.97 平方公里，涵盖三个片区：南京片区 39.55 平方公里，苏州片区 60.15 平方公里（含苏州工业园综合保税区 5.28 平方公里），连云港片区 20.27 平方公里（含连云港综合保税区 2.44 平方公里）[⑤]。

（1）《中国（江苏）自由贸易试验区总体方案》战略定位及发展目标。《中国（江苏）自由贸易试验区总体方案》战略定位及发展目标为：以制度创新为核心，以可复制可推广为基本要求，全面落实中央关于深化产业结构调整、深入实施创新驱动发展战略的要求，推动全方位高水平对外开放，加快"一带一路"交汇点建设，着力打造开放型经济发展先行区、实体经济创新发展和产业转型升级示范区。经过 3—5

[①] 《海南自由贸易港建设总体方案》，中华人民共和国中央人民政府网，https://www.gov.cn，2020 年 6 月 1 日。

[②] 裴长洪：《海海南建设中国特色自由贸易港"特"在哪里?》，《财经问题研究》2021 年第 10 期。

[③] 裴长洪：《海海南建设中国特色自由贸易港"特"在哪里?》，《财经问题研究》2021 年第 10 期。

[④] 《中国（江苏）自由贸易试验区总体方案》，中华人民共和国中央人民政府网，https://www.gov.cn，2019 年 8 月 2 日。

[⑤] 《中国（江苏）自由贸易试验区总体方案》，中华人民共和国中央人民政府网，https://www.gov.cn，2019 年 8 月 2 日。

年改革探索，对标国际先进规则，形成更多有国际竞争力的制度创新成果，推动经济发展质量变革、效率变革、动力变革，努力建成贸易投资便利、高端产业集聚、金融服务完善、监管安全高效、辐射带动作用突出的高标准高质量自由贸易园区。①

（2）《中国（江苏）自由贸易试验区总体方案》制度创新与改革发展任务。《中国（江苏）自由贸易试验区总体方案》制度创新与改革发展任务包括：一是加快转变政府职能。打造国际一流营商环境。推进"证照分离"改革全覆盖，持续推动"多证合一"。创新事中事后监管体制机制，建立健全以信用监管为核心、与负面清单管理方式相适应的事中事后监管体系。② 二是深化投资领域改革。深入推进投资自由化便利化。全面落实外商投资准入前国民待遇加负面清单管理制度。探索建立外商投资信息报告制度。深入实施公平竞争审查制度，实现各类市场主体依法平等准入，完善投资促进和保护机制。三是推动贸易转型升级。提升贸易便利化水平。加快建设具有国际先进水平的国际贸易"单一窗口"。推动数据协同、简化和标准化，实现铁路、海关、口岸等相关部门的信息互换、监管互认和执法互助。探索食品、农产品检验检疫和追溯标准国际互认机制。③ 创新贸易综合监管模式。探索与自贸试验区外机场、港口、铁路以及海关特殊监管区域的联动发展。推动服务贸易创新发展。建立完善服务贸易创新发展跨部门协调机制，探索服务贸易行政审批及服务事项集中办理改革。探索建设服务贸易境外促进中心，构建中小微服务贸易企业融资担保体系。打造以数字化贸易为标志的新型服务贸易中心。推动中医药服务贸易创新发展。推进人民币在服务贸易领域的跨境使用。④ 四是深化金融领域开放创新。扩大金融领域对内对外开放。支持依法依规设立中外合资银行、民营银行、保险、

---

① 《中国（江苏）自由贸易试验区总体方案》，中华人民共和国中央人民政府网，https://www.gov.cn，2019年8月2日。
② 《中国（江苏）自由贸易试验区总体方案》，中华人民共和国中央人民政府网，https://www.gov.cn，2019年8月2日。
③ 《中国（江苏）自由贸易试验区总体方案》，中华人民共和国中央人民政府网，https://www.gov.cn，2019年8月2日。
④ 《中国（江苏）自由贸易试验区总体方案》，中华人民共和国中央人民政府网，https://www.gov.cn，2019年8月2日。

证券、公募基金、持牌资产管理机构等法人金融机构。支持设立保险资产管理公司。支持发展离岸保险业务，探索投融资汇兑便利化。研究设立跨境双向股权投资基金。支持自贸试验区内基金小镇依法依规开展私募投资基金服务。① 五是推动创新驱动发展。支持制造业创新发展。建设下一代互联网国家工程中心。构建开放创新载体。建设高水平产业创新平台，鼓励外资设立研发中心，建设国别合作创新园区、协同创新中心、海外创新机构，构建开放创新生态系统。推进国家级开发区等开放创新平台与自贸试验区互动发展。② 完善知识产权保护和运用体系。推进知识产权保护中心建设。完善知识产权金融创新体系，创新知识产权融资产品。完善知识产权评估机制、质押融资风险分担机制和方便快捷的质物处置机制。探索推进职务发明创造所有权、处置权和收益权改革。优化创新要素市场配置机制。探索国际人才管理改革试点，为在自贸试验区工作和创业的外国人提供入出境、居留和永久居留便利。

6. 中国（北京）自由贸易试验区制度创新与改革发展

北京是中国的首都，北京是进口贸易和服务贸易大市。2020年8月30日，党中央、国务院批准《中国（北京）自由贸易试验区总体方案》。中国（北京）自由贸易试验区的实施范围119.68平方公里，涵盖三个片区：科技创新片区31.85平方公里，国际商务服务片区48.34平方公里（含北京天竺综合保税区5.466平方公里），高端产业片区39.49平方公里。

（1）《中国（北京）自由贸易试验区总体方案》战略定位及发展目标。北京是中国首都，服务业和服务贸易发展走在全国前列。《中国（北京）自由贸易试验区总体方案》战略定位为：③ 以制度创新为核心，以可复制可推广为基本要求，全面落实中央关于深入实施创新驱动发展、推动京津冀协同发展战略等要求，助力建设具有全球影响力的科技创新中心，加快打造服务业扩大开放先行区、数字经济试验区，着力构

---

① 《中国（江苏）自由贸易试验区总体方案》，中华人民共和国中央人民政府网，https://www.gov.cn，2019年8月2日。
② 《中国（江苏）自由贸易试验区总体方案》，中华人民共和国中央人民政府网，https://www.gov.cn，2019年8月2日。
③ 《中国（北京）自由贸易试验区总体方案》，中华人民共和国中央人民政府网，https://www.gov.cn，2020年8月30日。

建京津冀协同发展的高水平对外开放平台。①

《中国（北京）自由贸易试验区总体方案》发展目标为：② 赋予自贸试验区更大改革自主权，深入开展差别化探索。对标国际先进规则，加大开放力度，开展规则、规制、管理、标准等制度型开放。经过3—5年改革探索，强化原始创新、技术创新、开放创新、协同创新优势能力，形成更多有国际竞争力的制度创新成果，为进一步扩大对外开放积累实践经验，努力建成贸易投资便利、营商环境优异、创新生态一流、高端产业集聚、金融服务完善、国际经济交往活跃、监管安全高效、辐射带动作用突出的高标准高质量自由贸易园区。强化自贸试验区改革同北京市改革的联动，各项改革试点任务具备条件的在中关村国家自主创新示范区全面实施，并逐步在北京市推广试验。③

（2）《中国（北京）自由贸易试验区总体方案》改革创新任务。④《中国（北京）自由贸易试验区总体方案》改革创新任务包括：一是推动投资贸易自由化便利化。⑤ 深化投资领域改革。全面落实外商投资准入前国民待遇加负面清单管理制度，提高境外投资便利化水平，优化企业境外投资外汇管理流程。提升贸易便利化水平。持续拓展国际贸易"单一窗口"服务功能和应用领域。创新服务贸易管理。试行跨境服务贸易负面清单管理模式。在有条件的区域最大限度地放宽服务贸易准入限制。⑥ 二是深化金融领域开放创新。扩大金融领域开放。开展本外币一体化试点。支持依法合规地通过市场化方式设立境内外私募平行基金。便利符合条件的私募和资产管理机构开展境外投资。支持跨国公司

---

① 《中国（北京）自由贸易试验区总体方案》，中华人民共和国中央人民政府网，https://www.gov.cn，2020年8月30日。
② 《中国（北京）自由贸易试验区总体方案》，中华人民共和国中央人民政府网，https://www.gov.cn，2020年8月30日。
③ 《中国（北京）自由贸易试验区总体方案》，中华人民共和国中央人民政府网，https://www.gov.cn，2020年8月30日。
④ 《中国（北京）自由贸易试验区总体方案》，中华人民共和国中央人民政府网，https://www.gov.cn，2020年8月30日。
⑤ 《中国（北京）自由贸易试验区总体方案》，中华人民共和国中央人民政府网，https://www.gov.cn，2020年8月30日。
⑥ 《中国（北京）自由贸易试验区总体方案》，中华人民共和国中央人民政府网，https://www.gov.cn，2020年8月30日。

通过在境内设立符合条件的投资性公司，依法合规设立财务公司。① 促进金融科技创新。围绕支付清算、登记托管、征信评级、资产交易、数据管理等环节，支持金融科技重大项目落地，支持借助科技手段提升金融基础设施服务水平。支持人民银行数字货币研究所设立金融科技中心，建设法定数字货币试验区和数字金融体系，依托人民银行贸易金融区块链平台，形成贸易金融区块链标准体系，加强监管创新。建设金融科技应用场景试验区，建立应用场景发布机制。② 强化金融服务实体经济。允许通过北京产权交易所等依法合规开展实物资产、股权转让、增资扩股的跨境交易。在依法依规、风险可控的前提下，支持区内汽车金融公司开展跨境融资，按照有关规定申请保险兼业代理资格；研究简化汽车金融公司发行金融债券、信贷资产证券化或外资股东发行熊猫债券等相关手续。③ 三是推动创新驱动发展。优化人才全流程服务体系。探索制定分层分类人才吸引政策。试点开展外籍人才配额管理制度，探索推荐制人才引进模式。强化知识产权运用保护。探索研究鼓励技术转移的税收政策。探索建立公允的知识产权评估机制，完善知识产权质押登记制度、知识产权质押融资风险分担机制以及质物处置机制。营造国际一流创新创业生态。赋予科研人员职务科技成果所有权或长期使用权，探索形成市场化赋权、成果评价、收益分配等制度。鼓励跨国公司设立研发中心，开展"反向创新"。推动中国检测标准转化为国际通用标准。④ 四是创新数字经济发展环境。增强数字贸易国际竞争力。对标国际先进水平，探索符合国情的数字贸易发展规则，加强跨境数据保护规制合作，促进数字证书和电子签名的国际互认。探索制定信息技术安全、数据隐私保护、跨境数据流动等重点领域规则。探索创制数据确权、数据资产、数据服务等交易标准及数据交易流通的定价、结算、质

---

① 《中国（北京）自由贸易试验区总体方案》，中华人民共和国中央人民政府网，https://www.gov.cn，2020 年 8 月 30 日。
② 《中国（北京）自由贸易试验区总体方案》，中华人民共和国中央人民政府网，https://www.gov.cn，2020 年 8 月 30 日。
③ 《中国（北京）自由贸易试验区总体方案》，中华人民共和国中央人民政府网，https://www.gov.cn，2020 年 8 月 30 日。
④ 《中国（北京）自由贸易试验区总体方案》，中华人民共和国中央人民政府网，https://www.gov.cn，2020 年 8 月 30 日。

量认证等服务体系,规范交易行为。探索开展数字贸易统计监测。① 鼓励发展数字经济新业态新模式。加快新一代信息基础设施建设,探索构建安全便利的国际互联网数据专用通道。应用区块链等数字技术系统规范跨境贸易、法律合规、技术标准的实施,保障跨境贸易多边合作的无纸化、动态化、标准化。② 五是高质量发展优势产业。满足高品质文化消费需求。打造国际影视动漫版权贸易平台,探索开展文化知识产权保险业务,开展宝玉石交易业务,做强"一带一路"文化展示交易馆。允许符合条件的外资企业开展面向全球的文化艺术品(非文物)展示、拍卖、交易业务。③ 创新发展全球领先的医疗健康产业。简化国内生物医药研发主体开展国际合作研发的审批流程。加速急需医疗器械和研发用材料试剂、设备通关。对临床急需且我国尚无同品种产品获准注册的医疗器械加快审批,保障临床需求。④ 优化发展航空服务。推动北京首都国际机场和北京大兴国际机场联动发展,建设世界级航空枢纽。优化航材保税监管措施,降低航材运营成本。⑤ 六是探索京津冀协同发展新路径。⑥ 鼓励金融机构开展全球资产配置,建设全球财富管理中心。支持设立全国自愿减排等碳交易中心。规范探索开展跨境绿色信贷资产证券化、绿色债券、绿色股权投融资业务,支持相关企业融资发展。支持符合条件的金融机构设立专营机构⑦。深化产业链协同发展。将自贸试验区打造为京津冀产业合作新平台,创新跨区域产业合作,探索建立总

---

① 《中国(北京)自由贸易试验区总体方案》,中华人民共和国中央人民政府网,https://www.gov.cn,2020 年 8 月 30 日。
② 《中国(北京)自由贸易试验区总体方案》,中华人民共和国中央人民政府网,https://www.gov.cn,2020 年 8 月 30 日。
③ 《中国(北京)自由贸易试验区总体方案》,中华人民共和国中央人民政府网,https://www.gov.cn,2020 年 8 月 30 日。
④ 《中国(北京)自由贸易试验区总体方案》,中华人民共和国中央人民政府网,https://www.gov.cn,2020 年 8 月 30 日。
⑤ 《中国(北京)自由贸易试验区总体方案》,中华人民共和国中央人民政府网,https://www.gov.cn,2020 年 8 月 30 日。
⑥ 《中国(北京)自由贸易试验区总体方案》,中华人民共和国中央人民政府网,https://www.gov.cn,2020 年 8 月 30 日。
⑦ 《中国(北京)自由贸易试验区总体方案》,中华人民共和国中央人民政府网,https://www.gov.cn,2020 年 8 月 30 日。

部—生产基地、园区共建、整体搬迁等多元化产业对接合作模式。① 七是加快转变政府职能。持续打造国际一流营商环境。推进"证照分离"改革。对新经济模式实施审慎包容监管,探索对新技术新产品加强事中事后监管。健全开放型经济风险防范体系。推行以信用为基础的分级分类监管制度。聚焦投资、贸易、网络、生物安全、生态环境、文化安全、人员进出、反恐反分裂、公共道德等重点领域,进一步落实好外商投资安全审查制度,完善反垄断审查、行业管理、用户认证、行为审计等管理措施。②

根据上述对中国（上海）自由贸易试验区、中国（广东）自由贸易试验区、中国（浙江）自由贸易试验区、中国（海南）自由贸易港、中国（江苏）自由贸易试验区、中国（北京）自由贸易试验区等制度创新论述,中国主要自由贸易试验区的制度创新与改革发展不断深化,自由贸易试验区制度创新与改革开放硕果累累,主动对标全球最高经贸规则,贸易投资自由化便利化改革不断深化,促进制度型开放经济的创新发展,推动产业创新发展和经济高质量发展。

三 中国自由贸易试验区制度创新与改革发展的显著成效

对上述中国自由贸易试验区制度创新与改革发展比较分析,结果显示中国自由贸易试验区发展具有鲜明的中国特色,它是中国特色社会主义制度创新与深化改革开放的试验田,是对标全球最高经贸规则,推进形成全面开放新格局的示范区,承担着以推动政府职能转变、实现贸易自由便利、投资自由便利、跨境资金流动自由便利、人员进出自由便利、运输来往自由便利改革为重点,建设现代产业体系和高质量贸易投资发展为支撑,为中国全面深化制度创新和改革开放积累新经验和探索新途径的重要使命,中国自由贸易试验区也为开放型世界经济发展探索新模式,中国自由贸易试验区制度创新与改革发展取得了显著成效。

---

① 《中国（北京）自由贸易试验区总体方案》,中华人民共和国中央人民政府网,https://www.gov.cn,2020年8月30日。
② 《中国（北京）自由贸易试验区总体方案》,中华人民共和国中央人民政府网,https://www.gov.cn,2020年8月30日。

（一）开放经济水平持续提高

中国自由贸易试验区的开放水平持续提高，标志性成效是自由贸易试验区的开放水平明显高于全国开放水平。中国多数自由贸易试验区的对外贸易依存程度明显高于全国平均对外贸易依存度31.7%，其中舟山、金华、厦门、苏州、深圳等自由贸易试验区的对外贸易依存度高达100%以上（见图10-35）。

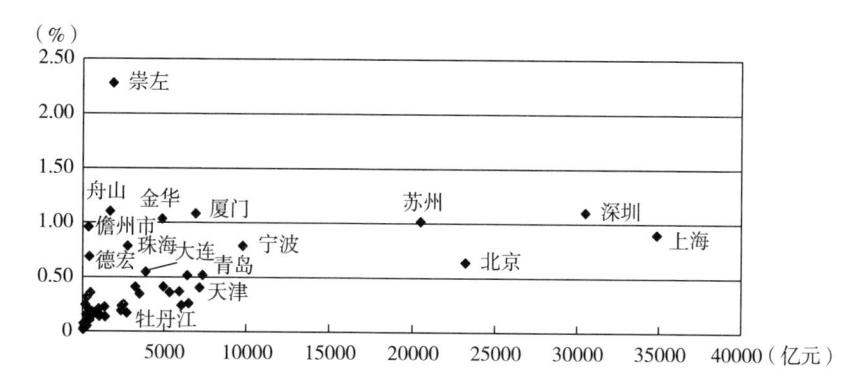

图10-35　2020年自由贸易试验区片区所在城市的商品进出口额和贸易依存度

资料来源：笔者根据《中国统计年鉴》数据制作。

（二）进出口贸易规模持续扩大

广东、江苏、浙江、上海等省市自由贸易试验区进出口贸易规模持续扩大，并带动所在省市进出口贸易持续发展（见图10-36）。

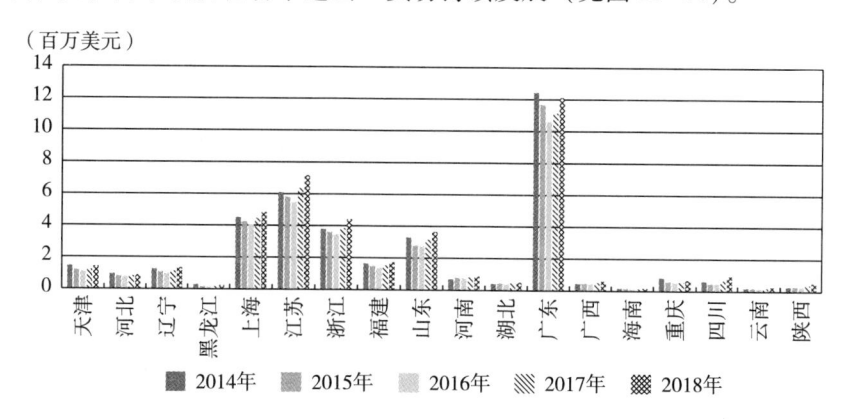

图10-36　2014—2018年自贸区省市进出口贸易总额比较

资料来源：笔者根据《中国统计年鉴》数据制作。

（三）高新技术产品贸易比例持续提高

广东、江苏、上海、重庆等省市高新技术产品贸易规模持续扩大，自贸区省市的高新技术产品贸易比重持续提高，自由贸易试验区高新技术产品贸易发展带动高新技术产业发展效果明显（见图10-37、图10-38）。

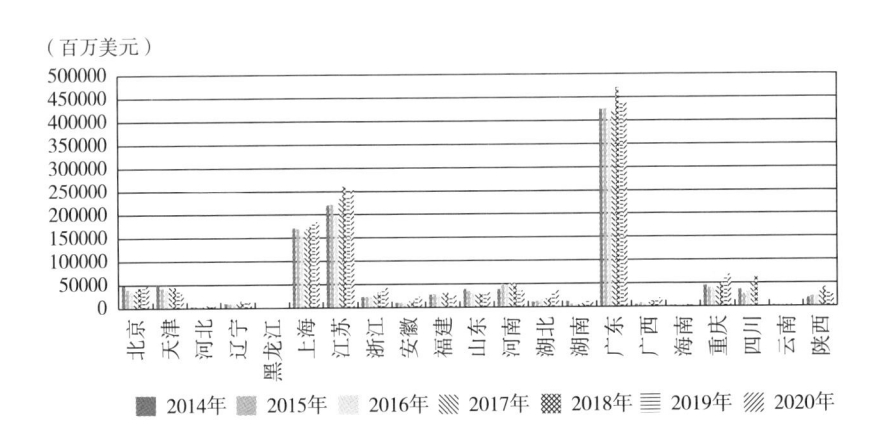

图 10-37　2014—2020 年自贸区省市高新技术产品贸易额对比

资料来源：笔者根据各省份统计年鉴数据制作。

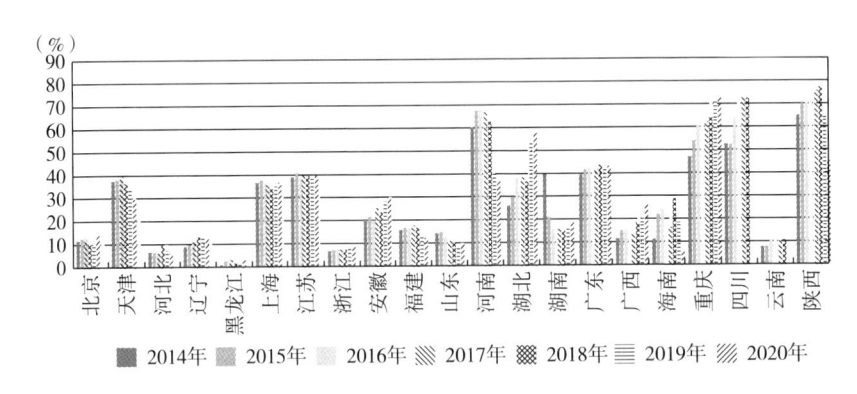

图 10-38　2014—2020 年自贸区省市高新技术产品贸易比重比较

资料来源：笔者根据各省份统计年鉴数据制作。

（四）人均 GDP 水平明显高于全国平均水平

自由贸易试验区对区域经济增长具有明显拉动作用，2020 年大多数自由贸易试验区所在省市的人均 GDP 水平明显高于全国人均 GDP 7.24 万元水平（见图 10-39）。

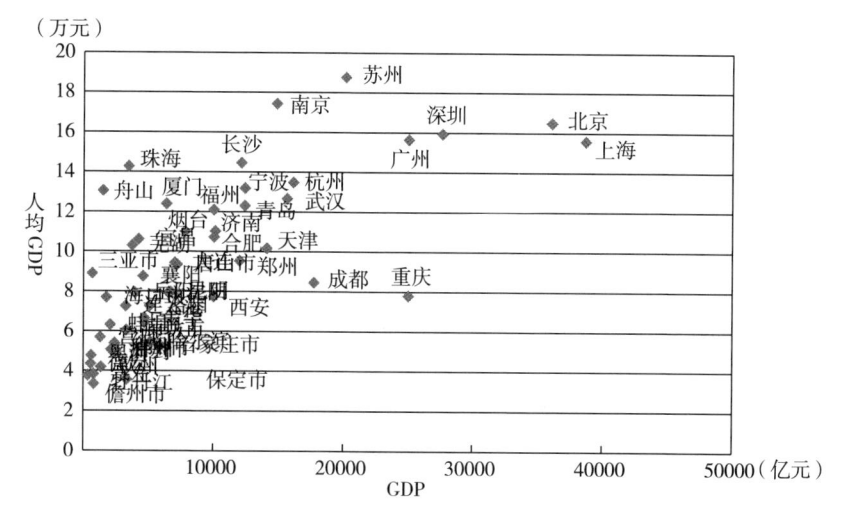

图 10-39　2020 年自由贸易试验区片区所在城市的 GDP 和人均 GDP

资料来源：笔者根据各省份统计年鉴数据制作。

（五）外商投资持续较快增长

在设立自由贸易试验区的 18 个省份中，外商投资持续增长，特别是广东、江苏、上海、浙江等省份外商投资持续较快增长，自由贸易试验区贸易投资便利化吸引外商投资效应比较明显（见图 10-40）。

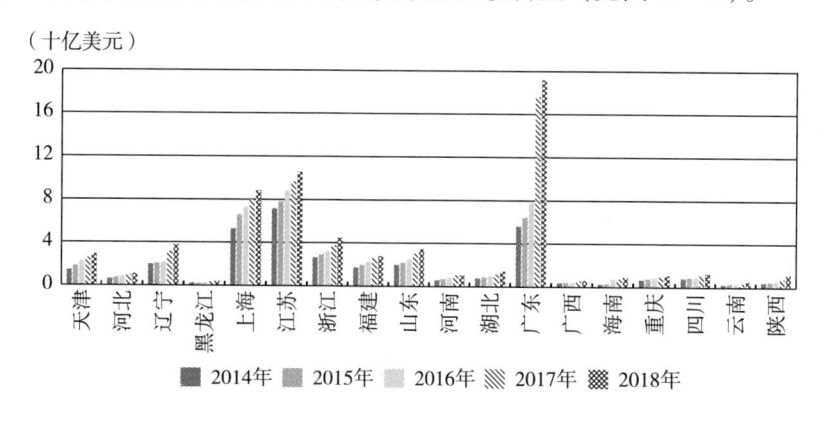

图 10-40　2014—2018 年自由贸易试验区省份外商投资总额比较

资料来源：笔者根据各省份统计年鉴数据制作。

第六节　中国自由贸易试验区深化制度创新与改革发展建议

一　新阶段中国自由贸易试验区制度创新面临新形势、新机遇与新挑战

"十四五"时期，中国自由贸易试验区制度创新与改革发展面临新形势、新机遇与新挑战。从国际形势看，百年未有之大变局加速演进，世界进入动荡变革期，全球经贸格局深刻变化，美国等发达国家商品贸易和国际直接投资占全球比例持续下降，中国等发展中国家的商品进出口贸易和国际直接投资占全球比例持续上升，中国自由贸易试验区制度创新与改革发展具有新战略机遇。美国为维护世界霸权地位，实施贸易投资保护主义，通过贸易战、科技战、金融战试图全面遏制中国发展。新冠肺炎疫情全球蔓延加剧，全球产业链供应链面临重塑，产业链、价值链区域化和本土化趋势明显。因此，中国自由贸易试验区的制度创新与改革开放面临国际环境严峻挑战。

从国内发展阶段看，中国进入开启全面建设社会主义现代化国家新征程，立足新发展阶段，贯彻新发展理念，构建国际国内双循环新发展格局的关键时期，是推动自由贸易试验区和自由贸易港高质量发展的重要时期。但是中国自由贸易试验区发展不平衡不充分矛盾仍然比较突出，劳动力、资本、技术等要素成本持续上升，传统贸易投资竞争优势逐渐弱化，关键核心技术研发能力还不够强，贸易投资便利化与国际先进水平仍有差距，制度型开放优势和国际竞争新优势面临严峻挑战。

"十四五"时期，推动自由贸易试验区制度创新与高质量发展面临的战略机遇和严峻挑战前所未有，必须增强战略机遇意识和风险防范意识，抓住战略机遇，应对风险挑战，在百年未有之大变局中，推动制度创新与高水平开放迈出新步伐。

二　坚定不移推进改革开放，拓展制度型开放发展

改革开放以来，我国坚持不断深化改革开放，形成全方位对外开放格局，全面提高开放型经济发展水平。开放发展是我国的基本国策，是实现中华民族伟大复兴中国梦的必然选择。习近平总书记指出："一个

第十章 自由贸易区制度创新与贸易投资便利化比较分析

国家强盛才能充满信心开放,而开放促进一个国家强盛。党的十一届三中全会以来我国改革开放的成就充分证明,对外开放是推动我国经济社会发展的重要动力。随着我国经济总量跃居世界第二,随着我国经济进入新常态,我们要保持经济持续健康发展,就必须树立全球视野,更加自觉地统筹国内国际两个大局,全面谋划全方位对外开放大战略,以更加积极主动的姿态走向世界"。[①] 世界开放经济发展历史经验表明,制度型开放、自由贸易政策与国家强盛具有良性互动关系,一个国家制度型开放和制度创新,有利于推动自由贸易政策创新,促进贸易投资便利化水平提升。而贸易投资便利化水平提升有利于在全球范围配置生产要素,国际贸易竞争和贸易投资便利化政策有利于促进生产要素从低效率产业和企业向高效率产业和企业转移,生产要素全球优化配置,有利于加快产业和企业全要素生产率的增长,增加生产者利益、消费者福利和政府税收,促进国家的繁荣富强。国家繁荣富强反过来又会促进更加开放发展与贸易投资便利化。贸易政策、贸易投资便利化有利于提升国家总体利益和世界福利水平,贸易自由化便利化有利于实现贸易伙伴国家的互利共赢。

习近平主席在 2022 年世界经济论坛视频会议的演讲中提出:"中国将坚定不移推进改革开放,中国改革开放永远在路上。不论国际形势发生什么变化,中国都将高举改革开放的旗帜。中国将继续扩大高水平对外开放,稳步拓展规则、管理、标准等制度型开放,落实外资企业国民待遇,推动共建'一带一路'高质量发展"。[②] 习近平主席在博鳌亚洲论坛 2022 年年会开幕式上的主旨演讲中指出:"当下,世界之变、时代之变、历史之变正以前所未有的方式展开,给人类提出了必须严肃对待的挑战。人类还未走出世纪疫情阴霾,又面临新的传统安全风险;全球经济复苏仍脆弱乏力,又叠加发展鸿沟的矛盾;气候变化等治理赤字尚未填补,数字治理等新课题又摆在我们面前"。[③] 新冠肺炎疫情持续全

[①] 习近平:《论坚持推动构建人类命运共同体》,中央文献出版社 2018 年版,第 357 页。
[②] 习近平主席在 2022 年世界经济论坛视频会议的演讲:"坚定信心勇毅前行共创后疫情时代美好世界",新华社北京 2022 年 1 月 17 日。
[③] 习近平主席在博鳌亚洲论坛 2022 年年会开幕式上的主旨演讲,"学习强国"学习平台,2022 年 4 月 21 日。

球蔓延，全球价值链、供应链发展遇到严峻挑战。美国为维护世界霸权地位，实施贸易保护主义，加快区域性经贸规则体系重构。新冠肺炎疫情叠加美国贸易保护主义，经济全球化和贸易投资便利化遇到逆流，全球经贸格局与经贸规则体系面临百年未有之大变局。

在全球经贸格局与经贸规则体系动荡变化的关键时期，习近平主席在博鳌亚洲论坛 2022 年年会开幕式上的主旨演讲中指出："不论世界发生什么变化，中国改革开放的信心和意志都不会动摇，中国将扩大高水平对外开放，深入实施外资准入负面清单，扩大鼓励外商投资范围，优化外资促进服务，增设服务业扩大开放综合试点，中国将扎实推进自由贸易试验区、海南自由贸易港建设，对接国际高标准经贸规则，推动制度型开放"。[①] 我国在实施自由贸易试验区制度创新，对接国际高标准经贸规则，提升贸易投资便利化水平，加快制度型开放发展，坚持互利共赢基本原则，不断扩大全球贸易投资伙伴的共同利益。

三 新阶段中国自由贸易试验区制度创新与改革发展建议

（一）深入贯彻"人类命运共同体"理念，率先构建全面开放新格局

习近平主席提出"构建人类命运共同体"[②] 理念为全球最高经贸规则新一轮重构指明了战略方向，为开放型世界经济体系指明了新发展方向，为我国对标全球最高经贸规则明确了战略目标，即对标符合人类命运共同体新理念和符合经济全球化新发展的全球最高经贸规则，中国自由贸易试验区要率先构建以"人类命运共同体"理念为指引、以制度创新为核心，以实现贸易自由便利、投资自由便利、跨境资金流动自由便利、人员进出自由便利、运输来往自由便利化改革为重点，建设现代产业体系和高质量贸易投资发展为支撑的全面开放新格局的示范区，为开放型世界经济新体系建设提供中国方案。

（二）主动对标全球最高经贸规则，建设高水平开放型经济新体制

中国自由贸易试验区要率先主动对标全球最高经贸规则，主动接轨

---

① 习近平主席在博鳌亚洲论坛 2022 年年会开幕式上的主旨演讲，"学习强国"学习平台，2022 年 4 月 21 日。

② 习近平：《论坚持推动构建人类命运共同体》，中央文献出版社 2018 年版，第 145 页。

世界贸易组织《贸易便利化协定》[①],《全面与进步跨太平洋伙伴关系协定》[②]《区域全面经济伙伴关系协定》[③]《美国—墨西哥—加拿大协定》[④]规则中符合人类命运共同体理念和经济全球化发展规律的条款,持续深化自贸试验区制度创新与改革发展,稳步拓展规则、规制、管理、标准等制度型开放,推动构建与国际通行规则相衔接的制度体系和监管模式,有条件自由贸易试验区可率先实施商品贸易"三零"规则(零关税、零补贴、零壁垒)。深化服务贸易和国际投资领域的负面清单和准入前国民待遇改革,持续提高服务贸易和国际直接投资开放水平,实行以"既准入又准营"为基本特征的服务贸易自由化便利化政策。加快数字贸易制度创新,在促进国内外人才、资本、技术、数据等要素自由流动方面加大制度创新,努力降低贸易成本,提高贸易效率与效益,强化自贸试验区生产要素聚集和市场配置能力,建设高水平开放型经济新体制。

(三)对标国际先进自由贸易区,逐步拓展自由贸易试验区时空新格局

国际先进自由贸易区创新发展经历了范围延伸、功能扩展、产业转型、政策调整、模式创新等转型升级过程。目前中国自由贸易试验区发展空间范围大多局限在 120 平方公里以内,不利于贸易、投资与产业集群和产城融合发展,不利于开展综合型制度创新和改革试验。对标国际先进自由贸易区港发展模式(如新加坡自由港:港口—港区结合—港城融合—跨边界区域一体化模式),加快自由贸易试验区时空范围延伸、功能扩展、产业转型和模式转型,逐渐扩大贸易、投资、服务、产业发展、技术创新等综合性制度创新的时空新格局,从关税优惠政策为主向贸易投资便利化、营商环境改善和制度型开放改革转变,积极促进贸易、投资、技术创新与产业集群的融合发展,促进自

---

① https://www.wto.org/Documents/ (Trade Facilitation Agreement) (AFT).

② https://wtocenter.vn/chuyen-de/12782-full-text-of-cptpp (Comprehensive and Progressive Agreement for Trans-Pacific Partnership) (CPTPP).

③ https://www.rcepsec.org/legal-text/ (Regional Comprehensive Economic Partnership Agreement) (RCEP).

④ https://www.ustr.gov/Trade Agreement/ (United States – Mexico – Canada Agreement) (USMCA).

由贸易区与产业现代化、城市现代化融合发展，最终向跨区域自由贸易试验区一体化发展，培育一批有全球影响力和国际竞争力的世界级自由贸易区。

（四）加强自由贸易试验区与省市创新发展联动，加快自由贸易试验区高质量发展新格局

加强自由贸易试验区与省市创新发展联动，加强自由贸易试验区制度创新与中国特色社会主义制度优势联动，自由贸易试验区建设成为展示中国特色社会主义制度优势先行区；加强自由贸易试验区与国际国内双循环新发展格局联动，自由贸易区要成为国际国内双循环战略枢纽；加强自由贸易试验区与产业现代化联动，自由贸易区成为产业现代化先行示范区；加强自由贸易试验区与贸易强国联动，成为贸易与投资高质量发展新高地；加强自由贸易试验区与经济高质量发展联动，加快成为全球产业链、新型贸易中心和战略产业集群示范区。加强自由贸易试验区与数字经济联动，推动自由贸易试验区数字贸易制度创新，加快数字技术与贸易发展深度融合，加快贸易全链条数字化赋能，加快数字经济与数字贸易协同发展新格局。

（五）持续优化自由贸易试验区营商环境，构建市场化、法制化、国际化新格局

自由贸易试验区率先全面对标全球最高经贸规则，持续优化自由贸易区营商环境，深入推进开放倒逼改革机制，深化内外贸、投融资、财政税收、金融创新、海关监管等体制改革，推动透明、公开、公平竞争规则体系建设，加快知识产权保护、竞争中立、安全卫生标准、监管一致性、个人信息保护等制度规则创新，加强贸易、投资、海关单一窗口数字化改革，优化通关、质检、退税、外汇等管理创新，提高市场化、法制化和国际化水平。自由贸易试验区的经贸规则、技术标准、质量标准、安全标准、诚信制度、治理能力等率先达到国际先进水平，建成市场有效、政府有为、贸易自由、投资便利、创新高效的开放经济新高地。

（六）依托自由贸易试验区投资创新战略平台，打造创新型跨国公司集聚新高地

依托自由贸易区投资创新战略平台，深入实施外商投资准入前国民

待遇和负面清单制度，扩大金融、电子商务、互联网、数字贸易、公共健康、跨境数据流动等新型服务业开放，积极引进世界 500 强企业落户自由贸易试验区，积极发展本土创新型跨国公司，加快国际投资由规模速度型向综合效益型转变，加快形成国际国内投资双循环新格局。

（七）依托自由贸易试验区产业创新战略平台，建成世界级高端产业集群新格局

"十四五"时期，我国进入后工业化时期，进入资本密集型制造业和技术密集型制造业互动发展，生产型服务业与生活服务业互动发展的新阶段，积极发挥自由贸易区产业创新战略平台，加快产业向数字经济、新材料、生命健康、金融服务、科技服务等产业拓展。有序推进电信、互联网、教育、文化、医疗等领域相关业务开放，强化"互联网+"、新材料与生命健康战略产业的核心技术研发，推动网络消费、数字消费、金融科技等服务业创新与关键核心技术研发。加强"互联网+"，生命健康、新材料、数字技术等战略型新产业集聚效应，加快把自由贸易试验区建设成为世界级高端产业集群的增长极。

（八）依托自由贸易区制度创新优势，提升要素禀赋结构和要素集聚水平

依托自由贸易试验区制度创新战略平台和创新发展优势，力争在负面清单管理、知识产权保护、劳工标准、环境保护、监管一致性和贸易投资自由化便利化达到国际先进水平，大幅度地降低贸易投资成本，促进资金、技术、人员、信息、数据等要素跨境自由流动，吸引全球高端人才集聚，提升要素禀赋结构水平和要素集聚能力。加快培育一大批精通全球最高经贸规则又熟悉中国自由贸易试验区实践发展的党政领导干部、专业技术人才和企业家队伍，努力提高全球经贸规则制定的话语权，为全球经贸规则体系重构提供中国方案和中国模式。

本章执笔： 程惠芳（洪晨翔帮助贸易投资便利化指数及计算）

附录

第四章附表

附表 4-1　主要国际经贸协定投资规则对应章节条款[1]

USMCA	TTIP	CPTPP	欧加 CETA	ACIA	RCEP 协定	CAI
第 14.1 条：定义	第 2 章前文：定义	第 9.1 条：定义	第 8.1 条：定义	第 A 节第 1 条：目标	第 10.1 条：定义	第 1 节：目标和一般定义
第 14.2 条：适用范围	第 2 节第 1 条：适用范围	第 9.2 条：适用范围	第 8.2 条：适用范围	第 A 节第 2 条：指导原则	第 10.2 条：适用范围	第 2 节第 1 条：适用范围
第 14.3 条：与其他章节的联系	第 2 节第 2 条：投资和监管措施/目标	第 9.3 条：与其他章节的联系	第 8.3 条：与其他章节的联系	第 A 节第 3 条：适用范围	第 10.3 条：国民待遇	第 2 节第 2 条：市场准入
第 14.4 条：国民待遇	第 2 章第 2-2 条[2]：市场准入	第 9.4 条：国民待遇	第 8.4 条：市场准入	第 A 节第 4 条：定义	第 10.4 条：最惠国待遇	第 2 节第 3 条：业绩要求
第 14.5 条：最惠国待遇	第 2 章第 2-3 条[3]：国民待遇	第 9.5 条：最惠国待遇	第 8.5 条：业绩要求	第 A 节第 5 条：国民待遇	第 10.5 条：投资待遇	第 2 节第 4 条：国民待遇

---

[1] 由于篇幅限制，本表中各投资协定、协议名称均为简称。除单独标记外，本表中 USMCA 投资相关内容均出自原文本第 14 章，TTIP 投资相关内容均出自原文本第 2 章第 2 节，CPTPP 投资相关内容均出自原文第 9 章，欧加 CETA 投资相关内容出自原文第 8 章，ACIA 投资相关内容以 2022 年 1 月 22 日的投资协定版本为准。ACIA 文本 A 节，RCEP Agreement 投资相关内容均出自原文第 10 章，CAI 投资相关内容均出自 2009 年版 ACIA 文本 A 节。

[2] 本内容来 EU's proposal for a text on trade in services, investment and e-commerce 文本。

[3] 本内容来 EU's proposal for a text on trade in services, investment and e-commerce 文本。

续表

USMCA	TTIP	CPTTP	欧加CETA	ACIA	RCEP协定	CAI
第14.6条：最低待遇标准	第2章第2—4条①：最惠国待遇	第9.6条：最低待遇标准	第8.6条：国民待遇	第A节第6条：最惠国待遇	第10.6条：禁止业绩要求	第2节第5条：最惠国待遇
第14.7条：武装冲突或内乱的处理	第2节第3条：投资者和承保投资的待遇	第9.7条：武装冲突或内乱的处理	第8.7条：最惠国待遇	第A节第7条：禁止业绩要求	第10.7条：高级管理层和董事会	第2节第6条：高级管理层和董事会
第14.8条：征用及补偿	第2节第4条：损失的赔偿	第9.8条：征用及补偿	第8.8条：高级管理层和董事会	第A节第8条：高级管理层和董事会	第10.8条：保留和不符合措施	第2节第7条：不符措施反例外情况
	第2节第5条：征用		第8.9条：投资和监管措施	第A节第9条：保留	第10.9条：转移	第3节：监管框架
第14.9条：转移	第2节第6条：转移	第9.9条：转移	第8.10条：投资和监管措施投资者和承保投资的待遇	第A节第10条：承诺的修改	第10.10条：特殊手续和信息要求	第3节第2小节第8条附件：补贴的透明度
第14.10条：业绩要求	第2节第7条：遵守书面承诺	第9.10条：业绩要求	第8.11条：损失的赔偿	第A节第11条：投资待遇	第10.11条：损失的赔偿	第4节：投资与可持续发展
第14.11条：高级管理层和董事会	第2节第9条：拒绝授惠	第9.11条：高级管理层和董事会	第8.12条：征用	第A节第12条：武装冲突或内乱的处理	第10.12条：代位	第5节：争端解决

① 本内容来*EU's proposal for a text on trade in services, investment and e-commerce*文本。

续表

USMCA	TTIP	CPTTP	欧加 CETA	ACIA	RCEP 协定	CAI
第14.12条：不符措施	第2节第8条：代位		第8.13条：转移	第A节第13条：转移	第10.13条：征用	附件1：国家间争端解决程序规则
	附件1：征用	第9.12条：不符措施	第8.14条：代位	第A节第14条：征用及补偿	第10.14条：拒绝授惠	附件2：仲裁和调解成员在国家间争端中的行为守则
	附件2：公共债务		第8.15条：保留和例外条款	第A节第15条：代位	第10.15条：安全例外	第6节：制度和最终条款
第14.13条：特殊手续和信息要求	附件3：第2条第4款提及的主管当局	第9.13条：代位	第8.16条：拒绝授惠	第A节第16条：国际收支保障措施	第10.16条：投资促进	
第14.14条：拒绝授惠		第9.14条：特殊手续和信息要求	第8.17条：形式要件	第A节第17条：一般例外条款	第10.17条：投资便利化	
第14.15条：代位		第9.15条：拒绝授惠	第8章第F节：投资者与国家之间的投资纠纷解决机制	第A节第18条：安全例外	第10.18条：工作计划	
第14.16条：投资与环境、健康、安全及其他监管目标	第9.16条：投资与环境、健康、安全及其他监管目标			第A节第19条：拒绝授惠	附件1：习惯国际法	

续表

USMCA	TTIP	CPTTP	欧加 CETA	ACIA	RCEP 协定	CAI
第 14.17 条：企业社会责任		第 9.17 条：企业社会责任		第 A 节第 20 条：特殊手续和信息要求	附件 2：征用	
附件 14-A：习惯国际法		第 9.18 条：争端解决机制		第 A 节第 21 条：信息公开		
附件 14-B：征用				第 A 节第 22 条：投资者和关键人员的人境、临时停留和工作		
附件 14-C：遗留投资索赔和未决索赔		第 9.19 条：提交仲裁请求		第 A 节第 23 条：对新东盟成员国的特殊和差别待遇		
附件 14-D：墨西哥—美国投资争端		第 9.20 条：各方对仲裁的同意		第 A 节第 24 条：投资促进		
附录 1：向附件方送达文件		第 9.21 条：各方同意的条件和限制		第 A 节第 25 条：投资便利化		
附录 2：公共债务		第 9.22 条：仲裁员的选择		第 A 节第 26 条：加强东盟一体化		
附录 3：提交仲裁请求		第 9.23 条：仲裁的进行		第 A 节第 27 条：成员国之间或成员国之间的争端		

续表

USMCA	TTIP	CPTPP	欧加 CETA	ACIA	RCEP 协定	CAI
附件 14-E：墨西哥—美国与涵盖的投资府合同有关的投资纠纷		第 9.24 条：仲裁程序的透明度		第 B 节：投资者与成员国之间的投资争端		
		第 9.25 条：准据法		第 C 节		
		第 9.26 条：对附件的解释				
		第 9.27 条：专家报告				
		第 9.28 条：合并审理				
		第 9.29 条：裁决				
		第 9.30 条：文件送达				
		附件 9-A：习惯国际法				
		附件 9-B：征用				
		附件 9-C：土地征用				
		附件 9-D：根据 B 节（投资者—国家间争端解决）向一缔约方送达文件				
		附件 9-E：转移				

续表

USMCA	TTIP	CPTTP	欧加 CETA	ACIA	RCEP 协定	CAI
		附件 9-F：第 600 号法令				
		附件 9-G：公债				
		附件 9-H				
		附件 9-I：不符措施棘轮机制				
		附件 9-J：提交仲裁请求				
		附件 9-K：生效后 3 年内某些请求的提交				
		附件 9-L：投资协议				

附表 4-2　　生效的中国签订的投资协定深度指数[①]　　单位：分

签订年份	签订协定的国家（BITs）/协定名称（多边协定）	协定目标	范围和定义	待遇标准	其他条款	例外情况	争端解决机制	制度问题	条约期限、修改和终止	总分
1982	瑞士	0	11	9	1	0	14.25	0	4.25	39.5
1984	挪威	0	14	8.5	1	0	11.5	0	4.25	39.25
1985	意大利	0	14	8.5	2	0	12.5	0	2.5	39.5
1985	泰国	0	14	10	1	0	7	0	3.75	35.75
1985	丹麦	0	14	11.5	1	0	13	0	3.75	43.25
1985	科威特	0	12	10.5	3	0	14.5	1	4.75	45.75
1986	斯里兰卡	0	12	11	4	2	12.5	0	3.75	45.25
1986	英国	0	14	13.5	1	0	12	0	4	44.5
1988	波兰	0	14	10.5	0	0	11.5	0	3.75	39.75
1988	澳大利亚	0	13	10.5	1	0	13.5	0	3.75	41.75
1988	日本	0	13	10	0	0	11.75	0	4	38.75
1988	马来西亚	0	14	8.5	2	0	13	0	4.25	41.75
1988	新西兰	0	15	10.5	4	2	12.75	0	4.25	48.5
1989	巴基斯坦	0	13	8.5	1	0	7	0	3.75	33.25
1989	保加利亚	0	14	10	3	0	11.75	1	4	43.75
1989	加纳	0	14	9.5	2	0	12	0	3.75	41.25
1991	巴布亚新几内亚	0	11	11.5	2	0	13.75	0	4.25	42.5
1991	匈牙利	0	13	9.5	2	0	11.75	1	3.75	41
1991	蒙古国	0	15	9.5	3	0	13.75	1	3.75	46
1991	斯洛伐克	0	14	7.5	2	0	14	0	3.75	41.25
1992	玻利维亚	0	14	10.5	2	0	12.5	1	3.75	43.75
1992	希腊	0	13	12.5	2	0	13.75	0	4.25	46.5
1992	菲律宾	0	13	8.5	2	0	13.25	1	3.5	41.25
1992	阿根廷	0	15	10.5	3	0	13.75	0	3.75	47
1992	越南	0	14	9.5	2	0	12.5	1	3.75	42.75

① 本表仅对与中国签订且仍在生效的投资协定进行研究，其中双边投资协定以国家/地区名表示，多边投资协定及含有投资条款的协定以协定全称表示，表格以投资协定签订时间先后顺序排列。

续表

签订年份	签订协定的国家（BITs）/协定名称（多边协定）	协定目标	范围和定义	待遇标准	其他条款	例外情况	争端解决机制	制度问题	条约期限、修改和终止	总分
1993	老挝	0	14	10.5	3	0.5	12.75	1	3.75	45.5
1993	阿尔巴尼亚	0	14	10.5	2	0	13.75	1	3.5	44.75
1993	格鲁吉亚	0	14	10.5	2	0	13	1	3.5	44
1993	克罗地亚	0	14	9.5	2	0	13	1	3.5	43
1993	阿拉伯联合酋长国	0	14	14.5	4	0	14.75	1	4	52.25
1993	爱沙尼亚	0	14	9.5	2	0	12.75	1	3.75	43
1993	斯洛文尼亚	0	14	11	2	0	13	1	3.5	44.5
1993	立陶宛	0	14	10.5	2	0	13.75	1	3.5	44.75
1993	乌拉圭	0	15	8.5	2	0	12.75	1	3.75	43
1994	阿塞拜疆	0	14	10.5	2	0	11.75	1	3.5	42.75
1994	冰岛	0	14	13	3	0	12.5	1	3.75	47.25
1994	埃及	0	14	11.5	3	0	12.5	1	3.75	45.75
1994	秘鲁	0	14	9.5	3	0	13	1	4	44.5
1994	罗马尼亚	0	14	9.5	2	0	13.75	1	3.5	43.75
1994	牙买加	0	14	10.5	3	0	12.25	1	3.5	44.25
1995	阿曼	0	15	10	3	0	14.25	0	3	45.25
1995	摩洛哥	0	14	11	2	0	12.5	0	2.5	42
1995	以色列	0	14	11.5	2	0	11.75	0	3.5	42.75
1995	古巴	0	14	10.5	3	0	13.75	0	3.5	44.75
1995	塞尔维亚	0	15	11.5	2	0	13	1	3.5	46
1996	沙特阿拉伯	0	14	11.5	2	0	13.5	0	3.75	44.75
1996	津巴布韦	0	14	10.5	1	0	13	1	3.75	43.25
1996	黎巴嫩	0	15	12.5	2	0	13.5	0	3	46
1996	柬埔寨	0	14	10.5	2	0	13.5	1	3.5	44.5
1996	阿尔及利亚	0	15	10.5	2	0	12.25	1	3.75	44.5
1996	叙利亚	0	12	12	1	0	12.5	1	3.75	42.25
1997	北马其顿	0	14	12.5	2	0	13.75	1	3.75	47
1997	南非	0	15	13	3	0	14	1	2.75	48.75

729

续表

签订年份	签订协定的国家（BITs）/协定名称（多边协定）	协定目标	范围和定义	待遇标准	其他条款	例外情况	争端解决机制	制度问题	条约期限、修改和终止	总分
1998	佛得角	0	14	11.5	2	0	12.5	1	2.5	43.5
1998	埃塞俄比亚	0	15	10	3	0	14	2	3	47
1998	巴巴多斯	0	14	9.5	2	0	13.75	1	3.75	44
1999	卡塔尔	0	14	9.5	2	0	14.5	0	3.75	43.75
1999	巴林	0	12	10.5	2	0	12.75	0	3.75	41
2000	刚果（金）	0	14	14	2	0	14	1	3.75	48.75
2000	伊朗	0	15	12.5	2	0	14	0	3.25	46.75
2001	塞浦路斯	0	15	10	2	0	14	0	3.75	44.75
2001	尼日利亚	0	14	13	2	0.5	14	1	2.75	47.25
2001	荷兰	1	13	13	2	0	14.25	1	2.75	47
2001	缅甸	0	15	13	1	0	14	1	3.75	47.75
2002	波黑	0	16	13	3	0.5	13.75	1	2.75	50
2002	特立尼达和多巴哥	2	15	13	3	0	13.5	1	2.75	50.25
2003	圭亚那	2	15	13	3	0	13.5	1	2.75	50.25
2003	德国	0	14	13	2	0.5	14	1	4.25	48.75
2004	拉脱维亚	0	16	13	3	0	13.5	1	2.75	49.25
2004	突尼斯	0	15	11	2	0	13.25	0	3.75	45
2004	芬兰	0	15	15	4	3.5	14.25	1	4.5	57.25
2005	朝鲜	0	15	12	2	0	13.5	1	3.75	47.25
2005	比利时—卢森堡经济联盟	0	15	11.5	2	0.5	13.75	1	2.75	45.5
2005	西班牙	0	15	15	2	0	13.75	1	2.75	49.5
2005	马达加斯加	0	16	12	3	0	13.75	0	3.75	48.5
2005	捷克共和国	0	15	11.5	2	0.5	13.5	1	2.75	46.25
2005	葡萄牙	0	14	9.5	2	0	12.75	1	3.75	43
2006	俄罗斯	0	15	11.5	2	0	14	1	2.75	46.25
2007	韩国	0	15	19	4	0	12.75	1	2	53.75
2007	法国	0	15	11	1	0.5	14	0	4.25	45.75

续表

签订年份	签订协定的国家（BITs）/协定名称（多边协定）	协定目标	范围和定义	待遇标准	其他条款	例外情况	争端解决机制	制度问题	条约期限、修改和终止	总分
2008	墨西哥	0	12.5	11.5	1	0	10.75	1	2.75	39.5
2008	哥伦比亚	0	12	14.5	4	4	12.5	1	2	50
2009	瑞士	0	13	13	2	0.5	13.25	0	2.25	44
2009	马里	0	15	13	3	0	14	1	2.75	48.75
2009	马耳他	0	15	12.5	2	0	13.25	1	1.5	45.25
2011	乌兹别克斯坦	1	8.5	15	4	1	12.25	1	3	45.75
2012	《中国、日本及韩国关于促进、便利及保护投资的协定》	2	10.5	17.5	6	4.5	9.5	2	2.75	54.75
2015	《澳大利亚—中国自由贸易协定》	1	12.5	5	3	6	6.75	1	1.5	36.75
2017	《内地与香港关于建立更紧密经贸关系的安排》	0	13.5	23.5	7	4.5	6	1	3	58.5
2020	《区域全面经济伙伴关系协定》	3	11.5	24	6	3.5	7	3	1.5	59.5

第五章附表

附表 5-WTO 协定与 CPTPP、RCEP、USMCA、欧日 EPA、欧加 CETA 知识产权条款比较（第一部分）

WTO-TRIPs（2017年1月23日修正）	CPTPP	RCEP
第一部分　总则和基本原则	A 节　总则	第一节　总则和基本原则
第 1 条　义务的性质和范围	第 18.1 条　定义	第 1 条　目标
第 2 条　知识产权公约	第 18.2 条　目标	第 2 条　知识产权的范围
第 3 条　国民待遇	第 18.3 条　原则	第 3 条　与其他协定的关系
第 4 条　最惠国待遇	第 18.4 条　对本章的谅解	第 4 条　原则
第 5 条　关于保护的获得或保持的多边协定	第 18.5 条　义务的性质和范围	第 5 条　义务
第 6 条　失效	第 18.6 条　关于特定公共健康措施的谅解	第 6 条　知识产权权利用尽
第 7 条　目标	第 18.7 条　国际协定※	第 7 条　国民待遇
第 8 条　原则	第 18.8 条　国民待遇	第 8 条　《与贸易有关的知识产权协定》与公共健康
第二部分　关于知识产权的效力、范围及使用的标准	第 18.9 条　透明度	第 9 条　多边协定※
第 1 节　版权及相关权利	第 18.10 条　本章对现有客体和先前行为的适用	第二节　著作权和相关权利※
第 9 条　与《伯尔尼公约》的关系	第 18.11 条　知识产权的权利用尽	第 10 条　作者、表演者和录音制品制作者的专有权
第 10 条　计算机程序和数据汇编	B 节　合作☆	第 11 条　获得广播报酬的权利※
第 11 条　出租权	第 18.12 条　合作的联络点☆	第 12 条　保护广播组织和载有加密节目的卫星信号※
第 12 条　保护期	第 18.13 条　合作活动和倡议☆	第 13 条　集体管理组织※
第 13 条　限制和例外	第 18.14 条　专利合作和工作共享☆	第 14 条　规避有效技术措施※
第 14 条　对录音（音响录音制品）的保护	第 18.15 条　公有领域☆	第 15 条　保护权利管理电子信息※
第 2 节　商标	第 18.16 条　传统知识领域的合作☆	第 16 条　为技术措施和权利管理电子信息提供保护和救济的限制和例外※

续表

WTO-TRIPs（2017年1月23日修正）	CPTPP	RCEP
第15条　保护事项	第18.17条　应请求提供合作☆	第17条　政府使用软件
第16条　授予权利	**C节　商标**※☆	第18条　限制和例外
第17条　例外	第18.18条　可注册为商标的标记类型※	**第三节　商标**※
第18条　保护期	第18.19条　集体商标和证明商标※	第19条　商标保护※
第19条　使用规定	第18.20条　相同或类似标记的使用	第20条　证明商标和集体商标的保护※
第20条　其他要求	第18.21条　例外	第21条　商标分类制度※
第21条　许可与转让	第18.22条　驰名商标※	第22条　商标的注册和申请※
第3节　地理标识	第18.23条　审查、异议和注销的程序事项	第23条　权利授予
第22条　对地理标志的保护	第18.24条　商标电子系统※	第24条　例外
第23条　对葡萄酒和烈性酒地理标志的额外保护	第18.25条　货物和服务的分类※	第25条　先于地理标志的商标保护※
第24条　国际谈判与例外	第18.26条　商标保护期限※	第26条　驰名商标的保护※
第4节　工业设计	第18.27条　不以许可备案为前提※	第27条　恶意商标※
第25条　保护的要求	第18.28条　域名☆	第28条　与多个类别货物或服务相关的同一份申请※
第26条　保护	**D节　国名**☆	**第四节　地理标志**※
第5节　专利	第18.29条　国名☆	第29条　地理标志的保护
第27条　可取得专利的事项	**E节　地理标志**※	第30条　保护地理标志的国内行政程序
第28条　授予的权利	第18.30条　地理标志的承认	第31条　异议和注销的理由※
第29条　专利申请者的条件	第18.31条　保护或承认地理标志的行政程序	第32条　复合用语※
第30条　授予权利的例外	第18.32条　异议和注销的理由※	第33条　地理标志的保护日期

733

续表

WTO-TRIPs（2017年1月23日修正）	CPTPP	RCEP
第31条　未经权利人授权的其他使用	第18.33条　确定一名称是否属通用语言中惯用名称的指南※	第34条　根据国际协定保护或承认地理标志※
第32条　撤销、收回	第18.34条　复合名称※	第35条　根据已缔结的国际协定保护或承认地理标志※
第33条　保护的期限	第18.35条　地理标志的保护日期	**第五节　专利※**
第34条　工艺专利的举证责任	第18.36条　国际协定※	第36条　可授予专利的客体
第6节　集成电路布图设计（拓扑图）	F节　专利和未披露试验数据或其他数据※☆	第37条　授予的权利
第35条　与有关集成电路的知识产权条约的关系	第18.37条　可授予专利的客体	第38条　授予权利的例外
第36条　保护范围	第18.38条　宽限期※	第39条　未经权利持有人授权的其他使用
第37条　不需要权利人授权的行为	第18.39条　专利撤销	第40条　专利的实验性使用※
第38条　保护的期限	第18.40条　例外	第41条　审查、注册的程序事项※
第7节　对未披露信息的保护第39条	第18.41条　未经权利持有人授权的其他使用	第42条　专利宽限期※
第8节　对协定许可中反竞争行为的控制第40条	第18.42条　专利申请	第43条　专利电子申请制度※
第三部分　知识产权的实施	第18.43条　修正、更正和陈述意见	第44条　18个月公布※
第1节　一般义务第41条	第18.44条　专利申请的公布	第45条　在互联网上向公众提供的在先技术的信息※
第2节　民事和行政程序及补救	第18.45条　与已公布专利申请和已授予专利相关的信息※	第46条　快速审查※
第42条　公平合理的程序	第18.46条　因授予机关不合理迟延而调整专利期※	第47条　引入国际专利分类制度※
第43条　证据	第18.47条　对农用化学品未披露试验数据或其他数据的保护☆	第48条　保护植物新品种※

续表

WTO-TRIPs（2017年1月23日修正）	CPTPP	RCEP
第44条　禁令	第18.48 因不合理缩短而调整专利期※	第六节　工业设计※
第45条　损害	第18.49条　监管审查例外	第49条　工业设计的保护
第46条　其他补救	第18.50条　保护未披露试验数据或其他数据☆	第50条　在互联网上向公众提供设计的在先技术信息※
第47条　告知权	第18.51条　生物制剂☆	第51条　工业设计的注册或授权及申请※
第48条　被告的赔偿	第18.52条　新药品的定义☆	第52条　引入国际工业设计分类制度※
第49条　行政程序	第18.53条　与部分药品销售相关的措施※	第七节　遗传资源、传统知识和民间文学艺术☆
第3节　临时措施第50条	第18.54条　保护期限的变更※	第53条　遗传资源，传统知识和民间文学艺术
第4节　与边境措施相关的特殊要求	G节　工业设计	第八节　不正当竞争☆
第51条　海关当局的中止放行	第18.55条　保护	第54条　有效防范不正当竞争
第52条　申请	第18.56条　改善工业品外观设计制度	第55条　域名☆
第53条　保证金或同等担保	H节　版权及相关权※☆	第56条　未披露信息的保护
第54条　中止通知	第18.57条　定义	第九节　国名☆
第55条　中止的持续期限	第18.58条　复制权※	第57条　国名的使用☆
第56条　对商品进口商和货主的补偿	第18.59条　向公众传播权※	第十节　知识产权权利的实施※
第57条　资料和调查权	第18.60条　发行权※	第一小节　一般义务
第58条　依职权之行为	第18.61条　无层级※	第58条　一般义务
第59条　补救	第18.62条　相关权※	第二小节　民事救济※
第60条　少量进口	第18.63条　版权和相关权的保护期限※	第59条　公平和合理的程序
第5节　刑事程序第61条	第18.64条　《伯尔尼公约》第18条和《TRIPs协定》第14条第6款的适用	第60条　损害赔偿

续表

WTO-TRIPs（2017年1月23日修正）	CPTPP	RCEP
第四部分　知识产权的取得和保持及相关程序第62条	第18.65条　限制和例外	第61条　诉讼费用和律师费※
第五部分　争端的预防和解决	第18.66条　版权和相关权制度中的平衡☆	第62条　销毁侵权货物、材料和工具
第63条　透明度	第18.67条　合同转让	第63条　民事司法程序中的机密信息※
第64条　争端解决	第18.68条　技术保护措施（TPMs）※	第64条　临时措施
第六部分　过渡性安排	第18.69条　权利管理信息（RMI）※	第三小节　边境措施
第65条　过渡期安排	第18.70条　集体管理※	第65条　依权利人申请中止放行涉嫌盗版货物或假冒商标货物
第66条　最不发达国家成员方	I节　执行※☆	第66条　申请中止或扣押
第67条　技术合作	第18.71条　一般义务	第67条　保证金或同等的担保
第七部分　机构安排；最终条款	第18.72条　推定	第68条　主管机关向权利持有人提供的信息
第68条　与贸易有关的知识产权理事会	第18.73条　与知识产权有关的执行实践※	第69条　依职权中止放行涉嫌盗版货物或假冒商标货物
第69条　国际合作	第18.74条　民事和行政程序及救济※	第70条　权利持有人在依职权采取行动的情况下向主管机关提供的信息
第70条　对现有标的事项的保护	第18.75条　临时措施※	第71条　主管机关在合理期限内作出侵权认定
第71条　审查和修正	第18.76条　与边境措施相关的特殊要求※	第72条　主管机关的销毁令
第72条　保留	第18.77条　刑事程序和处罚	第73条　费用
第73条　保障的例外规定	第18.78条　商业秘密※	第四小节　刑事救济※
	第18.79条　对载有加密节目的卫星和有线信号的保护☆	第74条　刑事程序和处罚※
	第18.80条　政府使用软件☆	第五小节　数字环境下的执法※

736

续表

WTO-TRIPs（2017年1月23日修正）	CPTPP	RCEP
	J节　互联网服务提供商☆	第75条　数字环境反侵权的有效行动※
	第18.81条　定义☆	第十一节　合作与磋商※
	第18.82条　法律救济和安全港☆	第76条　合作和对话※
	K节　最后条款	第十二节　透明度
	第18.83条　最后条款	第77条　透明度
		第十三节　过渡期和技术援助※
		第78条　最不发达国家缔约方的过渡期※
		第79条　特定缔约方过渡期※
		第80条　与缔约方特定过渡期有关的通知※
		第81条　技术援助※
		第十四节　程序事项
		第82条　改善知识产权管理程序
		第83条　简化书面程序要求

注："※"表示传统知识产权领域规则的扩张、强化；"☆"表示为适应新知识产品、产业形态新增的知识产权保护内容。

资料来源：根据各协定文本整理。

附表5-2　WTO协定与CPTPP、RCEP、USMCA、欧日EPA、欧加CETA知识产权条款比较（第二部分）

USMCA	欧日EPA	欧加CETA
A节　一般规定※	A节　一般规定※	A节　一般规定
第20.1条　定义	第14.1条　最初规定	第20.1条　目标
第20.2条　目标	第14.2条　议定原则	第20.2条　义务的性质和范围
第20.3条　原则	第14.3条　国际协定※	第20.3条　公共卫生问题
第20.4条　对本章的谅解	第14.4条　国民待遇	第20.4条　另外
第20.5条　义务的性质和范围	第14.5条　最惠国待遇	第20.5条　披露信息

续表

USMCA	欧日 EPA	欧加 CETA
第20.6条 关于某些公共卫生措施的谅解	第14.6条 程序及透明度	B节 知识产权标准
第20.7条 国际协定※	第14.7条 提高公众保护知识产权意识	第20.6条 定义
第20.8条 国民待遇	B节 知识产权标准※	知识产权标准A分节 著作权及相关权利※
第20.9条 透明	知识产权标准子节1 版权及相关权利※	第20.7条 给予保护
第20.10条 本章适用于已有标的和在先行为	第14.8条 作者	第20.8条 向公众广播和交流
第20.11条 知识产权的用尽	第14.9条 表演者	第20.9条 技术措施的保护※
B节 合作☆	第14.10条 录音制品	第20.10条 权限管理信息（RMI）※
第20.12条 合作联络点☆	第14.11条 广播组织	第20.11条 中介服务提供者的责任※
第20.13条 合作☆	第14.12条 录音制品的使用	第20.12条 录音
第20.14条 知识产权委员会☆	第14.13条 保护期限※	知识产权标准B分节 商标※
第20.15条 专利合作和工作共享☆	第14.14条 限制和例外	第20.13条 国际协定※
第20.16条 应要求提供合作☆	第14.15条 艺术作品的艺术家转卖权	第20.14条 登记程序
C节 商标※☆	第14.16条 集体管理	第20.15条 商标赋予的权利的例外
第20.17条 可作为商标注册的标志种类※	第14.17条 现有标的物之保护	知识产权标准C分节 地理标志※
第20.18条 集体标志和认证标志※	知识产权标准子节2 商标	第20.16条 定义
第20.19条 使用相同或类似标志	第14.18条 所授予的权利所有者	第20.17条 范围
第20.20条 异常	第14.19条 例外	第20.18条 列出的地理标志※
第20.21条 驰名商标※	第14.20条 预备行为被视为侵权	第20.19条 对附件20-A所列地理标志的保护※

续表

USMCA	欧日 EPA	欧加 CETA
第 20.22 条 审查、反对和撤销的程序方面	第 14.21 条 驰名商标	第 20.20 条 匿名地理标志※
第 20.23 条 电子商标制度※	知识产权标准子节 3 地理标志※	第 20.21 条 例外情况※
第 20.24 条 商品和服务的分类※	第 14.22 条 范围※	第 20.22 条 对附件 20-A 的修正※
第 20.25 条 商标保护期限※	第 14.23 条 地理标志	第 20.23 条 其他保护
第 20.26 条 无登记的许可证※	第 14.24 条 地理标志名录	知识产权标准 D 分节 设计※
第 20.27 条 域名☆	第 14.25 条 地理标志保护范围※	第 20.24 条 国际协定※
D 节 国家名称☆	第 14.26 条 地理标志的使用范围	第 20.25 条 与版权的关系※
第 20.28 条 国家名称☆	第 14.27 条 与商标的关系※	知识产权标准 E 分节 专利※
E 节 地理标志※	第 14.28 条 保护的实施	第 20.26 条 国际协定
第 20.29 条 地理标志的承认	第 14.29 条 例外※	第 20.27 条 对药品的特殊保护※
第 20.30 条 地理标志保护或者承认的管理程序	第 14.30 条 地理标志目录的修改	第 20.28 条 与医药产品有关的专利联系机制
第 20.31 条 拒绝、反对和撤销的理由※	知识产权标准子节 4 工业设计※	知识产权标准 F 分节 数据保护☆
第 20.32 条 确定一个术语是否为通用语言习惯用语的指南※	第 14.31 条 工业设计※	第 20.29 条 保护与医药产品相关的未公开数据☆
第 20.33 条 多元条款※	知识产权标准子节 5 未注册的产品外观※	第 20.30 条 植保产品相关数据的保护※
第 20.34 条 地理标志的保护日期	第 14.32 条 产品未注册外观※	知识产权标准 G 分节 植物品种☆
第 20.35 条 国际协定	知识产权标准子节 6 专利※	第 20.31 条 植物品种☆
F 节 专利和未披露测试或其他数据※☆	第 14.33 条 专利	C 节 知识产权的执行※

739

续表

USMCA	欧日 EPA	欧加 CETA
第36条 可申请专利的标的物※	第14.34条 专利和公共卫生	第20.32节 一般义务
第20.37条 宽限期※	第14.35条 扩展段保护授予的专利药品产品1和农业化学产品2※	第20.33条 有资格的申请人
第20.38条 专利的撤销	知识产权标准子节7 商业秘密和未披露的试验或其他资料※☆	第20.34条 证据
第20.39条 异常	第14.36条 商业秘密保护范围※	第20.35条 保存证据的措施※
第20.40条 未经权利人许可的其他使用	第14.37条 销售审批☆	第20.36条 知情权
第20.41条 修正、更正和意见	知识产权标准子节8 植物新品种☆	第20.37条 临时和预防措施※
第20.44条 因授予权限不合理延误而调整专利期限※	第14.38条 植物新品种☆	第20.38条 其他补救办法※
第20.45条 农业化工产品未公开试验或其他数据的保护☆	知识产权标准子节9 不正当竞争	第20.39条 禁令
第20.46条 对不合理削减专利的期限进行调整※	第14.39条 不公平竞争	第20.40条 损失
第20.47条 监管审查例外	C节 执行	第20.41条 法律费用
第20.48条 未公开测试或其他数据的保护☆	执行子节1 一般规定	第20.42条 作者或所有权的推定
第20.49条 新药品的定义☆	第14.40条 执行	D节 边境措施※☆
第20.50条 有关销售某些药品的办法※	第14.41条 资格申请	第20.43条 边境措施范围※☆
第20.51条 保护期限的变更※	执行子节2 民事救济※	第20.44条 由权利人申请
G节 工业设计※	第14.42条 保存证据的措施	第20.45条 向权利人提供信息
第20.52条 保护	第14.43条 正确信息的特权	第20.46条 安全或同等保证
第20.53条 非偏颇披露/宽限期※	第14.44条 临时及预防措施※	第20.47条 关于侵权的决定

续表

USMCA	欧日 EPA	欧加 CETA
第20.54条 电子工业设计制度※	第14.45条 纠正措施※	第20.48条 补救措施※
第20.55条 保护期限※	第14.46条 禁令	第20.49条 边境措施领域的具体合作☆
H节 版权及相关权利※	第14.47条 损失	**E节 合作**
第20.56条 定义	第14.48条 成本	第20.50条 合作
第20.57条 复制权※	第14.49条 假设作者或所有权	
第20.58条 向公众传播的权利※	**执行子节3 防止商业秘密被侵占的实施保护※**	
第20.59条 分配权※	第14.50条 民事诉讼与救济※	
第20.60条 无等级制度※	**执行子节4 边境措施※☆**	
第20.61条 有关权利※	第14.51条 边境执法措施※☆	
第20.62条 著作权及有关权利的保护期※	**D节 合作和体制安排☆**	
第20.63条 《伯尔尼公约》第18条和《与贸易有关的知识产权协定》第14.6条的适用	第14.52条 合作☆	
第20.64条 限制和例外	第14.53条 知识产权委员会☆	
第20.65条 合同转让	第14.54条 安全例外	
第20.66条 技术保护措施※	第14.55条 争端解决	
第20.67条 权限管理信息（RMI）※		
第20.68条 集体经营		
I节 商业秘密※		
第20.69条 保护商业秘密		
第20.70条 民事保护和执行※		
第20.71条 刑事执法※		

续表

USMCA	欧日 EPA	欧加 CETA
第20.72条 定义		
第20.73条 临时办法		
第20.74条 保密※		
第20.75条 民事救济※		
第20.76条 商业秘密的许可和转让		
第20.77条 禁止政府官员在其职责范围之外未经授权披露或使用商业秘密※		
J节 执行※☆		
第20.78条 一般义务		
第20.79条 假设		
第20.80条 知识产权执法实践※		
第20.81条 民事、行政程序和救济※		
第20.82条 临时办法※		
第20.83条 与边境措施有关的特殊要求※		
第20.84条 刑事诉讼程序和处罚		
第20.85条 加密携带程序的卫星、电缆信号的保护☆		
第20.86条 政府使用软件☆		
第20.87条 互联网服务提供者☆		
第20.88条 法律救济和安全港口☆		
K节 最终条款		
第20.89条 最终条款		

注："※"表示传统知识产权领域规则的扩张、强化；"☆"表示为适应新知识产品、产业形态新增的知识产权内容。

资料来源：根据各协定文本整理。

附表 5-3 2008 年以来我国的部分知识产权相关法律法规立法一览

序号	法律法规名称	类型	修订日期	颁布单位	修订次数
1	《中华人民共和国专利法》	法律	2008.12.27	全国人大常委会	第三次修正
2	《中华人民共和国著作权法》	法律	2010.02.26	全国人大常委会	第二次修正
3	《中华人民共和国商标法》	法律	2013.08.30	全国人大常委会	第三次修正
4	《中华人民共和国促进科技成果转化法》	法律	2015.08.29	全国人大常委会	第一次修订
5	《中华人民共和国种子法》	法律	2015.11.04	全国人大常委会	第三次修订
6	《中华人民共和国民法总则》	法律	2017.03.15	全国人民代表大会	首次立法
7	《中华人民共和国反不正当竞争法》	法律	2017.11.04	全国人大常委会	第一次修订
8	《中华人民共和国专利法实施细则》	行政法规	2010.01.09	国务院	第二次修订
9	《中华人民共和国知识产权海关保护条例》	行政法规	2010.03.24	国务院	第一次修订
10	《中华人民共和国著作权法实施条例》	行政法规	2011.01.08	国务院	第一次修订
			2013.01.30	国务院	第二次修订
11	《计算机软件保护条例》	行政法规	2011.01.08	国务院	第一次修订
			2013.01.30	国务院	第二次修订
12	《著作权集体管理条例》	行政法规	2011.01.08	国务院	第一次修订
			2013.12.07	国务院	第二次修订
13	《信息网络传播权保护条例》	行政法规	2013.01.30	国务院	第一次修订
14	《中华人民共和国植物新品种保护条例》	行政法规	2013.01.31	国务院	第一次修订
15	《中华人民共和国商标法实施条例》	行政法规	2014.04.29	国务院	第一次修订

资料来源：《国家知识产权战略纲要》实施十年评估工作组：《〈国家知识产权战略纲要〉实施十年评估报告》，知识产权出版社 2019 年版，第 41 页。

参考文献

白洁、苏庆义：《CPTPP 的规则、影响及中国对策：基于和 TPP 对比分析》，《国际经济评论》2019 年第 1 期。

鲍晓华、朱达明：《技术性贸易壁垒的差异化效应：国际经验及对中国的启示》，《世界经济》2015 年第 11 期。

北京睿库贸易安全及便利化研究中心：《京都公约审议报告》，2019 年 4 月 25 日。

陈大文：《国际贸易技术溢出与区域创新能力双门槛效应——基于最优知识产权保护视角》，《天津商业大学学报》2021 年第 9 期。

陈淑梅、高敬云：《后 TPP 时代全球价值链的重构与区域一体化的深入》，《世界经济与政治论坛》2017 年第 4 期。

陈颖：《数字服务贸易国际规则研究——基于 CPTPP、EU-JAPAN EPA、USMCA 和 RCEP 的比较分析》，《全球化》2021 年第 6 期。

陈邹阳：《我国海关风险管理存在的问题及对策研究》，硕士学位论文，湘潭大学，2013 年。

程惠芳：《WTO 与中国经济》，浙江大学出版社 2003 年版。

程惠芳、岑丽君：《FDI、产业结构与国际经济周期协动性研究》，《经济研究》2010 年第 9 期。

程惠芳、陈超：《开放经济下知识资本与全要素生产率——国际经验与中国启示》，《经济研究》2017 年第 10 期。

程惠芳等：《研发强度、经济周期与长期经济增长》，《统计研究》2015 年第 1 期。

程惠芳、陆嘉俊：《知识资本对工业企业全要素生产率影响的实证分析》,《经济研究》2014年第5期。

程惠芳、梁越:《贸易比率变动与异值性企业生产率》,《国际贸易问题》2014年第7期。

程惠芳、阮翔:《用引力模型分析中国对外直接投资的区位选择》,《世界经济》2004年第11期。

成新轩、郭志尧:《中国自由贸易区优惠原产地规则修正性限制指数体系的构建》,《管理世界》2019年第6期。

成元:《外商在中国投资面临四大发展方向》,《中国对外贸易》2020年第6期。

迟福林、郭达:《在大变局中加快构建开放型经济新体制》,《开放导报》2020年第4期。

褚童:《巨型自由贸易协定框架下国际知识产权规则分析及中国应对方案》,《国际经贸探索》2019年第9期。

崔琨、施建淮:《关税冲击下的中间品贸易、通货膨胀目标规则与福利分析》,《世界经济》2020年第10期。

代谦、何祚宇:《国际分工的代价:垂直专业化的再分解与国际风险传导》,《经济研究》2015年第5期。

代中强等:《知识产权保护、经济发展与服务贸易出口技术复杂度》,《财贸经济》2015年第7期。

邓并:《直击》,《纺织服装周刊》2018年第13期。

丁茂中:《我国竞争中立政策的引入及实施》,《法学》2015年第9期。

董银果、刘雪梅:《SPS措施、产品多样化与农产品质量升级:基于多产品出口企业理论》,《世界经济研究》2019年第12期。

杜群阳、张若茜:《"一带一路"贸易便利化水平对中国OFDI影响的实证研究》,《浙江工业大学学报(社会科学版)》2021年第2期。

段小梅:《中国制造业出口技术复杂度的变迁及其影响因素研究——以纺织服装业和机电运输设备业为例》,《财贸研究》2017年第10期。

范秋芳等:《"一带一路"沿线国家贸易便利化水平对中国出口贸易影响研究》,《工业技术经济》2019年第8期。

樊莹：《CPTPP 的特点、影响及中国的应对之策》，《当代世界》2018 年第 9 期。

樊云：《国际投资争端解决机制新近发展特点分析及中国对策》，硕士学位论文，广西师范大学，2013 年。

冯帆、杨力：《FAT 原产地规则对贸易的限制效应——来自产品层面的实证研究》，《现代经济探讨》2019 年 6 月。

高疆、盛斌：《贸易协定质量会影响全球生产网络吗？》，《世界经济研究》2018 年第 8 期。

甘睿淼：《日本贸易便利化研究》，博士学位论文，吉林大学，2017 年。

甘睿淼等：《日本贸易便利化发展及对中日贸易的影响》，《商业研究》2017 年第 4 期。

龚红柳：《TPP 协定下的常规争端解决机制：文本评析与启示》，《国家行政学院学报》2016 年第 1 期。

宫毓雯：《国际经济新形势下我国应对贸易争端的对策研究——基于典型案例启示》，《国际贸易》2017 年第 11 期。

顾晓燕等：《知识产权保护的技术创新效应：量变抑或质变》，《中国科技论坛》2021 年第 10 期。

郭冠男、李晓琳：《市场准入负面清单管理制度与路径选择：一个总体框架》，《改革》2015 年第 7 期。

郭冠男、谢海燕：《制定和实施负面清单制度必须理清的重大关系》，《中国行政管理》2015 年第 10 期。

韩剑、许亚云：《RCEP 及亚太区域贸易协定整合——基于协定文本的量化研究》，《中国工业经济》2021 年第 7 期。

韩晶、孙雅雯：《全球价值链视角下的关税水平与贸易政策选择——基于生产分割视角的考察》，《国际贸易问题》2020 年第 7 期。

韩逸畴：《WTO 争端解决机制及其对国家声誉的影响研究》，《当代法学》2015 年第 29 期。

何蓉等：《美墨加协定（USMCA）对原产地规则的修订及其影响分析》，《区域与全球发展》2019 年第 6 期。

胡仕浩：《中国特色多元共治解纷机制及其在商事调解中应用》，

《法律适用》2019 年第 19 期。

黄静等：《疫情、营商环境与出口》，《国际贸易问题》2021 年第 9 期。

黄奇帆：《新时代国际贸易新格局、新趋势与中国的应对》，《企业观察家》2019 年第 8 期。

黄先海等：《知识产权保护、创新模式选择与我国贸易扩展边际》，《国际贸易问题》2016 年第 9 期。

黄赜琳、姚婷婷：《中国与"一带一路"沿线国家经济周期协同性及其传导机制》，《统计研究》2018 年第 9 期。

黄智立：《区域贸易协定对经济全球化效应分析》，硕士学位论文，暨南大学，2014 年。

江小涓、孟丽君：《内循环为主、外循环赋能与更高水平双循环——国际经验与中国实践》，《管理世界》2021 年第 1 期。

金观平：《增强政策透明度和可预期性》，《经济日报》2021 年 9 月 5 日。

靳巧花、严太华：《国际技术溢出与区域创新能力——基于知识产权保护视角的实证分析》，《国际贸易问题》2017 年第 3 期。

孔庆江：《RCEP 争端解决机制：为亚洲打造的自贸区争端解决机制》，《当代法学》2021 年第 2 期。

李春顶等：《中国大型区域贸易协定谈判的潜在经济影响》，《经济研究》2018 年第 5 期。

李海莲、韦薇：《中国区域自由贸易协定中原产地规则的限制指数与贸易效应研究》，《国际经贸探索》2016 年第 8 期。

李晶：《法治创新为投资开放保驾护航》，《法制日报》2014 年 11 月 4 日第 10 版。

李丽玲、王曦：《卫生与植物检疫措施对中国农产品出口质量的影响》，《国际经贸探索》2015 年第 9 期。

李平等：《中国自主创新中研发资本投入产出绩效分析——兼论人力资本和知识产权保护的影响》，《中国社会科学》2007 年第 2 期。

李思奇等：《WTO 争端解决机制是否真的能够促进出口？——基于 WTO 争端裁决案件的实证研究》，《财经研究》2019 年第 6 期。

李卫勇：《中国海关管理创新及其技术支撑研究》，博士学位论文，中南大学，2007年。

李晓钟、张小蒂：《外商直接投资对我国技术创新能力影响及地区差异分析》，《中国工业经济》2008年第9期。

李新民等：《国外海关风险管理的经验及对我国海关的启示》，《上海海关学院学报》2013年第4期。

李玉梅、鲁雁南：《提升外资营商环境需要对标国际经贸规则》，《开放导报》2019年第6期。

李豫新、郭颖慧：《边境贸易便利化水平对中国新疆维吾尔自治区边境贸易流量的影响——基于贸易引力模型的实证分析》，《国际贸易问题》2013年第10期。

李仲周：《关贸总协定和我国对外贸易》，《经济导刊》1993年第2期。

廖佳、尚宇红：《"一带一路"国家贸易便利化水平对中国出口的影响》，《上海对外经贸大学学报》2021年第2期。

连增等：《服务贸易协定承诺的覆盖率对制造业增加值出口的影响》，《国际经贸探索》2021年第1期。

林波：《全球治理背景下WTO争端解决机制效率研究》，《技术经济与管理研究》2017年第6期。

林上军：《同为镶嵌在祖国蓝海的明珠，从浙江自贸区观海南》，《中国外资》2019年第9期。

林涛：《中美贸易摩擦升级背景下中国纺织服装贸易发展对策》，《亚太经济》2019年第1期。

林僖、鲍晓华：《区域服务贸易协定与服务出口二元边际——基于国际经验的实证分析》，《经济学（季刊）》2019年第4期。

林僖、林祺：《区域服务贸易协定与服务出口增长——基于均衡分析的视角》，《经济学（季刊）》2021年第4期。

林毅夫等：《论中国经济改革的渐进式道路口》，《经济研究》1993年第9期。

刘春梅：《中国对外贸易争端解决机制研究》，硕士学位论文，黑龙江大学，2019年。

刘奇超、彭城：《京津冀海关区域通关一体化取向：由欧盟海关风险管理观察》，《改革》2014年第10期。

刘艳红：《中国反腐败立法的战略转型及其体系化构建》，《中国法学》2016年第4期。

刘悦：《中国区域贸易协定中的争端解决机制研究》，硕士学位论文，广东外语外贸大学，2020年。

刘镇等：《海上丝绸之路沿线国家投资贸易便利化时空特征及对贸易的影响》，《经济地理》2018年第3期。

刘冰、陈淑梅：《RCEP框架下降低技术性贸易壁垒的经济效应研究——基于GTAP模型的实证分析》，《国际贸易问题》2014年第6期。

刘国亮等：《基于Logistic模型的我国纺织服装业发展研究》，《经济问题探索》2016年第5期。

刘思明等：《知识产权保护与中国工业创新能力——来自省级大中型工业企业面板数据的实证研究》，《数量经济技术经济研究》2015年第3期。

陆黎梅、吴东庆：《RCEP知识产权规则述评及对中国的启示》，《湖北广播电视大学学报》2021年第8期。

吕建兴等：《中国自由贸易协定中市场准入例外安排的基本特征、贸易策略与决定因素——基于产品层面的证据》，《中国工业经济》2021年第6期。

林桂军：《推动WTO投资便利化》，《对外经贸实务》2020年第8期。

龙永图：《加入世贸组织，融入国际社会主流》，《国际贸易问题》1999年第9期。

龙永图：《加入世界贸易组织对中国社会经济的深层影响》，《中国流通经济》2006年第12期。

卢锋、李双双：《多边贸易体制应变求新：WTO改革新进展》，《学术研究》2020年第5期。

罗勇等：《贸易便利化对我国制造业出口产品质量影响研究》，《软科学》2020年第1期。

马丹、何雅兴：《危机传递、逆全球化与世界经济周期联动性》，

《统计研究》2019 年第 7 期。

马其家、樊富强：《TPP 对中国国有企业监管制度的挑战及中国法律调整——以国际竞争中立立法借鉴为视角》，《国际贸易问题》2016 年第 5 期。

马述忠等：《数字贸易及其时代价值与研究展望》，《国际贸易问题》2019 年第 2 期。

马晓锦：《长三角区域经济一体化与海关通关管理对策分析》，硕士学位论文，同济大学，2007 年。

马跃峰等：《自贸试验区以开放促改革、促发展、促创新，提升产业链供应链现代化水平》，《人民日报》2022 年 1 月 8 日第 1 版。

马忠法：《国际知识产权法律制度的现状、演进与特征》，《安徽师范大学学报（人文社会科学版）》2020 年第 2 期。

蒙英华、汪建新：《超大型自贸协定的服务贸易规则及对中国影响分析——以 TPP 为例》，《国际商务研究》2018 年第 1 期。

倪红福：《全球价值链中的累积关税成本率及结构：理论与实证》，《经济研究》2020 年第 10 期。

牛鹏等：《营商环境如何影响企业投资》，《当代财经》2022 年第 1 期。

潘文卿等：《价值链贸易与经济周期的联动：国际规律及中国经验》，《经济研究》2015 年第 11 期。

庞明川等：《基于准入前国民待遇加负面清单管理的中国外资准入制度改革研究》，《宏观经济研究》2014 年第 12 期。

裴长洪：《海南建设中国特色自由贸易港"特"在哪里？》，《财经问题研究》2021 年第 10 期。

裴长洪、刘斌：《中国开放型经济学：构建阐释中国开放成就的经济理论》，《中国社会科学》2020 年第 2 期。

裴长洪、刘洪愧：《中国外贸高质量发展：基于习近平百年大变局重要论断的思考》，《经济研究》2020 年第 5 期。

裴长洪、彭磊：《中国开放型经济治理体系的建立与完善》，《改革》2021 年第 4 期。

齐鹏、黄荣俊：《WTO 改革中国际争端解决机制反思及应对——以农业补贴为例》,《青海社会科学》2020年第3期。

钱立华等:《〈欧盟可持续金融分类方案〉精要与启示》,《现代金融导刊》2020年第2期。

钱学锋:《开放型世界经济70年:实践探索、理论渊源与科学体系》,《中南财经政法大学学报》2019年第6期。

权衡:《经济全球化发展:实践困境与理论反思》,《复旦学报(社会科学版)》2017年第6期。

全毅:《CPTPP与RCEP服务贸易规则比较及中国服务业开放策略》,《世界经济研究》2021年第12期。

全毅:《区域贸易协定发展及其对WTO改革的影响》,《国际商务》2019年第11期。

瑞红:《降低进口关税进一步推动我国高水平对外开放》,《税收征纳》2018年第11期。

桑百川:《新一轮国际投资规则变迁的应对策略——以中美投资协定谈判为视角》,《人民论坛-学术前沿》2014年第2期。

邵宇佳、刘文革:《增加值贸易与国际经济周期联动:理论模拟与经验检验》,《世界经济》2020年第8期。

邵志勤:《APEC自由贸易区原产地规则比较研究》,《亚太经济》2014年第2期。

商舒:《中国(上海)自由贸易试验区外资准入的负面清单》,《法学》2014年第1期。

盛斌、高疆:《中国与全球经济治理:从规则接受者到规则参与者》,《南开学报(哲学社会科学版)》2018年第5期。

石超:《从TPP到CPTPP:知识产权条款的梳理、分析与启示——兼谈对中国开展知识产权国际保护合作的建议》,《石河子大学学报(哲学社会科学版)》2020年第2期。

世界知识产权组织,2019年产权组织事实与数据,WIPO第943C/19号出版物。

石静霞、陈晓霞:《〈中欧全面投资协定〉:我国商签经贸条约的新范式》,《国际法研究》2021年第5期。

宋淑华:《WTO争端解决机制的基本程序》,中华人民共和国商务部 WTO/FTA 咨询网。

宋学潮：《贸易便利化下货物通关的法律问题研究》，硕士学位论文，辽宁大学，2015 年。

宋友豪：《多边条约视野下的知识产权执法标准探究》，硕士学位论文，吉林大学，2019 年。

孙浩：《中国海关履行非传统职能研究》，硕士学位论文，宁波大学，2015 年。

孙秀娟、吴一鸣：《CPTPP 的规则、影响及中国对策：基于和 TPP 对比的分析》，《法制与社会》2020 年第 19 期。

孙玉红等：《区域贸易协定中知识产权保护对全球价值链嵌入程度的影响》，《经济评论》2021 年第 6 期。

苏珊珊、霍学喜：《中国谷物进口国营贸易扭曲评估：关税配额分配方式视角的实证分析》，《华中农业大学学报（社会科学版）》2019 年第 1 期。

唐宜红：《全球贸易与投资政策研究报告（2016）——国际贸易与投资新规则的重构》，人民出版社 2016 年版。

唐宜红等：《全球价值链嵌入与国际经济周期联动：基于增加值贸易视角》，《世界经济》2018 年第 11 期。

唐宜红、符大海：《经济全球化变局、经贸规则重构与中国对策——"全球贸易治理与中国角色"圆桌论坛综述》，《经济研究》2017 年第 5 期。

田丰：《世界贸易组织争端解决机制的经济学研究新进展》，《经济学动态》2015 年第 2 期。

田丰：《WTO 争端解决机制的效率》，《世界经济与政治》2006 年第 8 期。

佟家栋：《"一带一路"倡议的理论超越》，《经济研究》2017 年第 12 期。

王丹：《以竞争中性制度促进形成强大国内市场》，《宏观经济管理》2020 年第 6 期。

王菲易：《国际海关发展的主要趋势：基于新公共管理理论的实践阐释》，《上海海关学院学报》2013 年第 4 期。

王华：《更严厉的知识产权保护制度有利于技术创新吗？》，《经济研究》2011年第2期。

王皆国等：《海关监管创新国际比较研究——基于PPRC模型》，《科技促进发展》2016年第4期。

王黎莹等：《FTA知识产权规则对出口贸易结构的影响研究》，《科学学研究》2021年第12期。

王茜、高锦涵：《RCEP争端解决机制构建研究》，《国际展望》2018年第2期。

王淑敏、张丹：《TPP与中国海关法中通关便利化规则之比较》，《海关与经贸研究》2016年第5期。

王晓红：《以高水平对外开放促进开放型经济高质量发展》，《全球化》2020年第4期。

王小鲁：《中国经济增长的可持续性与制度变革》，《经济研究》2000年第7期。

王跃生、李宇轩：《新型全球化下国际经贸规则新趋势与中国对策》，《中国特色社会主义研究》2017年第2期。

王直等：《总贸易核算法：官方贸易统计与全球价值链的度量》，《中国社会科学》2015年第9期。

文武、程惠芳：《全球价值链嵌入与国际经济周期非对称联动》，《统计研究》2021年第3期。

吴江：《上海自贸区争端解决机制相关法律制度创新研究》，硕士学位论文，南昌大学，2016年。

吴小康、于津平：《原产地规则与中韩自由贸易协定的贸易转移效应》，《国际贸易问题》2021年第10期。

吴智、钟韵漪：《中外双边投资协定中的"一般例外"条款研究——以"一带一路"倡议为视角》，《中南大学学报》（社会科学版）2017年第4期。

习近平：《决胜全面建成小康社会，夺取新时代中国特色社会主义伟大胜利》，中国共产党新闻网。

习近平：《论坚持推动构建人类命运共同体》，中央文献出版社2018年版。

夏红、韩涛：《我国自贸试验区法治建设经验梳理》，《辽宁师范大学学报（社会科学版）》2018年第1期。

向凌：《非政府组织参与WTO争端解决机制的制度缺失与未来构想》，《长白学刊》2014年第4期。

谢伏瞻：《论新工业革命加速拓展与全球治理变革方向》，《经济研究》2019年第7期。

新华社：《优化营商环境条例》，《人民日报》2019年10月24日，第10版。

新华社：《中共中央关于全面深化改革若干重大问题的决定》，《人民日报》2013年11月16日第1版。

徐汉明：《国家监察权的属性探究》，《法学评论》2018年第1期。

徐惠喜：《毕马威研究报告：中国宏观经济韧性十足》，《中国外资》2020年第11期。

徐世腾、周金燕：《东盟FTA原产地规则比较研究》，《亚太经济》2016年第5期。

徐亚平、李甜甜：《我国货币政策预期管理的难点及完善对策》，《经济纵横》2017年第7期。

闫晓旭：《中国自由贸易协定知识产权条款研究》，硕士学位论文，郑州大学，2017年。

姚铸：《TPP争端解决机制研究》，博士学位论文，西南政法大学，2018年。

杨畅等：《营商环境优化推动了金融支持实体经济吗——基于中国民营制造企业的研究》，《财经科学》2022年第2期。

杨继军、艾玮炜：《区域贸易协定服务贸易条款深度对增加值贸易关联的影响》，《国际贸易问题》2021年第2期。

杨凯、韩剑：《最终商品优惠性原产地规则与中间品贸易转移效应——以CAFTA原产地规则为例》，《国际经贸探索》2020年第4期。

杨凯、韩剑：《原产地规则与自由贸易协定异质性贸易效应》，《国际贸易问题》2021年第8期。

杨临萍：《"一带一路"国际商事争端解决机制研究——以最高人民法院国际商事法庭为中心》，《人民司法》2019年第25期。

杨仕辉、郭艳春：《WTO贸易救济措施争端解决的绩效分析——基于动态非平衡面板数据模型系统GMM检验》，《商业经济与管理》2013年第3期。

易继明、初萌：《后TRIPs时代知识产权国际保护的新发展及我国的应对》，《知识产权》2020年第2期。

殷华、高维和：《上海自贸区以制度创新为核心推进改革，具有显著的长期经济效应》，《财经研究》2017年第2期。

余长林：《知识产权保护、模仿威胁与中国制造业出口》，《经济学动态》2015年第11期。

于萌：《自由贸易区争端解决机制研究》，硕士学位论文，烟台大学，2016年。

余振：《全球数字贸易政策：国别特征、立场分野与发展趋势》，《国外社会科学》2020年第4期。

袁保生：《双边投资协定深度决定因素及投资效应研究》，博士学位论文，新疆大学，2021年。

袁正、乔瑞敏：《营商环境、创新与经济发展》，《重庆工商大学学报（社会科学版）》2021年第6期。

曾光辉等：《信用监管、营商环境与区域经济增长》，《工业技术经济》2022年第1期。

曾杰：《零关税趋势与中国关税法因应》，《河南科技学院学报》2020年第11期。

赵世璐：《欧盟海关促进贸易便利化的经验及对中国的启示——以欧盟〈海关方案〉为研究对象》，《上海海关学院学报》2010年第1期。

张杰等：《融资约束、融资渠道与企业R&D投入》，《世界经济》2012年第10期。

张娟等：《从RCEP、自贸试验区到CPTPP：我国服务贸易开放升级路径与建议》，《国际贸易》2021年第8期。

张军：《试析〈劳动争议调解仲裁法〉对拖欠型案件的制度设计》，《中国人力资源开发》2008年第6期。

张恪渝、周玲玲：《RCEP对中国经济及其区域内部的影响分析》，

《国际贸易问题》2021年第11期。

张丽霞：《CPTPP知识产权规则及我国的应对研究》，硕士学位论文，江西财经大学，2018年。

张乐：《中国制造业产业链发展历程及未来变革》，《中国经济评论》2021年第2期。

张乃根：《"一带一路"倡议下的国际经贸规则之重构》，《法学》2016年第5期。

张茜：《CPTPP争端解决机制比较研究——以WTO争端解决机制改革为视角》，《大连海事大学学报（社会科学版）》2018年第6期。

张小波、李成：《论〈美国—墨西哥—加拿大协定〉背景、新变化及对中国的影响》，《社会科学》2019年第5期。

张燕生：《新中国70年对外经济贸易的转型发展》，《全球化》2019年第11期。

张宇燕：《统筹国内国际两个大局，积极参与全球治理》，《政治经济学评论》2016年第7期。

张蕴岭、马天月：《国际投资新规则及中国应对策略》，《国际展望》2019年第4期。

张正怡：《中欧投资协定中"投资"定义的空缺与应对》，《国际贸易》2021年第5期。

中国社会科学院世界经济与政治研究所国际贸易研究室：《〈跨太平洋伙伴关系协定〉文本解读》，中国社会科学出版社2016年版。

钟敏：《中国海关通关便利化水平及其提升对策研究》，硕士学位论文，江西财经大学，2017年。

周京奎等：《生产率进步影响农村人力资本积累吗？——基于微观数据的研究》，《经济研究》2019年第1期。

周念利、陈寰琦：《基于〈美墨加协定〉分析数字贸易规则"美式模板"的深化及扩展》，《国际贸易问题》2019年第9期。

周柔：《中国共产党科学应对百年未有之大变局的四重维度——学习贯彻党的十九届五中全会精神》，《中共山西省委党校学报》2021年第2期。

周曙东等：《中韩自贸区建立对两国主要产业的经济影响分析——

基于中韩自由贸易协定的关税减让方案》,《国际贸易问题》2016 年第 5 期。

周书佳:《WTO 上诉机构改革困境研究》,《南方论刊》2019 年第 10 期。

周阳:《我国海关非传统职能研究的基本状况及发展趋势》,《上海海关学院学报》2011 年第 1 期。

朱金海:《浦东新区进一步探索经济管理新体制新机制研究》,《科学发展》2018 年第 5 期。

朱晶等:《高水平开放下我国粮食安全的非传统挑战及政策转型》,《农业经济问题》2021 年第 1 期。

朱秋沅:《简化通关制度比较分析》,《上海海关高等专科学校学报》2006 年第 1 期。

朱信凯等:《技术性贸易措施对中国企业出口决策的影响——基于出口强度与市场范围视角的考察》,《国际贸易问题》2020 年第 3 期。

Anderson James E., Eric Van Wincoop, "Trade Costs", *Journal of Economic Literature*, Vol. 42, No. 3, 2004.

Antoni Estevadeoral, "Negotiating Preferential Market Access: The Case of NAFTA", *Journal of World Trade*, 2000.

Antoni Estevadeordal, Kati Suominen, "Rules of Origin: A World Map and Trade Effects", The 7th Annual Conference on Global Economic Analysis, Washington, D. C, USA, 2004.

Bagwell Kyle et al., "Is the WTO Passé", *NBER Working Papers*, 2015, No. 21303.

Bagwell Kyle, Robert W. Staiger, "What Do Trade Negotiators Negotiate About? Empirical Evidence from the World Trade Organization: Dataset", *American Economic Review*, Vol. 101, No. 4, 2011.

Balassa B., "Trade Creation and Trade Diversion in the European Common Market", *The Economic Journal*, Vol. 77, No. 305, 1967.

Balassa Bela, "Export and Economic Growth: Further Evidence", *Journal of Development Economics*, Vol. 5, No. 2, 1978.

Baldwin Robert E., "*Non-tariff Distortions of International Trade*",

Washington D. C. , Brookings Institution, 1970.

Bechtel Michael M. , Thomas Sattler, "What is Litigation in the World Trade Organization Worth?", *International Organization*, Vol. 69, No. 2, 2007.

Bengoa Marta et al. , "Do Trade and Investment Agreements Promote Foreign Direct Investment within Latin America? Evidence from a Structural Gravity Model", *Mathematics*, Vol. 8, No. 11, 2020.

Bloom Nicholas et al. , "Trade Induced Technical Change? The Impact of Chinese Imports on Innovation, IT and Productivity", *Review of Economic Studies*, Vol. 83, No. 1, 2016.

Bonadio Barthélémy et al. , "Global Supply Chains in the Pandemic", *Journal of International Economics*, Vol. 133, 2021.

Bordo Michael D. , Thomas F. Helbling, "International Business Cycle Synchronization in Historical Perspective", *NBER Working Papers*, 2010.

Bown Chad P. , "On the Economic Success of GATT/WTO Dispute Settlement", *Review of Economics and Statistics*, Vol. 86, No. 3, 2004.

Bown Chad P. , Meredith A. Crowley, "Trade Deflection and Trade Depression", *Journal of International Economics*, Vol. 72, No. 1, 2007.

Broda Christian, David E. Weinstein, "Globalization and the Gains from Variety", *Quarterly Journal of Economics*, Vol. 121, No. 2, 2006.

Burri Mira, "Trade in Services Regulation in the Data-Driven Economy", *Trade, Law and Development*, Vol. 12, No. 1, 2020.

Burstein Ariel et al. , "Trade, Production Sharing, and the International Transmission of Business Cycles", *Social Science Electronic Publishing*, Vol. 55, 2008.

Calderón César et al. , "Trade Intensity and Business Cycle Synchronization: Are Developing Countries any Different?", Research Development of Inter-American Development Bank, Working Paper, 2003, No. 478.

Caliendo Lorenzo et al. , "Trade and Labor Market Dynamics: General Equilibrium Analysis of the China Trade Shock", *Econometrica*, Vol. 87, No. 3, 2019.

Carvalho Vasco M. et al., "Supply Chain Disruptions: Evidence from the Great East Japan Earthquake", *Quarterly Journal of Economics*, Vol. 136, No. 2, 2021.

Chen Natalie, Dennis Novy, "Gravity, Trade Integration, and Heterogeneity across Industries", *Journal of International Economics*, Vol. 85, No. 2, 2011.

Cheng I-Hui, Howard J. Wall, "Controlling for Heterogeneity in Gravity Models of Trade and Integration", *Federal Reserve Bank of St. Louis Review*, Vol. 87, No. 1, 2005.

Choe Jong, "An Impact of Economic Integration through Trade: On Business Cycles for 10 East Asian Countries", *Journal of Asian Economics*, Vol. 12, 2001.

Colares Juscelino F., "A Theory of WTO Adjudication: From Empirical Analysis to Biased Rule Development", *Vanderbilt Journal of Transnational Law*, Vol. 42, No. 2, 2009.

Daniel Behn et al., "Poor States or Poor Governance? Explaining Outcomes in Investment Treaty Arbitration", *Northwestern Journal of International Law & Business*, Vol. 38, No. 3, 2018.

Davis Christina L., Sarah Blodgett Bermeo, "Who Files? Developing Country Participation in GATT/WTO Adjudication", *The Journal of Politics*, Vol. 71, No. 2, 2009.

Deardorff Alan V., "Determinants of Bilateral Trade: Does Gravity Work in a Neoclassical World?", *NBER Working Paper*, 1995, No. 5377.

Ductor Lorenzo, Danilo Leiva-Leon, "Dynamics of Global Business Cycle Interdependence", *Journal of International Economics*, Vol. 102, 2016.

Dutt Pushan, "The WTO is not Passé", *European Economic Review*, Vol. 128, No. 9, 2020.

Duval Romain et al., "Value-added Trade and Business Cycle Synchronization", *Journal of International Economics*, Vol. 99, 2016.

Falvey Rod et al., "Heterogeneous Effects of Bilateral Investment Treaties", *Review of World Economics*, Vol. 153, No. 4, 2017.

Fan Haichao et al. , "The Hidden Cost of Trade Liberalization: Input Tariff Shocks and Worker Health in China", *Journal of International Economics*, Vol. 126, 2020.

Fidrmuc Jarko, "The Endogeneity of the Optimum Currency Area Criteria, Intraindustry Trade, and EMU Enlargement", *BOFIT Discussion Papers*, 2001, No. 8.

Franck Thomas M. , *The Power of Legitimacy among Nations*, New York: Oxford University Press, 1990.

Frankel Jeffrey A. and Andrew K. Rose, "Is EMU More Justifiable Ex Post than Ex Ante?", *European Economic Review*, Vol. 41, 1997.

Frankel Jeffrey A. , Andrew K. Rose, "The Endogeneity of the Optimum Currency Area Criteria", *The Economic Journal*, Vol. 108, 1998.

Ginarte Juan C. , Walter G. Park, "Determinants of Patent Rights: A Cross-National Study", *Research Policy*, Vol. 26, No. 3, 1997.

Goldsmith Jack L. , Eric A. Posner, *The Limits of International Law*, Oxford: Oxford University Press, 2005.

Grossman Gene M. , Elhanan Helpman, "Comparative Advantage and Long-run Growth", *American Economic Review*, Vol. 80, No. 4, 1990.

Himmelberg Charles P. , Bruce C. Petersen, "R&D and Internal Finance: A Panel Study of Small Firms in High-tech Industries", *Review of Economics and Statistics*, Vol. 76, No. 1, 1994.

Hornok Cecília, Miklós Koren, "Administrative Barriers to Trade", *Journal of International Economics*, Vol. 96, No. 7, 2015.

Hsieh Chang-Tai et al. , "Accounting for the New Gains from Trade Liberalization", *Journal of International Economics*, Vol. 127, 2020.

Hummels David L. et al. , "The Nature and Growth of Vertical Specialization in World Trade", *Journal of International Economics*, Vol. 55, No. 1, 2001.

Hummels David L. , Georg Schaur, "Time as a Trade Barrier", *The American Economic Review*, Vol. 103, No. 7, 2013.

Hummer Matthew R. , "Do Bilateral Investment Treaties Accomplish

Their Policy Objectives? A Case for Developing & OECD Member Countries", Georgetown University, 2009.

Irwin Douglas A., "The GATT in Historical Perspective", *American Economic Review*, Vol. 85, No. 2, 1995.

Jack Goldsmith L., Eric A. Posner, *The Limits of International Law*, Oxford: Oxford University Press, 2005.

James Anderson E., Eric van Wincoop, "Gravity with Gravitas: A Solution to the Border Puzzle", *American Economic Review*, Vol. 93, No. 1, 2003.

Janos Ferencz, "The OECD Digital Services Trade Restrictiveness Index", *OECD Trade Policy Papers*, 2019, No. 221.

Jeffrey A. Frank, "Trade Blocs and Currency Blocs", *NBER Working Paper*, 1993, No. 4335.

Jeremy Tyler Harris, "Measurement and Determination of Rules of Origin in Preferential Trade Agreements (PTA'S)", *Journal of World Trade*, Vol. 34, No. 1, 2007.

Johnson Robert C., Guillermo Noguera, "A Portrait of Trade in Value Added over Four Decades", *The Review of Economics and Statistics*, Vol. 99, No. 5, 2017.

Koopman Robert et al., "Give Credit Where Credit is Due: Tracing Value-added in Global Production Chains", *NBER Working Papers*, 2010, No. 16426.

Kose Ayhan M. et al., "Global Business Cycles: Convergence or Decoupling?", *International Economic Review*, Vol. 53, 2012.

Krugman Paul R., Geography, Trade, The MIT Press, in Calderon C. A. Chong, E. Stein, 2003, "Trade Intensity and Business Cycle Synchronization: Are Developing Countries any Different?", *Research Development of Inter-American Development Bank*, Working Paper, 1991, No. 478.

Lee Eunhee, "Trade, Inequality, and the Endogenous Sorting of Heterogeneous Workers", *Journal of International Economics*, Vol. 125, 2020.

Lee Woori, "Services Liberalization and GVC Participation: New Evidence for Heterogeneous Effects by Income Level and Provisions", *The World Bank Policy Research Working Paper*, 2018, Series 8475.

Lucas Robert E., "On the Mechanics of Economic Development", *Journal of Monetary Economics*, Vol. 22, No. 1, 1988.

Markusen James R., Anthony J. Venables, "Interacting Factor Endowments and Trade Costs: A Multi-country, Multi-good Approach to Trade Theory", *Journal of International Economics*, Vol. 73, No. 2, 2007.

Mavroidis Petros C., "Remedies in the WTO Legal System: Between a Rock and a Hard Place", *European Journal of International Law*, Vol. 11, No. 4, 2000.

Melitz Marc J., "The Impact of Trade on Intra-industry Reallocations and Aggregate Industry Productivity", *Econometrica*, Vol. 71, No. 6, 2003.

Mo Jiawei et al., "What You Import Matters for Productivity Growth: Experience from Chinese Manufacturing Firms", *Journal of Development Economics*, Vol. 152, 2021.

Naghavi Alireza and Strozzi Chiara, "Intellectual Property Rights, Diasporas, and Domestic Innovation", *Journal of International Economics*, Vol. 96, No. 1, 2015.

Oliver Cadot et al., "Product Specific Rules of Origin in EU and US Preferential Trading Arrangements: An Assessment", *World Trade Review*, Vol. 5, No. 2, 2005.

Perla Jesse et al., "Equilibrium Technology Diffusion, Trade, and Growth", *American Economic Review*, Vol. 111, No. 1, 2021.

Petros Mavroidis C., "Remedies in the WTO Legal System: Between a Rock and a Hard Place", *European Journal of International Law*, Vol. 11, No. 4, 2000.

Pöyhönen Pentti, "A Tentative Model for the Flow of Trade between Countries", Weltwirtschaftliches Archiv, Vol. 90, 1963.

Romer Paul M., "Endogenous Technological Change", *Journal of Political Economy*, Vol. 98, No. 5, 1990.

Romer Paul M., "Increasing Returns and Long-run Growth", *Journal* of *Political Economy*, Vol. 94, No. 5, 1986.

Rose-Ackerman et al., "Foreign Direct Investment and the Business Environment in Developing Countries: The Impact of Bilateral Investment Treaties", *Yale Law & Economics Research Paper*, 2005, No. 293.

Salvatore Dominick, *International Economics* (Eighth Edition), Beijing: John Wiley& Sons, 2004.

SCoase RH., *The Task of the Society*, International Society for New Institutional Economics Newsletter, 1999.

Silva Jo? o Santos and Silvana Tenreyro, "The Log of Gravity", *Review of Economics and Statistics*, Vol. 88, 2006.

Singh Rahul and Rupa Chanda, "Technical Regulations, Intermediate Inputs, and Performance of Firms: Evidence from India", *Journal of International Economics*, Vol. 128, 2021.

Sorin Krammer, "International R&D Spillovers in Emerging Markets: The Impact of Trade and Foreign Direct Investment", *The Journal of International Trade & Economic Development*, Vol. 19, No. 4, 2010.

Stephen Chaudoin et al., "Do WTO Disputes actually Increase Trade?", *International Studies Quarterly*, Vol. 60, No. 2, 2016.

Tinbergen Jan., "*Shaping the World Economy: Suggestions for an International Economic Policy*", New York: The Twentieth Century Fund, 1962.

Trefler Daniel, "The Long and Short of the Canada-U. S. Free Trade Agreement", *American Economic Review*, Vol. 94, No 4, 2004.

Viner Jacob, *The Customs Union Issue*, New York: Carnegie Endowment for International Peace, 1950.

Wang Zhi et al., "Quantifying International Production Sharing at the Bilateral and Sector Levels", *NBER Working Papers*, 2013, No. 19677.

WIPO, *World Intellectual Property Report* 2019: *The Geography of Innovation: Local Hotspots, Global Networks*, WIPO Publication No. 994E/19.

World Bank, *Doing Business* 2020, Washington, D. C.: World Bank, 2020.